501 PORTUGUESE VERBS

fully conjugated in all the tenses
in a new easy-to-learn format
alphabetically arranged

Second Edition

by

John J. Nitti, Ph.D.
Professor Emeritus of Spanish and Portuguese
Department of Spanish and Portuguese
University of Wisconsin—Madison

Michael J. Ferreira, Ph.D.
Assistant Professor of Spanish and Portuguese
Department of Spanish and Portuguese
Georgetown University—Washington, D.C.

EDUCATIONAL SERIES, INC.

This book is affectionately dedicated to
the memory of

Lloyd Kasten,

friend, mentor, and pioneer
in the teaching of the
Portuguese language in North America.

Address all inquiries to:
Barron's Educational Series, Inc.
250 Wireless Boulevard
Hauppauge, New York 11788
http://www.barronseduc.com

ISBN-13: 978-0-7641-2916-2
ISBN-10: 0-7641-2916-3
Library of Congress Control Number 2004050226

Library of Congress Cataloging-in-Publication Data

Nitti, John J.
501 Portuguese verbs : fully conjugated in all the tenses, in a new easy-to-learn format, alphabetically arranged / by John J. Nitti, Michael J. Ferreira—2nd ed.
p. cm.
Includes indexes.
ISBN 0-7641-2916-3
1. Portuguese language—Verb—Tables. I. Title: Five hundred one Portuguese verbs. II. Ferreira, Michael J. III. Title.

PC5145.N52 2005
469.83'421—dc22

2004050226

Printed in the United States of America
19 18 17

CONTENTS

FOREWORD

Portuguese, sometimes mistaken to be merely a variety of Spanish, is in fact the official tongue of over 250 million people in Europe, South America, Africa, Asia, India, the Azores, Madeira, the Cape Verde, and São Tomé e Príncipe Islands. Today, the formal study of Portuguese is an important part of both undergraduate and graduate curricula of a significant number of North American colleges and universities, largely as a result of the growing cultural, economic, and technological interests shared by the United States, Brazil, and Portugal.

In compiling this verb book, we have been guided by the wish to provide you with a concise yet comprehensive foundation of Portuguese verbal paradigms, as well as a handy reference source of a substantial number of verbs employed both in daily speech and in the literature of that language. Of course, while no guide to the verbal structure and semantics of a language can by itself claim completeness, we believe that the information contained herein, especially when used as an adjunct to a general-purpose grammar and an adequate conversational component, can greatly assist you in acquiring fluency in Portuguese.

Although *Sample Conjugations of Regular Verbs* includes the seldom-used, literary compound tenses formed with the auxiliary verb *haver,* in our desire to emphasize the more popular, spoken forms, we have excluded those literary compound constructions from the individual verb conjugations. Moreover, Portuguese possesses two varieties of the *pluperfect indicative,* both of which are to be found conjugated throughout this manual. The first, the *simple pluperfect indicative,* is essentially literary and has, in common usage, been replaced by its compound counterpart.

Unlike Spanish, the vowel phonology of which is comparatively simple, the Portuguese language makes a distinction between *open* and *close* varieties of the vowels *o* and *e,* a differentiation that is semantically significant. An example of this meaningful vocalic variation is the contrast between such words as *avó* "grandmother" and *avô* "grandfather," the sole differentiating articulation of which is that of their final *o* sound. In *avó* the *ó* sounds quite similar to the *o* in the English word *soft*; whereas the *o* of *avô* has a sound not unlike that of the *o* in English *old*. Frequently, this difference in vowel quality is the sole element distinguishing a noun from a verb: *gosto* "taste" (with close *ô*) and *gosto* "I like" (with open *ó*), or even, as in the case of the verb *poder* "to be able to," between one tense and another: *ele pode* "he *is* able to" (with open *ó*) and *ele pôde* "he *was* able to" (with close *ô*).

The use of diacritical (accent) marks and verbal orthography varies among writers of Portuguese, both in response to phonetic differences in those varieties of Portuguese and as a consequence of the fact that spelling practices at the time of this writing in Continental and Brazilian Portuguese still remain officially mandated by two different orthographic accords. In Portugal, the operative agreement dates from 1945, while that of Brazil from 1943 (though with slight additional modification enacted by law in 1971). When in December of 1990 representatives of the governments of Portugal, Brazil, Angola, Mozambique, Cape Verde, Guinea-Bissau, and São Tomé e Príncipe met in Lisbon to sign a new orthographic accord in an effort to foster a higher degree of spelling consistency among the Portuguese-speaking nations, while endeavoring to respect differing practices in pronunciation, it appeared that by the 1st of January of 1994, the date by which the accord was to take effect, there might finally be mandated a greater orthographic consistency among the various Portuguese-speaking nations. However, that proposed date of implementation came and went without those nations having completed the necessary process of ratification, such that, in July of 1998, representatives of those states felt it necessary to reconvene in order to remove from the original document of 1990 any mention of a specific date of implementation, leaving only the language requiring ratification by their respective countries prior to any general promulgation of the provisions of the agreement. Unfortunately, at the time of publication of this revised edition of our verb manual, the new accord still remains unratified, leaving it, therefore, up to the individual discretion of its signatory countries whether or not to implement some or all of its provisions. In the absence of an officially sanctioned, consistent Portuguese orthography, at least as regards the use of verbal *diacritical marks* in this manual, we have chosen to adhere generally to the prevailing practices of Continental Portuguese, because they appear to follow more closely the principles set forth in that 1990 agreement. However, in the matter of *alphabetic* spelling variation between Brazilian and Continental Portuguese, we have sought to indicate in the indexes both spellings by enclosing in parentheses letters that are not employed in the Brazilian verb forms.

The acute and circumflex accents serve a twofold purpose, that of indicating stress as well as vowel quality. The acute accent may appear over *á, é, í, ó,* or *ú* as an indicator of stress; but, when it is placed over *é,* or *ó* (in addition to *á* in Continental Portuguese), it simultaneously acts as a marker of the *open* versions of those vowels, as already exemplified by *avó*. The circumflex is found only over *â, ê,* or *ô* indicating stress as well as signaling the *close* variety of those vowels, as in *âncora* "anchor," *autêntico* "authentic," and *pôde* "he was able to." The reader will also notice *that first conjugation* verbs, i.e., those whose infinitives end in *-AR,* show throughout the book an accented *á* in their first person plural *preterit* indicative forms (e.g., *falámos*), with no such accent on their corresponding first person plural *present* indicative forms (e.g., *falamos*). This is because the *á* and the *a,* though both are stressed in those forms, are pronounced differently in Continental Portuguese (the *á* sounding like *ah* but the *a* pronounced as *uh)*. No such difference is heard in Brazilian speech, however, with both forms usually sounding like *uh*. It is for that reason, therefore, that the use of the accent mark in the *preterit* form is mandatory in Continental Portuguese, while unnecessary in Brazil. The *til (~),* as the *tilde* is known in Portuguese, is a marker of nasality and is found in verbs only as part of the nasal suffixal diphthong *-ão*. When no other sign of stress is present, the *til* then assumes that function as well *(e.g., falarão* "they will speak").

The vocalic timbre variation described above is not simply an independent phonetic phenomenon of the language, but has important implications within the very system of Portuguese verbal inflection as well. Numerous so-called radical-changing verbs do not manifest their changes orthographically, but rather orally by means of timbre mutation of their stressed vowels. Verbs of this type, whose spelling does not indicate a radical change in those persons of the verb that have a stressed *open* vowel, have been printed herein using italic type and are further flagged with an asterisk. Additionally, you should notice the spelling changes that occur in some verbs contained in this manual. Such modifications consist of the following alternations, resulting from pronunciation rules of the Portuguese alphabet: *ç/c caçar: caço/cacei, cace; c/ç tecer: tece/teço, teça; c/qu criticar: critico/critiquei, critique; g/gu conjugar: conjugo/conjuguei, conjugue; gu/g distinguir: distingue/distingo, distinga; g/j fugir: foge/fujo, fuja*.

Besides the 501 verbs conjugated herein, this revised edition contains over 1000 additional verbs accompanied by their English meanings in the **Portuguese-English Index** and cross-referenced to similarly conjugated verbs whose full conjugations are provided herein.

Moreover, these additional verbs that are likewise found cross-referenced in the **English-Portuguese Index**, extend significantly the range of verbal semantics of both the everyday spoken as well as literary varieties of standard Continental and Brazilian Portuguese.

You will also find beneath each of the paradigms of the 501 verbs conjugated herein commentary and/or sample Portuguese sentences (with English translations), intended to illustrate Portuguese verbal usage.

Not surprisingly, there are very considerable differences between Continental and Brazilian usage at every level, besides simple spelling practices, and we have attempted to point out such variations wherever possible.

We wish to acknowledge the invaluable assistance afforded us by Debora Gonçalves Ferreira and H. Elizabeth Jones in the preparation of this revised edition.

John J. Nitti
Michael J. Ferreira

SUBJECT PRONOUNS

Português		English
SINGULAR		SINGULAR
eu		I
tu		you, thou (familiar in Portugal, limited use in Brazil)
ele	All these employ 3rd person singular verb forms.	he
ela		she
você		you (semi-familiar in Portugal, but primary familiar form in Brazil. In Portugal, *você* may also be used as a formal or respectful form of address between professional peers, or when children address their parents or elders.)
o senhor		you (formal masculine)
a senhora		you (formal feminine for a Mrs.)
a senhorita		you (formal feminine for a Miss)
PLURAL		PLURAL
*nós**		we
vós		you, ye (now obsolete)
eles	All these employ 3rd person plural verb forms.	they (masculine)
elas		they (feminine)
vocês		you (plural form of both *tu* and *você*)
os senhores		you (see *o senhor*)
as senhoras		you (see *a senhora*)
as senhoritas		you (see *a senhorita*)

*In the conversational Portuguese of both Portugal and Brazil it is more common to hear the expression "**a gente,**" construed with the 3rd person singular of the verb, to convey the notion of "**we,**" rather than the 1st person plural subject pronoun "**nós,**" construed with the 1st person plural of the verb.

TEMPOS-TENSES

With examples of each

Português	English
Infinitivo Impessoal (*falar*)	Impersonal Infinitive (to speak)
Infinitivo Pessoal (*eu falar, nós falarmos*)	Personal Infinitive NOT PRESENT—A personalized infinitive in English is usually formed with the aid of the preposition *for*. (He wished *for me to come*.)
Particípios—presente, passivo *(falando, falado)*	Participles—present, past (speaking, spoken)
Presente do Indicativo (*eu falo*)	Present Indicative (I speak)
Imperfeito do Indicativo (*eu falava*)	Imperfect Indicative (I was speaking, used to speak)
Pretérito mais-que-perfeito simples do Indicativo (*eu falara*)	Simple Pluperfect Indicative Largely a literary form. (I had spoken)
Pretérito Perfeito do Indicativo (*eu falei*)	Preterit Indicative (I spoke)
Futuro do Indicativo (*eu falarei*)	Future Indicative (I will or shall speak)
Pretérito Indefinido ou Presente Composto do Indicativo (*eu tenho falado*)	Present Perfect Indicative (I have spoken, have been speaking)*
Pretérito mais-que-perfeito composto do Indicativo (*eu tinha falado*)	Past Perfect or Pluperfect Indicative (I had spoken)
Futuro Perfeito do Indicativo (*eu terei falado*)	Future Perfect Indicative (I will or shall have spoken)
Condicional Simples (*eu falaria*)	Conditional (I would or should speak)
Condicional Perfeito ou Composto (*eu teria falado*)	Conditional Perfect (I would or should have spoken)

Português	**English**
*Presente do Conjuntivo*** (*eu fale*)	Present Subjunctive (I may speak)
Imperfeito do Conjuntivo (*eu falasse*)	Imperfect Subjunctive (I might speak)
Futuro do Conjuntivo (*eu falar*)	Future Subjunctive NO DEFINITE FORM PRESENT— Present and Past Subjunctive and Conditional forms employed to express Future Subjunctive. (If I were to, if I should, if I may, if I might)
Pretérito Indefinido ou Presente Composto do Conjuntivo (*eu tenha falado*)	Present Perfect Subjunctive (I may have spoken)
Pretérito mais-que-perfeito do Conjuntivo (*eu tivesse falado*)	Past Perfect or Pluperfect Subjunctive (I might have spoken)
Futuro Perfeito do Conjuntivo (*eu tiver falado*)	Future Perfect Subjunctive NO DEFINITE FORM PRESENT (see note on Future Subjunctive)
Imperativo (*fala tu, falai vós*)	Imperative (speak thou, speak ye)

*The Present Perfect Indicative is not used as often in Portuguese as in English and should only be employed when describing a repetitive or continuous past action which carries over into the present and may be likely to extend into the future. *Tenho dormido muito nestes últimos dias*. I have slept (been sleeping) a lot lately.

The Preterit Indicative should be used if the action described has been completed in the past, even though the English translation could be expressed by the Present Perfect. *Já vendi a casa*. I sold the house already. (I have sold the house already.)

**In Brazil the *conjuntivo* is called the *subjuntivo*.

SAMPLE CONJUGATIONS OF REGULAR VERBS

INFINITIVE MOOD

	1st *Conjugation* -*AR*	2nd *Conjugation* -*ER*	3rd *Conjugation* -*IR*
Impers.	FALAR (to speak)	BEBER (to drink)	PARTIR (to leave)
Pers.	falar (eu)	beber	partir
	falares (tu)	beberes	partires
	falar (ele, ela, você, o senhor, a senhora, a senhorita)	beber	partir
	falarmos (nós)	bebermos	partirmos
	falardes (vós)	beberdes	partirdes
	falarem (eles, elas, vocês, os senhores, as senhoras, as senhoritas)	beberem	partirem

PARTICIPLES

Pres.	falando	bebendo	partindo
Past	falado	bebido	partido

INDICATIVE MOOD

Simple

Pres.	falo	bebo	parto
	falas	*bebes**	partes
	fala	*bebe**	parte
	falamos	bebemos	partimos
	falais	bebeis	partis
	falam	*bebem**	partem
Imperf.	falava	bebia	partia
	falavas	bebias	partias
	falava	bebia	partia
	falávamos	bebíamos	partíamos
	faláveis	bebíeis	partíeis
	falavam	bebiam	partiam
Pret.	falei	bebi	parti
	falaste	bebeste	partiste
	falou	bebeu	partiu
	falámos	bebemos	partimos
	falastes	bebestes	partistes
	falaram	beberam	partiram

Pluperf.	falara	bebera	partira
	falaras	beberas	partiras
	falara	bebera	partira
	faláramos	bebêramos	partíramos
	faláreis	bebêreis	partíreis
	falaram	beberam	partiram
Fut.	falarei	beberei	partirei
	falarás	beberás	partirás
	falará	beberá	partirá
	falaremos	beberemos	partiremos
	falareis	bebereis	partireis
	falarão	beberão	partirão

COMPOUND OR PERFECT

spoken form

Pres.	tenho falado	tenho bebido	tenho partido
	tens falado	tens bebido	tens partido
	tem falado	tem bebido	tem partido
	temos falado	temos bebido	temos partido
	tendes falado	tendes bebido	tendes partido
	têm falado	têm bebido	têm partido

literary form

	hei falado	hei bebido	hei partido
	hás falado	hás bebido	hás partido
	há falado	há bebido	há partido
	havemos falado	havemos bebido	havemos partido
	haveis falado	haveis bebido	haveis partido
	hão falado	hão bebido	hão partido

spoken form

Pluperf.	tinha falado	tinha bebido	tinha partido
	tinhas falado	tinhas bebido	tinhas partido
	tinha falado	tinha bebido	tinha partido
	tínhamos falado	tínhamos bebido	tínhamos partido
	tínheis falado	tínheis bebido	tínheis partido
	tinham falado	tinham bebido	tinham partido

literary form

	havia falado	havia bebido	havia partido
	havias falado	havias bebido	havias partido
	havia falado	havia bebido	havia partido
	havíamos falado	havíamos bebido	havíamos partido
	havíeis falado	havíeis bebido	havíeis partido
	haviam falado	haviam bebido	haviam partido

spoken form

Fut.	terei falado	terei bebido	terei partido
	terás falado	terás bebido	terás partido
	terá falado	terá bebido	terá partido
	teremos falado	teremos bebido	teremos partido
	tereis falado	tereis bebido	tereis partido
	terão falado	terão bebido	terão partido

literary form

	haverei falado	haverei bebido	haverei partido
	haverás falado	haverás bebido	haverás partido
	haverá falado	haverá bebido	haverá partido
	haveremos falado	haveremos bebido	haveremos partido
	havereis falado	havereis bebido	havereis partido
	haverão falado	haverão bebido	haverão partido

SUBJUNCTIVE MOOD

Simple

Pres.	fale	beba	parta
	fales	bebas	partas
	fale	beba	parta
	falemos	bebamos	partamos
	faleis	bebais	partais
	falem	bebam	partam
Imperf.	falasse	bebesse	partisse
	falasses	bebesses	partisses
	falasse	bebesse	partisse
	falássemos	bebêssemos	partíssemos
	falásseis	bebêsseis	partísseis
	falassem	bebessem	partissem
Fut.	falar	beber	partir
	falares	beberes	partires
	falar	beber	partir
	falarmos	bebermos	partirmos
	falardes	beberdes	partirdes
	falarem	beberem	partirem

Compound

spoken form

Pres.	tenha falado	tenha bebido	tenha partido
	tenhas falado	tenhas bebido	tenhas partido
	tenha falado	tenha bebido	tenha partido
	tenhamos falado	tenhamos bebido	tenhamos partido
	tenhais falado	tenhais bebido	tenhais partido
	tenham falado	tenham bebido	tenham partido

		literary form	
	haja falado	haja bebido	haja partido
	hajas falado	hajas bebido	hajas partido
	haja falado	haja bebido	haja partido
	hajamos falado	hajamos bebido	hajamos partido
	hajais falado	hajais bebido	hajais partido
	hajam falado	hajam bebido	hajam partido
		spoken form	
Imperf.	tivesse falado	tivesse bebido	tivesse partido
	tivesses falado	tivesses bebido	tivesses partido
	tivesse falado	tivesse bebido	tivesse partido
	tivéssemos falado	tivéssemos bebido	tivéssemos partido
	tivésseis falado	tivésseis bebido	tivésseis partido
	tivessem falado	tivessem bebido	tivessem partido
		literary form	
	houvesse falado	houvesse bebido	houvesse partido
	houvesses falado	houvesses bebido	houvesses partido
	houvesse falado	houvesse bebido	houvesse partido
	houvéssemos falado	houvéssemos bebido	houvéssemos partido
	houvésseis falado	houvésseis bebido	houvésseis partido
	houvessem falado	houvessem bebido	houvessem partido
		spoken form	
Fut.	tiver falado	tiver bebido	tiver partido
	tiveres falado	tiveres bebido	tiveres partido
	tiver falado	tiver bebido	tiver partido
	tivermos falado	tivermos bebido	tivermos partido
	tiverdes falado	tiverdes bebido	tiverdes partido
	tiverem falado	tiverem bebido	tiverem partido
		literary form	
	houver falado	houver bebido	houver partido
	houveres falado	houveres bebido	houveres partido
	houver falado	houver bebido	houver partido
	houvermos falado	houvermos bebido	houvermos partido
	houverdes falado	houverdes bebido	houverdes partido
	houverem falado	houverem bebido	houverem partido

CONDITIONAL MOOD

Simple

falaria	beberia	partiria
falarias	beberias	partirias
falaria	beberia	partiria
falaríamos	beberíamos	partiríamos

falaríeis	beberíeis	partiríeis
falariam	beberiam	partiriam

Compound

spoken form

teria falado	teria bebido	teria partido
terias falado	terias bebido	terias partido
teria falado	teria bebido	teria partido
teríamos falado	teríamos bebido	teríamos partido
teríeis falado	teríeis bebido	teríeis partido
teriam falado	teriam bebido	teriam partido

literary form

haveria falado	haveria bebido	haveria partido
haverias falado	haverias bebido	haverias partido
haveria falado	haveria bebido	haveria partido
haveríamos falado	haveríamos bebido	haveríamos partido
haveríeis falado	haveríeis bebido	haveríeis partido
haveriam falado	haveriam bebido	haveriam partido

IMPERATIVE MOOD

fala (tu)	*bebe**	parte
falai (vós)	bebei	parti

* Only the radical-changing verb forms with *open* stressed vowels appear in italic type. For further explanation see Foreword.

REFLEXIVE VERBS

A verb is said to be *reflexive* when its subject acts upon *itself*. If the object of a verb refers to the same person as its subject, the verb is being used reflexively, for example: **Levanto-me** *I get (me) up*.

The reflexive construction is employed more extensively in Portuguese than in English, as the following summary of reflexive verb usage in Portuguese reveals:

1. Usage dictates that a number of Portuguese verbs be conjugated normally in the reflexive, while their English counterparts are not. A few of the more common such verbs are: **Lembrar-se** *to remember*, **levantar-se** *to get up*, **queixar-se** *to complain*, **sentar-se** *to sit down*, **zangar-se** *to get angry*.

2. Several Portuguese verbs even change their meaning when used reflexively. For example:

ir (to go)	*ir-se embora* (to go away)
pôr (to put, place)	*pôr-se* (to begin, become)

fazer (to do, make)	*fazer-se* (to become)
rir (to laugh)	*rir-se* (to make fun of)

3. The reflexive is used in Portuguese to express reciprocal action. Naturally, this may be accomplished only in the 1st, 2nd, and 3rd persons *plural* of a verb.

Nós nos compreendemos.	We understand each other.
Amai-vos.	Love one another.
Eles se odeiam.	They hate each other.

In some instances, confusion may arise between the usual meaning of the reflexive and that evoked by the reciprocal usage.

Os homens mataram-se.	The men killed themselves: or The men killed each other.

In such instances, where the situational logic is ambiguous, Portuguese speakers may add an extra phrase to the sentence intended to signify *reciprocal* action. The most common auxiliary expression of reciprocity is: *Um ao outro*.

Os homens mataram-se um ao outro.	The men killed each other.
As mulheres compreendem-se (se compreendem) umas às outras.	Women understand each other.
As duas mulheres compreendem-se (se compreendem) uma à outra.	The two women understand each other.

4. In Portuguese the reflexive construction is also used to express an *indeterminate subject* (the so-called *impersonal* construction), which corresponds to the English forms *You, one, people,* and *they*:

Deve-se estudar para aprender.	One must study in order to learn.
Diz-se que haverá guerra.	They say there will be war.
Sim, porque gosta-se de lutar.	Yes, because people like to fight.

5. Verbs in the reflexive are often used to convey the passive voice.

Fala-se inglês aqui.	English is spoken here.
Vendem-se livros nesta loja?	Are books sold in this store?
Bebe-se muito vinho em Portugal.	Much wine is drunk in Portugal.
Bebe-se muita cachaça no Brasil.	Much brandy is drunk in Brazil.

6. Finally, it must be pointed out that, although the following sample reflexive conjugation is presented in standard textbook fashion, in actual usage the positioning of the reflexive pronoun with respect to its verb is governed by complex syntactic as well as phonetic principles which vary considerably between Continental and Brazilian Portuguese. Not surprisingly, as with other personal object pronouns in Portuguese, reflexive pronouns may occur preposed (proclitic), postposed (enclitic), and even interposed (mesoclitic) to the verb forms with which they are construed. Generally speaking, in Continental Portuguese sentences never begin with a preposed reflexive pronoun unless a noun or pronoun subject is also present; whereas, in standard Brazilian usage such prepositioning has become the norm.

REFLEXIVE PRONOUNS

SINGULAR	PLURAL
me (myself, to or for myself)	*nos* (ourselves, to or for ourselves)
te (yourself, to or for yourself)	*vos* (yourselves, to or for yourselves)
se (herself, himself, itself, to or for herself, himself, itself)	*se* (themselves, to or for themselves)
se (yourself, to or for yourself)	*se* (yourselves, to or for yourselves)

A SAMPLE REFLEXIVE CONJUGATION

INFINITIVE MOOD

Simple

Impers. LEMBRAR-SE *to remember*

Compound

ter-se lembrado

Simple

Pers.	lembrar-me	lembrarmo-nos
	lembrares-te	lembrardes-vos
	lembrar-se	lembrarem-se

Compound

	ter-me lembrado	termo-nos lembrado
	teres-te lembrado	terdes-vos lembrado
	ter-se lembrado	terem-se lembrado

PARTICIPLES

Simple

Pres. lembrando-se

Compound

Past tendo-se lembrado
se lembrado

INDICATIVE MOOD

Simple

Pres.	lembro-me	lembramo-nos
	lembras-te	lembrais-vos
	lembra-se	lembram-se

Imperf.	lembrava-me lembravas-te lembrava-se	lembrávamo-nos lembráveis-vos lembravam-se
Pret.	lembrei-me lembraste-te lembrou-se	lembrámo-nos lembrastes-vos lembraram-se
Pluperf.	lembrara-me lembraras-te lembrara-se	lembráramo-nos lembráreis-vos lembraram-se
Fut.	lembrar-me-ei lembrar-te-ás lembrar-se-á	lembrar-nos-emos lembrar-vos-eis lembrar-se-ão

COMPOUND OR PERFECT

spoken form

Pres.	tenho-me lembrado tens-te lembrado tem-se lembrado	temo-nos lembrado tendes-vos lembrado têm-se lembrado

literary form

	hei-me lembrado hás-te lembrado há-se lembrado	havemo-nos lembrado haveis-vos lembrado hão-se lembrado

spoken form

Pluperf.	tinha-me lembrado tinhas-te lembrado tinha-se lembrado	tínhamo-nos lembrado tínheis-vos lembrado tinham-se lembrado

literary form

	havia-me lembrado havias-te lembrado havia-se lembrado	havíamo-nos lembrado havíeis-vos lembrado haviam-se lembrado

spoken form

Fut.	ter-me-ei lembrado ter-te-ás lembrado ter-se-á lembrado	ter-nos-emos lembrado ter-vos-eis lembrado ter-se-ão lembrado

literary form

	haver-me-ei lembrado haver-te-ás lembrado haver-se-á lembrado	haver-nos-emos lembrado haver-vos-eis lembrado haver-se-ão lembrado

SUBJUNCTIVE MOOD

Simple

Pres.	lembre-me lembres-te lembre-se	lembremo-nos lembreis-vos lembrem-se
Imperf.	lembrasse-me lembrasses-te lembrasse-se	lembrássemo-nos lembrásseis-vos lembrassem-se
Fut.	me lembrar te lembrares se lembrar	nos lembrarmos vos lembrardes se lembrarem

Compound

spoken form

Pres.	tenha-me lembrado tenhas-te lembrado tenha-se lembrado	tenhamo-nos lembrado tenhais-vos lembrado tenham-se lembrado

literary form

	haja-me lembrado hajas-te lembrado haja-se lembrado	hajamo-nos lembrado hajais-vos lembrado hajam-se lembrado

spoken form

Imperf.	tivesse-me lembrado tivesses-te lembrado tivesse-se lembrado	tivéssemo-nos lembrado tivésseis-vos lembrado tivessem-se lembrado

literary form

	houvesse-me lembrado houvesses-te lembrado houvesse-se lembrado	houvéssemo-nos lembrado houvésseis-vos lembrado houvessem-se lembrado

spoken form

Fut.	me tiver lembrado te tiveres lembrado se tiver lembrado	nos tivermos lembrado vos tiverdes lembrado se tiverem lembrado

literary form

	me houver lembrado te houveres lembrado se houver lembrado	nos houvermos lembrado vos houverdes lembrado se houverem lembrado

CONDITIONAL MOOD

Simple

lembrar-me-ia	lembrar-nos-íamos
lembrar-te-ias	lembrar-vos-íeis
lembrar-se-ia	lembrar-se-iam

Compound

spoken form

ter-me-ia lembrado	ter-nos-íamos lembrado
ter-te-ias lembrado	ter-vos-íeis lembrado
ter-se-ia lembrado	ter-se-iam lembrado

literary form

haver-me-ia lembrado	haver-nos-íamos lembrado
haver-te-ias lembrado	haver-vos-íeis lembrado
haver-se-ia lembrado	haver-se-iam lembrado

IMPERATIVE MOOD

lembra-te	lembrai-vos

OBJECT PRONOUNS

Direct

SINGULAR	PLURAL
me—me	*nos*—us
te—you	*vos*—you
o—him, it, you	*os*—them, you
a—her, it, you	*as*—them, you

Indirect

me—to me	*nos*—to us
te—to you	*vos*—to you
lhe—to him, to her, to you	*lhes*—to them, to you

CONTRACTED FORMS OF OBJECT PRONOUNS

NOTE: The indirect object pronouns always precede the direct. These contractions are seldom, if ever, heard in Brazilian Portuguese.

mo—it to me	*no-lo*—it to us
ma—it to me	*no-la*—it to us
mos—them to me	*no-los*—them to us
mas—them to me	*no-las*—them to us

to—it to you
ta—it to you
tos—them to you
tas—them to you
lho—it to you,
it to him,
it to her
lha—it to you,
it to him,
it to her
lhos—them to you,
them to him,
them to her
lhas—them to you,
them to him,
them to her

vo-lo—it to you
vo-la—it to you
vo-los—them to you
vo-las—them to you
lho—it to them,
it to you
lha—it to them,
it to you
lhos—them to them,
them to you
lhas—them to them,
them to you

PECULIARITIES OF CERTAIN VERB-PLUS-DIRECT-OBJECT-PRONOUN COMBINATIONS

1. When the direct object pronouns *a*, *o*, *as*, or *os* follow and are attached (by a hyphen) to a verb form ending in *r*, *s*, or *z*, certain changes in spelling occur.

   A. The final *-r* of all infinitives is dropped and the object pronouns acquire an initial *l*.

Vou *comprá-lo*.	I'm going to buy it.
Ele não quer *fazê-la*.	He doesn't want to do it.
Eu não posso *ouvi-los*.	I can't hear them.

   (Note the respective diacritical marks added to the 1st and 2nd conjugation verbs.)

   B. When the direct object pronouns *a*, *o*, *as*, or *os* are attached to verb forms ending in *s* or *z*, the final *s* or *z* is dropped and an initial *l* is added to the direct compliment.

Fiz + o—*Fi-lo*.	I did it.
Compremos + as—*Compremo-las*.	Let's buy them.
Fêz + a—*Fê-la*.	He made it.
Pus + os—*Pu-los* (aí).	I put them (there).

2. When the direct objects *a*, *o*, *as*, or *os* are connected to the end of verb forms having nasal terminations (-ão, -õe, -m), those objects acquire an initial *n*.

Dão-nos ao professor.	They give them to the professor.
Têm-na escondida.	They have her hidden.
Lêem-no.	They read it.

FUTURE INDICATIVE AND CONDITIONAL PRONOMINAL CONJUGATIONS

When verbs conjugated in the future indicative and the conditional are conjugated with object pronouns (also see sample reflexive conjugation), the pronouns are placed as infixes between the verb stem and the conjugation ending. This construction, which is referred to as a pronominal or mesoclitic conjugation, has become essentially a literary construction and is rarely, if ever, heard in conversational Portuguese on either side of the Atlantic. To avoid use of the mesoclitic pronominal construction, most speakers of Continental Portuguese will employ a subject pronoun, thereby permitting the placement of the unstressed (atonic) object pronouns before the verb form. In conversational Brazilian Portuguese it is normal for unstressed object pronouns to precede the verb anyway, a practice which no doubt has aided in the elimination of the mesoclitic pronominal construction from Brazilian usage.

Falar-te-ei.	I will speak to you.
Dir-lho-ão.	They will tell it to him.
Informar-nos-á.	He will inform us.
Escrever-lhe-ão.	They will write to him.
Mandar-nos-ia.	He would order us.
Far-mo-ias.	You would do it to me.

Note that when the direct object pronouns *o*, *os*, *a*, *as* are infixed, the verb stem is altered in the same manner as with the simple infinitive.

Comprá-los-emos.	We will buy them.
Fá-lo-ia.	I would do it.
Escrevê-las-ão.	They will write them.
Vê-la-ias.	You would see her.
Di-lo-á	He will say it.
Segui-los-íamos	We would follow them.

In seeking to avoid cumbersome mesoclitic constructions, Continental speakers may simply employ a subject pronoun, and then put the object pronoun(s) before the verb form.

Vocês no-lo dirão	You will tell it to us.
Elas mas darão.	They will give them to me.
Nós lho venderíamos.	We would sell it to him.

FORMATION OF COMMANDS

The true imperative mood is used only for the *affirmative* second person (singular and plural) command forms. For all other commands, the appropriate present subjunctive forms are used.

AFFIRMATIVE	**NEGATIVE**
fala (tu) speak (thou)	*não fales* don't speak
fale (você, etc.*)* speak	*não fale* don't speak
falemos (nós) let's speak	*não falemos* let's not speak

falai (vós) speak (ye) — *não faleis* don't speak
falem (vocês, etc.*) speak* — *não falem* don't speak

NOTES: 1. The *let's* equivalent may also be expressed by **vamos** + infinitive: *Vamos falar!* Let's talk!

2. A somewhat softer alternative command expression is *faça (faz, façam) o favor de* + infinitive:

2nd pers. sing.—Faz (Faze) o favor de abrir (abrires) a janela.
Do me the favor of opening the window.

3rd pers. sing.—Faça o favor de se sentar aqui.
Please sit here.

3rd pers. plur.—Façam o favor de nos informar (informarem) da vossa chegada.
Kindly inform us of your arrival.

THE TRUE PASSIVE VOICE

It has already been pointed out that the reflexive verb construction may be used to express passive meaning. However, if the agent or doer of the action is expressed, then the true passive voice construction should be used. The simple tenses of the true passive voice are formed by adding the past participle of the active verb, which must agree in number and gender with the subject, and to the conjugated forms of *ser* "to be." The compound tenses of the passive are constructed similarly: *Sido*, the past participle of *ser*, is placed between the conjugated forms of *ter* and the past participle of the main verb, which likewise must agree in number and gender with the subject.

A casa é construída pelos operários.
The house is built by the workers.

O Presidente foi eleito pelo povo.
The President was elected by the people.

O doente será curado pelo médico.
The patient will be cured by the doctor.

Espero que a conta seja paga pelo meu pai.
I hope that the bill will be paid by my father.

Receava que os cães fossem atropelados pelo camião.
I was afraid that the dogs were run over by the truck.

Ela disse que a festa seria dada pela escola.
She said that the party would be given by the school.

Eles têm sido louvados pela companhia.
They have been praised by the company.

Disseram-me que você tinha sido nomeado secretário pelo nosso clube.
They told me that you had been appointed secretary by our club.

Quando os aviões chegarem, já as nossas tropas terão sido vencidas pelo inimigo.
When the airplanes arrive, our troops will have already been beaten by the enemy.

Duvido que nós tenhamos sido convidados por ele.
I doubt that we have been invited by him.

Se os barcos tivessem sido capturados pelos piratas, ter-se-iam perdido todas as jóias.
If the ships had been captured by the pirates, all the jewels would have been lost.

Se tivesses deixado o teu carro ali, terias sido multado pelo polícia.
If you had left your car there, you would have been fined (ticketed) by the policeman.

THE PROGRESSIVE TENSE

The *progressive tense* (or aspect) indicates and emphasizes an action that is in progress. Although this construction is most often used in the present and imperfect indicative, it may also be employed in other tenses of the indicative, as well as the subjunctive and the conditional. Similar to the English construction, the Portuguese *progressive* is formed with the verb "to be" *estar,* conjugated in the appropriate tense and followed by the desired present participle.

Estou trabalhando.
I am working.

Ele estava sonhando.
He was dreaming.

Estaremos jogando.
We will be playing.

Espero que esteja nevando.
I hope it will be snowing.

O professor não acreditava que os alunos estivessem estudando.
The professor didn't believe that the students were studying.

Se os pés do João não estivessem doendo, estaria ganhando a corrida.
If John's feet weren't hurting, he would be winning the race.

However, Portuguese possesses an optional form of the *progressive*, which is in fact the normally-occurring form in Portugal, but which is never heard in Brazil. This second construction once again uses *estar*, but with the preposition *a* plus an infinitive instead of a present participle.

Estou a trabalhar.
Ele estava a sonhar.
Estaremos a jogar.
Espero que esteja a nevar.
O professor não acreditava que os alunos estivessem a estudar.
Se os pés do João não estivessem a doer, estaria a ganhar a corrida.

NOTE: The verb *ir* "to go" is used in its normal conjugations to indicate *progressive* action.

Vou.	I am going.
Eu ia.	I was going.

SOME COMMONLY USED VERBS THAT HAVE ONLY *IRREGULAR* PAST PARTICIPLES

abrir—aberto[1] [open, opened]
cobrir—coberto[1] [covered]
dizer—dito [said, told]
escrever—escrito [written]
fazer—feito [done, made]
pôr—posto[2] [put, placed]
ver—visto [seen]
vir—vindo [come]

[1] The stressed *e* in **aberto** and **coberto** is *open* in all forms: **aberto, abertos, aberta, abertas; coberto, cobertos, coberta, cobertas.**
[2] The stressed *o* in **posto** is *close,* but *open* in the other forms: **postos, posta, postas.**

NOTE: The compounds or derivatives of the above verbs also have irregular past participles, e.g., **abrir-reabrir/reaberto, cobrir-recobrir/recoberto, dizer-predizer/predito, escrever-descrever/descrito, fazer-refazer/refeito, pôr-compor/composto, ver-antever/antevisto, vir-provir/provindo,** etc.

VERBS THAT HAVE *DOUBLE* FORMS OF THE PAST PARTICIPLE

NOTE: In the case of verbs having two forms of the past participle, the regular form is generally preferred in forming compound tenses with the auxiliary verbs **ter** and **haver**, in which case it is *always* construed in the masculine singular form, while the shorter, irregular forms are generally used as descriptive adjectives with **estar** and **ficar** and for forming the passive voice with **ser**, and must, therefore, agree in number and gender with the subject of the verb. Example: **Espero que tenham prendido os terroristas.** (*I hope they've arrested the terrorists*), but, **Espero que os terroristas tenham sido presos** (*I hope the terrorists have been arrested*).

absorver—absorvido, absorto[1] [absorbed]
aceitar—aceitado, aceite, aceito[2] [accepted]
acender—acendido, aceso[3] [lit, lighted]
afligir—afligido, aflito[1] [afflicted, distressed]
assentar—assentado, assente[4] [seated]
atender—atendido, atento[1] [answered, attentive]
bem-querer—benquerido, benquisto[4] [loved]
benzer—benzido, bento [blessed]
confundir—confundido, confuso [confused]
desaceitar—desaceitado, desaceite, **desaceito**[2] [rejected]
eleger—elegido, eleito [elected]
emergir—emergido, emerso [emerged]
encarregar—encarregado, **encarregue** [entrusted]

encher—enchido, cheio[1] [filled, full]
entregar—entregado,[5] **entregue** [delivered]
envolver—envolvido, envolto[3 & 5] [wrapped]
enxugar—enxugado, enxuto [dried (off)]
expelir—expelido, expulso [expelled]
exprimir—exprimido, expresso [expressed]
expulsar—expulsado, expulso [expelled]
extinguir—extinguido, extinto [extinguished, extinct]
fartar—fartado, farto [satiated, fed up]
fritar—fritado, frito[1] [fried]
ganhar—ganho, ganhado[6] [earned, won]
gastar—gasto, gastado[6] [spent]
imergir—imergido, imerso [immersed]
imprimir—imprimido, impresso [printed]
incorrer—incorrido, incurso[1] [incurred]
inserir—inserido, inserto [inserted]
juntar—juntado, junto[1] [joined, together]
limpar—limpado, limpo[1] [cleaned, clean]
malquerer—malquerido, malquisto[4] [wished ill]
matar—matado, morto[7] [killed, murdered]
morrer—morrido, morto [died, dead]
omitir—omitido, omisso [omitted]
pagar—pago, pagado[6] [paid]
pegar—pegado, pego[8] [caught, grabbed, picked up]
prender—prendido, preso[3] [caught, arrested]
reimprimir—reimprimido, reimpresso [reprinted]
romper—rompido[5], **roto** [torn, broken]
salvar—salvado, salvo [saved, rescued]
soltar—soltado,[5] **solto**[3] [released, loose]
submergir—submergido, submerso [submerged]
suprimir—suprimido, supresso [suppressed]
suspender—suspendido, suspenso [suspended]
tingir—tingido, tinto [dyed, tinted]

[1]Irregular form used only as an adjective, but not in forming the passive voice with **ser**.
[2]**Aceito** and **desaceito** are the irregular forms used in Brazil, while **aceite** and **desaceite** are the irregular forms used in Portugal, though **não aceite** is more commonly used to express the sense of **desaceite**.
[3]The stressed *e* or *o* of the irregular past part. is *close* in all forms, e.g., **aceso, acesos, acesa, acesas; solto, soltos, solta, soltas.** See Foreword for explanation of *open* and *close* vowels.
[4]Irregular form now generally considered obselete.
[5]Regular form also used in forming the passive voice with **ser.**
[6]Regular form now generally considered obsolete.
[7]The stressed *o* in **morto** is *close,* but *open* in the other forms: **mortos, morta, mortas.**
[8]Irregular form normally used in Brazil in forming the passive voice with **ser** and is even heard there in forming compound tenses with **ter.**

DEFECTIVE AND IMPERSONAL VERBS

Verbs that are designated as *defective* are those which are not conjugated in all tenses and/or persons of the verb. Besides being *defective*, so-called *impersonal* verbs are those which, usually as a consequence of the logic of normal usage, are used only in their 3rd persons singular and/or plural forms, and, moreover, have no imperative forms.

Those *defective* and *impersonal* verbs contained in this manual are: **abolir, acontecer, anoitecer, banir, chover, chuviscar, colorir, competir, custar, decorrer, demolir, descolorir, doer, explodir, falir, haver, impelir, ladrar, latir, nevar, neviscar, nevoar-se, nublar-se, precaver, repelir, trovejar.**

It must be pointed out, however, that when **haver** is used in its literary auxiliary function it is fully conjugated, and that, of course, any *defective* verb may be fully conjugated if it is used figuratively or metaphorically, though such usage is relatively rare. (See sample sentence under **ladrar** for an example of such metaphorical usage.)

Alphabetical Listing of 501 Portuguese Verbs Fully Conjugated in All the Tenses

to lower, go down; to turn down (as to lower); (**-se**) to bend over; to duck

Personal Infinitive	
abaixar	abaixarmos
abaixares	abaixardes
abaixar	abaixarem
Present Indicative	
abaixo	abaixamos
abaixas	abaixais
abaixa	abaixam
Imperfect Indicative	
abaixava	abaixávamos
abaixavas	abaixáveis
abaixava	abaixavam
Preterit Indicative	
abaixei	abaixámos
abaixaste	abaixastes
abaixou	abaixaram
Simple Pluperfect Indicative	
abaixara	abaixáramos
abaixaras	abaixáreis
abaixara	abaixaram
Future Indicative	
abaixarei	abaixaremos
abaixarás	abaixareis
abaixará	abaixarão
Present Perfect Indicative	
tenho abaixado	temos abaixado
tens abaixado	tendes abaixado
tem abaixado	têm abaixado
Past Perfect or Pluperfect Indicative	
tinha abaixado	tínhamos abaixado
tinhas abaixado	tínheis abaixado
tinha abaixado	tinham abaixado
Future Perfect Indicative	
terei abaixado	teremos abaixado
terás abaixado	tereis abaixado
terá abaixado	terão abaixado

Present Subjunctive	
abaixe	abaixemos
abaixes	abaixeis
abaixe	abaixem
Imperfect Subjunctive	
abaixasse	abaixássemos
abaixasses	abaixásseis
abaixasse	abaixassem
Future Subjunctive	
abaixar	abaixarmos
abaixares	abaixardes
abaixar	abaixarem
Present Perfect Subjunctive	
tenha abaixado	tenhamos abaixado
tenhas abaixado	tenhais abaixado
tenha abaixado	tenham abaixado
Past Perfect or Pluperfect Subjunctive	
tivesse abaixado	tivéssemos abaixado
tivesses abaixado	tivésseis abaixado
tivesse abaixado	tivessem abaixado
Future Perfect Subjunctive	
tiver abaixado	tivermos abaixado
tiveres abaixado	tiverdes abaixado
tiver abaixado	tiverem abaixado
Conditional	
abaixaria	abaixaríamos
abaixarias	abaixaríeis
abaixaria	abaixariam
Conditional Perfect	
teria abaixado	teríamos abaixado
terias abaixado	teríeis abaixado
teria abaixado	teriam abaixado
Imperative	
abaixa–abaixai	

Samples of verb usage.

A menina **abaixava** o som do estéreo para se concentrar melhor na leitura.
The girl turned down the sound of the stereo in order to concentrate better on her reading.

Abaixe-se! *Duck!*

Quando cheguei hoje ao supermercado o preço do leite **tinha abaixado**.
When I got to the supermarket today, the price of milk had gone down.

O aluno **abaixou-se** (**se abaixou** *in Brazil*) para pegar o lápis.
The student bent over to pick up the pencil.

abandonar

Pres. Part. *abandonando* Past Part. *abandonado*

to abandon, leave; to desert

Personal Infinitive

abandonar	abandonarmos
abandonares	abandonardes
abandonar	abandonarem

Present Indicative

abandono	abandonamos
abandonas	abandonais
abandona	abandonam

Imperfect Indicative

abandonava	abandonávamos
abandonavas	abandonáveis
abandonava	abandonavam

Preterit Indicative

abandonei	abandonámos
abandonaste	abandonastes
abandonou	abandonaram

Simple Pluperfect Indicative

abandonara	abandonáramos
abandonaras	abandonáreis
abandonara	abandonaram

Future Indicative

abandonarei	abandonaremos
abandonarás	abandonareis
abandonará	abandonarão

Present Perfect Indicative

tenho abandonado	temos abandonado
tens abandonado	tendes abandonado
tem abandonado	têm abandonado

Past Perfect or Pluperfect Indicative

tinha abandonado	tínhamos abandonado
tinhas abandonado	tínheis abandonado
tinha abandonado	tinham abandonado

Future Perfect Indicative

terei abandonado	teremos abandonado
terás abandonado	tereis abandonado
terá abandonado	terão abandonado

Present Subjunctive

abandone	abandonemos
abandones	abandoneis
abandone	abandonem

Imperfect Subjunctive

abandonasse	abandonássemos
abandonasses	abandonásseis
abandonasse	abandonassem

Future Subjunctive

abandonar	abandonarmos
abandonares	abandonardes
abandonar	abandonarem

Present Perfect Subjunctive

tenha abandonado	tenhamos abandonado
tenhas abandonado	tenhais abandonado
tenha abandonado	tenham abandonado

Past Perfect or Pluperfect Subjunctive

tivesse abandonado	tivéssemos abandonado
tivesses abandonado	tivésseis abandonado
tivesse abandonado	tivessem abandonado

Future Perfect Subjunctive

tiver abandonado	tivermos abandonado
tiveres abandonado	tiverdes abandonado
tiver abandonado	tiverem abandonado

Conditional

abandonaria	abandonaríamos
abandonarias	abandonaríeis
abandonaria	abandonariam

Conditional Perfect

teria abandonado	teríamos abandonado
terias abandonado	teríeis abandonado
teria abandonado	teriam abandonado

Imperative

abandona–abandonai

Samples of verb usage.

Eles **abandonarão** o carro no ferro velho. *They will leave the car in the junkyard.*

Abandonaste a miúda ali? *Did you desert the little girl over there?*

Eu **abandono** este emprego sem ressentimentos. *I am leaving this job without any regrets.*

Ele **abandonaria** o seu melhor amigo sem hesitar. *He would abandon his best friend without hesitating.*

to upset, displease, annoy, bother; to bore

Personal Infinitive
aborrecer aborrecermos
aborreceres aborrecerdes
aborrecer aborrecerem

Present Indicative
aborreço aborrecemos
aborreces aborreceis
aborrece *aborrecem**

Imperfect Indicative
aborrecia aborrecíamos
aborrecias aborrecíeis
aborrecia aborreciam

Preterit Indicative
aborreci aborrecemos
aborreceste aborrecestes
aborreceu aborreceram

Simple Pluperfect Indicative
aborrecera aborrecêramos
aborreceras aborrecêreis
aborrecera aborreceram

Future Indicative
aborrecerei aborreceremos
aborrecerás aborrecereis
aborrecerá aborrecerão

Present Perfect Indicative
tenho aborrecido temos aborrecido
tens aborrecido tendes aborrecido
tem aborrecido têm aborrecido

Past Perfect or Pluperfect Indicative
tinha aborrecido tínhamos aborrecido
tinhas aborrecido tínheis aborrecido
tinha aborrecido tinham aborrecido

Future Perfect Indicative
terei aborrecido teremos aborrecido
terás aborrecido tereis aborrecido
terá aborrecido terão aborrecido

Present Subjunctive
aborreça aborreçamos
aborreças aborreçais
aborreça aborreçam

Imperfect Subjunctive
aborrecesse aborrecêssemos
aborrecesses aborrecêsseis
aborrecesse aborrecessem

Future Subjunctive
aborrecer aborrecermos
aborreceres aborrecerdes
aborrecer aborrecerem

Present Perfect Subjunctive
tenha aborrecido tenhamos aborrecido
tenhas aborrecido tenhais aborrecido
tenha aborrecido tenham aborrecido

Past Perfect or Pluperfect Subjunctive
tivesse aborrecido tivéssemos aborrecido
tivesses aborrecido tivésseis aborrecido
tivesse aborrecido tivessem aborrecido

Future Perfect Subjunctive
tiver aborrecido tivermos aborrecido
tiveres aborrecido tiverdes aborrecido
tiver aborrecido tiverem aborrecido

Conditional
aborreceria aborreceríamos
aborrecerias aborreceríeis
aborreceria aborreceriam

Conditional Perfect
teria aborrecido teríamos aborrecido
terias aborrecido teríeis aborrecido
teria aborrecido teriam aborrecido

Imperative
*aborrece**– aborrecei

Samples of verb usage.

Aquele vizinho não **aborrece** ninguém. *That neighbor doesn't bother anyone.*

Este filme está-me **a aborrecer** (**me aborrecendo**). *This movie is boring me.*

Eles **aborrecerão** os pais com esta notícia. *They will displease their parents with the news.*

Eu **tenho aborrecido** muita gente no trabalho. *I have been annoying a lot of people at work.*

*NOTE: Only the radical-changing verb forms with *open* stressed vowels appear in italic type. For further explanation see Foreword.

to button, fasten

Personal Infinitive

abotoar	abotoarmos
abotoares	abotoardes
abotoar	abotoarem

Present Indicative

abotoo	abotoamos
abotoas	abotoais
abotoa	abotoam

Imperfect Indicative

abotoava	abotoávamos
abotoavas	abotoáveis
abotoava	abotoavam

Preterit Indicative

abotoei	abotoámos
abotoaste	abotoastes
abotoou	abotoaram

Simple Pluperfect Indicative

abotoara	abotoáramos
abotoaras	abotoáreis
abotoara	abotoaram

Future Indicative

abotoarei	abotoaremos
abotoarás	abotoareis
abotoará	abotoarão

Present Perfect Indicative

tenho abotoado	temos abotoado
tens abotoado	tendes abotoado
tem abotoado	têm abotoado

Past Perfect or Pluperfect Indicative

tinha abotoado	tínhamos abotoado
tinhas abotoado	tínheis abotoado
tinha abotoado	tinham abotoado

Future Perfect Indicative

terei abotoado	teremos abotoado
terás abotoado	tereis abotoado
terá abotoado	terão abotoado

Present Subjunctive

abotoe	abotoemos
abotoes	abotoeis
abotoe	abotoem

Imperfect Subjunctive

abotoasse	abotoássemos
abotoasses	abotoásseis
abotoasse	abotoassem

Future Subjunctive

abotoar	abotoarmos
abotoares	abotoardes
abotoar	abotoarem

Present Perfect Subjunctive

tenha abotoado	tenhamos abotoado
tenhas abotoado	tenhais abotoado
tenha abotoado	tenham abotoado

Past Perfect or Pluperfect Subjunctive

tivesse abotoado	tivéssemos abotoado
tivesses abotoado	tivésseis abotoado
tivesse abotoado	tivessem abotoado

Future Perfect Subjunctive

tiver abotoado	tivermos abotoado
tiveres abotoado	tiverdes abotoado
tiver abotoado	tiverem abotoado

Conditional

abotoaria	abotoaríamos
abotoarias	abotoaríeis
abotoaria	abotoariam

Conditional Perfect

teria abotoado	teríamos abotoado
terias abotoado	teríeis abotoado
teria abotoado	teriam abotoado

Imperative

abotoa–abotoai

Samples of verb usage.

A médica **abotoou** a sua blusa. *The doctor (female) buttoned her blouse.*

Ela **abotoa** os botões da camisa. *She's fastening the buttons on her shirt.*

Você está **a abotoar (abotoando)** os botões nas casas erradas.
You're buttoning (putting the buttons in) the wrong buttonholes.

Eu **abotoarei** as calças do meu filho. *I will button my son's pants.*

to hug, embrace, seize

Personal Infinitive

abraçar	abraçarmos
abraçares	abraçardes
abraçar	abraçarem

Present Indicative

abraço	abraçamos
abraças	abraçais
abraça	abraçam

Imperfect Indicative

abraçava	abraçávamos
abraçavas	abraçáveis
abraçava	abraçavam

Preterit Indicative

abracei	abraçámos
abraçaste	abraçastes
abraçou	abraçaram

Simple Pluperfect Indicative

abraçara	abraçáramos
abraçaras	abraçáreis
abraçara	abraçaram

Future Indicative

abraçarei	abraçaremos
abraçarás	abraçareis
abraçará	abraçarão

Present Perfect Indicative

tenho abraçado	temos abraçado
tens abraçado	tendes abraçado
tem abraçado	têm abraçado

Past Perfect or Pluperfect Indicative

tinha abraçado	tínhamos abraçado
tinhas abraçado	tínheis abraçado
tinha abraçado	tinham abraçado

Future Perfect Indicative

terei abraçado	teremos abraçado
terás abraçado	tereis abraçado
terá abraçado	terão abraçado

Present Subjunctive

abrace	abracemos
abraces	abraceis
abrace	abracem

Imperfect Subjunctive

abraçasse	abraçássemos
abraçasses	abraçásseis
abraçasse	abraçassem

Future Subjunctive

abraçar	abraçarmos
abraçares	abraçardes
abraçar	abraçarem

Present Perfect Subjunctive

tenha abraçado	tenhamos abraçado
tenhas abraçado	tenhais abraçado
tenha abraçado	tenham abraçado

Past Perfect or Pluperfect Subjunctive

tivesse abraçado	tivéssemos abraçado
tivesses abraçado	tivésseis abraçado
tivesse abraçado	tivessem abraçado

Future Perfect Subjunctive

tiver abraçado	tivermos abraçado
tiveres abraçado	tiverdes abraçado
tiver abraçado	tiverem abraçado

Conditional

abraçaria	abraçaríamos
abraçarias	abraçaríeis
abraçaria	abraçariam

Conditional Perfect

teria abraçado	teríamos abraçado
terias abraçado	teríeis abraçado
teria abraçado	teriam abraçado

Imperative

abraça–abraçai

Samples of verb usage.

Todos os jogadores **se abraçaram** depois do gol (golo *in Portugal*).
All the players embraced each other after the goal.

Ela **abraçará** o seu amigo quando desembarcar do avião.
She will hug her friend when he gets off the plane.

Ele **abraçou** a primeira oportunidade que teve. *He seized the first opportunity that he had.*

Os namorados **tinham-se abraçado** na escuridão antes da mãe dela acender a luz.
The lovers had embraced in the darkness before her mother turned on the light.

to open

Personal Infinitive		***Present Subjunctive***	
abrir	abrirmos	abra	abramos
abrires	abrirdes	abras	abrais
abrir	abrirem	abra	abram
Present Indicative		***Imperfect Subjunctive***	
abro	abrimos	abrisse	abríssemos
abres	abris	abrisses	abrísseis
abre	abrem	abrisse	abrissem
Imperfect Indicative		***Future Subjunctive***	
abria	abríamos	abrir	abrirmos
abrias	abríeis	abrires	abrirdes
abria	abriam	abrir	abrirem
Preterit Indicative		***Present Perfect Subjunctive***	
abri	abrimos	tenha aberto	tenhamos aberto
abriste	abristes	tenhas aberto	tenhais aberto
abriu	abriram	tenha aberto	tenham aberto
Simple Pluperfect Indicative		***Past Perfect or Pluperfect Subjunctive***	
abrira	abríramos	tivesse aberto	tivéssemos aberto
abriras	abríreis	tivesses aberto	tivésseis aberto
abrira	abriram	tivesse aberto	tivessem aberto
Future Indicative		***Future Perfect Subjunctive***	
abrirei	abriremos	tiver aberto	tivermos aberto
abrirás	abrireis	tiveres aberto	tiverdes aberto
abrirá	abrirão	tiver aberto	tiverem aberto
Present Perfect Indicative		***Conditional***	
tenho aberto	temos aberto	abriria	abriríamos
tens aberto	tendes aberto	abririas	abriríeis
tem aberto	têm aberto	abriria	abririam
Past Perfect or Pluperfect Indicative		***Conditional Perfect***	
tinha aberto	tínhamos aberto	teria aberto	teríamos aberto
tinhas aberto	tínheis aberto	terias aberto	teríeis aberto
tinha aberto	tinham aberto	teria aberto	teriam aberto
Future Perfect Indicative		***Imperative***	
terei aberto	teremos aberto	abre–abri	
terás aberto	tereis aberto		
terá aberto	terão aberto		

Samples of verb usage.

Ela **abriu** a porta. *She opened the door.*

Quando (nós) **abrirmos** a janela, ficará frio. *When we open the window, it will become cold.*

Eles **abrirão** as cervejas. *They will open the beers.*

Eu **me abriria** com a pessoa certa. *I would open up to the right person.*

to absorb

Personal Infinitive

absorver	absorvermos
absorveres	absorverdes
absorver	absorverem

Present Indicative

absorvo	absorvemos
absorves	absorveis
absorve	*absorvem**

Imperfect Indicative

absorvia	absorvíamos
absorvias	absorvíeis
absorvia	absorviam

Preterit Indicative

absorvi	absorvemos
absorveste	absorvestes
absorveu	absorveram

Simple Pluperfect Indicative

absorvera	absorvêramos
absorveras	absorvêreis
absorvera	absorveram

Future Indicative

absorverei	absorveremos
absorverás	absorvereis
absorverá	absorverão

Present Perfect Indicative

tenho absorvido	temos absorvido
tens absorvido	tendes absorvido
tem absorvido	têm absorvido

Past Perfect or Pluperfect Indicative

tinha absorvido	tínhamos absorvido
tinhas absorvido	tínheis absorvido
tinha absorvido	tinham absorvido

Future Perfect Indicative

terei absorvido	teremos absorvido
terás absorvido	tereis absorvido
terá absorvido	terão absorvido

Present Subjunctive

absorva	absorvamos
absorvas	absorvais
absorva	absorvam

Imperfect Subjunctive

absorvesse	absorvêssemos
absorvesses	absorvêsseis
absorvesse	absorvessem

Future Subjunctive

absorver	absorvermos
absorveres	absorverdes
absorver	absorverem

Present Perfect Subjunctive

tenha absorvido	tenhamos absorvido
tenhas absorvido	tenhais absorvido
tenha absorvido	tenham absorvido

Past Perfect or Pluperfect Subjunctive

tivesse absorvido	tivéssemos absorvido
tivesses absorvido	tivésseis absorvido
tivesse absorvido	tivessem absorvido

Future Perfect Subjunctive

tiver absorvido	tivermos absorvido
tiveres absorvido	tiverdes absorvido
tiver absorvido	tiverem absorvido

Conditional

absorveria	absorveríamos
absorverias	absorveríeis
absorveria	absorveriam

Conditional Perfect

teria absorvido	teríamos absorvido
terias absorvido	teríeis absorvido
teria absorvido	teriam absorvido

Imperative

*absorve**–absorvei

Samples of verb usage.

O algodão **absorverá** todo o sangue. *The cotton will absorb all the blood.*

Absorveste a informação rápido. *You absorbed the information quickly.*

Este (sapato de) tênis (ténis *in Portugal*) **absorve** o impacto muito bem. *This (type of) sneaker absorbs the impact very well.*

Ela **absorve** as coisas facilmente. *She absorbs things easily.*

*NOTE: Only the radical-changing verb forms with *open* stressed vowels appear in italic type. For further explanation see Foreword.

to finish, complete; to end; (**acabar de** + infinitive) to have just

Personal Infinitive

acabar	acabarmos
acabares	acabardes
acabar	acabarem

Present Indicative

acabo	acabamos
acabas	acabais
acaba	acabam

Imperfect Indicative

acabava	acabávamos
acabavas	acabáveis
acabava	acabavam

Preterit Indicative

acabei	acabámos
acabaste	acabastes
acabou	acabaram

Simple Pluperfect Indicative

acabara	acabáramos
acabaras	acabáreis
acabara	acabaram

Future Indicative

acabarei	acabaremos
acabarás	acabareis
acabará	acabarão

Present Perfect Indicative

tenho acabado	temos acabado
tens acabado	tendes acabado
tem acabado	têm acabado

Past Perfect or Pluperfect Indicative

tinha acabado	tínhamos acabado
tinhas acabado	tínheis acabado
tinha acabado	tinham acabado

Future Perfect Indicative

terei acabado	teremos acabado
terás acabado	tereis acabado
terá acabado	terão acabado

Present Subjunctive

acabe	acabemos
acabes	acabeis
acabe	acabem

Imperfect Subjunctive

acabasse	acabássemos
acabasses	acabásseis
acabasse	acabassem

Future Subjunctive

acabar	acabarmos
acabares	acabardes
acabar	acabarem

Present Perfect Subjunctive

tenha acabado	tenhamos acabado
tenhas acabado	tenhais acabado
tenha acabado	tenham acabado

Past Perfect or Pluperfect Subjunctive

tivesse acabado	tivéssemos acabado
tivesses acabado	tivésseis acabado
tivesse acabado	tivessem acabado

Future Perfect Subjunctive

tiver acabado	tivermos acabado
tiveres acabado	tiverdes acabado
tiver acabado	tiverem acabado

Conditional

acabaria	acabaríamos
acabarias	acabaríeis
acabaria	acabariam

Conditional Perfect

teria acabado	teríamos acabado
terias acabado	teríeis acabado
teria acabado	teriam acabado

Imperative

acaba–acabai

Samples of verb usage.

Eles estão **a acabar** (**acabando**) o trabalho agora. *They are finishing work now.*

(Nós) **acabamos** de chegar em (a *in Portugal)* casa. *We have just arrived home*.

Ela **acabará** o artigo amanhã. *She will finish the article tomorrow.*

O jogo **acabou** zero a zero. *The game ended zero to zero (scoreless).*

to calm (down); (**-se**) to become calm, calm down

Personal Infinitive

acalmar	acalmarmos
acalmares	acalmardes
acalmar	acalmarem

Present Indicative

acalmo	acalmamos
acalmas	acalmais
acalma	acalmam

Imperfect Indicative

acalmava	acalmávamos
acalmavas	acalmáveis
acalmava	acalmavam

Preterit Indicative

acalmei	acalmámos
acalmaste	acalmastes
acalmou	acalmaram

Simple Pluperfect Indicative

acalmara	acalmáramos
acalmaras	acalmáreis
acalmara	acalmaram

Future Indicative

acalmarei	acalmaremos
acalmarás	acalmareis
acalmará	acalmarão

Present Perfect Indicative

tenho acalmado	temos acalmado
tens acalmado	tendes acalmado
tem acalmado	têm acalmado

Past Perfect or Pluperfect Indicative

tinha acalmado	tínhamos acalmado
tinhas acalmado	tínheis acalmado
tinha acalmado	tinham acalmado

Future Perfect Indicative

terei acalmado	teremos acalmado
terás acalmado	tereis acalmado
terá acalmado	terão acalmado

Present Subjunctive

acalme	acalmemos
acalmes	acalmeis
acalme	acalmem

Imperfect Subjunctive

acalmasse	acalmássemos
acalmasses	acalmásseis
acalmasse	acalmassem

Future Subjunctive

acalmar	acalmarmos
acalmares	acalmardes
acalmar	acalmarem

Present Perfect Subjunctive

tenha acalmado	tenhamos acalmado
tenhas acalmado	tenhais acalmado
tenha acalmado	tenham acalmado

Past Perfect or Pluperfect Subjunctive

tivesse acalmado	tivéssemos acalmado
tivesses acalmado	tivésseis acalmado
tivesse acalmado	tivessem acalmado

Future Perfect Subjunctive

tiver acalmado	tivermos acalmado
tiveres acalmado	tiverdes acalmado
tiver acalmado	tiverem acalmado

Conditional

acalmaria	acalmaríamos
acalmarias	acalmaríeis
acalmaria	acalmariam

Conditional Perfect

teria acalmado	teríamos acalmado
terias acalmado	teríeis acalmado
teria acalmado	teriam acalmado

Imperative

acalma–acalmai

Samples of verb usage.

Acalma-te! *Calm down!*

O capitão **acalmou** a tripulação. *The captain calmed down the crew.*

As notícias **teriam acalmado** a todos. *The news would have calmed everyone down.*

Ela só **se acalmaria** se visse o filho. *She would only calm down if she could see her son.*

to caress, pet, stroke

Personal Infinitive		***Present Subjunctive***	
acariciar	acariciarmos	acaricie	acariciemos
acariciares	acariciardes	acaricies	acaricieis
acariciar	acariciarem	acaricie	acariciem
Present Indicative		***Imperfect Subjunctive***	
acaricio	acariciamos	acariciasse	acariciássemos
acaricias	acariciais	acariciasses	acariciásseis
acaricia	acariciam	acariciasse	acariciassem
Imperfect Indicative		***Future Subjunctive***	
acariciava	acariciávamos	acariciar	acariciarmos
acariciavas	acariciáveis	acariciares	acariciardes
acariciava	acariciavam	acariciar	acariciarem
Preterit Indicative		***Present Perfect Subjunctive***	
acariciei	acariciámos	tenha acariciado	tenhamos acariciado
acariciaste	acariciastes	tenhas acariciado	tenhais acariciado
acariciou	acariciaram	tenha acariciado	tenham acariciado
Simple Pluperfect Indicative		***Past Perfect or Pluperfect Subjunctive***	
acariciara	acariciáramos	tivesse acariciado	tivéssemos acariciado
acariciaras	acariciáreis	tivesses acariciado	tivésseis acariciado
acariciara	acariciaram	tivesse acariciado	tivessem acariciado
Future Indicative		***Future Perfect Subjunctive***	
acariciarei	acariciaremos	tiver acariciado	tivermos acariciado
acariciarás	acariciareis	tiveres acariciado	tiverdes acariciado
acariciará	acariciarão	tiver acariciado	tiverem acariciado
Present Perfect Indicative		***Conditional***	
tenho acariciado	temos acariciado	acariciaria	acariciaríamos
tens acariciado	tendes acariciado	acariciarias	acariciaríeis
tem acariciado	têm acariciado	acariciaria	acariciariam
Past Perfect or Pluperfect Indicative		***Conditional Perfect***	
tinha acariciado	tínhamos acariciado	teria acariciado	teríamos acariciado
tinhas acariciado	tínheis acariciado	terias acariciado	teríeis acariciado
tinha acariciado	tinham acariciado	teria acariciado	teriam acariciado
Future Perfect Indicative		***Imperative***	
terei acariciado	teremos acariciado	acaricia–acariciai	
terás acariciado	tereis acariciado		
terá acariciado	terão acariciado		

Samples of verb usage.

A neta **acariciava** o rosto da avó todos os dias antes de ir à escola.
The granddaughter would caress her grandmother's face every day before going to school.

As meninas gostam de **acariciar** o cachorro (filhote *in Brazil*). *The girls like to pet the puppy.*

O pai **acariciou** a cabeça do filho. *The father stroked his son's head.*

O menino queria **acariciar** a barba do Pai Natal (Papai Noel *in Brazil*).
The little boy wanted to stroke Santa Claus' beard.

to accept

Personal Infinitive
aceitar aceitarmos
aceitares aceitardes
aceitar aceitarem

Present Indicative
aceito aceitamos
aceitas aceitais
aceita aceitam

Imperfect Indicative
aceitava aceitávamos
aceitavas aceitáveis
aceitava aceitavam

Preterit Indicative
aceitei aceitámos
aceitaste aceitastes
aceitou aceitaram

Simple Pluperfect Indicative
aceitara aceitáramos
aceitaras aceitáreis
aceitara aceitaram

Future Indicative
aceitarei aceitaremos
aceitarás aceitareis
aceitará aceitarão

Present Perfect Indicative
tenho aceitado temos aceitado
tens aceitado tendes aceitado
tem aceitado têm aceitado

Past Perfect or Pluperfect Indicative
tinha aceitado tínhamos aceitado
tinhas aceitado tínheis aceitado
tinha aceitado tinham aceitado

Future Perfect Indicative
terei aceitado teremos aceitado
terás aceitado tereis aceitado
terá aceitado terão aceitado

Present Subjunctive
aceite aceitemos
aceites aceiteis
aceite aceitem

Imperfect Subjunctive
aceitasse aceitássemos
aceitasses aceitásseis
aceitasse aceitassem

Future Subjunctive
aceitar aceitarmos
aceitares aceitardes
aceitar aceitarem

Present Perfect Subjunctive
tenha aceitado tenhamos aceitado
tenhas aceitado tenhais aceitado
tenha aceitado tenham aceitado

Past Perfect or Pluperfect Subjunctive
tivesse aceitado tivéssemos aceitado
tivesses aceitado tivésseis aceitado
tivesse aceitado tivessem aceitado

Future Perfect Subjunctive
tiver aceitado tivermos aceitado
tiveres aceitado tiverdes aceitado
tiver aceitado tiverem aceitado

Conditional
aceitaria aceitaríamos
aceitarias aceitaríeis
aceitaria aceitariam

Conditional Perfect
teria aceitado teríamos aceitado
terias aceitado teríeis aceitado
teria aceitado teriam aceitado

Imperative
aceita–aceitai

Samples of verb usage.

Aceitaste a proposta? *Did you accept the offer (proposal)?*

Espero que elas **tenham aceitado** o convite. *I hope they have accepted the invitation.*

O artista **teria aceitado** mil dólares pelo quadro.
The artist would have accepted a thousand dollars for the painting.

A estudante **foi aceita** (**aceite** *in Portugal*) para o programa. *The student was accepted into the program.*

*In Brazil the preferred form of the irregular past participle is *aceito*.

to light; to turn on

Personal Infinitive
acender acendermos
acenderes acenderdes
acender acenderem

Present Indicative
acendo acendemos
acendes acendeis
acende acendem

Imperfect Indicative
acendia acendíamos
acendias acendíeis
acendia acendiam

Preterit Indicative
acendi acendemos
acendeste acendestes
acendeu acenderam

Simple Pluperfect Indicative
acendera acendêramos
acenderas acendêreis
acendera acenderam

Future Indicative
acenderei acenderemos
acenderás acendereis
acenderá acenderão

Present Perfect Indicative
tenho acendido temos acendido
tens acendido tendes acendido
tem acendido têm acendido

Past Perfect or Pluperfect Indicative
tinha acendido tínhamos acendido
tinhas acendido tínheis acendido
tinha acendido tinham acendido

Future Perfect Indicative
terei acendido teremos acendido
terás acendido tereis acendido
terá acendido terão acendido

Present Subjunctive
acenda acendamos
acendas acendais
acenda acendam

Imperfect Subjunctive
acendesse acendêssemos
acendesses acendêsseis
acendesse acendessem

Future Subjunctive
acender acendermos
acenderes acenderdes
acender acenderem

Present Perfect Subjunctive
tenha acendido tenhamos acendido
tenhas acendido tenhais acendido
tenha acendido tenham acendido

Past Perfect or Pluperfect Subjunctive
tivesse acendido tivéssemos acendido
tivesses acendido tivésseis acendido
tivesse acendido tivessem acendido

Future Perfect Subjunctive
tiver acendido tivermos acendido
tiveres acendido tiverdes acendido
tiver acendido tiverem acendido

Conditional
acenderia acenderíamos
acenderias acenderíeis
acenderia acenderiam

Conditional Perfect
teria acendido teríamos acendido
terias acendido teríeis acendido
teria acendido teriam acendido

Imperative
acende–acendei

Samples of verb usage.

O namorado dela **acendeu** a vela. *Her boyfriend lit the candle.*

A luz estava **acesa** quando cheguei. *The light was on when I arrived.*

Se eu **acendesse** um fósforo, haveria uma explosão.
If I lit a match, there would be an explosion.

Se ele **tivesse acendido** a luz, a situação teria sido diferente.
If he had turned on the light, the situation would have been different.

to find; **achar que**: to believe, think (as to have an opinion)

Personal Infinitive

achar	acharmos
achares	achardes
achar	acharem

Present Indicative

acho	achamos
achas	achais
acha	acham

Imperfect Indicative

achava	achávamos
achavas	acháveis
achava	achavam

Preterit Indicative

achei	achámos
achaste	achastes
achou	acharam

Simple Pluperfect Indicative

achara	acháramos
acharas	acháreis
achara	acharam

Future Indicative

acharei	acharemos
acharás	achareis
achará	acharão

Present Perfect Indicative

tenho achado	temos achado
tens achado	tendes achado
tem achado	têm achado

Past Perfect or Pluperfect Indicative

tinha achado	tínhamos achado
tinhas achado	tínheis achado
tinha achado	tinham achado

Future Perfect Indicative

terei achado	teremos achado
terás achado	tereis achado
terá achado	terão achado

Present Subjunctive

ache	achemos
aches	acheis
ache	achem

Imperfect Subjunctive

achasse	achássemos
achasses	achásseis
achasse	achassem

Future Subjunctive

achar	acharmos
achares	achardes
achar	acharem

Present Perfect Subjunctive

tenha achado	tenhamos achado
tenhas achado	tenhais achado
tenha achado	tenham achado

Past Perfect or Pluperfect Subjunctive

tivesse achado	tivéssemos achado
tivesses achado	tivésseis achado
tivesse achado	tivessem achado

Future Perfect Subjunctive

tiver achado	tivermos achado
tiveres achado	tiverdes achado
tiver achado	tiverem achado

Conditional

acharia	acharíamos
acharias	acharíeis
acharia	achariam

Conditional Perfect

teria achado	teríamos achado
terias achado	teríeis achado
teria achado	teriam achado

Imperative

acha–achai

Samples of verb usage.

Este arqueólogo **achará** algo interessante. *This archaeologist will find something interesting.*

Ele **acha** que ele é o melhor. *He thinks he is the best.*

O acusado **achou** melhor não responder. *The accused thought it would be better not to answer.*

A professora **achava** que ela não sabia. *The teacher thought that she did not know.*

acomodar

Pres. Part. *acomodando* Past Part. *acomodado*

to accommodate; to soothe, comfort; to lodge, house, put up

Personal Infinitive	
acomodar	acomodarmos
acomodares	acomodardes
acomodar	acomodarem

Present Indicative	
acomodo	acomodamos
acomodas	acomodais
acomoda	*acomodam**

Imperfect Indicative	
acomodava	acomodávamos
acomodavas	acomodáveis
acomodava	acomodavam

Preterit Indicative	
acomodei	acomodámos
acomodaste	acomodastes
acomodou	acomodaram

Simple Pluperfect Indicative	
acomodara	acomodáramos
acomodaras	acomodáreis
acomodara	acomodaram

Future Indicative	
acomodarei	acomodaremos
acomodarás	acomodareis
acomodará	acomodarão

Present Perfect Indicative	
tenho acomodado	temos acomodado
tens acomodado	tendes acomodado
tem acomodado	têm acomodado

Past Perfect or Pluperfect Indicative	
tinha acomodado	tínhamos acomodado
tinhas acomodado	tínheis acomodado
tinha acomodado	tinham acomodado

Future Perfect Indicative	
terei acomodado	teremos acomodado
terás acomodado	tereis acomodado
terá acomodado	terão acomodado

Present Subjunctive	
acomode	acomodemos
acomodes	acomodeis
acomode	*acomodem**

Imperfect Subjunctive	
acomodasse	acomodássemos
acomodasses	acomodásseis
acomodasse	acomodassem

Future Subjunctive	
acomodar	acomodarmos
acomodares	acomodardes
acomodar	acomodarem

Present Perfect Subjunctive	
tenha acomodado	tenhamos acomodado
tenhas acomodado	tenhais acomodado
tenha acomodado	tenham acomodado

Past Perfect or Pluperfect Subjunctive	
tivesse acomodado	tivéssemos acomodado
tivesses acomodado	tivésseis acomodado
tivesse acomodado	tivessem acomodado

Future Perfect Subjunctive	
tiver acomodado	tivermos acomodado
tiveres acomodado	tiverdes acomodado
tiver acomodado	tiverem acomodado

Conditional	
acomodaria	acomodaríamos
acomodarias	acomodaríeis
acomodaria	acomodariam

Conditional Perfect	
teria acomodado	teríamos acomodado
terias acomodado	teríeis acomodado
teria acomodado	teriam acomodado

Imperative

*acomoda**–acomodai

Samples of verb usage.

A nossa família nos **acomodou** muito bem.
Our family put us up very comfortably (provided us comfortable lodging).

Acomodaremos você na nossa casa (*in Brazil*). Nós o **acomodaremos** na nossa casa (*in Portugal*).
We will put you up at our house.

A mãe **acomoda** o filho no colo. *The mother comforts (soothes) her son in her lap.*

Eu tentarei **acomodar** os seus estranhos hábitos de trabalho.
I will attempt to accommodate your strange working habits.

*NOTE: Only the radical-changing verb forms with *open* stressed vowels appear in italic type. For further explanation see Foreword.

to accompany; to follow (along)

Personal Infinitive		***Present Subjunctive***	
acompanhar	acompanharmos	acompanhe	acompanhemos
acompanhares	acompanhardes	acompanhes	acompanheis
acompanhar	acompanharem	acompanhe	acompanhem
Present Indicative		***Imperfect Subjunctive***	
acompanho	acompanhamos	acompanhasse	acompanhássemos
acompanhas	acompanhais	acompanhasses	acompanhásseis
acompanha	acompanham	acompanhasse	acompanhassem
Imperfect Indicative		***Future Subjunctive***	
acompanhava	acompanhávamos	acompanhar	acompanharmos
acompanhavas	acompanháveis	acompanhares	acompanhardes
acompanhava	acompanhavam	acompanhar	acompanharem
Preterit Indicative		***Present Perfect Subjunctive***	
acompanhei	acompanhámos	tenha acompanhado	tenhamos acompanhado
acompanhaste	acompanhastes	tenhas acompanhado	tenhais acompanhado
acompanhou	acompanharam	tenha acompanhado	tenham acompanhado
Simple Pluperfect Indicative		***Past Perfect or Pluperfect Subjunctive***	
acompanhara	acompanháramos	tivesse acompanhado	tivéssemos acompanhado
acompanharas	acompanháreis	tivesses acompanhado	tivésseis acompanhado
acompanhara	acompanharam	tivesse acompanhado	tivessem acompanhado
Future Indicative		***Future Perfect Subjunctive***	
acompanharei	acompanharemos	tiver acompanhado	tivermos acompanhado
acompanharás	acompanhareis	tiveres acompanhado	tiverdes acompanhado
acompanhará	acompanharão	tiver acompanhado	tiverem acompanhado
Present Perfect Indicative		***Conditional***	
tenho acompanhado	temos acompanhado	acompanharia	acompanharíamos
tens acompanhado	tendes acompanhado	acompanharias	acompanharíeis
tem acompanhado	têm acompanhado	acompanharia	acompanhariam
Past Perfect or Pluperfect Indicative		***Conditional Perfect***	
tinha acompanhado	tínhamos acompanhado	teria acompanhado	teríamos acompanhado
tinhas acompanhado	tínheis acompanhado	terias acompanhado	teríeis acompanhado
tinha acompanhado	tinham acompanhado	teria acompanhado	teriam acompanhado
Future Perfect Indicative		***Imperative***	
terei acompanhado	teremos acompanhado	acompanha–acompanhai	
terás acompanhado	tereis acompanhado		
terá acompanhado	terão acompanhado		

Samples of verb usage.

Eu te **acompanharei** até à porta. *I will accompany you to the door.*

Ela **acompanhou** o namorado até à casa dele. *She accompanied her boyfriend to his home.*

Eu **tenho acompanhado** os seus sucessos pelo jornal.
I've been following your success (achievements) in the paper.

Nós o **acompanharíamos** se não tivéssemos um compromisso.
We would go with you if we didn't have a commitment.

to advise

Personal Infinitive
aconselhar aconselharmos
aconselhares aconselhardes
aconselhar aconselharem

Present Indicative
aconselho aconselhamos
aconselhas aconselhais
aconselha aconselham

Imperfect Indicative
aconselhava aconselhávamos
aconselhavas aconselháveis
aconselhava aconselhavam

Preterit Indicative
aconselhei aconselhámos
aconselhaste aconselhastes
aconselhou aconselharam

Simple Pluperfect Indicative
aconselhara aconselháramos
aconselharas aconselháreis
aconselhara aconselharam

Future Indicative
aconselharei aconselharemos
aconselharás aconselhareis
aconselhará aconselharão

Present Perfect Indicative
tenho aconselhado temos aconselhado
tens aconselhado tendes aconselhado
tem aconselhado têm aconselhado

Past Perfect or Pluperfect Indicative
tinha aconselhado tínhamos aconselhado
tinhas aconselhado tínheis aconselhado
tinha aconselhado tinham aconselhado

Future Perfect Indicative
terei aconselhado teremos aconselhado
terás aconselhado tereis aconselhado
terá aconselhado terão aconselhado

Present Subjunctive
aconselhe aconselhemos
aconselhes aconselheis
aconselhe aconselhem

Imperfect Subjunctive
aconselhasse aconselhássemos
aconselhasses aconselhásseis
aconselhasse aconselhassem

Future Subjunctive
aconselhar aconselharmos
aconselhares aconselhardes
aconselhar aconselharem

Present Perfect Subjunctive
tenha aconselhado tenhamos aconselhado
tenhas aconselhado tenhais aconselhado
tenha aconselhado tenham aconselhado

Past Perfect or Pluperfect Subjunctive
tivesse aconselhado tivéssemos aconselhado
tivesses aconselhado tivésseis aconselhado
tivesse aconselhado tivessem aconselhado

Future Perfect Subjunctive
tiver aconselhado tivermos aconselhado
tiveres aconselhado tiverdes aconselhado
tiver aconselhado tiverem aconselhado

Conditional
aconselharia aconselharíamos
aconselharias aconselharíeis
aconselharia aconselhariam

Conditional Perfect
teria aconselhado teríamos aconselhado
terias aconselhado teríeis aconselhado
teria aconselhado teriam aconselhado

Imperative
aconselha–aconselhai

Samples of verb usage.

O advogado **aconselhava** o cliente a sempre falar a verdade.
The lawyer was advising his client to always tell the truth.

As amigas **tinham aconselhado** a ela fazer uma viagem. *Her friends had advised her to take a trip.*

Ele me **aconselhou** a comprar este carro. *He advised me to buy this car.*

Se pudesse, eu o **aconselharia**. *If I could, I would advise him.*

to happen, take place, occur

Present Indicative		***Present Subjunctive***	
acontece	*acontecem**	aconteça	aconteçam
Imperfect Indicative		***Imperfect Subjunctive***	
acontecia	aconteciam	acontecesse	acontecessem
Preterit Indicative		***Future Subjunctive***	
aconteceu	aconteceram	acontecer	acontecerem
Simple Pluperfect Indicative		***Present Perfect Subjunctive***	
acontecera	aconteceram	tenha acontecido	tenham acontecido
Future Indicative		***Past Perfect or Pluperfect Subjunctive***	
acontecerá	acontecerão	tivesse acontecido	tivessem acontecido
Present Perfect Indicative		***Future Perfect Subjunctive***	
tem acontecido	têm acontecido	tiver acontecido	tiverem acontecido
Past Perfect or Pluperfect Indicative		***Conditional***	
tinha acontecido	tinham acontecido	aconteceria	aconteceriam
Future Perfect Indicative		***Conditional Perfect***	
terá acontecido	terão acontecido	teria acontecido	teriam acontecido

Samples of verb usage.

Tudo **aconteceu** tão rápido. *Everything happened so quickly.*

Se a greve não **acontecer** hoje, **acontecerá** amanhã.
If the strike doesn't take place (occur) today, it will take place tomorrow.

Quando cheguei, tudo já **tinha acontecido**. *When I arrived, everything had already happened.*

Aconteça o que **acontecer**, estou do seu lado. *Whatever may happen, I'm on your side.*

*NOTE: Only the radical-changing verb forms with *open* stressed vowels appear in italic type. For further explanation see Foreword.

to wake up

Personal Infinitive		***Present Subjunctive***	
acordar	acordarmos	*acorde*	acordemos
acordares	acordardes	*acordes*	acordeis
acordar	acordarem	*acorde*	*acordem**
Present Indicative		***Imperfect Subjunctive***	
acordo	acordamos	acordasse	acordássemos
acordas	acordais	acordasses	acordásseis
acorda	*acordam**	acordasse	acordassem
Imperfect Indicative		***Future Subjunctive***	
acordava	acordávamos	acordar	acordarmos
acordavas	acordáveis	acordares	acordardes
acordava	acordavam	acordar	acordarem
Preterit Indicative		***Present Perfect Subjunctive***	
acordei	acordámos	tenha acordado	tenhamos acordado
acordaste	acordastes	tenhas acordado	tenhais acordado
acordou	acordaram	tenha acordado	tenham acordado
Simple Pluperfect Indicative		***Past Perfect or Pluperfect Subjunctive***	
acordara	acordáramos	tivesse acordado	tivéssemos acordado
acordaras	acordáreis	tivesses acordado	tivésseis acordado
acordara	acordaram	tivesse acordado	tivessem acordado
Future Indicative		***Future Perfect Subjunctive***	
acordarei	acordaremos	tiver acordado	tivermos acordado
acordarás	acordareis	tiveres acordado	tiverdes acordado
acordará	acordarão	tiver acordado	tiverem acordado
Present Perfect Indicative		***Conditional***	
tenho acordado	temos acordado	acordaria	acordaríamos
tens acordado	tendes acordado	acordarias	acordaríeis
tem acordado	têm acordado	acordaria	acordariam
Past Perfect or Pluperfect Indicative		***Conditional Perfect***	
tinha acordado	tínhamos acordado	teria acordado	teríamos acordado
tinhas acordado	tínheis acordado	terias acordado	teríeis acordado
tinha acordado	tinham acordado	teria acordado	teriam acordado
Future Perfect Indicative		***Imperative***	
terei acordado	teremos acordado	*acorda**–acordai	
terás acordado	tereis acordado		
terá acordado	terão acordado		

Samples of verb usage.

O barulho **acordou-**me (me **acordou** *in Brazil*) às cinco da manhã.
The noise woke me up at five in the morning.

Ela **acorda** todos os dias às sete (horas). *She wakes up every day at seven (o'clock).*

Se eu **tivesse acordado**, eu teria ido. *If I had woken up, I would have gone.*

Acordaste cedo hoje. *You woke up early today.*

*NOTE: Only the radical-changing verb forms with *open* stressed vowels appear in italic type. For further explanation see Foreword.

to accustom; (**-se a**) to get *or* be used *or* accustomed to

Personal Infinitive
acostumar acostumarmos
acostumares acostumardes
acostumar acostumarem

Present Indicative
acostumo acostumamos
acostumas acostumais
acostuma acostumam

Imperfect Indicative
acostumava acostumávamos
acostumavas acostumáveis
acostumava acostumavam

Preterit Indicative
acostumei acostumámos
acostumaste acostumastes
acostumou acostumaram

Simple Pluperfect Indicative
acostumara acostumáramos
acostumaras acostumáreis
acostumara acostumaram

Future Indicative
acostumarei acostumaremos
acostumarás acostumareis
acostumará acostumarão

Present Perfect Indicative
tenho acostumado temos acostumado
tens acostumado tendes acostumado
tem acostumado têm acostumado

Past Perfect or Pluperfect Indicative
tinha acostumado tínhamos acostumado
tinhas acostumado tínheis acostumado
tinha acostumado tinham acostumado

Future Perfect Indicative
terei acostumado teremos acostumado
terás acostumado tereis acostumado
terá acostumado terão acostumado

Present Subjunctive
acostume acostumemos
acostumes acostumeis
acostume acostumem

Imperfect Subjunctive
acostumasse acostumássemos
acostumasses acostumásseis
acostumasse acostumassem

Future Subjunctive
acostumar acostumarmos
acostumares acostumardes
acostumar acostumarem

Present Perfect Subjunctive
tenha acostumado tenhamos acostumado
tenhas acostumado tenhais acostumado
tenha acostumado tenham acostumado

Past Perfect or Pluperfect Subjunctive
tivesse acostumado tivéssemos acostumado
tivesses acostumado tivésseis acostumado
tivesse acostumado tivessem acostumado

Future Perfect Subjunctive
tiver acostumado tivermos acostumado
tiveres acostumado tiverdes acostumado
tiver acostumado tiverem acostumado

Conditional
acostumaria acostumaríamos
acostumarias acostumaríeis
acostumaria acostumariam

Conditional Perfect
teria acostumado teríamos acostumado
terias acostumado teríeis acostumado
teria acostumado teriam acostumado

Imperative
acostuma–acostumai

Samples of verb usage.

Desde criança, os meus pais me **acostumaram** a viver frugalmente.
Ever since I was a child my parents accustomed me to living frugally.

Eu me **acostumarei** à ideia (idéia *in Brazil*) com o tempo.
In time I'll get used to the idea.

Ela ainda está **a acostumar-se** (**acostumando-se** *in Brazil*) ao clima quente.
She's still getting used to the warm climate.

No princípio foi difícil, mas agora **me acostumei** ao seu comportamento estranho.
At first it was hard, but now I've gotten accustomed to your strange behavior.

to believe (in)

Personal Infinitive

acreditar	acreditarmos
acreditares	acreditardes
acreditar	acreditarem

Present Indicative

acredito	acreditamos
acreditas	acreditais
acredita	acreditam

Imperfect Indicative

acreditava	acreditávamos
acreditavas	acreditáveis
acreditava	acreditavam

Preterit Indicative

acreditei	acreditámos
acreditaste	acreditastes
acreditou	acreditaram

Simple Pluperfect Indicative

acreditara	acreditáramos
acreditaras	acreditáreis
acreditara	acreditaram

Future Indicative

acreditarei	acreditaremos
acreditarás	acreditareis
acreditará	acreditarão

Present Perfect Indicative

tenho acreditado	temos acreditado
tens acreditado	tendes acreditado
tem acreditado	têm acreditado

Past Perfect or Pluperfect Indicative

tinha acreditado	tínhamos acreditado
tinhas acreditado	tínheis acreditado
tinha acreditado	tinham acreditado

Future Perfect Indicative

terei acreditado	teremos acreditado
terás acreditado	tereis acreditado
terá acreditado	terão acreditado

Present Subjunctive

acredite	acreditemos
acredites	acrediteis
acredite	acreditem

Imperfect Subjunctive

acreditasse	acreditássemos
acreditasses	acreditásseis
acreditasse	acreditassem

Future Subjunctive

acreditar	acreditarmos
acreditares	acreditardes
acreditar	acreditarem

Present Perfect Subjunctive

tenha acreditado	tenhamos acreditado
tenhas acreditado	tenhais acreditado
tenha acreditado	tenham acreditado

Past Perfect or Pluperfect Subjunctive

tivesse acreditado	tivéssemos acreditado
tivesses acreditado	tivésseis acreditado
tivesse acreditado	tivessem acreditado

Future Perfect Subjunctive

tiver acreditado	tivermos acreditado
tiveres acreditado	tiverdes acreditado
tiver acreditado	tiverem acreditado

Conditional

acreditaria	acreditaríamos
acreditarias	acreditaríeis
acreditaria	acreditariam

Conditional Perfect

teria acreditado	teríamos acreditado
terias acreditado	teríeis acreditado
teria acreditado	teriam acreditado

Imperative

acredita–acreditai

Samples of verb usage.

Acredite se quiser, mas asseguro-lhe que digo a verdade.
Believe whatever you want, but I assure you I'm telling the truth.

Você **acredita** em mim? *Do you believe me?*

Acreditamos que vamos ganhar. *We believe we will win.*

Diga-me a verdade e eu **acreditarei** em você. *Tell me the truth and I'll believe you.*

to add to; to increase

Personal Infinitive
acrescentar acrescentarmos
acrescentares acrescentardes
acrescentar acrescentarem

Present Indicative
acrescento acrescentamos
acrescentas acrescentais
acrescenta acrescentam

Imperfect Indicative
acrescentava acrescentávamos
acrescentavas acrescentáveis
acrescentava acrescentavam

Preterit Indicative
acrescentei acrescentámos
acrescentaste acrescentastes
acrescentou acrescentaram

Simple Pluperfect Indicative
acrescentara acrescentáramos
acrescentaras acrescentáreis
acrescentara acrescentaram

Future Indicative
acrescentarei acrescentaremos
acrescentarás acrescentareis
acrescentará acrescentarão

Present Perfect Indicative
tenho acrescentado temos acrescentado
tens acrescentado tendes acrescentado
tem acrescentado têm acrescentado

Past Perfect or Pluperfect Indicative
tinha acrescentado tínhamos acrescentado
tinhas acrescentado tínheis acrescentado
tinha acrescentado tinham acrescentado

Future Perfect Indicative
terei acrescentado teremos acrescentado
terás acrescentado tereis acrescentado
terá acrescentado terão acrescentado

Present Subjunctive
acrescente acrescentemos
acrescentes acrescenteis
acrescente acrescentem

Imperfect Subjunctive
acrescentasse acrescentássemos
acrescentasses acrescentásseis
acrescentasse acrescentassem

Future Subjunctive
acrescentar acrescentarmos
acrescentares acrescentardes
acrescentar acrescentarem

Present Perfect Subjunctive
tenha acrescentado tenhamos acrescentado
tenhas acrescentado tenhais acrescentado
tenha acrescentado tenham acrescentado

Past Perfect or Pluperfect Subjunctive
tivesse acrescentado tivéssemos acrescentado
tivesses acrescentado tivésseis acrescentado
tivesse acrescentado tivessem acrescentado

Future Perfect Subjunctive
tiver acrescentado tivermos acrescentado
tiveres acrescentado tiverdes acrescentado
tiver acrescentado tiverem acrescentado

Conditional
acrescentaria acrescentaríamos
acrescentarias acrescentaríeis
acrescentaria acrescentariam

Conditional Perfect
teria acrescentado teríamos acrescentado
terias acrescentado teríeis acrescentado
teria acrescentado teriam acrescentado

Imperative
acrescenta–acrescentai

Samples of verb usage.

O tamanho do país **acrescentou** ao problema. *The size of the country added to the problem.*

O chefe **tinha acrescentado** mais dez por cento ao salário dele.
The boss had added ten percent to his salary.

Eu gostaria que você **acrescentasse** mais alguma coisa ao negócio.
I would like you to add a little something more to the deal.

Esta mudança **acrescentará** ao valor da nossa casa. *This change will increase the value of our house.*

to go *or* rush to the aid *or* help of

Personal Infinitive
acudir acudirmos
acudires acudirdes
acudir acudirem

Present Indicative
acudo acudimos
acodes acudis
acode *acodem**

Imperfect Indicative
acudia acudíamos
acudias acudíeis
acudia acudiam

Preterit Indicative
acudi acudimos
acudiste acudistes
acudiu acudiram

Simple Pluperfect Indicative
acudira acudíramos
acudiras acudíreis
acudira acudiram

Future Indicative
acudirei acudiremos
acudirás acudireis
acudirá acudirão

Present Perfect Indicative
tenho acudido temos acudido
tens acudido tendes acudido
tem acudido têm acudido

Past Perfect or Pluperfect Indicative
tinha acudido tínhamos acudido
tinhas acudido tínheis acudido
tinha acudido tinham acudido

Future Perfect Indicative
terei acudido teremos acudido
terás acudido tereis acudido
terá acudido terão acudido

Present Subjunctive
acuda acudamos
acudas acudais
acuda acudam

Imperfect Subjunctive
acudisse acudíssemos
acudisses acudísseis
acudisse acudissem

Future Subjunctive
acudir acudirmos
acudires acudirdes
acudir acudirem

Present Perfect Subjunctive
tenha acudido tenhamos acudido
tenhas acudido tenhais acudido
tenha acudido tenham acudido

Past Perfect or Pluperfect Subjunctive
tivesse acudido tivéssemos acudido
tivesses acudido tivésseis acudido
tivesse acudido tivessem acudido

Future Perfect Subjunctive
tiver acudido tivermos acudido
tiveres acudido tiverdes acudido
tiver acudido tiverem acudido

Conditional
acudiria acudiríamos
acudirias acudiríeis
acudiria acudiriam

Conditional Perfect
teria acudido teríamos acudido
terias acudido teríeis acudido
teria acudido teriam acudido

Imperative
*acode**– acudi

Samples of verb usage.

Acuda-me mãe! *Come help me, mommy!*

Ele **acudiu** a vizinha. *He helped the neighbor lady.*

Quando ele ouve alguém gritar, **acode** imediatamente.
When he hears someone scream, he rushes to their aid immediately.

Os paramédicos **acudiram** ao paciente. *The paramedics rushed to (help) the patient.*

*NOTE: Only the radical-changing verb forms with *open* stressed vowels appear in italic type. For further explanation see Foreword.

to accumulate; to accrue; to amass

Personal Infinitive

acumular	acumularmos
acumulares	acumulardes
acumular	acumularem

Present Indicative

acumulo	acumulamos
acumulas	acumulais
acumula	acumulam

Imperfect Indicative

acumulava	acumulávamos
acumulavas	acumuláveis
acumulava	acumulavam

Preterit Indicative

acumulei	acumulámos
acumulaste	acumulastes
acumulou	acumularam

Simple Pluperfect Indicative

acumulara	acumuláramos
acumularas	acumuláreis
acumulara	acumularam

Future Indicative

acumularei	acumularemos
acumularás	acumulareis
acumulará	acumularão

Present Perfect Indicative

tenho acumulado	temos acumulado
tens acumulado	tendes acumulado
tem acumulado	têm acumulado

Past Perfect or Pluperfect Indicative

tinha acumulado	tínhamos acumulado
tinhas acumulado	tínheis acumulado
tinha acumulado	tinham acumulado

Future Perfect Indicative

terei acumulado	teremos acumulado
terás acumulado	tereis acumulado
terá acumulado	terão acumulado

Present Subjunctive

acumule	acumulemos
acumules	acumuleis
acumule	acumulem

Imperfect Subjunctive

acumulasse	acumulássemos
acumulasses	acumulásseis
acumulasse	acumulassem

Future Subjunctive

acumular	acumularmos
acumulares	acumulardes
acumular	acumularem

Present Perfect Subjunctive

tenha acumulado	tenhamos acumulado
tenhas acumulado	tenhais acumulado
tenha acumulado	tenham acumulado

Past Perfect or Pluperfect Subjunctive

tivesse acumulado	tivéssemos acumulado
tivesses acumulado	tivésseis acumulado
tivesse acumulado	tivessem acumulado

Future Perfect Subjunctive

tiver acumulado	tivermos acumulado
tiveres acumulado	tiverdes acumulado
tiver acumulado	tiverem acumulado

Conditional

acumularia	acumularíamos
acumularias	acumularíeis
acumularia	acumulariam

Conditional Perfect

teria acumulado	teríamos acumulado
terias acumulado	teríeis acumulado
teria acumulado	teriam acumulado

Imperative

acumula–acumulai

Samples of verb usage.

A poeira **tinha-se acumulado** nos livros ao longo dos anos.
Over the years the dust had accumulated (collected) on the books.

O jovem professor **acumulava** exemplos de uso de verbos para a nova edição de seu livro.
The young professor was accumulating verb-usage samples for the new edition of his book.

O povo **acumulou-se** na praça da capital para ouvir o discurso do presidente recém eleito.
The people amassed in the capital's square to hear the speech by the recently-elected president.

Os juros estavam **acumulando-se** na conta. *Interest was accruing on the account.*

to postpone, defer, put off

Personal Infinitive

adiar	adiarmos
adiares	adiardes
adiar	adiarem

Present Indicative

adio	adiamos
adias	adiais
adia	adiam

Imperfect Indicative

adiava	adiávamos
adiavas	adiáveis
adiava	adiavam

Preterit Indicative

adiei	adiámos
adiaste	adiastes
adiou	adiaram

Simple Pluperfect Indicative

adiara	adiáramos
adiaras	adiáreis
adiara	adiaram

Future Indicative

adiarei	adiaremos
adiarás	adiareis
adiará	adiarão

Present Perfect Indicative

tenho adiado	temos adiado
tens adiado	tendes adiado
tem adiado	têm adiado

Past Perfect or Pluperfect Indicative

tinha adiado	tínhamos adiado
tinhas adiado	tínheis adiado
tinha adiado	tinham adiado

Future Perfect Indicative

terei adiado	teremos adiado
terás adiado	tereis adiado
terá adiado	terão adiado

Present Subjunctive

adie	adiemos
adies	adieis
adie	adiem

Imperfect Subjunctive

adiasse	adiássemos
adiasses	adiásseis
adiasse	adiassem

Future Subjunctive

adiar	adiarmos
adiares	adiardes
adiar	adiarem

Present Perfect Subjunctive

tenha adiado	tenhamos adiado
tenhas adiado	tenhais adiado
tenha adiado	tenham adiado

Past Perfect or Pluperfect Subjunctive

tivesse adiado	tivéssemos adiado
tivesses adiado	tivésseis adiado
tivesse adiado	tivessem adiado

Future Perfect Subjunctive

tiver adiado	tivermos adiado
tiveres adiado	tiverdes adiado
tiver adiado	tiverem adiado

Conditional

adiaria	adiaríamos
adiarias	adiaríeis
adiaria	adiariam

Conditional Perfect

teria adiado	teríamos adiado
terias adiado	teríeis adiado
teria adiado	teriam adiado

Imperative

adia–adiai

Samples of verb usage.

Adiei a minha viagem para o domingo. *I postponed my trip 'til Sunday.*

Os dire(c)tores **adiaram** duas reuniões importantes. *The directors postponed two important meetings.*

Ele **adiará** a sua decisão até amanhã. *He will defer his decision until tomorrow.*

Tivemos que **adiar** a nossa viagem. *We had to put off our trip.*

to guess; to predict

Personal Infinitive
adivinhar adivinharmos
adivinhares adivinhardes
adivinhar adivinharem

Present Indicative
adivinho adivinhamos
adivinhas adivinhais
adivinha adivinham

Imperfect Indicative
adivinhava adivinhávamos
adivinhavas adivinháveis
adivinhava adivinhavam

Preterit Indicative
adivinhei adivinhámos
adivinhaste adivinhastes
adivinhou adivinharam

Simple Pluperfect Indicative
adivinhara adivinháramos
adivinharas adivinháreis
adivinhara adivinharam

Future Indicative
adivinharei adivinharemos
adivinharás adivinhareis
adivinhará adivinharão

Present Perfect Indicative
tenho adivinhado temos adivinhado
tens adivinhado tendes adivinhado
tem adivinhado têm adivinhado

Past Perfect or Pluperfect Indicative
tinha adivinhado tínhamos adivinhado
tinhas adivinhado tínheis adivinhado
tinha adivinhado tinham adivinhado

Future Perfect Indicative
terei adivinhado teremos adivinhado
terás adivinhado tereis adivinhado
terá adivinhado terão adivinhado

Present Subjunctive
adivinhe adivinhemos
adivinhes adivinheis
adivinhe adivinhem

Imperfect Subjunctive
adivinhasse adivinhássemos
adivinhasses adivinhásseis
adivinhasse adivinhassem

Future Subjunctive
adivinhar adivinharmos
adivinhares adivinhardes
adivinhar adivinharem

Present Perfect Subjunctive
tenha adivinhado tenhamos adivinhado
tenhas adivinhado tenhais adivinhado
tenha adivinhado tenham adivinhado

Past Perfect or Pluperfect Subjunctive
tivesse adivinhado tivéssemos adivinhado
tivesses adivinhado tivésseis adivinhado
tivesse adivinhado tivessem adivinhado

Future Perfect Subjunctive
tiver adivinhado tivermos adivinhado
tiveres adivinhado tiverdes adivinhado
tiver adivinhado tiverem adivinhado

Conditional
adivinharia adivinharíamos
adivinharias adivinharíeis
adivinharia adivinhariam

Conditional Perfect
teria adivinhado teríamos adivinhado
terias adivinhado teríeis adivinhado
teria adivinhado teriam adivinhado

Imperative
adivinha–adivinhai

Samples of verb usage.

Adivinha o quê? *Guess what?*

Adivinharemos o resultado. *We will predict the outcome.*

A cartomante **adivinhará** o seu futuro por um dólar.
The fortune teller will predict your future (tell your fortune) for a dollar.

Como eu iria **adivinhar**? *How could I guess that?*

to get *or* become sick *or* ill

Personal Infinitive

adoecer	adoecermos
adoeceres	adoecerdes
adoecer	adoecerem

Present Indicative

adoeço	adoecemos
adoeces	adoeceis
adoece	*adoecem**

Imperfect Indicative

adoecia	adoecíamos
adoecias	adoecíeis
adoecia	adoeciam

Preterit Indicative

adoeci	adoecemos
adoeceste	adoecestes
adoeceu	adoeceram

Simple Pluperfect Indicative

adoecera	adoecêramos
adoeceras	adoecêreis
adoecera	adoeceram

Future Indicative

adoecerei	adoeceremos
adoecerás	adoecereis
adoecerá	adoecerão

Present Perfect Indicative

tenho adoecido	temos adoecido
tens adoecido	tendes adoecido
tem adoecido	têm adoecido

Past Perfect or Pluperfect Indicative

tinha adoecido	tínhamos adoecido
tinhas adoecido	tínheis adoecido
tinha adoecido	tinham adoecido

Future Perfect Indicative

terei adoecido	teremos adoecido
terás adoecido	tereis adoecido
terá adoecido	terão adoecido

Present Subjunctive

adoeça	adoeçamos
adoeças	adoeçais
adoeça	adoeçam

Imperfect Subjunctive

adoecesse	adoecêssemos
adoecesses	adoecêsseis
adoecesse	adoecessem

Future Subjunctive

adoecer	adoecermos
adoeceres	adoecerdes
adoecer	adoecerem

Present Perfect Subjunctive

tenha adoecido	tenhamos adoecido
tenhas adoecido	tenhais adoecido
tenha adoecido	tenham adoecido

Past Perfect or Pluperfect Subjunctive

tivesse adoecido	tivéssemos adoecido
tivesses adoecido	tivésseis adoecido
tivesse adoecido	tivessem adoecido

Future Perfect Subjunctive

tiver adoecido	tivermos adoecido
tiveres adoecido	tiverdes adoecido
tiver adoecido	tiverem adoecido

Conditional

adoeceria	adoeceríamos
adoecerias	adoeceríeis
adoeceria	adoeceriam

Conditional Perfect

teria adoecido	teríamos adoecido
terias adoecido	teríeis adoecido
teria adoecido	teriam adoecido

Imperative

*adoece**– adoecei

Samples of verb usage.

O presidente **adoeceu** de repente. *The president suddenly became ill.*

Você **adoeceria** se comesse daquele prato. *You would get ill if you ate from that plate.*

Ele **adoecia** cada dia mais. *He was getting sicker every day.*

Adoeço sempre que como peixe. *I get sick every time I eat fish.*

*NOTE: Only the radical-changing verb forms with *open* stressed vowels appear in italic type. For further explanation see Foreword.

to adore, love; to worship

Personal Infinitive
adorar	adorarmos
adorares	adorardes
adorar	adorarem

Present Indicative
adoro	adoramos
adoras	adorais
adora	*adoram**

Imperfect Indicative
adorava	adorávamos
adoravas	adoráveis
adorava	adoravam

Preterit Indicative
adorei	adorámos
adoraste	adorastes
adorou	adoraram

Simple Pluperfect Indicative
adorara	adoráramos
adoraras	adoráreis
adorara	adoraram

Future Indicative
adorarei	adoraremos
adorarás	adorareis
adorará	adorarão

Present Perfect Indicative
tenho adorado	temos adorado
tens adorado	tendes adorado
tem adorado	têm adorado

Past Perfect or Pluperfect Indicative
tinha adorado	tínhamos adorado
tinhas adorado	tínheis adorado
tinha adorado	tinham adorado

Future Perfect Indicative
terei adorado	teremos adorado
terás adorado	tereis adorado
terá adorado	terão adorado

Present Subjunctive
adore	adoremos
adores	adoreis
adore	*adorem**

Imperfect Subjunctive
adorasse	adorássemos
adorasses	adorásseis
adorasse	adorassem

Future Subjunctive
adorar	adorarmos
adorares	adorardes
adorar	adorarem

Present Perfect Subjunctive
tenha adorado	tenhamos adorado
tenhas adorado	tenhais adorado
tenha adorado	tenham adorado

Past Perfect or Pluperfect Subjunctive
tivesse adorado	tivéssemos adorado
tivesses adorado	tivésseis adorado
tivesse adorado	tivessem adorado

Future Perfect Subjunctive
tiver adorado	tivermos adorado
tiveres adorado	tiverdes adorado
tiver adorado	tiverem adorado

Conditional
adoraria	adoraríamos
adorarias	adoraríeis
adoraria	adorariam

Conditional Perfect
teria adorado	teríamos adorado
terias adorado	teríeis adorado
teria adorado	teriam adorado

Imperative
*adora**–adorai

Samples of verb usage.

Ela **adorará** aquele professor. *She will adore that teacher.*

Eu **adoro** comer bacalhau. *I just love eating codfish.*

(Nós) simplesmente **adorámos** o presente. *We simply adored the present.*

Eles se **adoram**. *They love each other.*

Os pagãos **adoravam** ídolos de pedra. *The pagans used to worship stone idols.*

*NOTE: Only the radical-changing verb forms with *open* stressed vowels appear in italic type. For further explanation see Foreword.

to fall asleep

Personal Infinitive

adormecer	adormecermos
adormeceres	adormecerdes
adormecer	adormecerem

Present Indicative

adormeço	adormecemos
adormeces	adormeceis
adormece	*adormecem**

Imperfect Indicative

adormecia	adormecíamos
adormecias	adormecíeis
adormecia	adormeciam

Preterit Indicative

adormeci	adormecemos
adormeceste	adormecestes
adormeceu	adormeceram

Simple Pluperfect Indicative

adormecera	adormecêramos
adormeceras	adormecêreis
adormecera	adormeceram

Future Indicative

adormecerei	adormeceremos
adormecerás	adormecereis
adormecerá	adormecerão

Present Perfect Indicative

tenho adormecido	temos adormecido
tens adormecido	tendes adormecido
tem adormecido	têm adormecido

Past Perfect or Pluperfect Indicative

tinha adormecido	tínhamos adormecido
tinhas adormecido	tínheis adormecido
tinha adormecido	tinham adormecido

Future Perfect Indicative

terei adormecido	teremos adormecido
terás adormecido	tereis adormecido
terá adormecido	terão adormecido

Present Subjunctive

adormeça	adormeçamos
adormeças	adormeçais
adormeça	adormeçam

Imperfect Subjunctive

adormecesse	adormecêssemos
adormecesses	adormecêsseis
adormecesse	adormecessem

Future Subjunctive

adormecer	adormecermos
adormeceres	adormecerdes
adormecer	adormecerem

Present Perfect Subjunctive

tenha adormecido	tenhamos adormecido
tenhas adormecido	tenhais adormecido
tenha adormecido	tenham adormecido

Past Perfect or Pluperfect Subjunctive

tivesse adormecido	tivéssemos adormecido
tivesses adormecido	tivésseis adormecido
tivesse adormecido	tivessem adormecido

Future Perfect Indicative

tiver adormecido	tivermos adormecido
tiveres adormecido	tiverdes adormecido
tiver adormecido	tiverem adormecido

Conditional

adormeceria	adormeceríamos
adormecerias	adormeceríeis
adormeceria	adormeceriam

Conditional Perfect

teria adormecido	teríamos adormecido
terias adormecido	teríeis adormecido
teria adormecido	teriam adormecido

Imperative

*adormece**– adormecei

Samples of verb usage.

Sempre **adormeço** em frente da televisão. *I always fall asleep in front of the television.*

As crianças **adormeceram** antes do jantar. *The children fell asleep before dinner.*

Ele sempre **adormece** durante discursos. *He always falls asleep during speeches.*

Ela **tinha adormecido** no autocarro (ônibus *in Brazil*). *She had fallen asleep on the bus.*

*NOTE: Only the radical-changing verb forms with *open* stressed vowels appear in italic type. For further explanation see Foreword.

to acquire, obtain, procure

Personal Infinitive
adquirir adquirirmos
adquirires adquirirdes
adquirir adquirirem

Present Indicative
adquiro adquirimos
adquires adquiris
adquire adquirem

Imperfect Indicative
adquiria adquiríamos
adquirias adquiríeis
adquiria adquiriam

Preterit Indicative
adquiri adquirimos
adquiriste adquiristes
adquiriu adquiriram

Simple Pluperfect Indicative
adquirira adquiríramos
adquiriras adquiríreis
adquirira adquiriram

Future Indicative
adquirirei adquiriremos
adquirirás adquirireis
adquirirá adquirirão

Present Perfect Indicative
tenho adquirido temos adquirido
tens adquirido tendes adquirido
tem adquirido têm adquirido

Past Perfect or Pluperfect Indicative
tinha adquirido tínhamos adquirido
tinhas adquirido tínheis adquirido
tinha adquirido tinham adquirido

Future Perfect Subjunctive
terei adquirido teremos adquirido
terás adquirido tereis adquirido
terá adquirido terão adquirido

Present Subjunctive
adquira adquiramos
adquiras adquirais
adquira adquiram

Imperfect Subjunctive
adquirisse adquiríssemos
adquirisses adquirísseis
adquirisse adquirissem

Future Subjunctive
adquirir adquirirmos
adquirires adquirirdes
adquirir adquirirem

Present Perfect Subjunctive
tenha adquirido tenhamos adquirido
tenhas adquirido tenhais adquirido
tenha adquirido tenham adquirido

Past Perfect or Pluperfect Subjunctive
tivesse adquirido tivéssemos adquirido
tivesses adquirido tivésseis adquirido
tivesse adquirido tivessem adquirido

Future Perfect Subjunctive
tiver adquirido tivermos adquirido
tiveres adquirido tiverdes adquirido
tiver adquirido tiverem adquirido

Conditional
adquiriria adquiriríamos
adquiririas adquiriríeis
adquiriria adquiririam

Conditional Perfect
teria adquirido teríamos adquirido
terias adquirido teríeis adquirido
teria adquirido teriam adquirido

Imperative
adquire–adquiri

Samples of verb usage.

Adquiriremos o que precisarmos para construir uma bomba.
We will obtain (procure) what we need to build a bomb.

Adquiri esta pedra rara dum amigo. *I acquired this rare stone from a friend.*

Aquela família **adquiriu** tudo o que tinha através de trabalho duro.
That family obtained everything it had through hard work.

Terei adquirido a minha casa própria ao fim deste ano.
I will have acquired my own house by the end of this year.

to warn, caution

Personal Infinitive		***Present Subjunctive***	
advertir	advertirmos	advirta	advirtamos
advertires	advertirdes	advirtas	advirtais
advertir	advertirem	advirta	advirtam
Present Indicative		***Imperfect Subjunctive***	
advirto	advertimos	advertisse	advertíssemos
advertes	advertis	advertisses	advertísseis
adverte	*advertem**	advertisse	advertissem
Imperfect Indicative		***Future Subjunctive***	
advertia	advertíamos	advertir	advertirmos
advertias	advertíeis	advertires	advertirdes
advertia	advertiam	advertir	advertirem
Preterit Indicative		***Present Perfect Subjunctive***	
adverti	advertimos	tenha advertido	tenhamos advertido
advertiste	advertistes	tenhas advertido	tenhais advertido
advertiu	advertiram	tenha advertido	tenham advertido
Simple Pluperfect Indicative		***Past Perfect or Pluperfect Subjunctive***	
advertira	advertíramos	tivesse advertido	tivéssemos advertido
advertiras	advertíreis	tivesses advertido	tivésseis advertido
advertira	advertiram	tivesse advertido	tivessem advertido
Future Indicative		***Future Perfect Subjunctive***	
advertirei	advertiremos	tiver advertido	tivermos advertido
advertirás	advertireis	tiveres advertido	tiverdes advertido
advertirá	advertirão	tiver advertido	tiverem advertido
Present Perfect Indicative		***Conditional***	
tenho advertido	temos advertido	advertiria	advertiríamos
tens advertido	tendes advertido	advertirias	advertiríeis
tem advertido	têm advertido	advertiria	advertiriam
Past Perfect or Pluperfect Indicative		***Conditional Perfect***	
tinha advertido	tínhamos advertido	teria advertido	teríamos advertido
tinhas advertido	tínheis advertido	terias advertido	teríeis advertido
tinha advertido	tinham advertido	teria advertido	teriam advertido
Future Perfect Indicative		***Imperative***	
terei advertido	teremos advertido	*adverte**– adverti	
terás advertido	tereis advertido		
terá advertido	terão advertido		

Samples of verb usage.

Estou-te **a advertir** (**advertindo** *in Brazil*). *I am warning you.*

O polícia (policial *in Brazil*) **advertiu** o motorista. *The policeman cautioned the motorist.*

O professor já **tinha advertido** o aluno três vezes.
The professor had already warned the student three times.

O árbitro vai **advertir** o jogador. *The referee is going to caution the player.*

*NOTE: Only the radical-changing verb forms with *open* stressed vowels appear in italic type. For further explanation see Foreword.

to move *or* push away; (**-se**) to go away, depart

Personal Infinitive
afastar afastarmos
afastares afastardes
afastar afastarem

Present Indicative
afasto afastamos
afastas afastais
afasta afastam

Imperfect Indicative
afastava afastávamos
afastavas afastáveis
afastava afastavam

Preterit Indicative
afastei afastámos
afastaste afastastes
afastou afastaram

Simple Pluperfect Indicative
afastara afastáramos
afastaras afastáreis
afastara afastaram

Future Indicative
afastarei afastaremos
afastarás afastareis
afastará afastarão

Present Perfect Indicative
tenho afastado temos afastado
tens afastado tendes afastado
tem afastado têm afastado

Past Perfect or Pluperfect Indicative
tinha afastado tínhamos afastado
tinhas afastado tínheis afastado
tinha afastado tinham afastado

Future Perfect Indicative
terei afastado teremos afastado
terás afastado tereis afastado
terá afastado terão afastado

Present Subjunctive
afaste afastemos
afastes afasteis
afaste afastem

Imperfect Subjunctive
afastasse afastássemos
afastasses afastásseis
afastasse afastassem

Future Subjunctive
afastar afastarmos
afastares afastardes
afastar afastarem

Present Perfect Subjunctive
tenha afastado tenhamos afastado
tenhas afastado tenhais afastado
tenha afastado tenham afastado

Past Perfect or Pluperfect Subjunctive
tivesse afastado tivéssemos afastado
tivesses afastado tivésseis afastado
tivesse afastado tivessem afastado

Future Perfect Subjunctive
tiver afastado tivermos afastado
tiveres afastado tiverdes afastado
tiver afastado tiverem afastado

Conditional
afastaria afastaríamos
afastarias afastaríeis
afastaria afastariam

Conditional Perfect
teria afastado teríamos afastado
terias afastado teríeis afastado
teria afastado teriam afastado

Imperative
afasta–afastai

Samples of verb usage.

Afasta-te de mim! *Get away from me!*

Ele **se afastava** pouco a pouco até desaparecer. *He moved away little by little until he disappeared.*

Ela **afastou** o dinheiro do alcance do seu marido.
She moved (pushed) the money out of her husband's reach.

Nós **nos afastámos** do perigo. *We got away from the danger.*

afligir

Pres. Part. *afligindo* Past Part. *afligido, aflito*

to worry, distress; (**-se**) get *or* become worried *or* distressed

Personal Infinitive

afligir	afligirmos
afligires	afligirdes
afligir	afligirem

Present Indicative

aflijo	afligimos
afliges	afligis
aflige	afligem

Imperfect Indicative

afligia	afligíamos
afligias	afligíeis
afligia	afligiam

Preterit Indicative

afligi	afligimos
afligiste	afligistes
afligiu	afligiram

Simple Pluperfect Indicative

afligira	afligíramos
afligiras	afligíreis
afligira	afligiram

Future Indicative

afligirei	afligiremos
afligirás	afligireis
afligirá	afligirão

Present Perfect Indicative

tenho afligido	temos afligido
tens afligido	tendes afligido
tem afligido	têm afligido

Past Perfect or Pluperfect Indicative

tinha afligido	tínhamos afligido
inhas afligido	tínheis afligido
tinha afligido	tinham afligido

Future Perfect Indicative

terei afligido	teremos afligido
terás afligido	tereis afligido
terá afligido	terão afligido

Present Subjunctive

aflija	aflijamos
aflijas	aflijais
aflija	aflijam

Imperfect Subjunctive

afligisse	afligíssemos
afligisses	afligísseis
afligisse	afligissem

Future Subjunctive

afligir	afligirmos
afligires	afligirdes
afligir	afligirem

Present Perfect Subjunctive

tenha afligido	tenhamos afligido
tenhas afligido	tenhais afligido
tenha afligido	tenham afligido

Past Perfect or Pluperfect Subjunctive

tivesse afligido	tivéssemos afligido
tivesses afligido	tivésseis afligido
tivesse afligido	tivessem afligido

Future Perfect Subjunctive

tiver afligido	tivermos afligido
tiveres afligido	tiverdes afligido
tiver afligido	tiverem afligido

Conditional

afligiria	afligiríamos
afligirias	afligiríeis
afligiria	afligiriam

Conditional Perfect

teria afligido	teríamos afligido
terias afligido	teríeis afligido
teria afligido	teriam afligido

Imperative

aflige–afligi

Samples of verb usage.

Não **se aflija**. *Don't worry.*

Ela estava **aflita** com a situação. *She was worried about the situation.*

Você **se aflige** facilmente. *You get worried easily.*

Todos **se afligiram** com o ladrar do cão. *Everyone got distressed over the dog's barking.*

to drown

Personal Infinitive
afogar afogarmos
afogares afogardes
afogar afogarem

Present Indicative
afogo afogamos
afogas afogais
afoga *afogam**

Imperfect Indicative
afogava afogávamos
afogavas afogáveis
afogava afogavam

Preterit Indicative
afoguei afogámos
afogaste afogastes
afogou afogaram

Simple Pluperfect Indicative
afogara afogáramos
afogaras afogáreis
afogara afogaram

Future Indicative
afogarei afogaremos
afogarás afogareis
afogará afogarão

Present Perfect Indicative
tenho afogado temos afogado
tens afogado tendes afogado
tem afogado têm afogado

Past Perfect or Pluperfect Indicative
tinha afogado tínhamos afogado
tinhas afogado tínheis afogado
tinha afogado tinham afogado

Future Perfect Indicative
terei afogado teremos afogado
terás afogado tereis afogado
terá afogado terão afogado

Present Subjunctive
afogue afoguemos
afogues afogueis
afogue *afoguem**

Imperfect Subjunctive
afogasse afogássemos
afogasses afogásseis
afogasse afogassem

Future Subjunctive
afogar afogarmos
afogares afogardes
afogar afogarem

Present Perfect Subjunctive
tenha afogado tenhamos afogado
tenhas afogado tenhais afogado
tenha afogado tenham afogado

Past Perfect or Pluperfect Subjunctive
tivesse afogado tivéssemos afogado
tivesses afogado tivésseis afogado
tivesse afogado tivessem afogado

Future Perfect Subjunctive
tiver afogado tivermos afogado
tiveres afogado tiverdes afogado
tiver afogado tiverem afogado

Conditional
afogaria afogaríamos
afogarias afogaríeis
afogaria afogariam

Conditional Perfect
teria afogado teríamos afogado
terias afogado teríeis afogado
teria afogado teriam afogado

Imperative
*afoga**–afogai

Samples of verb usage.

Espero que eles não **se afoguem**. *I hope they don't drown.*

O assassino tentou **afogar** mais uma vítima. *The murderer tried to drown yet another victim.*

O salva-vidas disse que ela **tinha-se afogado**. *The lifeguard said that she had drowned.*

Cuidado para não **te afogares**, o mar está perigoso. *Be careful not to drown, the sea is dangerous.*

*NOTE: Only the radical-changing verb forms with *open* stressed vowels appear in italic type. For further explanation see Foreword.

to grab, grasp, seize; (**-se a**) to hang *or* hold on to

Personal Infinitive

agarrar	agarrarmos
agarrares	agarrardes
agarrar	agarrarem

Present Indicative

agarro	agarramos
agarras	agarrais
agarra	agarram

Imperfect Indicative

agarrava	agarrávamos
agarravas	agarráveis
agarrava	agarravam

Preterit Indicative

agarrei	agarrámos
agarraste	agarrastes
agarrou	agarraram

Simple Pluperfect Indicative

agarrara	agarráramos
agarraras	agarráreis
agarrara	agarraram

Future Indicative

agarrarei	agarraremos
agarrarás	agarrareis
agarrará	agarrarão

Present Perfect Indicative

tenho agarrado	temos agarrado
tens agarrado	tendes agarrado
tem agarrado	têm agarrado

Past Perfect or Pluperfect Indicative

tinha agarrado	tínhamos agarrado
tinhas agarrado	tínheis agarrado
tinha agarrado	tinham agarrado

Future Perfect Indicative

terei agarrado	teremos agarrado
terás agarrado	tereis agarrado
terá agarrado	terão agarrado

Present Subjunctive

agarre	agarremos
agarres	agarreis
agarre	agarrem

Imperfect Subjunctive

agarrasse	agarrássemos
agarrasses	agarrásseis
agarrasse	agarrassem

Future Subjunctive

agarrar	agarrarmos
agarrares	agarrardes
agarrar	agarrarem

Present Perfect Subjunctive

tenha agarrado	tenhamos agarrado
tenhas agarrado	tenhais agarrado
tenha agarrado	tenham agarrado

Past Perfect or Pluperfect Subjunctive

tivesse agarrado	tivéssemos agarrado
tivesses agarrado	tivésseis agarrado
tivesse agarrado	tivessem agarrado

Future Perfect Subjunctive

tiver agarrado	tivermos agarrado
tiveres agarrado	tiverdes agarrado
tiver agarrado	tiverem agarrado

Conditional

agarraria	agarraríamos
agarrarias	agarraríeis
agarraria	agarrariam

Conditional Perfect

teria agarrado	teríamos agarrado
terias agarrado	teríeis agarrado
teria agarrado	teriam agarrado

Imperative

agarra–agarrai

Samples of verb usage.

Agarre esta corda com firmeza ou você cairá. *Grasp this rope tightly or you will fall.*

Eles se **agarravam** uns aos outros com força para não caírem.
They were holding on to each other tightly so they wouldn't fall.

Ela **teria agarrado** o porco se tivesse tido mais força.
She would have grabbed the pig if she had been stronger.

Eu **agarraria** aquela estrela de cinema. *I would hold on to that movie star.*

to act, behave, perform

Personal Infinitive		***Present Subjunctive***	
agir	agirmos	aja	ajamos
agires	agirdes	ajas	ajais
agir	agirem	aja	ajam
Present Indicative		***Imperfect Subjunctive***	
ajo	agimos	agisse	agíssemos
ages	agis	agisses	agísseis
age	agem	agisse	agissem
Imperfect Indicative		***Future Subjunctive***	
agia	agíamos	agir	agirmos
agias	agíeis	agires	agirdes
agia	agiam	agir	agirem
Preterit Indicative		***Present Perfect Subjunctive***	
agi	agimos	tenha agido	tenhamos agido
agiste	agistes	tenhas agido	tenhais agido
agiu	agiram	tenha agido	tenham agido
Simple Pluperfect Indicative		***Past Perfect or Pluperfect Subjunctive***	
agira	agíramos	tivesse agido	tivéssemos agido
agiras	agíreis	tivesses agido	tivésseis agido
agira	agiram	tivesse agido	tivessem agido
Future Indicative		***Future Perfect Subjunctive***	
agirei	agiremos	tiver agido	tivermos agido
agirás	agireis	tiveres agido	tiverdes agido
agir	agirão	tiver agido	tiverem agido
Present Perfect Indicative		***Conditional***	
tenho agido	temos agido	agiria	agiríamos
tens agido	tendes agido	agirias	agiríeis
tem agido	têm agido	agiria	agiriam
Past Perfect or Pluperfect Indicative		***Conditional Perfect***	
tinha agido	tínhamos agido	teria agido	teríamos agido
tinhas agido	tínheis agido	terias agido	teríeis agido
tinha agido	tinham agido	teria agido	teriam agido
Future Perfect Indicative		***Imperative***	
terei agido	teremos agido	age–agi	
terás agido	tereis agido		
terá agido	terão agido		

Samples of verb usage.

Os paramédicos **agiram** rápido no resgate das vítimas do terremoto.
The paramedics acted quickly in the rescue of the earthquake victims.

A polícia desta cidade sempre **age** profissionalmente no cumprimento do seu dever.
This city's police force always performs professionally in fulfilling its duty.

Você não deve **agir** dessa maneira se espera conseguir uma promoção.
You shouldn't behave that way if you expect to get a promotion.

Eu quero que João **aja** como intermediário nesta disputa. *I want John to act as mediator in this dispute.*

to thank

Personal Infinitive

agradecer	agradecermos
agradeceres	agradecerdes
agradecer	agradecerem

Present Indicative

agradeço	agradecemos
agradeces	agradeceis
agradece	*agradecem**

Imperfect Indicative

agradecia	agradecíamos
agradecias	agradecíeis
agradecia	agradeciam

Preterit Indicative

agradeci	agradecemos
agradeceste	agradecestes
agradeceu	agradeceram

Simple Pluperfect Indicative

agradecera	agradecêramos
agradeceras	agradecêreis
agradecera	agradeceram

Future Indicative

agradecerei	agradeceremos
agradecerás	agradecereis
agradecerá	agradecerão

Present Perfect Indicative

tenho agradecido	temos agradecido
tens agradecido	tendes agradecido
tem agradecido	têm agradecido

Past Perfect or Pluperfect Indicative

tinha agradecido	tínhamos agradecido
tinhas agradecido	tínheis agradecido
tinha agradecido	tinham agradecido

Future Perfect Indicative

terei agradecido	teremos agradecido
terás agradecido	tereis agradecido
terá agradecido	terão agradecido

Present Subjunctive

agradeça	agradeçamos
agradeças	agradeçais
agradeça	agradeçam

Imperfect Subjunctive

agradecesse	agradecêssemos
agradecesses	agradecêsseis
agradecesse	agradecessem

Future Subjunctive

agradecer	agradecermos
agradeceres	agradecerdes
agradecer	agradecerem

Present Perfect Subjunctive

tenha agradecido	tenhamos agradecido
tenhas agradecido	tenhais agradecido
tenha agradecido	tenham agradecido

Past Perfect or Pluperfect Subjunctive

tivesse agradecido	tivéssemos agradecido
tivesses agradecido	tivésseis agradecido
tivesse agradecido	tivessem agradecido

Future Perfect Subjunctive

tiver agradecido	tivermos agradecido
tiveres agradecido	tiverdes agradecido
tiver agradecido	tiverem agradecido

Conditional

agradeceria	agradeceríamos
agradecerias	agradeceríeis
agradeceria	agradeceriam

Conditional Perfect

teria agradecido	teríamos agradecido
terias agradecido	teríeis agradecido
teria agradecido	teriam agradecido

Imperative

*agradece**– agradecei

Samples of verb usage.

Agradeça ao seu tio pelo presente. *Thank your uncle for the present.*

Eu **agradeço** a Deus por poder comer todos os dias. *I thank God for being able to eat every day.*

Você **agradeceu** àquele homem? *Did you thank that man?*

Agradece-se sempre que for bem tratado. *One should express thanks whenever one is treated well.*

*NOTE: Only the radical-changing verb forms with *open* stressed vowels appear in italic type. For further explanation see Foreword.

(**-se**) to kneel; to make (someone) kneel

Personal Infinitive
ajoelhar ajoelharmos
ajoelhares ajoelhardes
ajoelhar ajoelharem

Present Indicative
ajoelho ajoelhamos
ajoelhas ajoelhais
ajoelha ajoelham

Imperfect Indicative
ajoelhava ajoelhávamos
ajoelhavas ajoelháveis
ajoelhava ajoelhavam

Preterit Indicative
ajoelhei ajoelhámos
ajoelhaste ajoelhastes
ajoelhou ajoelharam

Simple Pluperfect Indicative
ajoelhara ajoelháramos
ajoelharas ajoelháreis
ajoelhara ajoelharam

Future Indicative
ajoelharei ajoelharemos
ajoelharás ajoelhareis
ajoelhará ajoelharão

Present Perfect Indicative
tenho ajoelhado temos ajoelhado
tens ajoelhado tendes ajoelhado
tem ajoelhado têm ajoelhado

Past Perfect or Pluperfect Indicative
tinha ajoelhado tínhamos ajoelhado
tinhas ajoelhado tínheis ajoelhado
tinha ajoelhado tinham ajoelhado

Future Perfect Indicative
terei ajoelhado teremos ajoelhado
terás ajoelhado tereis ajoelhado
terá ajoelhado terão ajoelhado

Present Subjunctive
ajoelhe ajoelhemos
ajoelhes ajoelheis
ajoelhe ajoelhem

Imperfect Subjunctive
ajoelhasse ajoelhássemos
ajoelhasses ajoelhásseis
ajoelhasse ajoelhassem

Future Subjunctive
ajoelhar ajoelharmos
ajoelhares ajoelhardes
ajoelhar ajoelharem

Present Perfect Subjunctive
tenha ajoelhado tenhamos ajoelhado
tenhas ajoelhado tenhais ajoelhado
tenha ajoelhado tenham ajoelhado

Past Perfect or Pluperfect Subjunctive
tivesse ajoelhado tivéssemos ajoelhado
tivesses ajoelhado tivésseis ajoelhado
tivesse ajoelhado tivessem ajoelhado

Future Perfect Subjunctive
tiver ajoelhado tivermos ajoelhado
tiveres ajoelhado tiverdes ajoelhado
tiver ajoelhado tiverem ajoelhado

Conditional
ajoelharia ajoelharíamos
ajoelharias ajoelharíeis
ajoelharia ajoelhariam

Conditional Perfect
teria ajoelhado teríamos ajoelhado
terias ajoelhado teríeis ajoelhado
teria ajoelhado teriam ajoelhado

Imperative
ajoelha–ajoelhai

Samples of verb usage.

Ele **ajoelhou-se** antes de se confessar. *He kneeled before confessing.*

O carrasco mandou-lhes **ajoelhar** antes de os executar.
The executioner ordered them to kneel before putting them to death.

Eles sempre **se ajoelhavam** para rezar (orar). *They would always kneel to pray.*

A minha irmã insiste em **se ajoelhar** ao entrar numa igreja.
My sister insists on kneeling upon entering a church.

to help, aid; to assist

Personal Infinitive

ajudar	ajudarmos
ajudares	ajudardes
ajudar	ajudarem

Present Indicative

ajudo	ajudamos
ajudas	ajudais
ajuda	ajudam

Imperfect Indicative

ajudava	ajudávamos
ajudavas	ajudáveis
ajudava	ajudavam

Preterit Indicative

ajudei	ajudámos
ajudaste	ajudastes
ajudou	ajudaram

Simple Pluperfect Indicative

ajudara	ajudáramos
ajudaras	ajudáreis
ajudara	ajudaram

Future Indicative

ajudarei	ajudaremos
ajudarás	ajudareis
ajudará	ajudarão

Present Perfect Indicative

tenho ajudado	temos ajudado
tens ajudado	tendes ajudado
tem ajudado	têm ajudado

Past Perfect or Pluperfect Indicative

tinha ajudado	tínhamos ajudado
tinhas ajudado	tínheis ajudado
tinha ajudado	tinham ajudado

Future Perfect Indicative

terei ajudado	teremos ajudado
terás ajudado	tereis ajudado
terá ajudado	terão ajudado

Present Subjunctive

ajude	ajudemos
ajudes	ajudeis
ajude	ajudem

Imperfect Subjunctive

ajudasse	ajudássemos
ajudasses	ajudásseis
ajudasse	ajudassem

Future Subjunctive

ajudar	ajudarmos
ajudares	ajudardes
ajudar	ajudarem

Present Perfect Subjunctive

tenha ajudado	tenhamos ajudado
tenhas ajudado	tenhais ajudado
tenha ajudado	tenham ajudado

Past Perfect or Pluperfect Subjunctive

tivesse ajudado	tivéssemos ajudado
tivesses ajudado	tivésseis ajudado
tivesse ajudado	tivessem ajudado

Future Subjunctive

tiver ajudado	tivermos ajudado
tiveres ajudado	tiverdes ajudado
tiver ajudado	tiverem ajudado

Conditional

ajudaria	ajudaríamos
ajudarias	ajudaríeis
ajudaria	ajudariam

Conditional Perfect

teria ajudado	teríamos ajudado
terias ajudado	teríeis ajudado
teria ajudado	teriam ajudado

Imperative

ajuda–ajudai

Samples of verb usage.

Socorro! **Ajude**-me! *Help! Help me!*

Quer que eu o **ajude** agora? *Would you like me to assist you now?*

Eu a **ajudei** a estudar para o exame. *I helped her study for the exam.*

Ajudaremos, se for preciso. *We will help if necessary.*

to make happy; (**-se de** *or* **com**) to be *or* become happy (about)

Personal Infinitive
alegrar alegrarmos
alegrares alegrardes
alegrar alegrarem

Present Indicative
alegro alegramos
alegras alegrais
alegra *alegram**

Imperfect Indicative
alegrava alegrávamos
alegravas alegráveis
alegrava alegravam

Preterit Indicative
alegrei alegrámos
alegraste alegrastes
alegrou alegraram

Simple Pluperfect Indicative
alegrara alegráramos
alegraras alegráreis
alegrara alegraram

Future Indicative
alegrarei alegraremos
alegrarás alegrareis
alegrará alegrarão

Present Perfect Indicative
tenho alegrado temos alegrado
tens alegrado tendes alegrado
tem alegrado têm alegrado

Past Perfect or Pluperfect Indicative
tinha alegrado tínhamos alegrado
tinhas alegrado tínheis alegrado
tinha alegrado tinham alegrado

Future Perfect Indicative
terei alegrado teremos alegrado
terás alegrado tereis alegrado
terá alegrado terão alegrado

Present Subjunctive
alegre alegremos
alegres alegreis
alegre *alegrem**

Imperfect Subjunctive
alegrasse alegrássemos
alegrasses alegrásseis
alegrasse alegrassem

Future Subjunctive
alegrar alegrarmos
alegrares alegrardes
alegrar alegrarem

Present Perfect Subjunctive
tenha alegrado tenhamos alegrado
tenhas alegrado tenhais alegrado
tenha alegrado tenham alegrado

Past Perfect or Pluperfect Subjunctive
tivesse alegrado tivéssemos alegrado
tivesses alegrado tivésseis alegrado
tivesse alegrado tivessem alegrado

Future Perfect Subjunctive
tiver alegrado tivermos alegrado
tiveres alegrado tiverdes alegrado
tiver alegrado tiverem alegrado

Conditional
alegraria alegraríamos
alegrarias alegraríeis
alegraria alegrariam

Conditional Perfect
teria alegrado teríamos alegrado
terias alegrado teríeis alegrado
teria alegrado teriam alegrado

Imperative
*alegra**–alegrai

Samples of verb usage.

Eu **me alegro de** ver que estás bem. *I am happy to see that you are well.*

A surpresa **alegrou** o chefe. *The surprise made the boss happy.*

O meu irmão **se alegra de** estar aqui. *My brother is happy to be here.*

Os pacientes **se alegraram com** as boas notícias. *The patients became happy with the good news.*

*NOTE: Only the radical-changing verb forms with *open* stressed vowels appear in italic type. For further explanation see Foreword.

to feed, nourish

Personal Infinitive

alimentar	alimentarmos
alimentares	alimentardes
alimentar	alimentarem

Present Indicative

alimento	alimentamos
alimentas	alimentais
alimenta	alimentam

Imperfect Indicative

alimentava	alimentávamos
alimentavas	alimentáveis
alimentava	alimentavam

Preterit Indicative

alimentei	alimentámos
alimentaste	alimentastes
alimentou	alimentaram

Simple Pluperfect Indicative

alimentara	alimentáramos
alimentaras	alimentáreis
alimentara	alimentaram

Future Indicative

alimentarei	alimentaremos
alimentarás	alimentareis
alimentará	alimentarão

Present Perfect Indicative

tenho alimentado	temos alimentado
tens alimentado	tendes alimentado
tem alimentado	têm alimentado

Past Perfect or Pluperfect Indicative

tinha alimentado	tínhamos alimentado
tinhas alimentado	tínheis alimentado
tinha alimentado	tinham alimentado

Future Perfect Indicative

terei alimentado	teremos alimentado
terás alimentado	tereis alimentado
terá alimentado	terão alimentado

Present Subjunctive

alimente	alimentemos
alimentes	alimenteis
alimente	alimentem

Imperfect Subjunctive

alimentasse	alimentássemos
alimentasses	alimentásseis
alimentasse	alimentassem

Future Perfect Subjunctive

alimentar	alimentarmos
alimentares	alimentardes
alimentar	alimentarem

Present Perfect Subjunctive

tenha alimentado	tenhamos alimentado
tenhas alimentado	tenhais alimentado
tenha alimentado	tenham alimentado

Past Perfect or Pluperfect Subjunctive

tivesse alimentado	tivéssemos alimentado
tivesses alimentado	tivésseis alimentado
tivesse alimentado	tivessem alimentado

Future Subjunctive

tiver alimentado	tivermos alimentado
tiveres alimentado	tiverdes alimentado
tiver alimentado	tiverem alimentado

Conditional

alimentaria	alimentaríamos
alimentarias	alimentaríeis
alimentaria	alimentariam

Conditional Perfect

teria alimentado	teríamos alimentado
terias alimentado	teríeis alimentado
teria alimentado	teriam alimentado

Imperative

alimenta–alimentai

Samples of verb usage.

As crianças devem ser bem **alimentadas**. *Children should be nourished well.*

Eu não **alimentarei** as tuas esperanças. *I will not feed your hopes.*

O meu primo **alimentava** os porcos na quinta (fazenda *in Brazil*).
My cousin used to feed the pigs at the ranch.

As mães gostam de **alimentar** os seus filhos. *Mothers like to feed their children.*

to have lunch

Personal Infinitive		***Present Subjunctive***	
almoçar	almoçarmos	*almoce*	almocemos
almoçares	almoçardes	*almoces*	almoceis
almoçar	almoçarem	*almoce*	*almocem**
Present Indicative		***Imperfect Subjunctive***	
almoço	almoçamos	almoçasse	almoçássemos
almoças	almoçais	almoçasses	almoçásseis
almoça	*almoçam**	almoçasse	almoçassem
Imperfect Indicative		***Future Subjunctive***	
almoçava	almoçávamos	almoçar	almoçarmos
almoçavas	almoçáveis	almoçares	almoçardes
almoçava	almoçavam	almoçar	almoçarem
Preterit Indicative		***Present Perfect Subjunctive***	
almocei	almoçámos	tenha almoçado	tenhamos almoçado
almoçaste	almoçastes	tenhas almoçado	tenhais almoçado
almoçou	almoçaram	tenha almoçado	tenham almoçado
Simple Pluperfect Indicative		***Past Perfect or Pluperfect Subjunctive***	
almoçara	almoçáramos	tivesse almoçado	tivéssemos almoçado
almoçaras	almoçáreis	tivesses almoçado	tivésseis almoçado
almoçara	almoçaram	tivesse almoçado	tivessem almoçado
Future Indicative		***Future Perfect Subjunctive***	
almoçarei	almoçaremos	tiver almoçado	tivermos almoçado
almoçarás	almoçareis	tiveres almoçado	tiverdes almoçado
almoçará	almoçarão	tiver almoçado	tiverem almoçado
Present Perfect Indicative		***Conditional***	
tenho almoçado	temos almoçado	almoçaria	almoçaríamos
tens almoçado	tendes almoçado	almoçarias	almoçaríeis
tem almoçado	têm almoçado	almoçaria	almoçariam
Past Perfect or Pluperfect Indicative		***Conditional Perfect***	
tinha almoçado	tínhamos almoçado	teria almoçado	teríamos almoçado
tinhas almoçado	tínheis almoçado	terias almoçado	teríeis almoçado
tinha almoçado	tinham almoçado	teria almoçado	teriam almoçado
Future Perfect Indicative		***Imperative***	
terei almoçado	teremos almoçado	*almoça**–almoçai	
terás almoçado	tereis almoçado		
terá almoçado	terão almoçado		

Samples of verb usage.

Ele sempre liga (telefona) quando estou **a almoçar (almoçando)**.
He always calls when I am having lunch.

Obrigado, mas já **almocei**. *Thanks, but I've already had lunch.*

O médico **almoçou** com o paciente. *The doctor had lunch with the patient.*

(Nós) sempre **almoçamos** juntos. *We always have lunch together.*

*NOTE: Only the radical-changing verb forms with *open* stressed vowels appear in italic type. For further explanation see Foreword.

to alter, modify; to falsify, counterfeit

Personal Infinitive
alterar alterarmos
alterares alterardes
alterar alterarem

Present Indicative
altero alteramos
alteras alterais
altera *alteram**

Imperfect Indicative
alterava alterávamos
alteravas alteráveis
alterava alteravam

Preterit Indicative
alterei alterámos
alteraste alterastes
alterou alteraram

Simple Pluperfect Indicative
alterara alteráramos
alteraras alteráreis
alterara alteraram

Future Indicative
alterarei alteraremos
alterarás alterareis
alterará alterarão

Present Perfect Indicative
tenho alterado temos alterado
tens alterado tendes alterado
tem alterado têm alterado

Past Perfect or Pluperfect Indicative
tinha alterado tínhamos alterado
tinhas alterado tínheis alterado
tinha alterado tinham alterado

Future Perfect Indicative
terei alterado teremos alterado
terás alterado tereis alterado
terá alterado terão alterado

Present Subjunctive
altere alteremos
alteres altereis
altere *alterem**

Imperfect Subjunctive
alterasse alterássemos
alterasses alterásseis
alterasse alterassem

Future Subjunctive
alterar alterarmos
alterares alterardes
alterar alterarem

Present Perfect Subjunctive
tenha alterado tenhamos alterado
tenhas alterado tenhais alterado
tenha alterado tenham alterado

Past Perfect or Pluperfect Subjunctive
tivesse alterado tivéssemos alterado
tivesses alterado tivésseis alterado
tivesse alterado tivessem alterado

Future Perfect Subjunctive
tiver alterado tivermos alterado
tiveres alterado tiverdes alterado
tiver alterado tiverem alterado

Conditional
alteraria alteraríamos
alterarias alteraríeis
alteraria alterariam

Conditional Perfect
teria alterado teríamos alterado
terias alterado teríeis alterado
teria alterado teriam alterado

Imperative
*altera**–alterai

Samples of verb usage.

O alfaiate **alterou** as roupas. *The tailor altered (made alterations to) the clothes.*

Ele **alterava** documentos. *He used to counterfeit documents.*

Eu **alterarei** os meus planos. *I will alter my plans.*

O piloto **alterou** a rota. *The pilot modified the route.*

*NOTE: Only the radical-changing verb forms with *open* stressed vowels appear in italic type. For further explanation see Foreword.

to rent

Personal Infinitive		***Present Subjunctive***	
alugar	alugarmos	alugue	aluguemos
alugares	alugardes	alugues	alugueis
alugar	alugarem	alugue	aluguem
Present Indicative		***Imperfect Subjunctive***	
alugo	alugamos	alugasse	alugássemos
alugas	alugais	alugasses	alugásseis
aluga	alugam	alugasse	alugassem
Imperfect Indicative		***Future Subjunctive***	
alugava	alugávamos	alugar	alugarmos
alugavas	alugáveis	alugares	alugardes
alugava	alugavam	alugar	alugarem
Preterit Indicative		***Present Perfect Subjunctive***	
aluguei	alugámos	tenha alugado	tenhamos alugado
alugaste	alugastes	tenhas alugado	tenhais alugado
alugou	alugaram	tenha alugado	tenham alugado
Simple Pluperfect Indicative		***Past Perfect or Pluperfect Subjunctive***	
alugara	alugáramos	tivesse alugado	tivéssemos alugado
alugaras	alugáreis	tivesses alugado	tivésseis alugado
alugara	alugaram	tivesse alugado	tivessem alugado
Future Indicative		***Future Perfect Subjunctive***	
alugarei	alugaremos	tiver alugado	tivermos alugado
alugarás	alugareis	tiveres alugado	tiverdes alugado
alugará	alugarão	tiver alugado	tiverem alugado
Present Perfect Indicative		***Conditional***	
tenho alugado	temos alugado	alugaria	alugaríamos
tens alugado	tendes alugado	alugarias	alugaríeis
tem alugado	têm alugado	alugaria	alugariam
Past Perfect or Pluperfect Indicative		***Conditional Perfect***	
tinha alugado	tínhamos alugado	teria alugado	teríamos alugado
tinhas alugado	tínheis alugado	terias alugado	teríeis alugado
tinha alugado	tinham alugado	teria alugado	teriam alugado
Future Perfect Indicative		***Imperative***	
terei alugado	teremos alugado	aluga–alugai	
terás alugado	tereis alugado		
terá alugado	terão alugado		

Samples of verb usage.

Eu **aluguei** um filme muito bom. *I rented a really good movie.*

O dono **alugará** o apartamento a (para) outra pessoa.
The owner will rent the apartment to someone else.

Os inquilinos não **alugarão** esta casa para o ano. *The tenants will not rent this house for next year.*

O casal já **tinha alugado** um carro para o fim de semana.
The couple had already rented a car for the weekend.

NOTE: In Portugal **arrendar** is normally used for expressing the renting of some form of lodging, such as a house or an apartment.

to love

Personal Infinitive		***Present Subjunctive***	
amar	amarmos	ame	amemos
amares	amardes	ames	ameis
amar	amarem	ame	amem
Present Indicative		***Imperfect Subjunctive***	
amo	amamos	amasse	amássemos
amas	amais	amasses	amásseis
ama	amam	amasse	amassem
Imperfect Indicative		***Future Subjunctive***	
amava	amávamos	amar	amarmos
amavas	amáveis	amares	amardes
amava	amavam	amar	amarem
Preterit Indicative		***Present Perfect Subjunctive***	
amei	amámos	tenha amado	tenhamos amado
amaste	amastes	tenhas amado	tenhais amado
amou	amaram	tenha amado	tenham amado
Simple Pluperfect Indicative		***Past Perfect or Pluperfect Subjunctive***	
amara	amáramos	tivesse amado	tivéssemos amado
amaras	amáreis	tivesses amado	tivésseis amado
amara	amaram	tivesse amado	tivessem amado
Future Indicative		***Future Perfect Subjunctive***	
amarei	amaremos	tiver amado	tivermos amado
amarás	amareis	tiveres amado	tiverdes amado
amará	amarão	tiver amado	tiverem amado
Present Perfect Indicative		***Conditional***	
tenho amado	temos amado	amaria	amaríamos
tens amado	tendes amado	amarias	amaríeis
tem amado	têm amado	amaria	amariam
Past Perfect or Pluperfect Indicative		***Conditional Perfect***	
tinha amado	tínhamos amado	teria amado	teríamos amado
tinhas amado	tínheis amado	terias amado	teríeis amado
tinha amado	tinham amado	teria amado	teriam amado
Future Perfect Indicative		***Imperative***	
terei amado	teremos amado	ama–amai	
terás amado	tereis amado		
terá amado	terão amado		

Samples of verb usage.

Ele **amava** o que fazia. *He loved what he did.*

Os filhos **amam** os seus pais. *The kids love their parents.*

Com o tempo, eles **se amarão** mais e mais. *As time goes by, they will love each other more and more.*

Amar é perdoar. *To love is to forgive.*

to threaten

Personal Infinitive

ameaçar	ameaçarmos
ameaçares	ameaçardes
ameaçar	ameaçarem

Present Indicative

ameaço	ameaçamos
ameaças	ameaçais
ameaça	ameaçam

Imperfect Indicative

ameaçava	ameaçávamos
ameaçavas	ameaçáveis
ameaçava	ameaçavam

Preterit Indicative

ameacei	ameaçámos
ameaçaste	ameaçastes
ameaçou	ameaçaram

Simple Pluperfect Indicative

ameaçara	ameaçáramos
ameaçaras	ameaçáreis
ameaçara	ameaçaram

Future Indicative

ameaçarei	ameaçaremos
ameaçarás	ameaçareis
ameaçará	ameaçarão

Present Perfect Indicative

tenho ameaçado	temos ameaçado
tens ameaçado	tendes ameaçado
tem ameaçado	têm ameaçado

Past Perfect or Pluperfect Indicative

tinha ameaçado	tínhamos ameaçado
tinhas ameaçado	tínheis ameaçado
tinha ameaçado	tinham ameaçado

Future Perfect Indicative

terei ameaçado	teremos ameaçado
terás ameaçado	tereis ameaçado
terá ameaçado	terão ameaçado

Present Subjunctive

ameace	ameacemos
ameaces	ameaceis
ameace	ameacem

Imperfect Subjunctive

ameaçasse	ameaçássemos
ameaçasses	ameaçásseis
ameaçasse	ameaçassem

Future Subjunctive

ameaçar	ameaçarmos
ameaçares	ameaçardes
ameaçar	ameaçarem

Present Perfect Subjunctive

tenha ameaçado	tenhamos ameaçado
tenhas ameaçado	tenhais ameaçado
tenha ameaçado	tenham ameaçado

Past Perfect or Pluperfect Subjunctive

tivesse ameaçado	tivéssemos ameaçado
tivesses ameaçado	tivésseis ameaçado
tivesse ameaçado	tivessem ameaçado

Future Perfect Subjunctive

tiver ameaçado	tivermos ameaçado
tiveres ameaçado	tiverdes ameaçado
tiver ameaçado	tiverem ameaçado

Conditional

ameaçaria	ameaçaríamos
ameaçarias	ameaçaríeis
ameaçaria	ameaçariam

Conditional Perfect

teria ameaçado	teríamos ameaçado
terias ameaçado	teríeis ameaçado
teria ameaçado	teriam ameaçado

Imperative

ameaça–ameaçai

Samples of verb usage.

Ela **ameaçou** demitir-se. *She threatened to quit.*

O sequestrador **ameaçava** matar a todos. *The kidnapper was threatening to kill everyone.*

Eu **ameacei** ir-me embora. *I threatened to leave.*

Eles já o **tinham ameaçado** três vezes. *They had already threatened him three times.*

to soften; to relent

Personal Infinitive
amolecer amolecermos
amoleceres amolecerdes
amolecer amolecerem

Present Indicative
amoleço amolecemos
amoleces amoleceis
amolece *amolecem**

Imperfect Indicative
amolecia amolecíamos
amolecias amolecíeis
amolecia amoleciam

Preterit Indicative
amoleci amolecemos
amoleceste amolecestes
amoleceu amoleceram

Simple Pluperfect Indicative
amolecera amolecêramos
amoleceras amolecêreis
amolecera amoleceram

Future Indicative
amolecerei amoleceremos
amolecerás amolecereis
amolecerá amolecerão

Present Perfect Indicative
tenho amolecido temos amolecido
tens amolecido tendes amolecido
tem amolecido têm amolecido

Past Perfect or Pluperfect Indicative
tinha amolecido tínhamos amolecido
tinhas amolecido tínheis amolecido
tinha amolecido tinham amolecido

Future Perfect Indicative
terei amolecido teremos amolecido
terás amolecido tereis amolecido
terá amolecido terão amolecido

Present Subjunctive
amoleça amoleçamos
amoleças amoleçais
amoleça amoleçam

Imperfect Subjunctive
amolecesse amolecêssemos
amolecesses amolecêsseis
amolecesse amolecessem

Future Subjunctive
amolecer amolecermos
amoleceres amolecerdes
amolecer amolecerem

Present Perfect Subjunctive
tenha amolecido tenhamos amolecido
tenhas amolecido tenhais amolecido
tenha amolecido tenham amolecido

Past Perfect or Pluperfect Subjunctive
tivesse amolecido tivéssemos amolecido
tivesses amolecido tivésseis amolecido
tivesse amolecido tivessem amolecido

Future Perfect Subjunctive
tiver amolecido tivermos amolecido
tiveres amolecido tiverdes amolecido
tiver amolecido tiverem amolecido

Conditional
amoleceria amoleceríamos
amolecerias amoleceríeis
amoleceria amoleceriam

Conditional Perfect
teria amolecido teríamos amolecido
terias amolecido teríeis amolecido
teria amolecido teriam amolecido

Imperative
*amolece**– amolecei

Samples of verb usage.

O calor do fogão **amoleceu** o copo de plástico. *The heat from the oven softened the plastic cup.*

O macarrão **amolece** em água quente. *Spaghetti gets soft in hot water.*

A cera vai **amolecer** com este calor. *The wax is going to soften with this heat.*

Ela **tinha-se amolecido** toda com as flores que ele enviou. *She relented because of the flowers he sent.*

*NOTE: Only the radical-changing verb forms with *open* stressed vowels appear in italic type. For further explanation see Foreword.

to enlarge, expand

Personal Infinitive
ampliar ampliarmos
ampliares ampliardes
ampliar ampliarem

Present Indicative
amplio ampliamos
amplias ampliais
amplia ampliam

Imperfect Indicative
ampliava ampliávamos
ampliavas ampliáveis
ampliava ampliavam

Preterit Indicative
ampliei ampliámos
ampliaste ampliastes
ampliou ampliaram

Simple Pluperfect Indicative
ampliara ampliáramos
ampliaras ampliáreis
ampliara ampliaram

Future Indicative
ampliarei ampliaremos
ampliarás ampliareis
ampliará ampliarão

Present Perfect Indicative
tenho ampliado temos ampliado
tens ampliado tendes ampliado
tem ampliado têm ampliado

Past Perfect or Pluperfect Indicative
tinha ampliado tínhamos ampliado
tinhas ampliado tínheis ampliado
tinha ampliado tinham ampliado

Future Perfect Indicative
terei ampliado teremos ampliado
terás ampliado tereis ampliado
terá ampliado terão ampliado

Present Subjunctive
amplie ampliemos
amplies amplieis
amplie ampliem

Imperfect Subjunctive
ampliasse ampliássemos
ampliasses ampliásseis
ampliasse ampliassem

Future Subjunctive
ampliar ampliarmos
ampliares ampliardes
ampliar ampliarem

Present Perfect Subjunctive
tenha ampliado tenhamos ampliado
tenhas ampliado tenhais ampliado
tenha ampliado tenham ampliado

Past Perfect or Pluperfect Subjunctive
tivesse ampliado tivéssemos ampliado
tivesses ampliado tivésseis ampliado
tivesse ampliado tivessem ampliado

Future Perfect Subjunctive
tiver ampliado tivermos ampliado
tiveres ampliado tiverdes ampliado
tiver ampliado tiverem ampliado

Conditional
ampliaria ampliaríamos
ampliarias ampliaríeis
ampliaria ampliariam

Conditional Perfect
teria ampliado teríamos ampliado
terias ampliado teríeis ampliado
teria ampliado teriam ampliado

Imperative
amplia–ampliai

Samples of verb usage.

O fotógrafo **ampliou** a foto. *The photographer enlarged the photo.*

Ela **tem ampliado** a sua coleção de borboletas ano após ano.
She has enlarged her butterfly collection year after year.

Se prosperarmos, **ampliaremos** a loja. *If we prosper, we will enlarge the store.*

A universidade **ampliará** a sua biblioteca no próximo ano. *The university will expand its library next year.*

to analyze

Personal Infinitive		***Present Subjunctive***	
analisar	analisarmos	analise	analisemos
analisares	analisardes	analises	analiseis
analisar	analisarem	analise	analisem
Present Indicative		***Imperfect Subjunctive***	
analiso	analisamos	analisasse	analisássemos
analisas	analisais	analisasses	analisásseis
analisa	analisam	analisasse	analisassem
Imperfect Indicative		***Future Subjunctive***	
analisava	analisávamos	analisar	analisarmos
analisavas	analisáveis	analisares	analisardes
analisava	analisavam	analisar	analisarem
Preterit Indicative		***Present Perfect Subjunctive***	
analisei	analisámos	tenha analisado	tenhamos analisado
analisaste	analisastes	tenhas analisado	tenhais analisado
analisou	analisaram	tenha analisado	tenham analisado
Simple Pluperfect Indicative		***Past Perfect or Pluperfect Subjunctive***	
analisara	analisáramos	tivesse analisado	tivéssemos analisado
analisaras	analisáreis	tivesses analisado	tivésseis analisado
analisara	analisaram	tivesse analisado	tivessem analisado
Future Indicative		***Future Perfect Subjunctive***	
analisarei	analisaremos	tiver analisado	tivermos analisado
analisarás	analisareis	tiveres analisado	tiverdes analisado
analisará	analisarão	tiver analisado	tiverem analisado
Present Perfect Indicative		***Conditional***	
tenho analisado	temos analisado	analisaria	analisaríamos
tens analisado	tendes analisado	analisarias	analisaríeis
tem analisado	têm analisado	analisaria	analisariam
Past Perfect or Pluperfect Indicative		***Conditional Perfect***	
tinha analisado	tínhamos analisado	teria analisado	teríamos analisado
tinhas analisado	tínheis analisado	terias analisado	teríeis analisado
tinha analisado	tinham analisado	teria analisado	teriam analisado
Future Perfect Indicative		***Imperative***	
terei analisado	teremos analisado	analisa–analisai	
terás analisado	tereis analisado		
terá analisado	terão analisado		

Samples of verb usage.

Analisei alguns casos semelhantes a este. *I have analyzed several cases which were similar to this one.*

Um juiz tem o dever de **analisar** tudo. *A judge has the duty to analyze everything.*

Tentaremos **analisar** todos os dados. *We will try to analyze all the data.*

O cientista já **tinha analisado** o líquido. *The scientist had already analyzed the liquid.*

to walk

Personal Infinitive		***Present Subjunctive***	
andar	andarmos	ande	andemos
andares	andardes	andes	andeis
andar	andarem	ande	andem
Present Indicative		***Imperfect Subjunctive***	
ando	andamos	andasse	andássemos
andas	andais	andasses	andásseis
anda	andam	andasse	andassem
Imperfect Indicative		***Future Subjunctive***	
andava	andávamos	andar	andarmos
andavas	andáveis	andares	andardes
andava	andavam	andar	andarem
Preterit Indicative		***Present Perfect Subjunctive***	
andei	andámos	tenha andado	tenhamos andado
andaste	andastes	tenhas andado	tenhais andado
andou	andaram	tenha andado	tenham andado
Simple Pluperfect Indicative		***Past Perfect or Pluperfect Subjunctive***	
andara	andáramos	tivesse andado	tivéssemos andado
andaras	andáreis	tivesses andado	tivésseis andado
andara	andaram	tivesse andado	tivessem andado
Future Indicative		***Future Perfect Subjunctive***	
andarei	andaremos	tiver andado	tivermos andado
andarás	andareis	tiveres andado	tiverdes andado
andará	andarão	tiver andado	tiverem andado
Present Perfect Indicative		***Conditional***	
tenho andado	temos andado	andaria	andaríamos
tens andado	tendes andado	andarias	andaríeis
tem andado	têm andado	andaria	andariam
Past Perfect or Pluperfect Indicative		***Conditional Perfect***	
tinha andado	tínhamos andado	teria andado	teríamos andado
tinhas andado	tínheis andado	terias andado	teríeis andado
tinha andado	tinham andado	teria andado	teriam andado
Future Perfect Indicative		***Imperative***	
terei andado	teremos andado	anda–andai	
terás andado	tereis andado		
terá andado	terão andado		

Samples of verb usage.

Eu **ando** para casa todos os dias depois do trabalho. *I walk home every day after work.*

O casal **andava** pela praia. *The couple was walking on the beach.*

Os turistas já **tinham andado** pela cidade inteira.
The tourists had already walked around the whole city.

(Nós) **andaríamos** até aí se fosse perto. *We would walk there if it were near.*

to cheer up; to encourage

Personal Infinitive

animar	animarmos
animares	animardes
animar	animarem

Present Indicative

animo	animamos
animas	animais
anima	animam

Imperfect Indicative

animava	animávamos
animavas	animáveis
animava	animavam

Preterit Indicative

animei	animámos
animaste	animastes
animou	animaram

Simple Pluperfect Indicative

animara	animáramos
animaras	animáreis
animara	animaram

Future Indicative

animarei	animaremos
animarás	animareis
animará	animarão

Present Perfect Indicative

tenho animado	temos animado
tens animado	tendes animado
tem animado	têm animado

Past Perfect or Pluperfect Indicative

tinha animado	tínhamos animado
tinhas animado	tínheis animado
tinha animado	tinham animado

Future Perfect Indicative

terei animado	teremos animado
terás animado	tereis animado
terá animado	terão animado

Present Subjunctive

anime	animemos
animes	animeis
anime	animem

Imperfect Subjunctive

animasse	animássemos
animasses	animásseis
animasse	animassem

Future Subjunctive

animar	animarmos
animares	animardes
animar	animarem

Present Perfect Subjunctive

tenha animado	tenhamos animado
tenhas animado	tenhais animado
tenha animado	tenham animado

Past Perfect or Pluperfect Subjunctive

tivesse animado	tivéssemos animado
tivesses animado	tivésseis animado
tivesse animado	tivessem animado

Future Perfect Subjunctive

tiver animado	tivermos animado
tiveres animado	tiverdes animado
tiver animado	tiverem animado

Conditional

animaria	animaríamos
animarias	animaríeis
animaria	animariam

Conditional Perfect

teria animado	teríamos animado
terias animado	teríeis animado
teria animado	teriam animado

Imperative

anima–animai

Samples of verb usage.

Anime-se! *Cheer up!*

O treinador (técnico *in Brazil*) **animou** a equipe antes da partida.
The coach encouraged the team before the game.

Ela **se animaria** se visse o marido dela. *She would cheer up if she saw her husband.*

Os resultados dos jogos vão **animar** os espectadores.
The outcome of the games is going to cheer up the spectators.

to annihilate, exterminate

Personal Infinitive
aniquilar aniquilarmos
aniquilares aniquilardes
aniquilar aniquilarem

Present Indicative
aniquilo aniquilamos
aniquilas aniquilais
aniquila aniquilam

Imperfect Indicative
aniquilava aniquilávamos
aniquilavas aniquiláveis
aniquilava aniquilavam

Preterit Indicative
aniquilei aniquilámos
aniquilaste aniquilastes
aniquilou aniquilaram

Simple Pluperfect Indicative
aniquilara aniquiláramos
aniquilaras aniquiláreis
aniquilara aniquilaram

Future Indicative
aniquilarei aniquilaremos
aniquilarás aniquilareis
aniquilará aniquilarão

Present Perfect Indicative
tenho aniquilado temos aniquilado
tens aniquilado tendes aniquilado
tem aniquilado têm aniquilado

Past Perfect or Pluperfect Indicative
tinha aniquilado tínhamos aniquilado
tinhas aniquilado tínheis aniquilado
tinha aniquilado tinham aniquilado

Future Perfect Indicative
terei aniquilado teremos aniquilado
terás aniquilado tereis aniquilado
terá aniquilado terão aniquilado

Present Subjunctive
aniquile aniquilemos
aniquiles aniquileis
aniquile aniquilem

Imperfect Subjunctive
aniquilasse aniquilássemos
aniquilasses aniquilásseis
aniquilasse aniquilassem

Future Subjunctive
aniquilar aniquilarmos
aniquilares aniquilardes
aniquilar aniquilarem

Present Perfect Subjunctive
tenha aniquilado tenhamos aniquilado
tenhas aniquilado tenhais aniquilado
tenha aniquilado tenham aniquilado

Past Perfect or Pluperfect Subjunctive
tivesse aniquilado tivéssemos aniquilado
tivesses aniquilado tivésseis aniquilado
tivesse aniquilado tivessem aniquilado

Future Perfect Subjunctive
tiver aniquilado tivermos aniquilado
tiveres aniquilado tiverdes aniquilado
tiver aniquilado tiverem aniquilado

Conditional
aniquilaria aniquilaríamos
aniquilarias aniquilaríeis
aniquilaria aniquilariam

Conditional Perfect
teria aniquilado teríamos aniquilado
terias aniquilado teríeis aniquilado
teria aniquilado teriam aniquilado

Imperative
aniquila–aniquilai

Samples of verb usage.

Os romanos **aniquilaram** todos os seus inimigos. *The Romans annihilated all of their enemies.*

Aniquilaste o desafiante. *You annihilated the contender.*

Se **aniquilarmos** os ratos, o apartamento será perfeito.
If we exterminate the mice, the apartment will be perfect.

Este veneno **aniquilará** por completo qualquer tipo de inseto.
This poison will completely exterminate any kind of insect.

to get, become *or* grow dark

Present Indicative *anoitece**	***Present Subjunctive*** anoiteça
Imperfect Indicative anoitecia	***Imperfect Subjunctive*** anoitecesse
Preterit Indicative anoiteceu	***Future Subjunctive*** anoitecer
Simple Pluperfect Indicative anoitecera	***Present Perfect Subjunctive*** tenha anoitecido
Future Indicative anoitecerá	***Past Perfect or Pluperfect Subjunctive*** tivesse anoitecido
Present Perfect Indicative tem anoitecido	***Future Perfect Subjunctive*** tiver anoitecido
Past Perfect or Pluperfect Indicative tinha anoitecido	***Conditional*** anoiteceria
Future Perfect Indicative terá anoitecido	***Conditional Perfect*** teria anoitecido

Samples of verb usage.

Anoitece mais tarde no verão. *It gets dark later in the summer.*

Anoiteceu às oito horas da noite ontem. *It got dark at eight o'clock last night.*

Ao **anoitecer**, os vampiros saem. *At nightfall, the vampires come out.*

Com o eclipse total do sol, **anoitecerá** de repente naquela região.
With the total eclipse of the sun, it will become dark suddenly in that region.

*NOTE: Only the radical-changing verb forms with *open* stressed vowels appear in italic type. For further explanation see Foreword.

to announce

Personal Infinitive

anunciar	anunciarmos
anunciares	anunciardes
anunciar	anunciarem

Present Indicative

anuncio	anunciamos
anuncias	anunciais
anuncia	anunciam

Imperfect Indicative

anunciava	anunciávamos
anunciavas	anunciáveis
anunciava	anunciavam

Preterit Indicative

anunciei	anunciámos
anunciaste	anunciastes
anunciou	anunciaram

Simple Pluperfect Indicative

anunciara	anunciáramos
anunciaras	anunciáreis
anunciara	anunciaram

Future Indicative

anunciarei	anunciaremos
anunciarás	anunciareis
anunciará	anunciarão

Present Perfect Indicative

tenho anunciado	temos anunciado
tens anunciado	tendes anunciado
tem anunciado	têm anunciado

Past Perfect or Pluperfect Indicative

tinha anunciado	tínhamos anunciado
tinhas anunciado	tínheis anunciado
tinha anunciado	tinham anunciado

Future Perfect Indicative

terei anunciado	teremos anunciado
terás anunciado	tereis anunciado
terá anunciado	terão anunciado

Present Subjunctive

anuncie	anunciemos
anuncies	anuncieis
anuncie	anunciem

Imperfect Subjunctive

anunciasse	anunciássemos
anunciasses	anunciásseis
anunciasse	anunciassem

Future Subjunctive

anunciar	anunciarmos
anunciares	anunciardes
anunciar	anunciarem

Present Perfect Subjunctive

tenha anunciado	tenhamos anunciado
tenhas anunciado	tenhais anunciado
tenha anunciado	tenham anunciado

Past Perfect or Pluperfect Subjunctive

tivesse anunciado	tivéssemos anunciado
tivesses anunciado	tivésseis anunciado
tivesse anunciado	tivessem anunciado

Future Perfect Subjunctive

tiver anunciado	tivermos anunciado
tiveres anunciado	tiverdes anunciado
tiver anunciado	tiverem anunciado

Conditional

anunciaria	anunciaríamos
anunciarias	anunciaríeis
anunciaria	anunciariam

Conditional Perfect

teria anunciado	teríamos anunciado
terias anunciado	teríeis anunciado
teria anunciado	teriam anunciado

Imperative

anuncia–anunciai

Samples of verb usage.

Eles **anunciaram** as boas novas. *They announced the good news.*

Ontem **anunciámos** a data do casamento. *Yesterday we announced the date of the wedding.*

Ela **anunciará** os detalhes do proje(c)to na reunião.
She will announce the details of the project at the meeting.

Eu vou **anunciar** o que aconteceu. *I am going to announce what happened.*

to turn off; to put out (as fire); to erase

Personal Infinitive

apagar	apagarmos
apagares	apagardes
apagar	apagarem

Present Indicative

apago	apagamos
apagas	apagais
apaga	apagam

Imperfect Indicative

apagava	apagávamos
apagavas	apagáveis
apagava	apagavam

Preterit Indicative

apaguei	apagámos
apagaste	apagastes
apagou	apagaram

Simple Pluperfect Indicative

apagara	apagáramos
apagaras	apagáreis
apagara	apagaram

Future Indicative

apagarei	apagaremos
apagarás	apagareis
apagará	apagarão

Present Perfect Indicative

tenho apagado	temos apagado
tens apagado	tendes apagado
tem apagado	têm apagado

Past Perfect or Pluperfect Indicative

tinha apagado	tínhamos apagado
tinhas apagado	tínheis apagado
tinha apagado	tinham apagado

Future Perfect Indicative

terei apagado	teremos apagado
terás apagado	tereis apagado
terá apagado	terão apagado

Present Subjunctive

apague	apaguemos
apagues	apagueis
apague	apaguem

Imperfect Subjunctive

apagasse	apagássemos
apagasses	apagásseis
apagasse	apagassem

Future Subjunctive

apagar	apagarmos
apagares	apagardes
apagar	apagarem

Present Perfect Subjunctive

tenha apagado	tenhamos apagado
tenhas apagado	tenhais apagado
tenha apagado	tenham apagado

Past Perfect or Pluperfect Subjunctive

tivesse apagado	tivéssemos apagado
tivesses apagado	tivésseis apagado
tivesse apagado	tivessem apagado

Future Perfect Subjunctive

tiver apagado	tivermos apagado
tiveres apagado	tiverdes apagado
tiver apagado	tiverem apagado

Conditional

apagaria	apagaríamos
apagarias	apagaríeis
apagaria	apagariam

Conditional Perfect

teria apagado	teríamos apagado
terias apagado	teríeis apagado
teria apagado	teriam apagado

Imperative

apaga–apagai

Samples of verb usage.

Eu **apaguei** a vela. *I put out the candle.*

O professor **apagou** o quadro. *The teacher erased the blackboard.*

A sua esposa **tinha apagado** as luzes. *His wife had turned off the lights.*

Os bombeiros **apagarão** o incêndio. *The firemen will put out the fire.*

to turn on, impassion; (**-se por**) to fall in love with

Personal Infinitive
apaixonar apaixonarmos
apaixonares apaixonardes
apaixonar apaixonarem

Present Indicative
apaixono apaixonamos
apaixonas apaixonais
apaixona apaixonam

Imperfect Indicative
apaixonava apaixonávamos
apaixonavas apaixonáveis
apaixonava apaixonavam

Preterit Indicative
apaixonei apaixonámos
apaixonaste apaixonastes
apaixonou apaixonaram

Simple Pluperfect Indicative
apaixonara apaixonáramos
apaixonaras apaixonáreis
apaixonara apaixonaram

Future Indicative
apaixonarei apaixonaremos
apaixonarás apaixonareis
apaixonará apaixonarão

Present Perfect Indicative
tenho apaixonado temos apaixonado
tens apaixonado tendes apaixonado
tem apaixonado têm apaixonado

Past Perfect or Pluperfect Indicative
tinha apaixonado tínhamos apaixonado
tinhas apaixonado tínheis apaixonado
tinha apaixonado tinham apaixonado

Future Perfect Indicative
terei apaixonado teremos apaixonado
terás apaixonado tereis apaixonado
terá apaixonado terão apaixonado

Present Subjunctive
apaixone apaixonemos
apaixones apaixoneis
apaixone apaixonem

Imperfect Subjunctive
apaixonasse apaixonássemos
apaixonasses apaixonásseis
apaixonasse apaixonassem

Future Subjunctive
apaixonar apaixonarmos
apaixonares apaixonardes
apaixonar apaixonarem

Present Perfect Subjunctive
tenha apaixonado tenhamos apaixonado
tenhas apaixonado tenhais apaixonado
tenha apaixonado tenham apaixonado

Past Perfect or Pluperfect Subjunctive
tivesse apaixonado tivéssemos apaixonado
tivesses apaixonado tivésseis apaixonado
tivesse apaixonado tivessem apaixonado

Future Perfect Subjunctive
tiver apaixonado tivermos apaixonado
tiveres apaixonado tiverdes apaixonado
tiver apaixonado tiverem apaixonado

Conditional
apaixonaria apaixonaríamos
apaixonarias apaixonaríeis
apaixonaria apaixonariam

Conditional Perfect
teria apaixonado teríamos apaixonado
terias apaixonado teríeis apaixonado
teria apaixonado teriam apaixonado

Imperative
apaixona–apaixonai

Samples of verb usage.

Ele **se apaixonou** por ela à primeira vista. *He fell in love with her at first sight.*

Você **se apaixonaria** por qualquer rapariga (menina *or* garota *in Brazil*).
You would fall in love with any girl.

Quando estás **apaixonado**, mais nada te importa. *When you're in love, nothing else matters.*

Ela **apaixonará** todos os rapazes que a virem. *She will turn on (impassion) all the boys who see her.*

to catch, take

Personal Infinitive

apanhar	apanharmos
apanhares	apanhardes
apanhar	apanharem

Present Indicative

apanho	apanhamos
apanhas	apanhais
apanha	apanham

Imperfect Indicative

apanhava	apanhávamos
apanhavas	apanháveis
apanhava	apanhavam

Preterit Indicative

apanhei	apanhámos
apanhaste	apanhastes
apanhou	apanharam

Simple Pluperfect Indicative

apanhara	apanháramos
apanharas	apanháreis
apanhara	apanharam

Future Indicative

apanharei	apanharemos
apanharás	apanhareis
apanhará	apanharão

Present Perfect Indicative

tenho apanhado	temos apanhado
tens apanhado	tendes apanhado
tem apanhado	têm apanhado

Past Perfect or Pluperfect Indicative

tinha apanhado	tínhamos apanhado
tinhas apanhado	tínheis apanhado
tinha apanhado	tinham apanhado

Future Perfect Indicative

terei apanhado	teremos apanhado
terás apanhado	tereis apanhado
terá apanhado	terão apanhado

Present Subjunctive

apanhe	apanhemos
apanhes	apanheis
apanhe	apanhem

Imperfect Subjunctive

apanhasse	apanhássemos
apanhasses	apanhásseis
apanhasse	apanhassem

Future Subjunctive

apanhar	apanharmos
apanhares	apanhardes
apanhar	apanharem

Present Perfect Subjunctive

tenha apanhado	tenhamos apanhado
tenhas apanhado	tenhais apanhado
tenha apanhado	tenham apanhado

Past Perfect or Pluperfect Subjunctive

tivesse apanhado	tivéssemos apanhado
tivesses apanhado	tivésseis apanhado
tivesse apanhado	tivessem apanhado

Future Perfect Subjunctive

tiver apanhado	tivermos apanhado
tiveres apanhado	tiverdes apanhado
tiver apanhado	tiverem apanhado

Conditional

apanharia	apanharíamos
apanharias	apanharíeis
apanharia	apanhariam

Conditional Perfect

teria apanhado	teríamos apanhado
terias apanhado	teríeis apanhado
teria apanhado	teriam apanhado

Imperative

apanha–apanhai

Samples of verb usage.

A professora **apanhou** o autocarro (ônibus *in Brazil*) para o centro. *The teacher took the bus downtown.*

O guarda **apanhará** os ladrões. *The guard will catch the robbers.*

Esse miúdo (menino *in Brazil*) vai **apanhar** se não se comportar bem.
That kid is really going to get it if he doesn't behave.

Se **tivéssemos apanhado** um táxi, teria sido mais rápido.
If we had taken a cab, it would have been quicker.

to tighten (up); to squeeze, pinch; to shake (a hand); to press *or* push (a button *or* key) (*in Brazil*)

Personal Infinitive

apertar	apertarmos
apertares	apertardes
apertar	apertarem

Present Indicative

aperto	apertamos
apertas	apertais
aperta	*apertam**

Imperfect Indicative

apertava	apertávamos
apertavas	apertáveis
apertava	apertavam

Preterit Indicative

apertei	apertámos
apertaste	apertastes
apertou	apertaram

Simple Pluperfect Indicative

apertara	apertáramos
apertaras	apertáreis
apertara	apertaram

Future Indicative

apertarei	apertaremos
apertarás	apertareis
apertará	apertarão

Present Perfect Indicative

tenho apertado	temos apertado
tens apertado	tendes apertado
tem apertado	têm apertado

Past Perfect or Pluperfect Indicative

tinha apertado	tínhamos apertado
tinhas apertado	tínheis apertado
tinha apertado	tinham apertado

Future Perfect Indicative

terei apertado	teremos apertado
terás apertado	tereis apertado
terá apertado	terão apertado

Present Subjunctive

aperte	apertemos
apertes	aperteis
aperte	*apertem**

Imperfect Subjunctive

apertasse	apertássemos
apertasses	apertásseis
apertasse	apertassem

Future Subjunctive

apertar	apertarmos
apertares	apertardes
apertar	apertarem

Present Perfect Subjunctive

tenha apertado	tenhamos apertado
tenhas apertado	tenhais apertado
tenha apertado	tenham apertado

Past Perfect or Pluperfect Subjunctive

tivesse apertado	tivéssemos apertado
tivesses apertado	tivésseis apertado
tivesse apertado	tivessem apertado

Future Perfect Subjunctive

tiver apertado	tivermos apertado
tiveres apertado	tiverdes apertado
tiver apertado	tiverem apertado

Conditional

apertaria	apertaríamos
apertarias	apertaríeis
apertaria	apertariam

Conditional Perfect

teria apertado	teríamos apertado
terias apertado	teríeis apertado
teria apertado	teriam apertado

Imperative

*aperta**–apertai

Samples of verb usage.

Estes sapatos **apertam** os meus pés. *These shoes pinch my feet.*

O cliente **apertou** a mão do gerente do banco. *The client shook the bank manager's hand.*

Se **apertarmos** este parafuso, o barulho vai parar. *If we tighten this bolt, the noise will stop.*

Apertei a tecla errada no meu computador e perdi todos os meus arquivos.
I pressed the wrong key on my computer and lost all my files.

*NOTE: Only the radical-changing verb forms with *open* stressed vowels appear in italic type. For further explanation see Foreword.

to be appetizing *or* appeal to; to feel like (doing something); to crave

Personal Infinitive		***Present Subjunctive***	
apetecer	apetecermos	apeteça	apeteçamos
apeteceres	apetecerdes	apeteças	apeteçais
apetecer	apetecerem	apeteça	apeteçam
Present Indicative		***Imperfect Subjunctive***	
apeteço	apetecemos	apetecesse	apetecêssemos
apeteces	apeteceis	apetecesses	apetecêsseis
apetece	*apetecem**	apetecesse	apetecessem
Imperfect Indicative		***Future Subjunctive***	
apetecia	apetecíamos	apetecer	apetecermos
apetecias	apetecíeis	apeteceres	apetecerdes
apetecia	apeteciam	apetecer	apetecerem
Preterit Indicative		***Present Perfect Subjunctive***	
apeteci	apetecemos	tenha apetecido	tenhamos apetecido
apeteceste	apetecestes	tenhas apetecido	tenhais apetecido
apeteceu	apeteceram	tenha apetecido	tenham apetecido
Simple Pluperfect Indicative		***Past Perfect or Pluperfect Subjunctive***	
apetecera	apetecêramos	tivesse apetecido	tivéssemos apetecido
apeteceras	apetecêreis	tivesses apetecido	tivésseis apetecido
apetecera	apeteceram	tivesse apetecido	tivessem apetecido
Future Indicative		***Future Perfect Subjunctive***	
apetecerei	apeteceremos	tiver apetecido	tivermos apetecido
apetecerás	apetecereis	tiveres apetecido	tiverdes apetecido
apetecerá	apetecerão	tiver apetecido	tiverem apetecido
Present Perfect Indicative		***Conditional***	
tenho apetecido	temos apetecido	apeteceria	apeteceríamos
tens apetecido	tendes apetecido	apetecerias	apeteceríeis
tem apetecido	têm apetecido	apeteceria	apeteceriam
Past Perfect or Pluperfect Indicative		***Conditional Perfect***	
tinha apetecido	tínhamos apetecido	teria apetecido	teríamos apetecido
tinhas apetecido	tínheis apetecido	terias apetecido	teríeis apetecido
tinha apetecido	tinham apetecido	teria apetecido	teriam apetecido
Future Perfect Indicative		***Imperative***	
terei apetecido	teremos apetecido	*apetece**– apetecei	
terás apetecido	tereis apetecido		
terá apetecido	terão apetecido		

Samples of verb usage.

Não me **apetece** ir contigo. *I don't feel like going with you.*

Apetecia-lhe à mulher grávida comer bolo de chocolate. *The pregnant woman craved chocolate cake.*

Quero que comas mesmo que não te **apeteça**. *I want you to eat even if you don't feel like it.*

Asseguro que te **apetecerá** os bolos de bacalhau quando os vires.
I guarantee that the codfish cakes will appeal (be appetizing) to you when you see them.

NOTE: **Apetecer** is more common in Portugal. In Brazil **ter vontade de** or **estar com vontade de** are preferred.

*NOTE: Only the radical-changing verb forms with *open* stressed vowels appear in italic type. For further explanation see Foreword.

to rot, get rotten, decay, decompose

Personal Infinitive
apodrecer apodrecermos
apodreceres apodrecerdes
apodrecer apodrecerem

Present Perfect Subjunctive
apodreço apodrecemos
apodreces apodreceis
apodrece *apodrecem**

Imperfect Indicative
apodrecia apodrecíamos
apodrecias apodrecíeis
apodrecia apodreciam

Preterit Indicative
apodreci apodrecemos
apodreceste apodrecestes
apodreceu apodreceram

Simple Pluperfect Indicative
apodrecera apodrecêramos
apodreceras apodrecêreis
apodrecera apodreceram

Future Indicative
apodrecerei apodreceremos
apodrecerás apodrecereis
apodrecerá apodrecerão

Present Perfect Indicative
tenho apodrecido temos apodrecido
tens apodrecido tendes apodrecido
tem apodrecido têm apodrecido

Past Perfect or Pluperfect Indicative
tinha apodrecido tínhamos apodrecido
tinhas apodrecido tínheis apodrecido
tinha apodrecido tinham apodrecido

Future Perfect Indicative
terei apodrecido teremos apodrecido
terás apodrecido tereis apodrecido
terá apodrecido terão apodrecido

Present Subjunctive
apodreça apodreçamos
apodreças apodreçais
apodreça apodreçam

Imperfect Subjunctive
apodrecesse apodrecêssemos
apodrecesses apodrecêsseis
apodrecesse apodrecessem

Future Subjunctive
apodrecer apodrecermos
apodreceres apodrecerdes
apodrecer apodrecerem

Present Indicative
tenha apodrecido tenhamos apodrecido
tenhas apodrecido tenhais apodrecido
tenha apodrecido tenham apodrecido

Past Perfect or Pluperfect Subjunctive
tivesse apodrecido tivéssemos apodrecido
tivesses apodrecido tivésseis apodrecido
tivesse apodrecido tivessem apodrecido

Future Perfect Subjunctive
tiver apodrecido tivermos apodrecido
tiveres apodrecido tiverdes apodrecido
tiver apodrecido tiverem apodrecido

Conditional
apodreceria apodreceríamos
apodrecerias apodreceríeis
apodreceria apodreceriam

Conditional Perfect
teria apodrecido teríamos apodrecido
terias apodrecido teríeis apodrecido
teria apodrecido teriam apodrecido

Imperative
*apodrece**– apodrecei

Samples of verb usage.

Quando folhas **apodrecem**, elas servem de nutriente para as outras plantas.
When leaves decay they provide nutrients to the other plants.

O lixo **apodreceu** na cozinha. *The garbage got rotten in the kitchen.*

Esta comida **apodrecerá** se não for guardada no frigorífico (na geladeira *in Brazil*).
This food will rot if it isn't stored in the refrigerator.

O corpo já **tinha apodrecido** quando o encontraram.
The body had already decomposed when they found it.

*NOTE: Only the radical-changing verb forms with *open* stressed vowels appear in italic type. For further explanation see Foreword.

to support, rest

Personal Infinitive		***Present Subjunctive***	
apoiar	apoiarmos	apoie (apóie)	apoiemos
apoiares	apoiardes	apoies (apóies)	apoieis
apoiar	apoiarem	apoie (apóie)	apoiem (apóiem)
Present Perfect Subjunctive		***Imperfect Subjunctive***	
apoio (apóio)	apoiamos	apoiasse	apoiássemos
apoias (apóias)	apoiais	apoiasses	apoiásseis
apoia (apóia)	apoiam (apóiam)	apoiasse	apoiassem
Imperfect Indicative		***Future Subjunctive***	
apoiava	apoiávamos	apoiar	apoiarmos
apoiavas	apoiáveis	apoiares	apoiardes
apoiava	apoiavam	apoiar	apoiarem
Preterit Indicative		***Present Perfect Subjunctive***	
apoiei	apoiámos	tenha apoiado	tenhamos apoiado
apoiaste	apoiastes	tenhas apoiado	tenhais apoiado
apoiou	apoiaram	tenha apoiado	tenham apoiado
Simple Pluperfect Indicative		***Past Perfect or Pluperfect Subjunctive***	
apoiara	apoiáramos	tivesse apoiado	tivéssemos apoiado
apoiaras	apoiáreis	tivesses apoiado	tivésseis apoiado
apoiara	apoiaram	tivesse apoiado	tivessem apoiado
Future Indicative		***Future Perfect Subjunctive***	
apoiarei	apoiaremos	tiver apoiado	tivermos apoiado
apoiarás	apoiareis	tiveres apoiado	tiverdes apoiado
apoiará	apoiarão	tiver apoiado	tiverem apoiado
Present Perfect Indicative		***Conditional***	
tenho apoiado	temos apoiado	apoiaria	apoiaríamos
tens apoiado	tendes apoiado	apoiarias	apoiaríeis
tem apoiado	têm apoiado	apoiaria	apoiariam
Past Perfect or Pluperfect Indicative		***Conditional Perfect***	
tinha apoiado	tínhamos apoiado	teria apoiado	teríamos apoiado
tinhas apoiado	tínheis apoiado	terias apoiado	teríeis apoiado
tinha apoiado	tinham apoiado	teria apoiado	teriam apoiado
Future Perfect Indicative		***Imperative***	
terei apoiado	teremos apoiado	apoia (apóia)–apoiai	
terás apoiado	tereis apoiado		
terá apoiado	terão apoiado		

Samples of verb usage.

O povo **apoiará** esse candidato nas eleições. *The people will support that candidate in the elections.*

Ela **apoiou** a cabeça nas mãos. *She rested (supported) her head on her hands.*

Esta professora **tem**-te **apoiado** desde que começaste.
This professor has been supporting you since you started.

Eu **apoio** a sua decisão. *I support your decision.*

NOTE: The forms in parentheses are used in Brazil.

to aim *or* point at; to point out, indicate; to sharpen (to a point)

Personal Infinitive

apontar	apontarmos
apontares	apontardes
apontar	apontarem

Present Indicative

aponto	apontamos
apontas	apontais
aponta	apontam

Imperfect Indicative

apontava	apontávamos
apontavas	apontáveis
apontava	apontavam

Preterit Indicative

apontei	apontámos
apontaste	apontastes
apontou	apontaram

Simple Pluperfect Indicative

apontara	apontáramos
apontaras	apontáreis
apontara	apontaram

Future Indicative

apontarei	apontaremos
apontarás	apontareis
apontará	apontarão

Present Perfect Indicative

tenho apontado	temos apontado
tens apontado	tendes apontado
tem apontado	têm apontado

Past Perfect or Pluperfect Indicative

tinha apontado	tínhamos apontado
tinhas apontado	tínheis apontado
tinha apontado	tinham apontado

Future Perfect Indicative

terei apontado	teremos apontado
terás apontado	tereis apontado
terá apontado	terão apontado

Present Subjunctive

aponte	apontemos
apontes	aponteis
aponte	apontem

Imperfect Subjunctive

apontasse	apontássemos
apontasses	apontásseis
apontasse	apontassem

Future Subjunctive

apontar	apontarmos
apontares	apontardes
apontar	apontarem

Present Perfect Subjunctive

tenha apontado	tenhamos apontado
tenhas apontado	tenhais apontado
tenha apontado	tenham apontado

Past Perfect or Pluperfect Subjunctive

tivesse apontado	tivéssemos apontado
tivesses apontado	tivésseis apontado
tivesse apontado	tivessem apontado

Future Perfect Subjunctive

tiver apontado	tivermos apontado
tiveres apontado	tiverdes apontado
tiver apontado	tiverem apontado

Conditional

apontaria	apontaríamos
apontarias	apontaríeis
apontaria	apontariam

Conditional Perfect

teria apontado	teríamos apontado
terias apontado	teríeis apontado
teria apontado	teriam apontado

Imperative

aponta–apontai

Samples of verb usage.

Não **aponte** o dedo, é mal-educado. *Don't point your finger, it is bad manners.*

A vítima **apontou** o culpado. *The victim (female) pointed out the guilty party.*

A estudante já **tinha apontado** o seu lápis. *The student (female) had already sharpened her pencil.*

Você **apontou** a arma para o seu pai? *You aimed the gun at your father?*

to bet, wager

Personal Infinitive
apostar apostarmos
apostares apostardes
apostar apostarem

Present Indicative
aposto apostamos
apostas apostais
aposta *apostam**

Imperfect Indicative
apostava apostávamos
apostavas apostáveis
apostava apostavam

Preterit Indicative
apostei apostámos
apostaste apostastes
apostou apostaram

Simple Pluperfect Indicative
apostara apostáramos
apostaras apostáreis
apostara apostaram

Future Indicative
apostarei apostaremos
apostarás apostareis
apostará apostarão

Present Perfect Indicative
tenho apostado temos apostado
tens apostado tendes apostado
tem apostado têm apostado

Past Perfect or Pluperfect Indicative
tinha apostado tínhamos apostado
tinhas apostado tínheis apostado
tinha apostado tinham apostado

Future Perfect Indicative
terei apostado teremos apostado
terás apostado tereis apostado
terá apostado terão apostado

Present Subjunctive
aposte apostemos
apostes aposteis
aposte *apostem**

Imperfect Subjunctive
apostasse apostássemos
apostasses apostásseis
apostasse apostassem

Future Subjunctive
apostar apostarmos
apostares apostardes
apostar apostarem

Present Perfect Subjunctive
tenha apostado tenhamos apostado
tenhas apostado tenhais apostado
tenha apostado tenham apostado

Past Perfect or Pluperfect Subjunctive
tivesse apostado tivéssemos apostado
tivesses apostado tivésseis apostado
tivesse apostado tivessem apostado

Future Perfect Subjunctive
tiver apostado tivermos apostado
tiveres apostado tiverdes apostado
tiver apostado tiverem apostado

Conditional
apostaria apostaríamos
apostarias apostaríeis
apostaria apostariam

Conditional Perfect
teria apostado teríamos apostado
terias apostado teríeis apostado
teria apostado teriam apostado

Imperative
*aposta**–apostai

Samples of verb usage.

Eu **aposto** em corridas de cavalo. *I bet on horse races.*

Ela **apostava** que estava certa. *She bet that she was right.*

Um jogador viciado **apostaria** em qualquer coisa. *An addicted gambler would wager on anything.*

Se **apostares**, ganharás. *If you bet, you'll win.*

*NOTE: Only the radical-changing verb forms with *open* stressed vowels appear in italic type. For further explanation see Foreword.

to appreciate, admire, value

Personal Infinitive
apreciar apreciarmos
apreciares apreciardes
apreciar apreciarem

Present Indicative
aprecio apreciamos
aprecias apreciais
aprecia apreciam

Imperfect Indicative
apreciava apreciávamos
apreciavas apreciáveis
apreciava apreciavam

Preterit Indicative
apreciei apreciámos
apreciaste apreciastes
apreciou apreciaram

Simple Pluperfect Indicative
apreciara apreciáramos
apreciaras apreciáreis
apreciara apreciaram

Future Indicative
apreciarei apreciaremos
apreciarás apreciareis
apreciará apreciarão

Present Perfect Indicative
tenho apreciado temos apreciado
tens apreciado tendes apreciado
tem apreciado têm apreciado

Past Perfect or Pluperfect Indicative
tinha apreciado tínhamos apreciado
tinhas apreciado tínheis apreciado
tinha apreciado tinham apreciado

Future Perfect Indicative
terei apreciado teremos apreciado
terás apreciado tereis apreciado
terá apreciado terão apreciado

Present Subjunctive
aprecie apreciemos
aprecies aprecieis
aprecie apreciem

Imperfect Subjunctive
apreciasse apreciássemos
apreciasses apreciásseis
apreciasse apreciassem

Future Subjunctive
apreciar apreciarmos
apreciares apreciardes
apreciar apreciarem

Present Perfect Subjunctive
tenha apreciado tenhamos apreciado
tenhas apreciado tenhais apreciado
tenha apreciado tenham apreciado

Past Perfect or Pluperfect Subjunctive
tivesse apreciado tivéssemos apreciado
tivesses apreciado tivésseis apreciado
tivesse apreciado tivessem apreciado

Future Perfect Subjunctive
tiver apreciado tivermos apreciado
tiveres apreciado tiverdes apreciado
tiver apreciado tiverem apreciado

Conditional
apreciaria apreciaríamos
apreciarias apreciaríeis
apreciaria apreciariam

Conditional Perfect
teria apreciado teríamos apreciado
terias apreciado teríeis apreciado
teria apreciado teriam apreciado

Imperative
aprecia–apreciai

Samples of verb usage.

Eu **aprecio** boa comida, boa bebida e bons amigos. *I value good food, good drink and good friends.*

Esse fazendeiro **aprecia** os bons cavalos que o vizinho tem.
That ranch owner appreciates the good horses that his neighbor has.

Você não sabe **apreciar** o que tem. *You don't know how to appreciate what you have.*

Eles **apreciaram** juntos o pôr do sol. *They admired the sunset together.*

to learn

Personal Infinitive

aprender	aprendermos
aprenderes	aprenderdes
aprender	aprenderem

Present Indicative

aprendo	aprendemos
aprendes	aprendeis
aprende	aprendem

Imperfect Indicative

aprendia	aprendíamos
aprendias	aprendíeis
aprendia	aprendiam

Preterit Indicative

aprendi	aprendemos
aprendeste	aprendestes
aprendeu	aprenderam

Simple Pluperfect Indicative

aprendera	aprendêramos
aprenderas	aprendêreis
aprendera	aprenderam

Future Indicative

aprenderei	aprenderemos
aprenderás	aprendereis
aprenderá	aprenderão

Present Perfect Indicative

tenho aprendido	temos aprendido
tens aprendido	tendes aprendido
tem aprendido	têm aprendido

Past Perfect or Pluperfect Indicative

tinha aprendido	tínhamos aprendido
tinhas aprendido	tínheis aprendido
tinha aprendido	tinham aprendido

Future Perfect Indicative

terei aprendido	teremos aprendido
terás aprendido	tereis aprendido
terá aprendido	terão aprendido

Present Subjunctive

aprenda	aprendamos
aprendas	aprendais
aprenda	aprendam

Imperfect Subjunctive

aprendesse	aprendêssemos
aprendesses	aprendêsseis
aprendesse	aprendessem

Future Subjunctive

aprender	aprendermos
aprenderes	aprenderdes
aprender	aprenderem

Present Perfect Subjunctive

tenha aprendido	tenhamos aprendido
tenhas aprendido	tenhais aprendido
tenha aprendido	tenham aprendido

Past Perfect or Pluperfect Subjunctive

tivesse aprendido	tivéssemos aprendido
tivesses aprendido	tivésseis aprendido
tivesse aprendido	tivessem aprendido

Future Perfect Subjunctive

tiver aprendido	tivermos aprendido
tiveres aprendido	tiverdes aprendido
tiver aprendido	tiverem aprendido

Conditional

aprenderia	aprenderíamos
aprenderias	aprenderíeis
aprenderia	aprenderiam

Conditional Perfect

teria aprendido	teríamos aprendido
terias aprendido	teríeis aprendido
teria aprendido	teriam aprendido

Imperative

aprende–aprendei

Samples of verb usage.

Os estudantes **aprendiam** inglês. *The students were learning English.*

Aprenda como portar-se. *Learn how to behave.*

Eu já **aprendi** isso. *I have already learned that.*

Ele está **a aprender** (**aprendendo**) a ler. *He is learning how to read.*

to introduce (to); to present, pose

Personal Infinitive
apresentar apresentarmos
apresentares apresentardes
apresentar apresentarem

Present Indicative
apresento apresentamos
apresentas apresentais
apresenta apresentam

Imperfect Indicative
apresentava apresentávamos
apresentavas apresentáveis
apresentava apresentavam

Preterit Indicative
apresentei apresentámos
apresentaste apresentastes
apresentou apresentaram

Simple Pluperfect Indicative
apresentara apresentáramos
apresentaras apresentáreis
apresentara apresentaram

Future Indicative
apresentarei apresentaremos
apresentarás apresentareis
apresentará apresentarão

Present Perfect Indicative
tenho apresentado temos apresentado
tens apresentado tendes apresentado
tem apresentado têm apresentado

Past Perfect or Pluperfect Indicative
tinha apresentado tínhamos apresentado
tinhas apresentado tínheis apresentado
tinha apresentado tinham apresentado

Future Perfect Indicative
terei apresentado teremos apresentado
terás apresentado tereis apresentado
terá apresentado terão apresentado

Present Subjunctive
apresente apresentemos
apresentes apresenteis
apresente apresentem

Imperfect Subjunctive
apresentasse apresentássemos
apresentasses apresentásseis
apresentasse apresentassem

Future Subjunctive
apresentar apresentarmos
apresentares apresentardes
apresentar apresentarem

Present Perfect Subjunctive
tenha apresentado tenhamos apresentado
tenhas apresentado tenhais apresentado
tenha apresentado tenham apresentado

Past Perfect or Pluperfect Subjunctive
tivesse apresentado tivéssemos apresentado
tivesses apresentado tivésseis apresentado
tivesse apresentado tivessem apresentado

Future Perfect Subjunctive
tiver apresentado tivermos apresentado
tiveres apresentado tiverdes apresentado
tiver apresentado tiverem apresentado

Conditional
apresentaria apresentaríamos
apresentarias apresentaríeis
apresentaria apresentariam

Conditional Perfect
teria apresentado teríamos apresentado
terias apresentado teríeis apresentado
teria apresentado teriam apresentado

Imperative
apresenta–apresentai

Samples of verb usage.

Hoje **apresentarei** a minha irmã a vocês. *Today I will introduce my sister to you.*

Eu **apresentei** o Mário à Lídia. *I introduced Mario to Lidia.*

O governador **apresentou** o seu novo plano econômico (económico *in Portugal*).
The governor introduced his new economic plan.

A ideia (idéia *in Brazil*) já **tinha apresentado** muitos problemas.
The idea had already posed (presented) many problems.

to hurry, rush; (**-se**) to make haste, rush or hurry oneself

Personal Infinitive

apressar	apressarmos
apressares	apressardes
apressar	apressarem

Present Indicative

apresso	apressamos
apressas	apressais
apressa	*apressam**

Imperfect Indicative

apressava	apressávamos
apressavas	apressáveis
apressava	apressavam

Preterit Indicative

apressei	apressámos
apressaste	apressastes
apressou	apressaram

Simple Pluperfect Indicative

apressara	apressáramos
apressaras	apressáreis
apressara	apressaram

Future Indicative

apressarei	apressaremos
apressarás	apressareis
apressará	apressarão

Present Perfect Indicative

tenho apressado	temos apressado
tens apressado	tendes apressado
tem apressado	têm apressado

Past Perfect or Pluperfect Indicative

tinha apressado	tínhamos apressado
tinhas apressado	tínheis apressado
tinha apressado	tinham apressado

Future Perfect Indicative

terei apressado	teremos apressado
terás apressado	tereis apressado
terá apressado	terão apressado

Present Subjunctive

apresse	apressemos
apresses	apresseis
apresse	*apressem**

Imperfect Subjunctive

apressasse	apressássemos
apressasses	apressásseis
apressasse	apressassem

Future Subjunctive

apressar	apressarmos
apressares	apressardes
apressar	apressarem

Present Perfect Subjunctive

tenha apressado	tenhamos apressado
tenhas apressado	tenhais apressado
tenha apressado	tenham apressado

Past Perfect or Pluperfect Subjunctive

tivesse apressado	tivéssemos apressado
tivesses apressado	tivésseis apressado
tivesse apressado	tivessem apressado

Future Perfect Subjunctive

tiver apressado	tivermos apressado
tiveres apressado	tiverdes apressado
tiver apressado	tiverem apressado

Conditional

apressaria	apressaríamos
apressarias	apressaríeis
apressaria	apressariam

Conditional Perfect

teria apressado	teríamos apressado
terias apressado	teríeis apressado
teria apressado	teriam apressado

Imperative

*apressa**–apressai

Samples of verb usage.

Os pais **apressaram** o casamento da filha. *The parents rushed their daughter's wedding.*

Eu **teria-me apressado** se eu tivesse sabido que me estavas esperando.
I would have hurried up if I had known you were waiting for me.

Ela **se apressou** para chegar a tempo. *She rushed to arrive on time.*

Nós **nos apressámos** para a reunião. *We hurried to the meeting.*

NOTE: Only the radical-changing verb forms with *open* stressed vowels appear in italic type. For further explanation see Foreword.

to take advantage of (*as to seize an opportunity*); (**-se de**) to take advantage of (*as to exploit*)

Personal Infinitive
aproveitar aproveitarmos
aproveitares aproveitardes
aproveitar aproveitarem

Present Indicative
aproveito aproveitámos
aproveitas aproveitais
aproveita aproveitam

Imperfect Indicative
aproveitava aproveitávamos
aproveitavas aproveitáveis
aproveitava aproveitavam

Preterit Indicative
aproveitei aproveitamos
aproveitaste aproveitastes
aproveitou aproveitaram

Simple Pluperfect Indicative
aproveitara aproveitáramos
aproveitaras aproveitáreis
aproveitara aproveitaram

Future Indicative
aproveitarei aproveitaremos
aproveitarás aproveitareis
aproveitará aproveitarão

Present Perfect Indicative
tenho aproveitado temos aproveitado
tens aproveitado tendes aproveitado
tem aproveitado têm aproveitado

Past Perfect or Pluperfect Indicative
tinha aproveitado tínhamos aproveitado
tinhas aproveitado tínheis aproveitado
tinha aproveitado tinham aproveitado

Future Perfect Indicative
terei aproveitado teremos aproveitado
terás aproveitado tereis aproveitado
terá aproveitado terão aproveitado

Present Subjunctive
aproveite aproveitemos
aproveites aproveiteis
aproveite aproveitem

Imperfect Subjunctive
aproveitasse aproveitássemos
aproveitasses aproveitásseis
aproveitasse aproveitassem

Future Subjunctive
aproveitar aproveitarmos
aproveitares aproveitardes
aproveitar aproveitarem

Present Perfect Subjunctive
tenha aproveitado tenhamos aproveitado
tenhas aproveitado tenhais aproveitado
tenha aproveitado tenham aproveitado

Past Perfect or Pluperfect Subjunctive
tivesse aproveitado tivéssemos aproveitado
tivesses aproveitado tivésseis aproveitado
tivesse aproveitado tivessem aproveitado

Future Perfect Subjunctive
tiver aproveitado tivermos aproveitado
tiveres aproveitado tiverdes aproveitado
tiver aproveitado tiverem aproveitado

Conditional
aproveitaria aproveitaríamos
aproveitarias aproveitaríeis
aproveitaria aproveitariam

Conditional Perfect
teria aproveitado teríamos aproveitado
terias aproveitado teríeis aproveitado
teria aproveitado teriam aproveitado

Imperative
aproveita–aproveitai

Samples of verb usage.

Aproveite em quanto puder. *Take advantage [of it] while you can.*

Malandro é quem **se aproveita de** outra pessoa.
A rascal is someone who takes advantage of another person.

Ele **aproveitou** a ocasião para a pedir em casamento.
He took advantage of the occasion to ask her to marry him.

Aproveitaste-te de mim! *You took advantage of me!*

to bring *or* draw near; (**-se de**) to approach, come *or* get near *or* close to

Personal Infinitive
aproximar aproximarmos
aproximares aproximardes
aproximar aproximarem

Present Indicative
aproximo aproximamos
aproximas aproximais
aproxima aproximam

Imperfect Indicative
aproximava aproximávamos
aproximavas aproximáveis
aproximava aproximavam

Preterit Indicative
aproximei aproximámos
aproximaste aproximastes
aproximou aproximaram

Simple Pluperfect Indicative
aproximara aproximáramos
aproximaras aproximáreis
aproximara aproximaram

Future Indicative
aproximarei aproximaremos
aproximarás aproximareis
aproximará aproximarão

Present Perfect Indicative
tenho aproximado temos aproximado
tens aproximado tendes aproximado
tem aproximado têm aproximado

Past Perfect or Pluperfect Indicative
tinha aproximado tínhamos aproximado
tinhas aproximado tínheis aproximado
tinha aproximado tinham aproximado

Future Perfect Indicative
terei aproximado teremos aproximado
terás aproximado tereis aproximado
terá aproximado terão aproximado

Present Subjunctive
aproxime aproximemos
aproximes aproximeis
aproxime aproximem

Imperfect Subjunctive
aproximasse aproximássemos
aproximasses aproximásseis
aproximasse aproximassem

Future Subjunctive
aproximar aproximarmos
aproximares aproximardes
aproximar aproximarem

Present Perfect Subjunctive
tenha aproximado tenhamos aproximado
tenhas aproximado tenhais aproximado
tenha aproximado tenham aproximado

Past Perfect or Pluperfect Subjunctive
tivesse aproximado tivéssemos aproximado
tivesses aproximado tivésseis aproximado
tivesse aproximado tivessem aproximado

Future Perfect Subjunctive
tiver aproximado tivermos aproximado
tiveres aproximado tiverdes aproximado
tiver aproximado tiverem aproximado

Conditional
aproximaria aproximaríamos
aproximarias aproximaríeis
aproximaria aproximariam

Conditional Perfect
teria aproximado teríamos aproximado
terias aproximado teríeis aproximado
teria aproximado teriam aproximado

Imperative
aproxima–aproximai

Samples of verb usage.

Nós **nos** estamos **aproximando** da cidade. *We're approaching the city.*

Sem óculos, tive que **aproximar** o livro para poder ler.
Without eyeglasses, I had to bring the book near in order to read (it).

O meu irmão tinha**-se aproximado** demais **da** jaula do leão.
My brother had gotten too close to the lion's cage.

Ele **se aproximava de** mim como se já nos conhecêssemos.
He was coming near me as if we already knew each other.

to heat or warm up

Personal Infinitive		***Present Subjunctive***	
aquecer	aquecermos	aqueça	aqueçamos
aqueceres	aquecerdes	aqueças	aqueçais
aquecer	aquecerem	aqueça	aqueçam
Present Indicative		***Imperfect Subjunctive***	
aqueço	aquecemos	aquecesse	aquecêssemos
aqueces	aqueceis	aquecesses	aquecêsseis
aquece	*aquecem**	aquecesse	aquecessem
Imperfect Indicative		***Future Subjunctive***	
aquecia	aquecíamos	aquecer	aquecermos
aquecias	aquecíeis	aqueceres	aquecerdes
aquecia	aqueciam	aquecer	aquecerem
Preterit Indicative		***Present Perfect Subjunctive***	
aqueci	aquecemos	tenha aquecido	tenhamos aquecido
aqueceste	aquecestes	tenhas aquecido	tenhais aquecido
aqueceu	aqueceram	tenha aquecido	tenham aquecido
Simple Pluperfect Indicative		***Past Perfect or Pluperfect Subjunctive***	
aquecera	aquecêramos	tivesse aquecido	tivéssemos aquecido
aqueceras	aquecêreis	tivesses aquecido	tivésseis aquecido
aquecera	aqueceram	tivesse aquecido	tivessem aquecido
Future Indicative		***Future Perfect Subjunctive***	
aquecerei	aqueceremos	tiver aquecido	tivermos aquecido
aquecerás	aquecereis	tiveres aquecido	tiverdes aquecido
aquecerá	aquecerão	tiver aquecido	tiverem aquecido
Present Perfect Indicative		***Conditional***	
tenho aquecido	temos aquecido	aqueceria	aqueceríamos
tens aquecido	tendes aquecido	aquecerias	aqueceríeis
tem aquecido	têm aquecido	aqueceria	aqueceriam
Past Perfect or Pluperfect Indicative		***Conditional Perfect***	
tinha aquecido	tínhamos aquecido	teria aquecido	teríamos aquecido
tinhas aquecido	tínheis aquecido	terias aquecido	teríeis aquecido
tinha aquecido	tinham aquecido	teria aquecido	teriam aquecido
Future Perfect Indicative		***Imperative***	
terei aquecido	teremos aquecido	*aquece**– aquecei	
terás aquecido	tereis aquecido		
terá aquecido	terão aquecido		

Samples of verb usage.

Eu vou **aquecer** a comida. *I am going to heat up the food.*

O fogo da lareira **aqueceu** a casa. *The fire from the fireplace warmed up the house.*

Calma! O carro está **a aquecer** (**aquecendo**). *Relax! The car is warming up.*

Os jogadores **aquecerão** dentro de alguns minutos. *The players will warm up in a few minutes.*

*NOTE: Only the radical-changing verb forms with *open* stressed vowels appear in italic type. For further explanation see Foreword.

to pull, jerk, yank, tear out, up *or* off; to start (as a motor or engine)

Personal Infinitive
arrancar arrancarmos
arrancares arrancardes
arrancar arrancarem

Present Indicative
arranco arrancamos
arrancas arrancais
arranca arrancam

Imperfect Indicative
arrancava arrancávamos
arrancavas arrancáveis
arrancava arrancavam

Preterit Indicative
arranquei arrancámos
arrancaste arrancastes
arrancou arrancaram

Simple Pluperfect Indicative
arrancara arrancáramos
arrancaras arrancáreis
arrancara arrancaram

Future Indicative
arrancarei arrancaremos
arrancarás arrancareis
arrancará arrancarão

Present Perfect Indicative
tenho arrancado temos arrancado
tens arrancado tendes arrancado
tem arrancado têm arrancado

Past Perfect or Pluperfect Indicative
tinha arrancado tínhamos arrancado
tinhas arrancado tínheis arrancado
tinha arrancado tinham arrancado

Future Perfect Indicative
terei arrancado teremos arrancado
terás arrancado tereis arrancado
terá arrancado terão arrancado

Present Subjunctive
arranque arranquemos
arranques arranqueis
arranque arranquem

Imperfect Subjunctive
arrancasse arrancássemos
arrancasses arrancásseis
arrancasse arrancassem

Future Subjunctive
arrancar arrancarmos
arrancares arrancardes
arrancar arrancarem

Present Perfect Subjunctive
tenha arrancado tenhamos arrancado
tenhas arrancado tenhais arrancado
tenha arrancado tenham arrancado

Past Perfect or Pluperfect Subjunctive
tivesse arrancado tivéssemos arrancado
tivesses arrancado tivésseis arrancado
tivesse arrancado tivessem arrancado

Future Perfect Subjunctive
tiver arrancado tivermos arrancado
tiveres arrancado tiverdes arrancado
tiver arrancado tiverem arrancado

Conditional
arrancaria arrancaríamos
arrancarias arrancaríeis
arrancaria arrancariam

Conditional Perfect
teria arrancado teríamos arrancado
terias arrancado teríeis arrancado
teria arrancado teriam arrancado

Imperative
arranca–arrancai

Samples of verb usage.

Ele **arrancava** os cabelos de tanta raiva. *He was tearing his hair out from so much anger.*

(Eu) tentei **arrancar** o motor do carro, mas a bateria estava morta.
I tried to start the car's engine, but the battery was dead.

Arrancámos a nossa cancela ontem. *We tore out our gate yesterday.*

Ele lhe deu as flores que **tinha arrancado** do jardim.
He gave her the flowers he had pulled up from the garden.

to fix; to arrange

Personal Infinitive		***Present Subjunctive***	
arranjar	arranjarmos	arranje	arranjemos
arranjares	arranjardes	arranjes	arranjeis
arranjar	arranjarem	arranje	arranjem
Present Indicative		***Imperfect Subjunctive***	
arranjo	arranjamos	arranjasse	arranjássemos
arranjas	arranjais	arranjasses	arranjásseis
arranja	arranjam	arranjasse	arranjassem
Imperfect Indicative		***Future Subjunctive***	
arranjava	arranjávamos	arranjar	arranjarmos
arranjavas	arranjáveis	arranjares	arranjardes
arranjava	arranjavam	arranjar	arranjarem
Preterit Indicative		***Present Perfect Subjunctive***	
arranjei	arranjámos	tenha arranjado	tenhamos arranjado
arranjaste	arranjastes	tenhas arranjado	tenhais arranjado
arranjou	arranjaram	tenha arranjado	tenham arranjado
Simple Pluperfect Indicative		***Past Perfect or Pluperfect Subjunctive***	
arranjara	arranjáramos	tivesse arranjado	tivéssemos arranjado
arranjaras	arranjáreis	tivesses arranjado	tivésseis arranjado
arranjara	arranjaram	tivesse arranjado	tivessem arranjado
Future Indicative		***Future Perfect Subjunctive***	
arranjarei	arranjaremos	tiver arranjado	tivermos arranjado
arranjarás	arranjareis	tiveres arranjado	tiverdes arranjado
arranjará	arranjarão	tiver arranjado	tiverem arranjado
Present Perfect Indicative		***Conditional***	
tenho arranjado	temos arranjado	arranjaria	arranjaríamos
tens arranjado	tendes arranjado	arranjarias	arranjaríeis
tem arranjado	têm arranjado	arranjaria	arranjariam
Past Perfect or Pluperfect Indicative		***Conditional Perfect***	
tinha arranjado	tínhamos arranjado	teria arranjado	teríamos arranjado
tinhas arranjado	tínheis arranjado	terias arranjado	teríeis arranjado
tinha arranjado	tinham arranjado	teria arranjado	teriam arranjado
Future Perfect Indicative		***Imperative***	
terei arranjado	teremos arranjado	arranja–arranjai	
terás arranjado	tereis arranjado		
terá arranjado	terão arranjado		

Samples of verb usage.

Eu **arranjei** uma maneira de ir à capital. *I have arranged a way to go to the capital.*

O mecânico **arranjará** o carro. *The mechanic will fix the car.*

Eles sempre **arranjavam** uma maneira de sair-se bem. *They always arranged a way to succeed.*

Ela **tinha arranjado** para entrar em todos os concertos de graça (*also* de borla *in Portugal*).
She had arranged to get into all of the concerts for free.

to burst, break; to explode, pop

Personal Infinitive		***Present Subjunctive***	
arrebentar	arrebentarmos	arrebente	arrebentemos
arrebentares	arrebentardes	arrebentes	arrebenteis
arrebentar	arrebentarem	arrebente	arrebentem
Present Indicative		***Imperfect Subjunctive***	
arrebento	arrebentamos	arrebentasse	arrebentássemos
arrebentas	arrebentais	arrebentasses	arrebentásseis
arrebenta	arrebentam	arrebentasse	arrebentassem
Imperfect Indicative		***Future Subjunctive***	
arrebentava	arrebentávamos	arrebentar	arrebentarmos
arrebentavas	arrebentáveis	arrebentares	arrebentardes
arrebentava	arrebentavam	arrebentar	arrebentarem
Preterit Indicative		***Present Perfect Subjunctive***	
arrebentei	arrebentámos	tenha arrebentado	tenhamos arrebentado
arrebentaste	arrebentastes	tenhas arrebentado	tenhais arrebentado
arrebentou	arrebentaram	tenha arrebentado	tenham arrebentado
Simple Pluperfect Indicative		***Past Perfect or Pluperfect Subjunctive***	
arrebentara	arrebentáramos	tivesse arrebentado	tivéssemos arrebentado
arrebentaras	arrebentáreis	tivesses arrebentado	tivésseis arrebentado
arrebentara	arrebentaram	tivesse arrebentado	tivessem arrebentado
Future Indicative		***Future Perfect Subjunctive***	
arrebentarei	arrebentaremos	tiver arrebentado	tivermos arrebentado
arrebentarás	arrebentareis	tiveres arrebentado	tiverdes arrebentado
arrebentará	arrebentarão	tiver arrebentado	tiverem arrebentado
Present Perfect Indicative		***Conditional***	
tenho arrebentado	temos arrebentado	arrebentaria	arrebentaríamos
tens arrebentado	tendes arrebentado	arrebentarias	arrebentaríeis
tem arrebentado	têm arrebentado	arrebentaria	arrebentariam
Past Perfect or Pluperfect Indicative		***Conditional Perfect***	
tinha arrebentado	tínhamos arrebentado	teria arrebentado	teríamos arrebentado
tinhas arrebentado	tínheis arrebentado	terias arrebentado	teríeis arrebentado
tinha arrebentado	tinham arrebentado	teria arrebentado	teriam arrebentado
Future Perfect Indicative		***Imperative***	
terei arrebentado	teremos arrebentado	arrebenta–arrebentai	
terás arrebentado	tereis arrebentado		
terá arrebentado	terão arrebentado		

Samples of verb usage.

Esse homem **arrebentou** o banco do nosso casino ontem.
That man broke the bank at our casino yesterday.

Os balões **tinham-se arrebentado**. *The balloons had popped.*

Esta corda **arrebenta** facilmente. *This rope breaks easily.*

Parece que um dos pneus do teu carro vai **arrebentar**.
It looks like one of your car's tires is going to explode (blow).

to cool (down)

Personal Infinitive		**Present Subjunctive**	
arrefecer	arrefecermos	arrefeça	arrefeçamos
arrefeceres	arrefecerdes	arrefeças	arrefeçais
arrefecer	arrefecerem	arrefeça	arrefeçam
Present Indicative		**Imperfect Subjunctive**	
arrefeço	arrefecemos	arrefecesse	arrefecêssemos
arrefeces	arrefeceis	arrefecesses	arrefecêsseis
arrefece	*arrefecem**	arrefecesse	arrefecessem
Imperfect Indicative		**Future Subjunctive**	
arrefecia	arrefecíamos	arrefecer	arrefecermos
arrefecias	arrefecíeis	arrefeceres	arrefecerdes
arrefecia	arrefeciam	arrefecer	arrefecerem
Preterit Indicative		**Present Perfect Subjunctive**	
arrefeci	arrefecemos	tenha arrefecido	tenhamos arrefecido
arrefeceste	arrefecestes	tenhas arrefecido	tenhais arrefecido
arrefeceu	arrefeceram	tenha arrefecido	tenham arrefecido
Simple Pluperfect Indicative		**Past Perfect or Pluperfect Subjunctive**	
arrefecera	arrefecêramos	tivesse arrefecido	tivéssemos arrefecido
arrefeceras	arrefecêreis	tivesses arrefecido	tivésseis arrefecido
arrefecera	arrefeceram	tivesse arrefecido	tivessem arrefecido
Future Indicative		**Future Perfect Subjunctive**	
arrefecerei	arrefeceremos	tiver arrefecido	tivermos arrefecido
arrefecerás	arrefecereis	tiveres arrefecido	tiverdes arrefecido
arrefecerá	arrefecerão	tiver arrefecido	tiverem arrefecido
Present Perfect Indicative		**Conditional**	
tenho arrefecido	temos arrefecido	arrefeceria	arrefeceríamos
tens arrefecido	tendes arrefecido	arrefecerias	arrefeceríeis
tem arrefecido	têm arrefecido	arrefeceria	arrefeceriam
Past Perfect or Pluperfect Indicative		**Conditional Perfect**	
tinha arrefecido	tínhamos arrefecido	teria arrefecido	teríamos arrefecido
tinhas arrefecido	tínheis arrefecido	terias arrefecido	teríeis arrefecido
tinha arrefecido	tinham arrefecido	teria arrefecido	teriam arrefecido
Future Perfect Indicative		**Imperative**	
terei arrefecido	teremos arrefecido	*arrefece**– arrefecei	
terás arrefecido	tereis arrefecido		
terá arrefecido	terão arrefecido		

Samples of verb usage.

A sopa já **arrefeceu** um pouco (bocado). *The soup has already cooled down a bit.*

O tempo **arrefeceu**. *The weather cooled off.*

Com a chegada da polícia, **arrefeceu-se** o entusiamo dos estudantes que protestavam.
With the arrival of the police, the enthusiasm of the protesting students cooled down.

Não me aquece nem me **arrefece**. *It does nothing for me. (It doesn't make me hot or cold.)*

*NOTE: Only the radical-changing verb forms with *open* stressed vowels appear in italic type. For further explanation see Foreword.

to regret, be sorry; to change one's mind; to repent

Personal Infinitive
arrepender-me arrependermo-nos
arrependeres-te arrependerdes-vos
arrepender-se arrependerem-se

Present Indicative
arrependo-me arrependemo-nos
arrependes-te arrependeis-vos
arrepende-se arrependem-se

Imperfect Indicative
arrependia-me arrependíamo-nos
arrependias-te arrependíeis-vos
arrependia-se arrependiam-se

Preterit Indicative
arrependi-me arrependemo-nos
arrependeste-te arrependestes-vos
arrependeu-se arrependeram-se

Simple Pluperfect Indicative
arrependera-me arrependêramo-nos
arrependeras-te arrependêreis-vos
arrependera-se arrependeram-se

Future Indicative
arrepender-me-ei arrepender-nos-emos
arrepender-te-ás arrepender-vos-eis
arrepender-se-á arrepender-se-ão

Present Perfect Indicative
tenho-me arrependido temo-nos arrependido
tens-te arrependido tendes-vos arrependido
tem-se arrependido têm-se arrependido

Past Perfect or Pluperfect Indicative
tinha-me arrependido tínhamo-nos arrependido
tinhas-te arrependido tínheis-vos arrependido
tinha-se arrependido tinham-se arrependido

Future Perfect Indicative
ter-me-ei arrependido ter-nos-emos arrependido
ter-te-ás arrependido ter-vos-eis arrependido
ter-se-á arrependido ter-se-ão arrependido

Present Subjunctive
arrependa-me arrependamo-nos
arrependas-te arrependais-vos
arrependa-se arrependam-se

Imperfect Subjunctive
arrependesse-me arrependêssemo-nos
arrependesses-te arrependêsseis-vos
arrependesse-se arrependessem-se

Future Subjunctive
me arrepender nos arrependermos
te arrependeres vos arrependerdes
se arrepender se arrependerem

Present Perfect Subjunctive
tenha-me arrependido tenhamo-nos arrependido
tenhas-te arrependido tenhais-vos arrependido
tenha-se arrependido tenham-se arrependido

Past Perfect or Pluperfect Subjunctive
tivesse-me arrependido tivéssemo-nos arrependido
tivesses-te arrependido tivésseis-vos arrependido
tivesse-se arrependido tivessem-se arrependido

Future Perfect Subjunctive
me tiver arrependido nos tivermos arrependido
te tiveres arrependido vos tiverdes arrependido
se tiver arrependido se tiverem arrependido

Conditional
arrepende-me-ia arrepender-nos-íamos
arrepender-te-ias arrepender-vos-íeis
arrepender-se-ia arrepender-se-iam

Conditional Perfect
ter-me-ia arrependido ter-nos-íamos arrependido
ter-te-ias arrependido ter-vos-íeis arrependido
ter-se-ia arrependido ter-se-iam arrependido

Imperative
arrepende-te–arrependei-vos

Samples of verb usage.

Eu tinha decidido não ir à festa, mas depois **me arrependi** e fui.
I had decided not to go to the party, but afterwards I changed my mind and went.

Paulo **arrependeu-se** muito de te ter excluído do grupo.
Paul was very sorry for having excluded you from the group.

Você vai **arrepender-se** de não ter acabado os seus estudos.
You're going to regret not having completed your education (studies).

Se você me acompanhar na viagem, não **se arrependerá**.
If you accompany me on the trip, you won't regret it.

NOTE: See section on **Reflexive Verbs** in the introductory material.

to risk, venture; to endanger

Personal Infinitive

arriscar	arriscarmos
arriscares	arriscardes
arriscar	arriscarem

Present Indicative

arrisco	arriscamos
arriscas	arriscais
arrisca	arriscam

Imperfect Indicative

arriscava	arriscávamos
arriscavas	arriscáveis
arriscava	arriscavam

Preterit Indicative

arrisquei	arriscámos
arriscaste	arriscastes
arriscou	arriscaram

Simple Pluperfect Indicative

arriscara	arriscáramos
arriscaras	arriscáreis
arriscara	arriscaram

Future Indicative

arriscarei	arriscaremos
arriscarás	arriscareis
arriscará	arriscarão

Present Perfect Indicative

tenho arriscado	temos arriscado
tens arriscado	tendes arriscado
tem arriscado	têm arriscado

Past Perfect or Pluperfect Indicative

tinha arriscado	tínhamos arriscado
tinhas arriscado	tínheis arriscado
tinha arriscado	tinham arriscado

Future Perfect Indicative

terei arriscado	teremos arriscado
terás arriscado	tereis arriscado
terá arriscado	terão arriscado

Present Subjunctive

arrisque	arrisquemos
arrisques	arrisqueis
arrisque	arrisquem

Imperfect Subjunctive

arriscasse	arriscássemos
arriscasses	arriscásseis
arriscasse	arriscassem

Future Subjunctive

arriscar	arriscarmos
arriscares	arriscardes
arriscar	arriscarem

Present Perfect Subjunctive

tenha arriscado	tenhamos arriscado
tenhas arriscado	tenhais arriscado
tenha arriscado	tenham arriscado

Past Perfect or Pluperfect Subjunctive

tivesse arriscado	tivéssemos arriscado
tivesses arriscado	tivésseis arriscado
tivesse arriscado	tivessem arriscado

Future Perfect Subjunctive

tiver arriscado	tivermos arriscado
tiveres arriscado	tiverdes arriscado
tiver arriscado	tiverem arriscado

Conditional

arriscaria	arriscaríamos
arriscarias	arriscaríeis
arriscaria	arriscariam

Conditional Perfect

teria arriscado	teríamos arriscado
terias arriscado	teríeis arriscado
teria arriscado	teriam arriscado

Imperative

arrisca–arriscai

Samples of verb usage.

Ele **arriscaria** a própria vida por você. *He would risk his own life for you.*

Eu **arrisquei** tudo o que eu tinha. *I risked everything I had.*

Quem não **arrisca**, não petisca. *Nothing ventured, nothing gained.*

Eles sabiam que **tinham arriscado** a vida dos meninos.
They knew that they had endangered the kids' lives.

to burp, belch

Personal Infinitive		***Present Subjunctive***	
arrotar	arrotarmos	*arrote*	arrotemos
arrotares	arrotardes	*arrotes*	arroteis
arrotar	arrotarem	*arrote*	*arrotem**
Present Indicative		***Imperfect Subjunctive***	
arroto	arrotamos	arrotasse	arrotássemos
arrotas	arrotais	arrotasses	arrotásseis
arrota	*arrotam**	arrotasse	arrotassem
Imperfect Indicative		***Future Subjunctive***	
arrotava	arrotávamos	arrotar	arrotarmos
arrotavas	arrotáveis	arrotares	arrotardes
arrotava	arrotavam	arrotar	arrotarem
Preterit Indicative		***Present Perfect Subjunctive***	
arrotei	arrotámos	tenha arrotado	tenhamos arrotado
arrotaste	arrotastes	tenhas arrotado	tenhais arrotado
arrotou	arrotaram	tenha arrotado	tenham arrotado
Simple Pluperfect Indicative		***Past Perfect or Pluperfect Subjunctive***	
arrotara	arrotáramos	tivesse arrotado	tivéssemos arrotado
arrotaras	arrotáreis	tivesses arrotado	tivésseis arrotado
arrotara	arrotaram	tivesse arrotado	tivessem arrotado
Future Indicative		***Future Perfect Subjunctive***	
arrotarei	arrotaremos	tiver arrotado	tivermos arrotado
arrotarás	arrotareis	tiveres arrotado	tiverdes arrotado
arrotará	arrotarão	tiver arrotado	tiverem arrotado
Present Perfect Indicative		***Conditional***	
tenho arrotado	temos arrotado	arrotaria	arrotaríamos
tens arrotado	tendes arrotado	arrotarias	arrotaríeis
tem arrotado	têm arrotado	arrotaria	arrotariam
Past Perfect or Pluperfect Indicative		***Conditional Perfect***	
tinha arrotado	tínhamos arrotado	teria arrotado	teríamos arrotado
tinhas arrotado	tínheis arrotado	terias arrotado	teríeis arrotado
tinha arrotado	tinham arrotado	teria arrotado	teriam arrotado
Future Perfect Indicative		***Imperative***	
terei arrotado	teremos arrotado	*arrota**–arrotai	
terás arrotado	tereis arrotado		
terá arrotado	terão arrotado		

Samples of verb usage.

Arrota-se depois de comer na Arábia Saudita. *In Saudi Arabia one should belch after eating.*

Não **arrote**, é mal-educado. *Don't burp, it's bad manners.*

Ela **arrotou** sem querer. *She burped by accident.*

Todos se viraram para ver quem **tinha arrotado**. *Everybody turned around to see who had burped.*

*NOTE: Only the radical-changing verb forms with *open* stressed vowels appear in italic type. For further explanation see Foreword.

to ruin; (**-se**) to go broke

Personal Infinitive
arruinar arruinarmos
arruinares arruinardes
arruinar arruinarem

Present Indicative
arruino arruinamos
arruinas arruinais
arruina arruinam

Imperfect Indicative
arruinava arruinávamos
arruinavas arruináveis
arruinava arruinavam

Preterit Indicative
arruinei arruinámos
arruinaste arruinastes
arruinou arruinaram

Simple Pluperfect Indicative
arruinara arruináramos
arruinaras arruináreis
arruinara arruinaram

Future Indicative
arruinarei arruinaremos
arruinarás arruinareis
arruinará arruinarão

Present Perfect Indicative
tenho arruinado temos arruinado
tens arruinado tendes arruinado
tem arruinado têm arruinado

Past Perfect or Pluperfect Indicative
tinha arruinado tínhamos arruinado
tinhas arruinado tínheis arruinado
tinha arruinado tinham arruinado

Future Perfect Indicative
terei arruinado teremos arruinado
terás arruinado tereis arruinado
terá arruinado terão arruinado

Present Subjunctive
arruine arruinemos
arruines arruineis
arruine arruinem

Imperfect Subjunctive
arruinasse arruinássemos
arruinasses arruinásseis
arruinasse arruinassem

Future Subjunctive
arruinar arruinarmos
arruinares arruinardes
arruinar arruinarem

Present Perfect Subjunctive
tenha arruinado tenhamos arruinado
tenhas arruinado tenhais arruinado
tenha arruinado tenham arruinado

Past Perfect or Pluperfect Subjunctive
tivesse arruinado tivéssemos arruinado
tivesses arruinado tivésseis arruinado
tivesse arruinado tivessem arruinado

Future Perfect Subjunctive
tiver arruinado tivermos arruinado
tiveres arruinado tiverdes arruinado
tiver arruinado tiverem arruinado

Conditional
arruinaria arruinaríamos
arruinarias arruinaríeis
arruinaria arruinariam

Conditional Perfect
teria arruinado teríamos arruinado
terias arruinado teríeis arruinado
teria arruinado teriam arruinado

Imperative
arruina–arruinai

Samples of verb usage.

A seca **arruinou** a plantação. *The drought ruined the plantation.*

Arruinei-me apostando nas corridas de cavalo. *I went broke wagering on horse races.*

Essas enchentes **arruinarão** as estradas. *Those floods are going to ruin the roads.*

Você **arruinaria** todo o trabalho que fizemos por isso? *Would you ruin all the work we did for that?*

Uma criança mal-educada **arruinou** a pintura preciosa.
A misbehaved child ruined the precious painting.

to arrange; to tidy *or* clean up

Personal Infinitive	
arrumar	arrumarmos
arrumares	arrumardes
arrumar	arrumarem
Present Indicative	
arrumo	arrumamos
arrumas	arrumais
arruma	arrumam
Imperfect Indicative	
arrumava	arrumávamos
arrumavas	arrumáveis
arrumava	arrumavam
Preterit Indicative	
arrumei	arrumámos
arrumaste	arrumastes
arrumou	arrumaram
Simple Pluperfect Indicative	
arrumara	arrumáramos
arrumaras	arrumáreis
arrumara	arrumaram
Future Indicative	
arrumarei	arrumaremos
arrumarás	arrumareis
arrumará	arrumarão
Present Perfect Indicative	
tenho arrumado	temos arrumado
tens arrumado	tendes arrumado
tem arrumado	têm arrumado
Past Perfect or Pluperfect Indicative	
tinha arrumado	tínhamos arrumado
tinhas arrumado	tínheis arrumado
tinha arrumado	tinham arrumado
Future Perfect Indicative	
terei arrumado	teremos arrumado
terás arrumado	tereis arrumado
terá arrumado	terão arrumado
Present Subjunctive	
arrume	arrumemos
arrumes	arrumeis
arrume	arrumem
Imperfect Subjunctive	
arrumasse	arrumássemos
arrumasses	arrumásseis
arrumasse	arrumassem
Future Subjunctive	
arrumar	arrumarmos
arrumares	arrumardes
arrumar	arrumarem
Present Perfect Subjunctive	
tenha arrumado	tenhamos arrumado
tenhas arrumado	tenhais arrumado
tenha arrumado	tenham arrumado
Past Perfect or Pluperfect Subjunctive	
tivesse arrumado	tivéssemos arrumado
tivesses arrumado	tivésseis arrumado
tivesse arrumado	tivessem arrumado
Future Perfect Subjunctive	
tiver arrumado	tivermos arrumado
tiveres arrumado	tiverdes arrumado
tiver arrumado	tiverem arrumado
Conditional	
arrumaria	arrumaríamos
arrumarias	arrumaríeis
arrumaria	arrumariam
Conditional Perfect	
teria arrumado	teríamos arrumado
terias arrumado	teríeis arrumado
teria arrumado	teriam arrumado
Imperative	
arruma–arrumai	

Samples of verb usage.

Eu **arrumarei** a casa este fim de semana. *I will tidy up the house this weekend.*

Eles sempre **arrumam** uma saída. *They always arrange a way out.*

O funcionário vai **arrumar** (**arranjar** in Portugal) outro emprego.
The employee is going to arrange for a new job.

O quarto dele está uma porcaria (bagunça *in Brazil*). Deixe que ele o **arrume**.
His room's a mess. Let him clean it up.

to murder; to assassinate

Personal Infinitive		***Present Subjunctive***	
assassinar	assassinarmos	assassine	assassinemos
assassinares	assassinardes	assassines	assassineis
assassinar	assassinarem	assassine	assassinem
Present Indicative		***Imperfect Subjunctive***	
assassino	assassinamos	assassinasse	assassinássemos
assassinas	assassinais	assassinasses	assassinásseis
assassina	assassinam	assassinasse	assassinassem
Imperfect Indicative		***Future Subjunctive***	
assassinava	assassinávamos	assassinar	assassinarmos
assassinavas	assassináveis	assassinares	assassinardes
assassinava	assassinavam	assassinar	assassinarem
Preterit Indicative		***Present Perfect Subjunctive***	
assassinei	assassinámos	tenha assassinado	tenhamos assassinado
assassinaste	assassinastes	tenhas assassinado	tenhais assassinado
assassinou	assassinaram	tenha assassinado	tenham assassinado
Simple Pluperfect Indicative		***Past Perfect or Pluperfect Subjunctive***	
assassinara	assassináramos	tivesse assassinado	tivéssemos assassinado
assassinaras	assassináreis	tivesses assassinado	tivésseis assassinado
assassinara	assassinaram	tivesse assassinado	tivessem assassinado
Future Indicative		***Future Perfect Subjunctive***	
assassinarei	assassinaremos	tiver assassinado	tivermos assassinado
assassinarás	assassinareis	tiveres assassinado	tiverdes assassinado
assassinará	assassinarão	tiver assassinado	tiverem assassinado
Present Perfect Indicative		***Conditional***	
tenho assassinado	temos assassinado	assassinaria	assassinaríamos
tens assassinado	tendes assassinado	assassinarias	assassinaríeis
tem assassinado	têm assassinado	assassinaria	assassinariam
Past Perfect or Pluperfect Indicative		***Conditional Perfect***	
tinha assassinado	tínhamos assassinado	teria assassinado	teríamos assassinado
tinhas assassinado	tínheis assassinado	terias assassinado	teríeis assassinado
tinha assassinado	tinham assassinado	teria assassinado	teriam assassinado
Future Perfect Indicative		***Imperative***	
terei assassinado	teremos assassinado	assassina–assassinai	
terás assassinado	tereis assassinado		
terá assassinado	terão assassinado		

Samples of verb usage.

Ela **teria assassinado** o chefe se tivesse tido a oportunidade.
She would have murdered the boss if she had had the opportunity.

O prisioneiro **assassinará** mais gente. *The prisoner will murder more people.*

Eu poderia **assassiná**-lo se fosse preciso. *I could murder him if it were necessary.*

O agente secreto **assassinou** o presidente. *The secret agent assassinated the president.*

to sign; to subscribe

Personal Infinitive

assinar	assinarmos
assinares	assinardes
assinar	assinarem

Present Indicative

assino	assinamos
assinas	assinais
assina	assinam

Imperfect Indicative

assinava	assinávamos
assinavas	assináveis
assinava	assinavam

Preterit Indicative

assinei	assinámos
assinaste	assinastes
assinou	assinaram

Simple Pluperfect Indicative

assinara	assináramos
assinaras	assináreis
assinara	assinaram

Future Indicative

assinarei	assinaremos
assinarás	assinareis
assinará	assinarão

Present Perfect Indicative

tenho assinado	temos assinado
tens assinado	tendes assinado
tem assinado	têm assinado

Past Perfect or Pluperfect Indicative

tinha assinado	tínhamos assinado
tinhas assinado	tínheis assinado
tinha assinado	tinham assinado

Future Perfect Indicative

terei assinado	teremos assinado
terás assinado	tereis assinado
terá assinado	terão assinado

Present Subjunctive

assine	assinemos
assines	assineis
assine	assinem

Imperfect Subjunctive

assinasse	assinássemos
assinasses	assinásseis
assinasse	assinassem

Future Subjunctive

assinar	assinarmos
assinares	assinardes
assinar	assinarem

Present Perfect Subjunctive

tenha assinado	tenhamos assinado
tenhas assinado	tenhais assinado
tenha assinado	tenham assinado

Past Perfect or Pluperfect Subjunctive

tivesse assinado	tivéssemos assinado
tivesses assinado	tivésseis assinado
tivesse assinado	tivessem assinado

Future Perfect Subjunctive

tiver assinado	tivermos assinado
tiveres assinado	tiverdes assinado
tiver assinado	tiverem assinado

Conditional

assinaria	assinaríamos
assinarias	assinaríeis
assinaria	assinariam

Conditional Perfect

teria assinado	teríamos assinado
terias assinado	teríeis assinado
teria assinado	teriam assinado

Imperative

assina–assinai

Samples of verb usage.

Você **assinou** o cheque? *Did you sign the check?*

Assinaremos o contrato amanhã. *We will sign the contract tomorrow.*

Aquele jogador de futebol **assina** muitas bolas para os fãs.
That soccer player signs many balls for the fans.

A acusada recusou **assinar** a confissão. *The accused woman refused to sign the confession.*

to attend; to watch (as television, movies, etc.)

Personal Infinitive

assistir	assistirmos
assistires	assistirdes
assistir	assistirem

Present Indicative

assisto	assistimos
assistes	assistis
assiste	assistem

Imperfect Indicative

assistia	assistíamos
assistias	assistíeis
assistia	assistiam

Preterit Indicative

assisti	assistimos
assististe	assististes
assistiu	assistiram

Simple Pluperfect Indicative

assistira	assistíramos
assistiras	assistíreis
assistira	assistiram

Future Indicative

assistirei	assistiremos
assistirás	assistireis
assistirá	assistirão

Present Perfect Indicative

tenho assistido	temos assistido
tens assistido	tendes assistido
tem assistido	têm assistido

Past Perfect or Pluperfect Indicative

tinha assistido	tínhamos assistido
tinhas assistido	tínheis assistido
tinha assistido	tinham assistido

Future Perfect Indicative

terei assistido	teremos assistido
terás assistido	tereis assistido
terá assistido	terão assistido

Present Subjunctive

assista	assistamos
assistas	assistais
assista	assistam

Imperfect Subjunctive

assistisse	assistíssemos
assistisses	assistísseis
assistisse	assistissem

Future Subjunctive

assistir	assistirmos
assistires	assistirdes
assistir	assistirem

Present Perfect Subjunctive

tenha assistido	tenhamos assistido
tenhas assistido	tenhais assistido
tenha assistido	tenham assistido

Past Perfect or Pluperfect Subjunctive

tivesse assistido	tivéssemos assistido
tivesses assistido	tivésseis assistido
tivesse assistido	tivessem assistido

Future Perfect Subjunctive

tiver assistido	tivermos assistido
tiveres assistido	tiverdes assistido
tiver assistido	tiverem assistido

Conditional

assistiria	assistiríamos
assistirias	assistiríeis
assistiria	assistiriam

Conditional Perfect

teria assistido	teríamos assistido
terias assistido	teríeis assistido
teria assistido	teriam assistido

Imperative

assiste–assisti

Samples of verb usage.

Assistimos à conferência do engenheiro ontem. *We attended the engineer's lecture yesterday.*

As crianças estão **a assistir** (**assistindo**) à televisão. *The children are watching television.*

Você vai **assistir** ao jogo? *Are you going to attend the game?*

O enterro **será assistido** pelo presidente. *The funeral will be attended by the president.*

to whistle

Personal Infinitive
assobiar assobiarmos
assobiares assobiardes
assobiar assobiarem

Present Indicative
assobio assobiamos
assobias assobiais
assobia assobiam

Imperfect Indicative
assobiava assobiávamos
assobiavas assobiáveis
assobiava assobiavam

Preterit Indicative
assobiei assobiámos
assobiaste assobiastes
assobiou assobiaram

Simple Pluperfect Indicative
assobiara assobiáramos
assobiaras assobiáreis
assobiara assobiaram

Future Indicative
assobiarei assobiaremos
assobiarás assobiareis
assobiará assobiarão

Present Perfect Indicative
tenho assobiado temos assobiado
tens assobiado tendes assobiado
tem assobiado têm assobiado

Past Perfect or Pluperfect Indicative
tinha assobiado tínhamos assobiado
tinhas assobiado tínheis assobiado
tinha assobiado tinham assobiado

Future Perfect Indicative
terei assobiado teremos assobiado
terás assobiado tereis assobiado
terá assobiado terão assobiado

Present Subjunctive
assobie assobiemos
assobies assobieis
assobie assobiem

Imperfect Subjunctive
assobiasse assobiássemos
assobiasses assobiásseis
assobiasse assobiassem

Future Subjunctive
assobiar assobiarmos
assobiares assobiardes
assobiar assobiarem

Present Perfect Subjunctive
tenha assobiado tenhamos assobiado
tenhas assobiado tenhais assobiado
tenha assobiado tenham assobiado

Past Perfect or Pluperfect Subjunctive
tivesse assobiado tivéssemos assobiado
tivesses assobiado tivésseis assobiado
tivesse assobiado tivessem assobiado

Future Perfect Subjunctive
tiver assobiado tivermos assobiado
tiveres assobiado tiverdes assobiado
tiver assobiado tiverem assobiado

Conditional
assobiaria assobiaríamos
assobiarias assobiaríeis
assobiaria assobiariam

Conditional Perfect
teria assobiado teríamos assobiado
terias assobiado teríeis assobiado
teria assobiado teriam assobiado

Imperative
assobia–assobiai

Samples of verb usage.

Eu **assobiava** muito quando era criança. *I used to whistle a lot when I was a kid.*

Ela **assobiou** primeiro. *She whistled first.*

Aqueles garotos **assobiam** muito bem. *Those kids whistle very well.*

A cantora **assobiará** o hino nacional. *The singer (female) will whistle the national anthem.*

to associate

Personal Infinitive		***Present Subjunctive***	
associar	associarmos	associe	associemos
associares	associardes	associes	associeis
associar	associarem	associe	associem
Present Indicative		***Imperfect Subjunctive***	
associo	associamos	associasse	associássemos
associas	associais	associasses	associásseis
associa	associam	associasse	associassem
Imperfect Indicative		***Future Subjunctive***	
associava	associávamos	associar	associarmos
associavas	associáveis	associares	associardes
associava	associavam	associar	associarem
Preterit Indicative		***Present Indicative***	
associei	associámos	tenha associado	tenhamos associado
associaste	associastes	tenhas associado	tenhais associado
associou	associaram	tenha associado	tenham associado
Simple Pluperfect Indicative		***Past Perfect or Pluperfect Subjunctive***	
associara	associáramos	tivesse associado	tivéssemos associado
associaras	associáreis	tivesses associado	tivésseis associado
associara	associaram	tivesse associado	tivessem associado
Future Indicative		***Future Perfect Subjunctive***	
associarei	associaremos	tiver associado	tivermos associado
associarás	associareis	tiveres associado	tiverdes associado
associará	associarão	tiver associado	tiverem associado
Present Perfect Indicative		***Conditional***	
tenho associado	temos associado	associaria	associaríamos
tens associado	tendes associado	associarias	associaríeis
tem associado	têm associado	associaria	associariam
Past Perfect or Pluperfect Indicative		***Conditional Perfect***	
tinha associado	tínhamos associado	teria associado	teríamos associado
tinhas associado	tínheis associado	terias associado	teríeis associado
tinha associado	tinham associado	teria associado	teriam associado
Future Perfect Indicative		***Imperative***	
terei associado	teremos associado	associa–associai	
terás associado	tereis associado		
terá associado	terão associado		

Samples of verb usage.

A que **associaste** isto? *What did you associate that with?*

Ele **se associava** exclusivamente aos executivos. *He used to associate exclusively with the executives.*

Eu **associaria** esse desenho a uma girafa. *I would associate that drawing with a giraffe.*

Ela **se associa** a quem quiser. *She associates with whomever she wants.*

to astonish, amaze; to shock, surprise; to haunt

Personal Infinitive

assombrar	assombrarmos
assombrares	assombrardes
assombrar	assombrarem

Present Perfect Subjunctive

assombro	assombramos
assombras	assombrais
assombra	assombram

Imperfect Indicative

assombrava	assombrávamos
assombravas	assombráveis
assombrava	assombravam

Preterit Indicative

assombrei	assombrámos
assombraste	assombrastes
assombrou	assombraram

Simple Pluperfect Indicative

assombrara	assombráramos
assombraras	assombráreis
assombrara	assombraram

Future Indicative

assombrarei	assombraremos
assombrarás	assombrareis
assombrará	assombrarão

Present Perfect Indicative

tenho assombrado	temos assombrado
tens assombrado	tendes assombrado
tem assombrado	têm assombrado

Past Perfect or Pluperfect Indicative

tinha assombrado	tínhamos assombrado
tinhas assombrado	tínheis assombrado
tinha assombrado	tinham assombrado

Future Perfect Indicative

terei assombrado	teremos assombrado
terás assombrado	tereis assombrado
terá assombrado	terão assombrado

Present Subjunctive

assombre	assombremos
assombres	assombreis
assombre	assombrem

Imperfect Subjunctive

assombrasse	assombrássemos
assombrasses	assombrásseis
assombrasse	assombrassem

Future Subjunctive

assombrar	assombrarmos
assombrares	assombrardes
assombrar	assombrarem

Present Perfect Subjunctive

tenha assombrado	tenhamos assombrado
tenhas assombrado	tenhais assombrado
tenha assombrado	tenham assombrado

Past Perfect or Pluperfect Subjunctive

tivesse assombrado	tivéssemos assombrado
tivesses assombrado	tivésseis assombrado
tivesse assombrado	tivessem assombrado

Future Perfect Subjunctive

tiver assombrado	tivermos assombrado
tiveres assombrado	tiverdes assombrado
tiver assombrado	tiverem assombrado

Conditional

assombraria	assombraríamos
assombrarias	assombraríeis
assombraria	assombrariam

Conditional Perfect

teria assombrado	teríamos assombrado
terias assombrado	teríeis assombrado
teria assombrado	teriam assombrado

Imperative

assombra–assombrai

Samples of verb usage.

O escândalo **assombrou** a cidade inteira. *The scandal shocked the whole city.*

Eu **assombrarei** a todos com esta fantasia no Carnaval.
I'll surprise everybody at Carnaval *with this costume.*

A sua habilidade com o violão **assombraria** a todos.
Her ability to play the (acoustic) guitar would amaze everyone.

O fantasma foi condenado a **assombrar** o castelo durante trinta anos.
The ghost was condemned to haunt the castle for thirty years.

to frighten, scare; (**-se**) to get scared

Personal Infinitive
assustar assustarmos
assustares assustardes
assustar assustarem

Present Indicative
assusto assustamos
assustas assustais
assusta assustam

Imperfect Indicative
assustava assustávamos
assustavas assustáveis
assustava assustavam

Preterit Indicative
assustei assustámos
assustaste assustastes
assustou assustaram

Simple Pluperfect Indicative
assustara assustáramos
assustaras assustáreis
assustara assustaram

Future Indicative
assustarei assustaremos
assustarás assustareis
assustará assustarão

Present Perfect Indicative
tenho assustado temos assustado
tens assustado tendes assustado
tem assustado têm assustado

Past Perfect or Pluperfect Indicative
tinha assustado tínhamos assustado
tinhas assustado tínheis assustado
tinha assustado tinham assustado

Future Perfect Indicative
terei assustado teremos assustado
terás assustado tereis assustado
terá assustado terão assustado

Present Subjunctive
assuste assustemos
assustes assusteis
assuste assustem

Imperfect Subjunctive
assustasse assustássemos
assustasses assustásseis
assustasse assustassem

Future Subjunctive
assustar assustarmos
assustares assustardes
assustar assustarem

Present Perfect Subjunctive
tenha assustado tenhamos assustado
tenhas assustado tenhais assustado
tenha assustado tenham assustado

Past Perfect or Pluperfect Subjunctive
tivesse assustado tivéssemos assustado
tivesses assustado tivésseis assustado
tivesse assustado tivessem assustado

Future Perfect Subjunctive
tiver assustado tivermos assustado
tiveres assustado tiverdes assustado
tiver assustado tiverem assustado

Conditional
assustaria assustaríamos
assustarias assustaríeis
assustaria assustariam

Conditional Perfect
teria assustado teríamos assustado
terias assustado teríeis assustado
teria assustado teriam assustado

Imperative
assusta–assustai

Samples of verb usage.

Tu me **assustaste**! *You scared me!*

Eu **me assusto** com qualquer coisa. *I get scared by anything.*

Um dia **assustarei** aquele velho. *One day I will frighten that old man.*

Quando tu **te assustares**, eu serei o motivo do teu medo.
When you get scared, I will be the cause of your fear.

to attack

Personal Infinitive		***Present Subjunctive***	
atacar	atacarmos	ataque	ataquemos
atacares	atacardes	ataques	ataqueis
atacar	atacarem	ataque	ataquem
Present Indicative		***Imperfect Subjunctive***	
ataco	atacamos	atacasse	atacássemos
atacas	atacais	atacasses	atacásseis
ataca	atacam	atacasse	atacassem
Imperfect Indicative		***Future Subjunctive***	
atacava	atacávamos	atacar	atacarmos
atacavas	atacáveis	atacares	atacardes
atacava	atacavam	atacar	atacarem
Preterit Indicative		***Present Perfect Subjunctive***	
ataquei	atacámos	tenha atacado	tenhamos atacado
atacaste	atacastes	tenhas atacado	tenhais atacado
atacou	atacaram	tenha atacado	tenham atacado
Simple Pluperfect Indicative		***Past Perfect or Pluperfect Subjunctive***	
atacara	atacáramos	tivesse atacado	tivéssemos atacado
atacaras	atacáreis	tivesses atacado	tivésseis atacado
atacara	atacaram	tivesse atacado	tivessem atacado
Future Indicative		***Future Perfect Subjunctive***	
atacarei	atacaremos	tiver atacado	tivermos atacado
atacarás	atacareis	tiveres atacado	tiverdes atacado
atacará	atacarão	tiver atacado	tiverem atacado
Present Perfect Indicative		***Conditional***	
tenho atacado	temos atacado	atacaria	atacaríamos
tens atacado	tendes atacado	atacarias	atacaríeis
tem atacado	têm atacado	atacaria	atacariam
Past Perfect or Pluperfect Indicative		***Conditional Perfect***	
tinha atacado	tínhamos atacado	teria atacado	teríamos atacado
tinhas atacado	tínheis atacado	terias atacado	teríeis atacado
tinha atacado	tinham atacado	teria atacado	teriam atacado
Future Perfect Indicative		***Imperative***	
terei atacado	teremos atacado	ataca–atacai	
terás atacado	tereis atacado		
terá atacado	terão atacado		

Samples of verb usage.

Os gafanhotos **atacaram** a plantação. *The grasshoppers attacked the plantation.*

Os rebeldes **atacarão** a capital amanhã. *The rebels will attack the capital tomorrow.*

O cão **teria atacado** a velhinha se o meu pai não a tivesse salvado.
The dog would have attacked the old lady if my father hadn't saved her.

Ele me **ataca** pelas ideias que tenho. *He attacks me for the ideas I have.*

to tie, bind

Personal Infinitive		*Present Subjunctive*	
atar	atarmos	ate	atemos
atares	atardes	ates	ateis
atar	atarem	ate	atem
Present Indicative		***Imperfect Subjunctive***	
ato	atamos	atasse	atássemos
atas	atais	atasses	atásseis
ata	atam	atasse	atassem
Imperfect Indicative		***Future Subjunctive***	
atava	atávamos	atar	atarmos
atavas	atáveis	atares	atardes
atava	atavam	atar	atarem
Preterit Indicative		***Present Perfect Subjunctive***	
atei	atámos	tenha atado	tenhamos atado
ataste	atastes	tenhas atado	tenhais atado
atou	ataram	tenha atado	tenham atado
Simple Pluperfect Indicative		***Past Perfect or Pluperfect Subjunctive***	
atara	atáramos	tivesse atado	tivéssemos atado
ataras	atáreis	tivesses atado	tivésseis atado
atara	ataram	tivesse atado	tivessem atado
Future Indicative		***Future Perfect Subjunctive***	
atarei	ataremos	tiver atado	tivermos atado
atarás	atareis	tiveres atado	tiverdes atado
atará	atarão	tiver atado	tiverem atado
Present Perfect Indicative		***Conditional***	
tenho atado	temos atado	ataria	ataríamos
tens atado	tendes atado	atarias	ataríeis
tem atado	têm atado	ataria	atariam
Past Perfect or Pluperfect Indicative		***Conditional Perfect***	
tinha atado	tínhamos atado	teria atado	teríamos atado
tinhas atado	tínheis atado	terias atado	teríeis atado
tinha atado	tinham atado	teria atado	teriam atado
Future Perfect Indicative		***Imperative***	
terei atado	teremos atado	ata–atai	
terás atado	tereis atado		
terá atado	terão atado		

Samples of verb usage.

O escoteiro **atou** o nó. *The boy scout tied the knot.*

O ladrão **atava** os guardas quando o alarme disparou.
The robber was tying up the security guards when the alarm went off.

Os dois países esperam **atar** mais estreitamente as suas economias esta tarde.
The two countries hope to bind their economies more tightly (together) this afternoon.

Ele **ataria** os vínculos das duas gerações. *He would tie the bonds between the two generations.*

to answer (a door or telephone); to assist; to wait on

Personal Infinitive

atender	atendermos
atenderes	atenderdes
atender	atenderem

Present Indicative

atendo	atendemos
atendes	atendeis
atende	atendem

Imperfect Indicative

atendia	atendíamos
atendias	atendíeis
atendia	atendiam

Preterit Indicative

atendi	atendemos
atendeste	atendestes
atendeu	atenderam

Simple Pluperfect Indicative

atendera	atendêramos
atenderas	atendêreis
atendera	atenderam

Future Indicative

atenderei	atenderemos
atenderás	atendereis
atenderá	atenderão

Present Perfect Indicative

tenho atendido	temos atendido
tens atendido	tendes atendido
tem atendido	têm atendido

Past Perfect or Pluperfect Indicative

tinha atendido	tínhamos atendido
tinhas atendido	tínheis atendido
tinha atendido	tinham atendido

Future Perfect Indicative

terei atendido	teremos atendido
terás atendido	tereis atendido
terá atendido	terão atendido

Present Subjunctive

atenda	atendamos
atendas	atendais
atenda	atendam

Imperfect Subjunctive

atendesse	atendêssemos
atendesses	atendêsseis
atendesse	atendessem

Future Subjunctive

atender	atendermos
atenderes	atenderdes
atender	atenderem

Present Perfect Subjunctive

tenha atendido	tenhamos atendido
tenhas atendido	tenhais atendido
tenha atendido	tenham atendido

Past Perfect or Pluperfect Subjunctive

tivesse atendido	tivéssemos atendido
tivesses atendido	tivésseis atendido
tivesse atendido	tivessem atendido

Future Perfect Subjunctive

tiver atendido	tivermos atendido
tiveres atendido	tiverdes atendido
tiver atendido	tiverem atendido

Conditional

atenderia	atenderíamos
atenderias	atenderíeis
atenderia	atenderiam

Conditional Perfect

teria atendido	teríamos atendido
terias atendido	teríeis atendido
teria atendido	teriam atendido

Imperative

atende–atendei

Samples of verb usage.

Atenda o telefone, por favor. *Would you answer the phone, please.*

Quando a campainha tocar, eu **atenderei** à porta. *When the doorbell rings, I'll answer the door.*

Eu **teria atendido** o telefone se o tivesse ouvido tocar.
I would have answered the phone if I had heard it ring.

O agente de viagens **atendia** ao cliente. *The travel agent was assisting (waiting on) the customer (client).*

to terrify, frighten; to terrorize

Personal Infinitive
aterrorizar aterrorizarmos
aterrorizares aterrorizardes
aterrorizar aterrorizarem

Present Indicative
aterrorizo aterrorizamos
aterrorizas aterrorizais
aterroriza aterrorizam

Imperfect Indicative
aterrorizava aterrorizávamos
aterrorizavas aterrorizáveis
aterrorizava aterrorizavam

Preterit Indicative
aterrorizei aterrorizámos
aterrorizaste aterrorizastes
aterrorizou aterrorizara

Simple Pluperfect Indicative
aterrorizara aterrorizáramos
aterrorizaras aterrorizáreis
aterrorizara aterrorizaram

Future Indicative
aterrorizarei aterrorizaremos
aterrorizarás aterrorizareis
aterrorizará aterrorizarão

Present Perfect Indicative
tenho aterrorizado temos aterrorizado
tens aterrorizado tendes aterrorizado
tem aterrorizado têm aterrorizado

Past Perfect or Pluperfect Indicative
tinha aterrorizado tínhamos aterrorizado
tinhas aterrorizado tínheis aterrorizado
tinha aterrorizado tinham aterrorizado

Future Perfect Indicative
terei aterrorizado teremos aterrorizado
terás aterrorizado tereis aterrorizado
terá aterrorizado terão aterrorizado

Present Subjunctive
aterrorize aterrorizemos
aterrorizes aterrorizeis
aterrorize aterrorizem

Imperfect Subjunctive
aterrorizasse aterrorizássemos
aterrorizasses aterrorizásseis
aterrorizasse aterrorizassem

Future Subjunctive
aterrorizar aterrorizarmos
aterrorizares aterrorizardes
aterrorizar aterrorizarem

Present Perfect Subjunctive
tenha aterrorizado tenhamos aterrorizado
tenhas aterrorizado tenhais aterrorizado
tenha aterrorizado tenham aterrorizado

Past Perfect or Pluperfect Subjunctive
tivesse aterrorizado tivéssemos aterrorizado
tivesses aterrorizado tivésseis aterrorizado
tivesse aterrorizado tivessem aterrorizado

Future Perfect Subjunctive
tiver aterrorizado tivermos aterrorizado
tiveres aterrorizado tiverdes aterrorizado
tiver aterrorizado tiverem aterrorizado

Conditional
aterrorizaria aterrorizaríamos
aterrorizarias aterrorizaríeis
aterrorizaria aterrorizariam

Conditional Perfect
teria aterrorizado teríamos aterrorizado
terias aterrorizado teríeis aterrorizado
teria aterrorizado teriam aterrorizado

Imperative
aterroriza–aterrorizai

Samples of verb usage.

Nesse filme japonês um monstro **aterroriza** Tóquio. *In that Japanese movie a monster terrifies Tokyo.*

Se os sequestradores **aterrorizarem** os passageiros no avião, mate-os!
If the kidnappers terrify the passengers on the plane, kill them!

Se o leão escapar, vai **aterrorizar** a vizinhança.
If the lion escapes, it's going to frighten the neighborhood.

O assassino **tinha aterrorizado** a vizinhança. *The murderer had terrorized the neighborhood.*

to hit, reach, arrive at; to attain, achieve

Personal Infinitive

atingir	atingirmos
atingires	atingirdes
atingir	atingirem

Present Indicative

atinjo	atingimos
atinges	atingis
atinge	atingem

Imperfect Indicative

atingia	atingíamos
atingias	atingíeis
atingia	atingiam

Preterit Indicative

atingi	atingimos
atingiste	atingistes
atingiu	atingiram

Simple Pluperfect Indicative

atingira	atingíramos
atingiras	atingíreis
atingira	atingiram

Future Indicative

atingirei	atingiremos
atingirás	atingireis
atingirá	atingirão

Present Perfect Indicative

tenho atingido	temos atingido
tens atingido	tendes atingido
tem atingido	têm atingido

Past Perfect or Pluperfect Indicative

tinha atingido	tínhamos atingido
tinhas atingido	tínheis atingido
tinha atingido	tinham atingido

Future Perfect Indicative

terei atingido	teremos atingido
terás atingido	tereis atingido
terá atingido	terão atingido

Present Subjunctive

atinja	atinjamos
atinjas	atinjais
atinja	atinjam

Imperfect Subjunctive

atingisse	atingíssemos
atingisses	atingísseis
atingisse	atingissem

Future Subjunctive

atingir	atingirmos
atingires	atingirdes
atingir	atingirem

Present Perfect Subjunctive

tenha atingido	tenhamos atingido
tenhas atingido	tenhais atingido
tenha atingido	tenham atingido

Past Perfect or Pluperfect Subjunctive

tivesse atingido	tivéssemos atingido
tivesses atingido	tivésseis atingido
tivesse atingido	tivessem atingido

Future Perfect Subjunctive

tiver atingido	tivermos atingido
tiveres atingido	tiverdes atingido
tiver atingido	tiverem atingido

Conditional

atingiria	atingiríamos
atingirias	atingiríeis
atingiria	atingiriam

Conditional Perfect

teria atingido	teríamos atingido
terias atingido	teríeis atingido
teria atingido	teriam atingido

Imperative

atinge–atingi

Samples of verb usage.

Você **atingirá** todos os seus objetivos. *You will attain (achieve) all of your objectives.*

Ela **atingiu** a linha de chegada. *She arrived at the finish line.*

Os meninos **atingiram** a velha com uma pedra. *The kids hit the old lady with a rock.*

Nós **atingimos** os resultados desejados. *We have achieved the desired results.*

to throw, hurl; to shoot (a weapon)

Personal Infinitive

atirar	atirarmos
atirares	atirardes
atirar	atirarem

Present Indicative

atiro	atiramos
atiras	atirais
atira	atiram

Imperfect Indicative

atirava	atirávamos
atiravas	atiráveis
atirava	atiravam

Preterit Indicative

atirei	atirámos
atiraste	atirastes
atirou	atiraram

Simple Pluperfect Indicative

atirara	atiráramos
atiraras	atiráreis
atirara	atiraram

Future Indicative

atirarei	atiraremos
atirarás	atirareis
atirará	atirarão

Present Perfect Indicative

tenho atirado	temos atirado
tens atirado	tendes atirado
tem atirado	têm atirado

Past Perfect or Pluperfect Indicative

tinha atirado	tínhamos atirado
tinhas atirado	tínheis atirado
tinha atirado	tinham atirado

Future Perfect Indicative

terei atirado	teremos atirado
terás atirado	tereis atirado
terá atirado	terão atirado

Present Subjunctive

atire	atiremos
atires	atireis
atire	atirem

Imperfect Subjunctive

atirasse	atirássemos
atirasses	atirásseis
atirasse	atirassem

Future Subjunctive

atirar	atirarmos
atirares	atirardes
atirar	atirarem

Present Perfect Subjunctive

tenha atirado	tenhamos atirado
tenhas atirado	tenhais atirado
tenha atirado	tenham atirado

Past Perfect or Pluperfect Subjunctive

tivesse atirado	tivéssemos atirado
tivesses atirado	tivésseis atirado
tivesse atirado	tivessem atirado

Future Perfect Subjunctive

tiver atirado	tivermos atirado
tiveres atirado	tiverdes atirado
tiver atirado	tiverem atirado

Conditional

atiraria	atiraríamos
atirarias	atiraríeis
atiraria	atirariam

Conditional Perfect

teria atirado	teríamos atirado
terias atirado	teríeis atirado
teria atirado	teriam atirado

Imperative

atira–atirai

Samples of verb usage.

(Nós) estamos **a atirar** (**atirando**) pedras no lago. *We are hurling rocks into the lake.*

O doublê **foi atirado** pela janela. *The stuntman was thrown out of the window.*

O Robin Hood **atirou** uma flecha no centro do alvo.
Robin Hood shot an arrow in the bull's-eye of the target.

NOTE: To shoot at (someone *or* something) is expressed by the idiom **dar (um) tiro:**

O caçador **daria um tiro** com a sua espingarda no primeiro coelho que visse.
The hunter would shoot his shotgun at the first rabbit he saw.

O dire(c)tor do presídio mandou os guardas **darem tiros** em qualquer prisioneiro que tentasse escapar.
The prison warden ordered the guards to shoot at any prisoner who tried to escape.

O treinamento dos cadetes do FBI inclui **dar tiros** com uma metralhadora num alvo a cem metros.
The training of FBI cadets includes shooting at a target with a machine gun at one hundred meters.

to attract, draw

Personal Infinitive

atrair	atraírmos
atraíres	atraírdes
atrair	atraírem

Present Indicative

atraio	atraímos
atrais	atraís
atrai	atraem

Imperfect Indicative

atraía	atraíamos
atraías	atraíeis
atraía	atraíam

Preterit Indicative

atraí	atraímos
atraíste	atraístes
atraiu	atraíram

Simple Pluperfect Indicative

atraíra	atraíramos
atraíras	atraíreis
atraíra	atraíram

Future Indicative

atrairei	atrairemos
atrairás	atraireis
atrairá	atrairão

Present Perfect Indicative

tenho atraído	temos atraído
tens atraído	tendes atraído
tem atraído	têm atraído

Past Perfect or Pluperfect Indicative

tinha atraído	tínhamos atraído
tinhas atraído	tínheis atraído
tinha atraído	tinham atraído

Future Perfect Indicative

terei atraído	teremos atraído
terás atraído	tereis atraído
terá atraído	terão atraído

Present Subjunctive

atraia	atraiamos
atraias	atraiais
atraia	atraiam

Imperfect Subjunctive

atraísse	atraíssemos
atraísses	atraísseis
atraísse	atraíssem

Future Subjunctive

atrair	atraírmos
atraíres	atraírdes
atrair	atraírem

Present Perfect Subjunctive

tenha atraído	tenhamos atraído
tenhas atraído	tenhais atraído
tenha atraído	tenham atraído

Past Perfect or Pluperfect Subjunctive

tivesse atraído	tivéssemos atraído
tivesses atraído	tivésseis atraído
tivesse atraído	tivessem atraído

Future Perfect Subjunctive

tiver atraído	tivermos atraído
tiveres atraído	tiverdes atraído
tiver atraído	tiverem atraído

Conditional

atrairia	atrairíamos
atrairias	atrairíeis
atrairia	atrairiam

Conditional Perfect

teria atraído	teríamos atraído
terias atraído	teríeis atraído
teria atraído	teriam atraído

Imperative

atrai–atraí

Samples of verb usage.

Um cantor famoso **atrairia** muita gente ao restaurante.
A famous singer would attract (draw) many people to the restaurant.

Eu **atraí** o meu marido com um olhar. *I attracted my husband with just one look.*

Os jogadores **tinham atraído** um grande público. *The players had drawn a huge audience.*

Poderás **atrair** muitos peixes com esta isca. *You'll be able to attract many fish with this bait.*

to cross; to go *or* pass through

Personal Infinitive

atravessar	atravessarmos
atravessares	atravessardes
atravessar	atravessarem

Present Indicative

atravesso	atravessamos
atravessas	atravessais
atravessa	*atravessam**

Imperfect Indicative

atravessava	atravessávamos
atravessavas	atravessáveis
atravessava	atravessavam

Preterit Indicative

atravessei	atravessámos
atravessaste	atravessastes
atravessou	atravessaram

Simple Pluperfect Indicative

atravessara	atravessáramos
atravessaras	atravessáreis
atravessara	atravessaram

Future Indicative

atravessarei	atravessaremos
atravessarás	atravessareis
atravessará	atravessarão

Present Perfect Indicative

tenho atravessado	temos atravessado
tens atravessado	tendes atravessado
tem atravessado	têm atravessado

Past Perfect or Pluperfect Indicative

tinha atravessado	tínhamos atravessado
tinhas atravessado	tínheis atravessado
tinha atravessado	tinham atravessado

Future Perfect Indicative

terei atravessado	teremos atravessado
terás atravessado	tereis atravessado
terá atravessado	terão atravessado

Present Subjunctive

atravesse	atravessemos
atravesses	atravesseis
atravesse	*atravessem**

Imperfect Subjunctive

atravessasse	atravessássemos
atravessasses	atravessásseis
atravessasse	atravessassem

Future Subjunctive

atravessar	atravessarmos
atravessares	atravessardes
atravessar	atravessarem

Present Perfect Subjunctive

tenha atravessado	tenhamos atravessado
tenhas atravessado	tenhais atravessado
tenha atravessado	tenham atravessado

Past Perfect or Pluperfect Subjunctive

tivesse atravessado	tivéssemos atravessado
tivesses atravessado	tivésseis atravessado
tivesse atravessado	tivessem atravessado

Future Perfect Subjunctive

tiver atravessado	tivermos atravessado
tiveres atravessado	tiverdes atravessado
tiver atravessado	tiverem atravessado

Conditional

atravessaria	atravessaríamos
atravessarias	atravessaríeis
atravessaria	atravessariam

Conditional Perfect

teria atravessado	teríamos atravessado
terias atravessado	teríeis atravessado
teria atravessado	teriam atravessado

Imperative

*atravessa**–atravessai

Samples of verb usage.

Estou **a atravessar** (**atravessando**) a rua agora. *I am crossing the street now.*

Os portugueses **atravessaram** o oceano atlântico para descobrir o Brasil.
The Portuguese crossed the Atlantic Ocean to discover Brazil.

O ciclista **tinha atravessado** o continente em um ano. *The cyclist had crossed the continent in one year.*

Ele vai **atravessar** um período terrível. *He is going to go through a terrible time.*

*NOTE: Only the radical-changing verb forms with *open* stressed vowels appear in italic type. For further explanation see Foreword.

to run over; to trample; to trip up

Personal Infinitive
atropelar atropelarmos
atropelares atropelardes
atropelar atropelarem

Present Indicative
atropelo atropelamos
atropelas atropelais
atropela *atropelam**

Imperfect Indicative
atropelava atropelávamos
atropelavas atropeláveis
atropelava atropelavam

Preterit Indicative
atropelei atropelámos
atropelaste atropelastes
atropelou atropelaram

Simple Pluperfect Indicative
atropelara atropeláramos
atropelaras atropeláreis
atropelara atropelaram

Future Indicative
atropelarei atropelaremos
atropelarás atropelareis
atropelará atropelarão

Present Perfect Indicative
tenho atropelado temos atropelado
tens atropelado tendes atropelado
tem atropelado têm atropelado

Past Perfect or Pluperfect Indicative
tinha atropelado tínhamos atropelado
tinhas atropelado tínheis atropelado
tinha atropelado tinham atropelado

Future Perfect Indicative
terei atropelado teremos atropelado
terás atropelado tereis atropelado
terá atropelado terão atropelado

Present Subjunctive
atropele atropelemos
atropeles atropeleis
atropele *atropelem**

Imperfect Subjunctive
atropelasse atropelássemos
atropelasses atropelásseis
atropelasse atropelassem

Future Subjunctive
atropelar atropelarmos
atropelares atropelardes
atropelar atropelarem

Present Perfect Subjunctive
tenha atropelado tenhamos atropelado
tenhas atropelado tenhais atropelado
tenha atropelado tenham atropelado

Past Perfect or Pluperfect Subjunctive
tivesse atropelado tivéssemos atropelado
tivesses atropelado tivésseis atropelado
tivesse atropelado tivessem atropelado

Future Perfect Subjunctive
tiver atropelado tivermos atropelado
tiveres atropelado tiverdes atropelado
tiver atropelado tiverem atropelado

Conditional
atropelaria atropelaríamos
atropelarias atropelaríeis
atropelaria atropelariam

Conditional Perfect
teria atropelado teríamos atropelado
terias atropelado teríeis atropelado
teria atropelado teriam atropelado

Imperative
*atropela**–atropelai

Samples of verb usage.

Posso dizer-te que até agora nunca **atropelei** ninguém.
I can tell you that so far I've never run over anyone.

O motorista do camião de lixo tentou **atropelar**-nos. *The garbage truck driver tried to run us over.*

Ele **atropelava** as palavras quando estava nervoso. *He used to trip on his words when he was nervous.*

Uma ditadura **atropela** sempre os direitos do povo. *A dictatorship always tramples on people's rights.*

*NOTE: Only the radical-changing verb forms with *open* stressed vowels appear in italic type. For further explanation see Foreword.

to sway, swing, wave; to balance

Personal Infinitive
balançar balançarmos
balançares balançardes
balançar balançarem

Present Indicative
balanço balançamos
balanças balançais
balança balançam

Imperfect Indicative
balançava balançávamos
balançavas balançáveis
balançava balançavam

Preterit Indicative
balancei balançámos
balançaste balançastes
balançou balançaram

Simple Pluperfect Indicative
balançara balançáramos
balançaras balançáreis
balançara balançaram

Future Indicative
balançarei balançaremos
balançarás balançareis
balançará balançarão

Present Perfect Indicative
tenho balançado temos balançado
tens balançado tendes balançado
tem balançado têm balançado

Past Perfect or Pluperfect Indicative
tinha balançado tínhamos balançado
tinhas balançado tínheis balançado
tinha balançado tinham balançado

Future Perfect Indicative
terei balançado teremos balançado
terás balançado tereis balançado
terá balançado terão balançado

Present Subjunctive
balance balancemos
balances balanceis
balance balancem

Imperfect Subjunctive
balançasse balançássemos
balançasses balançásseis
balançasse balançassem

Future Subjunctive
balançar balançarmos
balançares balançardes
balançar balançarem

Present Perfect Subjunctive
tenha balançado tenhamos balançado
tenhas balançado tenhais balançado
tenha balançado tenham balançado

Past Perfect or Pluperfect Subjunctive
tivesse balançado tivéssemos balançado
tivesses balançado tivésseis balançado
tivesse balançado tivessem balançado

Future Perfect Subjunctive
tiver balançado tivermos balançado
tiveres balançado tiverdes balançado
tiver balançado tiverem balançado

Conditional
balançaria balançaríamos
balançarias balançaríeis
balançaria balançariam

Conditional Perfect
teria balançado teríamos balançado
terias balançado teríeis balançado
teria balançado teriam balançado

Imperative
balança–balançai

Samples of verb usage.

Ela **balança** ao caminhar para chamar a atenção de todos os rapazes.
She sways when she walks in order to attract all the guys' attention.

Ele consegue **balançar** a bola na ponta do dedo. *He can balance the ball on the tip of his finger.*

A brisa **balançava** a bandeira. *The breeze caused the flag to wave.*

Ele sabe **balançar** o talão (livro *in Portugal*) de cheques. *He knows how to balance his checkbook.*

to bathe; (**-se**) to take a bath

Personal Infinitive
banhar banharmos
banhares banhardes
banhar banharem

Present Indicative
banho banhamos
banhas banhais
banha banham

Imperfect Indicative
banhava banhávamos
banhavas banháveis
banhava banhavam

Preterit Indicative
banhei banhámos
banhaste banhastes
banhou banharam

Simple Pluperfect Indicative
banhara banháramos
banharas banháreis
banhara banharam

Future Indicative
banharei banharemos
banharás banhareis
banhará banharão

Present Perfect Indicative
tenho banhado temos banhado
tens banhado tendes banhado
tem banhado têm banhado

Past Perfect or Pluperfect Indicative
tinha banhado tínhamos banhado
tinhas banhado tínheis banhado
tinha banhado tinham banhado

Future Perfect Indicative
terei banhado teremos banhado
terás banhado tereis banhado
terá banhado terão banhado

Present Subjunctive
banhe banhemos
banhes banheis
banhe banhem

Imperfect Subjunctive
banhasse banhássemos
banhasses banhásseis
banhasse banhassem

Future Subjunctive
banhar banharmos
banhares banhardes
banhar banharem

Present Perfect Subjunctive
tenha banhado tenhamos banhado
tenhas banhado tenhais banhado
tenha banhado tenham banhado

Past Perfect or Pluperfect Subjunctive
tivesse banhado tivéssemos banhado
tivesses banhado tivésseis banhado
tivesse banhado tivessem banhado

Future Perfect Subjunctive
tiver banhado tivermos banhado
tiveres banhado tiverdes banhado
tiver banhado tiverem banhado

Conditional
banharia banharíamos
banharias banharíeis
banharia banhariam

Conditional Perfect
teria banhado teríamos banhado
terias banhado teríeis banhado
teria banhado teriam banhado

Imperative
banha–banhai

Samples of verb usage.

Ele **banha** o seu cão todas as semanas. *He bathes his dog every week.*

Você **se banhou** hoje? *Did you take a bath today?*

Ela estava **banhada** de suor depois do jogo. *She was bathed in sweat after the game.*

Tu **te banharás** na chuva hoje? *Are you going to bathe in the rain today?*

to shave

Personal Infinitive
barbear barbearmos
barbeares barbeardes
barbear barbearem

Present Indicative
barbeio barbeamos
barbeias barbeais
barbeia barbeiam

Imperfect Indicative
barbeava barbeávamos
barbeavas barbeáveis
barbeava barbeavam

Preterit Indicative
barbeei barbeámos
barbeaste barbeastes
barbeou barbearam

Simple Pluperfect Indicative
barbeara barbeáramos
barbearas barbeáreis
barbeara barbearam

Future Indicative
barbearei barbearemos
barbearás barbeareis
barbeará barbearão

Present Perfect Indicative
tenho barbeado temos barbeado
tens barbeado tendes barbeado
tem barbeado têm barbeado

Past Perfect or Pluperfect Indicative
tinha barbeado tínhamos barbeado
tinhas barbeado tínheis barbeado
tinha barbeado tinham barbeado

Future Perfect Indicative
terei barbeado teremos barbeado
terás barbeado tereis barbeado
terá barbeado terão barbeado

Present Subjunctive
barbeie barbeemos
barbeies barbeeis
barbeie barbeiem

Imperfect Subjunctive
barbeasse barbeássemos
barbeasses barbeásseis
barbeasse barbeassem

Future Subjunctive
barbear barbearmos
barbeares barbeardes
barbear barbearem

Present Perfect Subjunctive
tenha barbeado tenhamos barbeado
tenhas barbeado tenhais barbeado
tenha barbeado tenham barbeado

Past Perfect or Pluperfect Subjunctive
tivesse barbeado tivéssemos barbeado
tivesses barbeado tivésseis barbeado
tivesse barbeado tivessem barbeado

Future Perfect Subjunctive
tiver barbeado tivermos barbeado
tiveres barbeado tiverdes barbeado
tiver barbeado tiverem barbeado

Conditional
barbearia barbearíamos
barbearias barbearíeis
barbearia barbeariam

Conditional Perfect
teria barbeado teríamos barbeado
terias barbeado teríeis barbeado
teria barbeado teriam barbeado

Imperative
barbeia–barbeai

Samples of verb usage.

A mulher **barbeia** o marido. *The wife shaves her husband.*

De hoje em diante **me barbearei** todos os dias. *From this day on I will shave every day.*

Ele **se barbeou** para a entrevista. *He shaved for the interview.*

Eu **tinha-me barbeado** para a festa. *I had shaved for the party.*

to be enough *or* sufficient, suffice

Personal Infinitive

bastar	bastarmos
bastares	bastardes
bastar	bastarem

Present Indicative

basto	bastamos
bastas	bastais
basta	bastam

Imperfect Indicative

bastava	bastávamos
bastavas	bastáveis
bastava	bastavam

Preterit Indicative

bastei	bastámos
bastaste	bastastes
bastou	bastaram

Simple Pluperfect Indicative

bastara	bastáramos
bastaras	bastáreis
bastara	bastaram

Future Indicative

bastarei	bastaremos
bastarás	bastareis
bastará	bastarão

Present Perfect Indicative

tenho bastado	temos bastado
tens bastado	tendes bastado
tem bastado	têm bastado

Past Perfect or Pluperfect Indicative

tinha bastado	tínhamos bastado
tinhas bastado	tínheis bastado
tinha bastado	tinham bastado

Future Perfect Indicative

terei bastado	teremos bastado
terás bastado	tereis bastado
terá bastado	terão bastado

Present Subjunctive

baste	bastemos
bastes	basteis
baste	bastem

Imperfect Subjunctive

bastasse	bastássemos
bastasses	bastásseis
bastasse	bastassem

Future Subjunctive

bastar	bastarmos
bastares	bastardes
bastar	bastarem

Present Perfect Subjunctive

tenha bastado	tenhamos bastado
tenhas bastado	tenhais bastado
tenha bastado	tenham bastado

Past Perfect or Pluperfect Subjunctive

tivesse bastado	tivéssemos bastado
tivesses bastado	tivésseis bastado
tivesse bastado	tivessem bastado

Future Perfect Subjunctive

tiver bastado	tivermos bastado
tiveres bastado	tiverdes bastado
tiver bastado	tiverem bastado

Conditional

bastaria	bastaríamos
bastarias	bastaríeis
bastaria	bastariam

Conditional Perfect

teria bastado	teríamos bastado
terias bastado	teríeis bastado
teria bastado	teriam bastado

Imperative

basta–bastai

Samples of verb usage.

Bastou ele começar a falar e todos ficaram calados.
It was enough for him to start talking to quiet everyone down.

Basta! Não aguento mais! *Enough! I can't take any more!*

Ele disse que **bastava** comprar só um pacote de espaguete para o jantar.
He said it would be sufficient to buy just one package of spaghetti for dinner.

Bastará mandá-lo pelo correio. *It will suffice to send it by mail.*

to knock; to hit, beat

Personal Infinitive

bater	batermos
bateres	baterdes
bater	baterem

Present Indicative

bato	batemos
bates	bateis
bate	batem

Imperfect Indicative

batia	batíamos
batias	batíeis
batia	batiam

Preterit Indicative

bati	batemos
bateste	batestes
bateu	bateram

Simple Pluperfect Indicative

batera	batêramos
bateras	batêreis
batera	bateram

Future Indicative

baterei	bateremos
baterás	batereis
baterá	baterão

Present Perfect Indicative

tenho batido	temos batido
tens batido	tendes batido
tem batido	têm batido

Past Perfect or Pluperfect Indicative

tinha batido	tínhamos batido
tinhas batido	tínheis batido
tinha batido	tinham batido

Future Perfect Indicative

terei batido	teremos batido
terás batido	tereis batido
terá batido	terão batido

Present Subjunctive

bata	batamos
batas	batais
bata	batam

Imperfect Subjunctive

batesse	batêssemos
batesses	batêsseis
batesse	batessem

Future Subjunctive

bater	batermos
bateres	baterdes
bater	baterem

Present Perfect Subjunctive

tenha batido	tenhamos batido
tenhas batido	tenhais batido
tenha batido	tenham batido

Past Perfect or Pluperfect Subjunctive

tivesse batido	tivéssemos batido
tivesses batido	tivésseis batido
tivesse batido	tivessem batido

Future Perfect Subjunctive

tiver batido	tivermos batido
tiveres batido	tiverdes batido
tiver batido	tiverem batido

Conditional

bateria	bateríamos
baterias	bateríeis
bateria	bateriam

Conditional Perfect

teria batido	teríamos batido
terias batido	teríeis batido
teria batido	teriam batido

Imperative

bate–batei

Samples of verb usage.

Alguém está **a bater** (**batendo**) à porta. *Somebody is knocking at the door.*

O irmão mais velho **batia** no mais novo. *The older brother was hitting the younger one.*

O estranho **bateu** à janela. *The stranger knocked at the window.*

A mãe já **tinha batido** na filha quando a polícia chegou.
The mother had already beaten her daughter by the time the police arrived.

to kiss

Personal Infinitive		***Present Subjunctive***	
beijar	beijarmos	beije	beijemos
beijares	beijardes	beijes	beijeis
beijar	beijarem	beije	beijem
Present Indicative		***Imperfect Subjunctive***	
beijo	beijamos	beijasse	beijássemos
beijas	beijais	beijasses	beijásseis
beija	beijam	beijasse	beijassem
Imperfect Indicative		***Future Subjunctive***	
beijava	beijávamos	beijar	beijarmos
beijavas	beijáveis	beijares	beijardes
beijava	beijavam	beijar	beijarem
Preterit Indicative		***Present Perfect Subjunctive***	
beijei	beijámos	tenha beijado	tenhamos beijado
beijaste	beijastes	tenhas beijado	tenhais beijado
beijou	beijaram	tenha beijado	tenham beijado
Simple Pluperfect Indicative		***Past Perfect or Pluperfect Subjunctive***	
beijara	beijáramos	tivesse beijado	tivéssemos beijado
beijaras	beijáreis	tivesses beijado	tivésseis beijado
beijara	beijaram	tivesse beijado	tivessem beijado
Future Indicative		***Future Perfect Subjunctive***	
beijarei	beijaremos	tiver beijado	tivermos beijado
beijarás	beijareis	tiveres beijado	tiverdes beijado
beijará	beijarão	tiver beijado	tiverem beijado
Present Perfect Indicative		***Conditional***	
tenho beijado	temos beijado	beijaria	beijaríamos
tens beijado	tendes beijado	beijarias	beijaríeis
tem beijado	têm beijado	beijaria	beijariam
Past Perfect or Pluperfect Indicative		***Conditional Perfect***	
tinha beijado	tínhamos beijado	teria beijado	teríamos beijado
tinhas beijado	tínheis beijado	terias beijado	teríeis beijado
tinha beijado	tinham beijado	teria beijado	teriam beijado
Future Perfect Indicative		***Imperative***	
terei beijado	teremos beijado	beija–beijai	
terás beijado	tereis beijado		
terá beijado	terão beijado		

Samples of verb usage.

O casal **se beijava** no parque. *The couple was kissing in the park.*

O pai **beijou** a filha na testa. *The father kissed his daughter on the forehead.*

Eles já **tinham-se beijado** uma vez. *They had already kissed each other once.*

O rei fez com que o escravo **beijasse** o chão. *The king made the slave kiss the ground.*

to pinch

Personal Infinitive
beliscar beliscarmos
beliscares beliscardes
beliscar beliscarem

Present Indicative
belisco beliscamos
beliscas beliscais
belisca beliscam

Imperfect Indicative
beliscava beliscávamos
beliscavas beliscáveis
beliscava beliscavam

Preterit Indicative
belisquei beliscámos
beliscaste beliscastes
beliscou beliscaram

Simple Pluperfect Indicative
beliscara beliscáramos
beliscaras beliscáreis
beliscara beliscaram

Future Indicative
beliscarei beliscaremos
beliscarás beliscareis
beliscará beliscarão

Present Perfect Indicative
tenho beliscado temos beliscado
tens beliscado tendes beliscado
tem beliscado têm beliscado

Past Perfect or Pluperfect Indicative
tinha beliscado tínhamos beliscado
tinhas beliscado tínheis beliscado
tinha beliscado tinham beliscado

Future Perfect Indicative
terei beliscado teremos beliscado
terás beliscado tereis beliscado
terá beliscado terão beliscado

Present Subjunctive
belisque belisquemos
belisques belisqueis
belisque belisquem

Imperfect Subjunctive
beliscasse beliscássemos
beliscasses beliscásseis
beliscasse beliscassem

Future Subjunctive
beliscar beliscarmos
beliscares beliscardes
beliscar beliscarem

Present Perfect Subjunctive
tenha beliscado tenhamos beliscado
tenhas beliscado tenhais beliscado
tenha beliscado tenham beliscado

Past Perfect or Pluperfect Subjunctive
tivesse beliscado tivéssemos beliscado
tivesses beliscado tivésseis beliscado
tivesse beliscado tivessem beliscado

Future Perfect Subjunctive
tiver beliscado tivermos beliscado
tiveres beliscado tiverdes beliscado
tiver beliscado tiverem beliscado

Conditional
beliscaria beliscaríamos
beliscarias beliscaríeis
beliscaria beliscariam

Conditional Perfect
teria beliscado teríamos beliscado
terias beliscado teríeis beliscado
teria beliscado teriam beliscado

Imperative
belisca–beliscai

Samples of verb usage.

A velhinha **beliscou** o menino. *The old lady pinched the boy.*

Belisquei-me para ver se estava a sonhar (sonhando). *I pinched myself to see if I was dreaming.*

Ela já **tinha-me beliscado** três vezes. *She had already pinched me three times.*

Se me **beliscares** outra vez, vou dizer à mãezinha (mamãe *in Brazil*).
If you pinch me again, I'll tell mommy.

to yawn

Personal Infinitive		***Present Subjunctive***	
bocejar	bocejarmos	boceje	bocejemos
bocejares	bocejardes	bocejes	bocejeis
bocejar	bocejarem	boceje	bocejem
Present Indicative		***Imperfect Subjunctive***	
bocejo	bocejamos	bocejasse	bocejássemos
bocejas	bocejais	bocejasses	bocejásseis
boceja	bocejam	bocejasse	bocejassem
Imperfect Indicative		***Future Subjunctive***	
bocejava	bocejávamos	bocejar	bocejarmos
bocejavas	bocejáveis	bocejares	bocejardes
bocejava	bocejavam	bocejar	bocejarem
Preterit Indicative		***Present Perfect Subjunctive***	
bocejei	bocejámos	tenha bocejado	tenhamos bocejado
bocejaste	bocejastes	tenhas bocejado	tenhais bocejado
bocejou	bocejaram	tenha bocejado	tenham bocejado
Simple Pluperfect Indicative		***Past Perfect or Pluperfect Subjunctive***	
bocejara	bocejáramos	tivesse bocejado	tivéssemos bocejado
bocejaras	bocejáreis	tivesses bocejado	tivésseis bocejado
bocejara	bocejaram	tivesse bocejado	tivessem bocejado
Future Indicative		***Future Perfect Subjunctive***	
bocejarei	bocejaremos	tiver bocejado	tivermos bocejado
bocejarás	bocejareis	tiveres bocejado	tiverdes bocejado
bocejará	bocejarão	tiver bocejado	tiverem bocejado
Present Perfect Indicative		***Conditional***	
tenho bocejado	temos bocejado	bocejaria	bocejaríamos
tens bocejado	tendes bocejado	bocejarias	bocejaríeis
tem bocejado	têm bocejado	bocejaria	bocejariam
Past Perfect or Pluperfect Indicative		***Conditional Perfect***	
tinha bocejado	tínhamos bocejado	teria bocejado	teríamos bocejado
tinhas bocejado	tínheis bocejado	terias bocejado	teríeis bocejado
tinha bocejado	tinham bocejado	teria bocejado	teriam bocejado
Future Perfect Indicative		***Imperative***	
terei bocejado	teremos bocejado	boceja–bocejai	
terás bocejado	tereis bocejado		
terá bocejado	terão bocejado		

Samples of verb usage.

O público **bocejou** durante o filme. *The audience yawned during the movie.*

Terás bocejado antes dele contar a sua terceira história.
You will have yawned before he tells his third story.

O político não podia deixar de **bocejar** durante os seus próprios discursos.
The politician couldn't help but yawn during his own speeches.

Quando a menina fica com sono, ela **boceja**. *When the girl is tired, she yawns.*

to put *or* place (*preferred in Brazil*); to throw *or* kick (out)

Personal Infinitive

botar	botarmos
botares	botardes
botar	botarem

Present Indicative

boto	botamos
botas	botais
bota	*botam**

Imperfect Indicative

botava	botávamos
botavas	botáveis
botava	botavam

Preterit Indicative

botei	botámos
botaste	botastes
botou	botaram

Simple Pluperfect Indicative

botara	botáramos
botaras	botáreis
botara	botaram

Future Indicative

botarei	botaremos
botarás	botareis
botará	botarão

Present Perfect Indicative

tenho botado	temos botado
tens botado	tendes botado
tem botado	têm botado

Past Perfect or Pluperfect Indicative

tinha botado	tínhamos botado
tinhas botado	tínheis botado
tinha botado	tinham botado

Future Perfect Indicative

terei botado	teremos botado
terás botado	tereis botado
terá botado	terão botado

Present Subjunctive

bote	botemos
botes	boteis
bote	*botem**

Imperfect Subjunctive

botasse	botássemos
botasses	botásseis
botasse	botassem

Future Subjunctive

botar	botarmos
botares	botardes
botar	botarem

Present Perfect Subjunctive

tenha botado	tenhamos botado
tenhas botado	tenhais botado
tenha botado	tenham botado

Past Perfect or Pluperfect Subjunctive

tivesse botado	tivéssemos botado
tivesses botado	tivésseis botado
tivesse botado	tivessem botado

Future Perfect Subjunctive

tiver botado	tivermos botado
tiveres botado	tiverdes botado
tiver botado	tiverem botado

Conditional

botaria	botaríamos
botarias	botaríeis
botaria	botariam

Conditional Perfect

teria botado	teríamos botado
terias botado	teríeis botado
teria botado	teriam botado

Imperative

*bota**–botai

Samples of verb usage.

A empregada **botou** a comida na mesa de jantar. *The maid placed the food on the dining room table.*

Bote as compras ali. *Put the groceries over there.*

A mãe **tinha botado** as crianças para dormir cedo. *The mother had put the children to bed early.*

Bote-os daqui! *Kick them out of here!*

NOTE: In Portugal the meanings *to put, place* are normally conveyed with the verb **pôr**.

*NOTE: Only the radical-changing verb forms with *open* stressed vowels appear in italic type. For further explanation see Foreword.

to fight, brawl; to argue, quarrel

Personal Infinitive
brigar brigarmos
brigares brigardes
brigar brigarem

Present Indicative
brigo brigamos
brigas brigais
briga brigam

Imperfect Indicative
brigava brigávamos
brigavas brigáveis
brigava brigavam

Preterit Indicative
briguei brigámos
brigaste brigastes
brigou brigaram

Simple Pluperfect Indicative
brigara brigáramos
brigaras brigáreis
brigara brigaram

Future Indicative
brigarei brigaremos
brigarás brigareis
brigará brigarão

Present Perfect Indicative
tenho brigado temos brigado
tens brigado tendes brigado
tem brigado têm brigado

Past Perfect or Pluperfect Indicative
tinha brigado tínhamos brigado
tinhas brigado tínheis brigado
tinha brigado tinham brigado

Future Perfect Indicative
terei brigado teremos brigado
terás brigado tereis brigado
terá brigado terão brigado

Present Subjunctive
brigue briguemos
brigues brigueis
brigue briguem

Imperfect Subjunctive
brigasse brigássemos
brigasses brigásseis
brigasse brigassem

Future Subjunctive
brigar brigarmos
brigares brigardes
brigar brigarem

Present Perfect Subjunctive
tenha brigado tenhamos brigado
tenhas brigado tenhais brigado
tenha brigado tenham brigado

Past Perfect or Pluperfect Subjunctive
tivesse brigado tivéssemos brigado
tivesses brigado tivésseis brigado
tivesse brigado tivessem brigado

Future Perfect Subjunctive
tiver brigado tivermos brigado
tiveres brigado tiverdes brigado
tiver brigado tiverem brigado

Conditional
brigaria brigaríamos
brigarias brigaríeis
brigaria brigariam

Conditional Perfect
teria brigado teríamos brigado
terias brigado teríeis brigado
teria brigado teriam brigado

Imperative
briga–brigai

Samples of verb usage.

Eu **briguei** com ele. *I argued with him.*

Eles **brigam** todos os dias. *They fight (quarrel) every day.*

O holandês está **a brigar** (**brigando**) com o alemão. *The Dutchman is quarreling with the German.*

O boxeador **briga** na rua para se treinar. *The boxer has brawls in the street to practice.*

to play (as to frolic); to joke; to kid, tease

Personal Infinitive

brincar	brincarmos
brincares	brincardes
brincar	brincarem

Present Indicative

brinco	brincamos
brincas	brincais
brinca	brincam

Imperfect Indicative

brincava	brincávamos
brincavas	brincáveis
brincava	brincavam

Preterit Indicative

brinquei	brincámos
brincaste	brincastes
brincou	brincaram

Simple Pluperfect Indicative

brincara	brincáramos
brincaras	brincáreis
brincara	brincaram

Future Indicative

brincarei	brincaremos
brincarás	brincareis
brincará	brincarão

Present Perfect Indicative

tenho brincado	temos brincado
tens brincado	tendes brincado
tem brincado	têm brincado

Past Perfect or Pluperfect Indicative

tinha brincado	tínhamos brincado
tinhas brincado	tínheis brincado
tinha brincado	tinham brincado

Future Perfect Indicative

terei brincado	teremos brincado
terás brincado	tereis brincado
terá brincado	terão brincado

Present Subjunctive

brinque	brinquemos
brinques	brinqueis
brinque	brinquem

Imperfect Subjunctive

brincasse	brincássemos
brincasses	brincásseis
brincasse	brincassem

Future Subjunctive

brincar	brincarmos
brincares	brincardes
brincar	brincarem

Present Perfect Subjunctive

tenha brincado	tenhamos brincado
tenhas brincado	tenhais brincado
tenha brincado	tenham brincado

Past Perfect or Pluperfect Subjunctive

tivesse brincado	tivéssemos brincado
tivesses brincado	tivésseis brincado
tivesse brincado	tivessem brincado

Future Perfect Subjunctive

tiver brincado	tivermos brincado
tiveres brincado	tiverdes brincado
tiver brincado	tiverem brincado

Conditional

brincaria	brincaríamos
brincarias	brincaríeis
brincaria	brincariam

Conditional Perfect

teria brincado	teríamos brincado
terias brincado	teríeis brincado
teria brincado	teriam brincado

Imperative

brinca–brincai

Samples of verb usage.

Os meninos e as meninas **brincavam** juntos. *The boys and girls played together.*

Depois da piada, ele disse que só estava **a brincar (brincando)**.
After the wisecrack, he said that he was only kidding.

Eles sempre **brincavam** um com o outro. *They always teased one another.*

Ela **brinca** muito com todo o mundo. *She jokes a lot with everybody.*

to look for; (**ir buscar**) to go and get *or* pick up;

Personal Infinitive

buscar	buscarmos
buscares	buscardes
buscar	buscarem

Present Indicative

busco	buscamos
buscas	buscais
busca	buscam

Imperfect Indicative

buscava	buscávamos
buscavas	buscáveis
buscava	buscavam

Preterit Indicative

busquei	buscámos
buscaste	buscastes
buscou	buscaram

Simple Pluperfect Indicative

buscara	buscáramos
buscaras	buscáreis
buscara	buscaram

Future Indicative

buscarei	buscaremos
buscarás	buscareis
buscará	buscarão

Present Perfect Indicative

tenho buscado	temos buscado
tens buscado	tendes buscado
tem buscado	têm buscado

Past Perfect or Pluperfect Indicative

tinha buscado	tínhamos buscado
tinhas buscado	tínheis buscado
tinha buscado	tinham buscado

Future Perfect Indicative

terei buscado	teremos buscado
terás buscado	tereis buscado
terá buscado	terão buscado

Present Subjunctive

busque	busquemos
busques	busqueis
busque	busquem

Imperfect Subjunctive

buscasse	buscássemos
buscasses	buscásseis
buscasse	buscassem

Future Subjunctive

buscar	buscarmos
buscares	buscardes
buscar	buscarem

Present Perfect Subjunctive

tenha buscado	tenhamos buscado
tenhas buscado	tenhais buscado
tenha buscado	tenham buscado

Past Perfect or Pluperfect Subjunctive

tivesse buscado	tivéssemos buscado
tivesses buscado	tivésseis buscado
tivesse buscado	tivessem buscado

Future Perfect Subjunctive

tiver buscado	tivermos buscado
tiveres buscado	tiverdes buscado
tiver buscado	tiverem buscado

Conditional

buscaria	buscaríamos
buscarias	buscaríeis
buscaria	buscariam

Conditional Perfect

teria buscado	teríamos buscado
terias buscado	teríeis buscado
teria buscado	teriam buscado

Imperative

busca–buscai

Samples of verb usage.

Tenho que ir **buscá**-lo ao cinema. *I've got to go and pick him up from the movies.*

Buscavam (Procuravam) melhores condições de vida. *They were looking for better living conditions.*

Os pais foram **buscar** a filha à escola. *The parents went to pick up their daughter at school.*

Buscamos (Procuramos) sempre a saída mais fácil. *We always look for the easiest way out.*

NOTE: Both in Portugal and Brazil the meaning *to look for* is normally expressed with the verb **procurar**.

to fit (in)

Personal Infinitive

caber	cabermos
caberes	caberdes
caber	caberem

Present Indicative

caibo	cabemos
cabes	cabeis
cabe	cabem

Imperfect Indicative

cabia	cabíamos
cabias	cabíeis
cabia	cabiam

Preterit Indicative

coube	coubemos
coubeste	coubestes
coube	couberam

Simple Pluperfect Indicative

coubera	coubéramos
couberas	coubéreis
coubera	couberam

Future Indicative

caberei	caberemos
caberás	cabereis
caberá	caberão

Present Perfect Indicative

tenho cabido	temos cabido
tens cabido	tendes cabido
tem cabido	têm cabido

Past Perfect or Pluperfect Indicative

tinha cabido	tínhamos cabido
tinhas cabido	tínheis cabido
tinha cabido	tinham cabido

Future Perfect Indicative

terei cabido	teremos cabido
terás cabido	tereis cabido
terá cabido	terão cabido

Present Subjunctive

caiba	caibamos
caibas	caibais
caiba	caibam

Imperfect Subjunctive

coubesse	coubéssemos
coubesses	coubésseis
coubesse	coubessem

Future Subjunctive

couber	coubermos
couberes	couberdes
couber	couberem

Present Perfect Subjunctive

tenha cabido	tenhamos cabido
tenhas cabido	tenhais cabido
tenha cabido	tenham cabido

Past Perfect or Pluperfect Subjunctive

tivesse cabido	tivéssemos cabido
tivesses cabido	tivésseis cabido
tivesse cabido	tivessem cabido

Future Perfect Subjunctive

tiver cabido	tivermos cabido
tiveres cabido	tiverdes cabido
tiver cabido	tiverem cabido

Conditional

caberia	caberíamos
caberias	caberíeis
caberia	caberiam

Conditional Perfect

teria cabido	teríamos cabido
terias cabido	teríeis cabido
teria cabido	teriam cabido

Imperative

cabe–cabei

Samples of verb usage.

O presente não **coube** na caixa. *The present didn't fit in the box.*

Ele descobriu que as calças não lhe **cabiam** mais. *He discovered that the pants no longer fit him.*

Essa decisão não **cabe** nos meus planos. *That decision doesn't fit in my plans.*

Será que isto tudo **caberá** no carro? *Will all this fit in the car?*

to hunt

Personal Infinitive	
caçar	caçarmos
caçares	caçardes
caçar	caçarem
Present Indicative	
caço	caçamos
caças	caçais
caça	caçam
Imperfect Indicative	
caçava	caçávamos
caçavas	caçáveis
caçava	caçavam
Preterit Indicative	
cacei	caçámos
caçaste	caçastes
caçou	caçaram
Simple Pluperfect Indicative	
caçara	caçáramos
caçaras	caçáreis
caçara	caçaram
Future Indicative	
caçarei	caçaremos
caçarás	caçareis
caçará	caçarão
Present Perfect Indicative	
tenho caçado	temos caçado
tens caçado	tendes caçado
tem caçado	têm caçado
Past Perfect or Pluperfect Indicative	
tinha caçado	tínhamos caçado
tinhas caçado	tínheis caçado
tinha caçado	tinham caçado
Future Perfect Indicative	
terei caçado	teremos caçado
terás caçado	tereis caçado
terá caçado	terão caçado

Present Subjunctive	
cace	cacemos
caces	caceis
cace	cacem
Imperfect Subjunctive	
caçasse	caçássemos
caçasses	caçásseis
caçasse	caçassem
Future Subjunctive	
caçar	caçarmos
caçares	caçardes
caçar	caçarem
Present Perfect Subjunctive	
tenha caçado	tenhamos caçado
tenhas caçado	tenhais caçado
tenha caçado	tenham caçado
Past Perfect or Pluperfect Subjunctive	
tivesse caçado	tivéssemos caçado
tivesses caçado	tivésseis caçado
tivesse caçado	tivessem caçado
Future Perfect Subjunctive	
tiver caçado	tivermos caçado
tiveres caçado	tiverdes caçado
tiver caçado	tiverem caçado
Conditional	
caçaria	caçaríamos
caçarias	caçaríeis
caçaria	caçariam
Conditional Perfect	
teria caçado	teríamos caçado
terias caçado	teríeis caçado
teria caçado	teriam caçado
Imperative	
caça–caçai	

Samples of verb usage.

Quero que **caces** um coelho para mim. *I want you to hunt a rabbit for me.*

Hoje vamos **caçar** patos. *Today we're going to hunt ducks.*

Você **caçaria** com ele? *Would you hunt with him?*

Quem não tem cão, **caça** com gato.
Do the best with what you've got. (Literally: *He who doesn't have a dog, hunts with a cat.*)

to fall; (**deixar cair**) to drop, let fall

Personal Infinitive

cair	caírmos
caíres	caírdes
cair	caírem

Present Indicative

caio	caímos
cais	caís
cai	caem

Imperfect Indicative

caía	caíamos
caías	caíeis
caía	caíam

Preterit Indicative

caí	caímos
caíste	caístes
caiu	caíram

Simple Pluperfect Indicative

caíra	caíramos
caíras	caíreis
caíra	caíram

Future Indicative

cairei	cairemos
cairás	caireis
cairá	cairão

Present Perfect Indicative

tenho caído	temos caído
tens caído	tendes caído
tem caído	têm caído

Past Perfect or Pluperfect Indicative

tinha caído	tínhamos caído
tinhas caído	tínheis caído
tinha caído	tinham caído

Future Perfect Indicative

terei caído	teremos caído
terás caído	tereis caído
terá caído	terão caído

Present Subjunctive

caia	caiamos
caias	caiais
caia	caiam

Imperfect Subjunctive

caísse	caíssemos
caísses	caísseis
caísse	caíssem

Future Subjunctive

cair	caírmos
caíres	caírdes
cair	caírem

Present Perfect Subjunctive

tenha caído	tenhamos caído
tenhas caído	tenhais caído
tenha caído	tenham caído

Past Perfect or Pluperfect Subjunctive

tivesse caído	tivéssemos caído
tivesses caído	tivésseis caído
tivesse caído	tivessem caído

Future Perfect Subjunctive

tiver caído	tivermos caído
tiveres caído	tiverdes caído
tiver caído	tiverem caído

Conditional

cairia	cairíamos
cairias	cairíeis
cairia	cairiam

Conditional Perfect

teria caído	teríamos caído
terias caído	teríeis caído
teria caído	teriam caído

Imperative

cai–caí

Samples of verb usage.

A avó descobriu que o seu neto **tinha caído** da bicicleta.
The grandmother discovered that her grandson had fallen off the bike.

O presidente **caiu** da cadeira. *The president fell from the chair.*

Os passageiros quase **caíram** do comboio (trem *in Brazil*). *The passengers almost fell from the train.*

A minha irmã deixou a caixa **cair** no chão. *My sister dropped the box (let the box fall) on the floor.*

to walk

Personal Infinitive		***Present Subjunctive***	
caminhar	caminharmos	caminhe	caminhemos
caminhares	caminhardes	caminhes	caminheis
caminhar	caminharem	caminhe	caminhem
Present Indicative		***Imperfect Subjunctive***	
caminho	caminhamos	caminhasse	caminhássemos
caminhas	caminhais	caminhasses	caminhásseis
caminha	caminham	caminhasse	caminhassem
Imperfect Indicative		***Future Subjunctive***	
caminhava	caminhávamos	caminhar	caminharmos
caminhavas	caminháveis	caminhares	caminhardes
caminhava	caminhavam	caminhar	caminharem
Preterit Indicative		***Present Perfect Subjunctive***	
caminhei	caminhámos	tenha caminhado	tenhamos caminhado
caminhaste	caminhastes	tenhas caminhado	tenhais caminhado
caminhou	caminharam	tenha caminhado	tenham caminhado
Simple Pluperfect Indicative		***Past Perfect or Pluperfect Subjunctive***	
caminhara	caminháramos	tivesse caminhado	tivéssemos caminhado
caminharas	caminháreis	tivesses caminhado	tivésseis caminhado
caminhara	caminharam	tivesse caminhado	tivessem caminhado
Future Indicative		***Future Perfect Subjunctive***	
caminharei	caminharemos	tiver caminhado	tivermos caminhado
caminharás	caminhareis	tiveres caminhado	tiverdes caminhado
caminhará	caminharão	tiver caminhado	tiverem caminhado
Present Perfect Indicative		***Conditional***	
tenho caminhado	temos caminhado	caminharia	caminharíamos
tens caminhado	tendes caminhado	caminharias	caminharíeis
tem caminhado	têm caminhado	caminharia	caminhariam
Past Perfect or Pluperfect Indicative		***Conditional Perfect***	
tinha caminhado	tínhamos caminhado	teria caminhado	teríamos caminhado
tinhas caminhado	tínheis caminhado	terias caminhado	teríeis caminhado
tinha caminhado	tinham caminhado	teria caminhado	teriam caminhado
Future Perfect Indicative		***Imperative***	
terei caminhado	teremos caminhado	caminha–caminhai	
terás caminhado	tereis caminhado		
terá caminhado	terão caminhado		

Samples of verb usage.

Os estudantes **caminham** para a escola. *The students walk to school.*

Estavam **a caminhar** e a cantar (**caminhando** e cantando *in Brazil*) pela estrada.
They were walking and singing along down the road.

Quanto mais **caminharmos**, mais perto estaremos. *The more we walk the closer we will be.*

A família **tinha caminhado** muito naquele dia. *The family had walked a lot that day.*

to cancel; to cross out, delete

Personal Infinitive
cancelar cancelarmos
cancelares cancelardes
cancelar cancelarem

Present Indicative
cancelo cancelamos
cancelas cancelais
cancela *cancelam**

Imperfect Indicative
cancelava cancelávamos
cancelavas canceláveis
cancelava cancelavam

Preterit Indicative
cancelei cancelámos
cancelaste cancelastes
cancelou cancelaram

Simple Pluperfect Indicative
cancelara canceláramos
cancelaras canceláreis
cancelara cancelaram

Future Indicative
cancelarei cancelaremos
cancelarás cancelareis
cancelará cancelarão

Present Perfect Indicative
tenho cancelado temos cancelado
tens cancelado tendes cancelado
tem cancelado têm cancelado

Past Perfect or Pluperfect Indicative
tinha cancelado tínhamos cancelado
tinhas cancelado tínheis cancelado
tinha cancelado tinham cancelado

Future Perfect Indicative
terei cancelado teremos cancelado
terás cancelado tereis cancelado
terá cancelado terão cancelado

Present Subjunctive
cancele cancelemos
canceles canceleis
cancele *cancelem**

Imperfect Subjunctive
cancelasse cancelássemos
cancelasses cancelásseis
cancelasse cancelassem

Future Subjunctive
cancelar cancelarmos
cancelares cancelardes
cancelar cancelarem

Present Perfect Subjunctive
tenha cancelado tenhamos cancelado
tenhas cancelado tenhais cancelado
tenha cancelado tenham cancelado

Past Perfect or Pluperfect Subjunctive
tivesse cancelado tivéssemos cancelado
tivesses cancelado tivésseis cancelado
tivesse cancelado tivessem cancelado

Future Perfect Subjunctive
tiver cancelado tivermos cancelado
tiveres cancelado tiverdes cancelado
tiver cancelado tiverem cancelado

Conditional
cancelaria cancelaríamos
cancelarias cancelaríeis
cancelaria cancelariam

Conditional Perfect
teria cancelado teríamos cancelado
terias cancelado teríeis cancelado
teria cancelado teriam cancelado

Imperative
*cancela**–cancelai

Samples of verb usage.

Cancelaram a minha assinatura da revista. *They cancelled my magazine subscription.*

O espe(c)táculo de hoje **foi cancelado**. *Today's show was cancelled.*

O censurador foi obrigado a **cancelar** as frases controversiais do livro.
The censor was compelled to cross out (delete) the controversial sentences in the book.

Eu **cancelei** a minha hora marcada (consulta *in Brazil*) com o médico.
I cancelled my doctor's appointment.

*NOTE: Only the radical-changing verb forms with *open* stressed vowels appear in italic type. For further explanation see Foreword.

to tire; (**-se de**) to get tired (of)

Personal Infinitive
cansar cansarmos
cansares cansardes
cansar cansarem

Present Indicative
canso cansamos
cansas cansais
cansa cansam

Imperfect Indicative
cansava cansávamos
cansavas cansáveis
cansava cansavam

Preterit Indicative
cansei cansámos
cansaste cansastes
cansou cansaram

Simple Pluperfect Indicative
cansara cansáramos
cansaras cansáreis
cansara cansaram

Future Indicative
cansarei cansaremos
cansarás cansareis
cansará cansarão

Present Perfect Indicative
tenho cansado temos cansado
tens cansado tendes cansado
tem cansado têm cansado

Past Perfect or Pluperfect Indicative
tinha cansado tínhamos cansado
tinhas cansado tínheis cansado
tinha cansado tinham cansado

Future Perfect Indicative
terei cansado teremos cansado
terás cansado tereis cansado
terá cansado terão cansado

Present Subjunctive
canse cansemos
canses canseis
canse cansem

Imperfect Subjunctive
cansasse cansássemos
cansasses cansásseis
cansasse cansassem

Future Subjunctive
cansar cansarmos
cansares cansardes
cansar cansarem

Present Perfect Subjunctive
tenha cansado tenhamos cansado
tenhas cansado tenhais cansado
tenha cansado tenham cansado

Past Perfect or Pluperfect Subjunctive
tivesse cansado tivéssemos cansado
tivesses cansado tivésseis cansado
tivesse cansado tivessem cansado

Future Perfect Subjunctive
tiver cansado tivermos cansado
tiveres cansado tiverdes cansado
tiver cansado tiverem cansado

Conditional
cansaria cansaríamos
cansarias cansaríeis
cansaria cansariam

Conditional Perfect
teria cansado teríamos cansado
terias cansado teríeis cansado
teria cansado teriam cansado

Imperative
cansa–cansai

Samples of verb usage.

Correr **cansa**. *Running is tiring.*

Se o jogo tivesse durado mais uma hora, ela **teria-se cansado**.
If the game had lasted one hour more, she would have become tired.

O jogador **se cansará** eventualmente. *The player will eventually get tired.*

Já estou **cansada** de esperar. *I am already tired of waiting.*

to sing

Personal Infinitive

cantar	cantarmos
cantares	cantardes
cantar	cantarem

Present Indicative

canto	cantamos
cantas	cantais
canta	cantam

Imperfect Indicative

cantava	cantávamos
cantavas	cantáveis
cantava	cantavam

Preterit Indicative

cantei	cantámos
cantaste	cantastes
cantou	cantaram

Simple Pluperfect Indicative

cantara	cantáramos
cantaras	cantáreis
cantara	cantaram

Future Indicative

cantarei	cantaremos
cantarás	cantareis
cantará	cantarão

Present Perfect Indicative

tenho cantado	temos cantado
tens cantado	tendes cantado
tem cantado	têm cantado

Past Perfect or Pluperfect Indicative

tinha cantado	tínhamos cantado
tinhas cantado	tínheis cantado
tinha cantado	tinham cantado

Future Perfect Indicative

terei cantado	teremos cantado
terás cantado	tereis cantado
terá cantado	terão cantado

Present Subjunctive

cante	cantemos
cantes	canteis
cante	cantem

Imperfect Subjunctive

cantasse	cantássemos
cantasses	cantásseis
cantasse	cantassem

Future Subjunctive

cantar	cantarmos
cantares	cantardes
cantar	cantarem

Present Perfect Indicative

tenha cantado	tenhamos cantado
tenhas cantado	tenhais cantado
tenha cantado	tenham cantado

Past Perfect or Pluperfect Subjunctive

tivesse cantado	tivéssemos cantado
tivesses cantado	tivésseis cantado
tivesse cantado	tivessem cantado

Future Perfect Subjunctive

tiver cantado	tivermos cantado
tiveres cantado	tiverdes cantado
tiver cantado	tiverem cantado

Conditional

cantaria	cantaríamos
cantarias	cantaríeis
cantaria	cantariam

Conditional Perfect

teria cantado	teríamos cantado
terias cantado	teríeis cantado
teria cantado	teriam cantado

Imperative

canta–cantai

Samples of verb usage.

Caetano **canta** muito bem. *Caetano sings very well.*

O coro já **tinha cantado** três canções (músicas). *The chorus had already sung three songs.*

Cantarei o que me der (na) vontade. *I will sing whatever I feel like.*

A minha mãe **cantava** todos os dias. *My mother used to sing every day.*

to capture, catch, seize

Personal Infinitive		***Present Subjunctive***	
capturar	capturarmos	capture	capturemos
capturares	capturardes	captures	captureis
capturar	capturarem	capture	capturem
Present Perfect Subjunctive		***Imperfect Subjunctive***	
capturo	capturamos	capturasse	capturássemos
capturas	capturais	capturasses	capturásseis
captura	capturam	capturasse	capturassem
Imperfect Indicative		***Future Subjunctive***	
capturava	capturávamos	capturar	capturarmos
capturavas	capturáveis	capturares	capturardes
capturava	capturavam	capturar	capturarem
Preterit Indicative		***Present Indicative***	
capturei	capturámos	tenha capturado	tenhamos capturado
capturaste	capturastes	tenhas capturado	tenhais capturado
capturou	capturaram	tenha capturado	tenham capturado
Simple Pluperfect Indicative		***Past Perfect or Pluperfect Subjunctive***	
capturara	capturáramos	tivesse capturado	tivéssemos capturado
capturaras	capturáreis	tivesses capturado	tivésseis capturado
capturara	capturaram	tivesse capturado	tivessem capturado
Future Indicative		***Future Perfect Subjunctive***	
capturarei	capturaremos	tiver capturado	tivermos capturado
capturarás	capturareis	tiveres capturado	tiverdes capturado
capturará	capturarão	tiver capturado	tiverem capturado
Present Perfect Indicative		***Conditional***	
tenho capturado	temos capturado	capturaria	capturaríamos
tens capturado	tendes capturado	capturarias	capturaríeis
tem capturado	têm capturado	capturaria	capturariam
Past Perfect or Pluperfect Indicative		***Conditional Perfect***	
tinha capturado	tínhamos capturado	teria capturado	teríamos capturado
tinhas capturado	tínheis capturado	terias capturado	teríeis capturado
tinha capturado	tinham capturado	teria capturado	teriam capturado
Future Perfect Indicative		***Imperative***	
terei capturado	teremos capturado	captura–capturai	
terás capturado	tereis capturado		
terá capturado	terão capturado		

Samples of verb usage.

O navio **foi capturado** pelos piratas. *The ship was captured by the pirates.*

Tiveram que usar uma armadilha muito forte para **capturar** o rinoceronte.
They had to use a very strong trap to capture the rhino.

O governo dos Estados Unidos tem tentado **capturar** o maior chefe dos traficantes de drogas na Colômbia.
The government of the United States has been trying to capture the main drug lord in Colombia.

Os ladrões foram **capturados** pela polícia. *The robbers were caught by the police.*

to carry; to load; (**em**) to press (as a button *or* key) (*in Portugal*)

Personal Infinitive	
carregar	carregarmos
carregares	carregardes
carregar	carregarem

Present Indicative	
carrego	carregamos
carregas	carregais
carrega	*carregam**

Imperfect Indicative	
carregava	carregávamos
carregavas	carregáveis
carregava	carregavam

Preterit Indicative	
carreguei	carregámos
carregaste	carregastes
carregou	carregaram

Simple Pluperfect Indicative	
carregara	carregáramos
carregaras	carregáreis
carregara	carregaram

Future Indicative	
carregarei	carregaremos
carregarás	carregareis
carregará	carregarão

Present Perfect Subjunctive	
tenho carregado	temos carregado
tens carregado	tendes carregado
tem carregado	têm carregado

Past Perfect or Pluperfect Indicative	
tinha carregado	tínhamos carregado
tinhas carregado	tínheis carregado
tinha carregado	tinham carregado

Future Perfect Indicative	
terei carregado	teremos carregado
terás carregado	tereis carregado
terá carregado	terão carregado

Present Subjunctive	
carregue	carreguemos
carregues	carregueis
carregue	*carreguem**

Imperfect Subjunctive	
carregasse	carregássemos
carregasses	carregásseis
carregasse	carregassem

Future Subjunctive	
carregar	carregarmos
carregares	carregardes
carregar	carregarem

Present Perfect Subjunctive	
tenha carregado	tenhamos carregado
tenhas carregado	tenhais carregado
tenha carregado	tenham carregado

Past Perfect or Pluperfect Subjunctive	
tivesse carregado	tivéssemos carregado
tivesses carregado	tivésseis carregado
tivesse carregado	tivessem carregado

Future Perfect Subjunctive	
tiver carregado	tivermos carregado
tiveres carregado	tiverdes carregado
tiver carregado	tiverem carregado

Conditional	
carregaria	carregaríamos
carregarias	carregaríeis
carregaria	carregariam

Conditional Perfect	
teria carregado	teríamos carregado
terias carregado	teríeis carregado
teria carregado	teriam carregado

Imperative
*carrega**–carregai

Samples of verb usage.

O paramédico **carregou** a criança até a ambulância. *The paramedic carried the child to the ambulance.*

O avião **carregava** uma carga pesada. *The airplane was carrying a heavy load.*

Eu **carregarei** a minha arma. *I will load my firearm (weapon).*

O navio foi **carregado** de carros suecos pelos trabalhadores do cais.
The ship was loaded with Swedish cars by the dock workers.

*NOTE: Only the radical-changing verb forms with *open* stressed vowels appear in italic type. For further explanation see Foreword.

to marry (off or officiate at ceremony); (**-se com**) to get married (to)

Personal Infinitive

casar	casarmos
casares	casardes
casar	casarem

Present Indicative

caso	casamos
casas	casais
casa	casam

Imperfect Indicative

casava	casávamos
casavas	casáveis
casava	casavam

Preterit Indicative

casei	casámos
casaste	casastes
casou	casaram

Simple Pluperfect Indicative

casara	casáramos
casaras	casáreis
casara	casaram

Future Indicative

casarei	casaremos
casarás	casareis
casará	casarão

Present Perfect Indicative

tenho casado	temos casado
tens casado	tendes casado
tem casado	têm casado

Past Perfect or Pluperfect Indicative

tinha casado	tínhamos casado
tinhas casado	tínheis casado
tinha casado	tinham casado

Future Perfect Indicative

terei casado	teremos casado
terás casado	tereis casado
terá casado	terão casado

Present Subjunctive

case	casemos
cases	caseis
case	casem

Imperfect Subjunctive

casasse	casássemos
casasses	casásseis
casasse	casassem

Future Subjunctive

casar	casarmos
casares	casardes
casar	casarem

Present Perfect Subjunctive

tenha casado	tenhamos casado
tenhas casado	tenhais casado
tenha casado	tenham casado

Past Perfect or Pluperfect Subjunctive

tivesse casado	tivéssemos casado
tivesses casado	tivésseis casado
tivesse casado	tivessem casado

Future Perfect Subjunctive

tiver casado	tivermos casado
tiveres casado	tiverdes casado
tiver casado	tiverem casado

Conditional

casaria	casaríamos
casarias	casaríeis
casaria	casariam

Conditional Perfect

teria casado	teríamos casado
terias casado	teríeis casado
teria casado	teriam casado

Imperative

casa–casai

Samples of verb usage.

Os pais vão **casar** a filha mais nova em janeiro.
The parents are going to marry (off) their youngest daughter in January.

Eu vou-me **casar** com ela. *I am going to marry her.*

O padre **casou**-os em menos duma hora. *The priest married them in less than an hour.*

Teriam-se casado durante a guerra se ele não tivesse sido recrutado pelo exército.
They would have gotten married during the war if he hadn't been drafted by the army.

to punish

Personal Infinitive		***Present Subjunctive***	
castigar	castigarmos	castigue	castiguemos
castigares	castigardes	castigues	castigueis
castigar	castigarem	castigue	castiguem
Present Indicative		***Imperfect Subjunctive***	
castigo	castigamos	castigasse	castigássemos
castigas	castigais	castigasses	castigásseis
castiga	castigam	castigasse	castigassem
Imperfect Indicative		***Future Subjunctive***	
castigava	castigávamos	castigar	castigarmos
castigavas	castigáveis	castigares	castigardes
castigava	castigavam	castigar	castigarem
Preterit Indicative		***Present Perfect Subjunctive***	
castiguei	castigámos	tenha castigado	tenhamos castigado
castigaste	castigastes	tenhas castigado	tenhais castigado
castigou	castigaram	tenha castigado	tenham castigado
Simple Pluperfect Indicative		***Past Perfect or Pluperfect Subjunctive***	
castigara	castigáramos	tivesse castigado	tivéssemos castigado
castigaras	castigáreis	tivesses castigado	tivésseis castigado
castigara	castigaram	tivesse castigado	tivessem castigado
Future Indicative		***Future Perfect Subjunctive***	
castigarei	castigaremos	tiver castigado	tivermos castigado
castigarás	castigareis	tiveres castigado	tiverdes castigado
castigará	castigarão	tiver castigado	tiverem castigado
Present Perfect Indicative		***Conditional***	
tenho castigado	temos castigado	castigaria	castigaríamos
tens castigado	tendes castigado	castigarias	castigaríeis
tem castigado	têm castigado	castigaria	castigariam
Past Perfect or Pluperfect Indicative		***Conditional Perfect***	
tinha castigado	tínhamos castigado	teria castigado	teríamos castigado
tinhas castigado	tínheis castigado	terias castigado	teríeis castigado
tinha castigado	tinham castigado	teria castigado	teriam castigado
Future Perfect Indicative		***Imperative***	
terei castigado	teremos castigado	castiga–castigai	
terás castigado	tereis castigado		
terá castigado	terão castigado		

Samples of verb usage.

Os pais **castigaram** os filhos por serem mal-educados. *The parents punished the kids for misbehaving.*

A professora **castigaria** a aula (turma) inteira se não deixasse de fazer barulho.
The teacher would punish the whole class if they didn't stop making noise.

Deus vai-te **castigar**! *God will punish you!*

Se **tivéssemos castigado** aquela rapariga, não teríamos tido este problema.
If we had punished that girl, we wouldn't have had this problem.

to cause

Personal Infinitive

causar	causarmos
causares	causardes
causar	causarem

Present Indicative

causo	causamos
causas	causais
causa	causam

Imperfect Indicative

causava	causávamos
causavas	causáveis
causava	causavam

Preterit Indicative

causei	causámos
causaste	causastes
causou	causaram

Simple Pluperfect Indicative

causara	causáramos
causaras	causáreis
causara	causaram

Future Indicative

causarei	causaremos
causarás	causareis
causará	causarão

Present Perfect Indicative

tenho causado	temos causado
tens causado	tendes causado
tem causado	têm causado

Past Perfect or Pluperfect Indicative

tinha causado	tínhamos causado
tinhas causado	tínheis causado
tinha causado	tinham causado

Future Perfect Indicative

terei causado	teremos causado
terás causado	tereis causado
terá causado	terão causado

Present Subjunctive

cause	causemos
causes	causeis
cause	causem

Imperfect Subjunctive

causasse	causássemos
causasses	causásseis
causasse	causassem

Future Subjunctive

causar	causarmos
causares	causardes
causar	causarem

Present Perfect Subjunctive

tenha causado	tenhamos causado
tenhas causado	tenhais causado
tenha causado	tenham causado

Past Perfect or Pluperfect Subjunctive

tivesse causado	tivéssemos causado
tivesses causado	tivésseis causado
tivesse causado	tivessem causado

Future Perfect Subjunctive

tiver causado	tivermos causado
tiveres causado	tiverdes causado
tiver causado	tiverem causado

Conditional

causaria	causaríamos
causarias	causaríeis
causaria	causariam

Conditional Perfect

teria causado	teríamos causado
terias causado	teríeis causado
teria causado	teriam causado

Imperative

causa–causai

Samples of verb usage.

A construção desse prédio **tem**-nos **causado** dificuldades.
The construction of that building has been causing us difficulties.

O que (é que) **causaria** isto? *What would cause this?*

O menino já **tinha causado** muitos problemas. *The boy had already caused many problems.*

Ele quer **causar** a maior catástrofe de todos os tempos.
He wants to cause the greatest catastrophe of all times.

to dig

Personal Infinitive		***Present Subjunctive***	
cavar	cavarmos	cave	cavemos
cavares	cavardes	caves	caveis
cavar	cavarem	cave	cavem
Present Indicative		***Imperfect Subjunctive***	
cavo	cavamos	cavasse	cavássemos
cavas	cavais	cavasses	cavásseis
cava	cavam	cavasse	cavassem
Imperfect Indicative		***Future Subjunctive***	
cavava	cavávamos	cavar	cavarmos
cavavas	caváveis	cavares	cavardes
cavava	cavavam	cavar	cavarem
Preterit Indicative		***Present Perfect Subjunctive***	
cavei	cavámos	tenha cavado	tenhamos cavado
cavaste	cavastes	tenhas cavado	tenhais cavado
cavou	cavaram	tenha cavado	tenham cavado
Simple Pluperfect Indicative		***Past Perfect or Pluperfect Subjunctive***	
cavara	caváramos	tivesse cavado	tivéssemos cavado
cavaras	caváreis	tivesses cavado	tivésseis cavado
cavara	cavaram	tivesse cavado	tivessem cavado
Future Indicative		***Future Perfect Subjunctive***	
cavarei	cavaremos	tiver cavado	tivermos cavado
cavarás	cavareis	tiveres cavado	tiverdes cavado
cavará	cavarão	tiver cavado	tiverem cavado
Present Perfect Indicative		***Conditional***	
tenho cavado	temos cavado	cavaria	cavaríamos
tens cavado	tendes cavado	cavarias	cavaríeis
tem cavado	têm cavado	cavaria	cavariam
Past Perfect or Pluperfect Indicative		***Conditional Perfect***	
tinha cavado	tínhamos cavado	teria cavado	teríamos cavado
tinhas cavado	tínheis cavado	terias cavado	teríeis cavado
tinha cavado	tinham cavado	teria cavado	teriam cavado
Future Perfect Indicative		***Imperative***	
terei cavado	teremos cavado	cava–cavai	
terás cavado	tereis cavado		
terá cavado	terão cavado		

Samples of verb usage.

Ele **cavava** a sua própria sepultura. *He was digging his own grave.*

Os soldados estão **a cavar** (**cavando**) trincheiras. *The soldiers are digging trenches.*

Cavaremos aqui à procura do tesouro. *We'll dig here in search of the treasure.*

Cavaste o buraco que te mandei **cavar**? *Did you dig the hole that I ordered you to dig?*

to blind

Personal Infinitive

cegar	cegarmos
cegares	cegardes
cegar	cegarem

Present Indicative

cego	cegamos
cegas	cegais
cega	*cegam**

Imperfect Indicative

cegava	cegávamos
cegavas	cegáveis
cegava	cegavam

Preterit Indicative

ceguei	cegámos
cegaste	cegastes
cegou	cegaram

Simple Pluperfect Indicative

cegara	cegáramos
cegaras	cegáreis
cegara	cegaram

Future Indicative

cegarei	cegaremos
cegarás	cegareis
cegará	cegarão

Present Perfect Indicative

tenho cegado	temos cegado
tens cegado	tendes cegado
tem cegado	têm cegado

Past Perfect or Pluperfect Indicative

tinha cegado	tínhamos cegado
tinhas cegado	tínheis cegado
tinha cegado	tinham cegado

Future Perfect Indicative

terei cegado	teremos cegado
terás cegado	tereis cegado
terá cegado	terão cegado

Present Subjunctive

cegue	ceguemos
cegues	cegueis
cegue	*ceguem**

Imperfect Subjunctive

cegasse	cegássemos
cegasses	cegásseis
cegasse	cegassem

Future Subjunctive

cegar	cegarmos
cegares	cegardes
cegar	cegarem

Present Perfect Subjunctive

tenha cegado	tenhamos cegado
tenhas cegado	tenhais cegado
tenha cegado	tenham cegado

Past Perfect or Pluperfect Subjunctive

tivesse cegado	tivéssemos cegado
tivesses cegado	tivésseis cegado
tivesse cegado	tivessem cegado

Future Perfect Subjunctive

tiver cegado	tivermos cegado
tiveres cegado	tiverdes cegado
tiver cegado	tiverem cegado

Conditional

cegaria	cegaríamos
cegarias	cegaríeis
cegaria	cegariam

Conditional Perfect

teria cegado	teríamos cegado
terias cegado	teríeis cegado
teria cegado	teriam cegado

Imperative

*cega**–cegai

Samples of verb usage.

O brilho do sol era tão intenso que **cegava** a todos.
The sunshine was so bright that it blinded everybody.

A sua obsessão pela glória **cegou**-o por completo. *His obsession with glory completely blinded him.*

A sua personalidade amável **cegava**-nos ao ponto de não percebermos o seu verdadeiro cará(c)ter.
His likeable personality blinded us from perceiving his true character.

Na antiguidade, **cegavam** os criminosos como forma de castigo.
In antiquity, they used to blind criminals as a form of punishment.

*NOTE: Only the radical-changing verb forms with *open* stressed vowels appear in italic type. For further explanation see Foreword.

to celebrate; to rejoice

Personal Infinitive		***Present Subjunctive***	
celebrar	celebrarmos	*celebre*	celebremos
celebrares	celebrardes	*celebres*	celebreis
celebrar	celebrarem	*celebre*	*celebrem**
Present Indicative		***Imperfect Subjunctive***	
celebro	celebramos	celebrasse	celebrássemos
celebras	celebrais	celebrasses	celebrásseis
celebra	*celebram**	celebrasse	celebrassem
Imperfect Indicative		***Future Subjunctive***	
celebrava	celebrávamos	celebrar	celebrarmos
celebravas	celebráveis	celebrares	celebrardes
celebrava	celebravam	celebrar	celebrarem
Preterit Indicative		***Present Perfect Subjunctive***	
celebrei	celebrámos	tenha celebrado	tenhamos celebrado
celebraste	celebrastes	tenhas celebrado	tenhais celebrado
celebrou	celebraram	tenha celebrado	tenham celebrado
Simple Pluperfect Indicative		***Past Perfect or Pluperfect Subjunctive***	
celebrara	celebráramos	tivesse celebrado	tivéssemos celebrado
celebraras	celebráreis	tivesses celebrado	tivésseis celebrado
celebrara	celebraram	tivesse celebrado	tivessem celebrado
Future Indicative		***Future Perfect Subjunctive***	
celebrarei	celebraremos	tiver celebrado	tivermos celebrado
celebrarás	celebrareis	tiveres celebrado	tiverdes celebrado
celebrará	celebrarão	tiver celebrado	tiverem celebrado
Present Perfect Indicative		***Conditional***	
tenho celebrado	temos celebrado	celebraria	celebraríamos
tens celebrado	tendes celebrado	celebrarias	celebraríeis
tem celebrado	têm celebrado	celebraria	celebrariam
Past Perfect or Pluperfect Indicative		***Conditional Perfect***	
tinha celebrado	tínhamos celebrado	teria celebrado	teríamos celebrado
tinhas celebrado	tínheis celebrado	terias celebrado	teríeis celebrado
tinha celebrado	tinham celebrado	teria celebrado	teriam celebrado
Future Perfect Indicative		***Imperative***	
terei celebrado	teremos celebrado	*celebra**–celebrai	
terás celebrado	tereis celebrado		
terá celebrado	terão celebrado		

Samples of verb usage.

Hoje vamos **celebrar** o seu aniversário. *Today we're going to celebrate your birthday.*

Depois de ganharem a copa do mundo, os brasileiros **celebraram** durante duas semanas.
After winning the (soccer) World Cup, the Brazilians celebrated for two weeks.

Celebrarias, se ganhasses apenas o segundo lugar? *Would you celebrate if you only won second place?*

Ao receber as notícias da morte do tirano, o povo todo começou a **celebrar** nas ruas.
Upon receiving the news of the death of the tyrant, all the people began rejoicing in the streets.

*NOTE: Only the radical-changing verb forms with *open* stressed vowels appear in italic type. For further explanation see Foreword.

to censor; to reprimand, censure

Personal Infinitive		***Present Subjunctive***	
censurar	censurarmos	censure	censuremos
censurares	censurardes	censures	censureis
censurar	censurarem	censure	censurem
Present Indicative		***Imperfect Subjunctive***	
censuro	censuramos	censurasse	censurássemos
censuras	censurais	censurasses	censurásseis
censura	censuram	censurasse	censurassem
Imperfect Indicative		***Future Subjunctive***	
censurava	censurávamos	censurar	censurarmos
censuravas	censuráveis	censurares	censurardes
censurava	censuravam	censurar	censurarem
Preterit Indicative		***Present Perfect Subjunctive***	
censurei	censurámos	tenha censurado	tenhamos censurado
censuraste	censurastes	tenhas censurado	tenhais censurado
censurou	censuraram	tenha censurado	tenham censurado
Simple Pluperfect Indicative		***Past Perfect or Pluperfect Subjunctive***	
censurara	censuráramos	tivesse censurado	tivéssemos censurado
censuraras	censuráreis	tivesses censurado	tivésseis censurado
censurara	censuraram	tivesse censurado	tivessem censurado
Future Indicative		***Future Perfect Subjunctive***	
censurarei	censuraremos	tiver censurado	tivermos censurado
censurarás	censurareis	tiveres censurado	tiverdes censurado
censurará	censurarão	tiver censurado	tiverem censurado
Present Perfect Indicative		***Conditional***	
tenho censurado	temos censurado	censuraria	censuraríamos
tens censurado	tendes censurado	censurarias	censuraríeis
tem censurado	têm censurado	censuraria	censurariam
Past Perfect or Pluperfect Indicative		***Conditional Perfect***	
tinha censurado	tínhamos censurado	teria censurado	teríamos censurado
tinhas censurado	tínheis censurado	terias censurado	teríeis censurado
tinha censurado	tinham censurado	teria censurado	teriam censurado
Future Perfect Indicative		***Imperative***	
terei censurado	teremos censurado	censura–censurai	
terás censurado	tereis censurado		
terá censurado	terão censurado		

Samples of verb usage.

O governo **censurou** a publicação dos livros daquele autor.
The government censored the publication of that author's books.

Em vez de **censurar** o seu filho pelo que fez, o pai decidiu conversar com ele.
Instead of reprimanding (censoring) his son for what he did, the father decided to talk to him.

Aquela freira nos **censurava** por qualquer motivo. *That nun used to reprimand us for any reason.*

As autoridades chinesas **tinham censurado** o filme pelas cenas eróticas que continha.
The Chinese authorities had censored the film for the erotic scenes it contained.

to call; to name; (**-se**) to be called *or* named

Personal Infinitive
chamar chamarmos
chamares chamardes
chamar chamarem

Present Indicative
chamo chamamos
chamas chamais
chama chamam

Imperfect Indicative
chamava chamávamos
chamavas chamáveis
chamava chamavam

Preterit Indicative
chamei chamámos
chamaste chamastes
chamou chamaram

Simple Pluperfect Indicative
chamara chamáramos
chamaras chamáreis
chamara chamaram

Future Indicative
chamarei chamaremos
chamarás chamareis
chamará chamarão

Present Perfect Indicative
tenho chamado temos chamado
tens chamado tendes chamado
tem chamado têm chamado

Past Perfect or Pluperfect Indicative
tinha chamado tínhamos chamado
tinhas chamado tínheis chamado
tinha chamado tinham chamado

Future Perfect Indicative
terei chamado teremos chamado
terás chamado tereis chamado
terá chamado terão chamado

Present Subjunctive
chame chamemos
chames chameis
chame chamem

Imperfect Subjunctive
chamasse chamássemos
chamasses chamásseis
chamasse chamassem

Future Subjunctive
chamar chamarmos
chamares chamardes
chamar chamarem

Present Perfect Subjunctive
tenha chamado tenhamos chamado
tenhas chamado tenhais chamado
tenha chamado tenham chamado

Past Perfect or Pluperfect Subjunctive
tivesse chamado tivéssemos chamado
tivesses chamado tivésseis chamado
tivesse chamado tivessem chamado

Future Perfect Subjunctive
tiver chamado tivermos chamado
tiveres chamado tiverdes chamado
tiver chamado tiverem chamado

Conditional
chamaria chamaríamos
chamarias chamaríeis
chamaria chamariam

Conditional Perfect
teria chamado teríamos chamado
terias chamado teríeis chamado
teria chamado teriam chamado

Imperative
chama–chamai

Samples of verb usage.

Eu **chamei** o João da janela. *I called to John from the window.*

O recém-nascido **se chamará** José. *The newborn will be called Joseph.*

O pai está **a chamar-me** (**me chamando**). *My dad is calling me.*

Chamo-me Luísa. *My name is Luisa.*

to bother, annoy, pester

Personal Infinitive		***Present Subjunctive***	
chatear	chatearmos	chateie	chateemos
chateares	chateardes	chateies	chateeis
chatear	chatearem	chateie	chateiem
Present Indicative		***Imperfect Subjunctive***	
chateio	chateamos	chateasse	chateássemos
chateias	chateais	chateasses	chateásseis
chateia	chateiam	chateasse	chateassem
Imperfect Indicative		***Future Subjunctive***	
chateava	chateávamos	chatear	chatearmos
chateavas	chateáveis	chateares	chateardes
chateava	chateavam	chatear	chatearem
Preterit Indicative		***Present Perfect Subjunctive***	
chateei	chateámos	tenha chateado	tenhamos chateado
chateaste	chateastes	tenhas chateado	tenhais chateado
chateou	chatearam	tenha chateado	tenham chateado
Simple Pluperfect Indicative		***Past Perfect or Pluperfect Subjunctive***	
chateara	chateáramos	tivesse chateado	tivéssemos chateado
chatearas	chateáreis	tivesses chateado	tivésseis chateado
chateara	chatearam	tivesse chateado	tivessem chateado
Future Indicative		***Future Perfect Subjunctive***	
chatearei	chatearemos	tiver chateado	tivermos chateado
chatearás	chateareis	tiveres chateado	tiverdes chateado
chateará	chatearão	tiver chateado	tiverem chateado
Present Perfect Indicative		***Conditional***	
tenho chateado	temos chateado	chatearia	chatearíamos
tens chateado	tendes chateado	chatearias	chatearíeis
tem chateado	têm chateado	chatearia	chateariam
Past Perfect or Pluperfect Indicative		***Conditional Perfect***	
tinha chateado	tínhamos chateado	teria chateado	teríamos chateado
tinhas chateado	tínheis chateado	terias chateado	teríeis chateado
tinha chateado	tinham chateado	teria chateado	teriam chateado
Future Perfect Indicative		***Imperative***	
terei chateado	teremos chateado	chateia–chateai	
terás chateado	tereis chateado		
terá chateado	terão chateado		

Samples of verb usage.

Deixa de nos **chatear**! *Stop annoying us!*

O mosquito estava **a chatear** (**chateando**) a todos. *The mosquito was pestering everyone.*

Se me **chateares** outra vez, vou-te dar um soco. *If you pester me one more time I'm going to hit you.*

Ela nunca **chateia** ninguém. *She never bothers anyone.*

to arrive, reach; to come near (to)

Personal Infinitive

chegar	chegarmos
chegares	chegardes
chegar	chegarem

Present Indicative

chego	chegamos
chegas	chegais
chega	chegam

Imperfect Indicative

chegava	chegávamos
chegavas	chegáveis
chegava	chegavam

Preterit Indicative

cheguei	chegámos
chegaste	chegastes
chegou	chegaram

Simple Pluperfect Indicative

chegara	chegáramos
chegaras	chegáreis
chegara	chegaram

Future Indicative

chegarei	chegaremos
chegarás	chegareis
chegará	chegarão

Present Perfect Indicative

tenho chegado	temos chegado
tens chegado	tendes chegado
tem chegado	têm chegado

Past Perfect or Pluperfect Indicative

tinha chegado	tínhamos chegado
tinhas chegado	tínheis chegado
tinha chegado	tinham chegado

Future Perfect Indicative

terei chegado	teremos chegado
terás chegado	tereis chegado
terá chegado	terão chegado

Present Subjunctive

chegue	cheguemos
chegues	chegueis
chegue	cheguem

Imperfect Subjunctive

chegasse	chegássemos
chegasses	chegásseis
chegasse	chegassem

Future Subjunctive

chegar	chegarmos
chegares	chegardes
chegar	chegarem

Present Perfect Subjunctive

tenha chegado	tenhamos chegado
tenhas chegado	tenhais chegado
tenha chegado	tenham chegado

Past Perfect or Pluperfect Subjunctive

tivesse chegado	tivéssemos chegado
tivesses chegado	tivésseis chegado
tivesse chegado	tivessem chegado

Future Perfect Subjunctive

tiver chegado	tivermos chegado
tiveres chegado	tiverdes chegado
tiver chegado	tiverem chegado

Conditional

chegaria	chegaríamos
chegarias	chegaríeis
chegaria	chegariam

Conditional Perfect

teria chegado	teríamos chegado
terias chegado	teríeis chegado
teria chegado	teriam chegado

Imperative

chega–chegai

Samples of verb usage.

Eu **cheguei** ontem. *I arrived yesterday.*

Os portugueses **chegaram** às Indias em 1498. *The Portuguese reached the Indies in 1498.*

Poderemos ir juntos se eles **chegarem** a tempo. *We can all go together if they arrive on time.*

Ele **chegou-se** a ela. *He came near her.*

to smell (of or like); to sniff

Personal Infinitive
cheirar cheirarmos
cheirares cheirardes
cheirar cheirarem

Present Indicative
cheiro cheiramos
cheiras cheirais
cheira cheiram

Imperfect Indicative
cheirava cheirávamos
cheiravas cheiráveis
cheirava cheiravam

Preterit Indicative
cheirei cheirámos
cheiraste cheirastes
cheirou cheiraram

Simple Pluperfect Indicative
cheirara cheiráramos
cheiraras cheiráreis
cheirara cheiraram

Future Indicative
cheirarei cheiraremos
cheirarás cheirareis
cheirará cheirarão

Present Perfect Indicative
tenho cheirado temos cheirado
tens cheirado tendes cheirado
tem cheirado têm cheirado

Past Perfect or Pluperfect Indicative
tinha cheirado tínhamos cheirado
tinhas cheirado tínheis cheirado
tinha cheirado tinham cheirado

Future Perfect Indicative
terei cheirado teremos cheirado
terás cheirado tereis cheirado
terá cheirado terão cheirado

Present Subjunctive
cheire cheiremos
cheires cheireis
cheire cheirem

Imperfect Subjunctive
cheirasse cheirássemos
cheirasses cheirásseis
cheirasse cheirassem

Future Subjunctive
cheirar cheirarmos
cheirares cheirardes
cheirar cheirarem

Present Perfect Subjunctive
tenha cheirado tenhamos cheirado
tenhas cheirado tenhais cheirado
tenha cheirado tenham cheirado

Past Perfect or Pluperfect Subjunctive
tivesse cheirado tivéssemos cheirado
tivesses cheirado tivésseis cheirado
tivesse cheirado tivessem cheirado

Future Perfect Subjunctive
tiver cheirado tivermos cheirado
tiveres cheirado tiverdes cheirado
tiver cheirado tiverem cheirado

Conditional
cheiraria cheiraríamos
cheirarias cheiraríeis
cheiraria cheirariam

Conditional Perfect
teria cheirado teríamos cheirado
terias cheirado teríeis cheirado
teria cheirado teriam cheirado

Imperative
cheira–cheirai

Samples of verb usage.

Os sapatos dele **cheiram** mal. *His shoes smell bad.*

O cozinheiro **cheirou** a comida para ver se **cheirava** bem. *The cook sniffed the food to see if it smelled good.*

A mãe disse-me para **cheirar** o peixe antes de comprá-lo. *Mom told me to smell the fish before buying it.*

O lago **cheirava** a gasolina. *The lake smelled of gasoline.*

to shock; to hatch, brood; (**-se**) to crash, collide

Personal Infinitive
chocar chocarmos
chocares chocardes
chocar chocarem

Present Indicative
choco chocamos
chocas chocais
choca *chocam**

Imperfect Indicative
chocava chocávamos
chocavas chocáveis
chocava chocavam

Preterit Indicative
choquei chocámos
chocaste chocastes
chocou chocaram

Simple Pluperfect Indicative
chocara chocáramos
chocaras chocáreis
chocara chocaram

Future Indicative
chocarei chocaremos
chocarás chocareis
chocará chocarão

Present Perfect Indicative
tenho chocado temos chocado
tens chocado tendes chocado
tem chocado têm chocado

Past Perfect or Pluperfect Indicative
tinha chocado tínhamos chocado
tinhas chocado tínheis chocado
tinha chocado tinham chocado

Future Perfect Indicative
terei chocado teremos chocado
terás chocado tereis chocado
terá chocado terão chocado

Present Subjunctive
choque choquemos
choques choqueis
choque *choquem**

Imperfect Subjunctive
chocasse chocássemos
chocasses chocásseis
chocasse chocassem

Future Subjunctive
chocar chocarmos
chocares chocardes
chocar chocarem

Present Perfect Subjunctive
tenha chocado tenhamos chocado
tenhas chocado tenhais chocado
tenha chocado tenham chocado

Past Perfect or Pluperfect Subjunctive
tivesse chocado tivéssemos chocado
tivesses chocado tivésseis chocado
tivesse chocado tivessem chocado

Future Perfect Subjunctive
tiver chocado tivermos chocado
tiveres chocado tiverdes chocado
tiver chocado tiverem chocado

Conditional
chocaria chocaríamos
chocarias chocaríeis
chocaria chocariam

Conditional Perfect
teria chocado teríamos chocado
terias chocado teríeis chocado
teria chocado teriam chocado

Imperative
*choca**–chocai

Samples of verb usage.

A revelação **chocou** a todos. *The revelation shocked everyone.*

Esta galinha **tem chocado** muitos ovos. *This hen has been brooding (hatching) many eggs.*

O trem (comboio *in Portugal*) **se chocará** contra a parede, se não fizermos nada.
The train will crash into (collide with) the wall if we don't do something.

NOTE: *To get an electrical shock* is usually expressed by the phrase **receber um choque:**

Se meteres o dedo na tomada elé(c)trica, receberás **um choque** terrível.
If you stick your finger in the electrical outlet, you'll get a terrible shock.

*NOTE: Only the radical-changing verb forms with *open* stressed vowels appear in italic type. For further explanation see Foreword.

to cry, weep

Personal Infinitive		**Present Subjunctive**	
chorar	chorarmos	*chore*	choremos
chorares	chorardes	*chores*	choreis
chorar	chorarem	*chore*	*chorem**
Present Indicative		**Imperfect Subjunctive**	
choro	choramos	chorasse	chorássemos
choras	chorais	chorasses	chorásseis
chora	*choram**	chorasse	chorassem
Imperfect Indicative		**Future Subjunctive**	
chorava	chorávamos	chorar	chorarmos
choravas	choráveis	chorares	chorardes
chorava	choravam	chorar	chorarem
Preterit Indicative		**Present Perfect Subjunctive**	
chorei	chorámos	tenha chorado	tenhamos chorado
choraste	chorastes	tenhas chorado	tenhais chorado
chorou	choraram	tenha chorado	tenham chorado
Simple Pluperfect Indicative		**Past Perfect or Pluperfect Subjunctive**	
chorara	choráramos	tivesse chorado	tivéssemos chorado
choraras	choráreis	tivesses chorado	tivésseis chorado
chorara	choraram	tivesse chorado	tivessem chorado
Future Indicative		**Future Perfect Subjunctive**	
chorarei	choraremos	tiver chorado	tivermos chorado
chorarás	chorareis	tiveres chorado	tiverdes chorado
chorará	chorarão	tiver chorado	tiverem chorado
Present Perfect Indicative		**Conditional**	
tenho chorado	temos chorado	choraria	choraríamos
tens chorado	tendes chorado	chorarias	choraríeis
tem chorado	têm chorado	choraria	chorariam
Past Perfect or Pluperfect Indicative		**Conditional Perfect**	
tinha chorado	tínhamos chorado	teria chorado	teríamos chorado
tinhas chorado	tínheis chorado	terias chorado	teríeis chorado
tinha chorado	tinham chorado	teria chorado	teriam chorado
Future Perfect Indicative		**Imperative**	
terei chorado	teremos chorado	*chora**–chorai	
terás chorado	tereis chorado		
terá chorado	terão chorado		

Samples of verb usage.

Todos **choravam** durante o enterro. *Everybody was crying during the funeral.*

Se algo de mal acontecesse, as crianças **chorariam** muito.
If something bad happened, the kids would cry a lot.

Chorei sem parar quando morreu o meu avô. *I wept incessantly when my grandfather died.*

Todos **chorámos** no final do filme. *We all cried at the end of the movie.*

*NOTE: Only the radical-changing verb forms with *open* stressed vowels appear in italic type. For further explanation see Foreword.

to rain

Personal Infinitive
chover

Present Indicative
*chove**

Imperfect Indicative
chovia

Preterit Indicative
choveu

Simple Pluperfect Indicative
chovera

Future Indicative
choverá

Present Perfect Indicative
tem chovido

Past Perfect or Pluperfect Indicative
tinha chovido

Future Perfect Indicative
terá chovido

Present Subjunctive
chova

Imperfect Subjunctive
chovesse

Future Subjunctive
chover

Present Perfect Subjunctive
tenha chovido

Past Perfect or Pluperfect Subjunctive
tivesse chovido

Future Perfect Subjunctive
tiver chovido

Conditional
choveria

Conditional Perfect
teria chovido

Samples of verb usage.

Choveu muito ontem. *It rained a lot yesterday.*

Chove todos os dias no Amazonas. *It rains every day in the Amazon.*

Chovia lá fora e fazia tanto frio que não queríamos sair da casa.
It was raining outside and it was so cold that we didn't want to leave the house.

Tinha chovido durante meses. *It had been raining for months.*

*NOTE: Only the radical-changing verb forms with *open* stressed vowels appear in italic type. For further explanation see Foreword.

to suck; to drain

Personal Infinitive	
chupar	chuparmos
chupares	chupardes
chupar	chuparem

Present Indicative	
chupo	chupamos
chupas	chupais
chupa	chupam

Imperfect Indicative	
chupava	chupávamos
chupavas	chupáveis
chupava	chupavam

Preterit Indicative	
chupei	chupámos
chupaste	chupastes
chupou	chuparam

Simple Pluperfect Indicative	
chupara	chupáramos
chuparas	chupáreis
chupara	chuparam

Future Indicative	
chuparei	chuparemos
chuparás	chupareis
chupará	chuparão

Present Perfect Indicative	
tenho chupado	temos chupado
tens chupado	tendes chupado
tem chupado	têm chupado

Past Perfect or Pluperfect Indicative	
tinha chupado	tínhamos chupado
tinhas chupado	tínheis chupado
tinha chupado	tinham chupado

Future Perfect Indicative	
terei chupado	teremos chupado
terás chupado	tereis chupado
terá chupado	terão chupado

Present Subjunctive	
chupe	chupemos
chupes	chupeis
chupe	chupem

Imperfect Subjunctive	
chupasse	chupássemos
chupasses	chupásseis
chupasse	chupassem

Future Subjunctive	
chupar	chuparmos
chupares	chupardes
chupar	chuparem

Present Perfect Subjunctive	
tenha chupado	tenhamos chupado
tenhas chupado	tenhais chupado
tenha chupado	tenham chupado

Past Perfect or Pluperfect Subjunctive	
tivesse chupado	tivéssemos chupado
tivesses chupado	tivésseis chupado
tivesse chupado	tivessem chupado

Future Perfect Subjunctive	
tiver chupado	tivermos chupado
tiveres chupado	tiverdes chupado
tiver chupado	tiverem chupado

Conditional	
chuparia	chuparíamos
chuparias	chuparíeis
chuparia	chupariam

Conditional Perfect	
teria chupado	teríamos chupado
terias chupado	teríeis chupado
teria chupado	teriam chupado

Imperative
chupa–chupai

Samples of verb usage.

A máquina **chupava** a água suja do lago. *The machine was sucking the dirty water out of the lake.*

O jogo **chupou**-lhe todas as energias. *The game drained all the energy out of him.*

O bebé (bebê *in Brazil*) **tem chupado** o dedo muito ultimamente.
The baby has been sucking his/her thumb a lot lately.

As sanguessugas **chupam** o sangue das suas vítimas. *Leeches suck the blood of their victims.*

to drizzle, sprinkle

Personal Infinitive
chuviscar

Present Indicative
chuvisca

Imperfect Indicative
chuviscava

Preterit Indicative
chuviscou

Simple Pluperfect Indicative
chuviscara

Future Indicative
chuviscará

Present Perfect Indicative
tem chuviscado

Past Perfect or Pluperfect Indicative
tinha chuviscado

Future Perfect Indicative
terá chuviscado

Present Subjunctive
chuvisque

Imperfect Subjunctive
chuviscasse

Future Subjunctive
chuviscar

Present Perfect Subjunctive
tenha chuviscado

Past Perfect or Pluperfect Subjunctive
tivesse chuviscado

Future Perfect Subjunctive
tiver chuviscado

Conditional
chuviscaria

Conditional Perfect
teria chuviscado

Samples of verb usage.

Começou a **chuviscar** uns minutos antes de sairmos de casa.
It started to sprinkle a few minutes before we left home.

Chuviscava dia sim dia não. *It drizzled every other day.*

Gostaria muito se **chuviscasse** o dia inteiro hoje para não ter que sair de casa.
I would like it a lot if it drizzled all day today, so I wouldn't have to leave the house.

Começou a **chuviscar** há meia hora. *It began to sprinkle a half-hour ago.*

to charge; to collect

Personal Infinitive	
cobrar	cobrarmos
cobrares	cobrardes
cobrar	cobrarem
Present Indicative	
cobro	cobramos
cobras	cobrais
cobra	*cobram**
Imperfect Indicative	
cobrava	cobrávamos
cobravas	cobráveis
cobrava	cobravam
Preterit Indicative	
cobrei	cobrámos
cobraste	cobrastes
cobrou	cobraram
Simple Pluperfect Indicative	
cobrara	cobráramos
cobraras	cobráreis
cobrara	cobraram
Future Indicative	
cobrarei	cobraremos
cobrarás	cobrareis
cobrará	cobrarão
Present Perfect Indicative	
tenho cobrado	temos cobrado
tens cobrado	tendes cobrado
tem cobrado	têm cobrado
Past Perfect or Pluperfect Indicative	
tinha cobrado	tínhamos cobrado
tinhas cobrado	tínheis cobrado
tinha cobrado	tinham cobrado
Future Perfect Indicative	
terei cobrado	teremos cobrado
terás cobrado	tereis cobrado
terá cobrado	terão cobrado

Present Subjunctive	
cobre	cobremos
cobres	cobreis
cobre	*cobrem**
Imperfect Subjunctive	
cobrasse	cobrássemos
cobrasses	cobrásseis
cobrasse	cobrassem
Future Subjunctive	
cobrar	cobrarmos
cobrares	cobrardes
cobrar	cobrarem
Present Perfect Subjunctive	
tenha cobrado	tenhamos cobrado
tenhas cobrado	tenhais cobrado
tenha cobrado	tenham cobrado
Past Perfect or Pluperfect Subjunctive	
tivesse cobrado	tivéssemos cobrado
tivesses cobrado	tivésseis cobrado
tivesse cobrado	tivessem cobrado
Future Perfect Subjunctive	
tiver cobrado	tivermos cobrado
tiveres cobrado	tiverdes cobrado
tiver cobrado	tiverem cobrado
Conditional	
cobraria	cobraríamos
cobrarias	cobraríeis
cobraria	cobrariam
Conditional Perfect	
teria cobrado	teríamos cobrado
terias cobrado	teríeis cobrado
teria cobrado	teriam cobrado
Imperative	
*cobra**–cobrai	

Samples of verb usage.

Quanto **cobra** para alugar um carro? *How much do you charge to rent a car?*

Eu **teria cobrado** mais se tivesse sabido que era rica.
I would have charged more if I had known she was rich.

Vá **cobrar** a conta! *Go collect on the bill!*

Eu só **cobro** o que é justo. *I only charge what is fair.*

*NOTE: Only the radical-changing verb forms with *open* stressed vowels appear in italic type. For further explanation see Foreword.

to cover

Personal Infinitive

cobrir	cobrirmos
cobrires	cobrirdes
cobrir	cobrirem

Present Indicative

cubro	cobrimos
cobres	cobris
cobre	*cobrem**

Imperfect Indicative

cobria	cobríamos
cobrias	cobríeis
cobria	cobriam

Preterit Indicative

cobri	cobrimos
cobriste	cobristes
cobriu	cobriram

Simple Pluperfect Indicative

cobrira	cobríramos
cobriras	cobríreis
cobrira	cobriram

Future Indicative

cobrirei	cobriremos
cobrirás	cobrireis
cobrirá	cobrirão

Present Perfect Indicative

tenho coberto	temos coberto
tens coberto	tendes coberto
tem coberto	têm coberto

Past Perfect or Pluperfect Indicative

tinha coberto	tínhamos coberto
tinhas coberto	tínheis coberto
tinha coberto	tinham coberto

Future Perfect Indicative

terei coberto	teremos coberto
terás coberto	tereis coberto
terá coberto	terão coberto

Present Subjunctive

cubra	cubramos
cubras	cubrais
cubra	cubram

Imperfect Subjunctive

cobrisse	cobríssemos
cobrisses	cobrísseis
cobrisse	cobrissem

Future Subjunctive

cobrir	cobrirmos
cobrires	cobrirdes
cobrir	cobrirem

Present Perfect Subjunctive

tenha coberto	tenhamos coberto
tenhas coberto	tenhais coberto
tenha coberto	tenham coberto

Past Perfect or Pluperfect Subjunctive

tivesse coberto	tivéssemos coberto
tivesses coberto	tivésseis coberto
tivesse coberto	tivessem coberto

Future Perfect Subjunctive

tiver coberto	tivermos coberto
tiveres coberto	tiverdes coberto
tiver coberto	tiverem coberto

Conditional

cobriria	cobriríamos
cobririas	cobriríeis
cobriria	cobririam

Conditional Perfect

teria coberto	teríamos coberto
terias coberto	teríeis coberto
teria coberto	teriam coberto

Imperative

*cobre**– cobri

Samples of verb usage.

A mãe **cobriu** o filho com o lençol. *The mother covered her son with the sheet.*

O professor **cobrirá** tudo antes do exame. *The teacher will cover everything before the exam.*

Eu achava que **tinha coberto** o carro antes da tempestade.
I thought I had covered the car before the storm.

Terás dinheiro suficiente para **cobrir** os gastos? *Will you have enough money to cover expenses?*

*NOTE: Only the radical-changing verb forms with *open* stressed vowels appear in italic type. For further explanation see Foreword.

to scratch

Personal Infinitive
coçar coçarmos
coçares coçardes
coçar coçarem

Present Indicative
coço coçamos
coças coçais
coça *coçam**

Imperfect Indicative
coçava coçávamos
coçavas coçáveis
coçava coçavam

Preterit Indicative
cocei coçámos
coçaste coçastes
coçou coçaram

Simple Pluperfect Indicative
coçara coçáramos
coçaras coçáreis
coçara coçaram

Future Indicative
coçarei coçaremos
coçarás coçareis
coçará coçarão

Present Perfect Indicative
tenho coçado temos coçado
tens coçado tendes coçado
tem coçado têm coçado

Past Perfect or Pluperfect Indicative
tinha coçado tínhamos coçado
tinhas coçado tínheis coçado
tinha coçado tinham coçado

Future Perfect Indicative
terei coçado teremos coçado
terás coçado tereis coçado
terá coçado terão coçado

Present Subjunctive
coce cocemos
coces coceis
coce *cocem**

Imperfect Subjunctive
coçasse coçássemos
coçasses coçásseis
coçasse coçassem

Future Subjunctive
coçar coçarmos
coçares coçardes
coçar coçarem

Present Perfect Subjunctive
tenha coçado tenhamos coçado
tenhas coçado tenhais coçado
tenha coçado tenham coçado

Past Perfect or Pluperfect Subjunctive
tivesse coçado tivéssemos coçado
tivesses coçado tivésseis coçado
tivesse coçado tivessem coçado

Future Perfect Subjunctive
tiver coçado tivermos coçado
tiveres coçado tiverdes coçado
tiver coçado tiverem coçado

Conditional
coçaria coçaríamos
coçarias coçaríeis
coçaria coçariam

Conditional Perfect
teria coçado teríamos coçado
terias coçado teríeis coçado
teria coçado teriam coçado

Imperative
*coça**–coçai

Samples of verb usage.

Deixe de **coçar** a cabeça! *Stop scratching your head!*

Coça aqui, por favor. *Scratch here, please.*

Gostaria que ela me **coçasse** as costas. *I would like her to scratch my back.*

Coçarias a cabeça de uma pessoa suja como ele?
Would you scratch the head of a dirty person like him?

*NOTE: Only the radical-changing verb forms with *open* stressed vowels appear in italic type. For further explanation see Foreword.

to collaborate; to cooperate; to work with *or* together

Personal Infinitive
colaborar colaborarmos
colaborares colaborardes
colaborar colaborarem

Present Indicative
colaboro colaboramos
colaboras colaborais
colabora *colaboram**

Imperfect Indicative
colaborava colaborávamos
colaboravas colaboráveis
colaborava colaboravam

Preterit Indicative
colaborei colaborámos
colaboraste colaborastes
colaborou colaboraram

Simple Pluperfect Indicative
colaborara colaboráramos
colaboraras colaboráreis
colaborara colaboraram

Future Indicative
colaborarei colaboraremos
colaborarás colaborareis
colaborará colaborarão

Present Perfect Indicative
tenho colaborado temos colaborado
tens colaborado tendes colaborado
tem colaborado têm colaborado

Past Perfect or Pluperfect Indicative
tinha colaborado tínhamos colaborado
tinhas colaborado tínheis colaborado
tinha colaborado tinham colaborado

Future Perfect Indicative
terei colaborado teremos colaborado
terás colaborado tereis colaborado
terá colaborado terão colaborado

Present Subjunctive
colabore colaboremos
colabores colaboreis
colabore *colaborem**

Imperfect Subjunctive
colaborasse colaborássemos
colaborasses colaborásseis
colaborasse colaborassem

Future Subjunctive
colaborar colaborarmos
colaborares colaborardes
colaborar colaborarem

Present Perfect Subjunctive
tenha colaborado tenhamos colaborado
tenhas colaborado tenhais colaborado
tenha colaborado tenham colaborado

Past Perfect or Pluperfect Subjunctive
tivesse colaborado tivéssemos colaborado
tivesses colaborado tivésseis colaborado
tivesse colaborado tivessem colaborado

Future Perfect Subjunctive
tiver colaborado tivermos colaborado
tiveres colaborado tiverdes colaborado
tiver colaborado tiverem colaborado

Conditional
colaboraria colaboraríamos
colaborarias colaboraríeis
colaboraria colaborariam

Conditional Perfect
teria colaborado teríamos colaborado
terias colaborado teríeis colaborado
teria colaborado teriam colaborado

Imperative
*colabora**–colaborai

Samples of verb usage.

Durante a Segunda Guerra Mundial os italianos **colaboraram** com os alemães.
During the Second World War the Italians collaborated with the Germans.

Queremos que você **colabore** com a polícia. *We want you to cooperate with the police.*

Colabore comigo neste proje(c)to. *Work with me on this project.*

Vocês já **tinham colaborado** con(n)osco antes? *Had you collaborated with us before?*

*NOTE: Only the radical-changing verb forms with *open* stressed vowels appear in italic type. For further explanation see Foreword.

to combine; to agree (on), arrange

Personal Infinitive

combinar	combinarmos
combinares	combinardes
combinar	combinarem

Present Indicative

combino	combinamos
combinas	combinais
combina	combinam

Imperfect Indicative

combinava	combinávamos
combinavas	combináveis
combinava	combinavam

Preterit Indicative

combinei	combinámos
combinaste	combinastes
combinou	combinaram

Simple Pluperfect Indicative

combinara	combináramos
combinaras	combináreis
combinara	combinaram

Future Indicative

combinarei	combinaremos
combinarás	combinareis
combinará	combinarão

Present Perfect Indicative

tenho combinado	temos combinado
tens combinado	tendes combinado
tem combinado	têm combinado

Past Perfect or Pluperfect Indicative

tinha combinado	tínhamos combinado
tinhas combinado	tínheis combinado
tinha combinado	tinham combinado

Future Perfect Indicative

terei combinado	teremos combinado
terás combinado	tereis combinado
terá combinado	terão combinado

Present Subjunctive

combine	combinemos
combines	combineis
combine	combinem

Imperfect Subjunctive

combinasse	combinássemos
combinasses	combinásseis
combinasse	combinassem

Future Subjunctive

combinar	combinarmos
combinares	combinardes
combinar	combinarem

Present Perfect Subjunctive

tenha combinado	tenhamos combinado
tenhas combinado	tenhais combinado
tenha combinado	tenham combinado

Past Perfect or Pluperfect Subjunctive

tivesse combinado	tivéssemos combinado
tivesses combinado	tivésseis combinado
tivesse combinado	tivessem combinado

Future Perfect Subjunctive

tiver combinado	tivermos combinado
tiveres combinado	tiverdes combinado
tiver combinado	tiverem combinado

Conditional

combinaria	combinaríamos
combinarias	combinaríeis
combinaria	combinariam

Conditional Perfect

teria combinado	teríamos combinado
terias combinado	teríeis combinado
teria combinado	teriam combinado

Imperative

combina–combinai

Samples of verb usage.

Se você **combinar** os ingredientes certos na medida certa, o resultado será satisfatório.
If you combine the proper ingredients in the proper proportions, the end result will be satisfactory.

Os países **tinham combinado** as suas forças contra o mal comum.
The countries had joined forces against the common evil.

Então, estamos **combinados**. *So, we agree (we're all set).*

Os advogados já **combinaram** tudo. *The lawyers have already arranged everything.*

to begin, start

Personal Infinitive
começar começarmos
começares começardes
começar começarem

Present Indicative
começo começamos
começas começais
começa *começam**

Imperfect Indicative
começava começávamos
começavas começáveis
começava começavam

Preterit Indicative
comecei começámos
começaste começastes
começou começaram

Simple Pluperfect Indicative
começara começáramos
começaras começáreis
começara começaram

Future Indicative
começarei começaremos
começarás começareis
começará começarão

Present Perfect Indicative
tenho começado temos começado
tens começado tendes começado
tem começado têm começado

Past Perfect or Pluperfect Indicative
tinha começado tínhamos começado
tinhas começado tínheis começado
tinha começado tinham começado

Future Perfect Indicative
terei começado teremos começado
terás começado tereis começado
terá começado terão começado

Present Subjunctive
comece comecemos
comeces comeceis
comece *comecem**

Imperfect Subjunctive
começasse começássemos
começasses começásseis
começasse começassem

Future Subjunctive
começar começarmos
começares começardes
começar começarem

Present Perfect Subjunctive
tenha começado tenhamos começado
tenhas começado tenhais começado
tenha começado tenham começado

Past Perfect or Pluperfect Subjunctive
tivesse começado tivéssemos começado
tivesses começado tivésseis começado
tivesse começado tivessem começado

Future Perfect Subjunctive
tiver começado tivermos começado
tiveres começado tiverdes começado
tiver começado tiverem começado

Conditional
começaria começaríamos
começarias começaríeis
começaria começariam

Conditional Perfect
teria começado teríamos começado
terias começado teríeis começado
teria começado teriam começado

Imperative
*começa**–começai

Samples of verb usage.

Quando chegámos, o concerto já **tinha começado**. *When we arrived the concert had already begun.*

As aulas **começam** hoje. *Classes begin today.*

Comecei tarde hoje. *I started late today.*

Não **comeces** a implicar comigo! *Don't start with me!*

*NOTE: Only the radical-changing verb forms with *open* stressed vowels appear in italic type. For further explanation see Foreword.

to eat

Personal Infinitive
comer comermos
comeres comerdes
comer comerem

Present Indicative
como comemos
comes comeis
come *comem**

Imperfect Indicative
comia comíamos
comias comíeis
comia comiam

Preterit Indicative
comi comemos
comeste comestes
comeu comeram

Simple Pluperfect Indicative
comera comêramos
comeras comêreis
comera comeram

Future Indicative
comerei comeremos
comerás comereis
comerá comerão

Present Perfect Indicative
tenho comido temos comido
tens comido tendes comido
tem comido têm comido

Past Perfect or Pluperfect Indicative
tinha comido tínhamos comido
tinhas comido tínheis comido
tinha comido tinham comido

Future Perfect Indicative
terei comido teremos comido
terás comido tereis comido
terá comido terão comido

Present Subjunctive
coma comamos
comas comais
coma comam

Imperfect Subjunctive
comesse comêssemos
comesses comêsseis
comesse comessem

Future Subjunctive
comer comermos
comeres comerdes
comer comerem

Present Perfect Subjunctive
tenha comido tenhamos comido
tenhas comido tenhais comido
tenha comido tenham comido

Past Perfect or Pluperfect Subjunctive
tivesse comido tivéssemos comido
tivesses comido tivésseis comido
tivesse comido tivessem comido

Future Perfect Subjunctive
tiver comido tivermos comido
tiveres comido tiverdes comido
tiver comido tiverem comido

Conditional
comeria comeríamos
comerias comeríeis
comeria comeriam

Conditional Perfect
teria comido teríamos comido
terias comido teríeis comido
teria comido teriam comido

Imperative
*come**–comei

Samples of verb usage.

Coma tudo o que quiser. *Eat anything you wish.*

Sempre **comemos** o jantar às sete. *We always eat dinner at seven.*

Comíamos juntos todos os fins de semana. *We used to eat together every weekend.*

Quando o filho chegou, a família já tinha acabado de **comer**.
When the son arrived, the family had already finished eating.

*NOTE: Although this verb is radical-changing in Portugal, Brazilian speakers do not open the stressed vowels of the italicized forms.

to share; to take part in

Personal Infinitive
compartilhar compartilharmos
compartilhares compartilhardes
compartilhar compartilharem

Present Indicative
compartilho compartilhamos
compartilhas compartilhais
compartilha compartilham

Imperfect Indicative
compartilhava compartilhávamos
compartilhavas compartilháveis
compartilhava compartilhavam

Preterit Indicative
compartilhei compartilhámos
compartilhaste compartilhastes
compartilhou compartilharam

Simple Pluperfect Indicative
compartilhara compartilháramos
compartilharas compartilháreis
compartilhara compartilharam

Future Indicative
compartilharei compartilharemos
compartilharás compartilhareis
compartilhará compartilharão

Present Perfect Indicative
tenho compartilhado temos compartilhado
tens compartilhado tendes compartilhado
tem compartilhado têm compartilhado

Past Perfect or Pluperfect Indicative
tinha compartilhado tínhamos compartilhado
tinhas compartilhado tínheis compartilhado
tinha compartilhado tinham compartilhado

Future Perfect Indicative
terei compartilhado teremos compartilhado
terás compartilhado tereis compartilhado
terá compartilhado terão compartilhado

Present Subjunctive
compartilhe compartilhemos
compartilhes compartilheis
compartilhe compartilhem

Imperfect Subjunctive
compartilhasse compartilhássemos
compartilhasses compartilhásseis
compartilhasse compartilhassem

Future Subjunctive
compartilhar compartilharmos
compartilhares compartilhardes
compartilhar compartilharem

Present Perfect Subjunctive
tenha compartilhado tenhamos compartilhado
tenhas compartilhado tenhais compartilhado
tenha compartilhado tenham compartilhado

Past Perfect or Pluperfect Subjunctive
tivesse compartilhado tivéssemos compartilhado
tivesses compartilhado tivésseis compartilhado
tivesse compartilhado tivessem compartilhado

Future Perfect Subjunctive
tiver compartilhado tivermos compartilhado
tiveres compartilhado tiverdes compartilhado
tiver compartilhado tiverem compartilhado

Conditional
compartilharia compartilharíamos
compartilharias compartilharíeis
compartilharia compartilhariam

Conditional Perfect
teria compartilhado teríamos compartilhado
terias compartilhado teríeis compartilhado
teria compartilhado teriam compartilhado

Imperative
compartilha–compartilhai

Samples of verb usage.

Compartilhe a comida com os seus irmãos. *Share the food with your brothers (and sisters).*

Temos compartilhado o nosso carro com os nossos amigos.
We have been sharing our car with our friends.

O polícia (policial *in Brazil*) **compartilhou** da festa. *The policeman took part in the party.*

Vais **compartilhar** os gastos comigo? *Are you going to share the expenses with me?*

to complete, finish

Personal Infinitive		***Present Subjunctive***	
completar	completarmos	*complete*	completemos
completares	completardes	*completes*	completeis
completar	completarem	*complete*	*completem**
Present Indicative		***Imperfect Subjunctive***	
completo	completamos	completasse	completássemos
completas	completais	completasses	completásseis
completa	*completam**	completasse	completassem
Imperfect Indicative		***Future Subjunctive***	
completava	completávamos	completar	completarmos
completavas	completáveis	completares	completardes
completava	completavam	completar	completarem
Preterit Indicative		***Present Perfect Subjunctive***	
completei	completámos	tenha completado	tenhamos completado
completaste	completastes	tenhas completado	tenhais completado
completou	completaram	tenha completado	tenham completado
Simple Pluperfect Indicative		***Past Perfect or Pluperfect Subjunctive***	
completara	completáramos	tivesse completado	tivéssemos completado
completaras	completáreis	tivesses completado	tivésseis completado
completara	completaram	tivesse completado	tivessem completado
Future Indicative		***Future Perfect Subjunctive***	
completarei	completaremos	tiver completado	tivermos completado
completarás	completareis	tiveres completado	tiverdes completado
completará	completarão	tiver completado	tiverem completado
Present Perfect Indicative		***Conditional***	
tenho completado	temos completado	completaria	completaríamos
tens completado	tendes completado	completarias	completaríeis
tem completado	têm completado	completaria	completariam
Past Perfect or Pluperfect Indicative		***Conditional Perfect***	
tinha completado	tínhamos completado	teria completado	teríamos completado
tinhas completado	tínheis completado	terias completado	teríeis completado
tinha completado	tinham completado	teria completado	teriam completado
Future Perfect Indicative		***Imperative***	
terei completado	teremos completado	*completa**–completai	
terás completado	tereis completado		
terá completado	terão completado		

Samples of verb usage.

Já **completei** todas as minhas tarefas. *I already completed all of my duties (tasks).*

Em março ela **completou** vinte e um anos com a companhia.
She completed twenty-one years with the company in March.

Quando ela chegou, já **tínhamos completado** o trabalho.
When she arrived, we had already finished the job.

Espero que **completes** o curso de fotografia que começaste no ano passado.
I hope you finish the photography class you began last year.

*NOTE: Only the radical-changing verb forms with *open* stressed vowels appear in italic type. For further explanation see Foreword.

to complicate; (**-se**) to get *or* become complicated

Personal Infinitive
complicar complicarmos
complicares complicardes
complicar complicarem

Present Indicative
complico complicamos
complicas complicais
complica complicam

Imperfect Indicative
complicava complicávamos
complicavas complicáveis
complicava complicavam

Preterit Indicative
compliquei complicámos
complicaste complicastes
complicou complicaram

Simple Pluperfect Indicative
complicara complicáramos
complicaras complicáreis
complicara complicaram

Future Indicative
complicarei complicaremos
complicarás complicareis
complicará complicarão

Present Perfect Indicative
tenho complicado temos complicado
tens complicado tendes complicado
tem complicado têm complicado

Past Perfect or Pluperfect Indicative
tinha complicado tínhamos complicado
tinhas complicado tínheis complicado
tinha complicado tinham complicado

Future Perfect Indicative
terei complicado teremos complicado
terás complicado tereis complicado
terá complicado terão complicado

Present Subjunctive
complique compliquemos
compliques compliqueis
complique compliquem

Imperfect Subjunctive
complicasse complicássemos
complicasses complicásseis
complicasse complicassem

Future Subjunctive
complicar complicarmos
complicares complicardes
complicar complicarem

Present Perfect Subjunctive
tenha complicado tenhamos complicado
tenhas complicado tenhais complicado
tenha complicado tenham complicado

Past Perfect or Pluperfect Subjunctive
tivesse complicado tivéssemos complicado
tivesses complicado tivésseis complicado
tivesse complicado tivessem complicado

Future Perfect Subjunctive
tiver complicado tivermos complicado
tiveres complicado tiverdes complicado
tiver complicado tiverem complicado

Conditional
complicaria complicaríamos
complicarias complicaríeis
complicaria complicariam

Conditional Perfect
teria complicado teríamos complicado
terias complicado teríeis complicado
teria complicado teriam complicado

Imperative
complica–complicai

Samples of verb usage.

A situação **complicava-se** mais a cada minuto.
The situation was becoming more complicated every minute.

Quanto mais simplificamos o processo, mais ela o **complica**.
The more we simplify the process, the more she complicates it.

Não quero que vocês **compliquem** mais os nossos planos.
I don't want you to complicate our plans any further.

Tudo **tinha-se complicado** de repente. *Suddenly, everything became complicated.*

to buy

Personal Infinitive

comprar	comprarmos
comprares	comprardes
comprar	comprarem

Present Indicative

compro	compramos
compras	comprais
compra	compram

Imperfect Indicative

comprava	comprávamos
compravas	compráveis
comprava	compravam

Preterit Indicative

comprei	comprámos
compraste	comprastes
comprou	compraram

Simple Pluperfect Indicative

comprara	compráramos
compraras	compráreis
comprara	compraram

Future Indicative

comprarei	compraremos
comprarás	comprareis
comprará	comprarão

Present Perfect Indicative

tenho comprado	temos comprado
tens comprado	tendes comprado
tem comprado	têm comprado

Past Perfect or Pluperfect Indicative

tinha comprado	tínhamos comprado
tinhas comprado	tínheis comprado
tinha comprado	tinham comprado

Future Perfect Indicative

terei comprado	teremos comprado
terás comprado	tereis comprado
terá comprado	terão comprado

Present Subjunctive

compre	compremos
compres	compreis
compre	comprem

Imperfect Subjunctive

comprasse	comprássemos
comprasses	comprásseis
comprasse	comprassem

Future Subjunctive

comprar	comprarmos
comprares	comprardes
comprar	comprarem

Present Perfect Subjunctive

tenha comprado	tenhamos comprado
tenhas comprado	tenhais comprado
tenha comprado	tenham comprado

Past Perfect or Pluperfect Subjunctive

tivesse comprado	tivéssemos comprado
tivesses comprado	tivésseis comprado
tivesse comprado	tivessem comprado

Future Perfect Subjunctive

tiver comprado	tivermos comprado
tiveres comprado	tiverdes comprado
tiver comprado	tiverem comprado

Conditional

compraria	compraríamos
comprarias	compraríeis
compraria	comprariam

Conditional Perfect

teria comprado	teríamos comprado
terias comprado	teríeis comprado
teria comprado	teriam comprado

Imperative

compra–comprai

Samples of verb usage.

Comprámos uma casa no ano passado. *We bought a house last year.*

Você **compraria** um carro usado deste homem? *Would you buy a used car from this man?*

Comprarás um presente para ele? *Are you going to buy him a present?*

Elas **têm comprado** muitas jóias. *They* (females) *have been buying a lot of jewels.*

to understand, comprehend

Personal Infinitive

compreender	compreendermos
compreenderes	compreenderdes
compreender	compreenderem

Present Indicative

compreendo	compreendemos
compreendes	compreendeis
compreende	compreendem

Imperfect Indicative

compreendia	compreendíamos
compreendias	compreendíeis
compreendia	compreendiam

Preterit Indicative

compreendi	compreendemos
compreendeste	compreendestes
compreendeu	compreenderam

Simple Pluperfect Indicative

compreendera	compreendêramos
compreenderas	compreendêreis
compreendera	compreenderam

Future Indicative

compreenderei	compreenderemos
compreenderás	compreendereis
compreenderá	compreenderão

Present Perfect Indicative

tenho compreendido	temos compreendido
tens compreendido	tendes compreendido
tem compreendido	têm compreendido

Past Perfect or Pluperfect Indicative

tinha compreendido	tínhamos compreendido
tinhas compreendido	tínheis compreendido
tinha compreendido	tinham compreendido

Future Perfect Indicative

terei compreendido	teremos compreendido
terás compreendido	tereis compreendido
terá compreendido	terão compreendido

Present Subjunctive

compreenda	compreendamos
compreendas	compreendais
compreenda	compreendam

Imperfect Subjunctive

compreendesse	compreendêssemos
compreendesses	compreendêsseis
compreendesse	compreendessem

Future Subjunctive

compreender	compreendermos
compreenderes	compreenderdes
compreender	compreenderem

Present Perfect Subjunctive

tenha compreendido	tenhamos compreendido
tenhas compreendido	tenhais compreendido
tenha compreendido	tenham compreendido

Past Perfect or Pluperfect Subjunctive

tivesse compreendido	tivéssemos compreendido
tivesses compreendido	tivésseis compreendido
tivesse compreendido	tivessem compreendido

Future Perfect Subjunctive

tiver compreendido	tivermos compreendido
tiveres compreendido	tiverdes compreendido
tiver compreendido	tiverem compreendido

Conditional

compreenderia	compreenderíamos
compreenderias	compreenderíeis
compreenderia	compreenderiam

Conditional Perfect

teria compreendido	teríamos compreendido
terias compreendido	teríeis compreendido
teria compreendido	teriam compreendido

Imperative

compreende–compreendei

Samples of verb usage.

Não **compreendes** o que digo? *Don't you understand what I'm saying?*

Ele é incapaz de **compreender** as dimensões deste proje(c)to.
He is incapable of comprehending the dimensions of this project.

Eu **teria compreendido** se ele tivesse explicado melhor o problema.
I would have understood if he had explained the problem better.

Se nós **tivéssemos compreendido** a situação, o resultado teria sido diferente.
If we had understood the situation, the results would have been different.

to concentrate

Personal Infinitive
concentrar concentrarmos
concentrares concentrardes
concentrar concentrarem

Present Indicative
concentro concentramos
concentras concentrais
concentra concentram

Imperfect Indicative
concentrava concentrávamos
concentravas concentráveis
concentrava concentravam

Preterit Indicative
concentrei concentrámos
concentraste concentrastes
concentrou concentraram

Simple Pluperfect Indicative
concentrara concentráramos
concentraras concentráreis
concentrara concentraram

Future Indicative
concentrarei concentraremos
concentrarás concentrareis
concentrará concentrarão

Present Perfect Indicative
tenho concentrado temos concentrado
tens concentrado tendes concentrado
tem concentrado têm concentrado

Past Perfect or Pluperfect Indicative
tinha concentrado tínhamos concentrado
tinhas concentrado tínheis concentrado
tinha concentrado tinham concentrado

Future Perfect Indicative
terei concentrado teremos concentrado
terás concentrado tereis concentrado
terá concentrado terão concentrado

Present Subjunctive
concentre concentremos
concentres concentreis
concentre concentrem

Imperfect Subjunctive
concentrasse concentrássemos
concentrasses concentrásseis
concentrasse concentrassem

Future Subjunctive
concentrar concentrarmos
concentrares concentrardes
concentrar concentrarem

Present Perfect Subjunctive
tenha concentrado tenhamos concentrado
tenhas concentrado tenhais concentrado
tenha concentrado tenham concentrado

Past Perfect or Pluperfect Subjunctive
tivesse concentrado tivéssemos concentrado
tivesses concentrado tivésseis concentrado
tivesse concentrado tivessem concentrado

Future Perfect Subjunctive
tiver concentrado tivermos concentrado
tiveres concentrado tiverdes concentrado
tiver concentrado tiverem concentrado

Conditional
concentraria concentraríamos
concentrarias concentraríeis
concentraria concentrariam

Conditional Perfect
teria concentrado teríamos concentrado
terias concentrado teríeis concentrado
teria concentrado teriam concentrado

Imperative
concentra–concentrai

Samples of verb usage.

Quero que você **se concentre** nisto agora. *I want you to concentrate on this now.*

O treinador aconselhou ao boxeador **concentrar** os seus socos na barriga do seu adversário.
The trainer advised the boxer to concentrate his punches on his opponent's belly.

Se **te concentrares** no que quiseres, consegui-lo-ás.
If you concentrate on what you want, you'll attain it.

Sempre **me concentro** no fundamental. *I always concentrate on the basics.*

to condemn; to convict; to sentence; to censure; to reject

Personal Infinitive

condenar	condenarmos
condenares	condenardes
condenar	condenarem

Present Indicative

condeno	condenamos
condenas	condenais
condena	condenam

Imperfect Indicative

condenava	condenávamos
condenavas	condenáveis
condenava	condenavam

Preterit Indicative

condenei	condenámos
condenaste	condenastes
condenou	condenaram

Simple Pluperfect Indicative

condenara	condenáramos
condenaras	condenáreis
condenara	condenaram

Future Indicative

condenarei	condenaremos
condenarás	condenareis
condenará	condenarão

Present Perfect Indicative

tenho condenado	temos condenado
tens condenado	tendes condenado
tem condenado	têm condenado

Past Perfect or Pluperfect Indicative

tinha condenado	tínhamos condenado
tinhas condenado	tínheis condenado
tinha condenado	tinham condenado

Future Perfect Indicative

terei condenado	teremos condenado
terás condenado	tereis condenado
terá condenado	terão condenado

Present Subjunctive

condene	condenemos
condenes	condeneis
condene	condenem

Imperfect Subjunctive

condenasse	condenássemos
condenasses	condenásseis
condenasse	condenassem

Future Subjunctive

condenar	condenarmos
condenares	condenardes
condenar	condenarem

Present Perfect Subjunctive

tenha condenado	tenhamos condenado
tenhas condenado	tenhais condenado
tenha condenado	tenham condenado

Past Perfect or Pluperfect Subjunctive

tivesse condenado	tivéssemos condenado
tivesses condenado	tivésseis condenado
tivesse condenado	tivessem condenado

Future Perfect Subjunctive

tiver condenado	tivermos condenado
tiveres condenado	tiverdes condenado
tiver condenado	tiverem condenado

Conditional

condenaria	condenaríamos
condenarias	condenaríeis
condenaria	condenariam

Conditional Perfect

teria condenado	teríamos condenado
terias condenado	teríeis condenado
teria condenado	teriam condenado

Imperative

condena–condenai

Samples of verb usage.

O fantasma **foi condenado** a assombrar o castelo durante trinta anos.
The ghost was condemned to haunt the castle for thirty years.

A professora vai **condenar** o comportamento daquele aluno.
The teacher (female) is going to censure that student's behavior.

O político **condenou** as ideias (idéias *in Brazil*) do seu adversário.
The politician rejected his adversary's ideas.

Os inspe(c)tores da prefeitura **condenaram** o prédio ontem a tarde.
The inspectors from the mayor's office condemned the building yesterday afternoon.

to confess

Personal Infinitive		***Present Subjunctive***	
confessar	confessarmos	*confesse*	confessemos
confessares	confessardes	*confesses*	confesseis
confessar	confessarem	*confesse*	*confessem**
Present Indicative		***Imperfect Subjunctive***	
confesso	confessamos	confessasse	confessássemos
confessas	confessais	confessasses	confessásseis
confessa	*confessam**	confessasse	confessassem
Imperfect Indicative		***Future Subjunctive***	
confessava	confessávamos	confessar	confessarmos
confessavas	confessáveis	confessares	confessardes
confessava	confessavam	confessar	confessarem
Preterit Indicative		***Present Perfect Subjunctive***	
confessei	confessámos	tenha confessado	tenhamos confessado
confessaste	confessastes	tenhas confessado	tenhais confessado
confessou	confessaram	tenha confessado	tenham confessado
Simple Pluperfect Indicative		***Past Perfect or Pluperfect Subjunctive***	
confessara	confessáramos	tivesse confessado	tivéssemos confessado
confessaras	confessáreis	tivesses confessado	tivésseis confessado
confessara	confessaram	tivesse confessado	tivessem confessado
Future Indicative		***Future Perfect Subjunctive***	
confessarei	confessaremos	tiver confessado	tivermos confessado
confessarás	confessareis	tiveres confessado	tiverdes confessado
confessará	confessarão	tiver confessado	tiverem confessado
Present Perfect Indicative		***Conditional***	
tenho confessado	temos confessado	confessaria	confessaríamos
tens confessado	tendes confessado	confessarias	confessaríeis
tem confessado	têm confessado	confessaria	confessariam
Past Perfect or Pluperfect Indicative		***Conditional Perfect***	
tinha confessado	tínhamos confessado	teria confessado	teríamos confessado
tinhas confessado	tínheis confessado	terias confessado	teríeis confessado
tinha confessado	tinham confessado	teria confessado	teriam confessado
Future Perfect Indicative		***Imperative***	
terei confessado	teremos confessado	*confessa**–confessai	
terás confessado	tereis confessado		
terá confessado	terão confessado		

Samples of verb usage.

Está bem, eu **confesso**. *Okay, I confess.*

Qual foi a última vez que você **confessou** os seus pecados?
When was the last time you confessed your sins?

Antes do teu advogado voltar, já **terás confessado** tudo.
Before your lawyer returns, you will have already confessed everything.

Ela nunca **se confessará** àquele padre. *She will never confess to that priest.*

*NOTE: Only the radical-changing verb forms with *open* stressed vowels appear in italic type. For further explanation see Foreword.

to trust, have confidence in; to confide to *or* in

Personal Infinitive

confiar	confiarmos
confiares	confiardes
confiar	confiarem

Present Indicative

confio	confiamos
confias	confiais
confia	confiam

Imperfect Indicative

confiava	confiávamos
confiavas	confiáveis
confiava	confiavam

Preterit Indicative

confiei	confiámos
confiaste	confiastes
confiou	confiaram

Simple Pluperfect Indicative

confiara	confiáramos
confiaras	confiáreis
confiara	confiaram

Future Indicative

confiarei	confiaremos
confiarás	confiareis
confiará	confiarão

Present Perfect Indicative

tenho confiado	temos confiado
tens confiado	tendes confiado
tem confiado	têm confiado

Past Perfect or Pluperfect Indicative

tinha confiado	tínhamos confiado
tinhas confiado	tínheis confiado
tinha confiado	tinham confiado

Future Perfect Indicative

terei confiado	teremos confiado
terás confiado	tereis confiado
terá confiado	terão confiado

Present Subjunctive

confie	confiemos
confies	confieis
confie	confiem

Imperfect Subjunctive

confiasse	confiássemos
confiasses	confiásseis
confiasse	confiassem

Future Subjunctive

confiar	confiarmos
confiares	confiardes
confiar	confiarem

Present Perfect Subjunctive

tenha confiado	tenhamos confiado
tenhas confiado	tenhais confiado
tenha confiado	tenham confiado

Past Perfect or Pluperfect Subjunctive

tivesse confiado	tivéssemos confiado
tivesses confiado	tivésseis confiado
tivesse confiado	tivessem confiado

Future Perfect Subjunctive

tiver confiado	tivermos confiado
tiveres confiado	tiverdes confiado
tiver confiado	tiverem confiado

Conditional

confiaria	confiaríamos
confiarias	confiaríeis
confiaria	confiariam

Conditional Perfect

teria confiado	teríamos confiado
terias confiado	teríeis confiado
teria confiado	teriam confiado

Imperative

confia–confiai

Samples of verb usage.

Você ainda **confia** em mim? *Do you still trust me?*

Ela quer **confiar** os seus segredos a você. *She wants to confide her secrets to you.*

Eu **confio** nas tuas habilidades intelectuais. *I have confidence in your intellectual abilities.*

Ele nunca **tinha confiado** em ninguém. *He had never trusted anyone.*

to comfort, console

Personal Infinitive
confortar confortarmos
confortares confortardes
confortar confortarem

Present Indicative
conforto confortamos
confortas confortais
conforta *confortam**

Imperfect Indicative
confortava confortávamos
confortavas confortáveis
confortava confortavam

Preterit Indicative
confortei confortámos
confortaste confortastes
confortou confortaram

Simple Pluperfect Indicative
confortara confortáramos
confortaras confortáreis
confortara confortaram

Future Indicative
confortarei confortaremos
confortarás confortareis
confortará confortarão

Present Perfect Indicative
tenho confortado temos confortado
tens confortado tendes confortado
tem confortado têm confortado

Past Perfect or Pluperfect Indicative
tinha confortado tínhamos confortado
tinhas confortado tínheis confortado
tinha confortado tinham confortado

Future Perfect Indicative
terei confortado teremos confortado
terás confortado tereis confortado
terá confortado terão confortado

Present Subjunctive
conforte confortemos
confortes conforteis
conforte *confortem**

Imperfect Subjunctive
confortasse confortássemos
confortasses confortásseis
confortasse confortassem

Future Subjunctive
confortar confortarmos
confortares confortardes
confortar confortarem

Present Perfect Subjunctive
tenha confortado tenhamos confortado
tenhas confortado tenhais confortado
tenha confortado tenham confortado

Past Perfect or Pluperfect Subjunctive
tivesse confortado tivéssemos confortado
tivesses confortado tivésseis confortado
tivesse confortado tivessem confortado

Future Perfect Subjunctive
tiver confortado tivermos confortado
tiveres confortado tiverdes confortado
tiver confortado tiverem confortado

Conditional
confortaria confortaríamos
confortarias confortaríeis
confortaria confortariam

Conditional Perfect
teria confortado teríamos confortado
terias confortado teríeis confortado
teria confortado teriam confortado

Imperative
*conforta**–confortai

Samples of verb usage.

O jovem **confortou** a esposa do morto. *The young man consoled the dead man's wife.*

Ela sempre nos **confortava** em momentos de crise. *She would always comfort us in moments of crisis.*

A sua presença, em si, **confortar**-me-**á**. *Your presence alone will comfort me.*

Confortem-se com o fato de que seus filhos sobreviveram à guerra.
Console yourselves with the fact that your children survived the war.

*NOTE: Only the radical-changing verb forms with *open* stressed vowels appear in italic type. For further explanation see Foreword.

to confuse, bewilder; (**-se**) to become *or* get confused *or* mixed up; to mistake, mix up

Personal Infinitive

confundir	confundirmos
confundires	confundirdes
confundir	confundirem

Present Indicative

confundo	confundimos
confundes	confundis
confunde	confundem

Imperfect Indicative

confundia	confundíamos
confundias	confundíeis
confundia	confundiam

Preterit Indicative

confundi	confundimos
confundiste	confundistes
confundiu	confundiram

Simple Pluperfect Indicative

confundira	confundíramos
confundiras	confundíreis
confundira	confundiram

Future Indicative

confundirei	confundiremos
confundirás	confundireis
confundirá	confundirão

Present Perfect Indicative

tenho confundido	temos confundido
tens confundido	tendes confundido
tem confundido	têm confundido

Past Perfect or Pluperfect Indicative

tinha confundido	tínhamos confundido
tinhas confundido	tínheis confundido
tinha confundido	tinham confundido

Future Perfect Indicative

terei confundido	teremos confundido
terás confundido	tereis confundido
terá confundido	terão confundido

Present Subjunctive

confunda	confundamos
confundas	confundais
confunda	confundam

Imperfect Subjunctive

confundisse	confundíssemos
confundisses	confundísseis
confundisse	confundissem

Future Subjunctive

confundir	confundirmos
confundires	confundirdes
confundir	confundirem

Present Perfect Subjunctive

tenha confundido	tenhamos confundido
tenhas confundido	tenhais confundido
tenha confundido	tenham confundido

Past Perfect or Pluperfect Subjunctive

tivesse confundido	tivéssemos confundido
tivesses confundido	tivésseis confundido
tivesse confundido	tivessem confundido

Future Perfect Subjunctive

tiver confundido	tivermos confundido
tiveres confundido	tiverdes confundido
tiver confundido	tiverem confundido

Conditional

confundiria	confundiríamos
confundirias	confundiríeis
confundiria	confundiriam

Conditional Perfect

teria confundido	teríamos confundido
terias confundido	teríeis confundido
teria confundido	teriam confundido

Imperative

confunde–confundi

Samples of verb usage.

Muitas vezes **se confunde** o ódio com o amor. *Hatred is often mistaken for love.*

O passageiro **confundiu-se** e apanhou o autocarro (ônibus *in Brazil*) errado.
The passenger got mixed up (became confused) and took the wrong bus.

O acidente me deixou todo **confuso**. *The accident left me completely bewildered (mixed up).*

Você está-me **confundindo** com outra pessoa.
You're mistaking me for someone else. (You're confusing me with another person.)

to freeze; to solidify

Personal Infinitive

congelar	congelarmos
congelares	congelardes
congelar	congelarem

Present Indicative

congelo	congelamos
congelas	congelais
congela	*congelam**

Imperfect Indicative

congelava	congelávamos
congelavas	congeláveis
congelava	congelavam

Preterit Indicative

congelei	congelámos
congelaste	congelastes
congelou	congelaram

Simple Pluperfect Indicative

congelara	congeláramos
congelaras	congeláreis
congelara	congelaram

Future Indicative

congelarei	congelaremos
congelarás	congelareis
congelará	congelarão

Present Perfect Indicative

tenho congelado	temos congelado
tens congelado	tendes congelado
tem congelado	têm congelado

Past Perfect or Pluperfect Indicative

tinha congelado	tínhamos congelado
tinhas congelado	tínheis congelado
tinha congelado	tinham congelado

Future Perfect Indicative

terei congelado	teremos congelado
terás congelado	tereis congelado
terá congelado	terão congelado

Present Subjunctive

congele	congelemos
congeles	congeleis
congele	*congelem**

Imperfect Subjunctive

congelasse	congelássemos
congelasses	congelásseis
congelasse	congelassem

Future Subjunctive

congelar	congelarmos
congelares	congelardes
congelar	congelarem

Present Perfect Subjunctive

tenha congelado	tenhamos congelado
tenhas congelado	tenhais congelado
tenha congelado	tenham congelado

Past Perfect or Pluperfect Subjunctive

tivesse congelado	tivéssemos congelado
tivesses congelado	tivésseis congelado
tivesse congelado	tivessem congelado

Future Perfect Subjunctive

tiver congelado	tivermos congelado
tiveres congelado	tiverdes congelado
tiver congelado	tiverem congelado

Conditional

congelaria	congelaríamos
congelarias	congelaríeis
congelaria	congelariam

Conditional Perfect

teria congelado	teríamos congelado
terias congelado	teríeis congelado
teria congelado	teriam congelado

Imperative

*congela**–congelai

Samples of verb usage.

Eu **teria congelado** se tivesse ficado em Wisconsin durante o inverno.
I would have frozen if I had stayed in Wisconsin through the winter.

A cerveja **congelará** se a colocarmos no congelador.
The beer will freeze if we put it in the freezer.

Os pinguins nunca **se congelam**. *Penguins never freeze.*

A água pura **congela-se** a trinta e dois graus Fahrenheit.
Pure water solidifies at thirty-two degrees Fahrenheit.

*NOTE: Only the radical-changing verb forms with *open* stressed vowels appear in italic type. For further explanation see Foreword.

to know (as to be acquainted or familiar with); to meet

Personal Infinitive
conhecer conhecermos
conheceres conhecerdes
conhecer conhecerem

Present Indicative
conheço conhecemos
conheces conheceis
conhece *conhecem**

Imperfect Indicative
conhecia conhecíamos
conhecias conhecíeis
conhecia conheciam

Preterit Indicative
conheci conhecemos
conheceste conhecestes
conheceu conheceram

Simple Pluperfect Indicative
conhecera conhecêramos
conheceras conhecêreis
conhecera conheceram

Future Indicative
conhecerei conheceremos
conhecerás conhecereis
conhecerá conhecerão

Present Perfect Indicative
tenho conhecido temos conhecido
tens conhecido tendes conhecido
tem conhecido têm conhecido

Past Perfect or Pluperfect Indicative
tinha conhecido tínhamos conhecido
tinhas conhecido tínheis conhecido
tinha conhecido tinham conhecido

Future Perfect Indicative
terei conhecido teremos conhecido
terás conhecido tereis conhecido
terá conhecido terão conhecido

Present Subjunctive
conheça conheçamos
conheças conheçais
conheça conheçam

Imperfect Subjunctive
conhecesse conhecêssemos
conhecesses conhecêsseis
conhecesse conhecessem

Future Subjunctive
conhecer conhecermos
conheceres conhecerdes
conhecer conhecerem

Present Perfect Subjunctive
tenha conhecido tenhamos conhecido
tenhas conhecido tenhais conhecido
tenha conhecido tenham conhecido

Past Perfect or Pluperfect Subjunctive
tivesse conhecido tivéssemos conhecido
tivesses conhecido tivésseis conhecido
tivesse conhecido tivessem conhecido

Future Perfect Subjunctive
tiver conhecido tivermos conhecido
tiveres conhecido tiverdes conhecido
tiver conhecido tiverem conhecido

Conditional
conheceria conheceríamos
conhecerias conheceríeis
conheceria conheceriam

Conditional Perfect
teria conhecido teríamos conhecido
terias conhecido teríeis conhecido
teria conhecido teriam conhecido

Imperative
*conhece**– conhecei

Samples of verb usage.

Eu te **conheço** de algum lugar? *Do I know you from somewhere?*

Eu a **conheci** ontem pela primeira vez. *I met her yesterday for the first time.*

Conheces a Teoria da Relatividade do Einstein? *Are you familiar with Einstein's Theory of Relativity?*

Ela **teria**-me **conhecido** na festa, mas o pneu do seu carro furou.
She would have met me at the party, but she had a flat tire.

*NOTE: Only the radical-changing verb forms with *open* stressed vowels appear in italic type. For further explanation see Foreword.

to conjugate; to combine, merge

Personal Infinitive

conjugar	conjugarmos
conjugares	conjugardes
conjugar	conjugarem

Present Indicative

conjugo	conjugamos
conjugas	conjugais
conjuga	conjugam

Imperfect Indicative

conjugava	conjugávamos
conjugavas	conjugáveis
conjugava	conjugavam

Preterit Indicative

conjuguei	conjugámos
conjugaste	conjugastes
conjugou	conjugaram

Simple Pluperfect Indicative

conjugara	conjugáramos
conjugaras	conjugáreis
conjugara	conjugaram

Future Indicative

conjugarei	conjugaremos
conjugarás	conjugareis
conjugará	conjugarão

Present Perfect Indicative

tenho conjugado	temos conjugado
tens conjugado	tendes conjugado
tem conjugado	têm conjugado

Past Perfect or Pluperfect Indicative

tinha conjugado	tínhamos conjugado
tinhas conjugado	tínheis conjugado
tinha conjugado	tinham conjugado

Future Perfect Indicative

terei conjugado	teremos conjugado
terás conjugado	tereis conjugado
terá conjugado	terão conjugado

Present Subjunctive

conjugue	conjuguemos
conjugues	conjugueis
conjugue	conjuguem

Imperfect Subjunctive

conjugasse	conjugássemos
conjugasses	conjugásseis
conjugasse	conjugassem

Future Subjunctive

conjugar	conjugarmos
conjugares	conjugardes
conjugar	conjugarem

Present Perfect Subjunctive

tenha conjugado	tenhamos conjugado
tenhas conjugado	tenhais conjugado
tenha conjugado	tenham conjugado

Past Perfect or Pluperfect Subjunctive

tivesse conjugado	tivéssemos conjugado
tivesses conjugado	tivésseis conjugado
tivesse conjugado	tivessem conjugado

Future Perfect Subjunctive

tiver conjugado	tivermos conjugado
tiveres conjugado	tiverdes conjugado
tiver conjugado	tiverem conjugado

Conditional

conjugaria	conjugaríamos
conjugarias	conjugaríeis
conjugaria	conjugariam

Conditional Perfect

teria conjugado	teríamos conjugado
terias conjugado	teríeis conjugado
teria conjugado	teriam conjugado

Imperative

conjuga–conjugai

Samples of verb usage.

Você **conjuga** os verbos portugueses bem. *You conjugate Portuguese verbs well.*

O aluno terá que aprender a **conjugar** todos os tempos verbais.
The student will have to learn to conjugate all the verb tenses.

O engenheiro **conjugava** talento e habilidade. *The engineer combined talent and ability.*

Você tem que **conjugar** a sua sabedoria com a dele. *You have to merge your knowledge with his.*

to conquer, defeat, win; to seduce

Personal Infinitive

conquistar	conquistarmos
conquistares	conquistardes
conquistar	conquistarem

Present Indicative

conquisto	conquistamos
conquistas	conquistais
conquista	conquistam

Imperfect Indicative

conquistava	conquistávamos
conquistavas	conquistáveis
conquistava	conquistavam

Preterit Indicative

conquistei	conquistámos
conquistaste	conquistastes
conquistou	conquistaram

Simple Pluperfect Indicative

conquistara	conquistáramos
conquistaras	conquistáreis
conquistara	conquistaram

Future Indicative

conquistarei	conquistaremos
conquistarás	conquistareis
conquistará	conquistarão

Present Perfect Indicative

tenho conquistado	temos conquistado
tens conquistado	tendes conquistado
tem conquistado	têm conquistado

Past Perfect or Pluperfect Indicative

tinha conquistado	tínhamos conquistado
tinhas conquistado	tínheis conquistado
tinha conquistado	tinham conquistado

Future Perfect Indicative

terei conquistado	teremos conquistado
terás conquistado	tereis conquistado
terá conquistado	terão conquistado

Present Subjunctive

conquiste	conquistemos
conquistes	conquisteis
conquiste	conquistem

Imperfect Subjunctive

conquistasse	conquistássemos
conquistasses	conquistásseis
conquistasse	conquistassem

Future Subjunctive

conquistar	conquistarmos
conquistares	conquistardes
conquistar	conquistarem

Present Perfect Subjunctive

tenha conquistado	tenhamos conquistado
tenhas conquistado	tenhais conquistado
tenha conquistado	tenham conquistado

Past Perfect or Pluperfect Subjunctive

tivesse conquistado	tivéssemos conquistado
tivesses conquistado	tivésseis conquistado
tivesse conquistado	tivessem conquistado

Future Perfect Subjunctive

tiver conquistado	tivermos conquistado
tiveres conquistado	tiverdes conquistado
tiver conquistado	tiverem conquistado

Conditional

conquistaria	conquistaríamos
conquistarias	conquistaríeis
conquistaria	conquistariam

Conditional Perfect

teria conquistado	teríamos conquistado
terias conquistado	teríeis conquistado
teria conquistado	teriam conquistado

Imperative

conquista–conquistai

Samples of verb usage.

Napoleão já **tinha conquistado** sete países. *Napoleon had already conquered seven countries.*

O exército revolucionário tentou **conquistar** as forças armadas da ditadura, mas não pôde.
The revolutionary army tried to defeat the armed forces of the dictatorship, but couldn't.

Finalmente **conquistámos** a quarta Copa do Mundo. *We have finally won the fourth World Cup.*

Ela disse que podia **conquistar** qualquer rapaz da escola.
She said she could seduce (charm) any guy in the school.

to conserve, preserve, keep

Personal Infinitive

conservar	conservarmos
conservares	conservardes
conservar	conservarem

Present Indicative

conservo	conservamos
conservas	conservais
conserva	*conservam**

Imperfect Indicative

conservava	conservávamos
conservavas	conserváveis
conservava	conservavam

Preterit Indicative

conservei	conservámos
conservaste	conservastes
conservou	conservaram

Simple Pluperfect Indicative

conservara	conserváramos
conservaras	conserváreis
conservara	conservaram

Future Indicative

conservarei	conservaremos
conservarás	conservareis
conservará	conservarão

Present Perfect Indicative

tenho conservado	temos conservado
tens conservado	tendes conservado
tem conservado	têm conservado

Past Perfect or Pluperfect Indicative

tinha conservado	tínhamos conservado
tinhas conservado	tínheis conservado
tinha conservado	tinham conservado

Future Perfect Indicative

terei conservado	teremos conservado
terás conservado	tereis conservado
terá conservado	terão conservado

Present Subjunctive

conserve	conservemos
conserves	conserveis
conserve	*conservem**

Imperfect Subjunctive

conservasse	conservássemos
conservasses	conservásseis
conservasse	conservassem

Future Subjunctive

conservar	conservarmos
conservares	conservardes
conservar	conservarem

Present Perfect Subjunctive

tenha conservado	tenhamos conservado
tenhas conservado	tenhais conservado
tenha conservado	tenham conservado

Past Perfect or Pluperfect Subjunctive

tivesse conservado	tivéssemos conservado
tivesses conservado	tivésseis conservado
tivesse conservado	tivessem conservado

Future Perfect Subjunctive

tiver conservado	tivermos conservado
tiveres conservado	tiverdes conservado
tiver conservado	tiverem conservado

Conditional

conservaria	conservaríamos
conservarias	conservaríeis
conservaria	conservariam

Conditional Perfect

teria conservado	teríamos conservado
terias conservado	teríeis conservado
teria conservado	teriam conservado

Imperative

*conserva**–conservai

Samples of verb usage.

É importante **conservar** energia. *It's important to conserve energy.*

Este frigorífico (Esta geladeira *in Brazil*) **conserva** a comida muito bem.
This refrigerator keeps food very well.

A menina **tem conservado** o seu quarto impecavelmente limpo.
The little girl has been keeping her room impeccably clean.

O fugitivo queria **conservar** a sua liberdade a todo custo.
The fugitive wanted to preserve his freedom at any cost.

*NOTE: Only the radical-changing verb forms with *open* stressed vowels appear in italic type. For further explanation see Foreword.

to consider

Personal Infinitive

considerar	considerarmos
considerares	considerardes
considerar	considerarem

Present Indicative

considero	consideramos
consideras	considerais
considera	*consideram**

Imperfect Indicative

considerava	considerávamos
consideravas	consideráveis
considerava	consideravam

Preterit Indicative

considerei	considerámos
consideraste	considerastes
considerou	consideraram

Simple Pluperfect Indicative

considerara	consideráramos
consideraras	consideráreis
considerara	consideraram

Future Indicative

considerarei	consideraremos
considerarás	considerareis
considerará	considerarão

Present Perfect Indicative

tenho considerado	temos considerado
tens considerado	tendes considerado
tem considerado	têm considerado

Past Perfect or Pluperfect Indicative

tinha considerado	tínhamos considerado
tinhas considerado	tínheis considerado
tinha considerado	tinham considerado

Future Perfect Indicative

terei considerado	teremos considerado
terás considerado	tereis considerado
terá considerado	terão considerado

Present Subjunctive

considere	consideremos
consideres	considereis
considere	*considerem**

Imperfect Subjunctive

considerasse	considerássemos
considerasses	considerásseis
considerasse	considerassem

Future Subjunctive

considerar	considerarmos
considerares	considerardes
considerar	considerarem

Present Perfect Subjunctive

tenha considerado	tenhamos considerado
tenhas considerado	tenhais considerado
tenha considerado	tenham considerado

Past Perfect or Pluperfect Subjunctive

tivesse considerado	tivéssemos considerado
tivesses considerado	tivésseis considerado
tivesse considerado	tivessem considerado

Future Perfect Subjunctive

tiver considerado	tivermos considerado
tiveres considerado	tiverdes considerado
tiver considerado	tiverem considerado

Conditional

consideraria	consideraríamos
considerarias	consideraríeis
consideraria	considerariam

Conditional Perfect

teria considerado	teríamos considerado
terias considerado	teríeis considerado
teria considerado	teriam considerado

Imperative

*considera**–considerai

Samples of verb usage.

O professor não **tinha considerado** o fa(c)to de que o aluno era estrangeiro.
The teacher had not considered the fact that the student was a foreigner.

Consideraste a proposta? *Did you consider the proposal?*

Consideraremos tudo com muito cuidado. *We will consider everything very carefully.*

Eu **considerei** essa possibilidade durante muito tempo. *I considered that possibility for a long time.*

*NOTE: Only the radical-changing verb forms with *open* stressed vowels appear in italic type. For further explanation see Foreword.

to build, construct

Personal Infinitive		***Present Subjunctive***	
construir	construirmos	construa	construamos
construíres	construirdes	construas	construais
construir	construírem	construa	construam
Present Indicative		***Imperfect Subjunctive***	
construo	construímos	construísse	construíssemos
construis (constróis)	construís	construísses	construísseis
construi (constrói)	construem *(constroem)**	construísse	construíssem
Imperfect Indicative		***Future Subjunctive***	
construía	construíamos	construir	construirmos
construías	construíeis	construíres	construirdes
construía	construíam	construir	construírem
Preterit Indicative		***Present Perfect Subjunctive***	
construí	construímos	tenha construído	tenhamos construído
construíste	construístes	tenhas construído	tenhais construído
construiu	construíram	tenha construído	tenham construído
Simple Pluperfect Indicative		***Past Perfect or Pluperfect Subjunctive***	
construíra	construíramos	tivesse construído	tivéssemos construído
construíras	construíreis	tivesses construído	tivésseis construído
construíra	construíram	tivesse construído	tivessem construído
Future Indicative		***Future Perfect Subjunctive***	
construirei	construiremos	tiver construído	tivermos construído
construirás	construireis	tiveres construído	tiverdes construído
construirá	construirão	tiver construído	tiverem construído
Present Perfect Indicative		***Conditional***	
tenho construído	temos construído	construiria	construiríamos
tens construído	tendes construído	construirias	construiríeis
tem construído	têm construído	construiria	construiriam
Past Perfect or Pluperfect Indicative		***Conditional Perfect***	
tinha construído	tínhamos construído	teria construído	teríamos construído
tinhas construído	tínheis construído	terias construído	teríeis construído
tinha construído	tinham construído	teria construído	teriam construído
Future Perfect Indicative		***Imperative***	
terei construído	teremos construído	construi (constrói)*–construí	
terás construído	tereis construído		
terá construído	terão construído		

Samples of verb usage.

O menino **construi** (**constrói**) um castelo de plástico. *The boy is constructing a plastic castle.*

O governo estadual **construirá** mais escolas este ano.
The state government will build more schools this year.

Construir um império não é fácil. *To build an empire is not easy.*

A empresa já **tinha construído** vários edifícios naquele local.
The company had already constructed several buildings on that site.

*NOTE: Only the radical-changing verb forms with *open* stressed vowels appear in italic type. For further explanation see Foreword. The forms in parentheses are used in Brazil.

to consult

Personal Infinitive	
consultar	consultarmos
consultares	consultardes
consultar	consultarem
Present Indicative	
consulto	consultamos
consultas	consultais
consulta	consultam
Imperfect Indicative	
consultava	consultávamos
consultavas	consultáveis
consultava	consultavam
Preterit Indicative	
consultei	consultámos
consultaste	consultastes
consultou	consultaram
Simple Pluperfect Indicative	
consultara	consultáramos
consultaras	consultáreis
consultara	consultaram
Future Indicative	
consultarei	consultaremos
consultarás	consultareis
consultará	consultarão
Present Perfect Indicative	
tenho consultado	temos consultado
tens consultado	tendes consultado
tem consultado	têm consultado
Past Perfect or Pluperfect Indicative	
tinha consultado	tínhamos consultado
tinhas consultado	tínheis consultado
tinha consultado	tinham consultado
Future Perfect Indicative	
terei consultado	teremos consultado
terás consultado	tereis consultado
terá consultado	terão consultado
Present Subjunctive	
consulte	consultemos
consultes	consulteis
consulte	consultem
Imperfect Subjunctive	
consultasse	consultássemos
consultasses	consultásseis
consultasse	consultassem
Future Subjunctive	
consultar	consultarmos
consultares	consultardes
consultar	consultarem
Present Perfect Subjunctive	
tenha consultado	tenhamos consultado
tenhas consultado	tenhais consultado
tenha consultado	tenham consultado
Past Perfect or Pluperfect Subjunctive	
tivesse consultado	tivéssemos consultado
tivesses consultado	tivésseis consultado
tivesse consultado	tivessem consultado
Future Perfect Subjunctive	
tiver consultado	tivermos consultado
tiveres consultado	tiverdes consultado
tiver consultado	tiverem consultado
Conditional	
consultaria	consultaríamos
consultarias	consultaríeis
consultaria	consultariam
Conditional Perfect	
teria consultado	teríamos consultado
terias consultado	teríeis consultado
teria consultado	teriam consultado
Imperative	
consulta–consultai	

Samples of verb usage.

Você já **consultou** o seu advogado? *Have you already consulted your lawyer?*

Você deve **consultar-se** com seu médico sobre essa verruga.
You should consult your doctor about that wart.

O engenheiro **consultará** a companhia amanhã sobre a maquinaria.
The engineer will consult the company tomorrow about the machinery.

Eu **tinha consultado** o dire(c)tor antes de comunicar a decisão.
I had consulted with the director before communicating the decision.

to count; to tell, report

Personal Infinitive

contar	contarmos
contares	contardes
contar	contarem

Present Indicative

conto	contamos
contas	contais
conta	contam

Imperfect Indicative

contava	contávamos
contavas	contáveis
contava	contavam

Preterit Indicative

contei	contámos
contaste	contastes
contou	contaram

Simple Pluperfect Indicative

contara	contáramos
contaras	contáreis
contara	contaram

Future Indicative

contarei	contaremos
contarás	contareis
contará	contarão

Present Perfect Indicative

tenho contado	temos contado
tens contado	tendes contado
tem contado	têm contado

Past Perfect or Pluperfect Indicative

tinha contado	tínhamos contado
tinhas contado	tínheis contado
tinha contado	tinham contado

Future Perfect Indicative

terei contado	teremos contado
terás contado	tereis contado
terá contado	terão contado

Present Subjunctive

conte	contemos
contes	conteis
conte	contem

Imperfect Subjunctive

contasse	contássemos
contasses	contásseis
contasse	contassem

Future Subjunctive

contar	contarmos
contares	contardes
contar	contarem

Present Perfect Subjunctive

tenha contado	tenhamos contado
tenhas contado	tenhais contado
tenha contado	tenham contado

Past Perfect or Pluperfect Subjunctive

tivesse contado	tivéssemos contado
tivesses contado	tivésseis contado
tivesse contado	tivessem contado

Future Perfect Subjunctive

tiver contado	tivermos contado
tiveres contado	tiverdes contado
tiver contado	tiverem contado

Conditional

contaria	contaríamos
contarias	contaríeis
contaria	contariam

Conditional Perfect

teria contado	teríamos contado
terias contado	teríeis contado
teria contado	teriam contado

Imperative

conta–contai

Samples of verb usage.

O menino aprendeu a **contar**. *The boy learned how to count.*

Conte-me o que aconteceu. *Tell me what happened.*

Ela nos **contará** uma história fantástica. *She will tell us a wonderful story.*

O polícia (policial *in Brazil*) **contou** tudo ao chefe. *The police officer reported everything to the chief.*

to continue

Personal Infinitive
continuar continuarmos
continuares continuardes
continuar continuarem

Present Indicative
continuo continuamos
continuas continuais
continua continuam

Imperfect Indicative
continuava continuávamos
continuavas continuáveis
continuava continuavam

Preterit Indicative
continuei continuámos
continuaste continuastes
continuou continuaram

Simple Pluperfect Indicative
continuara continuáramos
continuaras continuáreis
continuara continuaram

Future Indicative
continuarei continuaremos
continuarás continuareis
continuará continuarão

Present Perfect Indicative
tenho continuado temos continuado
tens continuado tendes continuado
tem continuado têm continuado

Past Perfect or Pluperfect Indicative
tinha continuado tínhamos continuado
tinhas continuado tínheis continuado
tinha continuado tinham continuado

Future Perfect Indicative
terei continuado teremos continuado
terás continuado tereis continuado
terá continuado terão continuado

Present Subjunctive
continue continuemos
continues continueis
continue continuem

Imperfect Subjunctive
continuasse continuássemos
continuasses continuásseis
continuasse continuassem

Future Subjunctive
continuar continuarmos
continuares continuardes
continuar continuarem

Present Perfect Subjunctive
tenha continuado tenhamos continuado
tenhas continuado tenhais continuado
tenha continuado tenham continuado

Past Perfect or Pluperfect Subjunctive
tivesse continuado tivéssemos continuado
tivesses continuado tivésseis continuado
tivesse continuado tivessem continuado

Future Perfect Subjunctive
tiver continuado tivermos continuado
tiveres continuado tiverdes continuado
tiver continuado tiverem continuado

Conditional
continuaria continuaríamos
continuarias continuaríeis
continuaria continuariam

Conditional Perfect
teria continuado teríamos continuado
terias continuado teríeis continuado
teria continuado teriam continuado

Imperative
continua–continuai

Samples of verb usage.

Se **continuares** assim, nunca terás sucesso. *If you continue this way, you'll never succeed.*

Ele **tem continuado** o tratamento do câncer. *He's been continuing the cancer treatment.*

O assistente **continuava** o trabalho do mestre. *The assistant continued the master's work.*

O rapaz **continuará** a chatear a menina se você não falar com ele sobre o assunto.
The young man will continue to bother the girl if you don't speak to him about it.

to contribute

Personal Infinitive		***Present Subjunctive***	
contribuir	contribuirmos	contribua	contribuamos
contribuíres	contribuirdes	contribuas	contribuais
contribuir	contribuírem	contribua	contribuam
Present Indicative		***Imperfect Subjunctive***	
contribuo	contribuímos	contribuísse	contribuíssemos
contribuis	contribuís	contribuísses	contribuísseis
contribui	contribuem	contribuísse	contribuíssem
Imperfect Indicative		***Future Subjunctive***	
contribuía	contribuíamos	contribuir	contribuirmos
contribuías	contribuíeis	contribuíres	contribuirdes
contribuía	contribuíam	contribuir	contribuírem
Preterit Indicative		***Present Perfect Subjunctive***	
contribuí	contribuímos	tenha contribuído	tenhamos contribuído
contribuíste	contribuístes	tenhas contribuído	tenhais contribuído
contribuiu	contribuíram	tenha contribuído	tenham contribuído
Simple Pluperfect Indicative		***Past Perfect or Pluperfect Subjunctive***	
contribuíra	contribuíramos	tivesse contribuído	tivéssemos contribuído
contribuíras	contribuíreis	tivesses contribuído	tivésseis contribuído
contribuíra	contribuíram	tivesse contribuído	tivessem contribuído
Future Indicative		***Future Perfect Subjunctive***	
contribuirei	contribuiremos	tiver contribuído	tivermos contribuído
contribuirás	contribuireis	tiveres contribuído	tiverdes contribuído
contribuirá	contribuirão	tiver contribuído	tiverem contribuído
Present Perfect Indicative		***Conditional***	
tenho contribuído	temos contribuído	contribuiria	contribuiríamos
tens contribuído	tendes contribuído	contribuirias	contribuiríeis
tem contribuído	têm contribuído	contribuiria	contribuiriam
Past Perfect or Pluperfect Indicative		***Conditional Perfect***	
tinha contribuído	tínhamos contribuído	teria contribuído	teríamos contribuído
tinhas contribuído	tínheis contribuído	terias contribuído	teríeis contribuído
tinha contribuído	tinham contribuído	teria contribuído	teriam contribuído
Future Perfect Indicative		***Imperative***	
terei contribuído	teremos contribuído	contribui–contribuí	
terás contribuído	tereis contribuído		
terá contribuído	terão contribuído		

Samples of verb usage.

Eu gostava de **contribuir** para o banquete. *I would like to contribute to the banquet.*

Ao fim do dia, os convidados **terão contribuído** com muito dinheiro para a caridade.
By the end of the day the guests will have contributed a lot of money to the charity.

A falta de dinheiro **contribuiu** para que o festival não se realizasse.
The lack of money contributed to the festival not taking place.

Vocês **contribuiriam** para ajudar os pobres? *Would you contribute to help the poor?*

to control

Personal Infinitive		***Present Subjunctive***	
controlar	controlarmos	*controle*	controlemos
controlares	controlardes	*controles*	controleis
controlar	controlarem	*controle*	*controlem**
Present Indicative		***Imperfect Subjunctive***	
controlo	controlamos	controlasse	controlássemos
controlas	controlais	controlasses	controlásseis
controla	*controlam**	controlasse	controlassem
Imperfect Indicative		***Future Subjunctive***	
controlava	controlávamos	controlar	controlarmos
controlavas	controláveis	controlares	controlardes
controlava	controlavam	controlar	controlarem
Preterit Indicative		***Present Perfect Subjunctive***	
controlei	controlámos	tenha controlado	tenhamos controlado
controlaste	controlastes	tenhas controlado	tenhais controlado
controlou	controlaram	tenha controlado	tenham controlado
Simple Pluperfect Indicative		***Past Perfect or Pluperfect Subjunctive***	
controlara	controláramos	tivesse controlado	tivéssemos controlado
controlaras	controláreis	tivesses controlado	tivésseis controlado
controlara	controlaram	tivesse controlado	tivessem controlado
Future Indicative		***Future Perfect Subjunctive***	
controlarei	controlaremos	tiver controlado	tivermos controlado
controlarás	controlareis	tiveres controlado	tiverdes controlado
controlará	controlarão	tiver controlado	tiverem controlado
Present Perfect Indicative		***Conditional***	
tenho controlado	temos controlado	controlaria	controlaríamos
tens controlado	tendes controlado	controlarias	controlaríeis
tem controlado	têm controlado	controlaria	controlariam
Past Perfect or Pluperfect Indicative		***Conditional Perfect***	
tinha controlado	tínhamos controlado	teria controlado	teríamos controlado
tinhas controlado	tínheis controlado	terias controlado	teríeis controlado
tinha controlado	tinham controlado	teria controlado	teriam controlado
Future Perfect Indicative		***Imperative***	
terei controlado	teremos controlado	*controla**–controlai	
terás controlado	tereis controlado		
terá controlado	terão controlado		

Samples of verb usage.

Controle o seu instinto animal! *Control your animal instincts!*

A minha esposa **tem controlado** o fluxo do dinheiro da casa.
My wife has been controlling the money flow in our household.

Ela **tem controlado** o dinheiro no nosso casamento. *She has been controlling the money in our marriage.*

A fábrica deve tentar **controlar** a qualidade dos seus produtos.
The factory should try to control the quality of its products.

*NOTE: Only the radical-changing verb forms with *open* stressed vowels appear in italic type. For further explanation see Foreword.

to talk *or* speak to *or* with, converse

Personal Infinitive
conversar conversarmos
conversares conversardes
conversar conversarem

Present Indicative
converso conversamos
conversas conversais
conversa *conversam**

Imperfect Indicative
conversava conversávamos
conversavas conversáveis
conversava conversavam

Preterit Indicative
conversei conversámos
conversaste conversastes
conversou conversaram

Simple Pluperfect Indicative
conversara conversáramos
conversaras conversáreis
conversara conversaram

Future Indicative
conversarei conversaremos
conversarás conversareis
conversará conversarão

Present Perfect Indicative
tenho conversado temos conversado
tens conversado tendes conversado
tem conversado têm conversado

Past Perfect or Pluperfect Indicative
tinha conversado tínhamos conversado
tinhas conversado tínheis conversado
tinha conversado tinham conversado

Future Perfect Indicative
terei conversado teremos conversado
terás conversado tereis conversado
terá conversado terão conversado

Present Subjunctive
converse conversemos
converses converseis
converse *conversem**

Imperfect Subjunctive
conversasse conversássemos
conversasses conversásseis
conversasse conversassem

Future Subjunctive
conversar conversarmos
conversares conversardes
conversar conversarem

Present Perfect Subjunctive
tenha conversado tenhamos conversado
tenhas conversado tenhais conversado
tenha conversado tenham conversado

Past Perfect or Pluperfect Subjunctive
tivesse conversado tivéssemos conversado
tivesses conversado tivésseis conversado
tivesse conversado tivessem conversado

Future Perfect Subjunctive
tiver conversado tivermos conversado
tiveres conversado tiverdes conversado
tiver conversado tiverem conversado

Conditional
conversaria conversaríamos
conversarias conversaríeis
conversaria conversariam

Conditional Perfect
teria conversado teríamos conversado
terias conversado teríeis conversado
teria conversado teriam conversado

Imperative
*conversa**–conversai

Samples of verb usage.

Eu preciso **conversar** contigo! *I need to speak with you!*

Nunca **conversaríamos** com ela. *We would never talk to her.*

Elas podiam ter **conversado** durante horas. *They could have spoken for hours.*

Eles estão **a conversar** (**conversando**) a respeito de um assunto muito sério.
They are conversing with respect to a very serious subject.

*NOTE: Only the radical-changing verb forms with *open* stressed vowels appear in italic type. For further explanation see Foreword.

to convert

Personal Infinitive

converter	convertermos
converteres	converterdes
converter	converterem

Present Indicative

converto	convertemos
convertes	converteis
converte	*convertem**

Imperfect Indicative

convertia	convertíamos
convertias	convertíeis
convertia	convertiam

Preterit Indicative

converti	convertemos
converteste	convertestes
converteu	converteram

Simple Pluperfect Indicative

convertera	convertêramos
converteras	convertêreis
convertera	converteram

Future Indicative

converterei	converteremos
converterás	convertereis
converterá	converterão

Present Perfect Indicative

tenho convertido	temos convertido
tens convertido	tendes convertido
tem convertido	têm convertido

Past Perfect or Pluperfect Indicative

tinha convertido	tínhamos convertido
tinhas convertido	tínheis convertido
tinha convertido	tinham convertido

Future Perfect Indicative

terei convertido	teremos convertido
terás convertido	tereis convertido
terá convertido	terão convertido

Present Subjunctive

converta	convertamos
convertas	convertais
converta	convertam

Imperfect Subjunctive

convertesse	convertêssemos
convertesses	convertêsseis
convertesse	convertessem

Future Subjunctive

converter	convertermos
converteres	converterdes
converter	converterem

Present Perfect Subjunctive

tenha convertido	tenhamos convertido
tenhas convertido	tenhais convertido
tenha convertido	tenham convertido

Past Perfect or Pluperfect Subjunctive

tivesse convertido	tivéssemos convertido
tivesses convertido	tivésseis convertido
tivesse convertido	tivessem convertido

Future Perfect Subjunctive

tiver convertido	tivermos convertido
tiveres convertido	tiverdes convertido
tiver convertido	tiverem convertido

Conditional

converteria	converteríamos
converterias	converteríeis
converteria	converteriam

Conditional Perfect

teria convertido	teríamos convertido
terias convertido	teríeis convertido
teria convertido	teriam convertido

Imperative

*converte**– convertei

Samples of verb usage.

Converti o meu carro a álcool. *I converted my car to alcohol.*

Eles **têm convertido** os sistemas todos da estação. *They have been converting all the station's systems.*

Você **se converteria** a (para) outra religião? *Would you convert to another religion?*

Mesmo que ela **tenha-se convertido**, não importa. *Even if she has converted, it doesn't matter.*

*NOTE: Only the radical-changing verb forms with *open* stressed vowels appear in italic type. For further explanation see Foreword.

to invite

Personal Infinitive	***Present Subjunctive***
convidar convidarmos	convide convidemos
convidares convidardes	convides convideis
convidar convidarem	convide convidem
Present Indicative	***Imperfect Subjunctive***
convido convidamos	convidasse convidássemos
convidas convidais	convidasses convidásseis
convida convidam	convidasse convidassem
Imperfect Indicative	***Future Subjunctive***
convidava convidávamos	convidar convidarmos
convidavas convidáveis	convidares convidardes
convidava convidavam	convidar convidarem
Preterit Indicative	***Present Perfect Subjunctive***
convidei convidámos	tenha convidado tenhamos convidado
convidaste convidastes	tenhas convidado tenhais convidado
convidou convidaram	tenha convidado tenham convidado
Simple Pluperfect Indicative	***Past Perfect or Pluperfect Subjunctive***
convidara convidáramos	tivesse convidado tivéssemos convidado
convidaras convidáreis	tivesses convidado tivésseis convidado
convidara convidaram	tivesse convidado tivessem convidado
Future Indicative	***Future Perfect Subjunctive***
convidarei convidaremos	tiver convidado tivermos convidado
convidarás convidareis	tiveres convidado tiverdes convidado
convidará convidarão	tiver convidado tiverem convidado
Present Perfect Indicative	***Conditional***
tenho convidado temos convidado	convidaria convidaríamos
tens convidado tendes convidado	convidarias convidaríeis
tem convidado têm convidado	convidaria convidariam
Past Perfect or Pluperfect Indicative	***Conditional Perfect***
tinha convidado tínhamos convidado	teria convidado teríamos convidado
tinhas convidado tínheis convidado	terias convidado teríeis convidado
tinha convidado tinham convidado	teria convidado teriam convidado
Future Perfect Indicative	***Imperative***
terei convidado teremos convidado	convida–convidai
terás convidado tereis convidado	
terá convidado terão convidado	

Samples of verb usage.

Já **convidaste** a família inteira? *Did you already invite the whole family?*

Eu o **convidaria**, mas sou tímido. *I would invite him, but I am shy.*

Convidaremos todos os nossos amigos. *We will invite all of our friends.*

Eu já a **tinha convidado**. *I had already invited her.*

to copy

Personal Infinitive		***Present Subjunctive***	
copiar	copiarmos	copie	copiemos
copiares	copiardes	copies	copieis
copiar	copiarem	copie	copiem
Present Indicative		***Imperfect Subjunctive***	
copio	copiamos	copiasse	copiássemos
copias	copiais	copiasses	copiásseis
copia	copiam	copiasse	copiassem
Imperfect Indicative		***Future Subjunctive***	
copiava	copiávamos	copiar	copiarmos
copiavas	copiáveis	copiares	copiardes
copiava	copiavam	copiar	copiarem
Preterit Indicative		***Present Perfect Subjunctive***	
copiei	copiámos	tenha copiado	tenhamos copiado
copiaste	copiastes	tenhas copiado	tenhais copiado
copiou	copiaram	tenha copiado	tenham copiado
Simple Pluperfect Indicative		***Past Perfect or Pluperfect Subjunctive***	
copiara	copiáramos	tivesse copiado	tivéssemos copiado
copiaras	copiáreis	tivesses copiado	tivésseis copiado
copiara	copiaram	tivesse copiado	tivessem copiado
Future Indicative		***Future Perfect Subjunctive***	
copiarei	copiaremos	tiver copiado	tivermos copiado
copiarás	copiareis	tiveres copiado	tiverdes copiado
copiará	copiarão	tiver copiado	tiverem copiado
Present Perfect Indicative		***Conditional***	
tenho copiado	temos copiado	copiaria	copiaríamos
tens copiado	tendes copiado	copiarias	copiaríeis
tem copiado	têm copiado	copiaria	copiariam
Past Perfect or Pluperfect Indicative		***Conditional Perfect***	
tinha copiado	tínhamos copiado	teria copiado	teríamos copiado
tinhas copiado	tínheis copiado	terias copiado	teríeis copiado
tinha copiado	tinham copiado	teria copiado	teriam copiado
Future Perfect Indicative		***Imperative***	
terei copiado	teremos copiado	copia–copiai	
terás copiado	tereis copiado		
terá copiado	terão copiado		

Samples of verb usage.

A pintora gostava tanto de Van Gogh que **copiava** os seus quadros no museu.
The painter (female) liked Van Gogh so much that she copied his paintings in the museum.

A secretária **tinha copiado** os documentos antes do presidente mandar destruir os originais.
The secretary (female) had copied the documents before the president ordered that the originals be destroyed.

Os monjes medievais habituavam **copiar** manuscritos à luz de vela.
Medieval monks used to copy manuscripts by candlelight.

O aluno que **copiou** as respostas do seu colega foi expulso.
The student who copied the answers from his classmate was expelled.

to run

Personal Infinitive		***Present Subjunctive***	
correr	corrermos	corra	corramos
correres	correrdes	corras	corrais
correr	correrem	corra	corram
Present Indicative		***Imperfect Subjunctive***	
corro	corremos	corresse	corrêssemos
corres	correis	corresses	corrêsseis
corre	*correm**	corresse	corressem
Imperfect Indicative		***Future Subjunctive***	
corria	corríamos	correr	corrermos
corrias	corríeis	correres	correrdes
corria	corriam	correr	correrem
Preterit Indicative		***Present Perfect Subjunctive***	
corri	corremos	tenha corrido	tenhamos corrido
correste	correstes	tenhas corrido	tenhais corrido
correu	correram	tenha corrido	tenham corrido
Simple Pluperfect Indicative		***Past Perfect or Pluperfect Subjunctive***	
correra	corrêramos	tivesse corrido	tivéssemos corrido
correras	corrêreis	tivesses corrido	tivésseis corrido
correra	correram	tivesse corrido	tivessem corrido
Future Indicative		***Future Perfect Subjunctive***	
correrei	correremos	tiver corrido	tivermos corrido
correrás	correreis	tiveres corrido	tiverdes corrido
correrá	correrão	tiver corrido	tiverem corrido
Present Perfect Indicative		***Conditional***	
tenho corrido	temos corrido	correria	correríamos
tens corrido	tendes corrido	correrias	correríeis
tem corrido	têm corrido	correria	correriam
Past Perfect or Pluperfect Indicative		***Conditional Perfect***	
tinha corrido	tínhamos corrido	teria corrido	teríamos corrido
tinhas corrido	tínheis corrido	terias corrido	teríeis corrido
tinha corrido	tinham corrido	teria corrido	teriam corrido
Future Perfect Indicative		***Imperative***	
terei corrido	teremos corrido	*corre**–correi	
terás corrido	tereis corrido		
terá corrido	terão corrido		

Samples of verb usage.

Eu **corro** todos os dias. *I run every day.*

O ladrão **corria** da polícia. *The thief was running from the police.*

Ela já **tinha corrido** quinze quilômetros (quilómetros *in Portugal)*, quando teve o ataque de coração.
She had already run fifteen kilometers when she had the heart attack.

O atleta **teria corrido** na competição se não tivesse torcido o pé.
The athlete would have run in the competition if he hadn't twisted his foot.

*NOTE: Only the radical-changing verb forms with *open* stressed vowels appear in italic type. For further explanation see Foreword.

to correct

Personal Infinitive

corrigir	corrigirmos
corrigires	corrigirdes
corrigir	corrigirem

Present Indicative

corrijo	corrigimos
corriges	corrigis
corrige	corrigem

Imperfect Indicative

corrigia	corrigíamos
corrigias	corrigíeis
corrigia	corrigiam

Preterit Indicative

corrigi	corrigimos
corrigiste	corrigistes
corrigiu	corrigiram

Simple Pluperfect Indicative

corrigira	corrigíramos
corrigiras	corrigíreis
corrigira	corrigiram

Future Indicative

corrigirei	corrigiremos
corrigirás	corrigireis
corrigirá	corrigirão

Present Perfect Indicative

tenho corrigido	temos corrigido
tens corrigido	tendes corrigido
tem corrigido	têm corrigido

Past Perfect or Pluperfect Indicative

tinha corrigido	tínhamos corrigido
tinhas corrigido	tínheis corrigido
tinha corrigido	tinham corrigido

Future Perfect Indicative

terei corrigido	teremos corrigido
terás corrigido	tereis corrigido
terá corrigido	terão corrigido

Present Subjunctive

corrija	corrijamos
corrijas	corrijais
corrija	corrijam

Imperfect Subjunctive

corrigisse	corrigíssemos
corrigisses	corrigísseis
corrigisse	corrigissem

Future Subjunctive

corrigir	corrigirmos
corrigires	corrigirdes
corrigir	corrigirem

Present Perfect Subjunctive

tenha corrigido	tenhamos corrigido
tenhas corrigido	tenhais corrigido
tenha corrigido	tenham corrigido

Past Perfect or Pluperfect Subjunctive

tivesse corrigido	tivéssemos corrigido
tivesses corrigido	tivésseis corrigido
tivesse corrigido	tivessem corrigido

Future Perfect Subjunctive

tiver corrigido	tivermos corrigido
tiveres corrigido	tiverdes corrigido
tiver corrigido	tiverem corrigido

Conditional

corrigiria	corrigiríamos
corrigirias	corrigiríeis
corrigiria	corrigiriam

Conditional Perfect

teria corrigido	teríamos corrigido
terias corrigido	teríeis corrigido
teria corrigido	teriam corrigido

Imperative

corrige–corrigi

Samples of verb usage.

O professor universitário **corrigiu** os exames. *The university professor corrected the exams.*

Não me **corrija**! *Don't correct me!*

O mecânico **corrigirá** o defeito dos travões (freios *in Brazil*).
The mechanic will correct the problem with the brakes.

Se você **tivesse corrigido** o erro, não estaríamos nesta situação.
If you had corrected the error, we wouldn't be in this situation.

to cut

Personal Infinitive

cortar	cortarmos
cortares	cortardes
cortar	cortarem

Present Indicative

corto	cortamos
cortas	cortais
corta	*cortam**

Imperfect Indicative

cortava	cortávamos
cortavas	cortáveis
cortava	cortavam

Preterit Indicative

cortei	cortámos
cortaste	cortastes
cortou	cortaram

Simple Pluperfect Indicative

cortara	cortáramos
cortaras	cortáreis
cortara	cortaram

Future Indicative

cortarei	cortaremos
cortarás	cortareis
cortará	cortarão

Present Perfect Indicative

tenho cortado	temos cortado
tens cortado	tendes cortado
tem cortado	têm cortado

Past Perfect or Pluperfect Indicative

tinha cortado	tínhamos cortado
tinhas cortado	tínheis cortado
tinha cortado	tinham cortado

Future Perfect Indicative

terei cortado	teremos cortado
terás cortado	tereis cortado
terá cortado	terão cortado

Present Subjunctive

corte	cortemos
cortes	corteis
corte	*cortem**

Imperfect Subjunctive

cortasse	cortássemos
cortasses	cortásseis
cortasse	cortassem

Future Subjunctive

cortar	cortarmos
cortares	cortardes
cortar	cortarem

Present Perfect Subjunctive

tenha cortado	tenhamos cortado
tenhas cortado	tenhais cortado
tenha cortado	tenham cortado

Past Perfect or Pluperfect Subjunctive

tivesse cortado	tivéssemos cortado
tivesses cortado	tivésseis cortado
tivesse cortado	tivessem cortado

Future Perfect Subjunctive

tiver cortado	tivermos cortado
tiveres cortado	tiverdes cortado
tiver cortado	tiverem cortado

Conditional

cortaria	cortaríamos
cortarias	cortaríeis
cortaria	cortariam

Conditional Perfect

teria cortado	teríamos cortado
terias cortado	teríeis cortado
teria cortado	teriam cortado

Imperative

*corta**–cortai

Samples of verb usage.

Tenho que **cortar** a relva (grama *in Brazil*) hoje. *I've got to cut the grass today.*

Esta faca **corta** muito bem. *This knife cuts very well.*

O cozinheiro está **a cortar** (**cortando**) a carne para o cozido.
The cook is cutting the meat for the stew.

A menina **cortou** a perna quando caiu. *The girl cut her leg when she fell.*

*NOTE: Only the radical-changing verb forms with *open* stressed vowels appear in italic type. For further explanation see Foreword.

to cook

Personal Infinitive		***Present Subjunctive***	
cozinhar	cozinharmos	cozinhe	cozinhemos
cozinhares	cozinhardes	cozinhes	cozinheis
cozinhar	cozinharem	cozinhe	cozinhem
Present Indicative		***Imperfect Subjunctive***	
cozinho	cozinhamos	cozinhasse	cozinhássemos
cozinhas	cozinhais	cozinhasses	cozinhásseis
cozinha	cozinham	cozinhasse	cozinhassem
Imperfect Indicative		***Future Subjunctive***	
cozinhava	cozinhávamos	cozinhar	cozinharmos
cozinhavas	cozinháveis	cozinhares	cozinhardes
cozinhava	cozinhavam	cozinhar	cozinharem
Preterit Indicative		***Present Perfect Subjunctive***	
cozinhei	cozinhámos	tenha cozinhado	tenhamos cozinhado
cozinhaste	cozinhastes	tenhas cozinhado	tenhais cozinhado
cozinhou	cozinharam	tenha cozinhado	tenham cozinhado
Simple Pluperfect Indicative		***Past Perfect or Pluperfect Subjunctive***	
cozinhara	cozinháramos	tivesse cozinhado	tivéssemos cozinhado
cozinharas	cozinháreis	tivesses cozinhado	tivésseis cozinhado
cozinhara	cozinharam	tivesse cozinhado	tivessem cozinhado
Future Indicative		***Future Perfect Subjunctive***	
cozinharei	cozinharemos	tiver cozinhado	tivermos cozinhado
cozinharás	cozinhareis	tiveres cozinhado	tiverdes cozinhado
cozinhará	cozinharão	tiver cozinhado	tiverem cozinhado
Present Perfect Indicative		***Conditional***	
tenho cozinhado	temos cozinhado	cozinharia	cozinharíamos
tens cozinhado	tendes cozinhado	cozinharias	cozinharíeis
tem cozinhado	têm cozinhado	cozinharia	cozinhariam
Past Perfect or Pluperfect Indicative		***Conditional Perfect***	
tinha cozinhado	tínhamos cozinhado	teria cozinhado	teríamos cozinhado
tinhas cozinhado	tínheis cozinhado	terias cozinhado	teríeis cozinhado
tinha cozinhado	tinham cozinhado	teria cozinhado	teriam cozinhado
Future Perfect Indicative		***Imperative***	
terei cozinhado	teremos cozinhado	cozinha–cozinhai	
terás cozinhado	tereis cozinhado		
terá cozinhado	terão cozinhado		

Samples of verb usage.

O meu pai sempre **cozinhava** aos domingos. *My dad always used to cook on Sundays.*

Eu **cozinho** todas as minhas refeições. *I cook all of my meals.*

O peru esteve **a cozinhar** (**cozinhando**) durante horas. *The turkey was cooking for hours.*

Eles pensavam que iam ter que **cozinhar** para cem pessoas.
They thought that they would have to cook for a hundred people.

to believe, think

Personal Infinitive

crer	crermos
creres	crerdes
crer	crerem

Present Indicative

creio	cremos
crês	credes
crê	crêem

Imperfect Indicative

cria	críamos
crias	críeis
cria	criam

Preterit Indicative

cri	cremos
creste	crestes
creu	creram

Simple Pluperfect Indicative

crera	crêramos
creras	crêreis
crera	creram

Future Indicative

crerei	creremos
crerás	crereis
crerá	crerão

Present Perfect Indicative

tenho crido	temos crido
tens crido	tendes crido
tem crido	têm crido

Past Perfect or Pluperfect Indicative

tinha crido	tínhamos crido
tinhas crido	tínheis crido
tinha crido	tinham crido

Future Perfect Indicative

terei crido	teremos crido
terás crido	tereis crido
terá crido	terão crido

Present Subjunctive

creia	creiamos
creias	creiais
creia	creiam

Imperfect Subjunctive

cresse	crêssemos
cresses	crêsseis
cresse	cressem

Future Subjunctive

crer	crermos
creres	crerdes
crer	crerem

Present Perfect Subjunctive

tenha crido	tenhamos crido
tenhas crido	tenhais crido
tenha crido	tenham crido

Past Perfect or Pluperfect Subjunctive

tivesse crido	tivéssemos crido
tivesses crido	tivésseis crido
tivesse crido	tivessem crido

Future Perfect Subjunctive

tiver crido	tivermos crido
tiveres crido	tiverdes crido
tiver crido	tiverem crido

Conditional

creria	creríamos
crerias	creríeis
creria	creriam

Conditional Perfect

teria crido	teríamos crido
terias crido	teríeis crido
teria crido	teriam crido

Imperative

crê–crede

Samples of verb usage.

Creio que não. *I don't think so.*

Ele não **crê** em nada. *He doesn't believe in anything.*

Um dia **crerão** em Deus. *One day they'll believe in God.*

Creia no que digo, porque vai acontecer. *Believe what I say, because it's going to happen.*

to grow; to increase

Personal Infinitive
crescer crescermos
cresceres crescerdes
crescer crescerem

Present Indicative
cresço crescemos
cresces cresceis
cresce *crescem**

Imperfect Indicative
crescia crescíamos
crescias crescíeis
crescia cresciam

Preterit Indicative
cresci crescemos
cresceste crescestes
cresceu cresceram

Simple Pluperfect Indicative
crescera crescêramos
cresceras crescêreis
crescera cresceram

Future Indicative
crescerei cresceremos
crescerás crescereis
crescerá crescerão

Present Perfect Indicative
tenho crescido temos crescido
tens crescido tendes crescido
tem crescido têm crescido

Past Perfect or Pluperfect Indicative
tinha crescido tínhamos crescido
tinhas crescido tínheis crescido
tinha crescido tinham crescido

Future Perfect Indicative
terei crescido teremos crescido
terás crescido tereis crescido
terá crescido terão crescido

Present Subjunctive
cresça cresçamos
cresças cresçais
cresça cresçam

Imperfect Subjunctive
crescesse crescêssemos
crescesses crescêsseis
crescesse crescessem

Future Subjunctive
crescer crescermos
cresceres crescerdes
crescer crescerem

Present Perfect Subjunctive
tenha crescido tenhamos crescido
tenhas crescido tenhais crescido
tenha crescido tenham crescido

Past Perfect or Pluperfect Subjunctive
tivesse crescido tivéssemos crescido
tivesses crescido tivésseis crescido
tivesse crescido tivessem crescido

Future Perfect Subjunctive
tiver crescido tivermos crescido
tiveres crescido tiverdes crescido
tiver crescido tiverem crescido

Conditional
cresceria cresceríamos
crescerias cresceríeis
cresceria cresceriam

Conditional Perfect
teria crescido teríamos crescido
terias crescido teríeis crescido
teria crescido teriam crescido

Imperative
*cresce**– crescei

Samples of verb usage.

Esta árvore **cresce** rápido. *This tree grows fast.*

O menino **cresceu** cinco centímetros em menos dum ano.
The boy grew five centimeters in less than a year.

A população já **tinha crescido** demais. *The population had already increased too much.*

Tinham previsto que a economia do país **cresceria** este ano se não houvesse problemas com a colheita de soja. *They had forecast that the country's economy would grow this year if there were no problems with the soy harvest.*

*NOTE: Only the radical-changing verb forms with *open* stressed vowels appear in italic type. For further explanation see Foreword.

criar

Pres. Part. *criando* Past Part. *criado*

to create; to raise, bring up (children *or* animals)

Personal Infinitive		***Present Subjunctive***	
criar	criarmos	crie	criemos
criares	criardes	cries	crieis
criar	criarem	crie	criem
Present Indicative		***Imperfect Subjunctive***	
crio	criamos	criasse	criássemos
crias	criais	criasses	criásseis
cria	criam	criasse	criassem
Imperfect Indicative		***Future Subjunctive***	
criava	criávamos	criar	criarmos
criavas	criáveis	criares	criardes
criava	criavam	criar	criarem
Preterit Indicative		***Present Perfect Subjunctive***	
criei	criámos	tenha criado	tenhamos criado
criaste	criastes	tenhas criado	tenhais criado
criou	criaram	tenha criado	tenham criado
Simple Pluperfect Indicative		***Past Perfect or Pluperfect Subjunctive***	
criara	criáramos	tivesse criado	tivéssemos criado
criaras	criáreis	tivesses criado	tivésseis criado
criara	criaram	tivesse criado	tivessem criado
Future Indicative		***Future Perfect Subjunctive***	
criarei	criaremos	tiver criado	tivermos criado
criarás	criareis	tiveres criado	tiverdes criado
criará	criarão	tiver criado	tiverem criado
Present Perfect Indicative		***Conditional***	
tenho criado	temos criado	criaria	criaríamos
tens criado	tendes criado	criarias	criaríeis
tem criado	têm criado	criaria	criariam
Past Perfect or Pluperfect Indicative		***Conditional Perfect***	
tinha criado	tínhamos criado	teria criado	teríamos criado
tinhas criado	tínheis criado	terias criado	teríeis criado
tinha criado	tinham criado	teria criado	teriam criado
Future Perfect Indicative		***Imperative***	
terei criado	teremos criado	cria–criai	
terás criado	tereis criado		
terá criado	terão criado		

Samples of verb usage.

O Walt Disney **criou** animais com personalidades humanas. *Walt Disney created animals with human personalities.*

A cientista **tinha criado** um escândalo com a falsificação dos resultados da sua pesquisa.
The scientist (female) had created a scandal by falsifying the results of her research.

O pai quis **criar** os seus filhos com muito amor.
The father sought to raise his children with a great deal of love.

Depois de **criarmos** o motor mais económico (econômico *in Brazil*) do mundo, seremos ricos e famosos.
Once we create the most economical motor in the world, we will become rich and famous.

to criticize

Personal Infinitive
criticar criticarmos
criticares criticardes
criticar criticarem

Present Indicative
critico criticamos
criticas criticais
critica criticam

Imperfect Indicative
criticava criticávamos
criticavas criticáveis
criticava criticavam

Preterit Indicative
critiquei criticámos
criticaste criticastes
criticou criticaram

Simple Pluperfect Indicative
criticara criticáramos
criticaras criticáreis
criticara criticaram

Future Indicative
criticarei criticaremos
criticarás criticareis
criticará criticarão

Present Perfect Indicative
tenho criticado temos criticado
tens criticado tendes criticado
tem criticado têm criticado

Past Perfect or Pluperfect Indicative
tinha criticado tínhamos criticado
tinhas criticado tínheis criticado
tinha criticado tinham criticado

Future Perfect Indicative
terei criticado teremos criticado
terás criticado tereis criticado
terá criticado terão criticado

Present Subjunctive
critique critiquemos
critiques critiqueis
critique critiquem

Imperfect Subjunctive
criticasse criticássemos
criticasses criticásseis
criticasse criticassem

Future Subjunctive
criticar criticarmos
criticares criticardes
criticar criticarem

Present Perfect Subjunctive
tenha criticado tenhamos criticado
tenhas criticado tenhais criticado
tenha criticado tenham criticado

Past Perfect or Pluperfect Subjunctive
tivesse criticado tivéssemos criticado
tivesses criticado tivésseis criticado
tivesse criticado tivessem criticado

Future Perfect Subjunctive
tiver criticado tivermos criticado
tiveres criticado tiverdes criticado
tiver criticado tiverem criticado

Conditional
criticaria criticaríamos
criticarias criticaríeis
criticaria criticariam

Conditional Perfect
teria criticado teríamos criticado
terias criticado teríeis criticado
teria criticado teriam criticado

Imperative
critica–criticai

Samples of verb usage.

Não **critique** tanto o seu irmão. *Don't criticize your brother so much.*

A tua melhor amiga te **criticou** severamente. *Your best friend criticized you severely.*

Se eu a **tivesse criticado** antes, teria melhorado a situação.
If I had criticized her before, the situation would have improved.

Critiquei a opinião dele diante de toda a família. *I criticized his opinion in front of the whole family.*

to take care (of); **(-se)** to be careful

Personal Infinitive

cuidar	cuidarmos
cuidares	cuidardes
cuidar	cuidarem

Present Indicative

cuido	cuidamos
cuidas	cuidais
cuida	cuidam

Imperfect Indicative

cuidava	cuidávamos
cuidavas	cuidáveis
cuidava	cuidavam

Preterit Indicative

cuidei	cuidámos
cuidaste	cuidastes
cuidou	cuidaram

Simple Pluperfect Indicative

cuidara	cuidáramos
cuidaras	cuidáreis
cuidara	cuidaram

Future Indicative

cuidarei	cuidaremos
cuidarás	cuidareis
cuidará	cuidarão

Present Perfect Indicative

tenho cuidado	temos cuidado
tens cuidado	tendes cuidado
tem cuidado	têm cuidado

Past Perfect or Pluperfect Indicative

tinha cuidado	tínhamos cuidado
tinhas cuidado	tínheis cuidado
tinha cuidado	tinham cuidado

Future Perfect Indicative

terei cuidado	teremos cuidado
terás cuidado	tereis cuidado
terá cuidado	terão cuidado

Present Subjunctive

cuide	cuidemos
cuides	cuideis
cuide	cuidem

Imperfect Subjunctive

cuidasse	cuidássemos
cuidasses	cuidásseis
cuidasse	cuidassem

Future Subjunctive

cuidar	cuidarmos
cuidares	cuidardes
cuidar	cuidarem

Present Perfect Subjunctive

tenha cuidado	tenhamos cuidado
tenhas cuidado	tenhais cuidado
tenha cuidado	tenham cuidado

Past Perfect or Pluperfect Subjunctive

tivesse cuidado	tivéssemos cuidado
tivesses cuidado	tivésseis cuidado
tivesse cuidado	tivessem cuidado

Future Perfect Subjunctive

tiver cuidado	tivermos cuidado
tiveres cuidado	tiverdes cuidado
tiver cuidado	tiverem cuidado

Conditional

cuidaria	cuidaríamos
cuidarias	cuidaríeis
cuidaria	cuidariam

Conditional Perfect

teria cuidado	teríamos cuidado
terias cuidado	teríeis cuidado
teria cuidado	teriam cuidado

Imperative

cuida–cuidai

Samples of verb usage.

A filha **cuidava** sempre da mãe. *The daughter always took care of her mother.*

Ele **se cuida** muito. *He takes good care of himself.*

Cuide disto, por favor. *Take care of this, please.*

Cuidarei de não dizer (falar *in Brazil*) tolices. *I will be careful not to say anything foolish.*

to blame

Personal Infinitive		***Present Subjunctive***	
culpar	culparmos	culpe	culpemos
culpares	culpardes	culpes	culpeis
culpar	culparem	culpe	culpem
Present Indicative		***Imperfect Subjunctive***	
culpo	culpamos	culpasse	culpássemos
culpas	culpais	culpasses	culpásseis
culpa	culpam	culpasse	culpassem
Imperfect Indicative		***Future Subjunctive***	
culpava	culpávamos	culpar	culparmos
culpavas	culpáveis	culpares	culpardes
culpava	culpavam	culpar	culparem
Preterit Indicative		***Present Perfect Subjunctive***	
culpei	culpámos	tenha culpado	tenhamos culpado
culpaste	culpastes	tenhas culpado	tenhais culpado
culpou	culparam	tenha culpado	tenham culpado
Simple Pluperfect Indicative		***Past Perfect or Pluperfect Subjunctive***	
culpara	culpáramos	tivesse culpado	tivéssemos culpado
culparas	culpáreis	tivesses culpado	tivésseis culpado
culpara	culparam	tivesse culpado	tivessem culpado
Future Indicative		***Future Perfect Subjunctive***	
culparei	culparemos	tiver culpado	tivermos culpado
culparás	culpareis	tiveres culpado	tiverdes culpado
culpará	culparão	tiver culpado	tiverem culpado
Present Perfect Indicative		***Conditional***	
tenho culpado	temos culpado	culparia	culparíamos
tens culpado	tendes culpado	culparias	culparíeis
tem culpado	têm culpado	culparia	culpariam
Past Perfect or Pluperfect Indicative		***Conditional Perfect***	
tinha culpado	tínhamos culpado	teria culpado	teríamos culpado
tinhas culpado	tínheis culpado	terias culpado	teríeis culpado
tinha culpado	tinham culpado	teria culpado	teriam culpado
Future Perfect Indicative		***Imperative***	
terei culpado	teremos culpado	culpa–culpai	
terás culpado	tereis culpado		
terá culpado	terão culpado		

Samples of verb usage.

Culpemos a nossa própria avareza (ganância *in Brazil*). *Let's blame our own greed.*

Não **culpe** ninguém a não ser você próprio. *You don't have anyone to blame but yourself.*

Ele **se culpou** pelo desastre. *He blamed himself for the disaster.*

Você **teria-se culpado** também se tivesse estado no meu lugar.
You would have blamed yourself too if you had been in my place.

to cultivate; to grow, raise (plants)

Personal Infinitive

cultivar	cultivarmos
cultivares	cultivardes
cultivar	cultivarem

Present Indicative

cultivo	cultivamos
cultivas	cultivais
cultiva	cultivam

Imperfect Indicative

cultivava	cultivávamos
cultivavas	cultiváveis
cultivava	cultivavam

Preterit Indicative

cultivei	cultivámos
cultivaste	cultivastes
cultivou	cultivaram

Simple Pluperfect Indicative

cultivara	cultiváramos
cultivaras	cultiváreis
cultivara	cultivaram

Future Indicative

cultivarei	cultivaremos
cultivarás	cultivareis
cultivará	cultivarão

Present Perfect Indicative

tenho cultivado	temos cultivado
tens cultivado	tendes cultivado
tem cultivado	têm cultivado

Past Perfect or Pluperfect Indicative

tinha cultivado	tínhamos cultivado
tinhas cultivado	tínheis cultivado
tinha cultivado	tinham cultivado

Future Perfect Indicative

terei cultivado	teremos cultivado
terás cultivado	tereis cultivado
terá cultivado	terão cultivado

Present Subjunctive

cultive	cultivemos
cultives	cultiveis
cultive	cultivem

Imperfect Subjunctive

cultivasse	cultivássemos
cultivasses	cultivásseis
cultivasse	cultivassem

Future Subjunctive

cultivar	cultivarmos
cultivares	cultivardes
cultivar	cultivarem

Present Perfect Subjunctive

tenha cultivado	tenhamos cultivado
tenhas cultivado	tenhais cultivado
tenha cultivado	tenham cultivado

Past Perfect or Pluperfect Subjunctive

tivesse cultivado	tivéssemos cultivado
tivesses cultivado	tivésseis cultivado
tivesse cultivado	tivessem cultivado

Future Perfect Subjunctive

tiver cultivado	tivermos cultivado
tiveres cultivado	tiverdes cultivado
tiver cultivado	tiverem cultivado

Conditional

cultivaria	cultivaríamos
cultivarias	cultivaríeis
cultivaria	cultivariam

Conditional Perfect

teria cultivado	teríamos cultivado
terias cultivado	teríeis cultivado
teria cultivado	teriam cultivado

Imperative

cultiva–cultivai

Samples of verb usage.

Cultiva-se café naquela quinta (fazenda *in Brazil*). *They grow coffee on that farm.*

Não se pode **cultivar** nada nesta terra! *You can't raise anything on this land!*

Ela **cultivava** uma amizade íntima com o seu professor de português.
She cultivated an intimate friendship with her Portuguese professor.

Eles **cultivavam** batata-doce na sua fazenda (quinta *in Portugal*).
They used to grow sweet potatoes on their farm.

to greet, welcome

Personal Infinitive
cumprimentar cumprimentarmos
cumprimentares cumprimentardes
cumprimentar cumprimentarem

Present Indicative
cumprimento cumprimentamos
cumprimentas cumprimentais
cumprimenta cumprimentam

Imperfect Indicative
cumprimentava cumprimentávamos
cumprimentavas cumprimentáveis
cumprimentava cumprimentavam

Preterit Indicative
cumprimentei cumprimentámos
cumprimentaste cumprimentastes
cumprimentou cumprimentaram

Simple Pluperfect Indicative
cumprimentara cumprimentáramos
cumprimentaras cumprimentáreis
cumprimentara cumprimentaram

Future Indicative
cumprimentarei cumprimentaremos
cumprimentarás cumprimentareis
cumprimentará cumprimentarão

Present Perfect Indicative
tenho cumprimentado temos cumprimentado
tens cumprimentado tendes cumprimentado
tem cumprimentado têm cumprimentado

Past Perfect or Pluperfect Indicative
tinha cumprimentado tínhamos cumprimentado
tinhas cumprimentado tínheis cumprimentado
tinha cumprimentado tinham cumprimentado

Future Perfect Indicative
terei cumprimentado teremos cumprimentado
terás cumprimentado tereis cumprimentado
terá cumprimentado terão cumprimentado

Present Subjunctive
cumprimente cumprimentemos
cumprimentes cumprimenteis
cumprimente cumprimentem

Imperfect Subjunctive
cumprimentasse cumprimentássemos
cumprimentasses cumprimentásseis
cumprimentasse cumprimentassem

Future Subjunctive
cumprimentar cumprimentarmos
cumprimentares cumprimentardes
cumprimentar cumprimentarem

Present Perfect Subjunctive
tenha cumprimentado tenhamos cumprimentado
tenhas cumprimentado tenhais cumprimentado
tenha cumprimentado tenham cumprimentado

Past Perfect or Pluperfect Subjunctive
tivesse cumprimentado tivéssemos cumprimentado
tivesses cumprimentado tivésseis cumprimentado
tivesse cumprimentado tivessem cumprimentado

Future Perfect Subjunctive
tiver cumprimentado tivermos cumprimentado
tiveres cumprimentado tiverdes cumprimentado
tiver cumprimentado tiverem cumprimentado

Conditional
cumprimentaria cumprimentaríamos
cumprimentarias cumprimentaríeis
cumprimentaria cumprimentariam

Conditional Perfect
teria cumprimentado teríamos cumprimentado
terias cumprimentado teríeis cumprimentado
teria cumprimentado teriam cumprimentado

Imperative
cumprimenta–cumprimentai

Samples of verb usage.

A a(c)triz **cumprimentou** o público quando saiu do seu carro.
The actress greeted the crowd when she got out of her car.

O presidente planeava (planejava *in Brazil*) **cumprimentar** o governador na Casa Branca.
The president planned to greet the governor at the White House.

O candidato **cumprimentava** todos que passavam. *The candidate greeted everybody who passed by.*

Os empregados esperavam para **cumprimentar** o novo chefe.
The employees were waiting to greet the new boss.

to fulfill, keep (as a promise)

Personal Infinitive

cumprir	cumprirmos
cumprires	cumprirdes
cumprir	cumprirem

Present Indicative

cumpro	cumprimos
cumpres	cumpris
cumpre	cumprem

Imperfect Indicative

cumpria	cumpríamos
cumprias	cumpríeis
cumpria	cumpriam

Preterit Indicative

cumpri	cumprimos
cumpriste	cumpristes
cumpriu	cumpriram

Simple Pluperfect Indicative

cumprira	cumpríramos
cumpriras	cumpríreis
cumprira	cumpriram

Future Indicative

cumprirei	cumpriremos
cumprirás	cumprireis
cumprirá	cumprirão

Present Perfect Indicative

tenho cumprido	temos cumprido
tens cumprido	tendes cumprido
tem cumprido	têm cumprido

Past Perfect or Pluperfect Indicative

tinha cumprido	tínhamos cumprido
tinhas cumprido	tínheis cumprido
tinha cumprido	tinham cumprido

Future Perfect Indicative

terei cumprido	teremos cumprido
terás cumprido	tereis cumprido
terá cumprido	terão cumprido

Present Subjunctive

cumpra	cumpramos
cumpras	cumprais
cumpra	cumpram

Imperfect Subjunctive

cumprisse	cumpríssemos
cumprisses	cumprísseis
cumprisse	cumprissem

Future Subjunctive

cumprir	cumprirmos
cumprires	cumprirdes
cumprir	cumprirem

Present Perfect Subjunctive

tenha cumprido	tenhamos cumprido
tenhas cumprido	tenhais cumprido
tenha cumprido	tenham cumprido

Past Perfect or Pluperfect Subjunctive

tivesse cumprido	tivéssemos cumprido
tivesses cumprido	tivésseis cumprido
tivesse cumprido	tivessem cumprido

Future Perfect Subjunctive

tiver cumprido	tivermos cumprido
tiveres cumprido	tiverdes cumprido
tiver cumprido	tiverem cumprido

Conditional

cumpriria	cumpriríamos
cumpririas	cumpriríeis
cumpriria	cumpririam

Conditional Perfect

teria cumprido	teríamos cumprido
terias cumprido	teríeis cumprido
teria cumprido	teriam cumprido

Imperative

cumpre–cumpri

Samples of verb usage.

A professora da escola primária **cumpriu** o seu dever.
The elementary school teacher (female) fulfilled her duty.

O presidente sempre **cumpria** as suas promessas. *The president always kept his promises.*

Ele nunca **cumpre** com a sua palavra. *He never keeps his word.*

A médica já **tinha cumprido** a sua obrigação. *The doctor (female) had already fulfilled her obligation.*

to cure, heal

Personal Infinitive		*Present Subjunctive*	
curar	curarmos	cure	curemos
curares	curardes	cures	cureis
curar	curarem	cure	curem
Present Indicative		*Imperfect Subjunctive*	
curo	curamos	curasse	curássemos
curas	curais	curasses	curásseis
cura	curam	curasse	curassem
Imperfect Indicative		*Future Subjunctive*	
curava	curávamos	curar	curarmos
curavas	curáveis	curares	curardes
curava	curavam	curar	curarem
Preterit Indicative		*Present Perfect Subjunctive*	
curei	curámos	tenha curado	tenhamos curado
curaste	curastes	tenhas curado	tenhais curado
curou	curaram	tenha curado	tenham curado
Simple Pluperfect Indicative		*Past Perfect or Pluperfect Subjunctive*	
curara	curáramos	tivesse curado	tivéssemos curado
curaras	curáreis	tivesses curado	tivésseis curado
curara	curaram	tivesse curado	tivessem curado
Future Indicative		*Future Perfect Subjunctive*	
curarei	curaremos	tiver curado	tivermos curado
curarás	curareis	tiveres curado	tiverdes curado
curará	curarão	tiver curado	tiverem curado
Present Perfect Indicative		*Conditional*	
tenho curado	temos curado	curaria	curaríamos
tens curado	tendes curado	curarias	curaríeis
tem curado	têm curado	curaria	curariam
Past Perfect or Pluperfect Indicative		*Conditional Perfect*	
tinha curado	tínhamos curado	teria curado	teríamos curado
tinhas curado	tínheis curado	terias curado	teríeis curado
tinha curado	tinham curado	teria curado	teriam curado
Future Perfect Indicative		*Imperative*	
terei curado	teremos curado	cura–curai	
terás curado	tereis curado		
terá curado	terão curado		

Samples of verb usage.

A Maria José formou-se em medicina para **curar** doentes.
Maria José became a doctor in order to heal the sick.

Este remédio (Esta medicina) **tem curado** muitas vítimas desta doença.
This medicine has been healing many victims of this disease.

Alguns acreditam que a acupuntura pode **curar** tudo. *Some believe that acupuncture can cure anything.*

A aspirina **tinha curado** a minha dor de cabeça. *The aspirin had cured my headache.*

to spit (out)

Personal Infinitive		**Present Subjunctive**	
cuspir	cuspirmos	cuspa	cuspamos
cuspires	cuspirdes	cuspas	cuspais
cuspir	cuspirem	cuspa	cuspam
Present Indicative		**Imperfect Subjunctive**	
cuspo	cuspimos	cuspisse	cuspíssemos
cospes	cuspis	cuspisses	cuspísseis
cospe	*cospem**	cuspisse	cuspissem
Imperfect Indicative		**Future Subjunctive**	
cuspia	cuspíamos	cuspir	cuspirmos
cuspias	cuspíeis	cuspires	cuspirdes
cuspia	cuspiam	cuspir	cuspirem
Preterit Indicative		**Present Perfect Subjunctive**	
cuspi	cuspimos	tenha cuspido	tenhamos cuspido
cuspiste	cuspistes	tenhas cuspido	tenhais cuspido
cuspiu	cuspiram	tenha cuspido	tenham cuspido
Simple Pluperfect Indicative		**Past Perfect or Pluperfect Subjunctive**	
cuspira	cuspíramos	tivesse cuspido	tivéssemos cuspido
cuspiras	cuspíreis	tivesses cuspido	tivésseis cuspido
cuspira	cuspiram	tivesse cuspido	tivessem cuspido
Future Indicative		**Future Perfect Subjunctive**	
cuspirei	cuspiremos	tiver cuspido	tivermos cuspido
cuspirás	cuspireis	tiveres cuspido	tiverdes cuspido
cuspirá	cuspirão	tiver cuspido	tiverem cuspido
Present Perfect Indicative		**Conditional**	
tenho cuspido	temos cuspido	cuspiria	cuspiríamos
tens cuspido	tendes cuspido	cuspirias	cuspiríeis
tem cuspido	têm cuspido	cuspiria	cuspiriam
Past Perfect or Pluperfect Indicative		**Conditional Perfect**	
tinha cuspido	tínhamos cuspido	teria cuspido	teríamos cuspido
tinhas cuspido	tínheis cuspido	terias cuspido	teríeis cuspido
tinha cuspido	tinham cuspido	teria cuspido	teriam cuspido
Future Perfect Indicative		**Imperative**	
terei cuspido	teremos cuspido	*cospe**– cuspi	
terás cuspido	tereis cuspido		
terá cuspido	terão cuspido		

Samples of verb usage.

O motorista **cuspiu** pela janela. *The driver spit out the window.*

O menino sentia vontade de **cuspir** sempre que as tias o beijavam.
The child felt like spitting whenever his aunts kissed him.

Ela **cuspiu** na cara da sua adversária. *She spit in the face of her adversary.*

Quero que você **cuspa** essa goma de mascar (pastilha elástica *in Portugal*).
I want you to spit out that chewing gum.

*NOTE: Only the radical-changing verb forms with *open* stressed vowels appear in italic type. For further explanation see Foreword.

to cost, to be difficult *or* bothersome *or* painful

Personal Infinitive
custar custarem

Present Indicative
custa custam

Imperfect Indicative
custava custavam

Preterit Indicative
custou custaram

Simple Pluperfect Indicative
custara custaram

Future Indicative
custará custarão

Present Perfect Indicative
tem custado têm custado

Past Perfect or Pluperfect Indicative
tinha custado tinham custado

Future Perfect Indicative
terá custado terão custado

Present Subjunctive
custe custem

Imperfect Subjunctive
custasse custassem

Future Subjunctive
custar custarem

Present Perfect Subjunctive
tenha custado tenham custado

Past Perfect or Pluperfect Subjunctive
tivesse custado tivessem custado

Future Perfect Subjunctive
tiver custado tiverem custado

Conditional
custaria custariam

Conditional Perfect
teria custado teriam custado

Samples of verb usage.

Custa-me caminhar com este gesso na perna.
It's difficult (bothersome) for me to walk with this cast on my leg.

Se eu tivesse que fazer uma longa viagem com João, **custaria** muito ter que aturar o falar incessante dele.
If I had to take a long trip with John, it would be very bothersome (painful) to have to put up with his incessant talking.

Quanto **custa** matricular nessa universidade? *How much does it cost to enroll in that university?*

Custe o que **custar**, iremos à Flórida. *No matter what it costs, we will go to Florida.*

to dance

Personal Infinitive		***Present Subjunctive***	
dançar	dançarmos	dance	dancemos
dançares	dançardes	dances	danceis
dançar	dançarem	dance	dancem
Present Indicative		***Imperfect Subjunctive***	
danço	dançamos	dançasse	dançássemos
danças	dançais	dançasses	dançásseis
dança	dançam	dançasse	dançassem
Imperfect Indicative		***Future Subjunctive***	
dançava	dançávamos	dançar	dançarmos
dançavas	dançáveis	dançares	dançardes
dançava	dançavam	dançar	dançarem
Preterit Indicative		***Present Perfect Subjunctive***	
dancei	dançámos	tenha dançado	tenhamos dançado
dançaste	dançastes	tenhas dançado	tenhais dançado
dançou	dançaram	tenha dançado	tenham dançado
Simple Pluperfect Indicative		***Past Perfect or Pluperfect Subjunctive***	
dançara	dançáramos	tivesse dançado	tivéssemos dançado
dançaras	dançáreis	tivesses dançado	tivésseis dançado
dançara	dançaram	tivesse dançado	tivessem dançado
Future Indicative		***Future Perfect Subjunctive***	
dançarei	dançaremos	tiver dançado	tivermos dançado
dançarás	dançareis	tiveres dançado	tiverdes dançado
dançará	dançarão	tiver dançado	tiverem dançado
Present Perfect Indicative		***Conditional***	
tenho dançado	temos dançado	dançaria	dançaríamos
tens dançado	tendes dançado	dançarias	dançaríeis
tem dançado	têm dançado	dançaria	dançariam
Past Perfect or Pluperfect Indicative		***Conditional Perfect***	
tinha dançado	tínhamos dançado	teria dançado	teríamos dançado
tinhas dançado	tínheis dançado	terias dançado	teríeis dançado
tinha dançado	tinham dançado	teria dançado	teriam dançado
Future Perfect Indicative		***Imperative***	
terei dançado	teremos dançado	dança–dançai	
terás dançado	tereis dançado		
terá dançado	terão dançado		

Samples of verb usage.

Dançámos durante três horas na festa. *We danced for three hours at the party.*

Dançarias com um homen tão velho? *Would you dance with such an old man?*

Ela **tem dançado** balé (ballet) desde criança. *She has been dancing ballet since she was a kid.*

Eles **dançavam** colados um ao outro. *They were dancing pressed close to each other.*

to give

Personal Infinitive
dar darmos
dares dardes
dar darem

Present Indicative
dou damos
dás dais
dá dão

Imperfect Indicative
dava dávamos
davas dáveis
dava davam

Preterit Indicative
dei demos
deste destes
deu deram

Simple Pluperfect Indicative
dera déramos
deras déreis
dera deram

Future Indicative
darei daremos
darás dareis
dará darão

Present Perfect Indicative
tenho dado temos dado
tens dado tendes dado
tem dado têm dado

Past Perfect or Pluperfect Indicative
tinha dado tínhamos dado
tinhas dado tínheis dado
tinha dado tinham dado

Future Perfect Indicative
terei dado teremos dado
terás dado tereis dado
terá dado terão dado

Present Subjunctive
dê dêmos
dês deis
dê dêem

Imperfect Subjunctive
desse déssemos
desses désseis
desse dessem

Future Subjunctive
der dermos
deres derdes
der derem

Present Perfect Subjunctive
tenha dado tenhamos dado
tenhas dado tenhais dado
tenha dado tenham dado

Past Perfect or Pluperfect Subjunctive
tivesse dado tivéssemos dado
tivesses dado tivésseis dado
tivesse dado tivessem dado

Future Perfect Subjunctive
tiver dado tivermos dado
tiveres dado tiverdes dado
tiver dado tiverem dado

Conditional
daria daríamos
darias daríeis
daria dariam

Conditional Perfect
teria dado teríamos dado
terias dado teríeis dado
teria dado teriam dado

Imperative
dá–dai

Samples of verb usage.

O Pai Natal (Papai Noel *in Brazil*) **dá** presentes todos os Natais.
Santa Claus gives presents every Christmas.

Os professores daquela escola **davam** notas boas. *The teachers at that school gave good grades.*

Eu já **tinha dado** o meu bilhete para ir na montanha russa.
I had already given my ticket to ride on the roller coaster.

O dono do restaurante **dará** comida grátis a todos os empregados.
The restaurant owner will give free food to all his employees.

to decide

Personal Infinitive
decidir decidirmos
decidires decidirdes
decidir decidirem

Present Indicative
decido decidimos
decides decidis
decide decidem

Imperfect Indicative
decidia decidíamos
decidias decidíeis
decidia decidiam

Preterit Indicative
decidi decidimos
decidiste decidistes
decidiu decidiram

Simple Pluperfect Indicative
decidira decidíramos
decidiras decidíreis
decidira decidiram

Future Indicative
decidirei decidiremos
decidirás decidireis
decidirá decidirão

Present Perfect Indicative
tenho decidido temos decidido
tens decidido tendes decidido
tem decidido têm decidido

Past Perfect or Pluperfect Indicative
tinha decidido tínhamos decidido
tinhas decidido tínheis decidido
tinha decidido tinham decidido

Future Perfect Indicative
terei decidido teremos decidido
terás decidido tereis decidido
terá decidido terão decidido

Present Subjunctive
decida decidamos
decidas decidais
decida decidam

Imperfect Subjunctive
decidisse decidíssemos
decidisses decidísseis
decidisse decidissem

Future Subjunctive
decidir decidirmos
decidires decidirdes
decidir decidirem

Present Perfect Subjunctive
tenha decidido tenhamos decidido
tenhas decidido tenhais decidido
tenha decidido tenham decidido

Past Perfect or Pluperfect Subjunctive
tivesse decidido tivéssemos decidido
tivesses decidido tivésseis decidido
tivesse decidido tivessem decidido

Future Perfect Subjunctive
tiver decidido tivermos decidido
tiveres decidido tiverdes decidido
tiver decidido tiverem decidido

Conditional
decidiria decidiríamos
decidirias decidiríeis
decidiria decidiriam

Conditional Perfect
teria decidido teríamos decidido
terias decidido teríeis decidido
teria decidido teriam decidido

Imperative
decide–decidi

Samples of verb usage.

Decida logo! *Decide fast!*

O presidente **tinha decidido** o que fazer. *The president had decided what to do.*

Eles **decidirão** se vão con(n)osco amanhã. *They'll decide if they're going with us tomorrow.*

Ele **decidiu** ficar no Brasil. *He decided to stay in Brazil.*

to declare, state

Personal Infinitive

declarar	declararmos
declarares	declarardes
declarar	declararem

Present Indicative

declaro	declaramos
declaras	declarais
declara	declaram

Imperfect Indicative

declarava	declarávamos
declaravas	declaráveis
declarava	declaravam

Preterit Indicative

declarei	declarámos
declaraste	declarastes
declarou	declararam

Simple Pluperfect Indicative

declarara	declaráramos
declararas	declaráreis
declarara	declararam

Future Indicative

declararei	declararemos
declararás	declarareis
declarará	declararão

Present Perfect Indicative

tenho declarado	temos declarado
tens declarado	tendes declarado
tem declarado	têm declarado

Past Perfect or Pluperfect Indicative

tinha declarado	tínhamos declarado
tinhas declarado	tínheis declarado
tinha declarado	tinham declarado

Future Perfect Indicative

terei declarado	teremos declarado
terás declarado	tereis declarado
terá declarado	terão declarado

Present Subjunctive

declare	declaremos
declares	declareis
declare	declarem

Imperfect Subjunctive

declarasse	declarássemos
declarasses	declarásseis
declarasse	declarassem

Future Subjunctive

declarar	declararmos
declarares	declarardes
declarar	declararem

Present Perfect Subjunctive

tenha declarado	tenhamos declarado
tenhas declarado	tenhais declarado
tenha declarado	tenham declarado

Past Perfect or Pluperfect Subjunctive

tivesse declarado	tivéssemos declarado
tivesses declarado	tivésseis declarado
tivesse declarado	tivessem declarado

Future Perfect Subjunctive

tiver declarado	tivermos declarado
tiveres declarado	tiverdes declarado
tiver declarado	tiverem declarado

Conditional

declararia	declararíamos
declararias	declararíeis
declararia	declarariam

Conditional Perfect

teria declarado	teríamos declarado
terias declarado	teríeis declarado
teria declarado	teriam declarado

Imperative

declara–declarai

Samples of verb usage.

O rapaz **declarou** o seu amor pela rapariga. *The young man declared his love for the girl.*

Eles **declararam** que tudo estava bem. *They stated that everything was O.K.*

O Ministro da Fazenda **tinha declarado** que o seu novo plano económico (económico *in Brazil*) seria melhor para o país.
The Secretary of the Treasury had declared that his new economic plan would be better for the country.

O candidato **declarará** amanhã as suas intenções. *The candidate will declare his intentions tomorrow.*

to defend

Personal Infinitive
defender defendermos
defenderes defenderdes
defender defenderem

Present Indicative
defendo defendemos
defendes defendeis
defende defendem

Imperfect Indicative
defendia defendíamos
defendias defendíeis
defendia defendiam

Preterit Indicative
defendi defendemos
defendeste defendestes
defendeu defenderam

Simple Pluperfect Indicative
defendera defendêramos
defenderas defendêreis
defendera defenderam

Future Indicative
defenderei defenderemos
defenderás defendereis
defenderá defenderão

Present Perfect Indicative
tenho defendido temos defendido
tens defendido tendes defendido
tem defendido têm defendido

Past Perfect or Pluperfect Indicative
tinha defendido tínhamos defendido
tinhas defendido tínheis defendido
tinha defendido tinham defendido

Future Perfect Indicative
terei defendido teremos defendido
terás defendido tereis defendido
terá defendido terão defendido

Present Subjunctive
defenda defendamos
defendas defendais
defenda defendam

Imperfect Subjunctive
defendesse defendêssemos
defendesses defendêsseis
defendesse defendessem

Future Subjunctive
defender defendermos
defenderes defenderdes
defender defenderem

Present Perfect Subjunctive
tenha defendido tenhamos defendido
tenhas defendido tenhais defendido
tenha defendido tenham defendido

Past Perfect or Pluperfect Subjunctive
tivesse defendido tivéssemos defendido
tivesses defendido tivésseis defendido
tivesse defendido tivessem defendido

Future Perfect Subjunctive
tiver defendido tivermos defendido
tiveres defendido tiverdes defendido
tiver defendido tiverem defendido

Conditional
defenderia defenderíamos
defenderias defenderíeis
defenderia defenderiam

Conditional Perfect
teria defendido teríamos defendido
terias defendido teríeis defendido
teria defendido teriam defendido

Imperative
defende–defendei

Samples of verb usage.

Defenda-se! *Defend yourself!*

Um patriota sempre quer **defender** o seu país. *A patriot always wants to defend his country.*

Ela **tinha-se defendido** dos avanços sexuais dele durante anos.
She had defended herself from his sexual advances for years.

Eu nunca **defenderia** o seu ponto de visto. *I would never defend your point of view.*

to define

Personal Infinitive
definir definirmos
definires definirdes
definir definirem

Present Indicative
defino definimos
defines definis
define definem

Imperfect Indicative
definia definíamos
definias definíeis
definia definiam

Preterit Indicative
defini definimos
definiste definistes
definiu definiram

Simple Pluperfect Indicative
definira definíramos
definiras definíreis
definira definiram

Future Indicative
definirei definiremos
definirás definireis
definirá definirão

Present Perfect Indicative
tenho definido temos definido
tens definido tendes definido
tem definido têm definido

Past Perfect or Pluperfect Indicative
tinha definido tínhamos definido
tinhas definido tínheis definido
tinha definido tinham definido

Future Perfect Indicative
terei definido teremos definido
terás definido tereis definido
terá definido terão definido

Present Subjunctive
defina definamos
definas definais
defina definam

Imperfect Subjunctive
definisse definíssemos
definisses definísseis
definisse definissem

Future Subjunctive
definir definirmos
definires definirdes
definir definirem

Present Perfect Subjunctive
tenha definido tenhamos definido
tenhas definido tenhais definido
tenha definido tenham definido

Past Perfect or Pluperfect Subjunctive
tivesse definido tivéssemos definido
tivesses definido tivésseis definido
tivesse definido tivessem definido

Future Perfect Subjunctive
tiver definido tivermos definido
tiveres definido tiverdes definido
tiver definido tiverem definido

Conditional
definiria definiríamos
definirias definiríeis
definiria definiriam

Conditional Perfect
teria definido teríamos definido
terias definido teríeis definido
teria definido teriam definido

Imperative
define–defini

Samples of verb usage.

Sabes **definir** esta palavra? *Can you define this word?*

Ainda não **definimos** bem os parâmetros do problema. *We still haven't defined well the parameters of the problem.*

Aquele gol (golo *in Portugal*) podia ter **definido** a partida. *That goal could have decided the game.*

O senado tentará **definir** novas leis este mês. *The senate will try to define new laws this month.*

to lay *or* put (down); to put to bed; to throw; (**-se**) to go to bed, lie down

Personal Infinitive
deitar deitarmos
deitares deitardes
deitar deitarem

Present Indicative
deito deitamos
deitas deitais
deita deitam

Imperfect Indicative
deitava deitávamos
deitavas deitáveis
deitava deitavam

Preterit Indicative
deitei deitámos
deitaste deitastes
deitou deitaram

Simple Pluperfect Indicative
deitara deitáramos
deitaras deitáreis
deitara deitaram

Future Indicative
deitarei deitaremos
deitarás deitareis
deitará deitarão

Present Perfect Indicative
tenho deitado temos deitado
tens deitado tendes deitado
tem deitado têm deitado

Past Perfect or Pluperfect Indicative
tinha deitado tínhamos deitado
tinhas deitado tínheis deitado
tinha deitado tinham deitado

Future Perfect Indicative
terei deitado teremos deitado
terás deitado tereis deitado
terá deitado terão deitado

Present Subjunctive
deite deitemos
deites deiteis
deite deitem

Imperfect Subjunctive
deitasse deitássemos
deitasses deitásseis
deitasse deitassem

Future Subjunctive
deitar deitarmos
deitares deitardes
deitar deitarem

Present Perfect Subjunctive
tenha deitado tenhamos deitado
tenhas deitado tenhais deitado
tenha deitado tenham deitado

Past Perfect or Pluperfect Subjunctive
tivesse deitado tivéssemos deitado
tivesses deitado tivésseis deitado
tivesse deitado tivessem deitado

Future Perfect Subjunctive
tiver deitado tivermos deitado
tiveres deitado tiverdes deitado
tiver deitado tiverem deitado

Conditional
deitaria deitaríamos
deitarias deitaríeis
deitaria deitariam

Conditional Perfect
teria deitado teríamos deitado
terias deitado teríeis deitado
teria deitado teriam deitado

Imperative
deita–deitai

Samples of verb usage.

Eu nunca **me deito** tarde. *I never go to bed late.*

Ela **deitou** (jogou *in Brazil*) fora o lixo. *She threw out the garbage.*

Ela recusou **deitar-se** na mesma cama que ele, apesar de serem marido e mulher.
She refused to lie down on the same bed with him, even though they were husband and wife.

A mãe **deitou** o filho cedo. *The mother put her son to bed early.*

to let, allow; to leave (behind); (**deixar de** + infinitive) to quit, stop

Personal Infinitive

deixar	deixarmos
deixares	deixardes
deixar	deixarem

Present Indicative

deixo	deixamos
deixas	deixais
deixa	deixam

Imperfect Indicative

deixava	deixávamos
deixavas	deixáveis
deixava	deixavam

Preterit Indicative

deixei	deixámos
deixaste	deixastes
deixou	deixaram

Simple Pluperfect Indicative

deixara	deixáramos
deixaras	deixáreis
deixara	deixaram

Future Indicative

deixarei	deixaremos
deixarás	deixareis
deixará	deixarão

Present Perfect Indicative

tenho deixado	temos deixado
tens deixado	tendes deixado
tem deixado	têm deixado

Past Perfect or Pluperfect Indicative

tinha deixado	tínhamos deixado
tinhas deixado	tínheis deixado
tinha deixado	tinham deixado

Future Perfect Indicative

terei deixado	teremos deixado
terás deixado	tereis deixado
terá deixado	terão deixado

Present Subjunctive

deixe	deixemos
deixes	deixeis
deixe	deixem

Imperfect Subjunctive

deixasse	deixássemos
deixasses	deixásseis
deixasse	deixassem

Future Subjunctive

deixar	deixarmos
deixares	deixardes
deixar	deixarem

Present Perfect Subjunctive

tenha deixado	tenhamos deixado
tenhas deixado	tenhais deixado
tenha deixado	tenham deixado

Past Perfect or Pluperfect Subjunctive

tivesse deixado	tivéssemos deixado
tivesses deixado	tivésseis deixado
tivesse deixado	tivessem deixado

Future Perfect Subjunctive

tiver deixado	tivermos deixado
tiveres deixado	tiverdes deixado
tiver deixado	tiverem deixado

Conditional

deixaria	deixaríamos
deixarias	deixaríeis
deixaria	deixariam

Conditional Perfect

teria deixado	teríamos deixado
terias deixado	teríeis deixado
teria deixado	teriam deixado

Imperative

deixa–deixai

Samples of verb usage.

Posto que eram pais irresponsáveis, eles **deixavam** os seus filhos em casa sozinhos.
Since they were irresponsible parents, they used to leave their childern at home alone.

Ela pensava **deixar** o seu namorado. *She was thinking about leaving her boyfriend.*

O pai **tinha deixado** a filha ir ao cinema. *The father had let (allowed) his daughter go to the movies.*

Eu **deixei de** fumar há dois anos. *I quit smoking two years ago.*

Deixa de falar, homem! *Stop talking, man!*

to depend (on), be up to

Personal Infinitive

depender	dependermos
dependeres	dependerdes
depender	dependerem

Present Indicative

dependo	dependemos
dependes	dependeis
depende	dependem

Imperfect Indicative

dependia	dependíamos
dependias	dependíeis
dependia	dependiam

Preterit Indicative

dependi	dependemos
dependeste	dependestes
dependeu	dependeram

Simple Pluperfect Indicative

dependera	dependêramos
dependeras	dependêreis
dependera	dependeram

Future Indicative

dependerei	dependeremos
dependerás	dependereis
dependerá	dependerão

Present Perfect Indicative

tenho dependido	temos dependido
tens dependido	tendes dependido
tem dependido	têm dependido

Past Perfect or Pluperfect Indicative

tinha dependido	tínhamos dependido
tinhas dependido	tínheis dependido
tinha dependido	tinham dependido

Future Perfect Indicative

terei dependido	teremos dependido
terás dependido	tereis dependido
terá dependido	terão dependido

Present Subjunctive

dependa	dependamos
dependas	dependais
dependa	dependam

Imperfect Subjunctive

dependesse	dependêssemos
dependesses	dependêsseis
dependesse	dependessem

Future Subjunctive

depender	dependermos
dependeres	dependerdes
depender	dependerem

Present Perfect Subjunctive

tenha dependido	tenhamos dependido
tenhas dependido	tenhais dependido
tenha dependido	tenham dependido

Past Perfect or Pluperfect Subjunctive

tivesse dependido	tivéssemos dependido
tivesses dependido	tivésseis dependido
tivesse dependido	tivessem dependido

Future Perfect Subjunctive

tiver dependido	tivermos dependido
tiveres dependido	tiverdes dependido
tiver dependido	tiverem dependido

Conditional

dependeria	dependeríamos
dependerias	dependeríeis
dependeria	dependeriam

Conditional Perfect

teria dependido	teríamos dependido
terias dependido	teríeis dependido
teria dependido	teriam dependido

Imperative

depende–dependei

Samples of verb usage.

A solução deste problema **depende** de você. *The solution to this problem depends on you.*

Não quero que você **dependa** de mim para o resto da sua vida.
I don't want you to depend on me for the rest of your life.

O sucesso da firma **dependerá** do desempenho dos empregados.
The firm's success will depend on the employees' performance.

Se **dependesse** de mim, você iria. *If it were up to me, you would go.*

to deposit, put *or* place in

Personal Infinitive	
depositar	depositarmos
depositares	depositardes
depositar	depositarem
Present Indicative	
deposito	depositamos
depositas	depositais
deposita	depositam
Imperfect Indicative	
depositava	depositávamos
depositavas	depositáveis
depositava	depositavam
Preterit Indicative	
depositei	depositámos
depositaste	depositastes
depositou	depositaram
Simple Pluperfect Indicative	
depositara	depositáramos
depositaras	depositáreis
depositara	depositaram
Future Indicative	
depositarei	depositaremos
depositarás	depositareis
depositará	depositarão
Present Perfect Indicative	
tenho depositado	temos depositado
tens depositado	tendes depositado
tem depositado	têm depositado
Past Perfect or Pluperfect Indicative	
tinha depositado	tínhamos depositado
tinhas depositado	tínheis depositado
tinha depositado	tinham depositado
Future Perfect Indicative	
terei depositado	teremos depositado
terás depositado	tereis depositado
terá depositado	terão depositado

Present Subjunctive	
deposite	depositemos
deposites	depositeis
deposite	depositem
Imperfect Subjunctive	
depositasse	depositássemos
depositasses	depositásseis
depositasse	depositassem
Future Subjunctive	
depositar	depositarmos
depositares	depositardes
depositar	depositarem
Present Perfect Subjunctive	
tenha depositado	tenhamos depositado
tenhas depositado	tenhais depositado
tenha depositado	tenham depositado
Past Perfect or Pluperfect Subjunctive	
tivesse depositado	tivéssemos depositado
tivesses depositado	tivésseis depositado
tivesse depositado	tivessem depositado
Future Perfect Subjunctive	
tiver depositado	tivermos depositado
tiveres depositado	tiverdes depositado
tiver depositado	tiverem depositado
Conditional	
depositaria	depositaríamos
depositarias	depositaríeis
depositaria	depositariam
Conditional Perfect	
teria depositado	teríamos depositado
terias depositado	teríeis depositado
teria depositado	teriam depositado
Imperative	
deposita–depositai	

Samples of verb usage.

Ela **depositou** muito dinheiro na sua poupança (nas suas economias *in Portugal*).
She deposited a lot of money in her savings account.

O governador **tinha depositado** o primeiro voto na urna.
The governor had deposited the first vote in the ballot box.

Ele **tem depositado** dinheiro em nome de outra pessoa.
He's been depositing money in someone else's name.

Deposite as suas confianças em mim. *Put your trust in me.*

to go, get *or* come down, descend

Personal Infinitive

descer	descermos
desceres	descerdes
descer	descerem

Present Indicative

desço	descemos
desces	desceis
desce	*descem**

Imperfect Indicative

descia	descíamos
descias	descíeis
descia	desciam

Preterit Indicative

desci	descemos
desceste	descestes
desceu	desceram

Simple Pluperfect Indicative

descera	descêramos
desceras	descêreis
descera	desceram

Future Indicative

descerei	desceremos
descerás	descereis
descerá	descerão

Present Perfect Indicative

tenho descido	temos descido
tens descido	tendes descido
tem descido	têm descido

Past Perfect or Pluperfect Indicative

tinha descido	tínhamos descido
tinhas descido	tínheis descido
tinha descido	tinham descido

Future Perfect Indicative

terei descido	teremos descido
terás descido	tereis descido
terá descido	terão descido

Present Subjunctive

desça	desçamos
desças	desçais
desça	desçam

Imperfect Subjunctive

descesse	descêssemos
descesses	descêsseis
descesse	descessem

Future Subjunctive

descer	descermos
desceres	descerdes
descer	descerem

Present Perfect Subjunctive

tenha descido	tenhamos descido
tenhas descido	tenhais descido
tenha descido	tenham descido

Past Perfect or Pluperfect Subjunctive

tivesse descido	tivéssemos descido
tivesses descido	tivésseis descido
tivesse descido	tivessem descido

Future Perfect Subjunctive

tiver descido	tivermos descido
tiveres descido	tiverdes descido
tiver descido	tiverem descido

Conditional

desceria	desceríamos
descerias	desceríeis
desceria	desceriam

Conditional Perfect

teria descido	teríamos descido
terias descido	teríeis descido
teria descido	teriam descido

Imperative

*desce**– descei

Samples of verb usage.

Eu **desço** a montanha a pé. *I come (go, get) down the mountain on foot.*

O meteoro **descia** do céu. *The meteor was falling (descending) from the sky.*

Os passageiros **desceram** do avião depressa. *The passengers descended from the plane in a hurry.*

O chefe **teria descido** no elevador para cumprimentá-la se tivesse sabido que ela estava lá.
The boss would have gone down in the elevator to greet her if he had known she was there.

*NOTE: Only the radical-changing verb forms with *open* stressed vowels appear in italic type. For further explanation see Foreword.

to wish, want; to desire

Personal Infinitive
desejar desejarmos
desejares desejardes
desejar desejarem

Present Indicative
desejo desejamos
desejas desejais
deseja desejam

Imperfect Indicative
desejava desejávamos
desejavas desejáveis
desejava desejavam

Preterit Indicative
desejei desejámos
desejaste desejastes
desejou desejaram

Simple Pluperfect Indicative
desejara desejáramos
desejaras desejáreis
desejara desejaram

Future Indicative
desejarei desejaremos
desejarás desejareis
desejará desejarão

Present Perfect Indicative
tenho desejado temos desejado
tens desejado tendes desejado
tem desejado têm desejado

Past Perfect or Pluperfect Indicative
tinha desejado tínhamos desejado
tinhas desejado tínheis desejado
tinha desejado tinham desejado

Future Perfect Indicative
terei desejado teremos desejado
terás desejado tereis desejado
terá desejado terão desejado

Present Subjunctive
deseje desejemos
desejes desejeis
deseje desejem

Imperfect Subjunctive
desejasse desejássemos
desejasses desejásseis
desejasse desejassem

Future Subjunctive
desejar desejarmos
desejares desejardes
desejar desejarem

Present Perfect Subjunctive
tenha desejado tenhamos desejado
tenhas desejado tenhais desejado
tenha desejado tenham desejado

Past Perfect or Pluperfect Subjunctive
tivesse desejado tivéssemos desejado
tivesses desejado tivésseis desejado
tivesse desejado tivessem desejado

Future Perfect Subjunctive
tiver desejado tivermos desejado
tiveres desejado tiverdes desejado
tiver desejado tiverem desejado

Conditional
desejaria desejaríamos
desejarias desejaríeis
desejaria desejariam

Conditional Perfect
teria desejado teríamos desejado
terias desejado teríeis desejado
teria desejado teriam desejado

Imperative
deseja–desejai

Samples of verb usage.

Ela sempre **desejara** ir à Grécia. *She had always wanted to go to Greece.*

O seu avô lhe **desejou** uma boa viagem. *His grandfather wished him a good trip.*

Pela incrível beleza dela, ele não podia evitar de **desejá**-la.
Because of her incredible beauty, he couldn't help but desire her.

O filho **desejava** que a mãe estivesse bem. *The son wished for his mother to be well.*

to design; to sketch, draw

Personal Infinitive
desenhar desenharmos
desenhares desenhardes
desenhar desenharem

Present Indicative
desenho desenhamos
desenhas desenhais
desenha desenham

Imperfect Indicative
desenhava desenhávamos
desenhavas desenháveis
desenhava desenhavam

Preterit Indicative
desenhei desenhámos
desenhaste desenhastes
desenhou desenharam

Simple Pluperfect Indicative
desenhara desenháramos
desenharas desenháreis
desenhara desenharam

Future Indicative
desenharei desenharemos
desenharás desenhareis
desenhará desenharão

Present Perfect Indicative
tenho desenhado temos desenhado
tens desenhado tendes desenhado
tem desenhado têm desenhado

Past Perfect or Pluperfect Indicative
tinha desenhado tínhamos desenhado
tinhas desenhado tínheis desenhado
tinha desenhado tinham desenhado

Future Perfect Indicative
terei desenhado teremos desenhado
terás desenhado tereis desenhado
terá desenhado terão desenhado

Present Subjunctive
desenhe desenhemos
desenhes desenheis
desenhe desenhem

Imperfect Subjunctive
desenhasse desenhássemos
desenhasses desenhásseis
desenhasse desenhassem

Future Subjunctive
desenhar desenharmos
desenhares desenhardes
desenhar desenharem

Present Perfect Subjunctive
tenha desenhado tenhamos desenhado
tenhas desenhado tenhais desenhado
tenha desenhado tenham desenhado

Past Perfect or Pluperfect Subjunctive
tivesse desenhado tivéssemos desenhado
tivesses desenhado tivésseis desenhado
tivesse desenhado tivessem desenhado

Future Perfect Subjunctive
tiver desenhado tivermos desenhado
tiveres desenhado tiverdes desenhado
tiver desenhado tiverem desenhado

Conditional
desenharia desenharíamos
desenharias desenharíeis
desenharia desenhariam

Conditional Perfect
teria desenhado teríamos desenhado
terias desenhado teríeis desenhado
teria desenhado teriam desenhado

Imperative
desenha–desenhai

Samples of verb usage.

Esta artista **desenha** muito bem. *This artist (female) draws (sketches) very well.*

Desenhe-me um quadro da paisagem. *Sketch (Draw) me a picture of the landscape.*

Desenharei o plano da tua casa nova. *I will design the plan of your new house.*

Essa criança **tem desenhado** muito ultimamente. *That kid has been drawing a lot lately.*

to develop; to grow (into)

Personal Infinitive
desenvolver desenvolvermos
desenvolveres desenvolverdes
desenvolver desenvolverem

Present Indicative
desenvolvo desenvolvemos
desenvolves desenvolveis
desenvolve *desenvolvem**

Imperfect Indicative
desenvolvia desenvolvíamos
desenvolvias desenvolvíeis
desenvolvia desenvolviam

Preterit Indicative
desenvolvi desenvolvemos
desenvolveste desenvolvestes
desenvolveu desenvolveram

Simple Pluperfect Indicative
desenvolvera desenvolvêramos
desenvolveras desenvolvêreis
desenvolvera desenvolveram

Future Indicative
desenvolverei desenvolveremos
desenvolverás desenvolvereis
desenvolverá desenvolverão

Present Perfect Indicative
tenho desenvolvido temos desenvolvido
tens desenvolvido tendes desenvolvido
tem desenvolvido têm desenvolvido

Past Perfect or Pluperfect Indicative
tinha desenvolvido tínhamos desenvolvido
tinhas desenvolvido tínheis desenvolvido
tinha desenvolvido tinham desenvolvido

Future Perfect Indicative
terei desenvolvido teremos desenvolvido
terás desenvolvido tereis desenvolvido
terá desenvolvido terão desenvolvido

Present Subjunctive
desenvolva desenvolvamos
desenvolvas desenvolvais
desenvolva desenvolvam

Imperfect Subjunctive
desenvolvesse desenvolvêssemos
desenvolvesses desenvolvêsseis
desenvolvesse desenvolvessem

Future Subjunctive
desenvolver desenvolvermos
desenvolveres desenvolverdes
desenvolver desenvolverem

Present Perfect Subjunctive
tenha desenvolvido tenhamos desenvolvido
tenhas desenvolvido tenhais desenvolvido
tenha desenvolvido tenham desenvolvido

Past Perfect or Pluperfect Subjunctive
tivesse desenvolvido tivéssemos desenvolvido
tivesses desenvolvido tivésseis desenvolvido
tivesse desenvolvido tivessem desenvolvido

Future Perfect Subjunctive
tiver desenvolvido tivermos desenvolvido
tiveres desenvolvido tiverdes desenvolvido
tiver desenvolvido tiverem desenvolvido

Conditional
desenvolveria desenvolveríamos
desenvolverias desenvolveríeis
desenvolveria desenvolveriam

Conditional Perfect
teria desenvolvido teríamos desenvolvido
terias desenvolvido teríeis desenvolvido
teria desenvolvido teriam desenvolvido

Imperative
*desenvolve**–desenvolvei

Samples of verb usage.

O nosso país **tem-se desenvolvido** muito nos últimos anos.
Our country has been developing a lot in recent years.

O fogo **desenvolveu** numa força devastadora. *The fire grew into a devastating force.*

O menino **se desenvolverá** num rapaz forte. *The boy will grow into a strong young man.*

Desenvolva um proje(c)to novo, ou perderá o seu emprego con(n)osco!
Develop a new project, or you'll lose your position with us!

*NOTE: Only the radical-changing verb forms with *open* stressed vowels appear in italic type. For further explanation see Foreword.

to faint, pass out

Personal Infinitive
desmaiar desmaiarmos
desmaiares desmaiardes
desmaiar desmaiarem

Present Indicative
desmaio desmaiamos
desmaias desmaiais
desmaia desmaiam

Imperfect Indicative
desmaiava desmaiávamos
desmaiavas desmaiáveis
desmaiava desmaiavam

Preterit Indicative
desmaiei desmaiámos
desmaiaste desmaiastes
desmaiou desmaiaram

Simple Pluperfect Indicative
desmaiara desmaiáramos
desmaiaras desmaiáreis
desmaiara desmaiaram

Future Indicative
desmaiarei desmaiaremos
desmaiarás desmaiareis
desmaiará desmaiarão

Present Perfect Indicative
tenho desmaiado temos desmaiado
tens desmaiado tendes desmaiado
tem desmaiado têm desmaiado

Past Perfect or Pluperfect Indicative
tinha desmaiado tínhamos desmaiado
tinhas desmaiado tínheis desmaiado
tinha desmaiado tinham desmaiado

Future Perfect Indicative
terei desmaiado teremos desmaiado
terás desmaiado tereis desmaiado
terá desmaiado terão desmaiado

Present Subjunctive
desmaie desmaiemos
desmaies desmaieis
desmaie desmaiem

Imperfect Subjunctive
desmaiasse desmaiássemos
desmaiasses desmaiásseis
desmaiasse desmaiassem

Future Subjunctive
desmaiar desmaiarmos
desmaiares desmaiardes
desmaiar desmaiarem

Present Perfect Subjunctive
tenha desmaiado tenhamos desmaiado
tenhas desmaiado tenhais desmaiado
tenha desmaiado tenham desmaiado

Past Perfect or Pluperfect Subjunctive
tivesse desmaiado tivéssemos desmaiado
tivesses desmaiado tivésseis desmaiado
tivesse desmaiado tivessem desmaiado

Future Perfect Subjunctive
tiver desmaiado tivermos desmaiado
tiveres desmaiado tiverdes desmaiado
tiver desmaiado tiverem desmaiado

Conditional
desmaiaria desmaiaríamos
desmaiarias desmaiaríeis
desmaiaria desmaiariam

Conditional Perfect
teria desmaiado teríamos desmaiado
terias desmaiado teríeis desmaiado
teria desmaiado teriam desmaiado

Imperative
desmaia–desmaiai

Samples of verb usage.

Ele sempre **desmaia** ao ver o seu próprio sangue. *He always faints at the sight of his own blood.*

O bêbado (*also* bêbedo *in Brazil*) ia **desmaiar** na porta da nossa casa.
The drunk was going to pass out on the doorstep of our house.

Se a sua febre aumentar, a doente **desmaiará**. *If her fever goes up, the patient will faint.*

Desmaiei três vezes na semana passada subindo as escadas.
I fainted three times last week climbing the stairs.

to send (off); to fire, get rid of; (**-se**) to hurry (up), get going

Personal Infinitive
despachar despacharmos
despachares despachardes
despachar despacharem

Present Indicative
despacho despachamos
despachas despachais
despacha despacham

Imperfect Indicative
despachava despachávamos
despachavas despacháveis
despachava despachavam

Preterit Indicative
despachei despachámos
despachaste despachastes
despachou despacharam

Simple Pluperfect Indicative
despachara despacháramos
despacharas despacháreis
despachara despacharam

Future Indicative
despacharei despacharemos
despacharás despachareis
despachará despacharão

Present Perfect Indicative
tenho despachado temos despachado
tens despachado tendes despachado
tem despachado têm despachado

Past Perfect or Pluperfect Indicative
tinha despachado tínhamos despachado
tinhas despachado tínheis despachado
tinha despachado tinham despachado

Future Perfect Indicative
terei despachado teremos despachado
terás despachado tereis despachado
terá despachado terão despachado

Present Subjunctive
despache despachemos
despaches despacheis
despache despachem

Imperfect Subjunctive
despachasse despachássemos
despachasses despachásseis
despachasse despachassem

Future Subjunctive
despachar despacharmos
despachares despachardes
despachar despacharem

Present Perfect Subjunctive
tenha despachado tenhamos despachado
tenhas despachado tenhais despachado
tenha despachado tenham despachado

Past Perfect or Pluperfect Subjunctive
tivesse despachado tivéssemos despachado
tivesses despachado tivésseis despachado
tivesse despachado tivessem despachado

Future Perfect Subjunctive
tiver despachado tivermos despachado
tiveres despachado tiverdes despachado
tiver despachado tiverem despachado

Conditional
despacharia despacharíamos
despacharias despacharíeis
despacharia despachariam

Conditional Perfect
teria despachado teríamos despachado
terias despachado teríeis despachado
teria despachado teriam despachado

Imperative
despacha–despachai

Samples of verb usage.

Despacha-te! *Hurry up! (Get going!)*

Eu já **tinha despachado** a carta. *I had already sent off the letter.*

O chefe **despachou** o empregado por ter roubado da caixa.
The boss fired the employee for having stolen from the till.

Despache-o daqui! *Get rid of him!*

to fire, dismiss; (**-se de**) to say good-bye

Personal Infinitive		***Present Subjunctive***	
despedir	despedirmos	*despeça*	despeçamos
despedires	despedirdes	*despeças*	despeçais
despedir	despedirem	*despeça*	*despeçam**
Present Indicative		***Imperfect Subjunctive***	
despeço	despedimos	despedisse	despedíssemos
despedes	despedis	despedisses	despedísseis
despede	*despedem**	despedisse	despedissem
Imperfect Indicative		***Future Subjunctive***	
despedia	despedíamos	despedir	despedirmos
despedias	despedíeis	despedires	despedirdes
despedia	despediam	despedir	despedirem
Preterit Indicative		***Present Perfect Subjunctive***	
despedi	despedimos	tenha despedido	tenhamos despedido
despediste	despedistes	tenhas despedido	tenhais despedido
despediu	despediram	tenha despedido	tenham despedido
Simple Pluperfect Indicative		***Past Perfect or Pluperfect Subjunctive***	
despedira	despedíramos	tivesse despedido	tivéssemos despedido
despediras	despedíreis	tivesses despedido	tivésseis despedido
despedira	despediram	tivesse despedido	tivessem despedido
Future Indicative		***Future Perfect Subjunctive***	
despedirei	despediremos	tiver despedido	tivermos despedido
despedirás	despedireis	tiveres despedido	tiverdes despedido
despedirá	despedirão	tiver despedido	tiverem despedido
Present Perfect Indicative		***Conditional***	
tenho despedido	temos despedido	despediria	despediríamos
tens despedido	tendes despedido	despedirias	despediríeis
tem despedido	têm despedido	despediria	despediriam
Past Perfect or Pluperfect Indicative		***Conditional Perfect***	
tinha despedido	tínhamos despedido	teria despedido	teríamos despedido
tinhas despedido	tínheis despedido	terias despedido	teríeis despedido
tinha despedido	tinham despedido	teria despedido	teriam despedido
Future Perfect Indicative		***Imperative***	
terei despedido	teremos despedido	*despede**– despedi	
terás despedido	tereis despedido		
terá despedido	terão despedido		

Samples of verb usage.

O chefe **despediu** o operário. *The boss dismissed the worker.*

Eles **se despedirão** no aeroporto. *They will say good-bye at the airport.*

(Nós) daremos a nossa resposta quando **nos despedirmos**.
We will give our reply (answer) when we say good-bye.

A secretária foi **despedida** sem aviso prévio. *The secretary was fired without prior notice.*

*NOTE: Only the radical-changing verb forms with *open* stressed vowels appear in italic type. For further explanation see Foreword.

to undress; (**-se**) to get undressed

Personal Infinitive		***Present Subjunctive***	
despir	despirmos	dispa	dispamos
despires	despirdes	dispas	dispais
despir	despirem	dispa	dispam
Present Indicative		***Imperfect Subjunctive***	
dispo	despimos	despisse	despíssemos
despes	despis	despisses	despísseis
despe	*despem**	despisse	despissem
Imperfect Indicative		***Future Subjunctive***	
despia	despíamos	despir	despirmos
despias	despíeis	despires	despirdes
despia	despiam	despir	despirem
Preterit Indicative		***Present Perfect Subjunctive***	
despi	despimos	tenha despido	tenhamos despido
despiste	despistes	tenhas despido	tenhais despido
despiu	despiram	tenha despido	tenham despido
Simple Pluperfect Indicative		***Past Perfect or Pluperfect Subjunctive***	
despira	despíramos	tivesse despido	tivéssemos despido
despiras	despíreis	tivesses despido	tivésseis despido
despira	despiram	tivesse despido	tivessem despido
Future Indicative		***Future Perfect Subjunctive***	
despirei	despiremos	tiver despido	tivermos despido
despirás	despireis	tiveres despido	tiverdes despido
despirá	despirão	tiver despido	tiverem despido
Present Perfect Indicative		***Conditional***	
tenho despido	temos despido	despiria	despiríamos
tens despido	tendes despido	despirias	despiríeis
tem despido	têm despido	despiria	despiriam
Past Perfect or Pluperfect Indicative		***Conditional Perfect***	
tinha despido	tínhamos despido	teria despido	teríamos despido
tinhas despido	tínheis despido	terias despido	teríeis despido
tinha despido	tinham despido	teria despido	teriam despido
Future Perfect Indicative		***Imperative***	
terei despido	teremos despido	*despe**– despi	
terás despido	tereis despido		
terá despido	terão despido		

Samples of verb usage.

A avó **despiu** o menino. *The grandmother undressed the boy.*

Ele sempre **se despe** no quarto. *He always undresses in the bedroom.*

O médico entrará assim que você **se despir**. *The doctor will come in as soon as you undress.*

Se **te despisses**, seria muito mais fácil completar o exame.
If you got undressed, it would be much easier to finish the examination.

*NOTE: Only the radical-changing verb forms with *open* stressed vowels appear in italic type. For further explanation see Foreword.

to destroy

Personal Infinitive		***Present Subjunctive***	
destruir	destruirmos	destrua	destruamos
destruíres	destruirdes	destruas	destruais
destruir	destruírem	destrua	destruam
Present Indicative		***Imperfect Subjunctive***	
destruo	destruímos	destruísse	destruíssemos
destruis (destróis)	destruís	destruísses	destruísseis
destrui (destrói)	destruem *(destroem)**	destruísse	destruíssem
Imperfect Indicative		***Future Subjunctive***	
destruía	destruíamos	destruir	destruirmos
destruías	destruíeis	destruíres	destruirdes
destruía	destruíam	destruir	destruírem
Preterit Indicative		***Present Perfect Subjunctive***	
destruí	destruímos	tenha destruído	tenhamos destruído
destruíste	destruístes	tenhas destruído	tenhais destruído
destruiu	destruíram	tenha destruído	tenham destruído
Simple Pluperfect Indicative		***Past Perfect or Pluperfect Subjunctive***	
destruíra	destruíramos	tivesse destruído	tivéssemos destruído
destruíras	destruíreis	tiesses destruído	tivésseis destruído
destruíra	destruíram	tivesse destruído	tivessem destruído
Future Indicative		***Future Perfect Subjunctive***	
destruirei	destruiremos	tiver destruído	tivermos destruído
destruirás	destruireis	tiveres destruído	tiverdes destruído
destruirá	destruirão	tiver destruído	tiverem destruído
Present Perfect Indicative		***Conditional***	
tenho destruído	temos destruído	destruiria	destruiríamos
tens destruído	tendes destruído	destruirias	destruiríeis
tem destruído	têm destruído	destruiria	destruiriam
Past Perfect or Pluperfect Indicative		***Conditional Perfect***	
tinha destruído	tínhamos destruído	teria destruído	teríamos destruído
tinhas destruído	tínheis destruído	terias destruído	teríeis destruído
tinha destruído	tinham destruído	teria destruído	teriam destruído
Future Perfect Indicative		***Imperative***	
terei destruído	teremos destruído	destrui (destrói)*–destruí	
terás destruído	tereis destruído		
terá destruído	terão destruído		

Samples of verb usage.

Quero que vocês **destruam** tudo. *I want you to destroy everything.*

O elefante **destruiu** a vila. *The elephant destroyed the village.*

O Presidente mandou **destruir** todos os documentos secretos.
The President ordered all of the secret documents destroyed.

Este vírus é capaz de **destruir** o rebanho de gado inteiro.
This virus is capable of destroying the whole herd of cattle.

*NOTE: Only the radical-changing verb forms with *open* stressed vowels appear in italic type. For further explanation see Foreword. The forms in parentheses are used in Brazil.

to owe; ought, should, must

Personal Infinitive
dever devermos
deveres deverdes
dever deverem

Present Indicative
devo devemos
deves deveis
deve *devem**

Imperfect Indicative
devia devíamos
devias devíeis
devia deviam

Preterit Indicative
devi devemos
deveste devestes
deveu deveram

Simple Pluperfect Indicative
devera devêramos
deveras devêreis
devera deveram

Future Indicative
deverei deveremos
deverás devereis
deverá deverão

Present Perfect Indicative
tenho devido temos devido
tens devido tendes devido
tem devido têm devido

Past Perfect or Pluperfect Indicative
tinha devido tínhamos devido
tinhas devido tínheis devido
tinha devido tinham devido

Future Perfect Indicative
terei devido teremos devido
terás devido tereis devido
terá devido terão devido

Present Subjunctive
deva devamos
devas devais
deva devam

Imperfect Subjunctive
devesse devêssemos
devesses devêsseis
devesse devessem

Future Subjunctive
dever devermos
deveres deverdes
dever deverem

Present Perfect Subjunctive
tenha devido tenhamos devido
tenhas devido tenhais devido
tenha devido tenham devido

Past Perfect or Pluperfect Subjunctive
tivesse devido tivéssemos devido
tivesses devido tivésseis devido
tivesse devido tivessem devido

Future Perfect Subjunctive
tiver devido tivermos devido
tiveres devido tiverdes devido
tiver devido tiverem devido

Conditional
deveria deveríamos
deverias deveríeis
deveria deveriam

Conditional Perfect
teria devido teríamos devido
terias devido teríeis devido
teria devido teriam devido

Imperative
*deve**– devei

Samples of verb usage.

(Nós) **devíamos** muito dinheiro ao banco. *We used to owe a lot of money to the bank.*

Eu espero que ele repague os muitos favores que te **deve**. *I hope he repays the many favors he owes you.*

Não **deves** nunca dizer isto. *You must never say that.*

Eu **deveria** terminar o trabalho. *I ought to finish my work.*

*NOTE: Only the radical-changing verb forms with *open* stressed vowels appear in italic type. For further explanation see Foreword.

to direct; to drive

Personal Infinitive		***Present Subjunctive***	
dirigir	dirigirmos	dirija	dirijamos
dirigires	dirigirdes	dirijas	dirijais
dirigir	dirigirem	dirija	dirijam
Present Indicative		***Imperfect Subjunctive***	
dirijo	dirigimos	dirigisse	dirigíssemos
diriges	dirigis	dirigisses	dirigísseis
dirige	dirigem	dirigisse	dirigissem
Imperfect Indicative		***Future Subjunctive***	
dirigia	dirigíamos	dirigir	dirigirmos
dirigias	dirigíeis	dirigires	dirigirdes
dirigia	dirigiam	dirigir	dirigirem
Preterit Indicative		***Present Indicative***	
dirigi	dirigimos	tenha dirigido	tenhamos dirigido
dirigiste	dirigistes	tenhas dirigido	tenhais dirigido
dirigiu	dirigiram	tenha dirigido	tenham dirigido
Simple Pluperfect Indicative		***Past Perfect or Pluperfect Subjunctive***	
dirigira	dirigíramos	tivesse dirigido	tivéssemos dirigido
dirigiras	dirigíreis	tivesses dirigido	tivésseis dirigido
dirigira	dirigiram	tivesse dirigido	tivessem dirigido
Future Indicative		***Future Perfect Subjunctive***	
dirigirei	dirigiremos	tiver dirigido	tivermos dirigido
dirigirás	dirigireis	tiveres dirigido	tiverdes dirigido
dirigirá	dirigirão	tiver dirigido	tiverem dirigido
Present Perfect Indicative		***Conditional***	
tenho dirigido	temos dirigido	dirigiria	dirigiríamos
tens dirigido	tendes dirigido	dirigirias	dirigiríeis
tem dirigido	têm dirigido	dirigiria	dirigiriam
Past Perfect or Pluperfect Indicative		***Conditional Perfect***	
tinha dirigido	tínhamos dirigido	teria dirigido	teríamos dirigido
tinhas dirigido	tínheis dirigido	terias dirigido	teríeis dirigido
tinha dirigido	tinham dirigido	teria dirigido	teriam dirigido
Future Perfect Indicative		***Imperative***	
terei dirigido	teremos dirigido	dirige–dirigi	
terás dirigido	tereis dirigido		
terá dirigido	terão dirigido		

Samples of verb usage.

Pode-me **dirigir** ao capitólio? *Can you direct me to the capitol?*

A professora **dirigirá** a próxima pergunta ao estudante mais inteligente de todos.
The teacher (female) will direct the next question to the most intelligent student of all.

Você quer que eu **dirija** o carro? *Would you like me to drive the car?*

Eu nunca **tinha dirigido** um camião antes. *I had never driven a truck before.*

Pres. Part. *discernindo* Past Part. *discernido* **discernir**

to discern, distinguish

Personal Infinitive

discernir	discernirmos
discernires	discernirdes
discernir	discernirem

Present Indicative

discirno	discernimos
discernes	discernis
discerne	*discernem**

Imperfect Indicative

discernia	discerníamos
discernias	discerníeis
discernia	discerniam

Preterit Indicative

discerni	discernimos
discerniste	discernistes
discerniu	discerniram

Simple Pluperfect Indicative

discernira	discerníramos
discerniras	discerníreis
discernira	discerniram

Future Indicative

discernirei	discerniremos
discernirás	discernireis
discernirá	discernirão

Present Perfect Subjunctive

tenho discernido	temos discernido
tens discernido	tendes discernido
tem discernido	têm discernido

Past Perfect or Pluperfect Indicative

tinha discernido	tínhamos discernido
tinhas discernido	tínheis discernido
tinha discernido	tinham discernido

Future Perfect Indicative

terei discernido	teremos discernido
terás discernido	tereis discernido
terá discernido	terão discernido

Present Indicative

discirna	discirnamos
discirnas	discirnais
discirna	discirnam

Imperfect Subjunctive

discernisse	discerníssemos
discernisses	discernísseis
discernisse	discernissem

Future Subjunctive

discernir	discernirmos
discernires	discernirdes
discernir	discernirem

Present Perfect Subjunctive

tenha discernido	tenhamos discernido
tenhas discernido	tenhais discernido
tenha discernido	tenham discernido

Past Perfect or Pluperfect Subjunctive

tivesse discernido	tivéssemos discernido
tivesses discernido	tivésseis discernido
tivesse discernido	tivessem discernido

Future Perfect Subjunctive

tiver discernido	tivermos discernido
tiveres discernido	tiverdes discernido
tiver discernido	tiverem discernido

Conditional

discerniria	discerniríamos
discernirias	discerniríeis
discerniria	discerniriam

Conditional Perfect

teria discernido	teríamos discernido
terias discernido	teríeis discernido
teria discernido	teriam discernido

Imperative

*discerne**– discerni

Samples of verb usage.

Você deve aprender a **discernir** o bem do mal. *You should learn to discern good from bad.*

Os homens são incapazes de **discernir** tantas cores quanto as mulheres.
Men are incapable of distinguishing as many colors as women.

Eles não **discernem** bem o que é real e o que não é.
They do not distinguish well between what is real and what isn't.

A vítima não conseguia **discernir** entre o criminoso e o inocente.
The victim couldn't distinguish between the criminal and the innocent man.

*NOTE: Only the radical-changing verb forms with *open* stressed vowels appear in italic type. For further explanation see Foreword.

to discriminate; to perceive (a difference)

Personal Infinitive
discriminar discriminarmos
discriminares discriminardes
discriminar discriminarem

Present Indicative
discrimino discriminamos
discriminas discriminais
discrimina discriminam

Imperfect Indicative
discriminava discriminávamos
discriminavas discrimináveis
discriminava discriminavam

Preterit Indicative
discriminei discriminámos
discriminaste discriminastes
discriminou discriminaram

Simple Pluperfect Indicative
discriminara discrimináramos
discriminaras discrimináreis
discriminara discriminaram

Future Indicative
discriminarei discriminaremos
discriminarás discriminareis
discriminará discriminarão

Present Indicative
tenho discriminado temos discriminado
tens discriminado tendes discriminado
tem discriminado têm discriminado

Past Perfect or Pluperfect Indicative
tinha discriminado tínhamos discriminado
tinhas discriminado tínheis discriminado
tinha discriminado tinham discriminado

Future Perfect Indicative
terei discriminado teremos discriminado
terás discriminado tereis discriminado
terá discriminado terão discriminado

Present Subjunctive
discrimine discriminemos
discrimines discrimineis
discrimine discriminem

Imperfect Subjunctive
discriminasse discriminássemos
discriminasses discriminásseis
discriminasse discriminassem

Future Subjunctive
discriminar discriminarmos
discriminares discriminardes
discriminar discriminarem

Present Perfect Subjunctive
tenha discriminado tenhamos discriminado
tenhas discriminado tenhais discriminado
tenha discriminado tenham discriminado

Past Perfect or Pluperfect Subjunctive
tivesse discriminado tivéssemos discriminado
tivesses discriminado tivésseis discriminado
tivesse discriminado tivessem discriminado

Future Perfect Subjunctive
tiver discriminado tivermos discriminado
tiveres discriminado tiverdes discriminado
tiver discriminado tiverem discriminado

Conditional
discriminaria discriminaríamos
discriminarias discriminaríeis
discriminaria discriminariam

Conditional Perfect
teria discriminado teríamos discriminado
terias discriminado teríeis discriminado
teria discriminado teriam discriminado

Imperative
discrimina–discriminai

Samples of verb usage.

O dono do apartamento **discriminou** (contra) o inquilino pela sua cor.
The landlord discriminated against the tenant because of his color.

Você não sabe **discriminar** o certo do errado. *You can't discriminate between right and wrong.*

Quando você **tiver discriminado** a diferença, avise-me. *Tell me when you've perceived the difference.*

Não se pode **discriminar** por nenhum motivo. *There can be no discrimination for any reason.*

to argue; to discuss; to debate

Personal Infinitive		***Present Subjunctive***	
discutir	discutirmos	discuta	discutamos
discutires	discutirdes	discutas	discutais
discutir	discutirem	discuta	discutam
Present Indicative		***Imperfect Subjunctive***	
discuto	discutimos	discutisse	discutíssemos
discutes	discutis	discutisses	discutísseis
discute	discutem	discutisse	discutissem
Imperfect Indicative		***Future Subjunctive***	
discutia	discutíamos	discutir	discutirmos
discutias	discutíeis	discutires	discutirdes
discutia	discutiam	discutir	discutirem
Preterit Indicative		***Present Perfect Subjunctive***	
discuti	discutimos	tenha discutido	tenhamos discutido
discutiste	discutistes	tenhas discutido	tenhais discutido
discutiu	discutiram	tenha discutido	tenham discutido
Simple Pluperfect Indicative		***Past Perfect or Pluperfect Subjunctive***	
discutira	discutíramos	tivesse discutido	tivéssemos discutido
discutiras	discutíreis	tivesses discutido	tivésseis discutido
discutira	discutiram	tivesse discutido	tivessem discutido
Future Indicative		***Future Perfect Subjunctive***	
discutirei	discutiremos	tiver discutido	tivermos discutido
discutirás	discutireis	tiveres discutido	tiverdes discutido
discutirá	discutirão	tiver discutido	tiverem discutido
Present Perfect Indicative		***Conditional***	
tenho discutido	temos discutido	discutiria	discutiríamos
tens discutido	tendes discutido	discutirias	discutiríeis
tem discutido	têm discutido	discutiria	discutiriam
Past Perfect or Pluperfect Indicative		***Conditional Perfect***	
tinha discutido	tínhamos discutido	teria discutido	teríamos discutido
tinhas discutido	tínheis discutido	terias discutido	teríeis discutido
tinha discutido	tinham discutido	teria discutido	teriam discutido
Future Perfect Indicative		***Imperative***	
terei discutido	teremos discutido	discute–discuti	
terás discutido	tereis discutido		
terá discutido	terão discutido		

Samples of verb usage.

Os políticos **discutem** muito sobre novas leis. *Politicians debate a lot about new laws.*

Eu não **discutirei** mais este assunto. *I won't discuss this subject (matter) any further.*

Eu não gosto de **discutir** sobre a política nacional. *I don't like to argue about national politics.*

Eles estavam tão zangados que **discutiram** por horas.
They were so angry (mad) that they argued for hours.

to disguise; to conceal

Personal Infinitive

disfarçar	disfarçarmos
disfarçares	disfarçardes
disfarçar	disfarçarem

Present Indicative

disfarço	disfarçamos
disfarças	disfarçais
disfarça	disfarçam

Imperfect Indicative

disfarçava	disfarçávamos
disfarçavas	disfarçáveis
disfarçava	disfarçavam

Preterit Indicative

disfarcei	disfarçámos
disfarçaste	disfarçastes
disfarçou	disfarçaram

Simple Pluperfect Indicative

disfarçara	disfarçáramos
disfarçaras	disfarçáreis
disfarçara	disfarçaram

Future Indicative

disfarçarei	disfarçaremos
disfarçarás	disfarçareis
disfarçará	disfarçarão

Present Perfect Indicative

tenho disfarçado	temos disfarçado
tens disfarçado	tendes disfarçado
tem disfarçado	têm disfarçado

Past Perfect or Pluperfect Indicative

tinha disfarçado	tínhamos disfarçado
tinhas disfarçado	tínheis disfarçado
tinha disfarçado	tinham disfarçado

Future Perfect Indicative

terei disfarçado	teremos disfarçado
terás disfarçado	tereis disfarçado
terá disfarçado	terão disfarçado

Present Subjunctive

disfarce	disfarcemos
disfarces	disfarceis
disfarce	disfarcem

Imperfect Subjunctive

disfarçasse	disfarçássemos
disfarçasses	disfarçásseis
disfarçasse	disfarçassem

Future Subjunctive

disfarçar	disfarçarmos
disfarçares	disfarçardes
disfarçar	disfarçarem

Present Perfect Subjunctive

tenha disfarçado	tenhamos disfarçado
tenhas disfarçado	tenhais disfarçado
tenha disfarçado	tenham disfarçado

Past Perfect or Pluperfect Subjunctive

tivesse disfarçado	tivéssemos disfarçado
tivesses disfarçado	tivésseis disfarçado
tivesse disfarçado	tivessem disfarçado

Future Perfect Subjunctive

tiver disfarçado	tivermos disfarçado
tiveres disfarçado	tiverdes disfarçado
tiver disfarçado	tiverem disfarçado

Conditional

disfarçaria	disfarçaríamos
disfarçarias	disfarçaríeis
disfarçaria	disfarçariam

Conditional Perfect

teria disfarçado	teríamos disfarçado
terias disfarçado	teríeis disfarçado
teria disfarçado	teriam disfarçado

Imperative

disfarça–disfarçai

Samples of verb usage.

Eu **me disfarcei** de palhaço no Carnaval. *I disguised myself as a clown for* Carnaval.

A sua voz suave **disfarçava** as suas verdadeiras intenções. *His soft voice concealed his real intentions.*

Se ela ficasse doente, **disfarçaria**. *If she got sick, she would conceal it.*

Disfarce-se se não quiser ser reconhecido. *Disguise yourself if you don't want to be recognized.*

to distinguish, differentiate, tell (the difference); (**-se de**) to be different from

Personal Infinitive

distinguir	distinguirmos
distinguires	distinguirdes
distinguir	distinguirem

Present Indicative

distingo	distinguimos
distingues	distinguis
distingue	distinguem

Imperfect Indicative

distinguia	distinguíamos
distinguias	distinguíeis
distinguia	distinguiam

Preterit Indicative

distingui	distinguimos
distinguiste	distinguistes
distinguiu	distinguiram

Simple Pluperfect Indicative

distinguira	distinguíramos
distinguiras	distinguíreis
distinguira	distinguiram

Future Indicative

distinguirei	distinguiremos
distinguirás	distinguireis
distinguirá	distinguirão

Present Perfect Indicative

tenho distinguido	temos distinguido
tens distinguido	tendes distinguido
tem distinguido	têm distinguido

Past Perfect or Pluperfect Indicative

tinha distinguido	tínhamos distinguido
tinhas distinguido	tínheis distinguido
tinha distinguido	tinham distinguido

Future Perfect Indicative

terei distinguido	teremos distinguido
terás distinguido	tereis distinguido
terá distinguido	terão distinguido

Present Subjunctive

distinga	distingamos
distingas	distingais
distinga	distingam

Imperfect Subjunctive

distinguisse	distinguíssemos
distinguisses	distinguísseis
distinguisse	distinguissem

Future Subjunctive

distinguir	distinguirmos
distinguires	distinguirdes
distinguir	distinguirem

Present Perfect Subjunctive

tenha distinguido	tenhamos distinguido
tenhas distinguido	tenhais distinguido
tenha distinguido	tenham distinguido

Past Perfect or Pluperfect Subjunctive

tivesse distinguido	tivéssemos distinguido
tivesses distinguido	tivésseis distinguido
tivesse distinguido	tivessem distinguido

Future Perfect Subjunctive

tiver distinguido	tivermos distinguido
tiveres distinguido	tiverdes distinguido
tiver distinguido	tiverem distinguido

Conditional

distinguiria	distinguiríamos
distinguirias	distinguiríeis
distinguiria	distinguiriam

Conditional Perfect

teria distinguido	teríamos distinguido
terias distinguido	teríeis distinguido
teria distinguido	teriam distinguido

Imperative

distingue–distingui

Samples of verb usage.

Um daltónico (daltônico *in Brazil*) não **distingue** o azul do cinza (cinzento *in Portugal*).
A color-blind person can't distinguish blue from gray.

Ele **tem-se distinguido** dos outros alunos.
He has distinguished himself from the other students.

Não quero que você **se distinga** dos outros. *I don't want you to be different (stand out) from the others.*

Ela não pôde **distinguir** os alunos dos professores.
She couldn't tell the difference between the students and the professors.

to entertain, amuse; (**-se**) to have fun, enjoy oneself

Personal Infinitive
divertir divertirmos
divertires divertirdes
divertir divertirem

Present Indicative
divirto divertimos
divertes divertis
diverte *divertem**

Imperfect Indicative
divertia divertíamos
divertias divertíeis
divertia divertiam

Preterit Indicative
diverti divertimos
divertiste divertistes
divertiu divertiram

Simple Pluperfect Indicative
divertira divertíramos
divertiras divertíreis
divertira divertiram

Future Indicative
divertirei divertiremos
divertirás divertireis
divertirá divertirão

Present Perfect Indicative
tenho divertido temos divertido
tens divertido tendes divertido
tem divertido têm divertido

Past Perfect or Pluperfect Indicative
tinha divertido tínhamos divertido
tinhas divertido tínheis divertido
tinha divertido tinham divertido

Future Perfect Indicative
terei divertido teremos divertido
terás divertido tereis divertido
terá divertido terão divertido

Present Subjunctive
divirta divirtamos
divirtas divirtais
divirta divirtam

Imperfect Subjunctive
divertisse divertíssemos
divertisses divertísseis
divertisse divertissem

Future Subjunctive
divertir divertirmos
divertires divertirdes
divertir divertirem

Present Perfect Subjunctive
tenha divertido tenhamos divertido
tenhas divertido tenhais divertido
tenha divertido tenham divertido

Past Perfect or Pluperfect Subjunctive
tivesse divertido tivéssemos divertido
tivesses divertido tivésseis divertido
tivesse divertido tivessem divertido

Future Perfect Subjunctive
tiver divertido tivermos divertido
tiveres divertido tiverdes divertido
tiver divertido tiverem divertido

Conditional
divertiria divertiríamos
divertirias divertiríeis
divertiria divertiriam

Conditional Perfect
teria divertido teríamos divertido
terias divertido teríeis divertido
teria divertido teriam divertido

Imperative
*diverte**– diverti

Samples of verb usage.

Os palhaços **divertiam** as crianças. *Clowns were entertaining the kids.*

Eu **me diverti** muito ontem na festa. *I had a lot of fun yesterday at the party.*

Você me **diverte** com as suas ideias (idéias *in Brazil*). *You amuse me with your ideas.*

Divirtam-se hoje, porque amanhã vão ter que trabalhar!
Enjoy yourselves today, because tomorrow you're going to have to work!

*NOTE: Only the radical-changing verb forms with *open* stressed vowels appear in italic type. For further explanation see Foreword.

to divide; to distribute, share

Personal Infinitive	
dividir	dividirmos
dividires	dividirdes
dividir	dividirem
Present Indicative	
divido	dividimos
divides	dividis
divide	dividem
Imperfect Indicative	
dividia	dividíamos
dividias	dividíeis
dividia	dividiam
Preterit Indicative	
dividi	dividimos
dividiste	dividistes
dividiu	dividiram
Simple Pluperfect Indicative	
dividira	dividíramos
dividiras	dividíreis
dividira	dividiram
Future Indicative	
dividirei	dividiremos
dividirás	dividireis
dividirá	dividirão
Present Perfect Indicative	
tenho dividido	temos dividido
tens dividido	tendes dividido
tem dividido	têm dividido
Past Perfect or Pluperfect Indicative	
tinha dividido	tínhamos dividido
tinhas dividido	tínheis dividido
tinha dividido	tinham dividido
Future Perfect Indicative	
terei dividido	teremos dividido
terás dividido	tereis dividido
terá dividido	terão dividido

Present Subjunctive	
divida	dividamos
dividas	dividais
divida	dividam
Imperfect Subjunctive	
dividisse	dividíssemos
dividisses	dividísseis
dividisse	dividissem
Future Subjunctive	
dividir	dividirmos
dividires	dividirdes
dividir	dividirem
Present Perfect Subjunctive	
tenha dividido	tenhamos dividido
tenhas dividido	tenhais dividido
tenha dividido	tenham dividido
Past Perfect or Pluperfect Subjunctive	
tivesse dividido	tivéssemos dividido
tivesses dividido	tivésseis dividido
tivesse dividido	tivessem dividido
Future Perfect Subjunctive	
tiver dividido	tivermos dividido
tiveres dividido	tiverdes dividido
tiver dividido	tiverem dividido
Conditional	
dividiria	dividiríamos
dividirias	dividiríeis
dividiria	dividiriam
Conditional Perfect	
teria dividido	teríamos dividido
terias dividido	teríeis dividido
teria dividido	teriam dividido
Imperative	
divide–dividi	

Samples of verb usage.

(Nós) **dividiremos** a nossa comida com os pobres. *We'll share our food with the poor.*

Duzentos **dividido** por cinquenta são quatro. *Two hundred divided by fifty is four.*

Ela **dividirá** a verba (os fundos) entre todos os departamentos.
She will distribute the funds among (between) all the departments.

Eu **divido** esse apartamento com mais três amigos. *I share this apartment with three friends.*

to divorce; (**-se**) to get divorced

Personal Infinitive

divorciar	divorciarmos
divorciares	divorciardes
divorciar	divorciarem

Present Indicative

divorcio	divorciamos
divorcias	divorciais
divorcia	divorciam

Imperfect Indicative

divorciava	divorciávamos
divorciavas	divorciáveis
divorciava	divorciavam

Preterit Indicative

divorciei	divorciámos
divorciaste	divorciastes
divorciou	divorciaram

Simple Pluperfect Indicative

divorciara	divorciáramos
divorciaras	divorciáreis
divorciara	divorciaram

Future Indicative

divorciarei	divorciaremos
divorciarás	divorciareis
divorciará	divorciarão

Present Perfect Indicative

tenho divorciado	temos divorciado
tens divorciado	tendes divorciado
tem divorciado	têm divorciado

Past Perfect or Pluperfect Indicative

tinha divorciado	tínhamos divorciado
tinhas divorciado	tínheis divorciado
tinha divorciado	tinham divorciado

Future Perfect Indicative

terei divorciado	teremos divorciado
terás divorciado	tereis divorciado
terá divorciado	terão divorciado

Present Subjunctive

divorcie	divorciemos
divorcies	divorcieis
divorcie	divorciem

Imperfect Subjunctive

divorciasse	divorciássemos
divorciasses	divorciásseis
divorciasse	divorciassem

Future Subjunctive

divorciar	divorciarmos
divorciares	divorciardes
divorciar	divorciarem

Present Perfect Subjunctive

tenha divorciado	tenhamos divorciado
tenhas divorciado	tenhais divorciado
tenha divorciado	tenham divorciado

Past Perfect or Pluperfect Subjunctive

tivesse divorciado	tivéssemos divorciado
tivesses divorciado	tivésseis divorciado
tivesse divorciado	tivessem divorciado

Future Perfect Subjunctive

tiver divorciado	tivermos divorciado
tiveres divorciado	tiverdes divorciado
tiver divorciado	tiverem divorciado

Conditional

divorciaria	divorciaríamos
divorciarias	divorciaríeis
divorciaria	divorciariam

Conditional Perfect

teria divorciado	teríamos divorciado
terias divorciado	teríeis divorciado
teria divorciado	teriam divorciado

Imperative

divorcia–divorciai

Samples of verb usage.

O juiz **divorciou**-os em cinco minutos. *The judge divorced them in five minutes.*

Eles **se divorciaram** depois de trinta anos de casados. *They got divorced after thirty years of marriage.*

Você **se divorciaria** sendo católico? *Would you get divorced, being a Catholic?*

Ele nunca **se tinha divorciado** antes. *He had never been divorced before.*

to say, tell*

Personal Infinitive		***Present Subjunctive***	
dizer	dizermos	diga	digamos
dizeres	dizerdes	digas	digais
dizer	dizerem	diga	digam
Present Indicative		***Imperfect Subjunctive***	
digo	dizemos	dissesse	disséssemos
dizes	dizeis	dissesses	dissésseis
diz	dizem	dissesse	dissessem
Imperfect Indicative		***Future Subjunctive***	
dizia	dizíamos	disser	dissermos
dizias	dizíeis	disseres	disserdes
dizia	diziam	disser	disserem
Preterit Indicative		***Present Perfect Subjunctive***	
disse	dissemos	tenha dito	tenhamos dito
disseste	dissestes	tenhas dito	tenhais dito
disse	disseram	tenha dito	tenham dito
Simple Pluperfect Indicative		***Past Perfect or Pluperfect Subjunctive***	
dissera	disséramos	tivesse dito	tivéssemos dito
disseras	disséreis	tivesses dito	tivésseis dito
dissera	disseram	tivesse dito	tivessem dito
Future Indicative		***Future Perfect Subjunctive***	
direi	diremos	tiver dito	tivermos dito
dirás	direis	tiveres dito	tiverdes dito
dirá	dirão	tiver dito	tiverem dito
Present Perfect Indicative		***Conditional***	
tenho dito	temos dito	diria	diríamos
tens dito	tendes dito	dirias	diríeis
tem dito	têm dito	diria	diriam
Past Perfect or Pluperfect Indicative		***Conditional Perfect***	
tinha dito	tínhamos dito	teria dito	teríamos dito
tinhas dito	tínheis dito	terias dito	teríeis dito
tinha dito	tinham dito	teria dito	teriam dito
Future Perfect Indicative		***Imperative***	
terei dito	teremos dito	dize–dizei	
terás dito	tereis dito		
terá dito	terão dito		

Samples of verb usage.

Eu te **disse** (falei *in Brazil*) que tu estavas errado. *I told you that you were wrong.*

Diga-me o que ele está a pensar (pensando). *Tell me what he is thinking about.*

Quando nos **disseres** o teu nome, poderás entrar. *When you tell us your name, you'll be able to enter.*

O que (é que) você achava que ela **diria**? *What did you think she would say?*

*NOTE: The meanings of **dizer** in Brazil may also be conveyed by the verb **falar**.

to fold; to bend; to double; to turn (as a corner)

Personal Infinitive

dobrar	dobrarmos
dobrares	dobrardes
dobrar	dobrarem

Present Indicative

dobro	dobramos
dobras	dobrais
dobra	*dobram**

Imperfect Indicative

dobrava	dobrávamos
dobravas	dobráveis
dobrava	dobravam

Preterit Indicative

dobrei	dobrámos
dobraste	dobrastes
dobrou	dobraram

Simple Pluperfect Indicative

dobrara	dobráramos
dobraras	dobráreis
dobrara	dobraram

Future Indicative

dobrarei	dobraremos
dobrarás	dobrareis
dobrará	dobrarão

Present Perfect Indicative

tenho dobrado	temos dobrado
tens dobrado	tendes dobrado
tem dobrado	têm dobrado

Past Perfect or Pluperfect Indicative

tinha dobrado	tínhamos dobrado
tinhas dobrado	tínheis dobrado
tinha dobrado	tinham dobrado

Future Perfect Indicative

terei dobrado	teremos dobrado
terás dobrado	tereis dobrado
terá dobrado	terão dobrado

Present Subjunctive

dobre	dobremos
dobres	dobreis
dobre	*dobrem**

Imperfect Subjunctive

dobrasse	dobrássemos
dobrasses	dobrásseis
dobrasse	dobrassem

Future Subjunctive

dobrar	dobrarmos
dobrares	dobrardes
dobrar	dobrarem

Present Perfect Subjunctive

tenha dobrado	tenhamos dobrado
tenhas dobrado	tenhais dobrado
tenha dobrado	tenham dobrado

Past Perfect or Pluperfect Subjunctive

tivesse dobrado	tivéssemos dobrado
tivesses dobrado	tivésseis dobrado
tivesse dobrado	tivessem dobrado

Future Perfect Subjunctive

tiver dobrado	tivermos dobrado
tiveres dobrado	tiverdes dobrado
tiver dobrado	tiverem dobrado

Conditional

dobraria	dobraríamos
dobrarias	dobraríeis
dobraria	dobrariam

Conditional Perfect

teria dobrado	teríamos dobrado
terias dobrado	teríeis dobrado
teria dobrado	teriam dobrado

Imperative

*dobra**–dobrai

Samples of verb usage.

Dobraste toda a roupa lavada? *Did you fold all the clean clothes?*

Nós **tínhamos dobrado** a esquina. *We had turned the corner.*

Os novos donos da empresa **dobrarão** o salário de todos os empregados.
The new owners of the company will double the salary of all the employees.

O homen era tão forte que conseguiu **dobrar** a barra de aço com as mãos.
The man was so strong that he could bend the steel bar in his hands.

*NOTE: Only the radical-changing verb forms with *open* stressed vowels appear in italic type. For further explanation see Foreword.

to hurt, ache

Personal Infinitive		***Present Subjunctive***	
doer	doerem	doa	doam
Present Indicative		***Imperfect Subjunctive***	
dói	*doem**	doesse	doessem
Imperfect Indicative		***Future Subjunctive***	
doía	doíam	doer	doerem
Preterit Indicative		***Present Perfect Subjunctive***	
doeu	doeram	tenha doído	tenham doído
Simple Pluperfect Indicative		***Past Perfect or Pluperfect Subjunctive***	
doera	doeram	tivesse doído	tivessem doído
Future Indicative		***Future Perfect Subjunctive***	
doerá	doerão	tiver doído	tiverem doído
Present Perfect Indicative		***Conditional***	
tem doído	têm doído	doeria	doeriam
Past Perfect or Pluperfect Indicative		***Conditional Perfect***	
tinha doído	tinham doído	teria doído	teriam doído
Future Perfect Indicative			
terá doído	terão doído		

Samples of verb usage.

Doem-me os pés. *My feet hurt.*

O meu dente está **a doer** (**doendo** *in Brazil*). *My tooth aches.*

Doíam-lhes as pernas depois do acidente. *Their legs hurt after the accident.*

A garganta começou a **doer**-lhe naquele momento. *At that moment his throat began to hurt.*

*NOTE: Only the radical-changing verb forms with *open* stressed vowels appear in italic type. For further explanation see Foreword.

to dominate, rule; to command, have a command of (a talent *or* skill)

Personal Infinitive

dominar	dominarmos
dominares	dominardes
dominar	dominarem

Present Indicative

domino	dominamos
dominas	dominais
domina	dominam

Imperfect Indicative

dominava	dominávamos
dominavas	domináveis
dominava	dominavam

Preterit Indicative

dominei	dominámos
dominaste	dominastes
dominou	dominaram

Simple Pluperfect Indicative

dominara	domináramos
dominaras	domináreis
dominara	dominaram

Future Indicative

dominarei	dominaremos
dominarás	dominareis
dominará	dominarão

Present Perfect Indicative

tenho dominado	temos dominado
tens dominado	tendes dominado
tem dominado	têm dominado

Past Perfect or Pluperfect Indicative

tinha dominado	tínhamos dominado
tinhas dominado	tínheis dominado
tinha dominado	tinham dominado

Future Perfect Indicative

terei dominado	teremos dominado
terás dominado	tereis dominado
terá dominado	terão dominado

Present Subjunctive

domine	dominemos
domines	domineis
domine	dominem

Imperfect Subjunctive

dominasse	dominássemos
dominasses	dominásseis
dominasse	dominassem

Future Subjunctive

dominar	dominarmos
dominares	dominardes
dominar	dominarem

Present Perfect Subjunctive

tenha dominado	tenhamos dominado
tenhas dominado	tenhais dominado
tenha dominado	tenham dominado

Past Perfect or Pluperfect Subjunctive

tivesse dominado	tivéssemos dominado
tivesses dominado	tivésseis dominado
tivesse dominado	tivessem dominado

Future Perfect Subjunctive

tiver dominado	tivermos dominado
tiveres dominado	tiverdes dominado
tiver dominado	tiverem dominado

Conditional

dominaria	dominaríamos
dominarias	dominaríeis
dominaria	dominariam

Conditional Perfect

teria dominado	teríamos dominado
terias dominado	teríeis dominado
teria dominado	teriam dominado

Imperative

domina–dominai

Samples of verb usage.

Com tempo, essa equipe **dominará** o desporto (esporte *in Brazil*).
In time that team will dominate the sport.

Os romanos **dominaram** uma grande parte do mundo. *The Romans dominated a large part of the world.*

A rainha Isabel Primeira **dominou** a Inglaterra com mão de ferro durante muitos anos.
Queen Elizabeth I ruled England with an iron fist for many years.

Pedro **domina** quatro idiomas (línguas). *Peter has a command of four languages.*

to sleep

Personal Infinitive		***Present Subjunctive***	
dormir	dormirmos	durma	durmamos
dormires	dormirdes	durmas	durmais
dormir	dormirem	durma	durmam
Present Indicative		***Imperfect Subjunctive***	
durmo	dormimos	dormisse	dormíssemos
dormes	dormis	dormisses	dormísseis
dorme	*dormem**	dormisse	dormissem
Imperfect Indicative		***Future Subjunctive***	
dormia	dormíamos	dormir	dormirmos
dormias	dormíeis	dormires	dormirdes
dormia	dormiam	dormir	dormirem
Preterit Indicative		***Present Perfect Subjunctive***	
dormi	dormimos	tenha dormido	tenhamos dormido
dormiste	dormistes	tenhas dormido	tenhais dormido
dormiu	dormiram	tenha dormido	tenham dormido
Simple Pluperfect Indicative		***Past Perfect or Pluperfect Subjunctive***	
dormira	dormíramos	tivesse dormido	tivéssemos dormido
dormiras	dormíreis	tivesses dormido	tivésseis dormido
dormira	dormiram	tivesse dormido	tivessem dormido
Future Indicative		***Future Perfect Subjunctive***	
dormirei	dormiremos	tiver dormido	tivermos dormido
dormirás	dormireis	tiveres dormido	tiverdes dormido
dormirá	dormirão	tiver dormido	tiverem dormido
Present Perfect Indicative		***Conditional***	
tenho dormido	temos dormido	dormiria	dormiríamos
tens dormido	tendes dormido	dormirias	dormiríeis
tem dormido	têm dormido	dormiria	dormiriam
Past Perfect or Pluperfect Indicative		***Conditional Perfect***	
tinha dormido	tínhamos dormido	teria dormido	teríamos dormido
tinhas dormido	tínheis dormido	terias dormido	teríeis dormido
tinha dormido	tinham dormido	teria dormido	teriam dormido
Future Perfect Indicative		***Imperative***	
terei dormido	teremos dormido	*dorme**– dormi	
terás dormido	tereis dormido		
terá dormido	terão dormido		

Samples of verb usage.

As crianças precisam **dormir** muito. *Children need to sleep a lot.*

O cão **dormia**. *The dog was sleeping.*

Ele já **tinha dormido** por duas horas quando ela chegou.
He had already slept for two hours when she arrived.

Eu **durmo** muito pouco. *I sleep very little.*

*NOTE: Only the radical-changing verb forms with *open* stressed vowels appear in italic type. For further explanation see Foreword.

to last, hold *or* stand up, endure

Personal Infinitive

durar	durarmos
durares	durardes
durar	durarem

Present Indicative

duro	duramos
duras	durais
dura	duram

Imperfect Indicative

durava	durávamos
duravas	duráveis
durava	duravam

Preterit Indicative

durei	durámos
duraste	durastes
durou	duraram

Simple Pluperfect Indicative

durara	duráramos
duraras	duráreis
durara	duraram

Future Indicative

durarei	duraremos
durarás	durareis
durará	durarão

Present Perfect Indicative

tenho durado	temos durado
tens durado	tendes durado
tem durado	têm durado

Past Perfect or Pluperfect Indicative

tinha durado	tínhamos durado
tinhas durado	tínheis durado
tinha durado	tinham durado

Future Perfect Indicative

terei durado	teremos durado
terás durado	tereis durado
terá durado	terão durado

Present Subjunctive

dure	duremos
dures	dureis
dure	durem

Imperfect Subjunctive

durasse	durássemos
durasses	durásseis
durasse	durassem

Future Subjunctive

durar	durarmos
durares	durardes
durar	durarem

Present Perfect Subjunctive

tenha durado	tenhamos durado
tenhas durado	tenhais durado
tenha durado	tenham durado

Past Perfect or Pluperfect Subjunctive

tivesse durado	tivéssemos durado
tivesses durado	tivésseis durado
tivesse durado	tivessem durado

Future Perfect Subjunctive

tiver durado	tivermos durado
tiveres durado	tiverdes durado
tiver durado	tiverem durado

Conditional

duraria	duraríamos
durarias	duraríeis
duraria	durariam

Conditional Perfect

teria durado	teríamos durado
terias durado	teríeis durado
teria durado	teriam durado

Imperative

dura–durai

Samples of verb usage.

Quantos anos **durará** este sofrimento?
How many years will this suffering last?

Esta máquina de lavar roupa deve **durar** até mesmo para uma família com dez filhos.
This washing machine (washer) should hold up even for a family with ten kids.

Quanto tempo achas que vai **durar** o nosso dinheiro? *How long do you think our money will last?*

Os cortes programados de energia **durarão** de uma a três horas por dia.
The planned power outages will last between one and three hours a day.

to doubt

Personal Infinitive		***Present Subjunctive***	
duvidar	duvidarmos	duvide	duvidemos
duvidares	duvidardes	duvides	duvideis
duvidar	duvidarem	duvide	duvidem
Present Indicative		***Imperfect Subjunctive***	
duvido	duvidamos	duvidasse	duvidássemos
duvidas	duvidais	duvidasses	duvidásseis
duvida	duvidam	duvidasse	duvidassem
Imperfect Indicative		***Future Subjunctive***	
duvidava	duvidávamos	duvidar	duvidarmos
duvidavas	duvidáveis	duvidares	duvidardes
duvidava	duvidavam	duvidar	duvidarem
Preterit Indicative		***Present Perfect Subjunctive***	
duvidei	duvidámos	tenha duvidado	tenhamos duvidado
duvidaste	duvidastes	tenhas duvidado	tenhais duvidado
duvidou	duvidaram	tenha duvidado	tenham duvidado
Simple Pluperfect Indicative		***Past Perfect or Pluperfect Subjunctive***	
duvidara	duvidáramos	tivesse duvidado	tivéssemos duvidado
duvidaras	duvidáreis	tivesses duvidado	tivésseis duvidado
duvidara	duvidaram	tivesse duvidado	tivessem duvidado
Future Indicative		***Future Perfect Subjunctive***	
duvidarei	duvidaremos	tiver duvidado	tivermos duvidado
duvidarás	duvidareis	tiveres duvidado	tiverdes duvidado
duvidará	duvidarão	tiver duvidado	tiverem duvidado
Present Perfect Indicative		***Conditional***	
tenho duvidado	temos duvidado	duvidaria	duvidaríamos
tens duvidado	tendes duvidado	duvidarias	duvidaríeis
tem duvidado	têm duvidado	duvidaria	duvidariam
Past Perfect or Pluperfect Indicative		***Conditional Perfect***	
tinha duvidado	tínhamos duvidado	teria duvidado	teríamos duvidado
tinhas duvidado	tínheis duvidado	terias duvidado	teríeis duvidado
tinha duvidado	tinham duvidado	teria duvidado	teriam duvidado
Future Perfect Indicative		***Imperative***	
terei duvidado	teremos duvidado	duvida–duvidai	
terás duvidado	tereis duvidado		
terá duvidado	terão duvidado		

Samples of verb usage.

Você **duvida** de mim? *Do you doubt me?*

A professora **duvidou** do aluno. *The teacher (female) doubted the student.*

Eu nunca **duvidaria** de ti. *I would never doubt you.*

Tinha duvidado que o amigo o teria traído. *He had doubted that his friend would have betrayed him.*

to educate; to bring up; (**-se**) to learn

Personal Infinitive

educar	educarmos
educares	educardes
educar	educarem

Present Indicative

educo	educamos
educas	educais
educa	educam

Imperfect Indicative

educava	educávamos
educavas	educáveis
educava	educavam

Preterit Indicative

eduquei	educámos
educaste	educastes
educou	educaram

Simple Pluperfect Indicative

educara	educáramos
educaras	educáreis
educara	educaram

Future Indicative

educarei	educaremos
educarás	educareis
educará	educarão

Present Perfect Indicative

tenho educado	temos educado
tens educado	tendes educado
tem educado	têm educado

Past Perfect or Pluperfect Indicative

tinha educado	tínhamos educado
tinhas educado	tínheis educado
tinha educado	tinham educado

Future Perfect Indicative

terei educado	teremos educado
terás educado	tereis educado
terá educado	terão educado

Present Subjunctive

eduque	eduquemos
eduques	eduqueis
eduque	eduquem

Imperfect Subjunctive

educasse	educássemos
educasses	educásseis
educasse	educassem

Future Subjunctive

educar	educarmos
educares	educardes
educar	educarem

Present Perfect Subjunctive

tenha educado	tenhamos educado
tenhas educado	tenhais educado
tenha educado	tenham educado

Past Perfect or Pluperfect Subjunctive

tivesse educado	tivéssemos educado
tivesses educado	tivésseis educado
tivesse educado	tivessem educado

Future Perfect Subjunctive

tiver educado	tivermos educado
tiveres educado	tiverdes educado
tiver educado	tiverem educado

Conditional

educaria	educaríamos
educarias	educaríeis
educaria	educariam

Conditional Perfect

teria educado	teríamos educado
terias educado	teríeis educado
teria educado	teriam educado

Imperative

educa–educai

Samples of verb usage.

Muitos pais preferem **educar** os seus filhos nas escolas públicas.
Many parents prefer to educate their children in public schools.

Ele tem sido **educado** em casa. *He has been educated at home.*

Nós **educamos** os nossos filhos com carinho. *We raise our kids with affection.*

Ela **se educará** através dos seus erros. *She will learn through her mistakes.*

to eliminate

Personal Infinitive

eliminar	eliminarmos
eliminares	eliminardes
eliminar	eliminarem

Present Indicative

elimino	eliminamos
eliminas	eliminais
elimina	eliminam

Imperfect Indicative

eliminava	eliminávamos
eliminavas	elimináveis
eliminava	eliminavam

Preterit Indicative

eliminei	eliminámos
eliminaste	eliminastes
eliminou	eliminaram

Simple Pluperfect Indicative

eliminara	elimináramos
eliminaras	elimináreis
eliminara	eliminaram

Future Indicative

eliminarei	eliminaremos
eliminarás	eliminareis
eliminará	eliminarão

Present Perfect Indicative

tenho eliminado	temos eliminado
tens eliminado	tendes eliminado
tem eliminado	têm eliminado

Past Perfect or Pluperfect Indicative

tinha eliminado	tínhamos eliminado
tinhas eliminado	tínheis eliminado
tinha eliminado	tinham eliminado

Future Perfect Indicative

terei eliminado	teremos eliminado
terás eliminado	tereis eliminado
terá eliminado	terão eliminado

Present Subjunctive

elimine	eliminemos
elimines	elimineis
elimine	eliminem

Imperfect Subjunctive

eliminasse	eliminássemos
eliminasses	eliminásseis
eliminasse	eliminassem

Future Subjunctive

eliminar	eliminarmos
eliminares	eliminardes
eliminar	eliminarem

Present Perfect Subjunctive

tenha eliminado	tenhamos eliminado
tenhas eliminado	tenhais eliminado
tenha eliminado	tenham eliminado

Past Perfect or Pluperfect Subjunctive

tivesse eliminado	tivéssemos eliminado
tivesses eliminado	tivésseis eliminado
tivesse eliminado	tivessem eliminado

Future Perfect Subjunctive

tiver eliminado	tivermos eliminado
tiveres eliminado	tiverdes eliminado
tiver eliminado	tiverem eliminado

Conditional

eliminaria	eliminaríamos
eliminarias	eliminaríeis
eliminaria	eliminariam

Conditional Perfect

teria eliminado	teríamos eliminado
terias eliminado	teríeis eliminado
teria eliminado	teriam eliminado

Imperative

elimina–eliminai

Samples of verb usage.

O professor **eliminou** todas as perguntas orais do exame.
The professor eliminated all the oral questions from the test.

Eles **eliminarão** os concorrentes facilmente. *They'll eliminate the competition easily.*

Ela poderia **eliminá**-lo (**eliminar** você *in Brazil*) da lista de convidados se ela quisesse.
She could eliminate you from the guest list if she wanted to.

Tu **eliminaste** o teu último adversário. *You eliminated your last opponent.*

to get *or* become thin *or* skinny; to lose weight

Personal Infinitive
emagrecer emagrecermos
emagreceres emagrecerdes
emagrecer emagrecerem

Present Indicative
emagreço emagrecemos
emagreces emagreceis
emagrece *emagrecem**

Imperfect Indicative
emagrecia emagrecíamos
emagrecias emagrecíeis
emagrecia emagreciam

Preterit Indicative
emagreci emagrecemos
emagreceste emagrecestes
emagreceu emagreceram

Simple Pluperfect Indicative
emagrecera emagrecêramos
emagreceras emagrecêreis
emagrecera emagreceram

Future Indicative
emagrecerei emagreceremos
emagrecerás emagrecereis
emagrecerá emagrecerão

Present Perfect Indicative
tenho emagrecido temos emagrecido
tens emagrecido tendes emagrecido
tem emagrecido têm emagrecido

Past Perfect or Pluperfect Indicative
tinha emagrecido tínhamos emagrecido
tinhas emagrecido tínheis emagrecido
tinha emagrecido tinham emagrecido

Future Perfect Indicative
terei emagrecido teremos emagrecido
terás emagrecido tereis emagrecido
terá emagrecido terão emagrecido

Present Subjunctive
emagreça emagreçamos
emagreças emagreçais
emagreça emagreçam

Imperfect Subjunctive
emagrecesse emagrecêssemos
emagrecesses emagrecêsseis
emagrecesse emagrecessem

Future Subjunctive
emagrecer emagrecermos
emagreceres emagrecerdes
emagrecer emagrecerem

Present Perfect Subjunctive
tenha emagrecido tenhamos emagrecido
tenhas emagrecido tenhais emagrecido
tenha emagrecido tenham emagrecido

Past Perfect or Pluperfect Subjunctive
tivesse emagrecido tivéssemos emagrecido
tivesses emagrecido tivésseis emagrecido
tivesse emagrecido tivessem emagrecido

Future Perfect Subjunctive
tiver emagrecido tivermos emagrecido
tiveres emagrecido tiverdes emagrecido
tiver emagrecido tiverem emagrecido

Conditional
emagreceria emagreceríamos
emagrecerias emagreceríeis
emagreceria emagreceriam

Conditional Perfect
teria emagrecido teríamos emagrecido
terias emagrecido teríeis emagrecido
teria emagrecido teriam emagrecido

Imperative
*emagrece**– emagrecei

Samples of verb usage.

Aquele homem **emagreceu** demais nos últimos meses. *That man got too skinny in the last few months.*

Você **emagrecerá** se mudar os seus hábitos alimentares.
You'll lose weight if you change your eating habits.

Eu **emagreço** com facilidade. *I lose weight easily.*

Ela **emagrece** quando se apaixona. *She gets thin (skinny) whenever she falls in love.*

*NOTE: Only the radical-changing verb forms with *open* stressed vowels appear in italic type. For further explanation see Foreword.

to wrap (up); (**-se**) to get involved, embroiled in

Personal Infinitive
embrulhar embrulharmos
embrulhares embrulhardes
embrulhar embrulharem

Present Indicative
embrulho embrulhamos
embrulhas embrulhais
embrulha embrulham

Imperfect Indicative
embrulhava embrulhávamos
embrulhavas embrulháveis
embrulhava embrulhavam

Preterit Indicative
embrulhei embrulhámos
embrulhaste embrulhastes
embrulhou embrulharam

Simple Pluperfect Indicative
embrulhara embrulháramos
embrulharas embrulháreis
embrulhara embrulharam

Future Indicative
embrulharei embrulharemos
embrulharás embrulhareis
embrulhará embrulharão

Present Perfect Indicative
tenho embrulhado temos embrulhado
tens embrulhado tendes embrulhado
tem embrulhado têm embrulhado

Past Perfect or Pluperfect Indicative
tinha embrulhado tínhamos embrulhado
tinhas embrulhado tínheis embrulhado
tinha embrulhado tinham embrulhado

Future Perfect Indicative
terei embrulhado teremos embrulhado
terás embrulhado tereis embrulhado
terá embrulhado terão embrulhado

Present Subjunctive
embrulhe embrulhemos
embrulhes embrulheis
embrulhe embrulhem

Imperfect Subjunctive
embrulhasse embrulhássemos
embrulhasses embrulhásseis
embrulhasse embrulhassem

Future Subjunctive
embrulhar embrulharmos
embrulhares embrulhardes
embrulhar embrulharem

Present Perfect Subjunctive
tenha embrulhado tenhamos embrulhado
tenhas embrulhado tenhais embrulhado
tenha embrulhado tenham embrulhado

Past Perfect or Pluperfect Subjunctive
tivesse embrulhado tivéssemos embrulhado
tivesses embrulhado tivésseis embrulhado
tivesse embrulhado tivessem embrulhado

Future Perfect Subjunctive
tiver embrulhado tivermos embrulhado
tiveres embrulhado tiverdes embrulhado
tiver embrulhado tiverem embrulhado

Conditional
embrulharia embrulharíamos
embrulharias embrulharíeis
embrulharia embrulhariam

Conditional Perfect
teria embrulhado teríamos embrulhado
terias embrulhado teríeis embrulhado
teria embrulhado teriam embrulhado

Imperative
embrulha–embrulhai

Samples of verb usage.

Embrulha este presente antes deles chegarem. *Wrap this present before they get here.*

A avozinha (Vovó) **embrulhou** alguns rebuçados (algumas balas *in Brazil*) para você.
Granny wrapped up some hard candy for you.

(Nós) já **tínhamos embrulhado** as sanduíches (os sanduíches *in Brazil*).
We had already wrapped the sandwiches.

Ele sempre nos **embrulha** nos seus problemas. *He always gets us involved (embroiled) in his problems.*

to employ, hire; to make use of

Personal Infinitive

empregar	empregarmos
empregares	empregardes
empregar	empregarem

Present Indicative

emprego	empregamos
empregas	empregais
emprega	*empregam**

Imperfect Indicative

empregava	empregávamos
empregavas	empregáveis
empregava	empregavam

Preterit Indicative

empreguei	empregámos
empregaste	empregastes
empregou	empregaram

Simple Pluperfect Indicative

empregara	empregáramos
empregaras	empregáreis
empregara	empregaram

Future Indicative

empregarei	empregaremos
empregarás	empregareis
empregará	empregarão

Present Perfect Indicative

tenho empregado	temos empregado
tens empregado	tendes empregado
tem empregado	têm empregado

Past Perfect or Pluperfect Indicative

tinha empregado	tínhamos empregado
tinhas empregado	tínheis empregado
tinha empregado	tinham empregado

Future Perfect Indicative

terei empregado	teremos empregado
terás empregado	tereis empregado
terá empregado	terão empregado

Present Subjunctive

empregue	empreguemos
empregues	empregueis
empregue	*empreguem**

Imperfect Subjunctive

empregasse	empregássemos
empregasses	empregásseis
empregasse	empregassem

Future Subjunctive

empregar	empregarmos
empregares	empregardes
empregar	empregarem

Present Perfect Subjunctive

tenha empregado	tenhamos empregado
tenhas empregado	tenhais empregado
tenha empregado	tenham empregado

Past Perfect or Pluperfect Subjunctive

tivesse empregado	tivéssemos empregado
tivesses empregado	tivésseis empregado
tivesse empregado	tivessem empregado

Future Perfect Subjunctive

tiver empregado	tivermos empregado
tiveres empregado	tiverdes empregado
tiver empregado	tiverem empregado

Conditional

empregaria	empregaríamos
empregarias	empregaríeis
empregaria	empregariam

Conditional Perfect

teria empregado	teríamos empregado
terias empregado	teríeis empregado
teria empregado	teriam empregado

Imperative

*emprega**–empregai

Samples of verb usage.

Eles **empregarão** muitos ajudantes no próximo semestre. *They will hire many assistants next semester.*

Vamos **empregar** a vizinha para cuidar dos nossos filhos.
We're going to hire the neighbor lady to take care of our kids.

Ele **empregou** métodos violentos para prender os criminosos.
He employed violent methods to arrest the criminals.

Para resolvermos os problemas difíceis, **empregamos** a inteligência.
To solve difficult problems, we employ (make use of) intelligence.

*NOTE: Only the radical-changing verb forms with *open* stressed vowels appear in italic type. For further explanation see Foreword.

to lend, loan

Personal Infinitive		***Present Subjunctive***	
emprestar	emprestarmos	*empreste*	emprestemos
emprestares	emprestardes	*emprestes*	empresteis
emprestar	emprestarem	*empreste*	*emprestem**
Present Indicative		***Imperfect Subjunctive***	
empresto	emprestamos	emprestasse	emprestássemos
emprestas	emprestais	emprestasses	emprestásseis
empresta	*emprestam**	emprestasse	emprestassem
Imperfect Indicative		***Future Subjunctive***	
emprestava	emprestávamos	emprestar	emprestarmos
emprestavas	emprestáveis	emprestares	emprestardes
emprestava	emprestavam	emprestar	emprestarem
Preterit Indicative		***Present Perfect Subjunctive***	
emprestei	emprestámos	tenha emprestado	tenhamos emprestado
emprestaste	emprestastes	tenhas emprestado	tenhais emprestado
emprestou	emprestaram	tenha emprestado	tenham emprestado
Simple Pluperfect Indicative		***Past Perfect or Pluperfect Subjunctive***	
emprestara	emprestáramos	tivesse emprestado	tivéssemos emprestado
emprestaras	emprestáreis	tivesses emprestado	tivésseis emprestado
emprestara	emprestaram	tivesse emprestado	tivessem emprestado
Future Indicative		***Future Perfect Subjunctive***	
emprestarei	emprestaremos	tiver emprestado	tivermos emprestado
emprestarás	emprestareis	tiveres emprestado	tiverdes emprestado
emprestará	emprestarão	tiver emprestado	tiverem emprestado
Present Perfect Indicative		***Conditional***	
tenho emprestado	temos emprestado	emprestaria	emprestaríamos
tens emprestado	tendes emprestado	emprestarias	emprestaríeis
tem emprestado	têm emprestado	emprestaria	emprestariam
Past Perfect or Pluperfect Indicative		***Conditional Perfect***	
tinha emprestado	tínhamos emprestado	teria emprestado	teríamos emprestado
tinhas emprestado	tínheis emprestado	terias emprestado	teríeis emprestado
tinha emprestado	tinham emprestado	teria emprestado	teriam emprestado
Future Perfect Indicative		***Imperative***	
terei emprestado	teremos emprestado	*empresta**–emprestai	
terás emprestado	tereis emprestado		
terá emprestado	terão emprestado		

Samples of verb usage.

Emprestámos-lhe muitos livros (*in Portugal*). Nós **emprestamos** muitos livros para você (*in Brazil*).
We lent you a lot of books.

Emprestei tudo o que tinha a (*also* para *in Brazil*) uma amiga.
I lent everything I had to a friend (female).

Ele nos **emprestará** o carro. *He will lend us the car.*

Eu não quero **emprestar** o meu toca-fitas ao teu irmão.
I don't want to loan my tape player to your brother.

*NOTE: Only the radical-changing verb forms with *open* stressed vowels appear in italic type. For further explanation see Foreword.

to push; to shove

Personal Infinitive
empurrar empurrarmos
empurrares empurrardes
empurrar empurrarem

Present Indicative
empurro empurramos
empurras empurrais
empurra empurram

Imperfect Indicative
empurrava empurrávamos
empurravas empurráveis
empurrava empurravam

Preterit Indicative
empurrei empurrámos
empurraste empurrastes
empurrou empurraram

Simple Pluperfect Indicative
empurrara empurráramos
empurraras empurráreis
empurrara empurraram

Future Indicative
empurrarei empurraremos
empurrarás empurrareis
empurrará empurrarão

Present Perfect Indicative
tenho empurrado temos empurrado
tens empurrado tendes empurrado
tem empurrado têm empurrado

Past Perfect or Pluperfect Indicative
tinha empurrado tínhamos empurrado
tinhas empurrado tínheis empurrado
tinha empurrado tinham empurrado

Future Perfect Indicative
terei empurrado teremos empurrado
terás empurrado tereis empurrado
terá empurrado terão empurrado

Present Subjunctive
empurre empurremos
empurres empurreis
empurre empurrem

Imperfect Subjunctive
empurrasse empurrássemos
empurrasses empurrásseis
empurrasse empurrassem

Future Subjunctive
empurrar empurrarmos
empurrares empurrardes
empurrar empurrarem

Present Perfect Subjunctive
tenha empurrado tenhamos empurrado
tenhas empurrado tenhais empurrado
tenha empurrado tenham empurrado

Past Perfect or Pluperfect Subjunctive
tivesse empurrado tivéssemos empurrado
tivesses empurrado tivésseis empurrado
tivesse empurrado tivessem empurrado

Future Perfect Subjunctive
tiver empurrado tivermos empurrado
tiveres empurrado tiverdes empurrado
tiver empurrado tiverem empurrado

Conditional
empurraria empurraríamos
empurrarias empurraríeis
empurraria empurrariam

Conditional Perfect
teria empurrado teríamos empurrado
terias empurrado teríeis empurrado
teria empurrado teriam empurrado

Imperative
empurra–empurrai

Samples of verb usage.

Empurre essa caixa para cá. *Push that box over here.*

Ela me **empurrou** depois de descobrir que eu tinha saído com o seu namorado.
She shoved me after discovering that I had gone out with her boyfriend.

O tio **empurrava** o sobrinho no carrinho. *The uncle was pushing his nephew in the toy car.*

O homem **tinha empurrado** o rapaz com tanta força que caiu no chão.
The man had shoved the boy so hard that he fell to the ground.

to fill

Personal Infinitive
encher enchermos
encheres encherdes
encher encherem

Present Indicative
encho enchemos
enches encheis
enche enchem

Imperfect Indicative
enchia enchíamos
enchias enchíeis
enchia enchiam

Preterit Indicative
enchi enchemos
encheste enchestes
encheu encheram

Simple Pluperfect Indicative
enchera enchêramos
encheras enchêreis
enchera encheram

Future Indicative
encherei encheremos
encherás enchereis
encherá encherão

Present Perfect Indicative
tenho enchido temos enchido
tens enchido tendes enchido
tem enchido têm enchido

Past Perfect or Pluperfect Indicative
tinha enchido tínhamos enchido
tinhas enchido tínheis enchido
tinha enchido tinham enchido

Future Perfect Indicative
terei enchido teremos enchido
terás enchido tereis enchido
terá enchido terão enchido

Present Subjunctive
encha enchamos
enchas enchais
encha encham

Imperfect Subjunctive
enchesse enchêssemos
enchesses enchêsseis
enchesse enchessem

Future Subjunctive
encher enchermos
encheres encherdes
encher encherem

Present Perfect Subjunctive
tenha enchido tenhamos enchido
tenhas enchido tenhais enchido
tenha enchido tenham enchido

Past Perfect or Pluperfect Subjunctive
tivesse enchido tivéssemos enchido
tivesses enchido tivésseis enchido
tivesse enchido tivessem enchido

Future Perfect Subjunctive
tiver enchido tivermos enchido
tiveres enchido tiverdes enchido
tiver enchido tiverem enchido

Conditional
encheria encheríamos
encherias encheríeis
encheria encheriam

Conditional Perfect
teria enchido teríamos enchido
terias enchido teríeis enchido
teria enchido teriam enchido

Imperative
enche–enchei

Samples of verb usage.

Ela **encheu** o saco de brinquedos. *She filled the bag with toys.*

O motorista já **tinha enchido** o tanque (do carro) com gasolina.
The driver had already filled his (car's) tank with gasoline.

Sónia (Sônia *in Brazil*) sempre **enche** a sua barriga demais. *Sonia always fills her belly too much.*

O copo está **cheio** de cerveja. *The glass is full of beer.*

to meet; to find

Personal Infinitive

encontrar	encontrarmos
encontrares	encontrardes
encontrar	encontrarem

Present Indicative

encontro	encontramos
encontras	encontrais
encontra	encontram

Imperfect Indicative

encontrava	encontrávamos
encontravas	encontráveis
encontrava	encontravam

Preterit Indicative

encontrei	encontrámos
encontraste	encontrastes
encontrou	encontraram

Simple Pluperfect Indicative

encontrara	encontráramos
encontraras	encontráreis
encontrara	encontraram

Future Indicative

encontrarei	encontraremos
encontrarás	encontrareis
encontrará	encontrarão

Present Perfect Indicative

tenho encontrado	temos encontrado
tens encontrado	tendes encontrado
tem encontrado	têm encontrado

Past Perfect or Pluperfect Indicative

tinha encontrado	tínhamos encontrado
tinhas encontrado	tínheis encontrado
tinha encontrado	tinham encontrado

Future Perfect Indicative

terei encontrado	teremos encontrado
terás encontrado	tereis encontrado
terá encontrado	terão encontrado

Present Subjunctive

encontre	encontremos
encontres	encontreis
encontre	encontrem

Imperfect Subjunctive

encontrasse	encontrássemos
encontrasses	encontrásseis
encontrasse	encontrassem

Future Subjunctive

encontrar	encontrarmos
encontrares	encontrardes
encontrar	encontrarem

Present Perfect Subjunctive

tenha encontrado	tenhamos encontrado
tenhas encontrado	tenhais encontrado
tenha encontrado	tenham encontrado

Past Perfect or Pluperfect Subjunctive

tivesse encontrado	tivéssemos encontrado
tivesses encontrado	tivésseis encontrado
tivesse encontrado	tivessem encontrado

Future Perfect Subjunctive

tiver encontrado	tivermos encontrado
tiveres encontrado	tiverdes encontrado
tiver encontrado	tiverem encontrado

Conditional

encontraria	encontraríamos
encontrarias	encontraríeis
encontraria	encontrariam

Conditional Perfect

teria encontrado	teríamos encontrado
terias encontrado	teríeis encontrado
teria encontrado	teriam encontrado

Imperative

encontra–encontrai

Samples of verb usage.

Ela sempre me **encontrava** no parque. *She always met me at the park.*

Eles **teriam encontrado** o tesouro se tivessem tido o mapa.
They would have found the treasure if they had had the map.

Você já **encontrou** dinheiro na rua alguma vez? *Did you ever find money on the street?*

O arquite(c)to **encontrou-se** com o engenheiro ontem. *The architect met with the engineer yesterday.*

to adorn, decorate, embellish; (**-se**) to dress up

Personal Infinitive

enfeitar	enfeitarmos
enfeitares	enfeitardes
enfeitar	enfeitarem

Present Indicative

enfeito	enfeitamos
enfeitas	enfeitais
enfeita	enfeitam

Imperfect Indicative

enfeitava	enfeitávamos
enfeitavas	enfeitáveis
enfeitava	enfeitavam

Preterit Indicative

enfeitei	enfeitámos
enfeitaste	enfeitastes
enfeitou	enfeitaram

Simple Pluperfect Indicative

enfeitara	enfeitáramos
enfeitaras	enfeitáreis
enfeitara	enfeitaram

Future Indicative

enfeitarei	enfeitaremos
enfeitarás	enfeitareis
enfeitará	enfeitarão

Present Perfect Indicative

tenho enfeitado	temos enfeitado
tens enfeitado	tendes enfeitado
tem enfeitado	têm enfeitado

Past Perfect or Pluperfect Indicative

tinha enfeitado	tínhamos enfeitado
tinhas enfeitado	tínheis enfeitado
tinha enfeitado	tinham enfeitado

Future Perfect Indicative

terei enfeitado	teremos enfeitado
terás enfeitado	tereis enfeitado
terá enfeitado	terão enfeitado

Present Subjunctive

enfeite	enfeitemos
enfeites	enfeiteis
enfeite	enfeitem

Imperfect Subjunctive

enfeitasse	enfeitássemos
enfeitasses	enfeitásseis
enfeitasse	enfeitassem

Future Subjunctive

enfeitar	enfeitarmos
enfeitares	enfeitardes
enfeitar	enfeitarem

Present Perfect Subjunctive

tenha enfeitado	tenhamos enfeitado
tenhas enfeitado	tenhais enfeitado
tenha enfeitado	tenham enfeitado

Past Perfect or Pluperfect Subjunctive

tivesse enfeitado	tivéssemos enfeitado
tivesses enfeitado	tivésseis enfeitado
tivesse enfeitado	tivessem enfeitado

Future Perfect Subjunctive

tiver enfeitado	tivermos enfeitado
tiveres enfeitado	tiverdes enfeitado
tiver enfeitado	tiverem enfeitado

Conditional

enfeitaria	enfeitaríamos
enfeitarias	enfeitaríeis
enfeitaria	enfeitariam

Conditional Perfect

teria enfeitado	teríamos enfeitado
terias enfeitado	teríeis enfeitado
teria enfeitado	teriam enfeitado

Imperative

enfeita–enfeitai

Samples of verb usage.

Enfeitei os meus cabelos com flores para a festa. *I adorned my hair with flowers for the party.*

A Marina sempre **enfeita-se** antes de sair de casa. *Marina always dresses up before leaving the house.*

Eles gostam de **enfeitar** as histórias (*also* estórias *in Brazil*) que nos contam.
They like to embellish the stories they tell us.

Enfeitaremos a nossa árvore de natal amanhã. *We'll decorate our Christmas tree tomorrow.*

enfraquecer

Pres. Part. *enfraquecendo* Past Part. *enfraquecido*

to weaken, (**-se**) to become weak

Personal Infinitive

enfraquecer	enfraquecermos
enfraqueceres	enfraquecerdes
enfraquecer	enfraquecerem

Present Indicative

enfraqueço	enfraquecemos
enfraqueces	enfraqueceis
enfraquece	*enfraquecem**

Imperfect Indicative

enfraquecia	enfraquecíamos
enfraquecias	enfraquecíeis
enfraquecia	enfraqueciam

Preterit Indicative

enfraqueci	enfraquecemos
enfraqueceste	enfraquecestes
enfraqueceu	enfraqueceram

Simple Pluperfect Indicative

enfraquecera	enfraquecêramos
enfraqueceras	enfraquecêreis
enfraquecera	enfraqueceram

Future Indicative

enfraquecerei	enfraqueceremos
enfraquecerás	enfraquecereis
enfraquecerá	enfraquecerão

Present Perfect Indicative

tenho enfraquecido	temos enfraquecido
tens enfraquecido	tendes enfraquecido
tem enfraquecido	têm enfraquecido

Past Perfect or Pluperfect Indicative

tinha enfraquecido	tínhamos enfraquecido
tinhas enfraquecido	tínheis enfraquecido
tinha enfraquecido	tinham enfraquecido

Future Perfect Indicative

terei enfraquecido	teremos enfraquecido
terás enfraquecido	tereis enfraquecido
terá enfraquecido	terão enfraquecido

Present Subjunctive

enfraqueça	enfraqueçamos
enfraqueças	enfraqueçais
enfraqueça	enfraqueçam

Imperfect Subjunctive

enfraquecesse	enfraquecêssemos
enfraquecesses	enfraquecêsseis
enfraquecesse	enfraquecessem

Future Subjunctive

enfraquecer	enfraquecermos
enfraqueceres	enfraquecerdes
enfraquecer	enfraquecerem

Present Perfect Subjunctive

tenha enfraquecido	tenhamos enfraquecido
tenhas enfraquecido	tenhais enfraquecido
tenha enfraquecido	tenham enfraquecido

Past Perfect or Pluperfect Subjunctive

tivesse enfraquecido	tivéssemos enfraquecido
tivesses enfraquecido	tivésseis enfraquecido
tivesse enfraquecido	tivessem enfraquecido

Future Perfect Subjunctive

tiver enfraquecido	tivermos enfraquecido
tiveres enfraquecido	tiverdes enfraquecido
tiver enfraquecido	tiverem enfraquecido

Conditional

enfraqueceria	enfraqueceríamos
enfraquecerias	enfraqueceríeis
enfraqueceria	enfraqueceriam

Conditional Perfect

teria enfraquecido	teríamos enfraquecido
terias enfraquecido	teríeis enfraquecido
teria enfraquecido	teriam enfraquecido

Imperative

*enfraquece**– enfraquecei

Samples of verb usage.

Dalila **enfraqueceu** Sansão cortando os seus cabelos. *Dalila weakened Samson by cutting his hair.*

Ela **enfraquece** mais e mais (a) cada dia. *She becomes weaker and weaker every day.*

As novas medidas ado(p)tadas pelo governo **enfraquecerão** o movimento dos sindicalistas.
The new measures adopted by the government will weaken the labor union movement.

O exército **tinha enfraquecido** muito depois do ataque.
The army had become much weaker after the attack.

*NOTE: Only the radical-changing verb forms with *open* stressed vowels appear in italic type. For further explanation see Foreword.

to face, confront; to stand up to

Personal Infinitive
enfrentar enfrentarmos
enfrentares enfrentardes
enfrentar enfrentarem

Present Indicative
enfrento enfrentamos
enfrentas enfrentais
enfrenta enfrentam

Imperfect Indicative
enfrentava enfrentávamos
enfrentavas enfrentáveis
enfrentava enfrentavam

Preterit Indicative
enfrentei enfrentámos
enfrentaste enfrentastes
enfrentou enfrentaram

Simple Pluperfect Indicative
enfrentara enfrentáramos
enfrentaras enfrentáreis
enfrentara enfrentaram

Future Indicative
enfrentarei enfrentaremos
enfrentarás enfrentareis
enfrentará enfrentarão

Present Perfect Indicative
tenho enfrentado temos enfrentado
tens enfrentado tendes enfrentado
tem enfrentado têm enfrentado

Past Perfect or Pluperfect Indicative
tinha enfrentado tínhamos enfrentado
tinhas enfrentado tínheis enfrentado
tinha enfrentado tinham enfrentado

Future Perfect Indicative
terei enfrentado teremos enfrentado
terás enfrentado tereis enfrentado
terá enfrentado terão enfrentado

Present Subjunctive
enfrente enfrentemos
enfrentes enfrenteis
enfrente enfrentem

Imperfect Subjunctive
enfrentasse enfrentássemos
enfrentasses enfrentásseis
enfrentasse enfrentassem

Future Subjunctive
enfrentar enfrentarmos
enfrentares enfrentardes
enfrentar enfrentarem

Present Perfect Subjunctive
tenha enfrentado tenhamos enfrentado
tenhas enfrentado tenhais enfrentado
tenha enfrentado tenham enfrentado

Past Perfect or Pluperfect Subjunctive
tivesse enfrentado tivéssemos enfrentado
tivesses enfrentado tivésseis enfrentado
tivesse enfrentado tivessem enfrentado

Future Perfect Subjunctive
tiver enfrentado tivermos enfrentado
tiveres enfrentado tiverdes enfrentado
tiver enfrentado tiverem enfrentado

Conditional
enfrentaria enfrentaríamos
enfrentarias enfrentaríeis
enfrentaria enfrentariam

Conditional Perfect
teria enfrentado teríamos enfrentado
terias enfrentado teríeis enfrentado
teria enfrentado teriam enfrentado

Imperative
enfrenta–enfrentai

Samples of verb usage.

Um dia, todos teremos que **enfrentar** a própria morte. *One day we'll all have to face our own death.*

Os soldados **enfrentarão** os inimigos com valentia. *The soldiers will confront their enemies bravely.*

O psiquiatra me ajudou a **enfrentar** a depressão. *The psychiatrist helped me face my depression.*

O campeão mundial de xadrez vai **enfrentar** o mais poderoso computador do mundo.
The world's champion chess player is going to face the most powerful computer in the world.

to deceive, fool, mislead; (**-se**) to be mistaken or wrong

Personal Infinitive

enganar	enganarmos
enganares	enganardes
enganar	enganarem

Present Indicative

engano	enganamos
enganas	enganais
engana	enganam

Imperfect Indicative

enganava	enganávamos
enganavas	enganáveis
enganava	enganavam

Preterit Indicative

enganei	enganámos
enganaste	enganastes
enganou	enganaram

Simple Pluperfect Indicative

enganara	enganáramos
enganaras	enganáreis
enganara	enganaram

Future Indicative

enganarei	enganaremos
enganarás	enganareis
enganará	enganarão

Present Perfect Indicative

tenho enganado	temos enganado
tens enganado	tendes enganado
tem enganado	têm enganado

Past Perfect or Pluperfect Indicative

tinha enganado	tínhamos enganado
tinhas enganado	tínheis enganado
tinha enganado	tinham enganado

Future Perfect Indicative

terei enganado	teremos enganado
terás enganado	tereis enganado
terá enganado	terão enganado

Present Subjunctive

engane	enganemos
enganes	enganeis
engane	enganem

Imperfect Subjunctive

enganasse	enganássemos
enganasses	enganásseis
enganasse	enganassem

Future Subjunctive

enganar	enganarmos
enganares	enganardes
enganar	enganarem

Present Perfect Subjunctive

tenha enganado	tenhamos enganado
tenhas enganado	tenhais enganado
tenha enganado	tenham enganado

Past Perfect or Pluperfect Subjunctive

tivesse enganado	tivéssemos enganado
tivesses enganado	tivésseis enganado
tivesse enganado	tivessem enganado

Future Perfect Subjunctive

tiver enganado	tivermos enganado
tiveres enganado	tiverdes enganado
tiver enganado	tiverem enganado

Conditional

enganaria	enganaríamos
enganarias	enganaríeis
enganaria	enganariam

Conditional Perfect

teria enganado	teríamos enganado
terias enganado	teríeis enganado
teria enganado	teriam enganado

Imperative

engana–enganai

Samples of verb usage.

Enganámo-los! (*in Portugal*). **Enganamos** vocês! (*in Brazil*). *We fooled (deceived) you!*

As aparências **enganam.** *Looks are deceiving.*

Se não **me engano**, ela foi à biblioteca. *If I'm not mistaken, she went to the library.*

Eles estão **enganados**! *They're wrong!*

to swallow; to gulp down

Personal Infinitive

engolir	engolirmos
engolires	engolirdes
engolir	engolirem

Present Indicative

engulo	engolimos
engoles	engolis
engole	*engolem**

Imperfect Indicative

engolia	engolíamos
engolias	engolíeis
engolia	engoliam

Preterit Indicative

engoli	engolimos
engoliste	engolistes
engoliu	engoliram

Simple Pluperfect Indicative

engolira	engolíramos
engoliras	engolíreis
engolira	engoliram

Future Indicative

engolirei	engoliremos
engolirás	engolireis
engolirá	engolirão

Present Perfect Indicative

tenho engolido	temos engolido
tens engolido	tendes engolido
tem engolido	têm engolido

Past Perfect or Pluperfect Indicative

tinha engolido	tínhamos engolido
tinhas engolido	tínheis engolido
tinha engolido	tinham engolido

Future Perfect Indicative

terei engolido	teremos engolido
terás engolido	tereis engolido
terá engolido	terão engolido

Present Subjunctive

engula	engulamos
engulas	engulais
engula	engulam

Imperfect Subjunctive

engolisse	engolíssemos
engolisses	engolísseis
engolisse	engolissem

Future Subjunctive

engolir	engolirmos
engolires	engolirdes
engolir	engolirem

Present Perfect Subjunctive

tenha engolido	tenhamos engolido
tenhas engolido	tenhais engolido
tenha engolido	tenham engolido

Past Perfect or Pluperfect Subjunctive

tivesse engolido	tivéssemos engolido
tivesses engolido	tivésseis engolido
tivesse engolido	tivessem engolido

Future Perfect Subjunctive

tiver engolido	tivermos engolido
tiveres engolido	tiverdes engolido
tiver engolido	tiverem engolido

Conditional

engoliria	engoliríamos
engolirias	engoliríeis
engoliria	engoliriam

Conditional Perfect

teria engolido	teríamos engolido
terias engolido	teríeis engolido
teria engolido	teriam engolido

Imperative

*engole**– engoli

Samples of verb usage.

Ela engasgou-se porque **tinha engolido** uma espinha de peixe.
She choked because she had swallowed a fish bone.

No circo há gente que **engole** fogo. *In the circus there are people who swallow fire.*

Ela não poderá **engolir** a caneca toda de cerveja. *She won't be able to gulp down the whole mug of beer.*

Depois da asneira que ele tinha dito, teve que **engolir** as suas próprias palavras.
After the nonsense he uttered, he had to swallow his words.

*NOTE: Only the radical-changing verb forms with *open* stressed vowels appear in italic type. For further explanation see Foreword.

to starch and/or iron (clothes)

Personal Infinitive

engomar	engomarmos
engomares	engomardes
engomar	engomarem

Present Indicative

engomo	engomamos
engomas	engomais
engoma	*engomam**

Imperfect Indicative

engomava	engomávamos
engomavas	engomáveis
engomava	engomavam

Preterit Indicative

engomei	engomámos
engomaste	engomastes
engomou	engomaram

Simple Pluperfect Indicative

engomara	engomáramos
engomaras	engomáreis
engomara	engomaram

Future Indicative

engomarei	engomaremos
engomarás	engomareis
engomará	engomarão

Present Perfect Indicative

tenho engomado	temos engomado
tens engomado	tendes engomado
tem engomado	têm engomado

Past Perfect or Pluperfect Indicative

tinha engomado	tínhamos engomado
tinhas engomado	tínheis engomado
tinha engomado	tinham engomado

Future Perfect Indicative

terei engomado	teremos engomado
terás engomado	tereis engomado
terá engomado	terão engomado

Present Subjunctive

engome	engomemos
engomes	engomeis
engome	*engomem**

Imperfect Subjunctive

engomasse	engomássemos
engomasses	engomásseis
engomasse	engomassem

Future Subjunctive

engomar	engomarmos
engomares	engomardes
engomar	engomarem

Present Perfect Subjunctive

tenha engomado	tenhamos engomado
tenhas engomado	tenhais engomado
tenha engomado	tenham engomado

Past Perfect or Pluperfect Subjunctive

tivesse engomado	tivéssemos engomado
tivesses engomado	tivésseis engomado
tivesse engomado	tivessem engomado

Future Perfect Subjunctive

tiver engomado	tivermos engomado
tiveres engomado	tiverdes engomado
tiver engomado	tiverem engomado

Conditional

engomaria	engomaríamos
engomarias	engomaríeis
engomaria	engomariam

Conditional Perfect

teria engomado	teríamos engomado
terias engomado	teríeis engomado
teria engomado	teriam engomado

Imperative

*engoma**–engomai

Samples of verb usage.

A mulher **engoma** as camisas do seu marido. *The wife irons/starches her husband's shirts.*

Eles **engomaram** apenas os colarinhos das suas camisas.
They starched/ironed only the collars of their shirts.

Eu mesmo **engomo** as minhas roupas. *I iron my own clothes.*

A empregada **engomou** a roupa toda. *The maid ironed/starched all the clothes.*

NOTE: In Lisbon Portuguese **engomar** normally means *to iron* not *to starch*.

*NOTE: Although this verb is radical-changing in Portugal, most Brazilian speakers do not open the stressed vowels of the italicized forms.

to fatten, get fat; to put on weight

Personal Infinitive		***Present Subjunctive***	
engordar	engordarmos	*engorde*	engordemos
engordares	engordardes	*engordes*	engordeis
engordar	engordarem	*engorde*	*engordem**
Present Indicative		***Imperfect Subjunctive***	
engordo	engordamos	engordasse	engordássemos
engordas	engordais	engordasses	engordásseis
engorda	*engordam**	engordasse	engordassem
Imperfect Indicative		***Future Subjunctive***	
engordava	engordávamos	engordar	engordarmos
engordavas	engordáveis	engordares	engordardes
engordava	engordavam	engordar	engordarem
Preterit Indicative		***Present Perfect Subjunctive***	
engordei	engordámos	tenha engordado	tenhamos engordado
engordaste	engordastes	tenhas engordado	tenhais engordado
engordou	engordaram	tenha engordado	tenham engordado
Simple Pluperfect Indicative		***Past Perfect or Pluperfect Subjunctive***	
engordara	engordáramos	tivesse engordado	tivéssemos engordado
engordaras	engordáreis	tivesses engordado	tivésseis engordado
engordara	engordaram	tivesse engordado	tivessem engordado
Future Indicative		***Future Perfect Subjunctive***	
engordarei	engordaremos	tiver engordado	tivermos engordado
engordarás	engordareis	tiveres engordado	tiverdes engordado
engordará	engordarão	tiver engordado	tiverem engordado
Present Perfect Indicative		***Conditional***	
tenho engordado	temos engordado	engordaria	engordaríamos
tens engordado	tendes engordado	engordarias	engordaríeis
tem engordado	têm engordado	engordaria	engordariam
Past Perfect or Pluperfect Indicative		***Conditional Perfect***	
tinha engordado	tínhamos engordado	teria engordado	teríamos engordado
tinhas engordado	tínheis engordado	terias engordado	teríeis engordado
tinha engordado	tinham engordado	teria engordado	teriam engordado
Future Perfect Indicative		***Imperative***	
terei engordado	teremos engordado	*engorda**–engórdai	
terás engordado	tereis engordado		
terá engordado	terão engordado		

Samples of verb usage.

Os fazendeiros **engordaram** os porcos antes de abatê-los.
The farmers fattened the pigs before slaughtering them.

Algumas mulheres não **engordam** durante a gravidez.
Some women don't put on weight (get fat) during pregnancy.

Espero que eu não **engorde** tanto este ano. *I hope I don't put on as much weight this year.*

Ele **engorda** só de pensar em comer. *He gets fat from just thinking about eating.*

*NOTE: Only the radical-changing verb forms with *open* stressed vowels appear in italic type. For further explanation see Foreword.

to nauseate *or* make sick to one's stomach; (**-se**) to get *or* become nauseated *or* sick to one's stomach

Personal Infinitive
enjoar enjoarmos
enjoares enjoardes
enjoar enjoarem

Present Indicative
enjoo enjoamos
enjoas enjoais
enjoa enjoam

Imperfect Indicative
enjoava enjoávamos
enjoavas enjoáveis
enjoava enjoavam

Preterit Indicative
enjoei enjoámos
enjoaste enjoastes
enjoou enjoaram

Simple Pluperfect Indicative
enjoara enjoáramos
enjoaras enjoáreis
enjoara enjoaram

Future Indicative
enjoarei enjoaremos
enjoarás enjoareis
enjoará enjoarão

Present Perfect Indicative
tenho enjoado temos enjoado
tens enjoado tendes enjoado
tem enjoado têm enjoado

Past Perfect or Pluperfect Indicative
tinha enjoado tínhamos enjoado
tinhas enjoado tínheis enjoado
tinha enjoado tinham enjoado

Future Perfect Indicative
terei enjoado teremos enjoado
terás enjoado tereis enjoado
terá enjoado terão enjoado

Present Subjunctive
enjoe enjoemos
enjoes enjoeis
enjoe enjoem

Imperfect Subjunctive
enjoasse enjoássemos
enjoasses enjoásseis
enjoasse enjoassem

Future Subjunctive
enjoar enjoarmos
enjoares enjoardes
enjoar enjoarem

Present Perfect Subjunctive
tenha enjoado tenhamos enjoado
tenhas enjoado tenhais enjoado
tenha enjoado tenham enjoado

Past Perfect or Pluperfect Subjunctive
tivesse enjoado tivéssemos enjoado
tivesses enjoado tivésseis enjoado
tivesse enjoado tivessem enjoado

Future Perfect Subjunctive
tiver enjoado tivermos enjoado
tiveres enjoado tiverdes enjoado
tiver enjoado tiverem enjoado

Conditional
enjoaria enjoaríamos
enjoarias enjoaríeis
enjoaria enjoariam

Conditional Perfect
teria enjoado teríamos enjoado
terias enjoado teríeis enjoado
teria enjoado teriam enjoado

Imperative
enjoa–enjoai

Samples of verb usage.

A rapariga (menina *or* garota *in Brazil*) **enjoou-se** do namorado que só falava de futebol.
The girl got sick of her boyfriend who only talked about soccer.

A minha filha nunca **enjoava** durante a gravidez.
My daughter never became nauseated during pregnancy.

O comediante **enjoará** o seu público com algumas piadas de mau gosto.
The comedian will make his audience sick to their stomachs with some sick jokes.

Andar de barco sempre **me enjoa**. *I always get (sea-) sick when I travel by boat.*

to enrich; (**-se**) to get *or* become rich

Personal Infinitive

enriquecer	enriquecermos
enriqueceres	enriquecerdes
enriquecer	enriquecerem

Present Indicative

enriqueço	enriquecemos
enriqueces	enriqueceis
enriquece	*enriquecem**

Imperfect Indicative

enriquecia	enriquecíamos
enriquecias	enriquecíeis
enriquecia	enriqueciam

Preterit Indicative

enriqueci	enriquecemos
enriqueceste	enriquecestes
enriqueceu	enriqueceram

Simple Pluperfect Indicative

enriquecera	enriquecêramos
enriqueceras	enriquecêreis
enriquecera	enriqueceram

Future Indicative

enriquecerei	enriqueceremos
enriquecerás	enriquecereis
enriquecerá	enriquecerão

Present Perfect Indicative

tenho enriquecido	temos enriquecido
tens enriquecido	tendes enriquecido
tem enriquecido	têm enriquecido

Past Perfect or Pluperfect Indicative

tinha enriquecido	tínhamos enriquecido
tinhas enriquecido	tínheis enriquecido
tinha enriquecido	tinham enriquecido

Future Perfect Indicative

terei enriquecido	teremos enriquecido
terás enriquecido	tereis enriquecido
terá enriquecido	terão enriquecido

Present Subjunctive

enriqueça	enriqueçamos
enriqueças	enriqueçais
enriqueça	enriqueçam

Imperfect Subjunctive

enriquecesse	enriquecêssemos
enriquecesses	enriquecêsseis
enriquecesse	enriquecessem

Future Subjunctive

enriquecer	enriquecermos
enriqueceres	enriquecerdes
enriquecer	enriquecerem

Present Perfect Subjunctive

tenha enriquecido	tenhamos enriquecido
tenhas enriquecido	tenhais enriquecido
tenha enriquecido	tenham enriquecido

Past Perfect or Pluperfect Subjunctive

tivesse enriquecido	tivéssemos enriquecido
tivesses enriquecido	tivésseis enriquecido
tivesse enriquecido	tivessem enriquecido

Future Perfect Subjunctive

tiver enriquecido	tivermos enriquecido
tiveres enriquecido	tiverdes enriquecido
tiver enriquecido	tiverem enriquecido

Conditional

enriqueceria	enriqueceríamos
enriquecerias	enriqueceríeis
enriqueceria	enriqueceriam

Conditional Perfect

teria enriquecido	teríamos enriquecido
terias enriquecido	teríeis enriquecido
teria enriquecido	teriam enriquecido

Imperative

*enriquece**– enriquecei

Samples of verb usage.

A cozinheira **enriqueceu** o caldo com mais legumes. *The cook enriched the broth with more vegetables.*

Eles **enriquecem** os seus bolsos com o dinheiro alheio.
They enrich their pockets with other people's money.

Aquele artista sabe **enriquecer** os seus trabalhos com criatividade.
That artist knows how to enrich his work with creativity.

Eu **me enriquecerei** com esta invenção. *I'll get rich with this invention.*

*NOTE: Only the radical-changing verb forms with *open* stressed vowels appear in italic type. For further explanation see Foreword.

to rehearse, practice; to try out

Personal Infinitive
ensaiar ensaiarmos
ensaiares ensaiardes
ensaiar ensaiarem

Present Indicative
ensaio ensaiamos
ensaias ensaiais
ensaia ensaiam

Imperfect Indicative
ensaiava ensaiávamos
ensaiavas ensaiáveis
ensaiava ensaiavam

Preterit Indicative
ensaiei ensaiámos
ensaiaste ensaiastes
ensaiou ensaiaram

Simple Pluperfect Indicative
ensaiara ensaiáramos
ensaiaras ensaiáreis
ensaiara ensaiaram

Future Indicative
ensaiarei ensaiaremos
ensaiarás ensaiareis
ensaiará ensaiarão

Present Perfect Indicative
tenho ensaiado temos ensaiado
tens ensaiado tendes ensaiado
tem ensaiado têm ensaiado

Past Perfect or Pluperfect Indicative
tinha ensaiado tínhamos ensaiado
tinhas ensaiado tínheis ensaiado
tinha ensaiado tinham ensaiado

Future Perfect Indicative
terei ensaiado teremos ensaiado
terás ensaiado tereis ensaiado
terá ensaiado terão ensaiado

Present Subjunctive
ensaie ensaiemos
ensaies ensaieis
ensaie ensaiem

Imperfect Subjunctive
ensaiasse ensaiássemos
ensaiasses ensaiásseis
ensaiasse ensaiassem

Future Subjunctive
ensaiar ensaiarmos
ensaiares ensaiardes
ensaiar ensaiarem

Present Perfect Subjunctive
tenha ensaiado tenhamos ensaiado
tenhas ensaiado tenhais ensaiado
tenha ensaiado tenham ensaiado

Past Perfect or Pluperfect Subjunctive
tivesse ensaiado tivéssemos ensaiado
tivesses ensaiado tivésseis ensaiado
tivesse ensaiado tivessem ensaiado

Future Perfect Subjunctive
tiver ensaiado tivermos ensaiado
tiveres ensaiado tiverdes ensaiado
tiver ensaiado tiverem ensaiado

Conditional
ensaiaria ensaiaríamos
ensaiarias ensaiaríeis
ensaiaria ensaiariam

Conditional Perfect
teria ensaiado teríamos ensaiado
terias ensaiado teríeis ensaiado
teria ensaiado teriam ensaiado

Imperative
ensaia–ensaiai

Samples of verb usage.

Os a(c)tores **ensaiaram** até a exaustão (exaustação *in Portugal*).
The actors rehearsed (practiced) until they were exhausted.

A estudante **ensaiou** o seu discurso com os seus amigos.
The student (female) tried out her speech on her friends.

Os poetas não terão tempo para **ensaiar** antes da apresentação.
The poets won't have time to rehearse before the presentation.

A bailarina **ensaiará** uma forma nova de dançar. *The ballerina will try out a new dance form.*

to teach

Personal Infinitive

ensinar	ensinarmos
ensinares	ensinardes
ensinar	ensinarem

Present Indicative

ensino	ensinamos
ensinas	ensinais
ensina	ensinam

Imperfect Indicative

ensinava	ensinávamos
ensinavas	ensináveis
ensinava	ensinavam

Preterit Indicative

ensinei	ensinámos
ensinaste	ensinastes
ensinou	ensinaram

Simple Pluperfect Indicative

ensinara	ensináramos
ensinaras	ensináreis
ensinara	ensinaram

Future Indicative

ensinarei	ensinaremos
ensinarás	ensinareis
ensinará	ensinarão

Present Perfect Indicative

tenho ensinado	temos ensinado
tens ensinado	tendes ensinado
tem ensinado	têm ensinado

Past Perfect or Pluperfect Indicative

tinha ensinado	tínhamos ensinado
tinhas ensinado	tínheis ensinado
tinha ensinado	tinham ensinado

Future Perfect Indicative

terei ensinado	teremos ensinado
terás ensinado	tereis ensinado
terá ensinado	terão ensinado

Present Subjunctive

ensine	ensinemos
ensines	ensineis
ensine	ensinem

Imperfect Subjunctive

ensinasse	ensinássemos
ensinasses	ensinásseis
ensinasse	ensinassem

Future Subjunctive

ensinar	ensinarmos
ensinares	ensinardes
ensinar	ensinarem

Present Perfect Subjunctive

tenha ensinado	tenhamos ensinado
tenhas ensinado	tenhais ensinado
tenha ensinado	tenham ensinado

Past Perfect or Pluperfect Subjunctive

tivesse ensinado	tivéssemos ensinado
tivesses ensinado	tivésseis ensinado
tivesse ensinado	tivessem ensinado

Future Perfect Subjunctive

tiver ensinado	tivermos ensinado
tiveres ensinado	tiverdes ensinado
tiver ensinado	tiverem ensinado

Conditional

ensinaria	ensinaríamos
ensinarias	ensinaríeis
ensinaria	ensinariam

Conditional Perfect

teria ensinado	teríamos ensinado
terias ensinado	teríeis ensinado
teria ensinado	teriam ensinado

Imperative

ensina–ensinai

Samples of verb usage.

Esse professor **ensina** português. *That professor teaches Portuguese.*

Ensine-me algo novo. *Teach me something new.*

Ela já **tinha ensinado** essa matéria em outra escola.
She had already taught that subject at another school.

Eu **ensinava** história. *I used to teach history.*

to bury

Personal Infinitive

enterrar	enterrarmos
enterrares	enterrardes
enterrar	enterrarem

Present Indicative

enterro	enterramos
enterras	enterrais
enterra	*enterram**

Imperfect Indicative

enterrava	enterrávamos
enterravas	enterráveis
enterrava	enterravam

Preterit Indicative

enterrei	enterrámos
enterraste	enterrastes
enterrou	enterraram

Simple Pluperfect Indicative

enterrara	enterráramos
enterraras	enterráreis
enterrara	enterraram

Future Indicative

enterrarei	enterraremos
enterrarás	enterrareis
enterrará	enterrarão

Present Perfect Indicative

tenho enterrado	temos enterrado
tens enterrado	tendes enterrado
tem enterrado	têm enterrado

Past Perfect or Pluperfect Indicative

tinha enterrado	tínhamos enterrado
tinhas enterrado	tínheis enterrado
tinha enterrado	tinham enterrado

Future Perfect Indicative

terei enterrado	teremos enterrado
terás enterrado	tereis enterrado
terá enterrado	terão enterrado

Present Subjunctive

enterre	enterremos
enterres	enterreis
enterre	*enterrem**

Imperfect Subjunctive

enterrasse	enterrássemos
enterrasses	enterrásseis
enterrasse	enterrassem

Future Subjunctive

enterrar	enterrarmos
enterrares	enterrardes
enterrar	enterrarem

Present Perfect Subjunctive

tenha enterrado	tenhamos enterrado
tenhas enterrado	tenhais enterrado
tenha enterrado	tenham enterrado

Past Perfect or Pluperfect Subjunctive

tivesse enterrado	tivéssemos enterrado
tivesses enterrado	tivésseis enterrado
tivesse enterrado	tivessem enterrado

Future Perfect Subjunctive

tiver enterrado	tivermos enterrado
tiveres enterrado	tiverdes enterrado
tiver enterrado	tiverem enterrado

Conditional

enterraria	enterraríamos
enterrarias	enterraríeis
enterraria	enterrariam

Conditional Perfect

teria enterrado	teríamos enterrado
terias enterrado	teríeis enterrado
teria enterrado	teriam enterrado

Imperative

*enterra**–enterrai

Samples of verb usage.

O presidente **será enterrado** no cemitério de Arlington.
The president will be buried in Arlington cemetery.

O coveiro teve que **enterrar** cinco pessoas ontem. *The grave digger had to bury five people yesterday.*

Quando o nosso cão morreu, o **enterrámos (enterrámo**-lo *in Portugal*) atrás da casa.
When our dog died, we buried it behind the house.

Enterremos o assunto. *Let's bury the subject (matter).*

*NOTE: Only the radical-changing verb forms with *open* stressed vowels appear in italic type. For further explanation see Foreword.

to enter, come in(to)

Personal Infinitive

entrar	entrarmos
entrares	entrardes
entrar	entrarem

Present Indicative

entro	entramos
entras	entrais
entra	entram

Imperfect Indicative

entrava	entrávamos
entravas	entráveis
entrava	entravam

Preterit Indicative

entrei	entrámos
entraste	entrastes
entrou	entraram

Simple Pluperfect Indicative

entrara	entráramos
entraras	entráreis
entrara	entraram

Future Indicative

entrarei	entraremos
entrarás	entrareis
entrará	entrarão

Present Perfect Indicative

tenho entrado	temos entrado
tens entrado	tendes entrado
tem entrado	têm entrado

Past Perfect or Pluperfect Indicative

tinha entrado	tínhamos entrado
tinhas entrado	tínheis entrado
tinha entrado	tinham entrado

Future Perfect Indicative

terei entrado	teremos entrado
terás entrado	tereis entrado
terá entrado	terão entrado

Present Subjunctive

entre	entremos
entres	entreis
entre	entrem

Imperfect Subjunctive

entrasse	entrássemos
entrasses	entrásseis
entrasse	entrassem

Future Subjunctive

entrar	entrarmos
entrares	entrardes
entrar	entrarem

Present Perfect Subjunctive

tenha entrado	tenhamos entrado
tenhas entrado	tenhais entrado
tenha entrado	tenham entrado

Past Perfect or Pluperfect Subjunctive

tivesse entrado	tivéssemos entrado
tivesses entrado	tivésseis entrado
tivesse entrado	tivessem entrado

Future Perfect Subjunctive

tiver entrado	tivermos entrado
tiveres entrado	tiverdes entrado
tiver entrado	tiverem entrado

Conditional

entraria	entraríamos
entrarias	entraríeis
entraria	entrariam

Conditional Perfect

teria entrado	teríamos entrado
terias entrado	teríeis entrado
teria entrado	teriam entrado

Imperative

entra–entrai

Samples of verb usage.

Entre! *Enter!*

Eles **entraram** no banco depois de ter fechado. *They entered the bank after it had closed.*

Ela **teria entrado** na casa se não fosse pelo cão.
She would have come in(to) the house if it weren't for the dog.

(Nós) sempre **entramos** pela porta traseira (de trás *in Brazil*). *We always enter through the back door.*

to deliver; to turn *or* hand in *or* over

Personal Infinitive

entregar	entregarmos
entregares	entregardes
entregar	entregarem

Present Indicative

entrego	entregamos
entregas	entregais
entrega	*entregam**

Imperfect Indicative

entregava	entregávamos
entregavas	entregáveis
entregava	entregavam

Preterit Indicative

entreguei	entregámos
entregaste	entregastes
entregou	entregaram

Simple Pluperfect Indicative

entregara	entregáramos
entregaras	entregáreis
entregara	entregaram

Future Indicative

entregarei	entregaremos
entregarás	entregareis
entregará	entregarão

Present Perfect Indicative

tenho entregado	temos entregado
tens entregado	tendes entregado
tem entregado	têm entregado

Past Perfect or Pluperfect Indicative

tinha entregado	tínhamos entregado
tinhas entregado	tínheis entregado
tinha entregado	tinham entregado

Future Perfect Indicative

terei entregado	teremos entregado
terás entregado	tereis entregado
terá entregado	terão entregado

Present Subjunctive

entregue	entreguemos
entregues	entregueis
entregue	*entreguem**

Imperfect Subjunctive

entregasse	entregássemos
entregasses	entregásseis
entregasse	entregassem

Future Subjunctive

entregar	entregarmos
entregares	entregardes
entregar	entregarem

Present Perfect Subjunctive

tenha entregado	tenhamos entregado
tenhas entregado	tenhais entregado
tenha entregado	tenham entregado

Past Perfect or Pluperfect Subjunctive

tivesse entregado	tivéssemos entregado
tivesses entregado	tivésseis entregado
tivesse entregado	tivessem entregado

Future Perfect Subjunctive

tiver entregado	tivermos entregado
tiveres entregado	tiverdes entregado
tiver entregado	tiverem entregado

Conditional

entregaria	entregaríamos
entregarias	entregaríeis
entregaria	entregariam

Conditional Perfect

teria entregado	teríamos entregado
terias entregado	teríeis entregado
teria entregado	teriam entregado

Imperative

*entrega**–entregai

Samples of verb usage.

Você **entregava** pizzas? *You used to deliver pizzas?*

O assassino **se entregou** à polícia. *The murderer turned himself in to the police.*

Eu lhe **entreguei** a arma. *I handed over the weapon to him.*

A professora mandou-nos **entregar** os exames antes de acabar a hora.
The teacher made us turn in the exams before the hour was up.

*NOTE: Only the radical-changing verb forms with *open* stressed vowels appear in italic type. For further explanation see Foreword.

to sadden; (**-se**) to get *or* become sad

Personal Infinitive
entristecer entristecermos
entristeceres entristecerdes
entristecer entristecerem

Present Indicative
entristeço entristecemos
entristeces entristeceis
entristece *entristecem**

Imperfect Indicative
entristecia entristecíamos
entristecias entristecíeis
entristecia entristeciam

Preterit Indicative
entristeci entristecemos
entristeceste entristecestes
entristeceu entristeceram

Simple Pluperfect Indicative
entristecera entristecêramos
entristeceras entristecêreis
entristecera entristeceram

Future Indicative
entristecerei entristeceremos
entristecerás entristecereis
entristecerá entristecerão

Present Perfect Indicative
tenho entristecido temos entristecido
tens entristecido tendes entristecido
tem entristecido têm entristecido

Past Perfect or Pluperfect Indicative
tinha entristecido tínhamos entristecido
tinhas entristecido tínheis entristecido
tinha entristecido tinham entristecido

Future Perfect Indicative
terei entristecido teremos entristecido
terás entristecido tereis entristecido
terá entristecido terão entristecido

Present Subjunctive
entristeça entristeçamos
entristeças entristeçais
entristeça entristeçam

Imperfect Subjunctive
entristecesse entristecêssemos
entristecesses entristecêsseis
entristecesse entristecessem

Future Subjunctive
entristecer entristecermos
entristeceres entristecerdes
entristecer entristecerem

Present Perfect Subjunctive
tenha entristecido tenhamos entristecido
tenhas entristecido tenhais entristecido
tenha entristecido tenham entristecido

Past Perfect or Pluperfect Subjunctive
tivesse entristecido tivéssemos entristecido
tivesses entristecido tivésseis entristecido
tivesse entristecido tivessem entristecido

Future Perfect Subjunctive
tiver entristecido tivermos entristecido
tiveres entristecido tiverdes entristecido
tiver entristecido tiverem entristecido

Conditional
entristeceria entristeceríamos
entristecerias entristeceríeis
entristeceria entristeceriam

Conditional Perfect
teria entristecido teríamos entristecido
terias entristecido teríeis entristecido
teria entristecido teriam entristecido

Imperative
*entristece**– entristecei

Samples of verb usage.

Ela **entristeceu-se**. *She became sad.*

Você **entristece-me** mais e mais com cada palavra.
You make me sadder (sadden me more) with each word.

A esposa **tinha-se entristecido** com a morte do sogro.
The wife had become sad with the death of her father-in-law.

Entristeci a aula (turma) com as más notícias. *I saddened the class with the bad news.*

*NOTE: Only the radical-changing verb forms with *open* stressed vowels appear in italic type. For further explanation see Foreword.

to make old, age; (**-se**) to get *or* become old

Personal Infinitive

envelhecer	envelhecermos
envelheceres	envelhecerdes
envelhecer	envelhecerem

Present Indicative

envelheço	envelhecemos
envelheces	envelheceis
envelhece	*envelhecem**

Imperfect Indicative

envelhecia	envelhecíamos
envelhecias	envelhecíeis
envelhecia	envelheciam

Preterit Indicative

envelheci	envelhecemos
envelheceste	envelhecestes
envelheceu	envelheceram

Simple Pluperfect Indicative

envelhecera	envelhecêramos
envelheceras	envelhecêreis
envelhecera	envelheceram

Future Indicative

envelhecerei	envelheceremos
envelhecerás	envelhecereis
envelhecerá	envelhecerão

Present Perfect Indicative

tenho envelhecido	temos envelhecido
tens envelhecido	tendes envelhecido
tem envelhecido	têm envelhecido

Past Perfect or Pluperfect Indicative

tinha envelhecido	tínhamos envelhecido
tinhas envelhecido	tínheis envelhecido
tinha envelhecido	tinham envelhecido

Future Perfect Indicative

terei envelhecido	teremos envelhecido
terás envelhecido	tereis envelhecido
terá envelhecido	terão envelhecido

Present Subjunctive

envelheça	envelheçamos
envelheças	envelheçais
envelheça	envelheçam

Imperfect Subjunctive

envelhecesse	envelhecêssemos
envelhecesses	envelhecêsseis
envelhecesse	envelhecessem

Future Subjunctive

envelhecer	envelhecermos
envelheceres	envelhecerdes
envelhecer	envelhecerem

Present Perfect Subjunctive

tenha envelhecido	tenhamos envelhecido
tenhas envelhecido	tenhais envelhecido
tenha envelhecido	tenham envelhecido

Past Perfect or Pluperfect Subjunctive

tivesse envelhecido	tivéssemos envelhecido
tivesses envelhecido	tivésseis envelhecido
tivesse envelhecido	tivessem envelhecido

Future Perfect Subjunctive

tiver envelhecido	tivermos envelhecido
tiveres envelhecido	tiverdes envelhecido
tiver envelhecido	tiverem envelhecido

Conditional

envelheceria	envelheceríamos
envelhecerias	envelheceríeis
envelheceria	envelheceriam

Conditional Perfect

teria envelhecido	teríamos envelhecido
terias envelhecido	teríeis envelhecido
teria envelhecido	teriam envelhecido

Imperative

*envelhece**– envelhecei

Samples of verb usage.

Envelhecemo-nos um pouco mais (a) cada ano que passa. *We grow a little older each year that goes by.*

Os fotógrafos podem **envelhecer** as fotos com um processo especial.
Photographers can age photos by a special process.

A maquilhadora (maquiadora *in Brazil*) **envelheceu** o rosto da a(c)triz.
The make-up artist aged the actress' face.

O arquite(c)to **envelhecerá** o ambiente desta sala.
The arquitect will make the atmosphere of this room seem older.

*NOTE: Only the radical-changing verb forms with *open* stressed vowels appear in italic type. For further explanation see Foreword.

to embarrass, shame; (**-se**) to be embarrassed *or* ashamed

Personal Infinitive
envergonhar envergonharmos
envergonhares envergonhardes
envergonhar envergonharem

Present Indicative
envergonho envergonhamos
envergonhas envergonhais
envergonha envergonham

Imperfect Indicative
envergonhava envergonhávamos
envergonhavas envergonháveis
envergonhava envergonhavam

Preterit Indicative
envergonhei envergonhámos
envergonhaste envergonhastes
envergonhou envergonharam

Simple Pluperfect Indicative
envergonhara envergonháramos
envergonharas envergonháreis
envergonhara envergonharam

Future Indicative
envergonharei envergonharemos
envergonharás envergonhareis
envergonhará envergonharão

Present Perfect Indicative
tenho envergonhado temos envergonhado
tens envergonhado tendes envergonhado
tem envergonhado têm envergonhado

Past Perfect or Pluperfect Indicative
tinha envergonhado tínhamos envergonhado
tinhas envergonhado tínheis envergonhado
tinha envergonhado tinham envergonhado

Future Perfect Indicative
terei envergonhado teremos envergonhado
terás envergonhado tereis envergonhado
terá envergonhado terão envergonhado

Present Subjunctive
envergonhe envergonhemos
envergonhes envergonheis
envergonhe envergonhem

Imperfect Subjunctive
envergonhasse envergonhássemos
envergonhasses envergonhásseis
envergonhasse envergonhassem

Future Subjunctive
envergonhar envergonharmos
envergonhares envergonhardes
envergonhar envergonharem

Present Perfect Subjunctive
tenha envergonhado tenhamos envergonhado
tenhas envergonhado tenhais envergonhado
tenha envergonhado tenham envergonhado

Past Perfect or Pluperfect Subjunctive
tivesse envergonhado tivéssemos envergonhado
tivesses envergonhado tivésseis envergonhado
tivesse envergonhado tivessem envergonhado

Future Perfect Subjunctive
tiver envergonhado tivermos envergonhado
tiveres envergonhado tiverdes envergonhado
tiver envergonhado tiverem envergonhado

Conditional
envergonharia envergonharíamos
envergonharias envergonharíeis
envergonharia envergonhariam

Conditional Perfect
teria envergonhado teríamos envergonhado
terias envergonhado teríeis envergonhado
teria envergonhado teriam envergonhado

Imperative
envergonha–envergonhai

Samples of verb usage.

O pai dele **envergonha** os seus amigos quando bebe demais.
His father embarrasses his friends when he drinks too much.

O presidente desonesto **envergonhou** a nação inteira. *The dishonest president shamed the whole nation.*

Eles **se envergonharam** diante de todos. *They embarrassed themselves in front of everyone.*

Ela nunca **se envergonha**, porque é uma verdadeira sem-vergonha.
She never gets ashamed, because she's truly shameless.

to send

Personal Infinitive

enviar	enviarmos
enviares	enviardes
enviar	enviarem

Present Indicative

envio	enviamos
envias	enviais
envia	enviam

Imperfect Indicative

enviava	enviávamos
enviavas	enviáveis
enviava	enviavam

Preterit Indicative

enviei	enviámos
enviaste	enviastes
enviou	enviaram

Simple Pluperfect Indicative

enviara	enviáramos
enviaras	enviáreis
enviara	enviaram

Future Indicative

enviarei	enviaremos
enviarás	enviareis
enviará	enviarão

Present Perfect Indicative

tenho enviado	temos enviado
tens enviado	tendes enviado
tem enviado	têm enviado

Past Perfect or Pluperfect Indicative

tinha enviado	tínhamos enviado
tinhas enviado	tínheis enviado
tinha enviado	tinham enviado

Future Perfect Indicative

terei enviado	teremos enviado
terás enviado	tereis enviado
terá enviado	terão enviado

Present Subjunctive

envie	enviemos
envies	envieis
envie	enviem

Imperfect Subjunctive

enviasse	enviássemos
enviasses	enviásseis
enviasse	enviassem

Future Subjunctive

enviar	enviarmos
enviares	enviardes
enviar	enviarem

Present Perfect Subjunctive

tenha enviado	tenhamos enviado
tenhas enviado	tenhais enviado
tenha enviado	tenham enviado

Past Perfect or Pluperfect Subjunctive

tivesse enviado	tivéssemos enviado
tivesses enviado	tivésseis enviado
tivesse enviado	tivessem enviado

Future Perfect Subjunctive

tiver enviado	tivermos enviado
tiveres enviado	tiverdes enviado
tiver enviado	tiverem enviado

Conditional

enviaria	enviaríamos
enviarias	enviaríeis
enviaria	enviariam

Conditional Perfect

teria enviado	teríamos enviado
terias enviado	teríeis enviado
teria enviado	teriam enviado

Imperative

envia–enviai

Samples of verb usage.

Hoje **enviarei** uma carta a (para *in Brazil*) Maria. *I'll send a letter to Mary today.*

Alguém **enviou** uma bomba ao (*also* para o *in Brazil*) Ministério.
Somebody sent a bomb to the Ministry.

Enviaram-te um telegrama? **Enviaram** um telegrama para você? (*In Brazil*)
Did they send you a telegram?

Carlos quer **enviar** uma mensagem de amor à (para a *in Brazil*) sua mulher.
Charles wants to send a love note to his wife.

to be wrong *or* mistaken, err; to wander

Personal Infinitive

errar	errarmos
errares	errardes
errar	errarem

Present Indicative

erro	erramos
erras	errais
erra	*erram**

Imperfect Indicative

errava	errávamos
erravas	erráveis
errava	erravam

Preterit Indicative

errei	errámos
erraste	errastes
errou	erraram

Simple Pluperfect Indicative

errara	erráramos
erraras	erráreis
errara	erraram

Future Indicative

errarei	erraremos
errarás	errareis
errará	errarão

Present Perfect Indicative

tenho errado	temos errado
tens errado	tendes errado
tem errado	têm errado

Past Perfect or Pluperfect Indicative

tinha errado	tínhamos errado
tinhas errado	tínheis errado
tinha errado	tinham errado

Future Perfect Indicative

terei errado	teremos errado
terás errado	tereis errado
terá errado	terão errado

Present Subjunctive

erre	erremos
erres	erreis
erre	*errem**

Imperfect Subjunctive

errasse	errássemos
errasses	errásseis
errasse	errassem

Future Subjunctive

errar	errarmos
errares	errardes
errar	errarem

Present Perfect Subjunctive

tenha errado	tenhamos errado
tenhas errado	tenhais errado
tenha errado	tenham errado

Past Perfect or Pluperfect Subjunctive

tivesse errado	tivéssemos errado
tivesses errado	tivésseis errado
tivesse errado	tivessem errado

Future Perfect Subjunctive

tiver errado	tivermos errado
tiveres errado	tiverdes errado
tiver errado	tiverem errado

Conditional

erraria	erraríamos
errarias	erraríeis
erraria	errariam

Conditional Perfect

teria errado	teríamos errado
terias errado	teríeis errado
teria errado	teriam errado

Imperative

*erra**–errai

Samples of verb usage.

Não responda, você está **errado**. *Don't answer, you're wrong (mistaken).*

Errar é humano. *To err is human.*

Ela **teria errado** se não tivesse sido por você. *She would have erred if it hadn't been for you.*

Errámos pelo deserto durante horas. *We wandered around the desert for hours.*

*NOTE: Only the radical-changing verb forms with *open* stressed vowels appear in italic type. For further explanation see Foreword.

to choose, select, pick

Personal Infinitive

escolher	escolhermos
escolheres	escolherdes
escolher	escolherem

Present Indicative

escolho	escolhemos
escolhes	escolheis
escolhe	*escolhem**

Imperfect Indicative

escolhia	escolhíamos
escolhias	escolhíeis
escolhia	escolhiam

Preterit Indicative

escolhi	escolhemos
escolheste	escolhestes
escolheu	escolheram

Simple Pluperfect Indicative

escolhera	escolhêramos
escolheras	escolhêreis
escolhera	escolheram

Future Indicative

escolherei	escolheremos
escolherás	escolhereis
escolherá	escolherão

Present Perfect Indicative

tenho escolhido	temos escolhido
tens escolhido	tendes escolhido
tem escolhido	têm escolhido

Past Perfect or Pluperfect Indicative

tinha escolhido	tínhamos escolhido
tinhas escolhido	tínheis escolhido
tinha escolhido	tinham escolhido

Future Perfect Indicative

terei escolhido	teremos escolhido
terás escolhido	tereis escolhido
terá escolhido	terão escolhido

Present Subjunctive

escolha	escolhamos
escolhas	escolhais
escolha	escolham

Imperfect Subjunctive

escolhesse	escolhêssemos
escolhesses	escolhêsseis
escolhesse	escolhessem

Future Subjunctive

escolher	escolhermos
escolheres	escolherdes
escolher	escolherem

Present Perfect Subjunctive

tenha escolhido	tenhamos escolhido
tenhas escolhido	tenhais escolhido
tenha escolhido	tenham escolhido

Past Perfect or Pluperfect Subjunctive

tivesse escolhido	tivéssemos escolhido
tivesses escolhido	tivésseis escolhido
tivesse escolhido	tivessem escolhido

Future Perfect Subjunctive

tiver escolhido	tivermos escolhido
tiveres escolhido	tiverdes escolhido
tiver escolhido	tiverem escolhido

Conditional

escolheria	escolheríamos
escolherias	escolheríeis
escolheria	escolheriam

Conditional Perfect

teria escolhido	teríamos escolhido
terias escolhido	teríeis escolhido
teria escolhido	teriam escolhido

Imperative

*escolhe**–escolhei

Samples of verb usage.

Escolha o que quiser destes prémios (prêmios *in Brazil*). *Choose whichever of these prizes you want.*

O advogado **escolhia** as suas testemunhas cuidadosamente.
The lawyer was selecting his witnesses carefully.

Se você **tivesse escolhido** este carro, estaria mais satisfeito.
If you had chosen this car, you would be more satisfied.

O escritor **escolheu** o melhor livro. *The writer picked the best book.*

*NOTE: Only the radical-changing verb forms with *open* stressed vowels appear in italic type. For further explanation see Foreword.

to hide, conceal

Personal Infinitive
esconder escondermos
esconderes esconderdes
esconder esconderem

Present Indicative
escondo escondemos
escondes escondeis
esconde escondem

Imperfect Indicative
escondia escondíamos
escondias escondíeis
escondia escondiam

Preterit Indicative
escondi escondemos
escondeste escondestes
escondeu esconderam

Simple Pluperfect Indicative
escondera escondêramos
esconderas escondêreis
escondera esconderam

Future Indicative
esconderei esconderemos
esconderás escondereis
esconderá esconderão

Present Perfect Indicative
tenho escondido temos escondido
tens escondido tendes escondido
tem escondido têm escondido

Past Perfect or Pluperfect Indicative
tinha escondido tínhamos escondido
tinhas escondido tínheis escondido
tinha escondido tinham escondido

Future Perfect Indicative
terei escondido teremos escondido
terás escondido tereis escondido
terá escondido terão escondido

Present Subjunctive
esconda escondamos
escondas escondais
esconda escondam

Imperfect Subjunctive
escondesse escondêssemos
escondesses escondêsseis
escondesse escondessem

Future Subjunctive
esconder escondermos
esconderes esconderdes
esconder esconderem

Present Perfect Subjunctive
tenha escondido tenhamos escondido
tenhas escondido tenhais escondido
tenha escondido tenham escondido

Past Perfect or Pluperfect Subjunctive
tivesse escondido tivéssemos escondido
tivesses escondido tivésseis escondido
tivesse escondido tivessem escondido

Future Perfect Subjunctive
tiver escondido tivermos escondido
tiveres escondido tiverdes escondido
tiver escondido tiverem escondido

Conditional
esconderia esconderíamos
esconderias esconderíeis
esconderia esconderiam

Conditional Perfect
teria escondido teríamos escondido
terias escondido teríeis escondido
teria escondido teriam escondido

Imperative
esconde–escondei

Samples of verb usage.

Esconde-te depressa. *Hide quickly.*

Onde é que você **escondeu** os chocolates? *Where did you hide the chocolates?*

Por que (é que) você estava **a esconder-se** (**se escondendo** *in Brazil*) de mim?
Why were you hiding from me?

Ele **tinha escondido** as provas do seu crime. *He had concealed the proof of his crime.*

to slip, slide, glide

Personal Infinitive

escorregar	escorregarmos
escorregares	escorregardes
escorregar	escorregarem

Present Indicative

escorrego	escorregamos
escorregas	escorregais
escorrega	*escorregam**

Imperfect Indicative

escorregava	escorregávamos
escorregavas	escorregáveis
escorregava	escorregavam

Preterit Indicative

escorreguei	escorregámos
escorregaste	escorregastes
escorregou	escorregaram

Simple Pluperfect Indicative

escorregara	escorregáramos
escorregaras	escorregáreis
escorregara	escorregaram

Future Indicative

escorregarei	escorregaremos
escorregarás	escorregareis
escorregará	escorregarão

Present Perfect Indicative

tenho escorregado	temos escorregado
tens escorregado	tendes escorregado
tem escorregado	têm escorregado

Past Perfect or Pluperfect Indicative

tinha escorregado	tínhamos escorregado
tinhas escorregado	tínheis escorregado
tinha escorregado	tinham escorregado

Future Perfect Indicative

terei escorregado	teremos escorregado
terás escorregado	tereis escorregado
terá escorregado	terão escorregado

Present Subjunctive

escorregue	escorreguemos
escorregues	escorregueis
escorregue	*escorreguem**

Imperfect Subjunctive

escorregasse	escorregássemos
escorregasses	escorregásseis
escorregasse	escorregassem

Future Subjunctive

escorregar	escorregarmos
escorregares	escorregardes
escorregar	escorregarem

Present Perfect Subjunctive

tenha escorregado	tenhamos escorregado
tenhas escorregado	tenhais escorregado
tenha escorregado	tenham escorregado

Past Perfect or Pluperfect Subjunctive

tivesse escorregado	tivéssemos escorregado
tivesses escorregado	tivésseis escorregado
tivesse escorregado	tivessem escorregado

Future Perfect Subjunctive

tiver escorregado	tivermos escorregado
tiveres escorregado	tiverdes escorregado
tiver escorregado	tiverem escorregado

Conditional

escorregaria	escorregaríamos
escorregarias	escorregaríeis
escorregaria	escorregariam

Conditional Perfect

teria escorregado	teríamos escorregado
terias escorregado	teríeis escorregado
teria escorregado	teriam escorregado

Imperative

*escorrega**–escorregai

Samples of verb usage.

Eu **escorreguei** na banheira. *I slipped in the bathtub.*

Ele **escorregou** pelo gelo. *He slid (glided) across the ice.*

Eles **escorregarão** nos próprios erros. *They will slip up on their own mistakes.*

Eles **escorregaram** na casca de banana que o filho tinha deixado no chão.
They slipped on the banana peel that their son had left on the floor.

*NOTE: Only the radical-changing verb forms with *open* stressed vowels appear in italic type. For further explanation see Foreword.

to write

Personal Infinitive
escrever escrevermos
escreveres escreverdes
escrever escreverem

Present Indicative
escrevo escrevemos
escreves escreveis
escreve *escrevem**

Imperfect Indicative
escrevia escrevíamos
escrevias escrevíeis
escrevia escreviam

Preterit Indicative
escrevi escrevemos
escreveste escrevestes
escreveu escreveram

Simple Pluperfect Indicative
escrevera escrevêramos
escreveras escrevêreis
escrevera escreveram

Future Indicative
escreverei escreveremos
escreverás escrevereis
escreverá escreverão

Present Perfect Indicative
tenho escrito temos escrito
tens escrito tendes escrito
tem escrito têm escrito

Past Perfect or Pluperfect Indicative
tinha escrito tínhamos escrito
tinhas escrito tínheis escrito
tinha escrito tinham escrito

Future Perfect Indicative
terei escrito teremos escrito
terás escrito tereis escrito
terá escrito terão escrito

Present Subjunctive
escreva escrevamos
escrevas escrevais
escreva escrevam

Imperfect Subjunctive
escrevesse escrevêssemos
escrevesses escrevêsseis
escrevesse escrevessem

Future Subjunctive
escrever escrevermos
escreveres escreverdes
escrever escreverem

Present Perfect Subjunctive
tenha escrito tenhamos escrito
tenhas escrito tenhais escrito
tenha escrito tenham escrito

Past Perfect or Pluperfect Subjunctive
tivesse escrito tivéssemos escrito
tivesses escrito tivésseis escrito
tivesse escrito tivessem escrito

Future Perfect Subjunctive
tiver escrito tivermos escrito
tiveres escrito tiverdes escrito
tiver escrito tiverem escrito

Conditional
escreveria escreveríamos
escreverias escreveríeis
escreveria escreveriam

Conditional Perfect
teria escrito teríamos escrito
terias escrito teríeis escrito
teria escrito teriam escrito

Imperative
*escreve**–escrevei

Samples of verb usage.

Esse escritor gosta de **escrever** livros de ficção científica.
That writer likes to write science fiction books.

Ela ainda não **escreveu**-me este mês. *She still hasn't written to me this month.*

Tu me **escreverás** quando chegares a Espanha? *Will you write me when you get to Spain?*

Espero que pelo menos **me escrevas** um cartão postal. *I hope you'll at least write me a postcard.*

*NOTE: Only the radical-changing verb forms with *open* stressed vowels appear in italic type. For further explanation see Foreword.

to listen

Personal Infinitive		***Present Subjunctive***	
escutar	escutarmos	escute	escutemos
escutares	escutardes	escutes	escuteis
escutar	escutarem	escute	escutem
Present Indicative		***Imperfect Subjunctive***	
escuto	escutamos	escutasse	escutássemos
escutas	escutais	escutasses	escutásseis
escuta	escutam	escutasse	escutassem
Imperfect Indicative		***Future Subjunctive***	
escutava	escutávamos	escutar	escutarmos
escutavas	escutáveis	escutares	escutardes
escutava	escutavam	escutar	escutarem
Preterit Indicative		***Present Perfect Subjunctive***	
escutei	escutámos	tenha escutado	tenhamos escutado
escutaste	escutastes	tenhas escutado	tenhais escutado
escutou	escutaram	tenha escutado	tenham escutado
Simple Pluperfect Indicative		***Past Perfect or Pluperfect Subjunctive***	
escutara	escutáramos	tivesse escutado	tivéssemos escutado
escutaras	escutáreis	tivesses escutado	tivésseis escutado
escutara	escutaram	tivesse escutado	tivessem escutado
Future Indicative		***Future Perfect Subjunctive***	
escutarei	escutaremos	tiver escutado	tivermos escutado
escutarás	escutareis	tiveres escutado	tiverdes escutado
escutará	escutarão	tiver escutado	tiverem escutado
Present Perfect Indicative		***Conditional***	
tenho escutado	temos escutado	escutaria	escutaríamos
tens escutado	tendes escutado	escutarias	escutaríeis
tem escutado	têm escutado	escutaria	escutariam
Past Perfect or Pluperfect Indicative		***Conditional Perfect***	
tinha escutado	tínhamos escutado	teria escutado	teríamos escutado
tinhas escutado	tínheis escutado	terias escutado	teríeis escutado
tinha escutado	tinham escutado	teria escutado	teriam escutado
Future Perfect Indicative		***Imperative***	
terei escutado	teremos escutado	escuta–escutai	
terás escutado	tereis escutado		
terá escutado	terão escutado		

Samples of verb usage.

Escuta o que te digo. *Listen to what I'm saying to you.*

Ela **escutará** quando estiver pronta. *She'll listen when she's ready.*

Você gosta de **escutar** música clássica? *Do you like to listen to classical music?*

Ele já **tinha escutado** tudo aquilo mil vezes. *He had already listened to all that a thousand times.*

to cool (down *or* off); (**-se**) to get *or* become cold *or* cool

Personal Infinitive	***Present Subjunctive***
esfriar esfriarmos	esfrie esfriemos
esfriares esfriardes	esfries esfrieis
esfriar esfriarem	esfrie esfriem
Present Indicative	***Imperfect Subjunctive***
esfrio esfriamos	esfriasse esfriássemos
esfrias esfriais	esfriasses esfriásseis
esfria esfriam	esfriasse esfriassem
Imperfect Indicative	***Future Subjunctive***
esfriava esfriávamos	esfriar esfriarmos
esfriavas esfriáveis	esfriares esfriardes
esfriava esfriavam	esfriar esfriarem
Preterit Indicative	***Present Perfect Subjunctive***
esfriei esfriámos	tenha esfriado tenhamos esfriado
esfriaste esfriastes	tenhas esfriado tenhais esfriado
esfriou esfriaram	tenha esfriado tenham esfriado
Simple Pluperfect Indicative	***Past Perfect or Pluperfect Subjunctive***
esfriara esfriáramos	tivesse esfriado tivéssemos esfriado
esfriaras esfriáreis	tivesses esfriado tivésseis esfriado
esfriara esfriaram	tivesse esfriado tivessem esfriado
Future Indicative	***Future Perfect Subjunctive***
esfriarei esfriaremos	tiver esfriado tivermos esfriado
esfriarás esfriareis	tiveres esfriado tiverdes esfriado
esfriará esfriarão	tiver esfriado tiverem esfriado
Present Perfect Indicative	***Conditional***
tenho esfriado temos esfriado	esfriaria esfriaríamos
tens esfriado tendes esfriado	esfriarias esfriaríeis
tem esfriado têm esfriado	esfriaria esfriariam
Past Perfect or Pluperfect Indicative	***Conditional Perfect***
tinha esfriado tínhamos esfriado	teria esfriado teríamos esfriado
tinhas esfriado tínheis esfriado	terias esfriado teríeis esfriado
tinha esfriado tinham esfriado	teria esfriado teriam esfriado
Future Perfect Indicative	***Imperative***
terei esfriado teremos esfriado	esfria–esfriai
terás esfriado tereis esfriado	
terá esfriado terão esfriado	

Samples of verb usage.

O jantar **esfriará** se não comermos logo. *The dinner will get cold if we don't eat right away.*

O tempo **esfriou-se** de repente. *The weather suddenly became colder.*

Fatigadas do sol quente, as crianças **se esfriavam** em frente do (ao) ventilador.
Tired from the hot sun, the children were cooling off in front of the fan.

A mãe sempre **esfria** o biberão (a mamadeira *in Brazil*) antes de dá-lo (dá-la *in Brazil*).
The mother always cools off (down) the baby's bottle before giving it to him.

to exhaust; (**-se**) to be(come) exhausted, worn out; to be out of print *or* sold out

Personal Infinitive

esgotar	esgotarmos
esgotares	esgotardes
esgotar	esgotarem

Present Indicative

esgoto	esgotamos
esgotas	esgotais
esgota	*esgotam**

Imperfect Indicative

esgotava	esgotávamos
esgotavas	esgotáveis
esgotava	esgotavam

Preterit Indicative

esgotei	esgotámos
esgotaste	esgotastes
esgotou	esgotaram

Simple Pluperfect Indicative

esgotara	esgotáramos
esgotaras	esgotáreis
esgotara	esgotaram

Future Indicative

esgotarei	esgotaremos
esgotarás	esgotareis
esgotará	esgotarão

Present Perfect Indicative

tenho esgotado	temos esgotado
tens esgotado	tendes esgotado
tem esgotado	têm esgotado

Past Perfect or Pluperfect Indicative

tinha esgotado	tínhamos esgotado
tinhas esgotado	tínheis esgotado
tinha esgotado	tinham esgotado

Future Perfect Indicative

terei esgotado	teremos esgotado
terás esgotado	tereis esgotado
terá esgotado	terão esgotado

Present Subjunctive

esgote	esgotemos
esgotes	esgoteis
esgote	*esgotem**

Imperfect Subjunctive

esgotasse	esgotássemos
esgotasses	esgotásseis
esgotasse	esgotassem

Future Subjunctive

esgotar	esgotarmos
esgotares	esgotardes
esgotar	esgotarem

Present Perfect Subjunctive

tenha esgotado	tenhamos esgotado
tenhas esgotado	tenhais esgotado
tenha esgotado	tenham esgotado

Past Perfect or Pluperfect Subjunctive

tivesse esgotado	tivéssemos esgotado
tivesses esgotado	tivésseis esgotado
tivesse esgotado	tivessem esgotado

Future Perfect Subjunctive

tiver esgotado	tivermos esgotado
tiveres esgotado	tiverdes esgotado
tiver esgotado	tiverem esgotado

Conditional

esgotaria	esgotaríamos
esgotarias	esgotaríeis
esgotaria	esgotariam

Conditional Perfect

teria esgotado	teríamos esgotado
terias esgotado	teríeis esgotado
teria esgotado	teriam esgotado

Imperative

*esgota**–esgotai

Samples of verb usage.

As crianças **esgotaram** (com) a paciência do pai. *The kids exhausted their father's patience.*

Esgotei todas as opções que me deram. *I exhausted all the options that they gave me.*

Todos os bilhetes (ingressos) **esgotaram-se** (estavam **esgotados**). *The tickets were all sold out.*

Esta novela já está **esgotada**. *This novel is already out of print.*

*NOTE: Only the radical-changing verb forms with *open* stressed vowels appear in italic type. For further explanation see Foreword.

to frighten, scare (off *or* away), shoo

Personal Infinitive
espantar espantarmos
espantares espantardes
espantar espantarem

Present Indicative
espanto espantamos
espantas espantais
espanta espantam

Imperfect Indicative
espantava espantávamos
espantavas espantáveis
espantava espantavam

Preterit Indicative
espantei espantámos
espantaste espantastes
espantou espantaram

Simple Pluperfect Indicative
espantara espantáramos
espantaras espantáreis
espantara espantaram

Future Indicative
espantarei espantaremos
espantarás espantareis
espantará espantarão

Present Perfect Indicative
tenho espantado temos espantado
tens espantado tendes espantado
tem espantado têm espantado

Past Perfect or Pluperfect Indicative
tinha espantado tínhamos espantado
tinhas espantado tínheis espantado
tinha espantado tinham espantado

Future Perfect Indicative
terei espantado teremos espantado
terás espantado tereis espantado
terá espantado terão espantado

Present Subjunctive
espante espantemos
espantes espanteis
espante espantem

Imperfect Subjunctive
espantasse espantássemos
espantasses espantásseis
espantasse espantassem

Future Subjunctive
espantar espantarmos
espantares espantardes
espantar espantarem

Present Perfect Subjunctive
tenha espantado tenhamos espantado
tenhas espantado tenhais espantado
tenha espantado tenham espantado

Past Perfect or Pluperfect Subjunctive
tivesse espantado tivéssemos espantado
tivesses espantado tivésseis espantado
tivesse espantado tivessem espantado

Future Perfect Subjunctive
tiver espantado tivermos espantado
tiveres espantado tiverdes espantado
tiver espantado tiverem espantado

Conditional
espantaria espantaríamos
espantarias espantaríeis
espantaria espantariam

Conditional Perfect
teria espantado teríamos espantado
terias espantado teríeis espantado
teria espantado teriam espantado

Imperative
espanta–espantai

Samples of verb usage.

Ela **espantou-se** com o vento. *She was frightened by the wind.*

Este espantalho funciona bem para **espantar** os corvos do campo.
This scarecrow works well to scare away the crows from the field.

Espantámos os mosquitos usando repelentes. *We shooed away the mosquitos by using repellent.*

Eu **espantei** o vizinho quando gritei. *I frightened the neighbor when I screamed.*

to expect; to wait for; to hope

Personal Infinitive
esperar esperarmos
esperares esperardes
esperar esperarem

Present Indicative
espero esperamos
esperas esperais
espera *esperam**

Imperfect Indicative
esperava esperávamos
esperavas esperáveis
esperava esperavam

Preterit Indicative
esperei esperámos
esperaste esperastes
esperou esperaram

Simple Pluperfect Indicative
esperara esperáramos
esperaras esperáreis
esperara esperaram

Future Indicative
esperarei esperaremos
esperarás esperareis
esperará esperarão

Present Perfect Indicative
tenho esperado temos esperado
tens esperado tendes esperado
tem esperado têm esperado

Past Perfect or Pluperfect Indicative
tinha esperado tínhamos esperado
tinhas esperado tínheis esperado
tinha esperado tinham esperado

Future Perfect Indicative
terei esperado teremos esperado
terás esperado tereis esperado
terá esperado terão esperado

Present Subjunctive
espere esperemos
esperes espereis
espere *esperem**

Imperfect Subjunctive
esperasse esperássemos
esperasses esperásseis
esperasse esperassem

Future Subjunctive
esperar esperarmos
esperares esperardes
esperar esperarem

Present Perfect Subjunctive
tenha esperado tenhamos esperado
tenhas esperado tenhais esperado
tenha esperado tenham esperado

Past Perfect or Pluperfect Subjunctive
tivesse esperado tivéssemos esperado
tivesses esperado tivésseis esperado
tivesse esperado tivessem esperado

Future Perfect Subjunctive
tiver esperado tivermos esperado
tiveres esperado tiverdes esperado
tiver esperado tiverem esperado

Conditional
esperaria esperaríamos
esperarias esperaríeis
esperaria esperariam

Conditional Perfect
teria esperado teríamos esperado
terias esperado teríeis esperado
teria esperado teriam esperado

Imperative
*espera**–esperai

Samples of verb usage.

Espera aí, que eu já vou. *Wait, I'll be right there.*

Queres que eu **espere** por ti? *Do you want me to wait for you?*

Espero que você possa ajudar. *I hope that you can help.*

Os teus pais te **esperarão** na estação por volta das oito.
Your parents will be waiting for you at the station around eight.

*NOTE: Only the radical-changing verb forms with *open* stressed vowels appear in italic type. For further explanation see Foreword.

to sneeze; to squirt

Personal Infinitive

espirrar	espirrarmos
espirrares	espirrardes
espirrar	espirrarem

Present Indicative

espirro	espirramos
espirras	espirrais
espirra	espirram

Imperfect Indicative

espirrava	espirrávamos
espirravas	espirráveis
espirrava	espirravam

Preterit Indicative

espirrei	espirrámos
espirraste	espirrastes
espirrou	espirraram

Simple Pluperfect Indicative

espirrara	espirráramos
espirraras	espirráreis
espirrara	espirraram

Future Indicative

espirrarei	espirraremos
espirrarás	espirrareis
espirrará	espirrarão

Present Perfect Indicative

tenho espirrado	temos espirrado
tens espirrado	tendes espirrado
tem espirrado	têm espirrado

Past Perfect or Pluperfect Indicative

tinha espirrado	tínhamos espirrado
tinhas espirrado	tínheis espirrado
tinha espirrado	tinham espirrado

Future Perfect Indicative

terei espirrado	teremos espirrado
terás espirrado	tereis espirrado
terá espirrado	terão espirrado

Present Subjunctive

espirre	espirremos
espirres	espirreis
espirre	espirrem

Imperfect Subjunctive

espirrasse	espirrássemos
espirrasses	espirrásseis
espirrasse	espirrassem

Future Subjunctive

espirrar	espirrarmos
espirrares	espirrardes
espirrar	espirrarem

Present Perfect Subjunctive

tenha espirrado	tenhamos espirrado
tenhas espirrado	tenhais espirrado
tenha espirrado	tenham espirrado

Past Perfect or Pluperfect Subjunctive

tivesse espirrado	tivéssemos espirrado
tivesses espirrado	tivésseis espirrado
tivesse espirrado	tivessem espirrado

Future Perfect Subjunctive

tiver espirrado	tivermos espirrado
tiveres espirrado	tiverdes espirrado
tiver espirrado	tiverem espirrado

Conditional

espirraria	espirraríamos
espirrarias	espirraríeis
espirraria	espirrariam

Conditional Perfect

teria espirrado	teríamos espirrado
terias espirrado	teríeis espirrado
teria espirrado	teriam espirrado

Imperative

espirra–espirrai

Samples of verb usage.

O noivo **espirrou** por causa do pó do apartamento.
The groom sneezed on account of the dust in the apartment.

Ela **espirra** sem parar. *She sneezes non-stop.*

Espirraremos mustarda no seu cachorro quente. *We will squirt mustard on your hotdog.*

O sangue da vítima **espirrou** do seu pescoço. *The victim's blood squirted out of his/her neck.*

to forget; (**-se de**) to forget (about)

Personal Infinitive

esquecer	esquecermos
esqueceres	esquecerdes
esquecer	esquecerem

Present Indicative

esqueço	esquecemos
esqueces	esqueceis
esquece	*esquecem**

Imperfect Indicative

esquecia	esquecíamos
esquecias	esquecíeis
esquecia	esqueciam

Preterit Indicative

esqueci	esquecemos
esqueceste	esquecestes
esqueceu	esqueceram

Simple Pluperfect Indicative

esquecera	esquecêramos
esqueceras	esquecêreis
esquecera	esqueceram

Future Indicative

esquecerei	esqueceremos
esquecerás	esquecereis
esquecerá	esquecerão

Present Perfect Indicative

tenho esquecido	temos esquecido
tens esquecido	tendes esquecido
tem esquecido	têm esquecido

Past Perfect or Pluperfect Indicative

tinha esquecido	tínhamos esquecido
tinhas esquecido	tínheis esquecido
tinha esquecido	tinham esquecido

Future Perfect Indicative

terei esquecido	teremos esquecido
terás esquecido	tereis esquecido
terá esquecido	terão esquecido

Present Subjunctive

esqueça	esqueçamos
esqueças	esqueçais
esqueça	esqueçam

Imperfect Subjunctive

esquecesse	esquecêssemos
esquecesses	esquecêsseis
esquecesse	esquecessem

Future Subjunctive

esquecer	esquecermos
esqueceres	esquecerdes
esquecer	esquecerem

Present Perfect Subjunctive

tenha esquecido	tenhamos esquecido
tenhas esquecido	tenhais esquecido
tenha esquecido	tenham esquecido

Past Perfect or Pluperfect Subjunctive

tivesse esquecido	tivéssemos esquecido
tivesses esquecido	tivésseis esquecido
tivesse esquecido	tivessem esquecido

Future Perfect Subjunctive

tiver esquecido	tivermos esquecido
tiveres esquecido	tiverdes esquecido
tiver esquecido	tiverem esquecido

Conditional

esqueceria	esqueceríamos
esquecerias	esqueceríeis
esqueceria	esqueceriam

Conditional Perfect

teria esquecido	teríamos esquecido
terias esquecido	teríeis esquecido
teria esquecido	teriam esquecido

Imperative

*esquece**– esquecei

Samples of verb usage.

Eu **esqueci** as chaves em casa. *I forgot the keys at home.*

Um dia **te esquecerás** de mim. *One day you'll forget about me.*

Ele **teria esquecido** do aniversário de casamento se ela não o tivesse lembrado.
He would have forgotten the wedding anniversary if she hadn't reminded him.

Quero que ela **se esqueça** dos seus problemas. *I want her to forget about her problems.*

*NOTE: Only the radical-changing verb forms with *open* stressed vowels appear in italic type. For further explanation see Foreword.

to establish; to set up

Personal Infinitive
estabelecer estabelecermos
estabeleceres estabelecerdes
estabelecer estabelecerem

Present Indicative
estabeleço estabelecemos
estabeleces estabeleceis
estabelece *estabelecem**

Imperfect Indicative
estabelecia estabelecíamos
estabelecias estabelecíeis
estabelecia estabeleciam

Preterit Indicative
estabeleci estabelecemos
estabeleceste estabelecestes
estabeleceu estabeleceram

Simple Pluperfect Indicative
estabelecera estabelecêramos
estabeleceras estabelecêreis
estabelecera estabeleceram

Future Indicative
estabelecerei estabeleceremos
estabelecerás estabelecereis
estabelecerá estabelecerão

Present Perfect Indicative
tenho estabelecido temos estabelecido
tens estabelecido tendes estabelecido
tem estabelecido têm estabelecido

Past Perfect or Pluperfect Indicative
tinha estabelecido tínhamos estabelecido
tinhas estabelecido tínheis estabelecido
tinha estabelecido tinham estabelecido

Future Perfect Indicative
terei estabelecido teremos estabelecido
terás estabelecido tereis estabelecido
terá estabelecido terão estabelecido

Present Subjunctive
estabeleça estabeleçamos
estabeleças estabeleçais
estabeleça estabeleçam

Imperfect Subjunctive
estabelecesse estabelecêssemos
estabelecesses estabelecêsseis
estabelecesse estabelecessem

Future Subjunctive
estabelecer estabelecermos
estabeleceres estabelecerdes
estabelecer estabelecerem

Present Perfect Subjunctive
tenha estabelecido tenhamos estabelecido
tenhas estabelecido tenhais estabelecido
tenha estabelecido tenham estabelecido

Past Perfect or Pluperfect Subjunctive
tivesse estabelecido tivéssemos estabelecido
tivesses estabelecido tivésseis estabelecido
tivesse estabelecido tivessem estabelecido

Future Perfect Subjunctive
tiver estabelecido tivermos estabelecido
tiveres estabelecido tiverdes estabelecido
tiver estabelecido tiverem estabelecido

Conditional
estabeleceria estabeleceríamos
estabelecerias estabeleceríeis
estabeleceria estabeleceriam

Conditional Perfect
teria estabelecido teríamos estabelecido
terias estabelecido teríeis estabelecido
teria estabelecido teriam estabelecido

Imperative
*estabelece**– estabelecei

Samples of verb usage.

O gerente **vai estabelecer** novas regras hoje. *The manager is going to establish new rules today.*

Ela **estabelecerá** um contra(c)to razoável entre as empresas.
She'll set up a reasonable contract between the companies.

Este restaurante **estabeleceu-se** em 1904. *This restaurant was established in 1904.*

Finalmente **estabelecemos** um acordo de paz entre os nossos países.
We finally established a peace treaty between our countries.

*NOTE: Only the radical-changing verb forms with *open* stressed vowels appear in italic type. For further explanation see Foreword.

to park

Personal Infinitive
estacionar estacionarmos
estacionares estacionardes
estacionar estacionarem

Present Indicative
estaciono estacionamos
estacionas estacionais
estaciona estacionam

Imperfect Indicative
estacionava estacionávamos
estacionavas estacionáveis
estacionava estacionavam

Preterit Indicative
estacionei estacionámos
estacionaste estacionastes
estacionou estacionaram

Simple Pluperfect Indicative
estacionara estacionáramos
estacionaras estacionáreis
estacionara estacionaram

Future Indicative
estacionarei estacionaremos
estacionarás estacionareis
estacionará estacionarão

Present Perfect Indicative
tenho estacionado temos estacionado
tens estacionado tendes estacionado
tem estacionado têm estacionado

Past Perfect or Pluperfect Indicative
tinha estacionado tínhamos estacionado
tinhas estacionado tínheis estacionado
tinha estacionado tinham estacionado

Future Perfect Indicative
terei estacionado teremos estacionado
terás estacionado tereis estacionado
terá estacionado terão estacionado

Present Subjunctive
estacione estacionemos
estaciones estacioneis
estacione estacionem

Imperfect Subjunctive
estacionasse estacionássemos
estacionasses estacionásseis
estacionasse estacionassem

Future Subjunctive
estacionar estacionarmos
estacionares estacionardes
estacionar estacionarem

Present Perfect Subjunctive
tenha estacionado tenhamos estacionado
tenhas estacionado tenhais estacionado
tenha estacionado tenham estacionado

Past Perfect or Pluperfect Subjunctive
tivesse estacionado tivéssemos estacionado
tivesses estacionado tivésseis estacionado
tivesse estacionado tivessem estacionado

Future Perfect Subjunctive
tiver estacionado tivermos estacionado
tiveres estacionado tiverdes estacionado
tiver estacionado tiverem estacionado

Conditional
estacionaria estacionaríamos
estacionarias estacionaríeis
estacionaria estacionariam

Conditional Perfect
teria estacionado teríamos estacionado
terias estacionado teríeis estacionado
teria estacionado teriam estacionado

Imperative
estaciona–estacionai

Samples of verb usage.

Eu **estacionarei** a limosine na próxima vaga disponível. *I will park the limo in the next available spot.*

O motociclista **estacionou** em lugar proibido. *The motorcyclist parked illegally.*

Não **estacione** o autocarro (ônibus *in Brazil*) ali. *Don't park the bus over there.*

Ela ainda não aprendeu a **estacionar** muito bem. *She still hasn't learned how to park very well.*

to be

Personal Infinitive

estar	estarmos
estares	estardes
estar	estarem

Present Indicative

estou	estamos
estás	estais
está	estão

Imperfect Indicative

estava	estávamos
estavas	estáveis
estava	estavam

Preterit Indicative

estive	estivemos
estiveste	estivestes
esteve	estiveram

Simple Pluperfect Indicative

estivera	estivéramos
estiveras	estivéreis
estivera	estiveram

Future Indicative

estarei	estaremos
estarás	estareis
estará	estarão

Present Perfect Indicative

tenho estado	temos estado
tens estado	tendes estado
tem estado	têm estado

Past Perfect or Pluperfect Indicative

tinha estado	tínhamos estado
tinhas estado	tínheis estado
tinha estado	tinham estado

Future Perfect Indicative

terei estado	teremos estado
terás estado	tereis estado
terá estado	terão estado

Present Subjunctive

esteja	estejamos
estejas	estejais
esteja	estejam

Imperfect Subjunctive

estivesse	estivéssemos
estivesses	estivésseis
estivesse	estivessem

Future Subjunctive

estiver	estivermos
estiveres	estiverdes
estiver	estiverem

Present Perfect Subjunctive

tenha estado	tenhamos estado
tenhas estado	tenhais estado
tenha estado	tenham estado

Past Perfect or Pluperfect Subjunctive

tivesse estado	tivéssemos estado
tivesses estado	tivésseis estado
tivesse estado	tivessem estado

Future Perfect Subjunctive

tiver estado	tivermos estado
tiveres estado	tiverdes estado
tiver estado	tiverem estado

Conditional

estaria	estaríamos
estarias	estaríeis
estaria	estariam

Conditional Perfect

teria estado	teríamos estado
terias estado	teríeis estado
teria estado	teriam estado

Imperative

está–estai

Samples of verb usage.

Já **estiveste** em Portugal? *Have you ever been in Portugal?*

Estás aí? *Are you there?*

Onde é que **estavas**? *Where were you?*

Eu **estava** a nadar (nadando) perto daqui quando vi o tubarão.
I was swimming near here when I saw the shark.

(Nós) **estamos** com raiva. *We are angry.*

A paciente **estava** muito doente. *The patient (female) was very sick.*

Você **está** com fome? *Are you hungry?*

to estimate, appraise; to esteem, value

Personal Infinitive

estimar	estimarmos
estimares	estimardes
estimar	estimarem

Present Indicative

estimo	estimamos
estimas	estimais
estima	estimam

Imperfect Indicative

estimava	estimávamos
estimavas	estimáveis
estimava	estimavam

Preterit Indicative

estimei	estimámos
estimaste	estimastes
estimou	estimaram

Simple Pluperfect Indicative

estimara	estimáramos
estimaras	estimáreis
estimara	estimaram

Future Indicative

estimarei	estimaremos
estimarás	estimareis
estimará	estimarão

Present Perfect Indicative

tenho estimado	temos estimado
tens estimado	tendes estimado
tem estimado	têm estimado

Past Perfect or Pluperfect Indicative

tinha estimado	tínhamos estimado
tinhas estimado	tínheis estimado
tinha estimado	tinham estimado

Future Perfect Indicative

terei estimado	teremos estimado
terás estimado	tereis estimado
terá estimado	terão estimado

Present Subjunctive

estime	estimemos
estimes	estimeis
estime	estimem

Imperfect Subjunctive

estimasse	estimássemos
estimasses	estimásseis
estimasse	estimassem

Future Subjunctive

estimar	estimarmos
estimares	estimardes
estimar	estimarem

Present Perfect Subjunctive

tenha estimado	tenhamos estimado
tenhas estimado	tenhais estimado
tenha estimado	tenham estimado

Past Perfect or Pluperfect Subjunctive

tivesse estimado	tivéssemos estimado
tivesses estimado	tivésseis estimado
tivesse estimado	tivessem estimado

Future Perfect Subjunctive

tiver estimado	tivermos estimado
tiveres estimado	tiverdes estimado
tiver estimado	tiverem estimado

Conditional

estimaria	estimaríamos
estimarias	estimaríeis
estimaria	estimariam

Conditional Perfect

teria estimado	teríamos estimado
terias estimado	teríeis estimado
teria estimado	teriam estimado

Imperative

estima–estimai

Samples of verb usage.

Estimo que custará muito dinheiro. *I estimate that it will cost a lot of money.*

O valor dos terrenos foi **estimado** com muito cuidado.
The value of the lands was appraised very carefully.

Ela **estimava** muito a sua neta. *She esteemed her granddaughter very much.*

Tu sabes muito bem que eu sempre **estimei** a tua opinião.
You know very well that I've always valued your opinion.

to stretch, extend; (**-se**) to stretch out, to spread out

Personal Infinitive
estirar estirarmos
estirares estirardes
estirar estirarem

Present Indicative
estiro estiramos
estiras estirais
estira estiram

Imperfect Indicative
estirava estirávamos
estiravas estiráveis
estirava estiravam

Preterit Indicative
estirei estirámos
estiraste estirastes
estirou estiraram

Simple Pluperfect Indicative
estirara estiráramos
estiraras estiráreis
estirara estiraram

Future Indicative
estirarei estiraremos
estirarás estirareis
estirará estirarão

Present Perfect Indicative
tenho estirado temos estirado
tens estirado tendes estirado
tem estirado têm estirado

Past Perfect or Pluperfect Indicative
tinha estirado tínhamos estirado
tinhas estirado tínheis estirado
tinha estirado tinham estirado

Future Perfect Indicative
terei estirado teremos estirado
terás estirado tereis estirado
terá estirado terão estirado

Present Subjunctive
estire estiremos
estires estireis
estire estirem

Imperfect Subjunctive
estirasse estirássemos
estirasses estirásseis
estirasse estirassem

Future Subjunctive
estirar estirarmos
estirares estirardes
estirar estirarem

Present Perfect Subjunctive
tenha estirado tenhamos estirado
tenhas estirado tenhais estirado
tenha estirado tenham estirado

Past Perfect or Pluperfect Subjunctive
tivesse estirado tivéssemos estirado
tivesses estirado tivésseis estirado
tivesse estirado tivessem estirado

Future Perfect Subjunctive
tiver estirado tivermos estirado
tiveres estirado tiverdes estirado
tiver estirado tiverem estirado

Conditional
estiraria estiraríamos
estirarias estiraríeis
estiraria estirariam

Conditional Perfect
teria estirado teríamos estirado
terias estirado teríeis estirado
teria estirado teriam estirado

Imperative
estira–estirai

Samples of verb usage.

O comerciante **estirou** o pano de seda para os compradores.
The vendor spread out the silk cloth for the buyers.

A minha avó **estirava-se** no sofá e dormia.
My grandmother would stretch out on the sofa and fall asleep.

Com o tiro, o ladrão **tinha-se estirado** no chão. *With the shot, the thief had stretched out on the ground.*

Podemos **estirar-nos** ali. *We can stretch out over there.*

Vais **estirar** a corda até romper. *You're going to stretch the rope until it breaks.*

to spoil, ruin, damage

Personal Infinitive	
estragar	estragarmos
estragares	estragardes
estragar	estragarem
Present Indicative	
estrago	estragamos
estragas	estragais
estraga	estragam
Imperfect Indicative	
estragava	estragávamos
estragavas	estragáveis
estragava	estragavam
Preterit Indicative	
estraguei	estragámos
estragaste	estragastes
estragou	estragaram
Simple Pluperfect Indicative	
estragara	estragáramos
estragaras	estragáreis
estragara	estragaram
Future Indicative	
estragarei	estragaremos
estragarás	estragareis
estragará	estragarão
Present Perfect Indicative	
tenho estragado	temos estragado
tens estragado	tendes estragado
tem estragado	têm estragado
Past Perfect or Pluperfect Indicative	
tinha estragado	tínhamos estragado
tinhas estragado	tínheis estragado
tinha estragado	tinham estragado
Future Perfect Indicative	
terei estragado	teremos estragado
terás estragado	tereis estragado
terá estragado	terão estragado
Present Subjunctive	
estrague	estraguemos
estragues	estragueis
estrague	estraguem
Imperfect Subjunctive	
estragasse	estragássemos
estragasses	estragásseis
estragasse	estragassem
Future Subjunctive	
estragar	estragarmos
estragares	estragardes
estragar	estragarem
Present Perfect Subjunctive	
tenha estragado	tenhamos estragado
tenhas estragado	tenhais estragado
tenha estragado	tenham estragado
Past Perfect or Pluperfect Subjunctive	
tivesse estragado	tivéssemos estragado
tivesses estragado	tivésseis estragado
tivesse estragado	tivessem estragado
Future Perfect Subjunctive	
tiver estragado	tivermos estragado
tiveres estragado	tiverdes estragado
tiver estragado	tiverem estragado
Conditional	
estragaria	estragaríamos
estragarias	estragaríeis
estragaria	estragariam
Conditional Perfect	
teria estragado	teríamos estragado
terias estragado	teríeis estragado
teria estragado	teriam estragado
Imperative	
estraga–estragai	

Samples of verb usage.

Se deixares a comida fora do frigorífico (da geladeira *in Brazil*), vai-**se estragar**.
If you leave the food out of the refrigerator, it will spoil.

Estraguei a surpresa. *I ruined the surprise.*

Você podia **ter estragado** tudo. *You could have ruined everything.*

Com certeza eles **estragarão** o teu carro. *They're sure to damage (ruin) your car.*

to study

Personal Infinitive		***Present Subjunctive***	
estudar	estudarmos	estude	estudemos
estudares	estudardes	estudes	estudeis
estudar	estudarem	estude	estudem
Present Indicative		***Imperfect Subjunctive***	
estudo	estudamos	estudasse	estudássemos
estudas	estudais	estudasses	estudásseis
estuda	estudam	estudasse	estudassem
Imperfect Indicative		***Future Subjunctive***	
estudava	estudávamos	estudar	estudarmos
estudavas	estudáveis	estudares	estudardes
estudava	estudavam	estudar	estudarem
Preterit Indicative		***Present Perfect Subjunctive***	
estudei	estudámos	tenha estudado	tenhamos estudado
estudaste	estudastes	tenhas estudado	tenhais estudado
estudou	estudaram	tenha estudado	tenham estudado
Simple Pluperfect Indicative		***Past Perfect or Pluperfect Subjunctive***	
estudara	estudáramos	tivesse estudado	tivéssemos estudado
estudaras	estudáreis	tivesses estudado	tivésseis estudado
estudara	estudaram	tivesse estudado	tivessem estudado
Future Indicative		***Future Perfect Subjunctive***	
estudarei	estudaremos	tiver estudado	tivermos estudado
estudarás	estudareis	tiveres estudado	tiverdes estudado
estudará	estudarão	tiver estudado	tiverem estudado
Present Perfect Indicative		***Conditional***	
tenho estudado	temos estudado	estudaria	estudaríamos
tens estudado	tendes estudado	estudarias	estudaríeis
tem estudado	têm estudado	estudaria	estudariam
Past Perfect or Pluperfect Indicative		***Conditional Perfect***	
tinha estudado	tínhamos estudado	teria estudado	teríamos estudado
tinhas estudado	tínheis estudado	terias estudado	teríeis estudado
tinha estudado	tinham estudado	teria estudado	teriam estudado
Future Perfect Indicative		***Imperative***	
terei estudado	teremos estudado	estuda–estudai	
terás estudado	tereis estudado		
terá estudado	terão estudado		

Samples of verb usage.

Estude mais. *Study more.*

A aluna já **tinha estudado** o livro inteiro. *The student (female) had already studied the whole book.*

No semestre passado eu **estudava** na biblioteca. *Last semester I used to study in the library.*

O aluno **estudou** mais uma hora antes de ir ao exame.
The student studied one more hour before going to the exam.

to avoid; to evade

Personal Infinitive		***Present Subjunctive***	
evitar	evitarmos	evite	evitemos
evitares	evitardes	evites	eviteis
evitar	evitarem	evite	evitem
Present Indicative		***Imperfect Subjunctive***	
evito	evitamos	evitasse	evitássemos
evitas	evitais	evitasses	evitásseis
evita	evitam	evitasse	evitassem
Imperfect Indicative		***Future Subjunctive***	
evitava	evitávamos	evitar	evitarmos
evitavas	evitáveis	evitares	evitardes
evitava	evitavam	evitar	evitarem
Preterit Indicative		***Present Perfect Subjunctive***	
evitei	evitámos	tenha evitado	tenhamos evitado
evitaste	evitastes	tenhas evitado	tenhais evitado
evitou	evitaram	tenha evitado	tenham evitado
Simple Pluperfect Indicative		***Past Perfect or Pluperfect Subjunctive***	
evitara	evitáramos	tivesse evitado	tivéssemos evitado
evitaras	evitáreis	tivesses evitado	tivésseis evitado
evitara	evitaram	tivesse evitado	tivessem evitado
Future Indicative		***Future Perfect Subjunctive***	
evitarei	evitaremos	tiver evitado	tivermos evitado
evitarás	evitareis	tiveres evitado	tiverdes evitado
evitará	evitarão	tiver evitado	tiverem evitado
Present Perfect Indicative		***Conditional***	
tenho evitado	temos evitado	evitaria	evitaríamos
tens evitado	tendes evitado	evitarias	evitaríeis
tem evitado	têm evitado	evitaria	evitariam
Past Perfect or Pluperfect Indicative		***Conditional Perfect***	
tinha evitado	tínhamos evitado	teria evitado	teríamos evitado
tinhas evitado	tínheis evitado	terias evitado	teríeis evitado
tinha evitado	tinham evitado	teria evitado	teriam evitado
Future Perfect Indicative		***Imperative***	
terei evitado	teremos evitado	evita–evitai	
terás evitado	tereis evitado		
terá evitado	terão evitado		

Samples of verb usage.

Evite fumar. *Avoid smoking.*

Os ladrões **evitaram** o guarda. *The thieves evaded the guard.*

O motorista conseguiu **evitar** uma colisão. *The driver managed to avoid a collision.*

Elas queriam **evitar** de falar com ele. *They (female) wanted to avoid speaking with him.*

to exaggerate; to overstate; to overdo

Personal Infinitive
exagerar exagerarmos
exagerares exagerardes
exagerar exagerarem

Present Indicative
exagero exageramos
exageras exagerais
exagera *exageram**

Imperfect Indicative
exagerava exagerávamos
exageravas exageráveis
exagerava exageravam

Preterit Indicative
exagerei exagerámos
exageraste exagerastes
exagerou exageraram

Simple Pluperfect Indicative
exagerara exageráramos
exageraras exageráreis
exagerara exageraram

Future Indicative
exagerarei exageraremos
exagerarás exagerareis
exagerará exagerarão

Present Perfect Indicative
tenho exagerado temos exagerado
tens exagerado tendes exagerado
tem exagerado têm exagerado

Past Perfect or Pluperfect Indicative
tinha exagerado tínhamos exagerado
tinhas exagerado tínheis exagerado
tinha exagerado tinham exagerado

Future Perfect Indicative
terei exagerado teremos exagerado
terás exagerado tereis exagerado
terá exagerado terão exagerado

Present Subjunctive
exagere exageremos
exageres exagereis
exagere *exagerem**

Imperfect Subjunctive
exagerasse exagerássemos
exagerasses exagerásseis
exagerasse exagerassem

Future Subjunctive
exagerar exagerarmos
exagerares exagerardes
exagerar exagerarem

Present Perfect Subjunctive
tenha exagerado tenhamos exagerado
tenhas exagerado tenhais exagerado
tenha exagerado tenham exagerado

Past Perfect or Pluperfect Subjunctive
tivesse exagerado tivéssemos exagerado
tivesses exagerado tivésseis exagerado
tivesse exagerado tivessem exagerado

Future Perfect Subjunctive
tiver exagerado tivermos exagerado
tiveres exagerado tiverdes exagerado
tiver exagerado tiverem exagerado

Conditional
exageraria exageraríamos
exagerarias exageraríeis
exageraria exagerariam

Conditional Perfect
teria exagerado teríamos exagerado
terias exagerado teríeis exagerado
teria exagerado teriam exagerado

Imperative
*exagera**–exagerai

Samples of verb usage.

Não **exagere** tanto! *Don't exaggerate so much!*

Ela sempre **exagerava** a situação. *She always overstated the situation.*

O escritor **exagerou** a descrição dessa cena. *The writer overdid the description of that scene.*

Eles estão **a exagerar** (**exagerando**). *They are exaggerating.*

*NOTE: Only the radical-changing verb forms with *open* stressed vowels appear in italic type. For further explanation see Foreword.

to examine

Personal Infinitive

examinar	examinarmos
examinares	examinardes
examinar	examinarem

Present Indicative

examino	examinamos
examinas	examinais
examina	examinam

Imperfect Indicative

examinava	examinávamos
examinavas	examináveis
examinava	examinavam

Preterit Indicative

examinei	examinámos
examinaste	examinastes
examinou	examinaram

Simple Pluperfect Indicative

examinara	examináramos
examinaras	examináreis
examinara	examinaram

Future Indicative

examinarei	examinaremos
examinarás	examinareis
examinará	examinarão

Present Perfect Indicative

tenho examinado	temos examinado
tens examinado	tendes examinado
tem examinado	têm examinado

Past Perfect or Pluperfect Indicative

tinha examinado	tínhamos examinado
tinhas examinado	tínheis examinado
tinha examinado	tinham examinado

Future Perfect Indicative

terei examinado	teremos examinado
terás examinado	tereis examinado
terá examinado	terão examinado

Present Subjunctive

examine	examinemos
examines	examineis
examine	examinem

Imperfect Subjunctive

examinasse	examinássemos
examinasses	examinásseis
examinasse	examinassem

Future Subjunctive

examinar	examinarmos
examinares	examinardes
examinar	examinarem

Present Perfect Subjunctive

tenha examinado	tenhamos examinado
tenhas examinado	tenhais examinado
tenha examinado	tenham examinado

Past Perfect or Pluperfect Subjunctive

tivesse examinado	tivéssemos examinado
tivesses examinado	tivésseis examinado
tivesse examinado	tivessem examinado

Future Perfect Subjunctive

tiver examinado	tivermos examinado
tiveres examinado	tiverdes examinado
tiver examinado	tiverem examinado

Conditional

examinaria	examinaríamos
examinarias	examinaríeis
examinaria	examinariam

Conditional Perfect

teria examinado	teríamos examinado
terias examinado	teríeis examinado
teria examinado	teriam examinado

Imperative

examina–examinai

Samples of verb usage.

O médico **examinava** todos os pacientes com calma. *The doctor examined all of the patients calmly.*

O dete(c)tive **tinha examinado** a cena do crime. *The detective had examined the crime scene.*

Tenho examinado todas as minhas opções. *I have been examining all my options.*

Examinaste os documentos? *Did you examine the documents?*

to excite; to arouse; (**-se**) to get *or* become excited *or* aroused

Personal Infinitive
excitar excitarmos
excitares excitardes
excitar excitarem

Present Indicative
excito excitamos
excitas excitais
excita excitam

Imperfect Indicative
excitava excitávamos
excitavas excitáveis
excitava excitavam

Preterit Indicative
excitei excitámos
excitaste excitastes
excitou excitaram

Simple Pluperfect Indicative
excitara excitáramos
excitaras excitáreis
excitara excitaram

Future Indicative
excitarei excitaremos
excitarás excitareis
excitará excitarão

Present Perfect Indicative
tenho excitado temos excitado
tens excitado tendes excitado
tem excitado têm excitado

Past Perfect or Pluperfect Indicative
tinha excitado tínhamos excitado
tinhas excitado tínheis excitado
tinha excitado tinham excitado

Future Perfect Indicative
terei excitado teremos excitado
terás excitado tereis excitado
terá excitado terão excitado

Present Subjunctive
excite excitemos
excites exciteis
excite excitem

Imperfect Subjunctive
excitasse excitássemos
excitasses excitásseis
excitasse excitassem

Future Subjunctive
excitar excitarmos
excitares excitardes
excitar excitarem

Present Perfect Subjunctive
tenha excitado tenhamos excitado
tenhas excitado tenhais excitado
tenha excitado tenham excitado

Past Perfect or Pluperfect Subjunctive
tivesse excitado tivéssemos excitado
tivesses excitado tivésseis excitado
tivesse excitado tivessem excitado

Future Perfect Subjunctive
tiver excitado tivermos excitado
tiveres excitado tiverdes excitado
tiver excitado tiverem excitado

Conditional
excitaria excitaríamos
excitarias excitaríeis
excitaria excitariam

Conditional Perfect
teria excitado teríamos excitado
terias excitado teríeis excitado
teria excitado teriam excitado

Imperative
excita–excitai

Samples of verb usage.

A multidão estava **excitada** com a liquidação. *The crowd was excited about the sale.*

Ele **excitou** o seu apetite com um gole de aguardente (cachaça *in Brazil*).
He aroused his appetite with a swallow of rum.

Eles **tinham-se excitado** com o espe(c)táculo erótico. *They had become aroused with the erotic show.*

Não **se excite**, meu amigo; ela nem sabe que você existe.
Don't get excited, my friend; she doesn't even know you exist.

to exclaim; to shout (out)

Personal Infinitive

exclamar	exclamarmos
exclamares	exclamardes
exclamar	exclamarem

Present Indicative

exclamo	exclamamos
exclamas	exclamais
exclama	exclamam

Imperfect Indicative

exclamava	exclamávamos
exclamavas	exclamáveis
exclamava	exclamavam

Preterit Indicative

exclamei	exclamámos
exclamaste	exclamastes
exclamou	exclamaram

Simple Pluperfect Indicative

exclamara	exclamáramos
exclamaras	exclamáreis
exclamara	exclamaram

Future Indicative

exclamarei	exclamaremos
exclamarás	exclamareis
exclamará	exclamarão

Present Perfect Indicative

tenho exclamado	temos exclamado
tens exclamado	tendes exclamado
tem exclamado	têm exclamado

Past Perfect or Pluperfect Indicative

tinha exclamado	tínhamos exclamado
tinhas exclamado	tínheis exclamado
tinha exclamado	tinham exclamado

Future Perfect Indicative

terei exclamado	teremos exclamado
terás exclamado	tereis exclamado
terá exclamado	terão exclamado

Present Subjunctive

exclame	exclamemos
exclames	exclameis
exclame	exclamem

Imperfect Subjunctive

exclamasse	exclamássemos
exclamasses	exclamásseis
exclamasse	exclamassem

Future Subjunctive

exclamar	exclamarmos
exclamares	exclamardes
exclamar	exclamarem

Present Perfect Subjunctive

tenha exclamado	tenhamos exclamado
tenhas exclamado	tenhais exclamado
tenha exclamado	tenham exclamado

Past Perfect or Pluperfect Subjunctive

tivesse exclamado	tivéssemos exclamado
tivesses exclamado	tivésseis exclamado
tivesse exclamado	tivessem exclamado

Future Perfect Subjunctive

tiver exclamado	tivermos exclamado
tiveres exclamado	tiverdes exclamado
tiver exclamado	tiverem exclamado

Conditional

exclamaria	exclamaríamos
exclamarias	exclamaríeis
exclamaria	exclamariam

Conditional Perfect

teria exclamado	teríamos exclamado
terias exclamado	teríeis exclamado
teria exclamado	teriam exclamado

Imperative

exclama–exclamai

Samples of verb usage.

A multidão **exclamava** numa só voz: "Queremos empregos!"
The crowd was shouting in one voice: "We want jobs!"

Os prisioneiros estavam **a exclamar** (**exclamando**) contra os maus tratos.
The prisoners were shouting out against the poor treatment.

"Dai-nos liberdade!" **Exclamou** um dos escravos. *"Give us freedom!" Exclaimed one of the slaves.*

Os operários **têm exclamado** dia e noite contra a exploração.
The workers have been shouting night and day against the exploitation.

to exist, be

Personal Infinitive		***Present Subjunctive***	
existir	existirmos	exista	existamos
existires	existirdes	existas	existais
existir	existirem	exista	existam
Present Indicative		***Imperfect Subjunctive***	
existo	existimos	existisse	existíssemos
existes	existis	existisses	existísseis
existe	existem	existisse	existissem
Imperfect Indicative		***Future Subjunctive***	
existia	existíamos	existir	existirmos
existias	existíeis	existires	existirdes
existia	existiam	existir	existirem
Preterit Indicative		***Present Perfect Subjunctive***	
existi	existimos	tenha existido	tenhamos existido
exististe	exististes	tenhas existido	tenhais existido
existiu	existiram	tenha existido	tenham existido
Simple Pluperfect Indicative		***Past Perfect or Pluperfect Subjunctive***	
existira	existíramos	tivesse existido	tivéssemos existido
existiras	existíreis	tivesses existido	tivésseis existido
existira	existiram	tivesse existido	tivessem existido
Future Indicative		***Future Perfect Subjunctive***	
existirei	existiremos	tiver existido	tivermos existido
existirás	existireis	tiveres existido	tiverdes existido
existirá	existirão	tiver existido	tiverem existido
Present Perfect Indicative		***Conditional***	
tenho existido	temos existido	existiria	existiríamos
tens existido	tendes existido	existirias	existiríeis
tem existido	têm existido	existiria	existiriam
Past Perfect or Pluperfect Indicative		***Conditional Perfect***	
tinha existido	tínhamos existido	teria existido	teríamos existido
tinhas existido	tínheis existido	terias existido	teríeis existido
tinha existido	tinham existido	teria existido	teriam existido
Future Perfect Indicative		***Imperative***	
terei existido	teremos existido	existe–existi	
terás existido	tereis existido		
terá existido	terão existido		

Samples of verb usage.

Penso, portanto **existo**. *I think, therefore I am.*

Existe outra solução? *Is there another solution?*

Há boatos de que **existiu** há mil anos uma civilização antiga por aqui.
There are rumors that a thousand years ago an ancient civilization existed around here.

Existirá uma saída desta miséria para mim? *I wonder if there is a way out of this misery for me?*

NOTE: In Brazil **existir** is commonly used with the impersonal meaning of **haver**: **Existe** um problema aqui? *Is there a problem here?*

to experiment; to experience; to try (out)

Personal Infinitive

experimentar	experimentarmos
experimentares	experimentardes
experimentar	experimentarem

Present Indicative

experimento	experimentamos
experimentas	experimentais
experimenta	experimentam

Imperfect Indicative

experimentava	experimentávamos
experimentavas	experimentáveis
experimentava	experimentavam

Preterit Indicative

experimentei	experimentámos
experimentaste	experimentastes
experimentou	experimentaram

Simple Pluperfect Indicative

experimentara	experimentáramos
experimentaras	experimentáreis
experimentara	experimentaram

Future Indicative

experimentarei	experimentaremos
experimentarás	experimentareis
experimentará	experimentarão

Present Perfect Indicative

tenho experimentado	temos experimentado
tens experimentado	tendes experimentado
tem experimentado	têm experimentado

Past Perfect or Pluperfect Indicative

tinha experimentado	tínhamos experimentado
tinhas experimentado	tínheis experimentado
tinha experimentado	tinham experimentado

Future Perfect Indicative

terei experimentado	teremos experimentado
terás experimentado	tereis experimentado
terá experimentado	terão experimentado

Present Subjunctive

experimente	experimentemos
experimentes	experimenteis
experimente	experimentem

Imperfect Subjunctive

experimentasse	experimentássemos
experimentasses	experimentásseis
experimentasse	experimentassem

Future Subjunctive

experimentar	experimentarmos
experimentares	experimentardes
experimentar	experimentarem

Present Perfect Subjunctive

tenha experimentado	tenhamos experimentado
tenhas experimentado	tenhais experimentado
tenha experimentado	tenham experimentado

Past Perfect or Pluperfect Subjunctive

tivesse experimentado	tivéssemos experimentado
tivesses experimentado	tivésseis experimentado
tivesse experimentado	tivessem experimentado

Future Perfect Subjunctive

tiver experimentado	tivermos experimentado
tiveres experimentado	tiverdes experimentado
tiver experimentado	tiverem experimentado

Conditional

experimentaria	experimentaríamos
experimentarias	experimentaríeis
experimentaria	experimentariam

Conditional Perfect

teria experimentado	teríamos experimentado
terias experimentado	teríeis experimentado
teria experimentado	teriam experimentado

Imperative

experimenta–experimentai

Samples of verb usage.

Experimente o peixe, está bom. *Try the fish, it's good.*

Ele **experimentou** com vários químicos. *He experimented with several chemicals.*

Se **experimentasses** a sensação de ser independente, jamais querias depender de outra pessoa.
If you experienced the feeling of being independent, you would never want to depend on another person.

Eu nunca **experimentaria** dirigir aquele carro. *I would never try out that car.*

to explain

Personal Infinitive		***Present Subjunctive***	
explicar	explicarmos	explique	expliquemos
explicares	explicardes	expliques	expliqueis
explicar	explicarem	explique	expliquem
Present Indicative		***Imperfect Subjunctive***	
explico	explicamos	explicasse	explicássemos
explicas	explicais	explicasses	explicásseis
explica	explicam	explicasse	explicassem
Imperfect Indicative		***Future Subjunctive***	
explicava	explicávamos	explicar	explicarmos
explicavas	explicáveis	explicares	explicardes
explicava	explicavam	explicar	explicarem
Preterit Indicative		***Present Perfect Subjunctive***	
expliquei	explicámos	tenha explicado	tenhamos explicado
explicaste	explicastes	tenhas explicado	tenhais explicado
explicou	explicaram	tenha explicado	tenham explicado
Simple Pluperfect Indicative		***Past Perfect or Pluperfect Subjunctive***	
explicara	explicáramos	tivesse explicado	tivéssemos explicado
explicaras	explicáreis	tivesses explicado	tivésseis explicado
explicara	explicaram	tivesse explicado	tivessem explicado
Future Indicative		***Future Perfect Subjunctive***	
explicarei	explicaremos	tiver explicado	tivermos explicado
explicarás	explicareis	tiveres explicado	tiverdes explicado
explicará	explicarão	tiver explicado	tiverem explicado
Present Perfect Indicative		***Conditional***	
tenho explicado	temos explicado	explicaria	explicaríamos
tens explicado	tendes explicado	explicarias	explicaríeis
tem explicado	têm explicado	explicaria	explicariam
Past Perfect or Pluperfect Indicative		***Conditional Perfect***	
tinha explicado	tínhamos explicado	teria explicado	teríamos explicado
tinhas explicado	tínheis explicado	terias explicado	teríeis explicado
tinha explicado	tinham explicado	teria explicado	teriam explicado
Future Perfect Indicative		***Imperative***	
terei explicado	teremos explicado	explica–explicai	
terás explicado	tereis explicado		
terá explicado	terão explicado		

Samples of verb usage.

Explique-se já! *Explain yourself this minute!*

O professor **explicará** tudo aos seus alunos. *The professor will explain everything to his students.*

Vais-me **explicar** os teus motivos? *Are you going to explain to me your motives?*

Deixe-me **explicar**! *Let me explain!*

to explode, blow up, burst

Personal Infinitive
explodir explodirmos
explodires explodirdes
explodir explodirem

Present Indicative
explodo explodimos
explodes explodis
explode *explodem**

Imperfect Indicative
explodia explodíamos
explodias explodíeis
explodia explodiam

Preterit Indicative
explodi explodimos
explodiste explodistes
explodiu explodiram

Simple Pluperfect Indicative
explodira explodíramos
explodiras explodíreis
explodira explodiram

Future Indicative
explodirei explodiremos
explodirás explodireis
explodirá explodirão

Present Perfect Indicative
tenho explodido temos explodido
tens explodido tendes explodido
tem explodido têm explodido

Past Perfect or Pluperfect Indicative
tinha explodido tínhamos explodido
tinhas explodido tínheis explodido
tinha explodido tinham explodido

Future Perfect Indicative
terei explodido teremos explodido
terás explodido tereis explodido
terá explodido terão explodido

Present Subjunctive
exploda explodamos
explodas explodais
exploda explodam

Imperfect Subjunctive
explodisse explodíssemos
explodisses explodísseis
explodisse explodissem

Future Subjunctive
explodir explodirmos
explodires explodirdes
explodir explodirem

Present Perfect Subjunctive
tenha explodido tenhamos explodido
tenhas explodido tenhais explodido
tenha explodido tenham explodido

Past Perfect or Pluperfect Subjunctive
tivesse explodido tivéssemos explodido
tivesses explodido tivésseis explodido
tivesse explodido tivessem explodido

Future Perfect Subjunctive
tiver explodido tivermos explodido
tiveres explodido tiverdes explodido
tiver explodido tiverem explodido

Conditional
explodiria explodiríamos
explodirias explodiríeis
explodiria explodiriam

Conditional Perfect
teria explodido teríamos explodido
terias explodido teríeis explodido
teria explodido teriam explodido

Imperative
*explode**–explodi

Samples of verb usage.

Saiam do prédio imediatamente! A bomba vai **explodir**!
Leave the building at once (immediately)! The bomb is going to explode!

Os fãs explodiram de emoção no estádio quando o jogador português marcou o golo (gol *in Brazil*).
The fans exploded with joy in the stadium when the Portuguese player scored the goal.

O número de casos de diabete(s) **explodirá** nos próximos anos.
The number of cases of diabetes will explode in the coming years.

Os canos **explodiram** com o aumento repentino da pressão da água.
The pipes burst with the sudden increase in water pressure.

*NOTE: Only the radical-changing verb forms with open stressed vowels appear in italic type. For further explanation see Foreword.

to manufacture, produce, make, build

Personal Infinitive
fabricar fabricarmos
fabricares fabricardes
fabricar fabricarem

Present Indicative
fabrico fabricamos
fabricas fabricais
fabrica fabricam

Imperfect Indicative
fabricava fabricávamos
fabricavas fabricáveis
fabricava fabricavam

Preterit Indicative
fabriquei fabricámos
fabricaste fabricastes
fabricou fabricaram

Simple Pluperfect Indicative
fabricara fabricáramos
fabricaras fabricáreis
fabricara fabricaram

Future Indicative
fabricarei fabricaremos
fabricarás fabricareis
fabricará fabricarão

Present Perfect Indicative
tenho fabricado temos fabricado
tens fabricado tendes fabricado
tem fabricado têm fabricado

Past Perfect or Pluperfect Indicative
tinha fabricado tínhamos fabricado
tinhas fabricado tínheis fabricado
tinha fabricado tinham fabricado

Future Perfect Indicative
terei fabricado teremos fabricado
terás fabricado tereis fabricado
terá fabricado terão fabricado

Present Subjunctive
fabrique fabriquemos
fabriques fabriqueis
fabrique fabriquem

Imperfect Subjunctive
fabricasse fabricássemos
fabricasses fabricásseis
fabricasse fabricassem

Future Subjunctive
fabricar fabricarmos
fabricares fabricardes
fabricar fabricarem

Present Perfect Subjunctive
tenha fabricado tenhamos fabricado
tenhas fabricado tenhais fabricado
tenha fabricado tenham fabricado

Past Perfect or Pluperfect Subjunctive
tivesse fabricado tivéssemos fabricado
tivesses fabricado tivésseis fabricado
tivesse fabricado tivessem fabricado

Future Perfect Subjunctive
tiver fabricado tivermos fabricado
tiveres fabricado tiverdes fabricado
tiver fabricado tiverem fabricado

Conditional
fabricaria fabricaríamos
fabricarias fabricaríeis
fabricaria fabricariam

Conditional Perfect
teria fabricado teríamos fabricado
terias fabricado teríeis fabricado
teria fabricado teriam fabricado

Imperative
fabrica–fabricai

Samples of verb usage.

Esta companhia **fabrica** tecidos. *This company manufactures fabrics.*

Fabriquei uma máquina para viajar no tempo. *I made (built) a machine to travel in time.*

Se **tivéssemos fabricado** produtos mais variados, não teríamos ido a falência.
If we had produced more diverse products, we wouldn't have gone bankrupt.

O Brazil foi um dos dois países que continuou a **fabricar** o Fusca original.
Brazil was one of the two countries that continued to build the original VW Bug.

to lack; to be missing *or* absent

Personal Infinitive

faltar	faltarmos
faltares	faltardes
faltar	faltarem

Present Indicative

falto	faltamos
faltas	faltais
falta	faltam

Imperfect Indicative

faltava	faltávamos
faltavas	faltáveis
faltava	faltavam

Preterit Indicative

faltei	faltámos
faltaste	faltastes
faltou	faltaram

Simple Pluperfect Indicative

faltara	faltáramos
faltaras	faltáreis
faltara	faltaram

Future Indicative

faltarei	faltaremos
faltarás	faltareis
faltará	faltarão

Present Perfect Indicative

tenho faltado	temos faltado
tens faltado	tendes faltado
tem faltado	têm faltado

Past Perfect or Pluperfect Indicative

tinha faltado	tínhamos faltado
tinhas faltado	tínheis faltado
tinha faltado	tinham faltado

Future Perfect Indicative

terei faltado	teremos faltado
terás faltado	tereis faltado
terá faltado	terão faltado

Present Subjunctive

falte	faltemos
faltes	falteis
falte	faltem

Imperfect Subjunctive

faltasse	faltássemos
faltasses	faltásseis
faltasse	faltassem

Future Subjunctive

faltar	faltarmos
faltares	faltardes
faltar	faltarem

Present Perfect Subjunctive

tenha faltado	tenhamos faltado
tenhas faltado	tenhais faltado
tenha faltado	tenham faltado

Past Perfect or Pluperfect Subjunctive

tivesse faltado	tivéssemos faltado
tivesses faltado	tivésseis faltado
tivesse faltado	tivessem faltado

Future Perfect Subjunctive

tiver faltado	tivermos faltado
tiveres faltado	tiverdes faltado
tiver faltado	tiverem faltado

Conditional

faltaria	faltaríamos
faltarias	faltaríeis
faltaria	faltariam

Conditional Perfect

teria faltado	teríamos faltado
terias faltado	teríeis faltado
teria faltado	teriam faltado

Imperative

falta–faltai

Samples of verb usage.

O que me **falta** é coragem. *What I'm lacking is courage.*

O professor **faltou** à aula ontem. *The teacher missed (was absent from) class yesterday.*

O que (é que) **falta** para o jantar? *What is missing for dinner?*

Eu nunca **faltaria** a uma festa. *I would never miss a party.*

to do, make; (**-se**) to become

Personal Infinitive
fazer fazermos
fazeres fazerdes
fazer fazerem

Present Indicative
faço fazemos
fazes fazeis
faz fazem

Imperfect Indicative
fazia fazíamos
fazias fazíeis
fazia faziam

Preterit Indicative
fiz fizemos
fizeste fizestes
fez fizeram

Simple Pluperfect Indicative
fizera fizéramos
fizeras fizéreis
fizera fizeram

Future Indicative
farei faremos
farás fareis
fará farão

Present Perfect Indicative
tenho feito temos feito
tens feito tendes feito
tem feito têm feito

Past Perfect or Pluperfect Indicative
tinha feito tínhamos feito
tinhas feito tínheis feito
tinha feito tinham feito

Future Perfect Indicative
terei feito teremos feito
terás feito tereis feito
terá feito terão feito

Present Subjunctive
faça façamos
faças façais
faça façam

Imperfect Subjunctive
fizesse fizéssemos
fizesses fizésseis
fizesse fizessem

Future Subjunctive
fizer fizermos
fizeres fizerdes
fizer fizerem

Present Perfect Subjunctive
tenha feito tenhamos feito
tenhas feito tenhais feito
tenha feito tenham feito

Past Perfect or Pluperfect Subjunctive
tivesse feito tivéssemos feito
tivesses feito tivésseis feito
tivesse feito tivessem feito

Future Perfect Subjunctive
tiver feito tivermos feito
tiveres feito tiverdes feito
tiver feito tiverem feito

Conditional
faria faríamos
farias faríeis
faria fariam

Conditional Perfect
teria feito teríamos feito
terias feito teríeis feito
teria feito teriam feito

Imperative
faz (faze)–fazei

Samples of verb usage.

Faremos um bolo para a festa. *We will make a cake for the party.*

Eu já **tinha feito** o trabalho quando o chefe pediu-me os resultados.
I had already done the work when the boss asked me for the results.

O rapazinho **fez-se** adulto. *The little boy became an adult.*

O alcatrão **fez-se** duro com o frio. *The tar became hard with the cold.*

NOTE: The following sentences illustrate several common idiomatic uses of the verb **fazer**:

Faz calor (frio) hoje. *It is hot (cold) today.*

Fazia muitos anos que eu não te via. *It had been many years since I had seen you.*

Faça as malas. *Pack your bags.*

Ele **fará** anos no mês que vem. *He's having a birthday next month.*

Não **faz** mal. *That's okay (all right).*

to close

Personal Infinitive

fechar	fecharmos
fechares	fechardes
fechar	fecharem

Present Indicative

fecho	fechamos
fechas	fechais
fecha	fecham

Imperfect Indicative

fechava	fechávamos
fechavas	fecháveis
fechava	fechavam

Preterit Indicative

fechei	fechámos
fechaste	fechastes
fechou	fecharam

Simple Pluperfect Indicative

fechara	fecháramos
fecharas	fecháreis
fechara	fecharam

Future Indicative

fecharei	fecharemos
fecharás	fechareis
fechará	fecharão

Present Perfect Indicative

tenho fechado	temos fechado
tens fechado	tendes fechado
tem fechado	têm fechado

Past Perfect or Pluperfect Indicative

tinha fechado	tínhamos fechado
tinhas fechado	tínheis fechado
tinha fechado	tinham fechado

Future Perfect Indicative

terei fechado	teremos fechado
terás fechado	tereis fechado
terá fechado	terão fechado

Present Subjunctive

feche	fechemos
feches	fecheis
feche	fechem

Imperfect Subjunctive

fechasse	fechássemos
fechasses	fechásseis
fechasse	fechassem

Future Subjunctive

fechar	fecharmos
fechares	fechardes
fechar	fecharem

Present Perfect Subjunctive

tenha fechado	tenhamos fechado
tenhas fechado	tenhais fechado
tenha fechado	tenham fechado

Past Perfect or Pluperfect Subjunctive

tivesse fechado	tivéssemos fechado
tivesses fechado	tivésseis fechado
tivesse fechado	tivessem fechado

Future Perfect Subjunctive

tiver fechado	tivermos fechado
tiveres fechado	tiverdes fechado
tiver fechado	tiverem fechado

Conditional

fecharia	fecharíamos
fecharias	fecharíeis
fecharia	fechariam

Conditional Perfect

teria fechado	teríamos fechado
terias fechado	teríeis fechado
teria fechado	teriam fechado

Imperative

fecha–fechai

Samples of verb usage.

Feche a porta! *Close the door!*

Você **fechou** a janela? *Did you close the window?*

Se **fechasses** o frigorífico (a geladeira *in Brazil*), eu não estaria zangado.
If you had closed the refrigerator, I wouldn't be angry.

Ela **teria fechado** o cofre, se tivesse tido tempo. *She would have closed the safe, if she had had time.*

to congratulate

Personal Infinitive	
felicitar	felicitarmos
felicitares	felicitardes
felicitar	felicitarem
Present Indicative	
felicito	felicitamos
felicitas	felicitais
felicita	felicitam
Imperfect Indicative	
felicitava	felicitávamos
felicitavas	felicitáveis
felicitava	felicitavam
Preterit Indicative	
felicitei	felicitámos
felicitaste	felicitastes
felicitou	felicitaram
Simple Pluperfect Indicative	
felicitara	felicitáramos
felicitaras	felicitáreis
felicitara	felicitaram
Future Indicative	
felicitarei	felicitaremos
felicitarás	felicitareis
felicitará	felicitarão
Present Perfect Indicative	
tenho felicitado	temos felicitado
tens felicitado	tendes felicitado
tem felicitado	têm felicitado
Past Perfect or Pluperfect Indicative	
tinha felicitado	tínhamos felicitado
tinhas felicitado	tínheis felicitado
tinha felicitado	tinham felicitado
Future Perfect Indicative	
terei felicitado	teremos felicitado
terás felicitado	tereis felicitado
terá felicitado	terão felicitado

Present Subjunctive	
felicite	felicitemos
felicites	feliciteis
felicite	felicitem
Imperfect Subjunctive	
felicitasse	felicitássemos
felicitasses	felicitásseis
felicitasse	felicitassem
Future Subjunctive	
felicitar	felicitarmos
felicitares	felicitardes
felicitar	felicitarem
Present Perfect Subjunctive	
tenha felicitado	tenhamos felicitado
tenhas felicitado	tenhais felicitado
tenha felicitado	tenham felicitado
Past Perfect or Pluperfect Subjunctive	
tivesse felicitado	tivéssemos felicitado
tivesses felicitado	tivésseis felicitado
tivesse felicitado	tivessem felicitado
Future Perfect Subjunctive	
tiver felicitado	tivermos felicitado
tiveres felicitado	tiverdes felicitado
tiver felicitado	tiverem felicitado
Conditional	
felicitaria	felicitaríamos
felicitarias	felicitaríeis
felicitaria	felicitariam
Conditional Perfect	
teria felicitado	teríamos felicitado
terias felicitado	teríeis felicitado
teria felicitado	teriam felicitado
Imperative	
felicita–felicitai	

Samples of verb usage.

Felicitei os recém-casados depois do casamento. *I congratulated the newlyweds after the wedding.*

O dire(c)tor já **tinha felicitado** todos os formados.
The director had already congratulated all of the graduates.

O presidente do clube **felicitava** os jogadores pela vitória quando banharam-no (o banharam *in Brazil*) com champanha.
The club's president was congratulating the players on their victory when they showered him with champagne.

Tu me **felicitarás** um dia. *One day you'll congratulate me.*

to wound

Personal Infinitive	
ferir	ferirmos
ferires	ferirdes
ferir	ferirem
Present Indicative	
firo	ferimos
feres	feris
fere	*ferem**
Imperfect Indicative	
feria	feríamos
ferias	feríeis
feria	feriam
Preterit Indicative	
feri	ferimos
feriste	feristes
feriu	feriram
Simple Pluperfect Indicative	
ferira	feríramos
feriras	feríreis
ferira	feriram
Future Indicative	
ferirei	feriremos
ferirás	ferireis
ferirá	ferirão
Present Perfect Indicative	
tenho ferido	temos ferido
tens ferido	tendes ferido
tem ferido	têm ferido
Past Perfect or Pluperfect Indicative	
tinha ferido	tínhamos ferido
tinhas ferido	tínheis ferido
tinha ferido	tinham ferido
Future Perfect Indicative	
terei ferido	teremos ferido
terás ferido	tereis ferido
terá ferido	terão ferido

Present Subjunctive	
fira	firamos
firas	firais
fira	firam
Imperfect Subjunctive	
ferisse	feríssemos
ferisses	ferísseis
ferisse	ferissem
Future Subjunctive	
ferir	ferirmos
ferires	ferirdes
ferir	ferirem
Present Perfect Subjunctive	
tenha ferido	tenhamos ferido
tenhas ferido	tenhais ferido
tenha ferido	tenham ferido
Past Perfect or Pluperfect Subjunctive	
tivesse ferido	tivéssemos ferido
tivesses ferido	tivésseis ferido
tivesse ferido	tivessem ferido
Future Perfect Subjunctive	
tiver ferido	tivermos ferido
tiveres ferido	tiverdes ferido
tiver ferido	tiverem ferido
Conditional	
feriria	feriríamos
feririas	feriríeis
feriria	feririam
Conditional Perfect	
teria ferido	teríamos ferido
terias ferido	teríeis ferido
teria ferido	teriam ferido
Imperative	
*fere**– feri	

Samples of verb usage.

O soldado foi **ferido** na perna por uma bala. *The soldier was wounded in the leg by a bullet.*

O cupido **feriu**-me com a sua flecha de amor! *Cupid has wounded me with his arrow of love!*

O menino **tinha ferido** o gato sem querer. *The boy had accidentally wounded the cat.*

Os cavaleiros medievais **feriam-se** com espadas e lanças durante batalhas ferozes.
Medieval knights wounded each other with swords and lances during ferocious battles.

*NOTE: Only the radical-changing verb forms with *open* stressed vowels appear in italic type. For further explanation see Foreword.

to boil

Personal Infinitive

ferver	fervermos
ferveres	ferverdes
ferver	ferverem

Present Indicative

fervo	fervemos
ferves	ferveis
ferve	*fervem**

Imperfect Indicative

fervia	fervíamos
fervias	fervíeis
fervia	ferviam

Preterit Indicative

fervi	fervemos
ferveste	fervestes
ferveu	ferveram

Simple Pluperfect Indicative

fervera	fervêramos
ferveras	fervêreis
fervera	ferveram

Future Indicative

ferverei	ferveremos
ferverás	fervereis
ferverá	ferverão

Present Perfect Indicative

tenho fervido	temos fervido
tens fervido	tendes fervido
tem fervido	têm fervido

Past Perfect or Pluperfect Indicative

tinha fervido	tínhamos fervido
tinhas fervido	tínheis fervido
tinha fervido	tinham fervido

Future Perfect Indicative

terei fervido	teremos fervido
terás fervido	tereis fervido
terá fervido	terão fervido

Present Subjunctive

ferva	fervamos
fervas	fervais
ferva	fervam

Imperfect Subjunctive

fervesse	fervêssemos
fervesses	fervêsseis
fervesse	fervessem

Future Subjunctive

ferver	fervermos
ferveres	ferverdes
ferver	ferverem

Present Perfect Subjunctive

tenha fervido	tenhamos fervido
tenhas fervido	tenhais fervido
tenha fervido	tenham fervido

Past Perfect or Pluperfect Subjunctive

tivesse fervido	tivéssemos fervido
tivesses fervido	tivésseis fervido
tivesse fervido	tivessem fervido

Future Perfect Subjunctive

tiver fervido	tivermos fervido
tiveres fervido	tiverdes fervido
tiver fervido	tiverem fervido

Conditional

ferveria	ferveríamos
ferverias	ferveríeis
ferveria	ferveriam

Conditional Perfect

teria fervido	teríamos fervido
terias fervido	teríeis fervido
teria fervido	teriam fervido

Imperative

*ferve**– fervei

Samples of verb usage.

A água está **a ferver** (**fervendo**). *The water is boiling.*

Quando eu ouvi a voz do ditador eu fiquei tão zangado que o meu sangue **fervia**.
When I heard the dictator's voice I got so angry that my blood boiled.

A paixão deles começava a **ferver** com a sua conversa erótica.
Their passions began to boil from their erotic conversation.

Quando você tiver chegado, terei **fervido** a água para o café.
By the time you arrive, I will have boiled the water for coffee.

*NOTE: Only the radical-changing verb forms with *open* stressed vowels appear in italic type. For further explanation see Foreword.

to give a party (for); to celebrate

Personal Infinitive

festejar	festejarmos
festejares	festejardes
festejar	festejarem

Present Indicative

festejo	festejamos
festejas	festejais
festeja	festejam

Imperfect Indicative

festejava	festejávamos
festejavas	festejáveis
festejava	festejavam

Preterit Indicative

festejei	festejámos
festejaste	festejastes
festejou	festejaram

Simple Pluperfect Indicative

festejara	festejáramos
festejaras	festejáreis
festejara	festejaram

Future Indicative

festejarei	festejaremos
festejarás	festejareis
festejará	festejarão

Present Perfect Indicative

tenho festejado	temos festejado
tens festejado	tendes festejado
tem festejado	têm festejado

Past Perfect or Pluperfect Indicative

tinha festejado	tínhamos festejado
tinhas festejado	tínheis festejado
tinha festejado	tinham festejado

Future Perfect Indicative

terei festejado	teremos festejado
terás festejado	tereis festejado
terá festejado	terão festejado

Present Subjunctive

festeje	festejemos
festejes	festejeis
festeje	festejem

Imperfect Subjunctive

festejasse	festejássemos
festejasses	festejásseis
festejasse	festejassem

Future Subjunctive

festejar	festejarmos
festejares	festejardes
festejar	festejarem

Present Perfect Subjunctive

tenha festejado	tenhamos festejado
tenhas festejado	tenhais festejado
tenha festejado	tenham festejado

Past Perfect or Pluperfect Subjunctive

tivesse festejado	tivéssemos festejado
tivesses festejado	tivésseis festejado
tivesse festejado	tivessem festejado

Future Perfect Subjunctive

tiver festejado	tivermos festejado
tiveres festejado	tiverdes festejado
tiver festejado	tiverem festejado

Conditional

festejaria	festejaríamos
festejarias	festejaríeis
festejaria	festejariam

Conditional Perfect

teria festejado	teríamos festejado
terias festejado	teríeis festejado
teria festejado	teriam festejado

Imperative

festeja–festejai

Samples of verb usage.

Vai à festa! **Festeja** por mim! *Go to the party! Celebrate for me!*

Festejaremos os anos (o aniversário) dela amanhã na minha casa.
We'll give her a birthday party tomorrow at my house.

Todos **festejaram** a vitória nas ruas da cidade. *Everybody celebrated the victory in the streets of the city.*

Ninguém **teria festejado** se tivessem ganho apenas segundo lugar.
Nobody would have celebrated if they had taken only second place.

to remain, stay; to be *or* become

Personal Infinitive

ficar	ficarmos
ficares	ficardes
ficar	ficarem

Present Indicative

fico	ficamos
ficas	ficais
fica	ficam

Imperfect Indicative

ficava	ficávamos
ficavas	ficáveis
ficava	ficavam

Preterit Indicative

fiquei	ficámos
ficaste	ficastes
ficou	ficaram

Simple Pluperfect Indicative

ficara	ficáramos
ficaras	ficáreis
ficara	ficaram

Future Indicative

ficarei	ficaremos
ficarás	ficareis
ficará	ficarão

Present Perfect Indicative

tenho ficado	temos ficado
tens ficado	tendes ficado
tem ficado	têm ficado

Past Perfect or Pluperfect Indicative

tinha ficado	tínhamos ficado
tinhas ficado	tínheis ficado
tinha ficado	tinham ficado

Future Perfect Indicative

terei ficado	teremos ficado
terás ficado	tereis ficado
terá ficado	terão ficado

Present Subjunctive

fique	fiquemos
fiques	fiqueis
fique	fiquem

Imperfect Subjunctive

ficasse	ficássemos
ficasses	ficásseis
ficasse	ficassem

Future Subjunctive

ficar	ficarmos
ficares	ficardes
ficar	ficarem

Present Perfect Subjunctive

tenha ficado	tenhamos ficado
tenhas ficado	tenhais ficado
tenha ficado	tenham ficado

Past Perfect or Pluperfect Subjunctive

tivesse ficado	tivéssemos ficado
tivesses ficado	tivésseis ficado
tivesse ficado	tivessem ficado

Future Perfect Subjunctive

tiver ficado	tivermos ficado
tiveres ficado	tiverdes ficado
tiver ficado	tiverem ficado

Conditional

ficaria	ficaríamos
ficarias	ficaríeis
ficaria	ficariam

Conditional Perfect

teria ficado	teríamos ficado
terias ficado	teríeis ficado
teria ficado	teriam ficado

Imperative

fica–ficai

Samples of verb usage.

Fique aqui. *Stay here.*

O aniversariante **ficou** muito feliz. *The birthday boy was (became) very happy.*

O café **ficará** frio. *The coffee will become cold.*

Nós **ficávamos** no carro enquanto eles comiam no restaurante.
We remained in the car while they were eating in the restaurant.

to pretend, make believe

Personal Infinitive

fingir	fingirmos
fingires	fingirdes
fingir	fingirem

Present Indicative

finjo	fingimos
finges	fingis
finge	fingem

Imperfect Indicative

fingia	fingíamos
fingias	fingíeis
fingia	fingiam

Preterit Indicative

fingi	fingimos
fingiste	fingistes
fingiu	fingiram

Simple Pluperfect Indicative

fingira	fingíramos
fingiras	fingíreis
fingira	fingiram

Future Indicative

fingirei	fingiremos
fingirás	fingireis
fingirá	fingirão

Present Perfect Indicative

tenho fingido	temos fingido
tens fingido	tendes fingido
tem fingido	têm fingido

Past Perfect or Pluperfect Indicative

tinha fingido	tínhamos fingido
tinhas fingido	tínheis fingido
tinha fingido	tinham fingido

Future Perfect Indicative

terei fingido	teremos fingido
terás fingido	tereis fingido
terá fingido	terão fingido

Present Subjunctive

finja	finjamos
finjas	finjais
finja	finjam

Imperfect Subjunctive

fingisse	fingíssemos
fingisses	fingísseis
fingisse	fingissem

Future Subjunctive

fingir	fingirmos
fingires	fingirdes
fingir	fingirem

Present Perfect Subjunctive

tenha fingido	tenhamos fingido
tenhas fingido	tenhais fingido
tenha fingido	tenham fingido

Past Perfect or Pluperfect Subjunctive

tivesse fingido	tivéssemos fingido
tivesses fingido	tivésseis fingido
tivesse fingido	tivessem fingido

Future Perfect Subjunctive

tiver fingido	tivermos fingido
tiveres fingido	tiverdes fingido
tiver fingido	tiverem fingido

Conditional

fingiria	fingiríamos
fingirias	fingiríeis
fingiria	fingiriam

Conditional Perfect

teria fingido	teríamos fingido
terias fingido	teríeis fingido
teria fingido	teriam fingido

Imperative

finge–fingi

Samples of verb usage.

Não **finja** que tudo está bem. *Don't pretend that everything is okay.*

Ela **fingiu** que era uma a(c)triz. *She made believe she was an actress.*

Se **fingirmos** que somos adultos, não nos incomodarão. *If we pretend to be adults, they won't bother us.*

Eu **finjo** ser o que não sou. *I pretend to be what I'm not.*

to force, compel

Personal Infinitive		***Present Subjunctive***	
forçar	forçarmos	*force*	forcemos
forçares	forçardes	*forces*	forceis
forçar	forçarem	*force*	*forcem**
Present Indicative		***Imperfect Subjunctive***	
forço	forçamos	forçasse	forçássemos
forças	forçais	forçasses	forçásseis
força	*forçam**	forçasse	forçassem
Imperfect Indicative		***Future Subjunctive***	
forçava	forçávamos	forçar	forçarmos
forçavas	forçáveis	forçares	forçardes
forçava	forçavam	forçar	forçarem
Preterit Indicative		***Present Perfect Subjunctive***	
forcei	forçámos	tenha forçado	tenhamos forçado
forçaste	forçastes	tenhas forçado	tenhais forçado
forçou	forçaram	tenha forçado	tenham forçado
Simple Pluperfect Indicative		***Past Perfect or Pluperfect Subjunctive***	
forçara	forçáramos	tivesse forçado	tivéssemos forçado
forçaras	forçáreis	tivesses forçado	tivésseis forçado
forçara	forçaram	tivesse forçado	tivessem forçado
Future Indicative		***Future Perfect Subjunctive***	
forçarei	forçaremos	tiver forçado	tivermos forçado
forçarás	forçareis	tiveres forçado	tiverdes forçado
forçará	forçarão	tiver forçado	tiverem forçado
Present Perfect Indicative		***Conditional***	
tenho forçado	temos forçado	forçaria	forçaríamos
tens forçado	tendes forçado	forçarias	forçaríeis
tem forçado	têm forçado	forçaria	forçariam
Past Perfect or Pluperfect Indicative		***Conditional Perfect***	
tinha forçado	tínhamos forçado	teria forçado	teríamos forçado
tinhas forçado	tínheis forçado	terias forçado	teríeis forçado
tinha forçado	tinham forçado	teria forçado	teriam forçado
Future Perfect Indicative		***Imperative***	
terei forçado	teremos forçado	*força**–forçai	
terás forçado	tereis forçado		
terá forçado	terão forçado		

Samples of verb usage.

O bombeiro **forçou** a porta. *The fireman forced open the door.*

Ela o **forçava** a fazer o que ele não queria. *She used to compel him to do what he didn't want to.*

Tive que **forçar-me** a trabalhar hoje porque estava tão cansado.
I had to force myself to work today because I was so tired.

Esse chefe **forçaria** qualquer pessoa a demitir-se. *That boss would compel anyone to quit.*

*NOTE: Only the radical-changing verb forms with *open* stressed vowels appear in italic type. For further explanation see Foreword.

formar

Pres. Part. *formando* Past Part. *formado*

to form, shape; (**-se**) to graduate (from school)

Personal Infinitive

formar	formarmos
formares	formardes
formar	formarem

Present Indicative

formo	formamos
formas	formais
forma	*formam**

Imperfect Indicative

formava	formávamos
formavas	formáveis
formava	formavam

Preterit Indicative

formei	formámos
formaste	formastes
formou	formaram

Simple Pluperfect Indicative

formara	formáramos
formaras	formáreis
formara	formaram

Future Indicative

formarei	formaremos
formarás	formareis
formará	formarão

Present Perfect Indicative

tenho formado	temos formado
tens formado	tendes formado
tem formado	têm formado

Past Perfect or Pluperfect Indicative

tinha formado	tínhamos formado
tinhas formado	tínheis formado
tinha formado	tinham formado

Future Perfect Indicative

terei formado	teremos formado
terás formado	tereis formado
terá formado	terão formado

Present Subjunctive

forme	formemos
formes	formeis
forme	*formem**

Imperfect Subjunctive

formasse	formássemos
formasses	formásseis
formasse	formassem

Future Subjunctive

formar	formarmos
formares	formardes
formar	formarem

Present Perfect Subjunctive

tenha formado	tenhamos formado
tenhas formado	tenhais formado
tenha formado	tenham formado

Past Perfect or Pluperfect Subjunctive

tivesse formado	tivéssemos formado
tivesses formado	tivésseis formado
tivesse formado	tivessem formado

Future Perfect Subjunctive

tiver formado	tivermos formado
tiveres formado	tiverdes formado
tiver formado	tiverem formado

Conditional

formaria	formaríamos
formarias	formaríeis
formaria	formariam

Conditional Perfect

teria formado	teríamos formado
terias formado	teríeis formado
teria formado	teriam formado

Imperative

*forma**–formai

Samples of verb usage.

Juntaram as peças para **formarem** o quebra-cabeças. *They put the pieces together to form the puzzle.*

Juntos **formariam** uma equipa (um time *in Brazil*). *Together they would form a team.*

O escultor **formou** uma obra de arte do bloco de granito.
The sculptor shaped the block of granite into a work of art.

Essas jovens **se formaram** no ano passado. *Those young women graduated last year.*

*NOTE: Only the radical-changing verb forms with *open* stressed vowels appear in italic type. For further explanation see Foreword.

to furnish, supply, provide

Personal Infinitive
fornecer fornecermos
forneceres fornecerdes
fornecer fornecerem

Present Indicative
forneço fornecemos
forneces forneceis
fornece *fornecem**

Imperfect Indicative
fornecia fornecíamos
fornecias fornecíeis
fornecia forneciam

Preterit Indicative
forneci fornecemos
forneceste fornecestes
forneceu forneceram

Simple Pluperfect Indicative
fornecera fornecêramos
forneceras fornecêreis
fornecera forneceram

Future Indicative
fornecerei forneceremos
fornecerás fornecereis
fornecerá fornecerão

Present Perfect Indicative
tenho fornecido temos fornecido
tens fornecido tendes fornecido
tem fornecido têm fornecido

Past Perfect or Pluperfect Indicative
tinha fornecido tínhamos fornecido
tinhas fornecido tínheis fornecido
tinha fornecido tinham fornecido

Future Perfect Indicative
terei fornecido teremos fornecido
terás fornecido tereis fornecido
terá fornecido terão fornecido

Present Subjunctive
forneça forneçamos
forneças forneçais
forneça forneçam

Imperfect Subjunctive
fornecesse fornecêssemos
fornecesses fornecêsseis
fornecesse fornecessem

Future Subjunctive
fornecer fornecermos
forneceres fornecerdes
fornecer fornecerem

Present Perfect Subjunctive
tenha fornecido tenhamos fornecido
tenhas fornecido tenhais fornecido
tenha fornecido tenham fornecido

Past Perfect or Pluperfect Subjunctive
tivesse fornecido tivéssemos fornecido
tivesses fornecido tivésseis fornecido
tivesse fornecido tivessem fornecido

Future Perfect Subjunctive
tiver fornecido tivermos fornecido
tiveres fornecido tiverdes fornecido
tiver fornecido tiverem fornecido

Conditional
forneceria forneceríamos
fornecerias forneceríeis
forneceria forneceriam

Conditional Perfect
teria fornecido teríamos fornecido
terias fornecido teríeis fornecido
teria fornecido teriam fornecido

Imperative
*fornece**– fornecei

Samples of verb usage.

Quero que me **forneça** um endereço. *I want you to provide (furnish) me with an address.*

Aquela companhia nos **fornece** alumínio. *That company supplies us with aluminum.*

Se me **fornecesses** alguns dados, seria mais fácil encontrar a solução.
If you furnished me with some information (data), it would be easier to find the solution.

Quando é que você nos **fornecerá** o que queremos? *When will you provide us with what we want?*

*NOTE: Only the radical-changing verb forms with *open* stressed vowels appear in italic type. For further explanation see Foreword.

to fry

Personal Infinitive		***Present Subjunctive***	
fritar	fritarmos	frite	fritemos
fritares	fritardes	frites	friteis
fritar	fritarem	frite	fritem
Present Indicative		***Imperfect Subjunctive***	
frito	fritamos	fritasse	fritássemos
fritas	fritais	fritasses	fritásseis
frita	fritam	fritasse	fritassem
Imperfect Indicative		***Future Subjunctive***	
fritava	fritávamos	fritar	fritarmos
fritavas	fritáveis	fritares	fritardes
fritava	fritavam	fritar	fritarem
Preterit Indicative		***Present Perfect Subjunctive***	
fritei	fritámos	tenha fritado	tenhamos fritado
fritaste	fritastes	tenhas fritado	tenhais fritado
fritou	fritaram	tenha fritado	tenham fritado
Simple Pluperfect Indicative		***Past Perfect or Pluperfect Subjunctive***	
fritara	fritáramos	tivesse fritado	tivéssemos fritado
fritaras	fritáreis	tivesses fritado	tivésseis fritado
fritara	fritaram	tivesse fritado	tivessem fritado
Future Indicative		***Future Perfect Subjunctive***	
fritarei	fritaremos	tiver fritado	tivermos fritado
fritarás	fritareis	tiveres fritado	tiverdes fritado
fritará	fritarão	tiver fritado	tiverem fritado
Present Perfect Indicative		***Conditional***	
tenho fritado	temos fritado	fritaria	fritaríamos
tens fritado	tendes fritado	fritarias	fritaríeis
tem fritado	têm fritado	fritaria	fritariam
Past Perfect or Pluperfect Indicative		***Conditional Perfect***	
tinha fritado	tínhamos fritado	teria fritado	teríamos fritado
tinhas fritado	tínheis fritado	terias fritado	teríeis fritado
tinha fritado	tinham fritado	teria fritado	teriam fritado
Future Perfect Indicative		***Imperative***	
terei fritado	teremos fritado	frita–fritai	
terás fritado	tereis fritado		
terá fritado	terão fritado		

Samples of verb usage.

Frite estes ovos para mim. *Fry these eggs for me.*

Se eu **fritasse** um bife, tu o comerias? *If I fried a steak, would you eat it?*

Eu adoro as batatas **fritas**, mas nunca as como porque têm gordura demais.
I adore French fries, but never eat them because they're too fatty.

Eles vão **fritar** uns peitos de frango para o almoço hoje.
They are going to fry some chicken breasts for lunch today.

to frustrate; (**-se**) to get *or* become frustrated

Personal Infinitive
frustrar frustrarmos
frustrares frustrardes
frustrar frustrarem

Present Indicative
frustro frustramos
frustras frustrais
frustra frustram

Imperfect Indicative
frustrava frustrávamos
frustravas frustráveis
frustrava frustravam

Preterit Indicative
frustrei frustrámos
frustraste frustrastes
frustrou frustraram

Simple Pluperfect Indicative
frustrara frustráramos
frustraras frustráreis
frustrara frustraram

Future Indicative
frustrarei frustraremos
frustrarás frustrareis
frustrará frustrarão

Present Perfect Indicative
tenho frustrado temos frustrado
tens frustrado tendes frustrado
tem frustrado têm frustrado

Past Perfect or Pluperfect Indicative
tinha frustrado tínhamos frustrado
tinhas frustrado tínheis frustrado
tinha frustrado tinham frustrado

Future Perfect Indicative
terei frustrado teremos frustrado
terás frustrado tereis frustrado
terá frustrado terão frustrado

Present Subjunctive
frustre frustremos
frustres frustreis
frustre frustrem

Imperfect Subjunctive
frustrasse frustrássemos
frustrasses frustrásseis
frustrasse frustrassem

Future Subjunctive
frustrar frustrarmos
frustrares frustrardes
frustrar frustrarem

Present Perfect Subjunctive
tenha frustrado tenhamos frustrado
tenhas frustrado tenhais frustrado
tenha frustrado tenham frustrado

Past Perfect or Pluperfect Subjunctive
tivesse frustrado tivéssemos frustrado
tivesses frustrado tivésseis frustrado
tivesse frustrado tivessem frustrado

Future Perfect Subjunctive
tiver frustrado tivermos frustrado
tiveres frustrado tiverdes frustrado
tiver frustrado tiverem frustrado

Conditional
frustraria frustraríamos
frustrarias frustraríeis
frustraria frustrariam

Conditional Perfect
teria frustrado teríamos frustrado
terias frustrado teríeis frustrado
teria frustrado teriam frustrado

Imperative
frustra–frustrai

Samples of verb usage.

O empregado **frustrava** o chefe com as suas perguntas incessantes.
The employee was frustrating the boss with her endless questions.

Você **frustra-se** facilmente. *You get frustrated easily.*

Ela não **se frustra** com situações difíceis. *She doesn't get frustrated in difficult situations.*

Eles me **frustrarão** se fizerem isso. *They'll frustrate me if they do that.*

fugir

Pres. Part. *fugindo* Past Part. *fugido*

to run away, escape

Personal Infinitive

fugir	fugirmos
fugires	fugirdes
fugir	fugirem

Present Indicative

fujo	fugimos
foges	fugis
foge	*fogem**

Imperfect Indicative

fugia	fugíamos
fugias	fugíeis
fugia	fugiam

Preterit Indicative

fugi	fugimos
fugiste	fugistes
fugiu	fugiram

Simple Pluperfect Indicative

fugira	fugíramos
fugiras	fugíreis
fugira	fugiram

Future Indicative

fugirei	fugiremos
fugirás	fugireis
fugirá	fugirão

Present Perfect Indicative

tenho fugido	temos fugido
tens fugido	tendes fugido
tem fugido	têm fugido

Past Perfect or Pluperfect Indicative

tinha fugido	tínhamos fugido
tinhas fugido	tínheis fugido
tinha fugido	tinham fugido

Future Perfect Indicative

terei fugido	teremos fugido
terás fugido	tereis fugido
terá fugido	terão fugido

Present Subjunctive

fuja	fujamos
fujas	fujais
fuja	fujam

Imperfect Subjunctive

fugisse	fugíssemos
fugisses	fugísseis
fugisse	fugissem

Future Subjunctive

fugir	fugirmos
fugires	fugirdes
fugir	fugirem

Present Perfect Subjunctive

tenha fugido	tenhamos fugido
tenhas fugido	tenhais fugido
tenha fugido	tenham fugido

Past Perfect or Pluperfect Subjunctive

tivesse fugido	tivéssemos fugido
tivesses fugido	tivésseis fugido
tivesse fugido	tivessem fugido

Future Perfect Subjunctive

tiver fugido	tivermos fugido
tiveres fugido	tiverdes fugido
tiver fugido	tiverem fugido

Conditional

fugiria	fugiríamos
fugirias	fugiríeis
fugiria	fugiriam

Conditional Perfect

teria fugido	teríamos fugido
terias fugido	teríeis fugido
teria fugido	teriam fugido

Imperative

*foge**– fugi

Samples of verb usage.

Não **fuja** dos seus problemas. *Don't run away from your problems.*

O preso **fugirá** se vocês lhe derem a oportunidade. *The prisoner will escape if you give him the chance.*

Os náufragos finalmente **fugiram** da ilha. *The shipwrecked people finally escaped the island.*

O ladrão **fugiu** com o dinheiro que tinha roubado. *The robber ran away with the money he had stolen.*

*NOTE: Only the radical-changing verb forms with *open* stressed vowels appear in italic type. For further explanation see Foreword.

to smoke (tobacco)

Personal Infinitive

fumar	fumarmos
fumares	fumardes
fumar	fumarem

Present Indicative

fumo	fumamos
fumas	fumais
fuma	fumam

Imperfect Indicative

fumava	fumávamos
fumavas	fumáveis
fumava	fumavam

Preterit Indicative

fumei	fumámos
fumaste	fumastes
fumou	fumaram

Simple Pluperfect Indicative

fumara	fumáramos
fumaras	fumáreis
fumara	fumaram

Future Indicative

fumarei	fumaremos
fumarás	fumareis
fumará	fumarão

Present Perfect Indicative

tenho fumado	temos fumado
tens fumado	tendes fumado
tem fumado	têm fumado

Past Perfect or Pluperfect Indicative

tinha fumado	tínhamos fumado
tinhas fumado	tínheis fumado
tinha fumado	tinham fumado

Future Perfect Indicative

terei fumado	teremos fumado
terás fumado	tereis fumado
terá fumado	terão fumado

Present Subjunctive

fume	fumemos
fumes	fumeis
fume	fumem

Imperfect Subjunctive

fumasse	fumássemos
fumasses	fumásseis
fumasse	fumassem

Future Subjunctive

fumar	fumarmos
fumares	fumardes
fumar	fumarem

Present Perfect Subjunctive

tenha fumado	tenhamos fumado
tenhas fumado	tenhais fumado
tenha fumado	tenham fumado

Past Perfect or Pluperfect Subjunctive

tivesse fumado	tivéssemos fumado
tivesses fumado	tivésseis fumado
tivesse fumado	tivessem fumado

Future Perfect Subjunctive

tiver fumado	tivermos fumado
tiveres fumado	tiverdes fumado
tiver fumado	tiverem fumado

Conditional

fumaria	fumaríamos
fumarias	fumaríeis
fumaria	fumariam

Conditional Perfect

teria fumado	teríamos fumado
terias fumado	teríeis fumado
teria fumado	teriam fumado

Imperative

fuma–fumai

Samples of verb usage.

Favor não **fumar.** *No smoking please.*

Fumámos numa área proibida. *We smoked in a prohibited area.*

Não **fumo** um cigarro desde 1980. *I haven't smoked a cigarette since 1980.*

Você pode **fumar** aqui se quiser. *You can smoke here if you wish.*

to earn; to win; to beat

Personal Infinitive

ganhar	ganharmos
ganhares	ganhardes
ganhar	ganharem

Present Indicative

ganho	ganhamos
ganhas	ganhais
ganha	ganham

Imperfect Indicative

ganhava	ganhávamos
ganhavas	ganháveis
ganhava	ganhavam

Preterit Indicative

ganhei	ganhámos
ganhaste	ganhastes
ganhou	ganharam

Simple Pluperfect Indicative

ganhara	ganháramos
ganharas	ganháreis
ganhara	ganharam

Future Indicative

ganharei	ganharemos
ganharás	ganhareis
ganhará	ganharão

Present Perfect Indicative

tenho ganho	temos ganho
tens ganho	tendes ganho
tem ganho	têm ganho

Past Perfect or Pluperfect Indicative

tinha ganho	tínhamos ganho
tinhas ganho	tínheis ganho
tinha ganho	tinham ganho

Future Perfect Indicative

terei ganho	teremos ganho
terás ganho	tereis ganho
terá ganho	terão ganho

Present Subjunctive

ganhe	ganhemos
ganhes	ganheis
ganhe	ganhem

Imperfect Subjunctive

ganhasse	ganhássemos
ganhasses	ganhásseis
ganhasse	ganhassem

Future Subjunctive

ganhar	ganharmos
ganhares	ganhardes
ganhar	ganharem

Present Perfect Subjunctive

tenha ganho	tenhamos ganho
tenhas ganho	tenhais ganho
tenha ganho	tenham ganho

Past Perfect or Pluperfect Subjunctive

tivesse ganho	tivéssemos ganho
tivesses ganho	tivésseis ganho
tivesse ganho	tivessem ganho

Future Perfect Subjunctive

tiver ganho	tivermos ganho
tiveres ganho	tiverdes ganho
tiver ganho	tiverem ganho

Conditional

ganharia	ganharíamos
ganharias	ganharíeis
ganharia	ganhariam

Conditional Perfect

teria ganho	teríamos ganho
terias ganho	teríeis ganho
teria ganho	teriam ganho

Imperative

ganha–ganhai

Samples of verb usage.

Eu **ganho** muito pouco no meu trabalho. *I earn very little at my job.*

Elas já **tinham ganho** o campeonato. *They had already won the championship.*

Para ser campeã, a nossa equipe teve que **ganhar** de todas as outras.
In order to be the champion, our team had to beat all others.

Vocês **ganharão** mais dinheiro se se formarem duma universidade.
You'll earn more money if you graduate from a university.

*NOTE: The regular form of the past participle is now considered archaic in both Continental and Brazilian Portuguese.

to guarantee

Personal Infinitive		*Present Subjunctive*	
garantir	garantirmos	garanta	garantamos
garantires	garantirdes	garantas	garantais
garantir	garantirem	garanta	garantam
Present Indicative		***Imperfect Subjunctive***	
garanto	garantimos	garantisse	garantíssemos
garantes	garantis	garantisses	garantísseis
garante	garantem	garantisse	garantissem
Imperfect Indicative		***Future Subjunctive***	
garantia	garantíamos	garantir	garantirmos
garantias	garantíeis	garantires	garantirdes
garantia	garantiam	garantir	garantirem
Preterit Indicative		***Present Perfect Subjunctive***	
garanti	garantimos	tenha garantido	tenhamos garantido
garantiste	garantistes	tenhas garantido	tenhais garantido
garantiu	garantiram	tenha garantido	tenham garantido
Simple Pluperfect Indicative		***Past Perfect or Pluperfect Subjunctive***	
garantira	garantíramos	tivesse garantido	tivéssemos garantido
garantiras	garantíreis	tivesses garantido	tivésseis garantido
garantira	garantiram	tivesse garantido	tivessem garantido
Future Indicative		***Future Perfect Subjunctive***	
garantirei	garantiremos	tiver garantido	tivermos garantido
garantirás	garantireis	tiveres garantido	tiverdes garantido
garantirá	garantirão	tiver garantido	tiverem garantido
Present Perfect Indicative		***Conditional***	
tenho garantido	temos garantido	garantiria	garantiríamos
tens garantido	tendes garantido	garantirias	garantiríeis
tem garantido	têm garantido	garantiria	garantiriam
Past Perfect or Pluperfect Indicative		***Conditional Perfect***	
tinha garantido	tínhamos garantido	teria garantido	teríamos garantido
tinhas garantido	tínheis garantido	terias garantido	teríeis garantido
tinha garantido	tinham garantido	teria garantido	teriam garantido
Future Perfect Indicative		***Imperative***	
terei garantido	teremos garantido	garante–garanti	
terás garantido	tereis garantido		
terá garantido	terão garantido		

Samples of verb usage.

Pode comprá-lo, eu **garanto**-o. *You can buy it, I guarantee it.*

O governo federal ajudará o Rio a **garantir** a ordem.
The federal government will help Rio guarantee order.

Espero que você possa **garantir** a nossa segurança. *I hope you can guarantee our safety.*

Ele **garantia** o carro contra defeitos. *He guaranteed the car against defects.*

to spend; to wear (out)

Personal Infinitive

gastar	gastarmos
gastares	gastardes
gastar	gastarem

Present Indicative

gasto	gastamos
gastas	gastais
gasta	gastam

Imperfect Indicative

gastava	gastávamos
gastavas	gastáveis
gastava	gastavam

Preterit Indicative

gastei	gastámos
gastaste	gastastes
gastou	gastaram

Simple Pluperfect Indicative

gastara	gastáramos
gastaras	gastáreis
gastara	gastaram

Future Indicative

gastarei	gastaremos
gastarás	gastareis
gastará	gastarão

Present Perfect Indicative

tenho gasto	temos gasto
tens gasto	tendes gasto
tem gasto	têm gasto

Past Perfect or Pluperfect Indicative

tinha gasto	tínhamos gasto
tinhas gasto	tínheis gasto
tinha gasto	tinham gasto

Future Perfect Indicative

terei gasto	teremos gasto
terás gasto	tereis gasto
terá gasto	terão gasto

Present Subjunctive

gaste	gastemos
gastes	gasteis
gaste	gastem

Imperfect Subjunctive

gastasse	gastássemos
gastasses	gastásseis
gastasse	gastassem

Future Subjunctive

gastar	gastarmos
gastares	gastardes
gastar	gastarem

Present Perfect Subjunctive

tenha gasto	tenhamos gasto
tenhas gasto	tenhais gasto
tenha gasto	tenham gasto

Past Perfect or Pluperfect Subjunctive

tivesse gasto	tivéssemos gasto
tivesses gasto	tivésseis gasto
tivesse gasto	tivessem gasto

Future Perfect Subjunctive

tiver gasto	tivermos gasto
tiveres gasto	tiverdes gasto
tiver gasto	tiverem gasto

Conditional

gastaria	gastaríamos
gastarias	gastaríeis
gastaria	gastariam

Conditional Perfect

teria gasto	teríamos gasto
terias gasto	teríeis gasto
teria gasto	teriam gasto

Imperative

gasta–gastai

Samples of verb usage.

Ele **gastava** muito dinheiro antes de casar. *He used to spend a lot of money before he got married.*

A sola do sapato **gastou-se** rapidamente. *The sole of the shoe wore out quickly.*

Você **gastaria** tanto para ver um filme francês? *Would you spend that much to see a French film?*

O que ela **tinha gasto** era quase nada. *What she had spent was almost nothing.*

*NOTE: The regular form of the past participle is now considered archaic in both Continental and Brazilian Portuguese.

to generate

Personal Infinitive		***Present Subjunctive***	
gerar	gerarmos	*gere*	geremos
gerares	gerardes	*geres*	gereis
gerar	gerarem	*gere*	*gerem**
Present Indicative		***Imperfect Subjunctive***	
gero	geramos	gerasse	gerássemos
geras	gerais	gerasses	gerásseis
gera	*geram**	gerasse	gerassem
Imperfect Indicative		***Future Subjunctive***	
gerava	gerávamos	gerar	gerarmos
geravas	geráveis	gerares	gerardes
gerava	geravam	gerar	gerarem
Preterit Indicative		***Present Perfect Subjunctive***	
gerei	gerámos	tenha gerado	tenhamos gerado
geraste	gerastes	tenhas gerado	tenhais gerado
gerou	geraram	tenha gerado	tenham gerado
Simple Pluperfect Indicative		***Past Perfect or Pluperfect Subjunctive***	
gerara	geráramos	tivesse gerado	tivéssemos gerado
geraras	geráreis	tivesses gerado	tivésseis gerado
gerara	geraram	tivesse gerado	tivessem gerado
Future Indicative		***Future Perfect Subjunctive***	
gerarei	geraremos	tiver gerado	tivermos gerado
gerarás	gerareis	tiveres gerado	tiverdes gerado
gerará	gerarão	tiver gerado	tiverem gerado
Present Perfect Indicative		***Conditional***	
tenho gerado	temos gerado	geraria	geraríamos
tens gerado	tendes gerado	gerarias	geraríeis
tem gerado	têm gerado	geraria	gerariam
Past Perfect or Pluperfect Indicative		***Conditional Perfect***	
tinha gerado	tínhamos gerado	teria gerado	teríamos gerado
tinhas gerado	tínheis gerado	terias gerado	teríeis gerado
tinha gerado	tinham gerado	teria gerado	teriam gerado
Future Perfect Indicative		***Imperative***	
terei gerado	teremos gerado	*gera**–gerai	
terás gerado	tereis gerado		
terá gerado	terão gerado		

Samples of verb usage.

A fábrica podia **gerar** a sua própria ele(c)tricidade para a sua maquinária (maquinaria *in Portugal*) funcionar.
The factory could generate its own electricity to run its machinery.

Precisamos **gerar** ideias (idéias *in Brazil*) novas. *We need to generate new ideas.*

Ela **gerava** soluções para qualquer problema. *She generated solutions to any problem.*

É importante **gerarmos** produtos aprimorados para continuarmos sendo (a ser *in Portugal*) competitivos.
It is important that we generate improved products in order to remain competitive.

*NOTE: Only the radical-changing verb forms with *open* stressed vowels appear in italic type. For further explanation see Foreword.

to like

Personal Infinitive

gostar	gostarmos
gostares	gostardes
gostar	gostarem

Present Indicative

gosto	gostamos
gostas	gostais
gosta	*gostam**

Imperfect Indicative

gostava	gostávamos
gostavas	gostáveis
gostava	gostavam

Preterit Indicative

gostei	gostámos
gostaste	gostastes
gostou	gostaram

Simple Pluperfect Indicative

gostara	gostáramos
gostaras	gostáreis
gostara	gostaram

Future Indicative

gostarei	gostaremos
gostarás	gostareis
gostará	gostarão

Present Perfect Indicative

tenho gostado	temos gostado
tens gostado	tendes gostado
tem gostado	têm gostado

Past Perfect or Pluperfect Indicative

tinha gostado	tínhamos gostado
tinhas gostado	tínheis gostado
tinha gostado	tinham gostado

Future Perfect Indicative

terei gostado	teremos gostado
terás gostado	tereis gostado
terá gostado	terão gostado

Present Subjunctive

goste	gostemos
gostes	gosteis
goste	*gostem**

Imperfect Subjunctive

gostasse	gostássemos
gostasses	gostásseis
gostasse	gostassem

Future Subjunctive

gostar	gostarmos
gostares	gostardes
gostar	gostarem

Present Perfect Subjunctive

tenha gostado	tenhamos gostado
tenhas gostado	tenhais gostado
tenha gostado	tenham gostado

Past Perfect or Pluperfect Subjunctive

tivesse gostado	tivéssemos gostado
tivesses gostado	tivésseis gostado
tivesse gostado	tivessem gostado

Future Perfect Subjunctive

tiver gostado	tivermos gostado
tiveres gostado	tiverdes gostado
tiver gostado	tiverem gostado

Conditional

gostaria	gostaríamos
gostarias	gostaríeis
gostaria	gostariam

Conditional Perfect

teria gostado	teríamos gostado
terias gostado	teríeis gostado
teria gostado	teriam gostado

Imperative

*gosta**–gostai

Samples of verb usage.

Você **gosta** de pescar? *Do you like to fish?*

(Nós) **gostaríamos** de ir ao parque. *We would like to go to the park.*

Eu **gosto** muito desta comida. *I like this food very much.*

Ela **gosta** de mim? *Does she like me?*

*NOTE: Only the radical-changing verb forms with *open* stressed vowels appear in italic type. For further explanation see Foreword.

to govern

Personal Infinitive

governar	governarmos
governares	governardes
governar	governarem

Present Indicative

governo	governamos
governas	governais
governa	*governam**

Imperfect Indicative

governava	governávamos
governavas	governáveis
governava	governavam

Preterit Indicative

governei	governámos
governaste	governastes
governou	governaram

Simple Pluperfect Indicative

governara	governáramos
governaras	governáreis
governara	governaram

Future Indicative

governarei	governaremos
governarás	governareis
governará	governarão

Present Perfect Indicative

tenho governado	temos governado
tens governado	tendes governado
tem governado	têm governado

Past Perfect or Pluperfect Indicative

tinha governado	tínhamos governado
tinhas governado	tínheis governado
tinha governado	tinham governado

Future Perfect Indicative

terei governado	teremos governado
terás governado	tereis governado
terá governado	terão governado

Present Subjunctive

governe	governemos
governes	governeis
governe	*governem**

Imperfect Subjunctive

governasse	governássemos
governasses	governásseis
governasse	governassem

Future Subjunctive

governar	governarmos
governares	governardes
governar	governarem

Present Perfect Subjunctive

tenha governado	tenhamos governado
tenhas governado	tenhais governado
tenha governado	tenham governado

Past Perfect or Pluperfect Subjunctive

tivesse governado	tivéssemos governado
tivesses governado	tivésseis governado
tivesse governado	tivessem governado

Future Perfect Subjunctive

tiver governado	tivermos governado
tiveres governado	tiverdes governado
tiver governado	tiverem governado

Conditional

governaria	governaríamos
governarias	governaríeis
governaria	governariam

Conditional Perfect

teria governado	teríamos governado
terias governado	teríeis governado
teria governado	teriam governado

Imperative

*governa**–governai

Samples of verb usage.

O rei **governou** durante vinte anos. *The king governed for twenty years.*

Ninguém julgava que o terremoto **governaria** o futuro da cidade.
No one thought that the earthquake would govern the future of the city.

Você seria capaz de **governar** uma cidade tão grande como esta?
Would you be capable of governing a city as big as this one?

Meu filho, tenho a certeza (de) que você **governará** sabiamente quando for rei.
My son, I am sure that you will govern wisely when you are king.

*NOTE: Only the radical-changing verb forms with *open* stressed vowels appear in italic type. For further explanation see Foreword.

to enjoy; to make fun of

Personal Infinitive		***Present Subjunctive***	
gozar	gozarmos	*goze*	gozemos
gozares	gozardes	*gozes*	gozeis
gozar	gozarem	*goze*	*gozem**
Present Indicative		***Imperfect Subjunctive***	
gozo	gozamos	gozasse	gozássemos
gozas	gozais	gozasses	gozásseis
goza	*gozam**	gozasse	gozassem
Imperfect Indicative		***Future Subjunctive***	
gozava	gozávamos	gozar	gozarmos
gozavas	gozáveis	gozares	gozardes
gozava	gozavam	gozar	gozarem
Preterit Indicative		***Present Perfect Subjunctive***	
gozei	gozámos	tenha gozado	tenhamos gozado
gozaste	gozastes	tenhas gozado	tenhais gozado
gozou	gozaram	tenha gozado	tenham gozado
Simple Pluperfect Indicative		***Past Perfect or Pluperfect Subjunctive***	
gozara	gozáramos	tivesse gozado	tivéssemos gozado
gozaras	gozáreis	tivesses gozado	tivésseis gozado
gozara	gozaram	tivesse gozado	tivessem gozado
Future Indicative		***Future Perfect Subjunctive***	
gozarei	gozaremos	tiver gozado	tivermos gozado
gozarás	gozareis	tiveres gozado	tiverdes gozado
gozará	gozarão	tiver gozado	tiverem gozado
Present Perfect Indicative		***Conditional***	
tenho gozado	temos gozado	gozaria	gozaríamos
tens gozado	tendes gozado	gozarias	gozaríeis
tem gozado	têm gozado	gozaria	gozariam
Past Perfect or Pluperfect Indicative		***Conditional Perfect***	
tinha gozado	tínhamos gozado	teria gozado	teríamos gozado
tinhas gozado	tínheis gozado	terias gozado	teríeis gozado
tinha gozado	tinham gozado	teria gozado	teriam gozado
Future Perfect Indicative		***Imperative***	
terei gozado	teremos gozado	*goza**–gozai	
terás gozado	tereis gozado		
terá gozado	terão gozado		

Samples of verb usage.

Ele **gozou** de uma boa vida. *He enjoyed a good life.*

(Nós) **gozávamos** de um bom almoço quando ele chegou.
We were enjoying a good lunch when he arrived.

Elas **tinham gozado** de muitas aventuras juntas. *They had enjoyed many adventures together.*

Depois da operação, o paciente **gozaria** de boa saúde.
After the operation the patient would enjoy good health.

Estás a **gozar** de mim? *Are you making fun of me (having fun at my expense)?*

*NOTE: Only the radical-changing verb forms with *open* stressed vowels appear in italic type. For further explanation see Foreword.

to shout, yell

Personal Infinitive

gritar	gritarmos
gritares	gritardes
gritar	gritarem

Present Indicative

grito	gritamos
gritas	gritais
grita	gritam

Imperfect Indicative

gritava	gritávamos
gritavas	gritáveis
gritava	gritavam

Preterit Indicative

gritei	gritámos
gritaste	gritastes
gritou	gritaram

Simple Pluperfect Indicative

gritara	gritáramos
gritaras	gritáreis
gritara	gritaram

Future Indicative

gritarei	gritaremos
gritarás	gritareis
gritará	gritarão

Present Perfect Indicative

tenho gritado	temos gritado
tens gritado	tendes gritado
tem gritado	têm gritado

Past Perfect or Pluperfect Indicative

tinha gritado	tínhamos gritado
tinhas gritado	tínheis gritado
tinha gritado	tinham gritado

Future Perfect Indicative

terei gritado	teremos gritado
terás gritado	tereis gritado
terá gritado	terão gritado

Present Subjunctive

grite	gritemos
grites	griteis
grite	gritem

Imperfect Subjunctive

gritasse	gritássemos
gritasses	gritásseis
gritasse	gritassem

Future Subjunctive

gritar	gritarmos
gritares	gritardes
gritar	gritarem

Present Perfect Subjunctive

tenha gritado	tenhamos gritado
tenhas gritado	tenhais gritado
tenha gritado	tenham gritado

Past Perfect or Pluperfect Subjunctive

tivesse gritado	tivéssemos gritado
tivesses gritado	tivésseis gritado
tivesse gritado	tivessem gritado

Future Perfect Subjunctive

tiver gritado	tivermos gritado
tiveres gritado	tiverdes gritado
tiver gritado	tiverem gritado

Conditional

gritaria	gritaríamos
gritarias	gritaríeis
gritaria	gritariam

Conditional Perfect

teria gritado	teríamos gritado
terias gritado	teríeis gritado
teria gritado	teriam gritado

Imperative

grita–gritai

Samples of verb usage.

Não **grite** no meu ouvido! *Don't yell in my ear!*

Ele **gritava** de tanta dor. *He was yelling from so much pain.*

O pai **gritou** o nome do filho antes de falecer. *The father shouted his son's name before passing away.*

Eles nos **gritavam** palavrões. *They shouted dirty words at us.*

to keep, put away; to guard; to hide, conceal; to keep secret

Personal Infinitive

guardar	guardarmos
guardares	guardardes
guardar	guardarem

Present Indicative

guardo	guardamos
guardas	guardais
guarda	guardam

Imperfect Indicative

guardava	guardávamos
guardavas	guardáveis
guardava	guardavam

Preterit Indicative

guardei	guardámos
guardaste	guardastes
guardou	guardaram

Simple Pluperfect Indicative

guardara	guardáramos
guardaras	guardáreis
guardara	guardaram

Future Indicative

guardarei	guardaremos
guardarás	guardareis
guardará	guardarão

Present Perfect Indicative

tenho guardado	temos guardado
tens guardado	tendes guardado
tem guardado	têm guardado

Past Perfect or Pluperfect Indicative

tinha guardado	tínhamos guardado
tinhas guardado	tínheis guardado
tinha guardado	tinham guardado

Future Perfect Indicative

terei guardado	teremos guardado
terás guardado	tereis guardado
terá guardado	terão guardado

Present Subjunctive

guarde	guardemos
guardes	guardeis
guarde	guardem

Imperfect Subjunctive

guardasse	guardássemos
guardasses	guardásseis
guardasse	guardassem

Future Subjunctive

guardar	guardarmos
guardares	guardardes
guardar	guardarem

Present Perfect Subjunctive

tenha guardado	tenhamos guardado
tenhas guardado	tenhais guardado
tenha guardado	tenham guardado

Past Perfect or Pluperfect Subjunctive

tivesse guardado	tivéssemos guardado
tivesses guardado	tivésseis guardado
tivesse guardado	tivessem guardado

Future Perfect Subjunctive

tiver guardado	tivermos guardado
tiveres guardado	tiverdes guardado
tiver guardado	tiverem guardado

Conditional

guardaria	guardaríamos
guardarias	guardaríeis
guardaria	guardariam

Conditional Perfect

teria guardado	teríamos guardado
terias guardado	teríeis guardado
teria guardado	teriam guardado

Imperative

guarda–guardai

Samples of verb usage.

A mãe **guardou** segredo da ado(p)ção do filho.
The mother kept secret the boy's adoption.

Você **guardaria** a minha mala no seu armário? *Would you keep my suitcase in your closet?*

Guarde essa faca. *Put that knife away.*

Os soldados **guardavam** os prisioneiros. *The soldiers guarded the prisoners.*

to guide, lead

Personal Infinitive
guiar guiarmos
guiares guiardes
guiar guiarem

Present Indicative
guio guiamos
guias guiais
guia guiam

Imperfect Indicative
guiava guiávamos
guiavas guiáveis
guiava guiavam

Preterit Indicative
guiei guiámos
guiaste guiastes
guiou guiaram

Simple Pluperfect Indicative
guiara guiáramos
guiaras guiáreis
guiara guiaram

Future Indicative
guiarei guiaremos
guiarás guiareis
guiará guiarão

Present Perfect Indicative
tenho guiado temos guiado
tens guiado tendes guiado
tem guiado têm guiado

Past Perfect or Pluperfect Indicative
tinha guiado tínhamos guiado
tinhas guiado tínheis guiado
tinha guiado tinham guiado

Future Perfect Indicative
terei guiado teremos guiado
terás guiado tereis guiado
terá guiado terão guiado

Present Subjunctive
guie guiemos
guies guieis
guie guiem

Imperfect Subjunctive
guiasse guiássemos
guiasses guiásseis
guiasse guiassem

Future Subjunctive
guiar guiarmos
guiares guiardes
guiar guiarem

Present Perfect Subjunctive
tenha guiado tenhamos guiado
tenhas guiado tenhais guiado
tenha guiado tenham guiado

Past Perfect or Pluperfect Subjunctive
tivesse guiado tivéssemos guiado
tivesses guiado tivésseis guiado
tivesse guiado tivessem guiado

Future Perfect Subjunctive
tiver guiado tivermos guiado
tiveres guiado tiverdes guiado
tiver guiado tiverem guiado

Conditional
guiaria guiaríamos
guiarias guiaríeis
guiaria guiariam

Conditional Perfect
teria guiado teríamos guiado
terias guiado teríeis guiado
teria guiado teriam guiado

Imperative
guia–guiai

Samples of verb usage.

Quem **guiou**-o (**guiou você** *in Brazil*) até aqui? *Who led you here?*

Você **guiará** os turistas espanhóis dentro do museu. *You will guide the Spanish tourists inside the museum.*

Ela já **tinha guiado** várias pessoas para aquele local. *She had already lead several people to that place.*

Temos guiado muitas pessoas para fora do deserto. *We have been guiding many people out of the desert.*

to accustom; (**-se**) to get used *or* accustomed to

Personal Infinitive

habituar	habituarmos
habituares	habituardes
habituar	habituarem

Present Indicative

habituo	habituamos
habituas	habituais
habitua	habituam

Imperfect Indicative

habituava	habituávamos
habituavas	habituáveis
habituava	habituavam

Preterit Indicative

habituei	habituámos
habituaste	habituastes
habituou	habituaram

Simple Pluperfect Indicative

habituara	habituáramos
habituaras	habituáreis
habituara	habituaram

Future Indicative

habituarei	habituaremos
habituarás	habituareis
habituará	habituarão

Present Perfect Indicative

tenho habituado	temos habituado
tens habituado	tendes habituado
tem habituado	têm habituado

Past Perfect or Pluperfect Indicative

tinha habituado	tínhamos habituado
tinhas habituado	tínheis habituado
tinha habituado	tinham habituado

Future Perfect Indicative

terei habituado	teremos habituado
terás habituado	tereis habituado
terá habituado	terão habituado

Present Subjunctive

habitue	habituemos
habitues	habitueis
habitue	habituem

Imperfect Subjunctive

habituasse	habituássemos
habituasses	habituásseis
habituasse	habituassem

Future Subjunctive

habituar	habituarmos
habituares	habituardes
habituar	habituarem

Present Perfect Subjunctive

tenha habituado	tenhamos habituado
tenhas habituado	tenhais habituado
tenha habituado	tenham habituado

Past Perfect or Pluperfect Subjunctive

tivesse habituado	tivéssemos habituado
tivesses habituado	tivésseis habituado
tivesse habituado	tivessem habituado

Future Perfect Subjunctive

tiver habituado	tivermos habituado
tiveres habituado	tiverdes habituado
tiver habituado	tiverem habituado

Conditional

habituaria	habituaríamos
habituarias	habituaríeis
habituaria	habituariam

Conditional Perfect

teria habituado	teríamos habituado
terias habituado	teríeis habituado
teria habituado	teriam habituado

Imperative

habitua–habituai

Samples of verb usage.

Conseguimos **habituá-la** à ausência prolongada da família.
We were able to get her accustomed to the prolonged absence from her family.

Espero que você **se habitue** à sua nova casa. *I hope that you get accustomed to your new home.*

Uma pessoa pode-se **habituar** a quase tudo. *A person can get used to almost anything.*

Ela já **se tinha habituado** às regras novas. *She had already gotten accustomed to the new rules.*

to be (impersonal); to have (auxiliary)

Personal Infinitive
haver

Present Indicative
há

Imperfect Indicative
havia

Preterit Indicative
houve

Simple Pluperfect Indicative
houvera

Future Indicative
haverá

Present Perfect Indicative
tem havido

Past Perfect or Pluperfect Indicative
tinha havido

Future Perfect Indicative
terá havido

Present Subjunctive
haja

Imperfect Subjunctive
houvesse

Future Subjunctive
houver

Present Perfect Subjunctive
tenha havido

Past Perfect or Pluperfect Subjunctive
tivesse havido

Future Perfect Subjunctive
tiver havido

Conditional
haveria

Conditional Perfect
teria havido

Samples of verb usage.

Há muita gente aqui. *There are a lot of people here.*

Havia uma maneira (um jeito *in Brazil*) de escaparmos. *There was a way for us to escape.*

Não **houve** outra solução. *There was no other solution.*

Que **haja** paciência suficiente para te aguentar! *May there be sufficient patience to put up with you!*

Eu tenho morado aqui **há** muitos anos. *I have been living here for many years.*

For further comment on this verb see Sample Conjugations and Portuguese-English index.

to imagine

Personal Infinitive	
imaginar	imaginarmos
imaginares	imaginardes
imaginar	imaginarem
Present Indicative	
imagino	imaginamos
imaginas	imaginais
imagina	imaginam
Imperfect Indicative	
imaginava	imaginávamos
imaginavas	imagináveis
imaginava	imaginavam
Preterit Indicative	
imaginei	imaginámos
imaginaste	imaginastes
imaginou	imaginaram
Simple Pluperfect Indicative	
imaginara	imagináramos
imaginaras	imagináreis
imaginara	imaginaram
Future Indicative	
imaginarei	imaginaremos
imaginarás	imaginareis
imaginará	imaginarão
Present Perfect Indicative	
tenho imaginado	temos imaginado
tens imaginado	tendes imaginado
tem imaginado	têm imaginado
Past Perfect or Pluperfect Indicative	
tinha imaginado	tínhamos imaginado
tinhas imaginado	tínheis imaginado
tinha imaginado	tinham imaginado
Future Perfect Indicative	
terei imaginado	teremos imaginado
terás imaginado	tereis imaginado
terá imaginado	terão imaginado

Present Subjunctive	
imagine	imaginemos
imagines	imagineis
imagine	imaginem
Imperfect Subjunctive	
imaginasse	imaginássemos
imaginasses	imaginásseis
imaginasse	imaginassem
Future Subjunctive	
imaginar	imaginarmos
imaginares	imaginardes
imaginar	imaginarem
Present Perfect Subjunctive	
tenha imaginado	tenhamos imaginado
tenhas imaginado	tenhais imaginado
tenha imaginado	tenham imaginado
Past Perfect or Pluperfect Subjunctive	
tivesse imaginado	tivéssemos imaginado
tivesses imaginado	tivésseis imaginado
tivesse imaginado	tivessem imaginado
Future Perfect Subjunctive	
tiver imaginado	tivermos imaginado
tiveres imaginado	tiverdes imaginado
tiver imaginado	tiverem imaginado
Conditional	
imaginaria	imaginaríamos
imaginarias	imaginaríeis
imaginaria	imaginariam
Conditional Perfect	
teria imaginado	teríamos imaginado
terias imaginado	teríeis imaginado
teria imaginado	teriam imaginado
Imperative	
imagina–imaginai	

Samples of verb usage.

Nunca **imaginei** que seria assim. *I never imagined it would be this way.*

Não podia **imaginar** que ela dissesse não à proposta de casamento dele.
I couldn't imagine that she would say no to his offer of marriage.

Eu **tenho imaginado** um futuro diferente para o nosso país.
I have been imagining a different future for our country.

Ela **tinha imaginado** que ia encontrar outro tipo de festa quando chegou na casa da amiga.
She had imagined that she would find a different kind of party when she arrived at her girlfriend's house.

to imitate, copy, mimic

Personal Infinitive		***Present Subjunctive***	
imitar	imitarmos	imite	imitemos
imitares	imitardes	imites	imiteis
imitar	imitarem	imite	imitem
Present Indicative		***Imperfect Subjunctive***	
imito	imitamos	imitasse	imitássemos
imitas	imitais	imitasses	imitásseis
imita	imitam	imitasse	imitassem
Imperfect Indicative		***Future Subjunctive***	
imitava	imitávamos	imitar	imitarmos
imitavas	imitáveis	imitares	imitardes
imitava	imitavam	imitar	imitarem
Preterit Indicative		***Present Perfect Subjunctive***	
imitei	imitámos	tenha imitado	tenhamos imitado
imitaste	imitastes	tenhas imitado	tenhais imitado
imitou	imitaram	tenha imitado	tenham imitado
Simple Pluperfect Indicative		***Past Perfect or Pluperfect Subjunctive***	
imitara	imitáramos	tivesse imitado	tivéssemos imitado
imitaras	imitáreis	tivesses imitado	tivésseis imitado
imitara	imitaram	tivesse imitado	tivessem imitado
Future Indicative		***Future Perfect Subjunctive***	
imitarei	imitaremos	tiver imitado	tivermos imitado
imitarás	imitareis	tiveres imitado	tiverdes imitado
imitará	imitarão	tiver imitado	tiverem imitado
Present Perfect Indicative		***Conditional***	
tenho imitado	temos imitado	imitaria	imitaríamos
tens imitado	tendes imitado	imitarias	imitaríeis
tem imitado	têm imitado	imitaria	imitariam
Past Perfect or Pluperfect Indicative		***Conditional Perfect***	
tinha imitado	tínhamos imitado	teria imitado	teríamos imitado
tinhas imitado	tínheis imitado	terias imitado	teríeis imitado
tinha imitado	tinham imitado	teria imitado	teriam imitado
Future Perfect Indicative		***Imperative***	
terei imitado	teremos imitado	imita–imitai	
terás imitado	tereis imitado		
terá imitado	terão imitado		

Samples of verb usage.

Ele sabe **imitar** um macaco muito bem. *He knows how to imitate a monkey very well.*

Ela **imitou** o professor antes da aula. *She imitated the professor before class.*

A companhia japonesa **tinha imitado** os nossos produtos perfeitamente.
The Japanese company had copied our products perfectly.

Não me **imita**! *Don't mimic me!*

to imply; to implicate; (**com**) to tease, pick on

Personal Infinitive
implicar implicarmos
implicares implicardes
implicar implicarem

Present Indicative
implico implicamos
implicas implicais
implica implicam

Imperfect Indicative
implicava implicávamos
implicavas implicáveis
implicava implicavam

Preterit Indicative
impliquei implicámos
implicaste implicastes
implicou implicaram

Simple Pluperfect Indicative
implicara implicáramos
implicaras implicáreis
implicara implicaram

Future Indicative
implicarei implicaremos
implicarás implicareis
implicará implicarão

Present Perfect Indicative
tenho implicado temos implicado
tens implicado tendes implicado
tem implicado têm implicado

Past Perfect or Pluperfect Indicative
tinha implicado tínhamos implicado
tinhas implicado tínheis implicado
tinha implicado tinham implicado

Future Perfect Indicative
terei implicado teremos implicado
terás implicado tereis implicado
terá implicado terão implicado

Present Subjunctive
implique impliquemos
impliques impliqueis
implique impliquem

Imperfect Subjunctive
implicasse implicássemos
implicasses implicásseis
implicasse implicassem

Future Subjunctive
implicar implicarmos
implicares implicardes
implicar implicarem

Present Perfect Subjunctive
tenha implicado tenhamos implicado
tenhas implicado tenhais implicado
tenha implicado tenham implicado

Past Perfect or Pluperfect Subjunctive
tivesse implicado tivéssemos implicado
tivesses implicado tivésseis implicado
tivesse implicado tivessem implicado

Future Subjunctive
tiver implicado tivermos implicado
tiveres implicado tiverdes implicado
tiver implicado tiverem implicado

Conditional
implicaria implicaríamos
implicarias implicaríeis
implicaria implicariam

Conditional Perfect
teria implicado teríamos implicado
terias implicado teríeis implicado
teria implicado teriam implicado

Imperative
implica–implicai

Samples of verb usage.

O descobrimento das suas impressões digitais nesta chávena (xícara *in Brazil*) **implica** que você é o culpado.
The discovery of your fingerprints on this cup implies that you are the guilty one.

Por que estás a **implicar** comigo? *Why are you picking on (teasing) me?*

João sempre **implicava** com todos. *John always teased (picked on) everybody.*

Ela tinha se **implicado** no crime. *She had implicated herself in the crime.*

to matter; to import; (**-se com**) to not care about *or* mind

Personal Infinitive
importar importarmos
importares importardes
importar importarem

Present Indicative
importo importamos
importas importais
importa *importam**

Imperfect Indicative
importava importávamos
importavas importáveis
importava importavam

Preterit Indicative
importei importámos
importaste importastes
importou importaram

Simple Pluperfect Indicative
importara importáramos
importaras importáreis
importara importaram

Future Indicative
importarei importaremos
importarás importareis
importará importarão

Present Perfect Indicative
tenho importado temos importado
tens importado tendes importado
tem importado têm importado

Past Perfect or Pluperfect Indicative
tinha importado tínhamos importado
tinhas importado tínheis importado
tinha importado tinham importado

Future Perfect Indicative
terei importado teremos importado
terás importado tereis importado
terá importado terão importado

Present Subjunctive
importe importemos
importes importeis
importe *importem**

Imperfect Subjunctive
importasse importássemos
importasses importásseis
importasse importassem

Future Subjunctive
importar importarmos
importares importardes
importar importarem

Present Perfect Subjunctive
tenha importado tenhamos importado
tenhas importado tenhais importado
tenha importado tenham importado

Past Perfect or Pluperfect Subjunctive
tivesse importado tivéssemos importado
tivesses importado tivésseis importado
tivesse importado tivessem importado

Future Perfect Subjunctive
tiver importado tivermos importado
tiveres importado tiverdes importado
tiver importado tiverem importado

Conditional
importaria importaríamos
importarias importaríeis
importaria importariam

Conditional Perfect
teria importado teríamos importado
terias importado teríeis importado
teria importado teriam importado

Imperative
*importa**–importai

Samples of verb usage.

Não **me importo** com isso. *I don't mind (care about) that.*

Esse emprego **importa**-te tanto? *Does that job matter so much to you?*

Esse assunto **importaria** mais ao público se houvesse dinheiro envolvido.
That issue would be more important to the public if there were money involved.

No ano que vem, além de carros, **importaremos** tanques. *Next year, besides cars, we will import tanks.*

*NOTE: Only the radical-changing verb forms with *open* stressed vowels appear in italic type. For further explanation see Foreword.

to swell (up)

Personal Infinitive
inchar incharmos
inchares inchardes
inchar incharem

Present Indicative
incho inchamos
inchas inchais
incha incham

Imperfect Indicative
inchava inchávamos
inchavas incháveis
inchava inchavam

Preterit Indicative
inchei inchámos
inchaste inchastes
inchou incharam

Simple Pluperfect Indicative
inchara incháramos
incharas incháreis
inchara incharam

Future Indicative
incharei incharemos
incharás inchareis
inchará incharão

Present Perfect Indicative
tenho inchado temos inchado
tens inchado tendes inchado
tem inchado têm inchado

Past Perfect or Pluperfect Indicative
tinha inchado tínhamos inchado
tinhas inchado tínheis inchado
tinha inchado tinham inchado

Future Perfect Indicative
terei inchado teremos inchado
terás inchado tereis inchado
terá inchado terão inchado

Present Subjunctive
inche inchemos
inches incheis
inche inchem

Imperfect Subjunctive
inchasse inchássemos
inchasses inchásseis
inchasse inchassem

Future Subjunctive
inchar incharmos
inchares inchardes
inchar incharem

Present Perfect Subjunctive
tenha inchado tenhamos inchado
tenhas inchado tenhais inchado
tenha inchado tenham inchado

Past Perfect or Pluperfect Subjunctive
tivesse inchado tivéssemos inchado
tivesses inchado tivésseis inchado
tivesse inchado tivessem inchado

Future Perfect Subjunctive
tiver inchado tivermos inchado
tiveres inchado tiverdes inchado
tiver inchado tiverem inchado

Conditional
incharia incharíamos
incharias incharíeis
incharia inchariam

Conditional Perfect
teria inchado teríamos inchado
terias inchado teríeis inchado
teria inchado teriam inchado

Imperative
incha–inchai

Samples of verb usage.

O meu pé **inchou** depois de eu receber a pancada. *My foot swelled up after I took the hit.*

O dentista disse que o meu rosto **incharia** depois dele extrair os meus dentes do siso (juízo).
The dentist said that my face would swell up after he extracted my wisdom teeth.

O tornozelo dela **tinha inchado** depois da corrida. *Her ankle had swollen up after the race.*

O olho dele estava **inchado.** *His eye was swollen.*

to include; to embrace, encompass, cover

Personal Infinitive
incluir incluirmos
incluíres incluirdes
incluir incluírem

Present Indicative
incluo incluímos
incluis incluís
inclui incluem

Imperfect Indicative
incluía incluíamos
incluías incluíeis
incluía incluíam

Preterit Indicative
incluí incluímos
incluíste incluístes
incluiu incluíram

Simple Pluperfect Indicative
incluíra incluíramos
incluíras incluíreis
incluíra incluíram

Future Indicative
incluirei incluiremos
incluirás incluireis
incluirá incluirão

Present Perfect Indicative
tenho incluído temos incluído
tens incluído tendes incluído
tem incluído têm incluído

Past Perfect or Pluperfect Indicative
tinha incluído tínhamos incluído
tinhas incluído tínheis incluído
tinha incluído tinham incluído

Future Perfect Indicative
terei incluído teremos incluído
terás incluído tereis incluído
terá incluído terão incluído

Present Subjunctive
inclua incluamos
incluas incluais
inclua incluam

Imperfect Subjunctive
incluísse incluíssemos
incluísses incluísseis
incluísse incluíssem

Future Subjunctive
incluir incluirmos
incluíres incluirdes
incluir incluírem

Present Perfect Subjunctive
tenha incluído tenhamos incluído
tenhas incluído tenhais incluído
tenha incluído tenham incluído

Past Perfect or Pluperfect Subjunctive
tivesse incluído tivéssemos incluído
tivesses incluído tivésseis incluído
tivesse incluído tivessem incluído

Future Perfect Subjunctive
tiver incluído tivermos incluído
tiveres incluído tiverdes incluído
tiver incluído tiverem incluído

Conditional
incluiria incluiríamos
incluirias incluiríeis
incluiria incluiriam

Conditional Perfect
teria incluído teríamos incluído
terias incluído teríeis incluído
teria incluído teriam incluído

Imperative
inclui–incluí

Samples of verb usage.

Os autores **incluíram** dois índices muito úteis no fim do livro.
The authors included two very useful indexes at the end of the book.

A minha mulher tentou **incluir** a sua mãe nos nossos planos de férias.
My wife tried to include her mother in our vacation plans.

O seguro dele **inclui** morte por acidente. *His insurance covers accidental death.*

O meu novo livro **incluirá** o pensamento dos principais filósofos gregos.
My new book will encompass the thinking of the principal Greek philosophers.

to indicate, point out, single out

Personal Infinitive
indicar indicarmos
indicares indicardes
indicar indicarem

Present Indicative
indico indicamos
indicas indicais
indica indicam

Imperfect Indicative
indicava indicávamos
indicavas indicáveis
indicava indicavam

Preterit Indicative
indiquei indicámos
indicaste indicastes
indicou indicaram

Simple Pluperfect Indicative
indicara indicáramos
indicaras indicáreis
indicara indicaram

Future Indicative
indicarei indicaremos
indicarás indicareis
indicará indicarão

Present Perfect Indicative
tenho indicado temos indicado
tens indicado tendes indicado
tem indicado têm indicado

Past Perfect or Pluperfect Indicative
tinha indicado tínhamos indicado
tinhas indicado tínheis indicado
tinha indicado tinham indicado

Future Perfect Indicative
terei indicado teremos indicado
terás indicado tereis indicado
terá indicado terão indicado

Present Subjunctive
indique indiquemos
indiques indiqueis
indique indiquem

Imperfect Subjunctive
indicasse indicássemos
indicasses indicásseis
indicasse indicassem

Future Subjunctive
indicar indicarmos
indicares indicardes
indicar indicarem

Present Perfect Subjunctive
tenha indicado tenhamos indicado
tenhas indicado tenhais indicado
tenha indicado tenham indicado

Past Perfect or Pluperfect Subjunctive
tivesse indicado tivéssemos indicado
tivesses indicado tivésseis indicado
tivesse indicado tivessem indicado

Future Perfect Subjunctive
tiver indicado tivermos indicado
tiveres indicado tiverdes indicado
tiver indicado tiverem indicado

Conditional
indicaria indicaríamos
indicarias indicaríeis
indicaria indicariam

Conditional Perfect
teria indicado teríamos indicado
terias indicado teríeis indicado
teria indicado teriam indicado

Imperative
indica–indicai

Samples of verb usage.

Indicar-vos-**á** Deus o caminho para o céu. *God will show you the way to heaven.*

Ela **indicou** ao chefe qual era o problema. *She indicated what the problem was to her boss.*

Ele foi **indicado** para o emprego. *He was singled out for the job.*

O senhor pode-me **indicar** o carro que quer vender?
Could you point out to me the car that you want to sell?

to insist

Personal Infinitive
insistir insistirmos
insistires insistirdes
insistir insistirem

Present Indicative
insisto insistimos
insistes insistis
insiste insistem

Imperfect Indicative
insistia insistíamos
insistias insistíeis
insistia insistiam

Preterit Indicative
insisti insistimos
insististe insististes
insistiu insistiram

Simple Pluperfect Indicative
insistira insistíramos
insistiras insistíreis
insistira insistiram

Future Indicative
insistirei insistiremos
insistirás insistireis
insistirá insistirão

Present Perfect Indicative
tenho insistido temos insistido
tens insistido tendes insistido
tem insistido têm insistido

Past Perfect or Pluperfect Indicative
tinha insistido tínhamos insistido
tinhas insistido tínheis insistido
tinha insistido tinham insistido

Future Perfect Indicative
terei insistido teremos insistido
terás insistido tereis insistido
terá insistido terão insistido

Present Subjunctive
insista insistamos
insistas insistais
insista insistam

Imperfect Subjunctive
insistisse insistíssemos
insistisses insistísseis
insistisse insistissem

Future Subjunctive
insistir insistirmos
insistires insistirdes
insistir insistirem

Present Perfect Subjunctive
tenha insistido tenhamos insistido
tenhas insistido tenhais insistido
tenha insistido tenham insistido

Past Perfect or Pluperfect Subjunctive
tivesse insistido tivéssemos insistido
tivesses insistido tivésseis insistido
tivesse insistido tivessem insistido

Future Perfect Subjunctive
tiver insistido tivermos insistido
tiveres insistido tiverdes insistido
tiver insistido tiverem insistido

Conditional
insistiria insistiríamos
insistirias insistiríeis
insistiria insistiriam

Conditional Perfect
teria insistido teríamos insistido
terias insistido teríeis insistido
teria insistido teriam insistido

Imperative
insiste–insisti

Samples of verb usage.

Eu **insisto** (em) que você vá. *I insist that you go.*

Não **insistas** tanto. *Don't insist so much.*

Temos insistido nesse modelo de carro desde o início.
We've been insisting on that model car from the beginning.

Ela **insistirá** até consegui-lo. *She will insist until she gets him.*

interessar

Pres. Part. *interessando* Past Part. *interessado*

to interest; to concern, affect

Personal Infinitive	
interessar	interessarmos
interessares	interessardes
interessar	interessarem

Present Indicative	
interesso	interessamos
interessas	interessais
interessa	*interessam**

Imperfect Indicative	
interessava	interessávamos
interessavas	interessáveis
interessava	interessavam

Preterit Indicative	
interessei	interessámos
interessaste	interessastes
interessou	interessaram

Simple Pluperfect Indicative	
interessara	interessáramos
interessaras	interessáreis
interessara	interessaram

Future Indicative	
interessarei	interessaremos
interessarás	interessareis
interessará	interessarão

Present Perfect Indicative	
tenho interessado	temos interessado
tens interessado	tendes interessado
tem interessado	têm interessado

Past Perfect or Pluperfect Indicative	
tinha interessado	tínhamos interessado
tinhas interessado	tínheis interessado
tinha interessado	tinham interessado

Future Perfect Indicative	
terei interessado	teremos interessado
terás interessado	tereis interessado
terá interessado	terão interessado

Present Subjunctive	
interesse	interessemos
interesses	interesseis
interesse	*interessem**

Imperfect Subjunctive	
interessasse	interessássemos
interessasses	interessásseis
interessasse	interessassem

Future Subjunctive	
interessar	interessarmos
interessares	interessardes
interessar	interessarem

Present Perfect Subjunctive	
tenha interessado	tenhamos interessado
tenhas interessado	tenhais interessado
tenha interessado	tenham interessado

Past Perfect or Pluperfect Subjunctive	
tivesse interessado	tivéssemos interessado
tivesses interessado	tivésseis interessado
tivesse interessado	tivessem interessado

Future Perfect Subjunctive	
tiver interessado	tivermos interessado
tiveres interessado	tiverdes interessado
tiver interessado	tiverem interessado

Conditional	
interessaria	interessaríamos
interessarias	interessaríeis
interessaria	interessariam

Conditional Perfect	
teria interessado	teríamos interessado
terias interessado	teríeis interessado
teria interessado	teriam interessado

Imperative

*interessa**–interessai

Samples of verb usage.

Você **se interessaria** pela proposta? *Would you be interested in the offer?*

Disseram-me que você estava **interessado** em comprar um carro novo.
They told me that you were interested in buying a new car?

Ela **interessou-se** pelo órfão. *She became interested in the orphan.*

Eu **me interessaria** mais pelo seu problema se eu gostasse dela.
I would be more concerned about her problem if I liked her.

*NOTE: Only the radical-changing verb forms with *open* stressed vowels appear in italic type. For further explanation see Foreword.

to envy

Personal Infinitive		***Present Subjunctive***	
invejar	invejarmos	*inveje*	invejemos
invejares	invejardes	*invejes*	invejeis
invejar	invejarem	*inveje*	*invejem**
Present Indicative		***Imperfect Subjunctive***	
invejo	invejamos	invejasse	invejássemos
invejas	invejais	invejasses	invejásseis
inveja	*invejam**	invejasse	invejassem
Imperfect Indicative		***Future Subjunctive***	
invejava	invejávamos	invejar	invejarmos
invejavas	invejáveis	invejares	invejardes
invejava	invejavam	invejar	invejarem
Preterit Indicative		***Present Perfect Subjunctive***	
invejei	invejámos	tenha invejado	tenhamos invejado
invejaste	invejastes	tenhas invejado	tenhais invejado
invejou	invejaram	tenha invejado	tenham invejado
Simple Pluperfect Indicative		***Past Perfect or Pluperfect Subjunctive***	
invejara	invejáramos	tivesse invejado	tivéssemos invejado
invejaras	invejáreis	tivesses invejado	tivésseis invejado
invejara	invejaram	tivesse invejado	tivessem invejado
Future Indicative		***Future Perfect Subjunctive***	
invejarei	invejaremos	tiver invejado	tivermos invejado
invejarás	invejareis	tiveres invejado	tiverdes invejado
invejará	invejarão	tiver invejado	tiverem invejado
Present Perfect Indicative		***Conditional***	
tenho invejado	temos invejado	invejaria	invejaríamos
tens invejado	tendes invejado	invejarias	invejaríeis
tem invejado	têm invejado	invejaria	invejariam
Past Perfect or Pluperfect Indicative		***Conditional Perfect***	
tinha invejado	tínhamos invejado	teria invejado	teríamos invejado
tinhas invejado	tínheis invejado	terias invejado	teríeis invejado
tinha invejado	tinham invejado	teria invejado	teriam invejado
Future Perfect Indicative		***Imperative***	
terei invejado	teremos invejado	*inveja**–invejai	
terás invejado	tereis invejado		
terá invejado	terão invejado		

Samples of verb usage.

Invejo o teu talento. *I envy your talent.*

Todos a **invejavam** pelo seu feitio tão doce. *Everybody envied her for her very sweet personality.*

Há muitas pessoas que **invejariam** o dinheiro que ele tem.
There are a lot of people who would envy the money he has.

Eu sempre **invejei** a sua posição nesta companhia. *I always envied your position in this company.*

*NOTE: Only the radical changing verb forms with open stressed vowels appear in italic type. For further explanation see foreword.

to invent, devise

Personal Infinitive
inventar inventarmos
inventares inventardes
inventar inventarem

Present Indicative
invento inventamos
inventas inventais
inventa inventam

Imperfect Indicative
inventava inventávamos
inventavas inventáveis
inventava inventavam

Preterit Indicative
inventei inventámos
inventaste inventastes
inventou inventaram

Simple Pluperfect Indicative
inventara inventáramos
inventaras inventáreis
inventara inventaram

Future Indicative
inventarei inventaremos
inventarás inventareis
inventará inventarão

Present Perfect Indicative
tenho inventado temos inventado
tens inventado tendes inventado
tem inventado têm inventado

Simple Pluperfect Indicative
tinha inventado tínhamos inventado
tinhas inventado tínheis inventado
tinha inventado tinham inventado

Future Perfect Indicative
terei inventado teremos inventado
terás inventado tereis inventado
terá inventado terão inventado

Present Subjunctive
invente inventemos
inventes inventeis
invente inventem

Imperfect Subjunctive
inventasse inventássemos
inventasses inventásseis
inventasse inventassem

Future Subjunctive
inventar inventarmos
inventares inventardes
inventar inventarem

Present Perfect Subjunctive
tenha inventado tenhamos inventado
tenhas inventado tenhais inventado
tenha inventado tenham inventado

Past Perfect or Pluperfect Subjunctive
tivesse inventado tivéssemos inventado
tivesses inventado tivésseis inventado
tivesse inventado tivessem inventado

Future Perfect Subjunctive
tiver inventado tivermos inventado
tiveres inventado tiverdes inventado
tiver inventado tiverem inventado

Conditional
inventaria inventaríamos
inventarias inventaríeis
inventaria inventariam

Conditional Perfect
teria inventado teríamos inventado
terias inventado teríeis inventado
teria inventado teriam inventado

Imperative
inventa–inventai

Samples of verb usage.

O cientista **inventou** mais uma maneira de voar. *The scientist invented one more way to fly.*

O assassino **tinha inventado** várias maneiras de matar o presidente.
The assassin had devised several ways to kill the president.

Não **invente** histórias (*also* estórias *in Brazil*). *Don't invent stories.*

Eu **teria inventado** o aparato se não tivesse sido por você.
I would have invented the device if it hadn't been for you.

to go; (**-se embora**) to go away

Personal Infinitive		***Present Subjunctive***	
ir	irmos	vá	vamos
ires	irdes	vás	vades
ir	irem	vá	vão
Present Indicative		***Imperfect Subjunctive***	
vou	vamos	fosse	fôssemos
vais	ides	fosses	fôsseis
vai	vão	fosse	fossem
Imperfect Indicative		***Future Subjunctive***	
ia	íamos	for	formos
ias	íeis	fores	fordes
ia	iam	for	forem
Preterit Indicative		***Present Perfect Subjunctive***	
fui	fomos	tenha ido	tenhamos ido
foste	fostes	tenhas ido	tenhais ido
foi	foram	tenha ido	tenham ido
Simple Pluperfect Indicative		***Past Perfect or Pluperfect Subjunctive***	
fora	fôramos	tivesse ido	tivéssemos ido
foras	fôreis	tivesses ido	tivésseis ido
fora	foram	tivesse ido	tivessem ido
Future Indicative		***Future Perfect Subjunctive***	
irei	iremos	tiver ido	tivermos ido
irás	ireis	tiveres ido	tiverdes ido
irá	irão	tiver ido	tiverem ido
Present Perfect Indicative		***Conditional***	
tenho ido	temos ido	iria	iríamos
tens ido	tendes ido	irias	iríeis
tem ido	têm ido	iria	iriam
Past Perfect or Pluperfect Indicative		***Conditional Perfect***	
tinha ido	tínhamos ido	teria ido	teríamos ido
tinhas ido	tínheis ido	terias ido	teríeis ido
tinha ido	tinham ido	teria ido	teriam ido
Future Perfect Indicative		***Imperative***	
terei ido	teremos ido	vai–ide	
terás ido	tereis ido		
terá ido	terão ido		

Samples of verb usage.

Eu **vou** almoçar quando ela **se for** embora. *I'm going to eat lunch when she goes away.*

Fomos a Angola no ano passado. *We went to Angola last year.*

Você **vai** ao concerto? *Are you going to the concert?*

Temos ido à praia todos os dias. *We have been going to the beach every day.*

to irritate, bother, annoy, pester

Personal Infinitive
irritar irritarmos
irritares irritardes
irritar irritarem

Present Indicative
irrito irritamos
irritas irritais
irrita irritam

Imperfect Indicative
irritava irritávamos
irritavas irritáveis
irritava irritavam

Preterit Indicative
irritei irritámos
irritaste irritastes
irritou irritaram

Simple Pluperfect Indicative
irritara irritáramos
irritaras irritáreis
irritara irritaram

Future Indicative
irritarei irritaremos
irritarás irritareis
irritará irritarão

Present Perfect Indicative
tenho irritado temos irritado
tens irritado tendes irritado
tem irritado têm irritado

Past Perfect or Pluperfect Indicative
tinha irritado tínhamos irritado
tinhas irritado tínheis irritado
tinha irritado tinham irritado

Future Perfect Indicative
terei irritado teremos irritado
terás irritado tereis irritado
terá irritado terão irritado

Present Subjunctive
irrite irritemos
irrites irriteis
irrite irritem

Imperfect Subjunctive
irritasse irritássemos
irritasses irritásseis
irritasse irritassem

Future Subjunctive
irritar irritarmos
irritares irritardes
irritar irritarem

Present Perfect Subjunctive
tenha irritado tenhamos irritado
tenhas irritado tenhais irritado
tenha irritado tenham irritado

Past Perfect or Pluperfect Subjunctive
tivesse irritado tivéssemos irritado
tivesses irritado tivésseis irritado
tivesse irritado tivessem irritado

Future Perfect Subjunctive
tiver irritado tivermos irritado
tiveres irritado tiverdes irritado
tiver irritado tiverem irritado

Conditional
irritaria irritaríamos
irritarias irritaríeis
irritaria irritariam

Conditional Perfect
teria irritado teríamos irritado
terias irritado teríeis irritado
teria irritado teriam irritado

Imperative
irrita–irritai

Samples of verb usage.

Isto **irrita**-me muito! *This really irritates me!*

Não **irrites** o teu pai, ou vais apanhar! *Don't pester your father, or you're going to get it!*

A urticária **irritava** o coitado do menino. *The hives annoyed the poor little boy.*

Esse barulho da construção vai-nos **irritar** até amanhã.
That contruction noise is going to bother us until tomorrow.

to have *or* eat dinner (supper)

Personal Infinitive

jantar	jantarmos
jantares	jantardes
jantar	jantarem

Present Indicative

janto	jantamos
jantas	jantais
janta	jantam

Imperfect Indicative

jantava	jantávamos
jantavas	jantáveis
jantava	jantavam

Preterit Indicative

jantei	jantámos
jantaste	jantastes
jantou	jantaram

Simple Pluperfect Indicative

jantara	jantáramos
jantaras	jantáreis
jantara	jantaram

Future Indicative

jantarei	jantaremos
jantarás	jantareis
jantará	jantarão

Present Perfect Indicative

tenho jantado	temos jantado
tens jantado	tendes jantado
tem jantado	têm jantado

Past Perfect or Pluperfect Indicative

tinha jantado	tínhamos jantado
tinhas jantado	tínheis jantado
tinha jantado	tinham jantado

Future Perfect Indicative

terei jantado	teremos jantado
terás jantado	tereis jantado
terá jantado	terão jantado

Present Subjunctive

jante	jantemos
jantes	janteis
jante	jantem

Imperfect Subjunctive

jantasse	jantássemos
jantasses	jantásseis
jantasse	jantassem

Future Subjunctive

jantar	jantarmos
jantares	jantardes
jantar	jantarem

Present Perfect Subjunctive

tenha jantado	tenhamos jantado
tenhas jantado	tenhais jantado
tenha jantado	tenham jantado

Past Perfect or Pluperfect Subjunctive

tivesse jantado	tivéssemos jantado
tivesses jantado	tivésseis jantado
tivesse jantado	tivessem jantado

Future Perfect Subjunctive

tiver jantado	tivermos jantado
tiveres jantado	tiverdes jantado
tiver jantado	tiverem jantado

Conditional

jantaria	jantaríamos
jantarias	jantaríeis
jantaria	jantariam

Conditional Perfect

teria jantado	teríamos jantado
terias jantado	teríeis jantado
teria jantado	teriam jantado

Imperative

janta–jantai

Samples of verb usage.

(Nós) **jantámos** tarde ontem. *We had dinner late yesterday.*

Você já **jantou**? *Have you had dinner yet?*

Os sócios **jantarão** num restaurante. *The (business) partners will have dinner at a restaurant.*

Os miúdos já **tinham jantado**. *The kids had already eaten dinner.*

to play (games or sports); to throw (*in Brazil*)

Personal Infinitive
jogar jogarmos
jogares jogardes
jogar jogarem

Present Indicative
jogo jogamos
jogas jogais
joga *jogam**

Imperfect Indicative
jogava jogávamos
jogavas jogáveis
jogava jogavam

Preterit Indicative
joguei jogámos
jogaste jogastes
jogou jogaram

Simple Pluperfect Indicative
jogara jogáramos
jogaras jogáreis
jogara jogaram

Future Indicative
jogarei jogaremos
jogarás jogareis
jogará jogarão

Present Perfect Indicative
tenho jogado temos jogado
tens jogado tendes jogado
tem jogado têm jogado

Past Perfect or Pluperfect Indicative
tinha jogado tínhamos jogado
tinhas jogado tínheis jogado
tinha jogado tinham jogado

Future Perfect Indicative
terei jogado teremos jogado
terás jogado tereis jogado
terá jogado terão jogado

Present Subjunctive
jogue joguemos
jogues jogueis
jogue *joguem**

Imperfect Subjunctive
jogasse jogássemos
jogasses jogásseis
jogasse jogassem

Future Subjunctive
jogar jogarmos
jogares jogardes
jogar jogarem

Present Perfect Subjunctive
tenha jogado tenhamos jogado
tenhas jogado tenhais jogado
tenha jogado tenham jogado

Past Perfect or Pluperfect Subjunctive
tivesse jogado tivéssemos jogado
tivesses jogado tivésseis jogado
tivesse jogado tivessem jogado

Future Perfect Subjunctive
tiver jogado tivermos jogado
tiveres jogado tiverdes jogado
tiver jogado tiverem jogado

Conditional
jogaria jogaríamos
jogarias jogaríeis
jogaria jogariam

Conditional Perfect
teria jogado teríamos jogado
terias jogado teríeis jogado
teria jogado teriam jogado

Imperative
*joga**–jogai

Samples of verb usage.

O mais novo dos meus filhos sabe **jogar** futebol melhor do que os outros.
My youngest son knows how to play soccer better than the others.

A rapariga (menina *or* garota *in Brazil*) **tinha jogado** basquetebol durante doze anos.
The girl had played basketball for twelve years.

O árbitro **jogou** o apito (**atirou** *in Portugal*) ao (*also* para o *in Brazil*) bandeirinha.
The referee threw the whistle to the linesman.

Espero que ele **jogue** (deite *in Portugal*) fora o lixo. *I hope he throws out the garbage.*

*NOTE: Only the radical-changing verb forms with *open* stressed vowels appear in italic type. For further explanation see Foreword.

to judge; to think, believe

Personal Infinitive

julgar	julgarmos
julgares	julgardes
julgar	julgarem

Present Indicative

julgo	julgamos
julgas	julgais
julga	julgam

Imperfect Indicative

julgava	julgávamos
julgavas	julgáveis
julgava	julgavam

Preterit Indicative

julguei	julgámos
julgaste	julgastes
julgou	julgaram

Simple Pluperfect Indicative

julgara	julgáramos
julgaras	julgáreis
julgara	julgaram

Future Indicative

julgarei	julgaremos
julgarás	julgareis
julgará	julgarão

Present Perfect Indicative

tenho julgado	temos julgado
tens julgado	tendes julgado
tem julgado	têm julgado

Past Perfect or Pluperfect Indicative

tinha julgado	tínhamos julgado
tinhas julgado	tínheis julgado
tinha julgado	tinham julgado

Future Perfect Indicative

terei julgado	teremos julgado
terás julgado	tereis julgado
terá julgado	terão julgado

Present Subjunctive

julgue	julguemos
julgues	julgueis
julgue	julguem

Imperfect Subjunctive

julgasse	julgássemos
julgasses	julgásseis
julgasse	julgassem

Future Subjunctive

julgar	julgarmos
julgares	julgardes
julgar	julgarem

Present Perfect Subjunctive

tenha julgado	tenhamos julgado
tenhas julgado	tenhais julgado
tenha julgado	tenham julgado

Past Perfect or Pluperfect Subjunctive

tivesse julgado	tivéssemos julgado
tivesses julgado	tivésseis julgado
tivesse julgado	tivessem julgado

Future Perfect Subjunctive

tiver julgado	tivermos julgado
tiveres julgado	tiverdes julgado
tiver julgado	tiverem julgado

Conditional

julgaria	julgaríamos
julgarias	julgaríeis
julgaria	julgariam

Conditional Perfect

teria julgado	teríamos julgado
terias julgado	teríeis julgado
teria julgado	teriam julgado

Imperative

julga–julgai

Samples of verb usage.

Quero que vocês, os jurados, **julguem** este homem e o condenem à morte.
I want you, the jury, to judge this man and sentence him to death.

Tu não tens o direito de me **julgar**. *You don't have the right to judge me.*

O juiz **julgou** melhor não condená-lo. *The judge thought it better not to sentence him.*

Julgo que a situação não mudará. *I don't think the situation will change.*

to join, link, put *or* get together, gather

Personal Infinitive	***Present Subjunctive***
juntar juntarmos	junte juntemos
juntares juntardes	juntes junteis
juntar juntarem	junte juntem

Personal Infinitive

juntar	juntarmos
juntares	juntardes
juntar	juntarem

Present Indicative

junto	juntamos
juntas	juntais
junta	juntam

Imperfect Indicative

juntava	juntávamos
juntavas	juntáveis
juntava	juntavam

Preterit Indicative

juntei	juntámos
juntaste	juntastes
juntou	juntaram

Simple Pluperfect Indicative

juntara	juntáramos
juntaras	juntáreis
juntara	juntaram

Future Indicative

juntarei	juntaremos
juntarás	juntareis
juntará	juntarão

Present Perfect Indicative

tenho juntado	temos juntado
tens juntado	tendes juntado
tem juntado	têm juntado

Past Perfect or Pluperfect Indicative

tinha juntado	tínhamos juntado
tinhas juntado	tínheis juntado
tinha juntado	tinham juntado

Future Perfect Indicative

terei juntado	teremos juntado
terás juntado	tereis juntado
terá juntado	terão juntado

Present Subjunctive

junte	juntemos
juntes	junteis
junte	juntem

Imperfect Subjunctive

juntasse	juntássemos
juntasses	juntásseis
juntasse	juntassem

Future Subjunctive

juntar	juntarmos
juntares	juntardes
juntar	juntarem

Present Perfect Subjunctive

tenha juntado	tenhamos juntado
tenhas juntado	tenhais juntado
tenha juntado	tenham juntado

Past Perfect or Pluperfect Subjunctive

tivesse juntado	tivéssemos juntado
tivesses juntado	tivésseis juntado
tivesse juntado	tivessem juntado

Future Perfect Subjunctive

tiver juntado	tivermos juntado
tiveres juntado	tiverdes juntado
tiver juntado	tiverem juntado

Conditional

juntaria	juntaríamos
juntarias	juntaríeis
juntaria	juntariam

Conditional Perfect

teria juntado	teríamos juntado
terias juntado	teríeis juntado
teria juntado	teriam juntado

Imperative

junta–juntai

Samples of verb usage.

O soldado **tinha-se juntado** ao seu batalhão. *The soldier had joined his battalion.*

O miúdo (menino *in Brazil*) **juntava** as peças do quebra-cabeça depressa.
The boy put together the pieces of the puzzle quickly.

Juntámos quase todo o dinheiro. *We saved almost all the money.*

As pessoas estavam **a juntar-se** (**juntando-se** *in Brazil*) no local para ver o que tinha acontecido.
The people were gathering at the site to see what had happened.

to swear; to vow

Personal Infinitive
jurar jurarmos
jurares jurardes
jurar jurarem

Present Indicative
juro juramos
juras jurais
jura juram

Imperfect Indicative
jurava jurávamos
juravas juráveis
jurava juravam

Preterit Indicative
jurei jurámos
juraste jurastes
jurou juraram

Simple Pluperfect Indicative
jurara juráramos
juraras juráreis
jurara juraram

Future Indicative
jurarei juraremos
jurarás jurareis
jurará jurarão

Present Perfect Indicative
tenho jurado temos jurado
tens jurado tendes jurado
tem jurado têm jurado

Past Perfect or Pluperfect Indicative
tinha jurado tínhamos jurado
tinhas jurado tínheis jurado
tinha jurado tinham jurado

Future Perfect Indicative
terei jurado teremos jurado
terás jurado tereis jurado
terá jurado terão jurado

Present Subjunctive
jure juremos
jures jureis
jure jurem

Imperfect Subjunctive
jurasse jurássemos
jurasses jurásseis
jurasse jurassem

Future Subjunctive
jurar jurarmos
jurares jurardes
jurar jurarem

Present Perfect Subjunctive
tenha jurado tenhamos jurado
tenhas jurado tenhais jurado
tenha jurado tenham jurado

Past Perfect or Pluperfect Subjunctive
tivesse jurado tivéssemos jurado
tivesses jurado tivésseis jurado
tivesse jurado tivessem jurado

Future Perfect Subjunctive
tiver jurado tivermos jurado
tiveres jurado tiverdes jurado
tiver jurado tiverem jurado

Conditional
juraria juraríamos
jurarias juraríeis
juraria jurariam

Conditional Perfect
teria jurado teríamos jurado
terias jurado teríeis jurado
teria jurado teriam jurado

Imperative
jura–jurai

Samples of verb usage.

Ela **jurou** não revelar o segredo. *She swore not to reveal the secret.*

Jura que o que disseste é verdade! *Swear that what you said is true!*

Eu **juro** que não fui eu. *I swear it wasn't me.*

O noivo **jurará** eterna fidelidade à sua futura esposa.
The groom will vow eternal fidelity to his future wife.

to bark*

Personal Infinitive		***Present Subjunctive***	
ladrar	ladrarmos	ladre	ladremos
ladrares	ladrardes	ladres	ladreis
ladrar	ladrarem	ladre	ladrem
Present Indicative		***Imperfect Subjunctive***	
ladro	ladramos	ladrasse	ladrássemos
ladras	ladrais	ladrasses	ladrásseis
ladra	ladram	ladrasse	ladrassem
Imperfect Indicative		***Future Subjunctive***	
ladrava	ladrávamos	ladrar	ladrarmos
ladravas	ladráveis	ladrares	ladrardes
ladrava	ladravam	ladrar	ladrarem
Preterit Indicative		***Present Perfect Subjunctive***	
ladrei	ladrámos	tenha ladrado	tenhamos ladrado
ladraste	ladrastes	tenhas ladrado	tenhais ladrado
ladrou	ladraram	tenha ladrado	tenham ladrado
Simple Pluperfect Indicative		***Past Perfect or Pluperfect Subjunctive***	
ladrara	ladráramos	tivesse ladrado	tivéssemos ladrado
ladraras	ladráreis	tivesses ladrado	tivésseis ladrado
ladrara	ladraram	tivesse ladrado	tivessem ladrado
Future Indicative		***Future Perfect Subjunctive***	
ladrarei	ladraremos	tiver ladrado	tivermos ladrado
ladrarás	ladrareis	tiveres ladrado	tiverdes ladrado
ladrará	ladrarão	tiver ladrado	tiverem ladrado
Present Perfect Indicative		***Conditional***	
tenho ladrado	temos ladrado	ladraria	ladraríamos
tens ladrado	tendes ladrado	ladrarias	ladraríeis
tem ladrado	têm ladrado	ladraria	ladrariam
Past Perfect or Pluperfect Indicative		***Conditional Perfect***	
tinha ladrado	tínhamos ladrado	teria ladrado	teríamos ladrado
tinhas ladrado	tínheis ladrado	terias ladrado	teríeis ladrado
tinha ladrado	tinham ladrado	teria ladrado	teriam ladrado
Future Perfect Indicative		***Imperative***	
terei ladrado	teremos ladrado	ladra–ladrai	
terás ladrado	tereis ladrado		
terá ladrado	terão ladrado		

Samples of verb usage.

Cão que **ladra** não morde.
His/Her bark is worse then his/her bite. Literally: *A dog that barks doesn't bite.*

O cão do vizinho **ladrou** durante horas ontem à noite. *The neighbor's dog barked for hours last night.*

Ele reclamava (queixava-se) tanto que parecia que **ladrava**.
He complained so much that he seemed to be barking.

O dono do restaurante estava tão zangado que **ladrava** no ouvido do garçom (empregado *in Portugal*).
The restaurant's owner was so angry that he was barking in the waiter's ear.

*NOTE: In Brazil **latir** is also used for *to bark*.

to lick

Personal Infinitive
lamber lambermos
lamberes lamberdes
lamber lamberem

Present Indicative
lambo lambemos
lambes lambeis
lambe lambem

Imperfect Indicative
lambia lambíamos
lambias lambíeis
lambia lambiam

Preterit Indicative
lambi lambemos
lambeste lambestes
lambeu lamberam

Simple Pluperfect Indicative
lambera lambêramos
lamberas lambêreis
lambera lamberam

Future Indicative
lamberei lamberemos
lamberás lambereis
lamberá lamberão

Present Perfect Indicative
tenho lambido temos lambido
tens lambido tendes lambido
tem lambido têm lambido

Past Perfect or Pluperfect Indicative
tinha lambido tínhamos lambido
tinhas lambido tínheis lambido
tinha lambido tinham lambido

Future Perfect Indicative
terei lambido teremos lambido
terás lambido tereis lambido
terá lambido terão lambido

Present Subjunctive
lamba lambamos
lambas lambais
lamba lambam

Imperfect Subjunctive
lambesse lambêssemos
lambesses lambêsseis
lambesse lambessem

Future Subjunctive
lamber lambermos
lamberes lamberdes
lamber lamberem

Present Perfect Subjunctive
tenha lambido tenhamos lambido
tenhas lambido tenhais lambido
tenha lambido tenham lambido

Past Perfect or Pluperfect Subjunctive
tivesse lambido tivéssemos lambido
tivesses lambido tivésseis lambido
tivesse lambido tivessem lambido

Future Perfect Subjunctive
tiver lambido tivermos lambido
tiveres lambido tiverdes lambido
tiver lambido tiverem lambido

Conditional
lamberia lamberíamos
lamberias lamberíeis
lamberia lamberiam

Conditional Perfect
teria lambido teríamos lambido
terias lambido teríeis lambido
teria lambido teriam lambido

Imperative
lambe–lambei

Samples of verb usage.

O cachorrinho **lambia** o rosto da menina. *The little puppy (dog) was licking the girl's face.*

O gato já **tinha-se lambido** todo. *The cat had already licked itself all over.*

O cão queria **lamber** a ferida do dono. *The dog wanted to lick its owner's wound.*

Os lobos **lambiam** o sal que deixámos na floresta para eles.
The wolves were licking the salt we left for them in the forest.

to throw, hurl, cast; to launch

Personal Infinitive

lançar	lançarmos
lançares	lançardes
lançar	lançarem

Present Indicative

lanço	lançamos
lanças	lançais
lança	lançam

Imperfect Indicative

lançava	lançávamos
lançavas	lançáveis
lançava	lançavam

Preterit Indicative

lancei	lançámos
lançaste	lançastes
lançou	lançaram

Simple Pluperfect Indicative

lançara	lançáramos
lançaras	lançáreis
lançara	lançaram

Future Indicative

lançarei	lançaremos
lançarás	lançareis
lançará	lançarão

Present Perfect Indicative

tenho lançado	temos lançado
tens lançado	tendes lançado
tem lançado	têm lançado

Past Perfect or Pluperfect Indicative

tinha lançado	tínhamos lançado
tinhas lançado	tínheis lançado
tinha lançado	tinham lançado

Future Perfect Indicative

terei lançado	teremos lançado
terás lançado	tereis lançado
terá lançado	terão lançado

Present Subjunctive

lance	lancemos
lances	lanceis
lance	lancem

Imperfect Subjunctive

lançasse	lançássemos
lançasses	lançásseis
lançasse	lançassem

Future Subjunctive

lançar	lançarmos
lançares	lançardes
lançar	lançarem

Present Perfect Subjunctive

tenha lançado	tenhamos lançado
tenhas lançado	tenhais lançado
tenha lançado	tenham lançado

Past Perfect or Pluperfect Subjunctive

tivesse lançado	tivéssemos lançado
tivesses lançado	tivésseis lançado
tivesse lançado	tivessem lançado

Future Perfect Subjunctive

tiver lançado	tivermos lançado
tiveres lançado	tiverdes lançado
tiver lançado	tiverem lançado

Conditional

lançaria	lançaríamos
lançarias	lançaríeis
lançaria	lançariam

Conditional Perfect

teria lançado	teríamos lançado
terias lançado	teríeis lançado
teria lançado	teriam lançado

Imperative

lança–lançai

Samples of verb usage.

Lance essa jóia para cá. *Throw that jewel over here.*

O suicida **lançou-se** pela janela. *The suicidal man hurled himself out the window.*

O foguete foi **lançado** à meia-noite. *The rocket was launched at midnight.*

Os pescadores **lançaram** suas redes no mar várias vezes, mas não conseguiram pescar nada.
The fishermen cast their nets in the sea several times, but weren't able to catch anything.

to wash

Personal Infinitive		***Present Subjunctive***	
lavar	lavarmos	lave	lavemos
lavares	lavardes	laves	laveis
lavar	lavarem	lave	lavem
Present Indicative		***Imperfect Subjunctive***	
lavo	lavamos	lavasse	lavássemos
lavas	lavais	lavasses	lavásseis
lava	lavam	lavasse	lavassem
Imperfect Indicative		***Future Subjunctive***	
lavava	lavávamos	lavar	lavarmos
lavavas	laváveis	lavares	lavardes
lavava	lavavam	lavar	lavarem
Preterit Indicative		***Present Perfect Subjunctive***	
lavei	lavámos	tenha lavado	tenhamos lavado
lavaste	lavastes	tenhas lavado	tenhais lavado
lavou	lavaram	tenha lavado	tenham lavado
Simple Pluperfect Indicative		***Past Perfect or Pluperfect Subjunctive***	
lavara	laváramos	tivesse lavado	tivéssemos lavado
lavaras	laváreis	tivesses lavado	tivésseis lavado
lavara	lavaram	tivesse lavado	tivessem lavado
Future Indicative		***Future Perfect Subjunctive***	
lavarei	lavaremos	tiver lavado	tivermos lavado
lavarás	lavareis	tiveres lavado	tiverdes lavado
lavará	lavarão	tiver lavado	tiverem lavado
Present Perfect Indicative		***Conditional***	
tenho lavado	temos lavado	lavaria	lavaríamos
tens lavado	tendes lavado	lavarias	lavaríeis
tem lavado	têm lavado	lavaria	lavariam
Past Perfect or Pluperfect Indicative		***Conditional Perfect***	
tinha lavado	tínhamos lavado	teria lavado	teríamos lavado
tinhas lavado	tínheis lavado	terias lavado	teríeis lavado
tinha lavado	tinham lavado	teria lavado	teriam lavado
Future Perfect Indicative		***Imperative***	
terei lavado	teremos lavado	lava–lavai	
terás lavado	tereis lavado		
terá lavado	terão lavado		

Samples of verb usage.

A rapariga (menina *or* garota *in Brazil*) **lavou** as mãos antes do jantar.
The girl washed her hands before dinner.

O mecânico sempre **lavava-se** antes de ir para casa.
The mechanic would always wash up before going home.

Eu ia **lavar** os pratos depois do filme. *I was going to wash the dishes after the movie.*

A empregada (*also* mulher-a-dias *in Portugal*) **teria lavado** toda a roupa se tivesse tido tempo.
The maid (cleaning lady) would have washed all the clothes if she had had time.

to remind; (**-se**) to remember

Personal Infinitive
lembrar lembrarmos
lembrares lembrardes
lembrar lembrarem

Present Indicative
lembro lembramos
lembras lembrais
lembra lembram

Imperfect Indicative
lembrava lembrávamos
lembravas lembráveis
lembrava lembravam

Preterit Indicative
lembrei lembrámos
lembraste lembrastes
lembrou lembraram

Simple Pluperfect Indicative
lembrara lembráramos
lembraras lembráreis
lembrara lembraram

Future Indicative
lembrarei lembraremos
lembrarás lembrareis
lembrará lembrarão

Present Perfect Indicative
tenho lembrado temos lembrado
tens lembrado tendes lembrado
tem lembrado têm lembrado

Past Perfect or Pluperfect Indicative
tinha lembrado tínhamos lembrado
tinhas lembrado tínheis lembrado
tinha lembrado tinham lembrado

Future Perfect Indicative
terei lembrado teremos lembrado
terás lembrado tereis lembrado
terá lembrado terão lembrado

Present Subjunctive
lembre lembremos
lembres lembreis
lembre lembrem

Imperfect Subjunctive
lembrasse lembrássemos
lembrasses lembrásseis
lembrasse lembrassem

Future Subjunctive
lembrar lembrarmos
lembrares lembrardes
lembrar lembrarem

Present Indicative
tenha lembrado tenhamos lembrado
tenhas lembrado tenhais lembrado
tenha lembrado tenham lembrado

Past Perfect or Pluperfect Subjunctive
tivesse lembrado tivéssemos lembrado
tivesses lembrado tivésseis lembrado
tivesse lembrado tivessem lembrado

Future Perfect Subjunctive
tiver lembrado tivermos lembrado
tiveres lembrado tiverdes lembrado
tiver lembrado tiverem lembrado

Conditional
lembraria lembraríamos
lembrarias lembraríeis
lembraria lembrariam

Conditional Perfect
teria lembrado teríamos lembrado
terias lembrado teríeis lembrado
teria lembrado teriam lembrado

Imperative
lembra–lembrai

Samples of verb usage.

Nós **nos lembraremos** de deixar a porta aberta. *We will remember to leave the door open.*

Lembraste-te de visitar a tua avó? *Did you remember to visit your grandmother?*

Lembra-me de telefonar (ligar para *in Brazil*) o teu irmão antes de sairmos.
Remind me to call your brother before we leave.

Você faz-me **lembrar** (d)o seu pai. *You remind me of your father.*

Also see Sample Reflexive Conjugation

to read

Personal Infinitive		***Present Subjunctive***	
ler	lermos	leia	leiamos
leres	lerdes	leias	leiais
ler	lerem	leia	leiam
Present Indicative		***Imperfect Subjunctive***	
leio	lemos	lesse	lêssemos
lês	ledes	lesses	lêsseis
lê	lêem	lesse	lessem
Imperfect Indicative		***Future Subjunctive***	
lia	líamos	ler	lermos
lias	líeis	leres	lerdes
lia	liam	ler	lerem
Preterit Indicative		***Present Perfect Subjunctive***	
li	lemos	tenha lido	tenhamos lido
leste	lestes	tenhas lido	tenhais lido
leu	leram	tenha lido	tenham lido
Simple Pluperfect Indicative		***Past Perfect or Pluperfect Subjunctive***	
lera	lêramos	tivesse lido	tivéssemos lido
leras	lêreis	tivesses lido	tivésseis lido
lera	leram	tivesse lido	tivessem lido
Future Indicative		***Future Perfect Subjunctive***	
lerei	leremos	tiver lido	tivermos lido
lerás	lereis	tiveres lido	tiverdes lido
lerá	lerão	tiver lido	tiverem lido
Present Perfect Indicative		***Conditional***	
tenho lido	temos lido	leria	leríamos
tens lido	tendes lido	lerias	leríeis
tem lido	têm lido	leria	leriam
Past Perfect or Pluperfect Indicative		***Conditional Perfect***	
tinha lido	tínhamos lido	teria lido	teríamos lido
tinhas lido	tínheis lido	terias lido	teríeis lido
tinha lido	tinham lido	teria lido	teriam lido
Future Perfect Indicative		***Imperative***	
terei lido	teremos lido	lê–lede	
terás lido	tereis lido		
terá lido	terão lido		

Samples of verb usage.

Ela **lê** muito. *She reads a lot.*

(Nós) **líamos** juntas nos sábados. *We (females) used to read together on Saturdays.*

Espero que tu **leias** o jornal de hoje. *I hope you read today's paper.*

Os alunos têm que **ler** dez capítulos por dia. *The students have to read ten chapters a day.*

to lift (up); (**-se**) to get up

Personal Infinitive

levantar	levantarmos
levantares	levantardes
levantar	levantarem

Present Indicative

levanto	levantamos
levantas	levantais
levanta	levantam

Imperfect Indicative

levantava	levantávamos
levantavas	levantáveis
levantava	levantavam

Preterit Indicative

levantei	levantámos
levantaste	levantastes
levantou	levantaram

Simple Pluperfect Indicative

levantara	levantáramos
levantaras	levantáreis
levantara	levantaram

Future Indicative

levantarei	levantaremos
levantarás	levantareis
levantará	levantarão

Present Perfect Indicative

tenho levantado	temos levantado
tens levantado	tendes levantado
tem levantado	têm levantado

Past Perfect or Pluperfect Indicative

tinha levantado	tínhamos levantado
tinhas levantado	tínheis levantado
tinha levantado	tinham levantado

Future Perfect Indicative

terei levantado	teremos levantado
terás levantado	tereis levantado
terá levantado	terão levantado

Present Subjunctive

levante	levantemos
levantes	levanteis
levante	levantem

Imperfect Subjunctive

levantasse	levantássemos
levantasses	levantásseis
levantasse	levantassem

Future Subjunctive

levantar	levantarmos
levantares	levantardes
levantar	levantarem

Present Perfect Subjunctive

tenha levantado	tenhamos levantado
tenhas levantado	tenhais levantado
tenha levantado	tenham levantado

Past Perfect or Pluperfect Subjunctive

tivesse levantado	tivéssemos levantado
tivesses levantado	tivésseis levantado
tivesse levantado	tivessem levantado

Future Perfect Subjunctive

tiver levantado	tivermos levantado
tiveres levantado	tiverdes levantado
tiver levantado	tiverem levantado

Conditional

levantaria	levantaríamos
levantarias	levantaríeis
levantaria	levantariam

Conditional Perfect

teria levantado	teríamos levantado
terias levantado	teríeis levantado
teria levantado	teriam levantado

Imperative

levanta–levantai

Samples of verb usage.

O trabalhador **levantou** a caixa mais pesada sem esforço nenhum.
The worker lifted the heaviest box without any effort.

Levanta-te, já está na hora de sair. *Get up, it is time to leave.*

Quando acordámos, a nossa mãe já **tinha-se levantado**.
When we woke up, our mother had already gotten up.

Você **se levantou** cedo hoje? *Did you get up early today?*

to take, carry; to wear (articles of clothing)

Personal Infinitive
levar levarmos
levares levardes
levar levarem

Present Indicative
levo levamos
levas levais
leva *levam**

Imperfect Indicative
levava levávamos
levavas leváveis
levava levavam

Preterit Indicative
levei levámos
levaste levastes
levou levaram

Simple Pluperfect Indicative
levara leváramos
levaras leváreis
levara levaram

Future Indicative
levarei levaremos
levarás levareis
levará levarão

Present Perfect Indicative
tenho levado temos levado
tens levado tendes levado
tem levado têm levado

Past Perfect or Pluperfect Indicative
tinha levado tínhamos levado
tinhas levado tínheis levado
tinha levado tinham levado

Future Perfect Indicative
terei levado teremos levado
terás levado tereis levado
terá levado terão levado

Present Subjunctive
leve levemos
leves leveis
leve *levem**

Imperfect Subjunctive
levasse levássemos
levasses levásseis
levasse levassem

Future Subjunctive
levar levarmos
levares levardes
levar levarem

Present Perfect Subjunctive
tenha levado tenhamos levado
tenhas levado tenhais levado
tenha levado tenham levado

Past Perfect or Pluperfect Subjunctive
tivesse levado tivéssemos levado
tivesses levado tivésseis levado
tivesse levado tivessem levado

Future Perfect Subjunctive
tiver levado tivermos levado
tiveres levado tiverdes levado
tiver levado tiverem levado

Conditional
levaria levaríamos
levarias levaríeis
levaria levariam

Conditional Perfect
teria levado teríamos levado
terias levado teríeis levado
teria levado teriam levado

Imperative
*leva**–levai

Samples of verb usage.

Quero que você **leve** o seu irmão à escola. *I want you to take your brother to school.*

Levaremos vinho à (para a) festa. *We'll take wine to the party.*

O golpe **levará** os militares ao poder. *The coup will carry the military into power.*

Terás que **levar** um casaco hoje porque faz muito frio.
You'll have to wear a jacket (coat) today because it's really cold.

*NOTE: Only the radical-changing verb forms with *open* stressed vowels appear in italic type. For further explanation see Foreword.

to connect, join, tie; to phone; to pay attention to; to turn on

Personal Infinitive

ligar	ligarmos
ligares	ligardes
ligar	ligarem

Present Indicative

ligo	ligamos
ligas	ligais
liga	ligam

Imperfect Indicative

ligava	ligávamos
ligavas	ligáveis
ligava	ligavam

Preterit Indicative

liguei	ligámos
ligaste	ligastes
ligou	ligaram

Simple Pluperfect Indicative

ligara	ligáramos
ligaras	ligáreis
ligara	ligaram

Future Indicative

ligarei	ligaremos
ligarás	ligareis
ligará	ligarão

Present Perfect Indicative

tenho ligado	temos ligado
tens ligado	tendes ligado
tem ligado	têm ligado

Past Perfect or Pluperfect Indicative

tinha ligado	tínhamos ligado
tinhas ligado	tínheis ligado
tinha ligado	tinham ligado

Future Perfect Indicative

terei ligado	teremos ligado
terás ligado	tereis ligado
terá ligado	terão ligado

Present Subjunctive

ligue	liguemos
ligues	ligueis
ligue	liguem

Imperfect Subjunctive

ligasse	ligássemos
ligasses	ligásseis
ligasse	ligassem

Future Subjunctive

ligar	ligarmos
ligares	ligardes
ligar	ligarem

Present Perfect Subjunctive

tenha ligado	tenhamos ligado
tenhas ligado	tenhais ligado
tenha ligado	tenham ligado

Past Perfect or Pluperfect Subjunctive

tivesse ligado	tivéssemos ligado
tivesses ligado	tivésseis ligado
tivesse ligado	tivessem ligado

Future Perfect Subjunctive

tiver ligado	tivermos ligado
tiveres ligado	tiverdes ligado
tiver ligado	tiverem ligado

Conditional

ligaria	ligaríamos
ligarias	ligaríeis
ligaria	ligariam

Conditional Perfect

teria ligado	teríamos ligado
terias ligado	teríeis ligado
teria ligado	teriam ligado

Imperative

liga–ligai

Samples of verb usage.

A (auto)estrada vai **ligar** as duas cidades. *The highway will connect the two cities.*

(Tu) nunca **ligas** quando falo. *You never pay attention when I talk.*

Ligue para mim mais tarde. *(In Brazil) Call me later.*

O presidente do banco **ligou** o alarme antes de sair.
The president of the bank turned on the alarm before he left.

to limit; to restrict

Personal Infinitive		***Present Subjunctive***	
limitar	limitarmos	limite	limitemos
limitares	limitardes	limites	limiteis
limitar	limitarem	limite	limitem
Present Indicative		***Imperfect Subjunctive***	
limito	limitamos	limitasse	limitássemos
limitas	limitais	limitasses	limitásseis
limita	limitam	limitasse	limitassem
Imperfect Indicative		***Future Subjunctive***	
limitava	limitávamos	limitar	limitarmos
limitavas	limitáveis	limitares	limitardes
limitava	limitavam	limitar	limitarem
Preterit Indicative		***Present Perfect Subjunctive***	
limitei	limitámos	tenha limitado	tenhamos limitado
limitaste	limitastes	tenhas limitado	tenhais limitado
limitou	limitaram	tenha limitado	tenham limitado
Simple Pluperfect Indicative		***Past Perfect or Pluperfect Subjunctive***	
limitara	limitáramos	tivesse limitado	tivéssemos limitado
limitaras	limitáreis	tivesses limitado	tivésseis limitado
limitara	limitaram	tivesse limitado	tivessem limitado
Future Indicative		***Future Perfect Subjunctive***	
limitarei	limitaremos	tiver limitado	tivermos limitado
limitarás	limitareis	tiveres limitado	tiverdes limitado
limitará	limitarão	tiver limitado	tiverem limitado
Present Perfect Indicative		***Conditional***	
tenho limitado	temos limitado	limitaria	limitaríamos
tens limitado	tendes limitado	limitarias	limitaríeis
tem limitado	têm limitado	limitaria	limitariam
Past Perfect or Pluperfect Indicative		***Conditional Perfect***	
tinha limitado	tínhamos limitado	teria limitado	teríamos limitado
tinhas limitado	tínheis limitado	terias limitado	teríeis limitado
tinha limitado	tinham limitado	teria limitado	teriam limitado
Future Perfect Indicative		***Imperative***	
terei limitado	teremos limitado	limita–limitai	
terás limitado	tereis limitado		
terá limitado	terão limitado		

Samples of verb usage.

Não **se limite** a isso. *Don't limit yourself to that.*

As circunstâncias **limitavam** a solução do problema.
The circumstances limited the solutions to the problem.

A maneira possessiva dele **tinha limitado** o número dos seus amigos.
His possessive ways had limited the number of his friends.

Esta área é **limitada** aos militares. *This area is restricted to military personnel.*

to clean

Personal Infinitive
limpar limparmos
limpares limpardes
limpar limparem

Present Indicative
limpo limpamos
limpas limpais
limpa limpam

Imperfect Indicative
limpava limpávamos
limpavas limpáveis
limpava limpavam

Preterit Indicative
limpei limpámos
limpaste limpastes
limpou limparam

Simple Pluperfect Indicative
limpara limpáramos
limparas limpáreis
limpara limparam

Future Indicative
limparei limparemos
limparás limpareis
limpará limparão

Present Perfect Indicative
tenho limpado temos limpado
tens limpado tendes limpado
tem limpado têm limpado

Past Perfect or Pluperfect Indicative
tinha limpado tínhamos limpado
tinhas limpado tínheis limpado
tinha limpado tinham limpado

Future Perfect Indicative
terei limpado teremos limpado
terás limpado tereis limpado
terá limpado terão limpado

Present Subjunctive
limpe limpemos
limpes limpeis
limpe limpem

Imperfect Subjunctive
limpasse limpássemos
limpasses limpásseis
limpasse limpassem

Future Subjunctive
limpar limparmos
limpares limpardes
limpar limparem

Present Perfect Subjunctive
tenha limpado tenhamos limpado
tenhas limpado tenhais limpado
tenha limpado tenham limpado

Past Perfect or Pluperfect Subjunctive
tivesse limpado tivéssemos limpado
tivesses limpado tivésseis limpado
tivesse limpado tivessem limpado

Future Perfect Subjunctive
tiver limpado tivermos limpado
tiveres limpado tiverdes limpado
tiver limpado tiverem limpado

Conditional
limparia limparíamos
limparias limparíeis
limparia limpariam

Conditional Perfect
teria limpado teríamos limpado
terias limpado teríeis limpado
teria limpado teriam limpado

Imperative
limpa–limpai

Samples of verb usage.

Você quer que eu **limpe** as janelas? *Do you want me to clean the windows?*

Vocês **limparam** atrás das orelhas? *Did you clean behind your ears?*

Eu já **tinha limpado** aí. *I had already cleaned over there.*

Ele **tem limpado** o seu quarto muito ultimamente. *He has been cleaning (up) his room a lot lately.*

to fight, struggle

Personal Infinitive		***Present Subjunctive***	
lutar	lutarmos	lute	lutemos
lutares	lutardes	lutes	luteis
lutar	lutarem	lute	lutem
Present Indicative		***Imperfect Subjunctive***	
luto	lutamos	lutasse	lutássemos
lutas	lutais	lutasses	lutásseis
luta	lutam	lutasse	lutassem
Imperfect Indicative		***Future Subjunctive***	
lutava	lutávamos	lutar	lutarmos
lutavas	lutáveis	lutares	lutardes
lutava	lutavam	lutar	lutarem
Preterit Indicative		***Present Perfect Subjunctive***	
lutei	lutámos	tenha lutado	tenhamos lutado
lutaste	lutastes	tenhas lutado	tenhais lutado
lutou	lutaram	tenha lutado	tenham lutado
Simple Pluperfect Indicative		***Past Perfect or Pluperfect Subjunctive***	
lutara	lutáramos	tivesse lutado	tivéssemos lutado
lutaras	lutáreis	tivesses lutado	tivésseis lutado
lutara	lutaram	tivesse lutado	tivessem lutado
Future Indicative		***Future Perfect Subjunctive***	
lutarei	lutaremos	tiver lutado	tivermos lutado
lutarás	lutareis	tiveres lutado	tiverdes lutado
lutará	lutarão	tiver lutado	tiverem lutado
Present Perfect Indicative		***Conditional***	
tenho lutado	temos lutado	lutaria	lutaríamos
tens lutado	tendes lutado	lutarias	lutaríeis
tem lutado	têm lutado	lutaria	lutariam
Past Perfect or Pluperfect Indicative		***Conditional Perfect***	
tinha lutado	tínhamos lutado	teria lutado	teríamos lutado
tinhas lutado	tínheis lutado	terias lutado	teríeis lutado
tinha lutado	tinham lutado	teria lutado	teriam lutado
Future Perfect Indicative		***Imperative***	
terei lutado	teremos lutado	luta–lutai	
terás lutado	tereis lutado		
terá lutado	terão lutado		

Samples of verb usage.

Verás como ele **lutará** com muita coragem. *You'll see how he'll fight courageously.*

Ao fim do dia **terei lutado** contra dez adversários. *By day's end I will have fought ten adversaries.*

Você não **lutaria** pelo seu país? *Wouldn't you fight for your country?*

As forças do bem têm sempre que **lutar** contra as do mal.
The forces of good must always struggle against those of evil.

to bruise; to crush, smash; (**-se**) to get hurt

Personal Infinitive
machucar machucarmos
machucares machucardes
machucar machucarem

Present Indicative
machuco machucamos
machucas machucais
machuca machucam

Imperfect Indicative
machucava machucávamos
machucavas machucáveis
machucava machucavam

Preterit Indicative
machuquei machucámos
machucaste machucastes
machucou machucaram

Simple Pluperfect Indicative
machucara machucáramos
machucaras machucáreis
machucara machucaram

Future Indicative
machucarei machucaremos
machucarás machucareis
machucará machucarão

Present Perfect Indicative
tenho machucado temos machucado
tens machucado tendes machucado
tem machucado têm machucado

Past Perfect or Pluperfect Indicative
tinha machucado tínhamos machucado
tinhas machucado tínheis machucado
tinha machucado tinham machucado

Future Perfect Indicative
terei machucado teremos machucado
terás machucado tereis machucado
terá machucado terão machucado

Present Subjunctive
machuque machuquemos
machuques machuqueis
machuque machuquem

Imperfect Subjunctive
machucasse machucássemos
machucasses machucásseis
machucasse machucassem

Future Subjunctive
machucar machucarmos
machucares machucardes
machucar machucarem

Present Perfect Subjunctive
tenha machucado tenhamos machucado
tenhas machucado tenhais machucado
tenha machucado tenham machucado

Past Perfect or Pluperfect Subjunctive
tivesse machucado tivéssemos machucado
tivesses machucado tivésseis machucado
tivesse machucado tivessem machucado

Future Perfect Subjunctive
tiver machucado tivermos machucado
tiveres machucado tiverdes machucado
tiver machucado tiverem machucado

Conditional
machucaria machucaríamos
machucarias machucaríeis
machucaria machucariam

Conditional Perfect
teria machucado teríamos machucado
terias machucado teríeis machucado
teria machucado teriam machucado

Imperative
machuca–machucai

Samples of verb usage.

Não quero que você **se machuque**. *I don't want you to bruise yourself.*

Se a **machucares**, eu te matarei. *If you hurt her, I'll kill you.*

O meu chapéu ficou todo **machucado**. *My hat got all smashed (crushed).*

Ele **machucou-se** brigando com o irmão. *He got hurt fighting with his brother.*

to hurt, wound; to upset, distress

Personal Infinitive
magoar magoarmos
magoares magoardes
magoar magoarem

Present Indicative
magoo magoamos
magoas magoais
magoa magoam

Imperfect Indicative
magoava magoávamos
magoavas magoáveis
magoava magoavam

Preterit Indicative
magoei magoámos
magoaste magoastes
magoou magoaram

Simple Pluperfect Indicative
magoara magoáramos
magoaras magoáreis
magoara magoaram

Future Indicative
magoarei magoaremos
magoarás magoareis
magoará magoarão

Present Perfect Indicative
tenho magoado temos magoado
tens magoado tendes magoado
tem magoado têm magoado

Past Perfect or Pluperfect Indicative
tinha magoado tínhamos magoado
tinhas magoado tínheis magoado
tinha magoado tinham magoado

Future Perfect Indicative
terei magoado teremos magoado
terás magoado tereis magoado
terá magoado terão magoado

Present Subjunctive
magoe magoemos
magoes magoeis
magoe magoem

Imperfect Subjunctive
magoasse magoássemos
magoasses magoásseis
magoasse magoassem

Future Subjunctive
magoar magoarmos
magoares magoardes
magoar magoarem

Present Perfect Subjunctive
tenha magoado tenhamos magoado
tenhas magoado tenhais magoado
tenha magoado tenham magoado

Past Perfect or Pluperfect Subjunctive
tivesse magoado tivéssemos magoado
tivesses magoado tivésseis magoado
tivesse magoado tivessem magoado

Future Perfect Subjunctive
tiver magoado tivermos magoado
tiveres magoado tiverdes magoado
tiver magoado tiverem magoado

Conditional
magoaria magoaríamos
magoarias magoaríeis
magoaria magoariam

Conditional Perfect
teria magoado teríamos magoado
terias magoado teríeis magoado
teria magoado teriam magoado

Imperative
magoa–magoai

Samples of verb usage.

Pára! Estás **a magoar**-me (**magoando**-me *in Brazil*). *Stop! You're hurting me.*

O marido **magoou** a sua mulher (esposa) com o seu comportamento.
The husband hurt his wife by his behavior.

Ela já **tinha-se magoado** antes. *She had already gotten hurt before.*

Se fizeres isso, vais-me **magoar.** *If you do that, you're going to hurt me.*

to stain

Personal Infinitive
manchar mancharmos
manchares manchardes
manchar mancharem

Present Indicative
mancho manchamos
manchas manchais
mancha mancham

Imperfect Indicative
manchava manchávamos
manchavas mancháveis
manchava manchavam

Preterit Indicative
manchei manchámos
manchaste manchastes
manchou mancharam

Simple Pluperfect Indicative
manchara mancháramos
mancharas manch....

Future Indicative
mancharei mancharemos
mancharás manchareis
manchará mancharão

Present Perfect Indicative
tenho manchado temos manchado
tens manchado tendes manchado
tem manchado têm manchado

Past Perfect or Pluperfect Indicative
tinha manchado tínhamos manchado
tinhas manchado tínheis manchado
tinha manchado tinham manchado

Future Perfect Indicative
terei manchado teremos manchado
terás manchado tereis manchado
terá manchado terão manchado

Present Subjunctive
manche manchemos
manches mancheis
manche manchem

Imperfect Subjunctive
manchasse manchássemos
manchasses manchásseis
manchasse manchassem

Future Subjunctive
manchar mancharmos
manchares manchardes
manchar mancharem

Present Perfect Subjunctive
tenha manchado tenhamos manchado
tenhas manchado tenhais manchado
tenha manchado tenham manchado

Past Perfect or Pluperfect Subjunctive
tivesse manchado tivéssemos manchado
tivesses manchado tivésseis manchado
tivesse manchado tivessem manchado

Future Perfect Subjunctive
tiver manchado tivermos manchado
tiveres manchado tiverdes manchado
tiver manchado tiverem manchado

Conditional
mancharia mancharíamos
mancharias mancharíeis
mancharia manchariam

Conditional Perfect
teria manchado teríamos manchado
terias manchado teríeis manchado
teria manchado teriam manchado

Imperative
mancha–manchai

Samples of verb usage.

A menina **manchou** a sua camisa com mustarda. *The little girl stained her shirt with mustard.*
Ele já **tinha manchado** todas as suas roupas. *He had already stained all of his clothes.*
Você **manchará** a minha reputação com essa mentira. *You will stain my reputation with that lie.*
Se você **manchar** o meu vestido, pagará por um novo. *If you stain my dress, you'll pay for a new one.*

to order, give orders; to send

Personal Infinitive

mandar	mandarmos
mandares	mandardes
mandar	mandarem

Present Indicative

mando	mandamos
mandas	mandais
manda	mandam

Imperfect Indicative

mandava	mandávamos
mandavas	mandáveis
mandava	mandavam

Preterit Indicative

mandei	mandámos
mandaste	mandastes
mandou	mandaram

Simple Pluperfect Indicative

mandara	mandáramos
mandaras	mandáreis
mandara	mandaram

Future Indicative

mandarei	mandaremos
mandarás	mandareis
mandará	mandarão

Present Perfect Indicative

tenho mandado	temos mandado
tens mandado	tendes mandado
tem mandado	têm mandado

Past Perfect or Pluperfect Indicative

tinha mandado	tínhamos mandado
tinhas mandado	tínheis mandado
tinha mandado	tinham mandado

Future Perfect Indicative

terei mandado	teremos mandado
terás mandado	tereis mandado
terá mandado	terão mandado

Present Subjunctive

mande	mandemos
mandes	mandeis
mande	mandem

Imperfect Subjunctive

mandasse	mandássemos
mandasses	mandásseis
mandasse	mandassem

Future Subjunctive

mandar	mandarmos
mandares	mandardes
mandar	mandarem

Present Perfect Subjunctive

tenha mandado	tenhamos mandado
tenhas mandado	tenhais mandado
tenha mandado	tenham mandado

Past Perfect or Pluperfect Subjunctive

tivesse mandado	tivéssemos mandado
tivesses mandado	tivésseis mandado
tivesse mandado	tivessem mandado

Future Perfect Subjunctive

tiver mandado	tivermos mandado
tiveres mandado	tiverdes mandado
tiver mandado	tiverem mandado

Conditional

mandaria	mandaríamos
mandarias	mandaríeis
mandaria	mandariam

Conditional Perfect

teria mandado	teríamos mandado
terias mandado	teríeis mandado
teria mandado	teriam mandado

Imperative

manda–mandai

Samples of verb usage.

Ultimamente ele **tem**-me **mandado** fazer coisas que eu não quero fazer.
Lately he's been ordering me to do things that I don't want to do.

O poderoso chefão é quem **manda** em Chicago.
The godfather is the one who gives the orders in Chicago.

Mande alguém ir buscar um jornal. *Send someone to go pick up a newspaper.*

Quem te **mandou** aqui? *Who sent you here?*

to chew

Personal Infinitive
mastigar mastigarmos
mastigares mastigardes
mastigar mastigarem

Present Indicative
mastigo mastigamos
mastigas mastigais
mastiga mastigam

Imperfect Indicative
mastigava mastigávamos
mastigavas mastigáveis
mastigava mastigavam

Preterit Indicative
mastiguei mastigámos
mastigaste mastigastes
mastigou mastigaram

Simple Pluperfect Indicative
mastigara mastigáramos
mastigaras mastigáreis
mastigara mastigaram

Future Indicative
mastigarei mastigaremos
mastigarás mastigareis
mastigará mastigarão

Present Perfect Indicative
tenho mastigado temos mastigado
tens mastigado tendes mastigado
tem mastigado têm mastigado

Past Perfect or Pluperfect Indicative
tinha mastigado tínhamos mastigado
tinhas mastigado tínheis mastigado
tinha mastigado tinham mastigado

Future Perfect Indicative
terei mastigado teremos mastigado
terás mastigado tereis mastigado
terá mastigado terão mastigado

Present Subjunctive
mastigue mastiguemos
mastigues mastigueis
mastigue mastiguem

Imperfect Subjunctive
mastigasse mastigássemos
mastigasses mastigásseis
mastigasse mastigassem

Future Subjunctive
mastigar mastigarmos
mastigares mastigardes
mastigar mastigarem

Present Perfect Subjunctive
tenha mastigado tenhamos mastigado
tenhas mastigado tenhais mastigado
tenha mastigado tenham mastigado

Past Perfect or Pluperfect Subjunctive
tivesse mastigado tivéssemos mastigado
tivesses mastigado tivésseis mastigado
tivesse mastigado tivessem mastigado

Future Perfect Subjunctive
tiver mastigado tivermos mastigado
tiveres mastigado tiverdes mastigado
tiver mastigado tiverem mastigado

Conditional
mastigaria mastigaríamos
mastigarias mastigaríeis
mastigaria mastigariam

Conditional Perfect
teria mastigado teríamos mastigado
terias mastigado teríeis mastigado
teria mastigado teriam mastigado

Imperative
mastiga–mastigai

Samples of verb usage.

A mãe mandou o filho **mastigar** com calma. *The mother told her son to chew slowly.*

Por falta de dentes, o velhinho tinha que **mastigar** com as gengivas.
Since he had no teeth, the little old man had to chew with his gums.

Mastigue a comida vinte vezes antes de engolir. *Chew your food twenty times before swallowing.*

Se tu **mastigares** bem essa pastilha, terá efeito ainda mais rápido.
If you chew that pill thoroughly, it will take effect even faster.

to kill; to murder

Personal Infinitive
matar matarmos
matares matardes
matar matarem

Present Indicative
mato matamos
matas matais
mata matam

Imperfect Indicative
matava matávamos
matavas matáveis
matava matavam

Preterit Indicative
matei matámos
mataste matastes
matou mataram

Simple Pluperfect Indicative
matara matáramos
mataras matáreis
matara mataram

Future Indicative
matarei mataremos
matarás matareis
matará matarão

Present Perfect Indicative
tenho matado temos matado
tens matado tendes matado
tem matado têm matado

Past Perfect or Pluperfect Indicative
tinha matado tínhamos matado
tinhas matado tínheis matado
tinha matado tinham matado

Future Perfect Indicative
terei matado teremos matado
terás matado tereis matado
terá matado terão matado

Present Subjunctive
mate matemos
mates mateis
mate matem

Imperfect Subjunctive
matasse matássemos
matasses matásseis
matasse matassem

Future Subjunctive
matar matarmos
matares matardes
matar matarem

Present Perfect Subjunctive
tenha matado tenhamos matado
tenhas matado tenhais matado
tenha matado tenham matado

Past Perfect or Pluperfect Subjunctive
tivesse matado tivéssemos matado
tivesses matado tivésseis matado
tivesse matado tivessem matado

Future Perfect Subjunctive
tiver matado tivermos matado
tiveres matado tiverdes matado
tiver matado tiverem matado

Conditional
mataria mataríamos
matarias mataríeis
mataria matariam

Conditional Perfect
teria matado teríamos matado
terias matado teríeis matado
teria matado teriam matado

Imperative
mata–matai

Samples of verb usage.

A polícia determinou que a vítima **foi morta** ontem à noite.
The police determined that the victim was murdered last night.

Esse louco já **tinha matado** mais de cinquenta pessoas.
That lunatic (crazy man) had already murdered over fifty people.

Tu não podias **matar** nem um inse(c)to. *You couldn't even kill a bug.*

Ela **se mata** de (a) trabalhar. *She's working herself to death.*

to measure

Personal Infinitive
medir medirmos
medires medirdes
medir medirem

Present Indicative
meço medimos
medes medis
mede *medem**

Imperfect Indicative
media medíamos
medias medíeis
media mediam

Preterit Indicative
medi medimos
mediste medistes
mediu mediram

Simple Pluperfect Indicative
medira medíramos
mediras medíreis
medira mediram

Future Indicative
medirei mediremos
medirás medireis
medirá medirão

Present Perfect Indicative
tenho medido temos medido
tens medido tendes medido
tem medido têm medido

Past Perfect or Pluperfect Indicative
tinha medido tínhamos medido
tinhas medido tínheis medido
tinha medido tinham medido

Future Perfect Indicative
terei medido teremos medido
terás medido tereis medido
terá medido terão medido

Present Subjunctive
meça meçamos
meças meçais
meça *meçam**

Imperfect Subjunctive
medisse medíssemos
medisses medísseis
medisse medissem

Future Subjunctive
medir medirmos
medires medirdes
medir medirem

Present Perfect Subjunctive
tenha medido tenhamos medido
tenhas medido tenhais medido
tenha medido tenham medido

Past Perfect or Pluperfect Subjunctive
tivesse medido tivéssemos medido
tivesses medido tivésseis medido
tivesse medido tivessem medido

Future Perfect Subjunctive
tiver medido tivermos medido
tiveres medido tiverdes medido
tiver medido tiverem medido

Conditional
mediria mediríamos
medirias mediríeis
mediria mediriam

Conditional Perfect
teria medido teríamos medido
terias medido teríeis medido
teria medido teriam medido

Imperative
*mede**– medi

Samples of verb usage.

O aluno **mediu** a distância com a régua. *The student measured the distance with the ruler.*

Eu **meço** tudo com muito cuidado. *I measure everything with great care.*

Quero que **meça** aquele senhor que acaba de entrar na loja.
I want you to measure that gentleman who just came into the store.

O orador **media** as suas palavras. *The orator measured his words.*

*NOTE: Only the radical-changing verb forms with *open* stressed vowels appear in italic type. For further explanation see Foreword.

to improve, make *or* get *or* become better

Personal Infinitive

melhorar	melhorarmos
melhorares	melhorardes
melhorar	melhorarem

Present Indicative

melhoro	melhoramos
melhoras	melhorais
melhora	*melhoram**

Imperfect Indicative

melhorava	melhorávamos
melhoravas	melhoráveis
melhorava	melhoravam

Preterit Indicative

melhorei	melhorámos
melhoraste	melhorastes
melhorou	melhoraram

Simple Pluperfect Indicative

melhorara	melhoráramos
melhoraras	melhoráreis
melhorara	melhoraram

Future Indicative

melhorarei	melhoraremos
melhorarás	melhorareis
melhorará	melhorarão

Present Perfect Indicative

tenho melhorado	temos melhorado
tens melhorado	tendes melhorado
tem melhorado	têm melhorado

Past Perfect or Pluperfect Indicative

tinha melhorado	tínhamos melhorado
tinhas melhorado	tínheis melhorado
tinha melhorado	tinham melhorado

Future Perfect Indicative

terei melhorado	teremos melhorado
terás melhorado	tereis melhorado
terá melhorado	terão melhorado

Present Subjunctive

melhore	melhoremos
melhores	melhoreis
melhore	*melhorem**

Imperfect Subjunctive

melhorasse	melhorássemos
melhorasses	melhorásseis
melhorasse	melhorassem

Future Subjunctive

melhorar	melhorarmos
melhorares	melhorardes
melhorar	melhorarem

Present Perfect Subjunctive

tenha melhorado	tenhamos melhorado
tenhas melhorado	tenhais melhorado
tenha melhorado	tenham melhorado

Past Perfect or Pluperfect Subjunctive

tivesse melhorado	tivéssemos melhorado
tivesses melhorado	tivésseis melhorado
tivesse melhorado	tivessem melhorado

Future Perfect Subjunctive

tiver melhorado	tivermos melhorado
tiveres melhorado	tiverdes melhorado
tiver melhorado	tiverem melhorado

Conditional

melhoraria	melhoraríamos
melhorarias	melhoraríeis
melhoraria	melhorariam

Conditional Perfect

teria melhorado	teríamos melhorado
terias melhorado	teríeis melhorado
teria melhorado	teriam melhorado

Imperative

*melhora**–melhorai

Samples of verb usage.

Esperamos **melhorar** a tua vida. *We hope to make your life better.*

A companhia **melhorou** a qualidade dos seus produtos.
The company improved the quality of its products.

Espero que ele **melhore** logo. *I hope he gets better soon.*

Quando eu **tiver melhorado**, viajaremos pelo mundo inteiro.
When I get better, we'll travel around the world.

*NOTE: Only the radical-changing verb forms with *open* stressed vowels appear in italic type. For further explanation see Foreword.

to mention

Personal Infinitive	
mencionar	mencionarmos
mencionares	mencionardes
mencionar	mencionarem
Present Indicative	
menciono	mencionamos
mencionas	mencionais
menciona	mencionam
Imperfect Indicative	
mencionava	mencionávamos
mencionavas	mencionáveis
mencionava	mencionavam
Preterit Indicative	
mencionei	mencionámos
mencionaste	mencionastes
mencionou	mencionaram
Simple Pluperfect Indicative	
mencionara	mencionáramos
mencionaras	mencionáreis
mencionara	mencionaram
Future Indicative	
mencionarei	mencionaremos
mencionarás	mencionareis
mencionará	mencionarão
Present Perfect Indicative	
tenho mencionado	temos mencionado
tens mencionado	tendes mencionado
tem mencionado	têm mencionado
Past Perfect or Pluperfect Indicative	
tinha mencionado	tínhamos mencionado
tinhas mencionado	tínheis mencionado
tinha mencionado	tinham mencionado
Future Perfect Indicative	
terei mencionado	teremos mencionado
terás mencionado	tereis mencionado
terá mencionado	terão mencionado

Present Subjunctive	
mencione	mencionemos
menciones	mencioneis
mencione	mencionem
Imperfect Subjunctive	
mencionasse	mencionássemos
mencionasses	mencionásseis
mencionasse	mencionassem
Future Subjunctive	
mencionar	mencionarmos
mencionares	mencionardes
mencionar	mencionarem
Present Perfect Subjunctive	
tenha mencionado	tenhamos mencionado
tenhas mencionado	tenhais mencionado
tenha mencionado	tenham mencionado
Past Perfect or Pluperfect Subjunctive	
tivesse mencionado	tivéssemos mencionado
tivesses mencionado	tivésseis mencionado
tivesse mencionado	tivessem mencionado
Future Perfect Subjunctive	
tiver mencionado	tivermos mencionado
tiveres mencionado	tiverdes mencionado
tiver mencionado	tiverem mencionado
Conditional	
mencionaria	mencionaríamos
mencionarias	mencionaríeis
mencionaria	mencionariam
Conditional Perfect	
teria mencionado	teríamos mencionado
terias mencionado	teríeis mencionado
teria mencionado	teriam mencionado
Imperative	
menciona–mencionai	

Samples of verb usage.

Não **mencione** o meu nome. *Don't mention my name.*

Ela **mencionará** o produto na propaganda. *She'll mention the product in the commercial.*

Você não deve **mencionar** aquele escândalo na festa. *You shouldn't mention that scandal at the party.*

Eu **menciono** os meus obje(c)tivos sempre que tenho uma oportunidade.
I mention my goals whenever I have a chance.

to lie, tell a lie

Personal Infinitive

mentir	mentirmos
mentires	mentirdes
mentir	mentirem

Present Indicative

minto	mentimos
mentes	mentis
mente	mentem

Imperfect Indicative

mentia	mentíamos
mentias	mentíeis
mentia	mentiam

Preterit Indicative

menti	mentimos
mentiste	mentistes
mentiu	mentiram

Simple Pluperfect Indicative

mentira	mentíramos
mentiras	mentíreis
mentira	mentiram

Future Indicative

mentirei	mentiremos
mentirás	mentireis
mentirá	mentirão

Present Perfect Indicative

tenho mentido	temos mentido
tens mentido	tendes mentido
tem mentido	têm mentido

Past Perfect or Pluperfect Indicative

tinha mentido	tínhamos mentido
tinhas mentido	tínheis mentido
tinha mentido	tinham mentido

Future Perfect Indicative

terei mentido	teremos mentido
terás mentido	tereis mentido
terá mentido	terão mentido

Present Subjunctive

minta	mintamos
mintas	mintais
minta	mintam

Imperfect Subjunctive

mentisse	mentíssemos
mentisses	mentísseis
mentisse	mentissem

Future Subjunctive

mentir	mentirmos
mentires	mentirdes
mentir	mentirem

Present Perfect Subjunctive

tenha mentido	tenhamos mentido
tenhas mentido	tenhais mentido
tenha mentido	tenham mentido

Past Perfect or Pluperfect Subjunctive

tivesse mentido	tivéssemos mentido
tivesses mentido	tivésseis mentido
tivesse mentido	tivessem mentido

Future Perfect Subjunctive

tiver mentido	tivermos mentido
tiveres mentido	tiverdes mentido
tiver mentido	tiverem mentido

Conditional

mentiria	mentiríamos
mentirias	mentiríeis
mentiria	mentiriam

Conditional Perfect

teria mentido	teríamos mentido
terias mentido	teríeis mentido
teria mentido	teriam mentido

Imperative

mente–menti

Samples of verb usage.

Não **minta**! *Don't lie!*

Eles sempre **mentem**. *They always lie*.

Já me **mentiste** várias vezes. *You've already lied to me several times*.

Ela nunca **mente** diante dos seus pais. *She never tells lies in front of her parents*.

to deserve

Personal Infinitive		***Present Subjunctive***	
merecer	merecermos	mereça	mereçamos
mereceres	merecerdes	mereças	mereçais
merecer	merecerem	mereça	mereçam
Present Indicative		***Imperfect Subjunctive***	
mereço	merecemos	merecesse	merecêssemos
mereces	mereceis	merecesses	merecêsseis
merece	*merecem**	merecesse	merecessem
Imperfect Indicative		***Future Subjunctive***	
merecia	merecíamos	merecer	merecermos
merecias	merecíeis	mereceres	merecerdes
merecia	mereciam	merecer	merecerem
Preterit Indicative		***Present Perfect Subjunctive***	
mereci	merecemos	tenha merecido	tenhamos merecido
mereceste	merecestes	tenhas merecido	tenhais merecido
mereceu	mereceram	tenha merecido	tenham merecido
Simple Pluperfect Indicative		***Past Perfect or Pluperfect Subjunctive***	
merecera	merecêramos	tivesse merecido	tivéssemos merecido
mereceras	merecêreis	tivesses merecido	tivésseis merecido
merecera	mereceram	tivesse merecido	tivessem merecido
Future Indicative		***Future Perfect Subjunctive***	
merecerei	mereceremos	tiver merecido	tivermos merecido
merecerás	merecereis	tiveres merecido	tiverdes merecido
merecerá	merecerão	tiver merecido	tiverem merecido
Present Perfect Indicative		***Conditional***	
tenho merecido	temos merecido	mereceria	mereceríamos
tens merecido	tendes merecido	merecerias	mereceríeis
tem merecido	têm merecido	mereceria	mereceriam
Past Perfect or Pluperfect Indicative		***Conditional Perfect***	
tinha merecido	tínhamos merecido	teria merecido	teríamos merecido
tinhas merecido	tínheis merecido	terias merecido	teríeis merecido
tinha merecido	tinham merecido	teria merecido	teriam merecido
Future Perfect Indicative		***Imperative***	
terei merecido	teremos merecido	*merece**– merecei	
terás merecido	tereis merecido		
terá merecido	terão merecido		

Samples of verb usage.

Ela **merece** uma promoção. *She deserves a promotion.*

Acho que o aumento do seu salário é bem **merecido**.
I think that the increase in your salary is well deserved.

Se eu **tivesse merecido** o prémio (prêmio *in Brazil*), o teria ganho.
If I had deserved the award, I would have won it.

Ele **mereceu** o que recebeu. *He deserved everything he got.*

*NOTE: Only the radical-changing verb forms with *open* stressed vowels appear in italic type. For further explanation see Foreword.

to put *or* stick in; (**-se**) to get oneself into

Personal Infinitive
meter metermos
meteres meterdes
meter meterem

Present Indicative
meto metemos
metes meteis
mete *metem**

Imperfect Indicative
metia metíamos
metias metíeis
metia metiam

Preterit Indicative
meti metemos
meteste metestes
meteu meteram

Simple Pluperfect Indicative
metera metêramos
meteras metêreis
metera meteram

Future Indicative
meterei meteremos
meterás metereis
meterá meterão

Present Perfect Indicative
tenho metido temos metido
tens metido tendes metido
tem metido têm metido

Past Perfect or Pluperfect Indicative
tinha metido tínhamos metido
tinhas metido tínheis metido
tinha metido tinham metido

Future Perfect Indicative
terei metido teremos metido
terás metido tereis metido
terá metido terão metido

Present Subjunctive
meta metamos
metas metais
meta metam

Imperfect Subjunctive
metesse metêssemos
metesses metêsseis
metesse metessem

Future Subjunctive
meter metermos
meteres meterdes
meter meterem

Present Perfect Subjunctive
tenha metido tenhamos metido
tenhas metido tenhais metido
tenha metido tenham metido

Past Perfect or Pluperfect Subjunctive
tivesse metido tivéssemos metido
tivesses metido tivésseis metido
tivesse metido tivessem metido

Future Perfect Subjunctive
tiver metido tivermos metido
tiveres metido tiverdes metido
tiver metido tiverem metido

Conditional
meteria meteríamos
meterias meteríeis
meteria meteriam

Conditional Perfect
teria metido teríamos metido
terias metido teríeis metido
teria metido teriam metido

Imperative
*mete**– metei

Samples of verb usage.

Meta essa porcaria no lixo. *Put that filth in the garbage.*

O menino recebeu um choque por **ter metido** o dedo na tomada elé(c)trica.
The child got a shock from having stuck his finger in the electrical outlet.

Ele **meteu** a chave na fechadura, mas não conseguiu abrir a porta.
He put the key in the lock but didn't manage to open the door.

Vocês **se meterão** numa situação difícil. *You are going to get yourselves into a difficult situation.*

*NOTE: Only the radical-changing verb forms with *open* stressed vowels appear in italic type. For further explanation see Foreword.

to stir mix; (**-se**) to get moving *or* going; (**mexer com**) to mess with

Personal Infinitive
mexer mexermos
mexeres mexerdes
mexer mexerem

Present Indicative
mexo mexemos
mexes mexeis
mexe *mexem**

Imperfect Indicative
mexia mexíamos
mexias mexíeis
mexia mexiam

Preterit Indicative
mexi mexemos
mexeste mexestes
mexeu mexeram

Simple Pluperfect Indicative
mexera mexêramos
mexeras mexêreis
mexera mexeram

Future Indicative
mexerei mexeremos
mexerás mexereis
mexerá mexerão

Present Perfect Indicative
tenho mexido temos mexido
tens mexido tendes mexido
tem mexido têm mexido

Past Perfect or Pluperfect Indicative
tinha mexido tínhamos mexido
tinhas mexido tínheis mexido
tinha mexido tinham mexido

Future Perfect Indicative
terei mexido teremos mexido
terás mexido tereis mexido
terá mexido terão mexido

Present Subjunctive
mexa mexamos
mexas mexais
mexa mexam

Imperfect Subjunctive
mexesse mexêssemos
mexesses mexêsseis
mexesse mexessem

Future Subjunctive
mexer mexermos
mexeres mexerdes
mexer mexerem

Present Perfect Subjunctive
tenha mexido tenhamos mexido
tenhas mexido tenhais mexido
tenha mexido tenham mexido

Past Perfect or Pluperfect Subjunctive
tivesse mexido tivéssemos mexido
tivesses mexido tivésseis mexido
tivesse mexido tivessem mexido

Future Perfect Subjunctive
tiver mexido tivermos mexido
tiveres mexido tiverdes mexido
tiver mexido tiverem mexido

Conditional
mexeria mexeríamos
mexerias mexeríeis
mexeria mexeriam

Conditional Perfect
teria mexido teríamos mexido
terias mexido teríeis mexido
teria mexido teriam mexido

Imperative
*mexe**– mexei

Samples of verb usage.

Mexa o sumo (suco *in Brazil*) de laranja antes de servi-lo. *Stir the orange juice before you serve it.*

O mecânico **mexeu com** o carro e não achou nenhum defeito.
The mechanic messed with the car and didn't find one thing wrong.

Mexe-te! *Get going!*

Ela **tinha mexido** as peças do quebra-cabeças. *She had mixed up the pieces of the puzzle.*

*NOTE: Only the radical-changing verb forms with *open* stressed vowels appear in italic type. For further explanation see Foreword.

to mix, blend, mingle

Personal Infinitive	
misturar	misturarmos
misturares	misturardes
misturar	misturarem
Present Indicative	
misturo	misturamos
misturas	misturais
mistura	misturam
Imperfect Indicative	
misturava	misturávamos
misturavas	misturáveis
misturava	misturavam
Preterit Indicative	
misturei	misturámos
misturaste	misturastes
misturou	misturaram
Simple Pluperfect Indicative	
misturara	misturáramos
misturaras	misturáreis
misturara	misturaram
Future Indicative	
misturarei	misturaremos
misturarás	misturareis
misturará	misturarão
Present Perfect Indicative	
tenho misturado	temos misturado
tens misturado	tendes misturado
tem misturado	têm misturado
Past Perfect or Pluperfect Indicative	
tinha misturado	tínhamos misturado
tinhas misturado	tínheis misturado
tinha misturado	tinham misturado
Future Perfect Indicative	
terei misturado	teremos misturado
terás misturado	tereis misturado
terá misturado	terão misturado

Present Subjunctive	
misture	misturemos
mistures	mistureis
misture	misturem
Imperfect Subjunctive	
misturasse	misturássemos
misturasses	misturásseis
misturasse	misturassem
Future Subjunctive	
misturar	misturarmos
misturares	misturardes
misturar	misturarem
Present Perfect Subjunctive	
tenha misturado	tenhamos misturado
tenhas misturado	tenhais misturado
tenha misturado	tenham misturado
Past Perfect or Pluperfect Subjunctive	
tivesse misturado	tivéssemos misturado
tivesses misturado	tivésseis misturado
tivesse misturado	tivessem misturado
Future Perfect Subjunctive	
tiver misturado	tivermos misturado
tiveres misturado	tiverdes misturado
tiver misturado	tiverem misturado
Conditional	
misturaria	misturaríamos
misturarias	misturaríeis
misturaria	misturariam
Conditional Perfect	
teria misturado	teríamos misturado
terias misturado	teríeis misturado
teria misturado	teriam misturado
Imperative	
mistura–misturai	

Samples of verb usage.

Misture-o com água antes de bebê-lo. *Mix it with water before you drink it.*

Essa rapariga (menina *or* garota *in Brazil*) nunca **misturaria** a amizade com os negócios.
The young woman would never mix friendship with business.

Não se deve **misturar** a comida doce com a salgada. *You shouldn't combine sweet and salty foods.*

Você **se misturaria** com essa gente? *Would you mix (mingle) with those people?*

Misturam-se vários tipos de whiskey (uísque *in Brazil*) escocês antes de exportá-los aos Estados Unidos.
They blend several types of Scotch whiskey before they export them to the United States.

to wet, soak; to moisten; (**-se**) to get or become wet

Personal Infinitive	
molhar	molharmos
molhares	molhardes
molhar	molharem
Present Indicative	
molho	molhamos
molhas	molhais
molha	*molham**
Imperfect Indicative	
molhava	molhávamos
molhavas	molháveis
molhava	molhavam
Preterit Indicative	
molhei	molhámos
molhaste	molhastes
molhou	molharam
Simple Pluperfect Indicative	
molhara	molháramos
molharas	molháreis
molhara	molharam
Future Indicative	
molharei	molharemos
molharás	molhareis
molhará	molharão
Present Perfect Indicative	
tenho molhado	temos molhado
tens molhado	tendes molhado
tem molhado	têm molhado
Past Perfect or Pluperfect Indicative	
tinha molhado	tínhamos molhado
tinhas molhado	tínheis molhado
tinha molhado	tinham molhado
Future Perfect Indicative	
terei molhado	teremos molhado
terás molhado	tereis molhado
terá molhado	terão molhado

Present Subjunctive	
molhe	molhemos
molhes	molheis
molhe	*molhem**
Imperfect Subjunctive	
molhasse	molhássemos
molhasses	molhásseis
molhasse	molhassem
Future Subjunctive	
molhar	molharmos
molhares	molhardes
molhar	molharem
Present Perfect Subjunctive	
tenha molhado	tenhamos molhado
tenhas molhado	tenhais molhado
tenha molhado	tenham molhado
Past Perfect or Pluperfect Subjunctive	
tivesse molhado	tivéssemos molhado
tivesses molhado	tivésseis molhado
tivesse molhado	tivessem molhado
Future Perfect Subjunctive	
tiver molhado	tivermos molhado
tiveres molhado	tiverdes molhado
tiver molhado	tiverem molhado
Conditional	
molharia	molharíamos
molharias	molharíeis
molharia	molhariam
Conditional Perfect	
teria molhado	teríamos molhado
terias molhado	teríeis molhado
teria molhado	teriam molhado
Imperative	
*molha**–molhai	

Samples of verb usage.

Se vocês **se molharem** na chuva, ficarei muito zangado. *If you get wet in the rain, I'll be very angry.*

Não **molhe** o seu cabelo, se tomar (um) banho, porque faz frio lá fora.
Don't wet your hair, if you take a bath, because it's cold outside.

A empregada **molhou** a roupa antes de lavá-la. *The maid soaked the clothes before she washed them.*

O garçom (empregado *in Portugal*) **molhava** a toalha de mesa em água quente para tirar a mancha.
The waiter was moistening the tablecloth with hot water to take the stain out.

*NOTE: Only the radical-changing verb forms with *open* stressed vowels appear in italic type. For further explanation see Foreword.

to live, reside

Personal Infinitive		***Present Subjunctive***	
morar	morarmos	*more*	moremos
morares	morardes	*mores*	moreis
morar	morarem	*more*	*morem**
Present Indicative		***Imperfect Subjunctive***	
moro	moramos	morasse	morássemos
moras	morais	morasses	morásseis
mora	*moram**	morasse	morassem
Imperfect Indicative		***Future Subjunctive***	
morava	morávamos	morar	morarmos
moravas	moráveis	morares	morardes
morava	moravam	morar	morarem
Preterit Indicative		***Present Perfect Subjunctive***	
morei	morámos	tenha morado	tenhamos morado
moraste	morastes	tenhas morado	tenhais morado
morou	moraram	tenha morado	tenham morado
Simple Pluperfect Indicative		***Past Perfect or Pluperfect Subjunctive***	
morara	moráramos	tivesse morado	tivéssemos morado
moraras	moráreis	tivesses morado	tivésseis morado
morara	moraram	tivesse morado	tivessem morado
Future Indicative		***Future Perfect Subjunctive***	
morarei	moraremos	tiver morado	tivermos morado
morarás	morareis	tiveres morado	tiverdes morado
morará	morarão	tiver morado	tiverem morado
Present Perfect Indicative		***Conditional***	
tenho morado	temos morado	moraria	moraríamos
tens morado	tendes morado	morarias	moraríeis
tem morado	têm morado	moraria	morariam
Past Perfect or Pluperfect Indicative		***Conditional Perfect***	
tinha morado	tínhamos morado	teria morado	teríamos morado
tinhas morado	tínheis morado	terias morado	teríeis morado
tinha morado	tinham morado	teria morado	teriam morado
Future Perfect Indicative		***Imperative***	
terei morado	teremos morado	*mora**–morai	
terás morado	tereis morado		
terá morado	terão morado		

Samples of verb usage.

Eu **morava** no subúrbio. *I used to live in the suburbs.*

O atleta já **tinha morado** em (na *in Brazil*) Espanha. *The athlete had already lived in Spain.*

Você **moraria** numa cidade grande? *Would you live in a big city?*

Eu **moro** num país tropical. *I live in a tropical country.*

*NOTE: Only the radical-changing verb forms with *open* stressed vowels appear in italic type. For further explanation see Foreword.

to bite

Personal Infinitive		***Present Subjunctive***	
morder	mordermos	morda	mordamos
morderes	morderdes	mordas	mordais
morder	morderem	morda	mordam
Present Indicative		***Imperfect Subjunctive***	
mordo	mordemos	mordesse	mordêssemos
mordes	mordeis	mordesses	mordêsseis
morde	*mordem**	mordesse	mordessem
Imperfect Indicative		***Future Subjunctive***	
mordia	mordíamos	morder	mordermos
mordias	mordíeis	morderes	morderdes
mordia	mordiam	morder	morderem
Preterit Indicative		***Present Perfect Subjunctive***	
mordi	mordemos	tenha mordido	tenhamos mordido
mordeste	mordestes	tenhas mordido	tenhais mordido
mordeu	morderam	tenha mordido	tenham mordido
Simple Pluperfect Indicative		***Past Perfect or Pluperfect Subjunctive***	
mordera	mordêramos	tivesse mordido	tivéssemos mordido
morderas	mordêreis	tivesses mordido	tivésseis mordido
mordera	morderam	tivesse mordido	tivessem mordido
Future Indicative		***Future Perfect Subjunctive***	
morderei	morderemos	tiver mordido	tivermos mordido
morderás	mordereis	tiveres mordido	tiverdes mordido
morderá	morderão	tiver mordido	tiverem mordido
Present Perfect Indicative		***Conditional***	
tenho mordido	temos mordido	morderia	morderíamos
tens mordido	tendes mordido	morderias	morderíeis
tem mordido	têm mordido	morderia	morderiam
Past Perfect or Pluperfect Indicative		***Conditional Perfect***	
tinha mordido	tínhamos mordido	teria mordido	teríamos mordido
tinhas mordido	tínheis mordido	terias mordido	teríeis mordido
tinha mordido	tinham mordido	teria mordido	teriam mordido
Future Perfect Indicative		***Imperative***	
terei mordido	teremos mordido	*morde**–mordei	
terás mordido	tereis mordido		
terá mordido	terão mordido		

Samples of verb usage.

O cão **mordeu**-o. *The dog bit him.*

Se ela **tivesse**-me **mordido**, eu a teria mordido de volta.
If she had bitten me, I would have bitten her back.

Depois de **morderem** o polícia (policial *in Brazil*), os cães fugiram.
After biting the policeman, the dogs ran away.

O leão tentava **morder** o búfalo. *The lion tried to bite the buffalo.*

*NOTE: Only the radical-changing verb forms with *open* stressed vowels appear in italic type. For further explanation see Foreword.

to die

Personal Infinitive
morrer morrermos
morreres morrerdes
morrer morrerem

Present Indicative
morro morremos
morres morreis
morre *morrem**

Imperfect Indicative
morria morríamos
morrias morríeis
morria morriam

Preterit Indicative
morri morremos
morreste morrestes
morreu morreram

Simple Pluperfect Indicative
morrera morrêramos
morreras morrêreis
morrera morreram

Future Indicative
morrerei morreremos
morrerás morrereis
morrerá morrerão

Present Perfect Indicative
tenho morrido temos morrido
tens morrido tendes morrido
tem morrido têm morrido

Past Perfect or Pluperfect Indicative
tinha morrido tínhamos morrido
tinhas morrido tínheis morrido
tinha morrido tinham morrido

Future Perfect Indicative
terei morrido teremos morrido
terás morrido tereis morrido
terá morrido terão morrido

Present Subjunctive
morra morramos
morras morrais
morra morram

Imperfect Subjunctive
morresse morrêssemos
morresses morrêsseis
morresse morressem

Future Subjunctive
morrer morrermos
morreres morrerdes
morrer morrerem

Present Perfect Subjunctive
tenha morrido tenhamos morrido
tenhas morrido tenhais morrido
tenha morrido tenham morrido

Past Perfect or Pluperfect Subjunctive
tivesse morrido tivéssemos morrido
tivesses morrido tivésseis morrido
tivesse morrido tivessem morrido

Future Perfect Subjunctive
tiver morrido tivermos morrido
tiveres morrido tiverdes morrido
tiver morrido tiverem morrido

Conditional
morreria morreríamos
morrerias morreríeis
morreria morreriam

Conditional Perfect
teria morrido teríamos morrido
terias morrido teríeis morrido
teria morrido teriam morrido

Imperative
*morre**–morrei

Samples of verb usage.

Quando eu nasci, o meu pai já **tinha morrido**. *When I was born, my father had already died.*

Ele já estava **morto** quando ela chegou. *He was already dead when she arrived.*

(Nós) **morremos** de vontade de conhecê-la. *We are dying to meet her.*

Foi ali onde o assassino **morreu**. *The murderer died over there.*

*NOTE: Only the radical-changing verb forms with *open* stressed vowels appear in italic type. For further explanation see Foreword.

mostrar

Pres. Part. *mostrando* Past Part. *mostrado*

to show

Personal Infinitive

mostrar	mostrarmos
mostrares	mostrardes
mostrar	mostrarem

Present Indicative

mostro	mostramos
mostras	mostrais
mostra	*mostram**

Imperfect Indicative

mostrava	mostrávamos
mostravas	mostráveis
mostrava	mostravam

Preterit Indicative

mostrei	mostrámos
mostraste	mostrastes
mostrou	mostraram

Simple Pluperfect Indicative

mostrara	mostráramos
mostraras	mostráreis
mostrara	mostraram

Future Indicative

mostrarei	mostraremos
mostrarás	mostrareis
mostrará	mostrarão

Present Perfect Indicative

tenho mostrado	temos mostrado
tens mostrado	tendes mostrado
tem mostrado	têm mostrado

Past Perfect or Pluperfect Indicative

tinha mostrado	tínhamos mostrado
tinhas mostrado	tínheis mostrado
tinha mostrado	tinham mostrado

Future Perfect Indicative

terei mostrado	teremos mostrado
terás mostrado	tereis mostrado
terá mostrado	terão mostrado

Present Subjunctive

mostre	mostremos
mostres	mostreis
mostre	*mostrem**

Imperfect Subjunctive

mostrasse	mostrássemos
mostrasses	mostrásseis
mostrasse	mostrassem

Future Subjunctive

mostrar	mostrarmos
mostrares	mostrardes
mostrar	mostrarem

Present Perfect Subjunctive

tenha mostrado	tenhamos mostrado
tenhas mostrado	tenhais mostrado
tenha mostrado	tenham mostrado

Past Perfect or Pluperfect Subjunctive

tivesse mostrado	tivéssemos mostrado
tivesses mostrado	tivésseis mostrado
tivesse mostrado	tivessem mostrado

Future Perfect Subjunctive

tiver mostrado	tivermos mostrado
tiveres mostrado	tiverdes mostrado
tiver mostrado	tiverem mostrado

Conditional

mostraria	mostraríamos
mostrarias	mostraríeis
mostraria	mostrariam

Conditional Perfect

teria mostrado	teríamos mostrado
terias mostrado	teríeis mostrado
teria mostrado	teriam mostrado

Imperative

*mostra**–mostrai

Samples of verb usage.

Mostre-me o que estás a esconder. *Show me what you are hiding.*

O vendedor **tem mostrado** o seu produto a todos.
The salesman has been showing his product to everyone.

Eu **mostro** o meu, se você **mostrar** o seu. *I will show mine, if you show yours.*

O procurador **mostrará** que você está errado. *The prosecutor will show that you are mistaken.*

Ele **se mostra** muito. *He is a show-off.*

*NOTE: Only the radical-changing verb forms with *open* stressed vowels appear in italic type. For further explanation see Foreword.

to move

Personal Infinitive

mover	movermos
moveres	moverdes
mover	moverem

Present Indicative

movo	movemos
moves	moveis
move	*movem**

Imperfect Indicative

movia	movíamos
movias	movíeis
movia	moviam

Preterit Indicative

movi	movemos
moveste	movestes
moveu	moveram

Simple Pluperfect Indicative

movera	movêramos
moveras	movêreis
movera	moveram

Future Indicative

moverei	moveremos
moverás	movereis
moverá	moverão

Present Perfect Indicative

tenho movido	temos movido
tens movido	tendes movido
tem movido	têm movido

Past Perfect or Pluperfect Indicative

tinha movido	tínhamos movido
tinhas movido	tínheis movido
tinha movido	tinham movido

Future Perfect Indicative

terei movido	teremos movido
terás movido	tereis movido
terá movido	terão movido

Present Subjunctive

mova	movamos
movas	movais
mova	movam

Imperfect Subjunctive

movesse	movêssemos
movesses	movêsseis
movesse	movessem

Future Subjunctive

mover	movermos
moveres	moverdes
mover	moverem

Present Perfect Subjunctive

tenha movido	tenhamos movido
tenhas movido	tenhais movido
tenha movido	tenham movido

Past Perfect or Pluperfect Subjunctive

tivesse movido	tivéssemos movido
tivesses movido	tivésseis movido
tivesse movido	tivessem movido

Future Perfect Subjunctive

tiver movido	tivermos movido
tiveres movido	tiverdes movido
tiver movido	tiverem movido

Conditional

moveria	moveríamos
moverias	moveríeis
moveria	moveriam

Conditional Perfect

teria movido	teríamos movido
terias movido	teríeis movido
teria movido	teriam movido

Imperative

*move**–movei

Samples of verb usage.

O funcionário **tem movido** caixas o dia inteiro. *The employee has been moving boxes all day.*

Não se preocupe, ela **moverá** isso daí. *Don't worry, she will move that from there.*

O navio **move-se** lentamente. *The ship moves slowly.*

O jogador **se movia** com rapidez. *The player was moving rapidly.*

*NOTE: Only the radical-changing verb forms with *open* stressed vowels appear in italic type. For further explanation see Foreword.

to move; to change, alter

Personal Infinitive		***Present Subjunctive***	
mudar	mudarmos	mude	mudemos
mudares	mudardes	mudes	mudeis
mudar	mudarem	mude	mudem
Present Indicative		***Imperfect Subjunctive***	
mudo	mudamos	mudasse	mudássemos
mudas	mudais	mudasses	mudásseis
muda	mudam	mudasse	mudassem
Imperfect Indicative		***Future Subjunctive***	
mudava	mudávamos	mudar	mudarmos
mudavas	mudáveis	mudares	mudardes
mudava	mudavam	mudar	mudarem
Preterit Indicative		***Present Perfect Subjunctive***	
mudei	mudámos	tenha mudado	tenhamos mudado
mudaste	mudastes	tenhas mudado	tenhais mudado
mudou	mudaram	tenha mudado	tenham mudado
Simple Pluperfect Indicative		***Past Perfect or Pluperfect Subjunctive***	
mudara	mudáramos	tivesse mudado	tivéssemos mudado
mudaras	mudáreis	tivesses mudado	tivésseis mudado
mudara	mudaram	tivesse mudado	tivessem mudado
Future Indicative		***Future Perfect Subjunctive***	
mudarei	mudaremos	tiver mudado	tivermos mudado
mudarás	mudareis	tiveres mudado	tiverdes mudado
mudará	mudarão	tiver mudado	tiverem mudado
Present Perfect Indicative		***Conditional***	
tenho mudado	temos mudado	mudaria	mudaríamos
tens mudado	tendes mudado	mudarias	mudaríeis
tem mudado	têm mudado	mudaria	mudariam
Past Perfect or Pluperfect Indicative		***Conditional Perfect***	
tinha mudado	tínhamos mudado	teria mudado	teríamos mudado
tinhas mudado	tínheis mudado	terias mudado	teríeis mudado
tinha mudado	tinham mudado	teria mudado	teriam mudado
Future Perfect Indicative		***Imperative***	
terei mudado	teremos mudado	muda–mudai	
terás mudado	tereis mudado		
terá mudado	terão mudado		

Samples of verb usage.

Eles **se mudaram** a (para) outra cidade. *They moved to another city.*

Não quero que você **mude** o seu comportamento por mim.
I don't want you to alter (change) your behavior for me.

Ela **mudou** de apartamento enquanto eu estava fora da cidade.
She changed apartments while I was out of town.

Não acho que ele **tenha mudado**. *I don't think that he has changed.*

to fine, give a ticket *or* citation to

Personal Infinitive		***Present Subjunctive***	
multar	multarmos	multe	multemos
multares	multardes	multes	multeis
multar	multarem	multe	multem
Present Indicative		***Imperfect Subjunctive***	
multo	multamos	multasse	multássemos
multas	multais	multasses	multásseis
multa	multam	multasse	multassem
Imperfect Indicative		***Future Subjunctive***	
multava	multávamos	multar	multarmos
multavas	multáveis	multares	multardes
multava	multavam	multar	multarem
Preterit Indicative		***Present Perfect Subjunctive***	
multei	multámos	tenha multado	tenhamos multado
multaste	multastes	tenhas multado	tenhais multado
multou	multaram	tenha multado	tenham multado
Simple Pluperfect Indicative		***Past Perfect or Pluperfect Subjunctive***	
multara	multáramos	tivesse multado	tivéssemos multado
multaras	multáreis	tivesses multado	tivésseis multado
multara	multaram	tivesse multado	tivessem multado
Future Indicative		***Future Perfect Subjunctive***	
multarei	multaremos	tiver multado	tivermos multado
multarás	multareis	tiveres multado	tiverdes multado
multará	multarão	tiver multado	tiverem multado
Present Perfect Indicative		***Conditional***	
tenho multado	temos multado	multaria	multaríamos
tens multado	tendes multado	multarias	multaríeis
tem multado	têm multado	multaria	multariam
Past Perfect or Pluperfect Indicative		***Conditional Perfect***	
tinha multado	tínhamos multado	teria multado	teríamos multado
tinhas multado	tínheis multado	terias multado	teríeis multado
tinha multado	tinham multado	teria multado	teriam multado
Future Perfect Indicative		***Imperative***	
terei multado	teremos multado	multa–multai	
terás multado	tereis multado		
terá multado	terão multado		

Samples of verb usage.

O polícia (policial *in Brazil*) **multou** o motorista por excesso de velocidade.
The cop gave the driver a speeding ticket.

A companhia foi **multada** cem mil dólares pela violação.
The company was fined one hundred thousand dollars for the violation.

Sendo seu amigo, você me **multaria**? *Would you fine me, even though I'm your friend?*

Multe-o por insultar um juiz. *Fine him for insulting a judge.*

to wilt, wither

Personal Infinitive

murchar	murcharmos
murchares	murchardes
murchar	murcharem

Present Indicative

murcho	murchamos
murchas	murchais
murcha	murcham

Imperfect Indicative

murchava	murchávamos
murchavas	murcháveis
murchava	murchavam

Preterit Indicative

murchei	murchámos
murchaste	murchastes
murchou	murcharam

Simple Pluperfect Indicative

murchara	murcháramos
murcharas	murcháreis
murchara	murcharam

Future Indicative

murcharei	murcharemos
murcharás	murchareis
murchará	murcharão

Present Perfect Indicative

tenho murchado	temos murchado
tens murchado	tendes murchado
tem murchado	têm murchado

Past Perfect or Pluperfect Indicative

tinha murchado	tínhamos murchado
tinhas murchado	tínheis murchado
tinha murchado	tinham murchado

Future Perfect Indicative

terei murchado	teremos murchado
terás murchado	tereis murchado
terá murchado	terão murchado

Present Subjunctive

murche	murchemos
murches	murcheis
murche	murchem

Imperfect Subjunctive

murchasse	murchássemos
murchasses	murchásseis
murchasse	murchassem

Future Subjunctive

murchar	murcharmos
murchares	murchardes
murchar	murcharem

Present Perfect Subjunctive

tenha murchado	tenhamos murchado
tenhas murchado	tenhais murchado
tenha murchado	tenham murchado

Past Perfect or Pluperfect Subjunctive

tivesse murchado	tivéssemos murchado
tivesses murchado	tivésseis murchado
tivesse murchado	tivessem murchado

Future Perfect Subjunctive

tiver murchado	tivermos murchado
tiveres murchado	tiverdes murchado
tiver murchado	tiverem murchado

Conditional

murcharia	murcharíamos
murcharias	murcharíeis
murcharia	murchariam

Conditional Perfect

teria murchado	teríamos murchado
terias murchado	teríeis murchado
teria murchado	teriam murchado

Imperative

murcha–murchai

Samples of verb usage.

As flores **murcharam** depois de dois dias. *The flowers wilted after two days.*

Todas estas plantas vão **murchar** por falta de água.
All these plants are going to wither for lack of water.

O seu sorriso **murchou** com a notícia. *His smile wilted with the news.*

A beleza da minha mãe começou a **murchar** depois da morte do meu pai.
My mother's beauty began to wither after my father's death.

to swim

Personal Infinitive		***Present Subjunctive***	
nadar	nadarmos	nade	nademos
nadares	nadardes	nades	nadeis
nadar	nadarem	nade	nadem
Present Indicative		***Imperfect Subjunctive***	
nado	nadamos	nadasse	nadássemos
nadas	nadais	nadasses	nadásseis
nada	nadam	nadasse	nadassem
Imperfect Indicative		***Future Subjunctive***	
nadava	nadávamos	nadar	nadarmos
nadavas	nadáveis	nadares	nadardes
nadava	nadavam	nadar	nadarem
Preterit Indicative		***Present Perfect Subjunctive***	
nadei	nadámos	tenha nadado	tenhamos nadado
nadaste	nadastes	tenhas nadado	tenhais nadado
nadou	nadaram	tenha nadado	tenham nadado
Simple Pluperfect Indicative		***Past Perfect or Pluperfect Subjunctive***	
nadara	nadáramos	tivesse nadado	tivéssemos nadado
nadaras	nadáreis	tivesses nadado	tivésseis nadado
nadara	nadaram	tivesse nadado	tivessem nadado
Future Indicative		***Future Perfect Subjunctive***	
nadarei	nadaremos	tiver nadado	tivermos nadado
nadarás	nadareis	tiveres nadado	tiverdes nadado
nadará	nadarão	tiver nadado	tiverem nadado
Present Perfect Indicative		***Conditional***	
tenho nadado	temos nadado	nadaria	nadaríamos
tens nadado	tendes nadado	nadarias	nadaríeis
tem nadado	têm nadado	nadaria	nadariam
Past Perfect or Pluperfect Indicative		***Conditional Perfect***	
tinha nadado	tínhamos nadado	teria nadado	teríamos nadado
tinhas nadado	tínheis nadado	terias nadado	teríeis nadado
tinha nadado	tinham nadado	teria nadado	teriam nadado
Future Perfect Indicative		***Imperative***	
terei nadado	teremos nadado	nada–nadai	
terás nadado	tereis nadado		
terá nadado	terão nadado		

Samples of verb usage.

Ele **nadou** durante três horas ontem. *He swam for three hours yesterday.*

Você **nadaria** no oceano? *Would you swim in the ocean?*

Eu **tenho nadado** todos os dias na piscina do hotel. *I have been swimming every day in the hotel pool.*

Nadaremos da Inglaterra até a França. *We will swim from England to France.*

to be born

Personal Infinitive
nascer nascermos
nasceres nascerdes
nascer nascerem

Present Indicative
nasço nascemos
nasces nasceis
nasce nascem

Imperfect Indicative
nascia nascíamos
nascias nascíeis
nascia nasciam

Preterit Indicative
nasci nascemos
nasceste nascestes
nasceu nasceram

Simple Pluperfect Indicative
nascera nascêramos
nasceras nascêreis
nascera nasceram

Future Indicative
nascerei nasceremos
nascerás nascereis
nascerá nascerão

Present Perfect Indicative
tenho nascido temos nascido
tens nascido tendes nascido
tem nascido têm nascido

Past Perfect or Pluperfect Indicative
tinha nascido tínhamos nascido
tinhas nascido tínheis nascido
tinha nascido tinham nascido

Future Perfect Indicative
terei nascido teremos nascido
terás nascido tereis nascido
terá nascido terão nascido

Present Subjunctive
nasça nasçamos
nasças nasçais
nasça nasçam

Imperfect Subjunctive
nascesse nascêssemos
nascesses nascêsseis
nascesse nascessem

Future Subjunctive
nascer nascermos
nasceres nascerdes
nascer nascerem

Present Perfect Subjunctive
tenha nascido tenhamos nascido
tenhas nascido tenhais nascido
tenha nascido tenham nascido

Past Perfect or Pluperfect Subjunctive
tivesse nascido tivéssemos nascido
tivesses nascido tivésseis nascido
tivesse nascido tivessem nascido

Future Perfect Subjunctive
tiver nascido tivermos nascido
tiveres nascido tiverdes nascido
tiver nascido tiverem nascido

Conditional
nasceria nasceríamos
nascerias nasceríeis
nasceria nasceriam

Conditional Perfect
teria nascido teríamos nascido
terias nascido teríeis nascido
teria nascido teriam nascido

Imperative
nasce–nascei

Samples of verb usage.

As crianças que **nascerem** dessa mãe serão malcriadas.
Children born to that mother will be ill-mannered.

Quero que a minha filha **nasça** com saúde. *I want my daughter to be born healthy.*

Três cachorros (filhotes *in Brazil*) **nasceram** da minha cadela. *My dog (bitch) had three puppies.*

Eu **nasci** num clima quente. *I was born in a warm climate.*

to deny; to refuse

Personal Infinitive
negar negarmos
negares negardes
negar negarem

Present Indicative
nego negamos
negas negais
nega *negam**

Imperfect Indicative
negava negávamos
negavas negáveis
negava negavam

Preterit Indicative
neguei negámos
negaste negastes
negou negaram

Simple Pluperfect Indicative
negara negáramos
negaras negáreis
negara negaram

Future Indicative
negarei negaremos
negarás negareis
negará negarão

Present Perfect Indicative
tenho negado temos negado
tens negado tendes negado
tem negado têm negado

Past Perfect or Pluperfect Indicative
tinha negado tínhamos negado
tinhas negado tínheis negado
tinha negado tinham negado

Future Perfect Indicative
terei negado teremos negado
terás negado tereis negado
terá negado terão negado

Present Subjunctive
negue neguemos
negues negueis
negue *neguem**

Imperfect Subjunctive
negasse negássemos
negasses negásseis
negasse negassem

Future Subjunctive
negar negarmos
negares negardes
negar negarem

Present Perfect Subjunctive
tenha negado tenhamos negado
tenhas negado tenhais negado
tenha negado tenham negado

Past Perfect or Pluperfect Subjunctive
tivesse negado tivéssemos negado
tivesses negado tivésseis negado
tivesse negado tivessem negado

Future Perfect Subjunctive
tiver negado tivermos negado
tiveres negado tiverdes negado
tiver negado tiverem negado

Conditional
negaria negaríamos
negarias negaríeis
negaria negariam

Conditional Perfect
teria negado teríamos negado
terias negado teríeis negado
teria negado teriam negado

Imperative
*nega**–negai

Samples of verb usage.

Não **negue** os fa(c)tos. *Don't deny the facts.*

O político **negou** o suborno. *The politician refused the bribe.*

Ele **tem negado** este problema durante anos. *He's been denying this problem for years.*

Embora você repita isso mil vezes, ainda o **negarei**.
Even though you repeat that a thousand times, I'll still deny it.

*NOTE: Only the radical-changing verb forms with *open* stressed vowels appear in italic type. For further explanation see Foreword.

to snow

Personal Infinitive
nevar

Present Indicative
*neva**

Imperfect Indicative
nevava

Preterit Indicative
nevou

Simple Pluperfect Indicative
nevara

Future Indicative
nevará

Present Perfect Indicative
tem nevado

Past Perfect or Pluperfect Indicative
tinha nevado

Future Perfect Indicative
terá nevado

Present Subjunctive
*neve**

Imperfect Subjunctive
nevasse

Future Subjunctive
nevar

Present Perfect Subjunctive
tenha nevado

Past Perfect or Pluperfect Subjunctive
tivesse nevado

Future Perfect Subjunctive
tiver nevado

Conditional
nevaria

Conditional Perfect
teria nevado

Samples of verb usage.

Nevou muito ontem. *It snowed a lot yesterday.*

Notaste que **tem nevado** muito ultimamente? *Have you noticed that it has been snowing a lot lately?*

Espero que não **neve** muito este inverno. *I hope it doesn't snow a lot this winter.*

Sempre **neva** naquela montanha. *It always snows on that mountain.*

*NOTE: Only the radical-changing verb forms with *open* stressed vowels appear in italic type. For further explanation see Foreword.

to nominate, appoint, name

Personal Infinitive
nomear nomearmos
nomeares nomeardes
nomear nomearem

Present Indicative
nomeio nomeamos
nomeias nomeais
nomeia nomeiam

Imperfect Indicative
nomeava nomeávamos
nomeavas nomeáveis
nomeava nomeavam

Preterit Indicative
nomeei nomeámos
nomeaste nomeastes
nomeou nomearam

Simple Pluperfect Indicative
nomeara nomeáramos
nomearas nomeáreis
nomeara nomearam

Future Indicative
nomearei nomearemos
nomearás nomeareis
nomeará nomearão

Present Perfect Indicative
tenho nomeado temos nomeado
tens nomeado tendes nomeado
tem nomeado têm nomeado

Past Perfect or Pluperfect Indicative
tinha nomeado tínhamos nomeado
tinhas nomeado tínheis nomeado
tinha nomeado tinham nomeado

Future Perfect Indicative
terei nomeado teremos nomeado
terás nomeado tereis nomeado
terá nomeado terão nomeado

Present Subjunctive
nomeie nomeemos
nomeies nomeeis
nomeie nomeiem

Imperfect Subjunctive
nomeasse nomeássemos
nomeasses nomeásseis
nomeasse nomeassem

Future Subjunctive
nomear nomearmos
nomeares nomeardes
nomear nomearem

Present Perfect Subjunctive
tenha nomeado tenhamos nomeado
tenhas nomeado tenhais nomeado
tenha nomeado tenham nomeado

Past Perfect or Pluperfect Subjunctive
tivesse nomeado tivéssemos nomeado
tivesses nomeado tivésseis nomeado
tivesse nomeado tivessem nomeado

Future Perfect Subjunctive
tiver nomeado tivermos nomeado
tiveres nomeado tiverdes nomeado
tiver nomeado tiverem nomeado

Conditional
nomearia nomearíamos
nomearias nomearíeis
nomearia nomeariam

Conditional Perfect
teria nomeado teríamos nomeado
terias nomeado teríeis nomeado
teria nomeado teriam nomeado

Imperative
nomeia–nomeai

Samples of verb usage.

Ele **tinha sido nomeado** para presidente. *He had been nominated for president.*

O Secretário **nomeou** mais três assistentes (ajudantes).
The Secretary named three more aids (assistants).

Nomeia quem quiseres. *Nominate whomever you wish.*

Era eu quem **nomeava** os dire(c)tores. *I was the one who appointed the directors.*

to note; to notice; take note (of)

Personal Infinitive

notar	notarmos
notares	notardes
notar	notarem

Present Indicative

noto	notamos
notas	notais
nota	*notam**

Imperfect Indicative

notava	notávamos
notavas	notáveis
notava	notavam

Preterit Indicative

notei	notámos
notaste	notastes
notou	notaram

Simple Pluperfect Indicative

notara	notáramos
notaras	notáreis
notara	notaram

Future Indicative

notarei	notaremos
notarás	notareis
notará	notarão

Present Perfect Indicative

tenho notado	temos notado
tens notado	tendes notado
tem notado	têm notado

Past Perfect or Pluperfect Indicative

tinha notado	tínhamos notado
tinhas notado	tínheis notado
tinha notado	tinham notado

Future Perfect Indicative

terei notado	teremos notado
terás notado	tereis notado
terá notado	terão notado

Present Subjunctive

note	notemos
notes	noteis
note	*notem**

Imperfect Subjunctive

notasse	notássemos
notasses	notásseis
notasse	notassem

Future Subjunctive

notar	notarmos
notares	notardes
notar	notarem

Present Perfect Subjunctive

tenha notado	tenhamos notado
tenhas notado	tenhais notado
tenha notado	tenham notado

Past Perfect or Pluperfect Subjunctive

tivesse notado	tivéssemos notado
tivesses notado	tivésseis notado
tivesse notado	tivessem notado

Future Perfect Subjunctive

tiver notado	tivermos notado
tiveres notado	tiverdes notado
tiver notado	tiverem notado

Conditional

notaria	notaríamos
notarias	notaríeis
notaria	notariam

Conditional Perfect

teria notado	teríamos notado
terias notado	teríeis notado
teria notado	teriam notado

Imperative

*nota**–notai

Samples of verb usage.

Notaste o que ele disse? *Did you notice what he said?*

Quero que vocês **notem** o problema. *I want you to take note of the problem.*

A esposa dele nem sequer **tinha notado** o seu corte de cabelo novo.
His wife hadn't even noticed his new haircut.

Ele se fez **notar** durante o jantar. *He made himself noticed during dinner.*

*NOTE: Only the radical-changing verb forms with *open* stressed vowels appear in italic type. For further explanation see Foreword.

to obey

Personal Infinitive		*Present Subjunctive*	
obedecer	obedecermos	obedeça	obedeçamos
obedeceres	obedecerdes	obedeças	obedeçais
obedecer	obedecerem	obedeça	obedeçam
Present Indicative		***Imperfect Subjunctive***	
obedeço	obedecemos	obedecesse	obedecêssemos
obedeces	obedeceis	obedecesses	obedecêsseis
obedece	*obedecem**	obedecesse	obedecessem
Imperfect Indicative		***Future Subjunctive***	
obedecia	obedecíamos	obedecer	obedecermos
obedecias	obedecíeis	obedeceres	obedecerdes
obedecia	obedeciam	obedecer	obedecerem
Preterit Indicative		***Present Perfect Subjunctive***	
obedeci	obedecemos	tenha obedecido	tenhamos obedecido
obedeceste	obedecestes	tenhas obedecido	tenhais obedecido
obedeceu	obedeceram	tenha obedecido	tenham obedecido
Simple Pluperfect Indicative		***Past Perfect or Pluperfect Subjunctive***	
obedecera	obedecêramos	tivesse obedecido	tivéssemos obedecido
obedeceras	obedecêreis	tivesses obedecido	tivésseis obedecido
obedecera	obedeceram	tivesse obedecido	tivessem obedecido
Future Indicative		***Future Perfect Subjunctive***	
obedecerei	obedeceremos	tiver obedecido	tivermos obedecido
obedecerás	obedecereis	tiveres obedecido	tiverdes obedecido
obedecerá	obedecerão	tiver obedecido	tiverem obedecido
Present Perfect Indicative		***Conditional***	
tenho obedecido	temos obedecido	obedeceria	obedeceríamos
tens obedecido	tendes obedecido	obedecerias	obedeceríeis
tem obedecido	têm obedecido	obedeceria	obedeceriam
Past Perfect or Pluperfect Indicative		***Conditional Perfect***	
tinha obedecido	tínhamos obedecido	teria obedecido	teríamos obedecido
tinhas obedecido	tínheis obedecido	terias obedecido	teríeis obedecido
tinha obedecido	tinham obedecido	teria obedecido	teriam obedecido
Future Perfect Indicative		***Imperative***	
terei obedecido	teremos obedecido	*obedece**– obedecei	
terás obedecido	tereis obedecido		
terá obedecido	terão obedecido		

Samples of verb usage.

Quero que vocês **obedeçam** às regras. *I want you to obey the rules.*

O soldado **obedeceu** às suas ordens. *The soldier obeyed his orders.*

Não **obedecerias** a um superior? *Wouldn't you obey a superior?*

O jogador **tem obedecido** às regras do jogo. *The player has been obeying the rules of the game.*

*NOTE: Only the radical-changing verb forms with *open* stressed vowels appear in italic type. For further explanation see Foreword.

to force, make, compel, oblige

Personal Infinitive
obrigar obrigarmos
obrigares obrigardes
obrigar obrigarem

Present Indicative
obrigo obrigamos
obrigas obrigais
obriga obrigam

Imperfect Indicative
obrigava obrigávamos
obrigavas obrigáveis
obrigava obrigavam

Preterit Indicative
obriguei obrigámos
obrigaste obrigastes
obrigou obrigaram

Simple Pluperfect Indicative
obrigara obrigáramos
obrigaras obrigáreis
obrigara obrigaram

Future Indicative
obrigarei obrigaremos
obrigarás obrigareis
obrigará obrigarão

Present Perfect Indicative
tenho obrigado temos obrigado
tens obrigado tendes obrigado
tem obrigado têm obrigado

Past Perfect or Pluperfect Indicative
tinha obrigado tínhamos obrigado
tinhas obrigado tínheis obrigado
tinha obrigado tinham obrigado

Future Perfect Indicative
terei obrigado teremos obrigado
terás obrigado tereis obrigado
terá obrigado terão obrigado

Present Subjunctive
obrigue obriguemos
obrigues obrigueis
obrigue obriguem

Imperfect Subjunctive
obrigasse obrigássemos
obrigasses obrigásseis
obrigasse obrigassem

Future Subjunctive
obrigar obrigarmos
obrigares obrigardes
obrigar obrigarem

Present Perfect Subjunctive
tenha obrigado tenhamos obrigado
tenhas obrigado tenhais obrigado
tenha obrigado tenham obrigado

Past Perfect or Pluperfect Subjunctive
tivesse obrigado tivéssemos obrigado
tivesses obrigado tivésseis obrigado
tivesse obrigado tivessem obrigado

Future Perfect Subjunctive
tiver obrigado tivermos obrigado
tiveres obrigado tiverdes obrigado
tiver obrigado tiverem obrigado

Conditional
obrigaria obrigaríamos
obrigarias obrigaríeis
obrigaria obrigariam

Conditional Perfect
teria obrigado teríamos obrigado
terias obrigado teríeis obrigado
teria obrigado teriam obrigado

Imperative
obriga–obrigai

Samples of verb usage.

Você a **obrigou** a ir. *You obliged her to go.*

Ele **se obrigava** a treinar muito. *He forced himself to practice (train) a lot.*

Aquela professora **obriga** os alunos a estudar. *That teacher makes the students study.*

Obrigue-o a falar. *Force him to speak.*

to observe, notice

Personal Infinitive
observar observarmos
observares observardes
observar observarem

Present Indicative
observo observamos
observas observais
observa *observam**

Imperfect Indicative
observava observávamos
observavas observáveis
observava observavam

Preterit Indicative
observei observámos
observaste observastes
observou observaram

Simple Pluperfect Indicative
observara observáramos
observaras observáreis
observara observaram

Future Indicative
observarei observaremos
observarás observareis
observará observarão

Present Perfect Indicative
tenho observado temos observado
tens observado tendes observado
tem observado têm observado

Past Perfect or Pluperfect Indicative
tinha observado tínhamos observado
tinhas observado tínheis observado
tinha observado tinham observado

Future Perfect Indicative
terei observado teremos observado
terás observado tereis observado
terá observado terão observado

Present Subjunctive
observe observemos
observes observeis
observe *observem**

Imperfect Subjunctive
observasse observássemos
observasses observásseis
observasse observassem

Future Subjunctive
observar observarmos
observares observardes
observar observarem

Present Perfect Subjunctive
tenha observado tenhamos observado
tenhas observado tenhais observado
tenha observado tenham observado

Past Perfect or Pluperfect Subjunctive
tivesse observado tivéssemos observado
tivesses observado tivésseis observado
tivesse observado tivessem observado

Future Perfect Subjunctive
tiver observado tivermos observado
tiveres observado tiverdes observado
tiver observado tiverem observado

Conditional
observaria observaríamos
observarias observaríeis
observaria observariam

Conditional Perfect
teria observado teríamos observado
terias observado teríeis observado
teria observado teriam observado

Imperative
*observa**–observai

Samples of verb usage.

Ela sempre **observava** as regras da casa. *She always observed the house rules.*

Observe o que está a acontecer (acontecendo) agora. *Notice what is happening now.*

O médico **observou** com atenção o progresso do paciente.
The doctor observed closely the patient's progress.

Tens observado o comportamento dele ultimamente? *Have you noticed his behavior lately?*

*NOTE: Only the radical-changing verb forms with *open* stressed vowels appear in italic type. For further explanation see Foreword.

to occupy; (**-se com, de**) to take care of, handle

Personal Infinitive
ocupar ocuparmos
ocupares ocupardes
ocupar ocuparem

Present Indicative
ocupo ocupamos
ocupas ocupais
ocupa ocupam

Imperfect Indicative
ocupava ocupávamos
ocupavas ocupáveis
ocupava ocupavam

Preterit Indicative
ocupei ocupámos
ocupaste ocupastes
ocupou ocuparam

Simple Pluperfect Indicative
ocupara ocupáramos
ocuparas ocupáreis
ocupara ocuparam

Future Indicative
ocuparei ocuparemos
ocuparás ocupareis
ocupará ocuparão

Present Perfect Indicative
tenho ocupado temos ocupado
tens ocupado tendes ocupado
tem ocupado têm ocupado

Past Perfect or Pluperfect Indicative
tinha ocupado tínhamos ocupado
tinhas ocupado tínheis ocupado
tinha ocupado tinham ocupado

Future Perfect Indicative
terei ocupado teremos ocupado
terás ocupado tereis ocupado
terá ocupado terão ocupado

Present Subjunctive
ocupe ocupemos
ocupes ocupeis
ocupe ocupem

Imperfect Subjunctive
ocupasse ocupássemos
ocupasses ocupásseis
ocupasse ocupassem

Future Subjunctive
ocupar ocuparmos
ocupares ocupardes
ocupar ocuparem

Present Perfect Subjunctive
tenha ocupado tenhamos ocupado
tenhas ocupado tenhais ocupado
tenha ocupado tenham ocupado

Past Perfect or Pluperfect Subjunctive
tivesse ocupado tivéssemos ocupado
tivesses ocupado tivésseis ocupado
tivesse ocupado tivessem ocupado

Future Perfect Subjunctive
tiver ocupado tivermos ocupado
tiveres ocupado tiverdes ocupado
tiver ocupado tiverem ocupado

Conditional
ocuparia ocuparíamos
ocuparias ocuparíeis
ocuparia ocupariam

Conditional Perfect
teria ocupado teríamos ocupado
terias ocupado teríeis ocupado
teria ocupado teriam ocupado

Imperative
ocupa–ocupai

Samples of verb usage.

O exército **ocupou** o território sem demora. *The army occupied the territory without delay.*

Queremos que você **se ocupe** disto. *We want you to take care of (handle) this.*

Se ela **tivesse ocupado** este escritório, não haveria problemas agora.
If she had occupied this office, there wouldn't be any problems now.

Espero que você não esteja **ocupado**. *I hope that you are not busy (occupied).*

to hate, detest, despise

Personal Infinitive
odiar odiarmos
odiares odiardes
odiar odiarem

Present Indicative
odeio odiamos
odeias odiais
odeia odeiam

Imperfect Indicative
odiava odiávamos
odiavas odiáveis
odiava odiavam

Preterit Indicative
odiei odiámos
odiaste odiastes
odiou odiaram

Simple Pluperfect Indicative
odiara odiáramos
odiaras odiáreis
odiara odiaram

Future Indicative
odiarei odiaremos
odiarás odiareis
odiará odiarão

Present Perfect Indicative
tenho odiado temos odiado
tens odiado tendes odiado
tem odiado têm odiado

Past Perfect or Pluperfect Indicative
tinha odiado tínhamos odiado
tinhas odiado tínheis odiado
tinha odiado tinham odiado

Future Perfect Indicative
terei odiado teremos odiado
terás odiado tereis odiado
terá odiado terão odiado

Present Subjunctive
odeie odiemos
odeies odieis
odeie odeiem

Imperfect Subjunctive
odiasse odiássemos
odiasses odiásseis
odiasse odiassem

Future Subjunctive
odiar odiarmos
odiares odiardes
odiar odiarem

Present Perfect Subjunctive
tenha odiado tenhamos odiado
tenhas odiado tenhais odiado
tenha odiado tenham odiado

Past Perfect or Pluperfect Subjunctive
tivesse odiado tivéssemos odiado
tivesses odiado tivésseis odiado
tivesse odiado tivessem odiado

Future Perfect Subjunctive
tiver odiado tivermos odiado
tiveres odiado tiverdes odiado
tiver odiado tiverem odiado

Conditional
odiaria odiaríamos
odiarias odiaríeis
odiaria odiariam

Conditional Perfect
teria odiado teríamos odiado
terias odiado teríeis odiado
teria odiado teriam odiado

Imperative
odeia–odiai

Samples of verb usage.

Odeio-te! *I detest (despise) you!*

Ela **se odiava**. *She hated herself.*

Eu **odiaria** imaginar isso. *I would hate to imagine that.*

Aquele mecânico **odeia** trabalhar em camiões. *That mechanic hates to work on trucks.*

to offend, insult

Personal Infinitive

ofender	ofendermos
ofenderes	ofenderdes
ofender	ofenderem

Present Indicative

ofendo	ofendemos
ofendes	ofendeis
ofende	ofendem

Imperfect Indicative

ofendia	ofendíamos
ofendias	ofendíeis
ofendia	ofendiam

Preterit Indicative

ofendi	ofendemos
ofendeste	ofendestes
ofendeu	ofenderam

Simple Pluperfect Indicative

ofendera	ofendêramos
ofenderas	ofendêreis
ofendera	ofenderam

Future Indicative

ofenderei	ofenderemos
ofenderás	ofendereis
ofenderá	ofenderão

Present Perfect Indicative

tenho ofendido	temos ofendido
tens ofendido	tendes ofendido
tem ofendido	têm ofendido

Past Perfect or Pluperfect Indicative

tinha ofendido	tínhamos ofendido
tinhas ofendido	tínheis ofendido
tinha ofendido	tinham ofendido

Future Perfect Indicative

terei ofendido	teremos ofendido
terás ofendido	tereis ofendido
terá ofendido	terão ofendido

Present Subjunctive

ofenda	ofendamos
ofendas	ofendais
ofenda	ofendam

Imperfect Subjunctive

ofendesse	ofendêssemos
ofendesses	ofendêsseis
ofendesse	ofendessem

Future Subjunctive

ofender	ofendermos
ofenderes	ofenderdes
ofender	ofenderem

Present Perfect Subjunctive

tenha ofendido	tenhamos ofendido
tenhas ofendido	tenhais ofendido
tenha ofendido	tenham ofendido

Past Perfect or Pluperfect Subjunctive

tivesse ofendido	tivéssemos ofendido
tivesses ofendido	tivésseis ofendido
tivesse ofendido	tivessem ofendido

Future Perfect Subjunctive

tiver ofendido	tivermos ofendido
tiveres ofendido	tiverdes ofendido
tiver ofendido	tiverem ofendido

Conditional

ofenderia	ofenderíamos
ofenderias	ofenderíeis
ofenderia	ofenderiam

Conditional Perfect

teria ofendido	teríamos ofendido
terias ofendido	teríeis ofendido
teria ofendido	teriam ofendido

Imperative

ofende–ofendei

Samples of verb usage.

Não queremos que ele te **ofenda**. *We don't want him to offend you.*

Se eu te **ofendi**, foi sem querer. *If I offended (insulted) you, I didn't mean to.*

Mesmo que ela **tenha**-te **ofendido,** não tens razão pelo que fizeste.
Even though she's insulted you, what you did was wrong.

O cheiro do seu charuto **ofendia** aos demais convidados.
The smell of his cigar offended the other guests.

to offer; (**-se**) to volunteer

Personal Infinitive
oferecer oferecermos
ofereceres oferecerdes
oferecer oferecerem

Present Indicative
ofereço oferecemos
ofereces ofereceis
oferece *oferecem**

Imperfect Indicative
oferecia oferecíamos
oferecias oferecíeis
oferecia ofereciam

Preterit Indicative
ofereci oferecemos
ofereceste oferecestes
ofereceu ofereceram

Simple Pluperfect Indicative
oferecera oferecêramos
ofereceras oferecêreis
oferecera ofereceram

Future Indicative
oferecerei ofereceremos
oferecerás oferecereis
oferecerá oferecerão

Present Perfect Indicative
tenho oferecido temos oferecido
tens oferecido tendes oferecido
tem oferecido têm oferecido

Past Perfect or Pluperfect Indicative
tinha oferecido tínhamos oferecido
tinhas oferecido tínheis oferecido
tinha oferecido tinham oferecido

Future Perfect Indicative
terei oferecido teremos oferecido
terás oferecido tereis oferecido
terá oferecido terão oferecido

Present Subjunctive
ofereça ofereçamos
ofereças ofereçais
ofereça ofereçam

Imperfect Subjunctive
oferecesse oferecêssemos
oferecesses oferecêsseis
oferecesse oferecessem

Future Subjunctive
oferecer oferecermos
ofereceres oferecerdes
oferecer oferecerem

Present Perfect Subjunctive
tenha oferecido tenhamos oferecido
tenhas oferecido tenhais oferecido
tenha oferecido tenham oferecido

Past Perfect or Pluperfect Subjunctive
tivesse oferecido tivéssemos oferecido
tivesses oferecido tivésseis oferecido
tivesse oferecido tivessem oferecido

Future Perfect Subjunctive
tiver oferecido tivermos oferecido
tiveres oferecido tiverdes oferecido
tiver oferecido tiverem oferecido

Conditional
ofereceria ofereceríamos
oferecerias ofereceríeis
ofereceria ofereceriam

Conditional Perfect
teria oferecido teríamos oferecido
terias oferecido teríeis oferecido
teria oferecido teriam oferecido

Imperative
*oferece**– oferecei

Samples of verb usage.

Ofereça-lhes uma bebida (a eles). *Offer them a drink.*

O empresário **ofereceu** uma grande quantia pela companhia.
The entrepreneur offered a huge sum for the company.

Ofereço-me para esta missão perigosa. *I volunteer for this dangerous mission.*

Eu sempre tento **oferecer** soluções a problemas. *I always try to offer solutions to problems.*

*NOTE: Only the radical-changing verb forms with *open* stressed vowels appear in italic type. For further explanation see Foreword.

to look (at)

Personal Infinitive	
olhar	olharmos
olhares	olhardes
olhar	olharem
Present Indicative	
olho	olhamos
olhas	olhais
olha	*olham**
Imperfect Indicative	
olhava	olhávamos
olhavas	olháveis
olhava	olhavam
Preterit Indicative	
olhei	olhámos
olhaste	olhastes
olhou	olharam
Simple Pluperfect Indicative	
olhara	olháramos
olharas	olháreis
olhara	olharam
Future Indicative	
olharei	olharemos
olharás	olhareis
olhará	olharão
Present Perfect Indicative	
tenho olhado	temos olhado
tens olhado	tendes olhado
tem olhado	têm olhado
Past Perfect or Pluperfect Indicative	
tinha olhado	tínhamos olhado
tinhas olhado	tínheis olhado
tinha olhado	tinham olhado
Future Perfect Indicative	
terei olhado	teremos olhado
terás olhado	tereis olhado
terá olhado	terão olhado

Present Subjunctive	
olhe	olhemos
olhes	olheis
olhe	*olhem**
Imperfect Subjunctive	
olhasse	olhássemos
olhasses	olhásseis
olhasse	olhassem
Future Subjunctive	
olhar	olharmos
olhares	olhardes
olhar	olharem
Present Perfect Subjunctive	
tenha olhado	tenhamos olhado
tenhas olhado	tenhais olhado
tenha olhado	tenham olhado
Past Perfect or Pluperfect Subjunctive	
tivesse olhado	tivéssemos olhado
tivesses olhado	tivésseis olhado
tivesse olhado	tivessem olhado
Future Perfect Subjunctive	
tiver olhado	tivermos olhado
tiveres olhado	tiverdes olhado
tiver olhado	tiverem olhado
Conditional	
olharia	olharíamos
olharias	olharíeis
olharia	olhariam
Conditional Perfect	
teria olhado	teríamos olhado
terias olhado	teríeis olhado
teria olhado	teriam olhado
Imperative	
*olha**–olhai	

Samples of verb usage.

Olha ali, é um palhaço. *Look over there, it's a clown.*

Ela **olhou** para o mar. *She looked at the sea.*

Elas sempre **olhavam** todos que passavam. *They always looked at all who passed by.*

Eles **olharam-se** por um minuto. *They looked at each other for a minute.*

*NOTE: Only the radical-changing verb forms with *open* stressed vowels appear in italic type. For further explanation see Foreword.

to dare

Personal Infinitive		*Present Subjunctive*	
ousar	ousarmos	ouse	ousemos
ousares	ousardes	ouses	ouseis
ousar	ousarem	ouse	ousem
Present Indicative		***Imperfect Subjunctive***	
ouso	ousamos	ousasse	ousássemos
ousas	ousais	ousasses	ousásseis
ousa	ousam	ousasse	ousassem
Imperfect Indicative		***Future Subjunctive***	
ousava	ousávamos	ousar	ousarmos
ousavas	ousáveis	ousares	ousardes
ousava	ousavam	ousar	ousarem
Preterit Indicative		***Present Perfect Subjunctive***	
ousei	ousámos	tenha ousado	tenhamos ousado
ousaste	ousastes	tenhas ousado	tenhais ousado
ousou	ousaram	tenha ousado	tenham ousado
Simple Pluperfect Indicative		***Past Perfect or Pluperfect Subjunctive***	
ousara	ousáramos	tivesse ousado	tivéssemos ousado
ousaras	ousáreis	tivesses ousado	tivésseis ousado
ousara	ousaram	tivesse ousado	tivessem ousado
Future Indicative		***Future Perfect Subjunctive***	
ousarei	ousaremos	tiver ousado	tivermos ousado
ousarás	ousareis	tiveres ousado	tiverdes ousado
ousará	ousarão	tiver ousado	tiverem ousado
Present Perfect Indicative		***Conditional***	
tenho ousado	temos ousado	ousaria	ousaríamos
tens ousado	tendes ousado	ousarias	ousaríeis
tem ousado	têm ousado	ousaria	ousariam
Past Perfect or Pluperfect Indicative		***Conditional Perfect***	
tinha ousado	tínhamos ousado	teria ousado	teríamos ousado
tinhas ousado	tínheis ousado	terias ousado	teríeis ousado
tinha ousado	tinham ousado	teria ousado	teriam ousado
Future Perfect Indicative		***Imperative***	
terei ousado	teremos ousado	ousa–ousai	
terás ousado	tereis ousado		
terá ousado	terão ousado		

Samples of verb usage.

Ela **ousou** ofendê-lo. *She dared to insult him.*

Se **ousasses** fazer isso, alguém te mataria no processo.
If you dared to do that, someone would kill you in the process.

Ele nunca **tinha ousado** entrar naquele quarto antes. *He had never dared to go into that room before.*

É preciso ser **ousado** para sair-se bem. *It is necessary to be daring to succeed.*

to hear, listen

Personal Infinitive

ouvir	ouvirmos
ouvires	ouvirdes
ouvir	ouvirem

Present Indicative

ouço (oiço)	ouvimos
ouves	ouvis
ouve	ouvem

Imperfect Indicative

ouvia	ouvíamos
ouvias	ouvíeis
ouvia	ouviam

Preterit Indicative

ouvi	ouvimos
ouviste	ouvistes
ouviu	ouviram

Simple Pluperfect Indicative

ouvira	ouvíramos
ouviras	ouvíreis
ouvira	ouviram

Future Indicative

ouvirei	ouviremos
ouvirás	ouvireis
ouvirá	ouvirão

Present Perfect Indicative

tenho ouvido	temos ouvido
tens ouvido	tendes ouvido
tem ouvido	têm ouvido

Past Perfect or Pluperfect Indicative

tinha ouvido	tínhamos ouvido
tinhas ouvido	tínheis ouvido
tinha ouvido	tinham ouvido

Future Perfect Indicative

terei ouvido	teremos ouvido
terás ouvido	tereis ouvido
terá ouvido	terão ouvido

Present Subjunctive

ouça (oiça)	ouçamos (oiçamos)
ouças (oiças)	ouçais (oiçais)
ouça (oiça)	ouçam (oiçam)

Imperfect Subjunctive

ouvisse	ouvíssemos
ouvisses	ouvísseis
ouvisse	ouvissem

Future Subjunctive

ouvir	ouvirmos
ouvires	ouvirdes
ouvir	ouvirem

Present Perfect Subjunctive

tenha ouvido	tenhamos ouvido
tenhas ouvido	tenhais ouvido
tenha ouvido	tenham ouvido

Past Perfect or Pluperfect Subjunctive

tivesse ouvido	tivéssemos ouvido
tivesses ouvido	tivésseis ouvido
tivesse ouvido	tivessem ouvido

Future Perfect Subjunctive

tiver ouvido	tivermos ouvido
tiveres ouvido	tiverdes ouvido
tiver ouvido	tiverem ouvido

Conditional

ouviria	ouviríamos
ouvirias	ouviríeis
ouviria	ouviriam

Conditional Perfect

teria ouvido	teríamos ouvido
terias ouvido	teríeis ouvido
teria ouvido	teriam ouvido

Imperative

ouve–ouvi

Samples of verb usage.

Eu **ouço** (*also* **oiço** *in Portugal*) algo estranho. *I hear something strange.*

O filho **ouviu** a sua mãe gritar. *The son heard his mother shout.*

Ouça (*also* **Oiça** *in Portugal*). Um barulho. *Listen. A noise.*

O escritor já **tinha ouvido** aquela história muitas vezes.
The writer had already heard that story many times.

NOTE: The forms in parentheses are used in Portugal.

to pay

Personal Infinitive		***Present Subjunctive***	
pagar	pagarmos	pague	paguemos
pagares	pagardes	pagues	pagueis
pagar	pagarem	pague	paguem
Present Indicative		***Imperfect Subjunctive***	
pago	pagamos	pagasse	pagássemos
pagas	pagais	pagasses	pagásseis
paga	pagam	pagasse	pagassem
Imperfect Indicative		***Future Subjunctive***	
pagava	pagávamos	pagar	pagarmos
pagavas	pagáveis	pagares	pagardes
pagava	pagavam	pagar	pagarem
Preterit Indicative		***Present Perfect Subjunctive***	
paguei	pagámos	tenha pago	tenhamos pago
pagaste	pagastes	tenhas pago	tenhais pago
pagou	pagaram	tenha pago	tenham pago
Simple Pluperfect Indicative		***Past Perfect or Pluperfect Subjunctive***	
pagara	pagáramos	tivesse pago	tivéssemos pago
pagaras	pagáreis	tivesses pago	tivésseis pago
pagara	pagaram	tivesse pago	tivessem pago
Future Indicative		***Future Perfect Subjunctive***	
pagarei	pagaremos	tiver pago	tivermos pago
pagarás	pagareis	tiveres pago	tiverdes pago
pagará	pagarão	tiver pago	tiverem pago
Present Perfect Indicative		***Conditional***	
tenho pago	temos pago	pagaria	pagaríamos
tens pago	tendes pago	pagarias	pagaríeis
tem pago	têm pago	pagaria	pagariam
Past Perfect or Pluperfect Indicative		***Conditional Perfect***	
tinha pago	tínhamos pago	teria pago	teríamos pago
tinhas pago	tínheis pago	terias pago	teríeis pago
tinha pago	tinham pago	teria pago	teriam pago
Future Perfect Indicative		***Imperative***	
terei pago	teremos pago	paga–pagai	
terás pago	tereis pago		
terá pago	terão pago		

Samples of verb usage.

Eles **pagarão** por todo o mau que nos fizeram. *They'll pay for all the bad things they did to us.*

Ele nos **pagou** o que devia. *He paid us what he owed.*

Os inquilinos já **tinham pago** a renda (o aluguer, aluguel *in Brazil*) do apartamento.
The tenants had already paid the apartment rent.

Ela sempre **pagava** as suas dívidas. *She always paid her debts.*

*NOTE: The regular form of the past participle is now considered archaic in both Continental and Brazilian Portuguese.

to stop

Personal Infinitive

parar	pararmos
parares	parardes
parar	pararem

Present Indicative

paro	paramos
paras	parais
pára	param

Imperfect Indicative

parava	parávamos
paravas	paráveis
parava	paravam

Preterit Indicative

parei	parámos
paraste	parastes
parou	pararam

Simple Pluperfect Indicative

parara	paráramos
pararas	paráreis
parara	pararam

Future Indicative

pararei	pararemos
pararás	parareis
parará	pararão

Present Perfect Indicative

tenho parado	temos parado
tens parado	tendes parado
tem parado	têm parado

Past Perfect or Pluperfect Indicative

tinha parado	tínhamos parado
tinhas parado	tínheis parado
tinha parado	tinham parado

Future Perfect Indicative

terei parado	teremos parado
terás parado	tereis parado
terá parado	terão parado

Present Subjunctive

pare	paremos
pares	pareis
pare	parem

Imperfect Subjunctive

parasse	parássemos
parasses	parásseis
parasse	parassem

Future Subjunctive

parar	pararmos
parares	parardes
parar	pararem

Present Perfect Subjunctive

tenha parado	tenhamos parado
tenhas parado	tenhais parado
tenha parado	tenham parado

Past Perfect or Pluperfect Subjunctive

tivesse parado	tivéssemos parado
tivesses parado	tivésseis parado
tivesse parado	tivessem parado

Future Perfect Subjunctive

tiver parado	tivermos parado
tiveres parado	tiverdes parado
tiver parado	tiverem parado

Conditional

pararia	pararíamos
pararias	pararíeis
pararia	parariam

Conditional Perfect

teria parado	teríamos parado
terias parado	teríeis parado
teria parado	teriam parado

Imperative

pára–parai

Samples of verb usage.

Pare aí! Não se mexa! *Stop there! Don't move!*

Quando você **tiver parado** o carro, eu saltarei. *When you have stopped the car, I will jump out.*

Pára de gritar. *Stop screaming.*

O autocarro (ônibus *in Brazil*) costumava **parar** aqui aos domingos.
The bus used to stop here on Sundays.

to seem, look like, appear; (**-se com**) to resemble

Personal Infinitive	
parecer	parecermos
pareceres	parecerdes
parecer	parecerem
Present Indicative	
pareço	parecemos
pareces	pareceis
parece	*parecem**
Imperfect Indicative	
parecia	parecíamos
parecias	parecíeis
parecia	pareciam
Preterit Indicative	
pareci	parecemos
pareceste	parecestes
pareceu	pareceram
Simple Pluperfect Indicative	
parecera	parecêramos
pareceras	parecêreis
parecera	pareceram
Future Indicative	
parecerei	pareceremos
parecerás	parecereis
parecerá	parecerão
Present Perfect Indicative	
tenho parecido	temos parecido
tens parecido	tendes parecido
tem parecido	têm parecido
Past Perfect or Pluperfect Indicative	
tinha parecido	tínhamos parecido
tinhas parecido	tínheis parecido
tinha parecido	tinham parecido
Future Perfect Indicative	
terei parecido	teremos parecido
terás parecido	tereis parecido
terá parecido	terão parecido

Present Subjunctive	
pareça	pareçamos
pareças	pareçais
pareça	pareçam
Imperfect Subjunctive	
parecesse	parecêssemos
parecesses	parecêsseis
parecesse	parecessem
Future Subjunctive	
parecer	parecermos
pareceres	parecerdes
parecer	parecerem
Present Perfect Subjunctive	
tenha parecido	tenhamos parecido
tenhas parecido	tenhais parecido
tenha parecido	tenham parecido
Past Perfect or Pluperfect Subjunctive	
tivesse parecido	tivéssemos parecido
tivesses parecido	tivésseis parecido
tivesse parecido	tivessem parecido
Future Perfect Subjunctive	
tiver parecido	tivermos parecido
tiveres parecido	tiverdes parecido
tiver parecido	tiverem parecido
Conditional	
pareceria	pareceríamos
parecerias	pareceríeis
pareceria	pareceriam
Conditional Perfect	
teria parecido	teríamos parecido
terias parecido	teríeis parecido
teria parecido	teriam parecido
Imperative	
*parece**– parecei	

Samples of verb usage.

Quero que **pareça** um acidente. *I want it to look like an accident.*

Tudo **parece** muito simples, mas não é! *Everthing seems very simple, but it isn't!*

Ela **se parece com** o pai dela. *She resembles her father.*

O funcionário **parecia** estar cansado. *The employee appeared (seemed) to be tired.*

*NOTE: Only the radical-changing verb forms with *open* stressed vowels appear in italic type. For further explanation see Foreword.

to pass; to spend (as time); (**por**) to stop by; (**-se**) to happen; to go by (as time)

Personal Infinitive
passar passarmos
passares passardes
passar passarem

Present Indicative
passo passamos
passas passais
passa passam

Imperfect Indicative
passava passávamos
passavas passáveis
passava passavam

Preterit Indicative
passei passámos
passaste passastes
passou passaram

Simple Pluperfect Indicative
passara passáramos
passaras passáreis
passara passaram

Future Indicative
passarei passaremos
passarás passareis
passará passarão

Present Perfect Indicative
tenho passado temos passado
tens passado tendes passado
tem passado têm passado

Past Perfect or Pluperfect Indicative
tinha passado tínhamos passado
tinhas passado tínheis passado
tinha passado tinham passado

Future Perfect Indicative
terei passado teremos passado
terás passado tereis passado
terá passado terão passado

Present Subjunctive
passe passemos
passes passeis
passe passem

Imperfect Subjunctive
passasse passássemos
passasses passásseis
passasse passassem

Future Subjunctive
passar passarmos
passares passardes
passar passarem

Present Perfect Subjunctive
tenha passado tenhamos passado
tenhas passado tenhais passado
tenha passado tenham passado

Past Perfect or Pluperfect Subjunctive
tivesse passado tivéssemos passado
tivesses passado tivésseis passado
tivesse passado tivessem passado

Future Perfect Subjunctive
tiver passado tivermos passado
tiveres passado tiverdes passado
tiver passado tiverem passado

Conditional
passaria passaríamos
passarias passaríeis
passaria passariam

Conditional Perfect
teria passado teríamos passado
terias passado teríeis passado
teria passado teriam passado

Imperative
passa–passai

Samples of verb usage.

Passe pela loja esta tarde e compre umas meias para mim.
Stop by the store this afternoon and buy some socks for me.

Eu queria saber o que **tinha-se passado**. *I wanted to know what had happened.*

Você acredita que já **se passaram** oito anos desde que nós nos conhecemos, João?
Can you believe that eight years have gone by (passed) since we met, John?

Hoje eu **passei** uma hora na paragem do autocarro (na parada do ônibus *in Brazil*).
I spent an hour at the bus stop today.

to pause; to take a break; to delay

Personal Infinitive		***Present Subjunctive***	
pausar	pausarmos	pause	pausemos
pausares	pausardes	pauses	pauseis
pausar	pausarem	pause	pausem
Present Indicative		***Imperfect Subjunctive***	
pauso	pausamos	pausasse	pausássemos
pausas	pausais	pausasses	pausásseis
pausa	pausam	pausasse	pausassem
Imperfect Indicative		***Future Subjunctive***	
pausava	pausávamos	pausar	pausarmos
pausavas	pausáveis	pausares	pausardes
pausava	pausavam	pausar	pausarem
Preterit Indicative		***Present Perfect Subjunctive***	
pausei	pausámos	tenha pausado	tenhamos pausado
pausaste	pausastes	tenhas pausado	tenhais pausado
pausou	pausaram	tenha pausado	tenham pausado
Simple Pluperfect Indicative		***Past Perfect or Pluperfect Subjunctive***	
pausara	pausáramos	tivesse pausado	tivéssemos pausado
pausaras	pausáreis	tivesses pausado	tivésseis pausado
pausara	pausaram	tivesse pausado	tivessem pausado
Future Indicative		***Future Perfect Subjunctive***	
pausarei	pausaremos	tiver pausado	tivermos pausado
pausarás	pausareis	tiveres pausado	tiverdes pausado
pausará	pausarão	tiver pausado	tiverem pausado
Present Perfect Indicative		***Conditional***	
tenho pausado	temos pausado	pausaria	pausaríamos
tens pausado	tendes pausado	pausarias	pausaríeis
tem pausado	têm pausado	pausaria	pausariam
Past Perfect or Pluperfect Indicative		***Conditional Perfect***	
tinha pausado	tínhamos pausado	teria pausado	teríamos pausado
tinhas pausado	tínheis pausado	terias pausado	teríeis pausado
tinha pausado	tinham pausado	teria pausado	teriam pausado
Future Perfect Indicative		***Imperative***	
terei pausado	teremos pausado	pausa–pausai	
terás pausado	tereis pausado		
terá pausado	terão pausado		

Samples of verb usage.

O atleta **pausou** um minuto para recuperar o fôlego. *The athlete paused a minute to catch his breath.*

Tenho pausado o meu trabalho o dia inteiro. *I have been delaying my work all day long.*

O padre falava na morte, **pausando** entre uma palavra e outra.
The priest was speaking about the death, pausing between every word.

Se você não **tivesse pausado**, estaria cansado agora.
If you hadn't taken a break, you would be tired now.

to sin

Personal Infinitive		***Present Subjunctive***	
pecar	pecarmos	*peque*	pequemos
pecares	pecardes	*peques*	pequeis
pecar	pecarem	*peque*	*pequem**
Present Indicative		***Imperfect Subjunctive***	
peco	pecamos	pecasse	pecássemos
pecas	pecais	pecasses	pecásseis
peca	*pecam**	pecasse	pecassem
Imperfect Indicative		***Future Subjunctive***	
pecava	pecávamos	pecar	pecarmos
pecavas	pecáveis	pecares	pecardes
pecava	pecavam	pecar	pecarem
Preterit Indicative		***Present Perfect Subjunctive***	
pequei	pecámos	tenha pecado	tenhamos pecado
pecaste	pecastes	tenhas pecado	tenhais pecado
pecou	pecaram	tenha pecado	tenham pecado
Simple Pluperfect Indicative		***Past Perfect or Pluperfect Subjunctive***	
pecara	pecáramos	tivesse pecado	tivéssemos pecado
pecaras	pecáreis	tivesses pecado	tivésseis pecado
pecara	pecaram	tivesse pecado	tivessem pecado
Future Indicative		***Future Perfect Subjunctive***	
pecarei	pecaremos	tiver pecado	tivermos pecado
pecarás	pecareis	tiveres pecado	tiverdes pecado
pecará	pecarão	tiver pecado	tiverem pecado
Present Perfect Indicative		***Conditional***	
tenho pecado	temos pecado	pecaria	pecaríamos
tens pecado	tendes pecado	pecarias	pecaríeis
tem pecado	têm pecado	pecaria	pecariam
Past Perfect or Pluperfect Indicative		***Conditional Perfect***	
tinha pecado	tínhamos pecado	teria pecado	teríamos pecado
tinhas pecado	tínheis pecado	terias pecado	teríeis pecado
tinha pecado	tinham pecado	teria pecado	teriam pecado
Future Perfect Indicative		***Imperative***	
terei pecado	teremos pecado	*peca**–pecai	
terás pecado	tereis pecado		
terá pecado	terão pecado		

Samples of verb usage.

Se **pecares,** não entrarás no paraíso. *If you sin, you won't get into heaven.*

Mesmo que ela **tenha pecado**, será perdoada. *Even if she has sinned, she'll be forgiven.*

Ele **pecava** pela falta de paciência. *He sinned from lack of patience.*

Pecarei só para te aborrecer. *I will sin just to upset you.*

*NOTE: Only the radical-changing verb forms with *open* stressed vowels appear in italic type. For further explanation see Foreword.

to ask for, to beg

Personal Infinitive
pedir pedirmos
pedires pedirdes
pedir pedirem

Present Indicative
peço pedimos
pedes pedis
pede *pedem**

Imperfect Indicative
pedia pedíamos
pedias pedíeis
pedia pediam

Preterit Indicative
pedi pedimos
pediste pedistes
pediu pediram

Past Perfect or Pluperfect Indicative
pedira pedíramos
pediras pedíreis
pedira pediram

Future Indicative
pedirei pediremos
pedirás pedireis
pedirá pedirão

Present Perfect Indicative
tenho pedido temos pedido
tens pedido tendes pedido
tem pedido têm pedido

Past Perfect or Pluperfect Indicative
tinha pedido tínhamos pedido
tinhas pedido tínheis pedido
tinha pedido tinham pedido

Future Perfect Indicative
terei pedido teremos pedido
terás pedido tereis pedido
terá pedido terão pedido

Present Subjunctive
peça peçamos
peças peçais
peça *peçam**

Imperfect Subjunctive
pedisse pedíssemos
pedisses pedísseis
pedisse pedissem

Future Subjunctive
pedir pedirmos
pedires pedirdes
pedir pedirem

Present Perfect Subjunctive
tenha pedido tenhamos pedido
tenhas pedido tenhais pedido
tenha pedido tenham pedido

Past Perfect or Pluperfect Subjunctive
tivesse pedido tivéssemos pedido
tivesses pedido tivésseis pedido
tivesse pedido tivessem pedido

Future Perfect Subjunctive
tiver pedido tivermos pedido
tiveres pedido tiverdes pedido
tiver pedido tiverem pedido

Conditional
pediria pediríamos
pedirias pediríeis
pediria pediriam

Conditional Perfect
teria pedido teríamos pedido
terias pedido teríeis pedido
teria pedido teriam pedido

Imperative
*pede**– pedi

Samples of verb usage.

Peça a conta. *Ask for the bill.*

Ele te **pedirá** perdão por aquilo que fez. *He will ask you for forgiveness for what he did.*

Tenho pedido esta oportunidade durante meses. *I have been asking for this opportunity for months.*

O advogado **pediu** aos acusados para confessarem. *The lawyer asked the accused to confess.*

*NOTE: Only the radical-changing verb forms with *open* stressed vowels appear in italic type. For further explanation see Foreword.

to catch; to grab, pick up

Personal Infinitive

pegar	pegarmos
pegares	pegardes
pegar	pegarem

Present Indicative

pego	pegamos
pegas	pegais
pega	*pegam**

Imperfect Indicative

pegava	pegávamos
pegavas	pegáveis
pegava	pegavam

Preterit Indicative

peguei	pegámos
pegaste	pegastes
pegou	pegaram

Simple Pluperfect Indicative

pegara	pegáramos
pegaras	pegáreis
pegara	pegaram

Future Indicative

pegarei	pegaremos
pegarás	pegareis
pegará	pegarão

Present Perfect Indicative

tenho pegado	temos pegado
tens pegado	tendes pegado
tem pegado	têm pegado

Past Perfect or Pluperfect Indicative

tinha pegado	tínhamos pegado
tinhas pegado	tínheis pegado
tinha pegado	tinham pegado

Future Perfect Indicative

terei pegado	teremos pegado
terás pegado	tereis pegado
terá pegado	terão pegado

Present Subjunctive

pegue	peguemos
pegues	pegueis
pegue	*peguem**

Imperfect Subjunctive

pegasse	pegássemos
pegasses	pegásseis
pegasse	pegassem

Future Subjunctive

pegar	pegarmos
pegares	pegardes
pegar	pegarem

Present Perfect Subjunctive

tenha pegado	tenhamos pegado
tenhas pegado	tenhais pegado
tenha pegado	tenham pegado

Past Perfect or Pluperfect Subjunctive

tivesse pegado	tivéssemos pegado
tivesses pegado	tivésseis pegado
tivesse pegado	tivessem pegado

Future Perfect Subjunctive

tiver pegado	tivermos pegado
tiveres pegado	tiverdes pegado
tiver pegado	tiverem pegado

Conditional

pegaria	pegaríamos
pegarias	pegaríeis
pegaria	pegariam

Conditional Perfect

teria pegado	teríamos pegado
terias pegado	teríeis pegado
teria pegado	teriam pegado

Imperative

*pega***–pegai

Samples of verb usage.

Todos (nós) **tínhamos pegado** pneumonia naquele ano. *We all caught pneumonia that year.*

Pegue a bola! *Catch the ball!*

Peguei o meu casaco e saí de casa. *I picked up my jacket and left home.*

A mãe **pegou** o filho pelo braço. *The mother grabbed her son by the arm.*

*NOTE: The irregular form of the past participle is used only in Brazil.

**NOTE: Only the radical-changing verb forms with *open* stressed vowels appear in italic type. For further explanation see Foreword.

to hang (up), suspend

Personal Infinitive		***Present Subjunctive***	
pendurar	pendurarmos	pendure	penduremos
pendurares	pendurardes	pendures	pendureis
pendurar	pendurarem	pendure	pendurem
Present Indicative		***Imperfect Subjunctive***	
penduro	penduramos	pendurasse	pendurássemos
penduras	pendurais	pendurasses	pendurásseis
pendura	penduram	pendurasse	pendurassem
Imperfect Indicative		***Future Subjunctive***	
pendurava	pendurávamos	pendurar	pendurarmos
penduravas	penduráveis	pendurares	pendurardes
pendurava	penduravam	pendurar	pendurarem
Preterit Indicative		***Present Perfect Subjunctive***	
pendurei	pendurámos	tenha pendurado	tenhamos pendurado
penduraste	pendurastes	tenhas pendurado	tenhais pendurado
pendurou	penduraram	tenha pendurado	tenham pendurado
Simple Pluperfect Indicative		***Past Perfect or Pluperfect Subjunctive***	
pendurara	penduráramos	tivesse pendurado	tivéssemos pendurado
penduraras	penduráreis	tivesses pendurado	tivésseis pendurado
pendurara	penduraram	tivesse pendurado	tivessem pendurado
Future Indicative		***Future Perfect Subjunctive***	
pendurarei	penduraremos	tiver pendurado	tivermos pendurado
pendurarás	pendurareis	tiveres pendurado	tiverdes pendurado
pendurará	pendurarão	tiver pendurado	tiverem pendurado
Present Perfect Indicative		***Conditional***	
tenho pendurado	temos pendurado	penduraria	penduraríamos
tens pendurado	tendes pendurado	pendurarias	penduraríeis
tem pendurado	têm pendurado	penduraria	pendurariam
Past Perfect or Pluperfect Indicative		***Conditional Perfect***	
tinha pendurado	tínhamos pendurado	teria pendurado	teríamos pendurado
tinhas pendurado	tínheis pendurado	terias pendurado	teríeis pendurado
tinha pendurado	tinham pendurado	teria pendurado	teriam pendurado
Future Perfect Indicative		***Imperative***	
terei pendurado	teremos pendurado	pendura–pendurai	
terás pendurado	tereis pendurado		
terá pendurado	terão pendurado		

Samples of verb usage.

Pendurei o quadro na parede. *I hung the painting on the wall.*

O seu irmão **pendurou**-o pelo pé com a corda. *His brother suspended him by one foot with the rope.*

Pendure isto ali para que todos vejam. *Hang this up there for all to see.*

(Nós) **tínhamos pendurado** tudo no armário do hotel quando nos obrigaram a mudar de quarto.
We had hung up everything in the hotel closet when they made us change rooms.

to think (mental action); to ponder, consider

Personal Infinitive
pensar pensarmos
pensares pensardes
pensar pensarem

Present Indicative
penso pensamos
pensas pensais
pensa pensam

Imperfect Indicative
pensava pensávamos
pensavas pensáveis
pensava pensavam

Preterit Indicative
pensei pensámos
pensaste pensastes
pensou pensaram

Simple Pluperfect Indicative
pensara pensáramos
pensaras pensáreis
pensara pensaram

Future Indicative
pensarei pensaremos
pensarás pensareis
pensará pensarão

Present Perfect Indicative
tenho pensado temos pensado
tens pensado tendes pensado
tem pensado têm pensado

Past Perfect or Pluperfect Indicative
tinha pensado tínhamos pensado
tinhas pensado tínheis pensado
tinha pensado tinham pensado

Future Perfect Indicative
terei pensado teremos pensado
terás pensado tereis pensado
terá pensado terão pensado

Present Subjunctive
pense pensemos
penses penseis
pense pensem

Imperfect Subjunctive
pensasse pensássemos
pensasses pensásseis
pensasse pensassem

Future Subjunctive
pensar pensarmos
pensares pensardes
pensar pensarem

Present Perfect Subjunctive
tenha pensado tenhamos pensado
tenhas pensado tenhais pensado
tenha pensado tenham pensado

Past Perfect or Pluperfect Subjunctive
tivesse pensado tivéssemos pensado
tivesses pensado tivésseis pensado
tivesse pensado tivessem pensado

Future Perfect Subjunctive
tiver pensado tivermos pensado
tiveres pensado tiverdes pensado
tiver pensado tiverem pensado

Conditional
pensaria pensaríamos
pensarias pensaríeis
pensaria pensariam

Conditional Perfect
teria pensado teríamos pensado
terias pensado teríeis pensado
teria pensado teriam pensado

Imperative
pensa–pensai

Samples of verb usage.

Pense o que quiser. *Think whatever you want.*

Pensámos que vocês iam passar as férias con(n)osco.
We thought that you were going to spend the holidays with us.

Antes de tomar qualquer decisão séria, é prudente **pensar** bem em todas as consequências (conseqüências *in Brazil*). *Before making any serious decision, it's prudent to consider all the consequences.*

Os filósofos **têm pensado** nisso por milhares de anos.
Philosophers have been pondering that for thousands of years.

to comb

Personal Infinitive
pentear pentearmos
penteares penteardes
pentear pentearem

Present Indicative
penteio penteamos
penteias penteais
penteia penteiam

Imperfect Indicative
penteava penteávamos
penteavas penteáveis
penteava penteavam

Preterit Indicative
penteei penteámos
penteaste penteastes
penteou pentearam

Simple Pluperfect Indicative
penteara penteáramos
pentearas penteáreis
penteara pentearam

Future Indicative
pentearei pentearemos
pentearás penteareis
penteará pentearão

Present Perfect Indicative
tenho penteado temos penteado
tens penteado tendes penteado
tem penteado têm penteado

Past Perfect or Pluperfect Indicative
tinha penteado tínhamos penteado
tinhas penteado tínheis penteado
tinha penteado tinham penteado

Future Perfect Indicative
terei penteado teremos penteado
terás penteado tereis penteado
terá penteado terão penteado

Present Subjunctive
penteie penteemos
penteies penteeis
penteie penteiem

Imperfect Subjunctive
penteasse penteássemos
penteasses penteásseis
penteasse penteassem

Future Subjunctive
pentear pentearmos
penteares penteardes
pentear pentearem

Present Perfect Subjunctive
tenha penteado tenhamos penteado
tenhas penteado tenhais penteado
tenha penteado tenham penteado

Past Perfect or Pluperfect Subjunctive
tivesse penteado tivéssemos penteado
tivesses penteado tivésseis penteado
tivesse penteado tivessem penteado

Future Perfect Subjunctive
tiver penteado tivermos penteado
tiveres penteado tiverdes penteado
tiver penteado tiverem penteado

Conditional
pentearia pentearíamos
pentearias pentearíeis
pentearia penteariam

Conditional Perfect
teria penteado teríamos penteado
terias penteado teríeis penteado
teria penteado teriam penteado

Imperative
penteia–penteai

Samples of verb usage.

Por que não **penteaste** o cabelo hoje? *Why didn't you comb your hair today?*

Vai **pentear** macacos! *Get the hell out of here!* Literally: *Go comb monkeys!*

Ela já **tinha penteado** o cabelo duas vezes. *She had already combed her hair twice.*

O pente que **penteia** o teu cabelo deve ser incrível. *The comb that combs your hair must be incredible.*

to notice, perceive; to understand (*in Portugal*)

Personal Infinitive
perceber percebermos
perceberes perceberdes
perceber perceberem

Present Indicative
percebo percebemos
percebes percebeis
percebe *percebem**

Imperfect Indicative
percebia percebíamos
percebias percebíeis
percebia percebiam

Preterit Indicative
percebi percebemos
percebeste percebestes
percebeu perceberam

Simple Pluperfect Indicative
percebera percebêramos
perceberas percebêreis
percebera perceberam

Future Indicative
perceberei perceberemos
perceberás percebereis
perceberá perceberão

Present Perfect Indicative
tenho percebido temos percebido
tens percebido tendes percebido
tem percebido têm percebido

Past Perfect or Pluperfect Indicative
tinha percebido tínhamos percebido
tinhas percebido tínheis percebido
tinha percebido tinham percebido

Future Perfect Indicative
terei percebido teremos percebido
terás percebido tereis percebido
terá percebido terão percebido

Present Subjunctive
perceba percebamos
percebas percebais
perceba percebam

Imperfect Subjunctive
percebesse percebêssemos
percebesses percebêsseis
percebesse percebessem

Future Subjunctive
perceber percebermos
perceberes perceberdes
perceber perceberem

Present Perfect Subjunctive
tenha percebido tenhamos percebido
tenhas percebido tenhais percebido
tenha percebido tenham percebido

Past Perfect or Pluperfect Subjunctive
tivesse percebido tivéssemos percebido
tivesses percebido tivésseis percebido
tivesse percebido tivessem percebido

Future Perfect Subjunctive
tiver percebido tivermos percebido
tiveres percebido tiverdes percebido
tiver percebido tiverem percebido

Conditional
perceberia perceberíamos
perceberias perceberíeis
perceberia perceberiam

Conditional Perfect
teria percebido teríamos percebido
terias percebido teríeis percebido
teria percebido teriam percebido

Imperative
*percebe**– percebei

Samples of verb usage.

Só então o aluno **percebeu** o que ocorria. *It was only then that the student noticed what was happening.*

Percebeste? *Did you understand?* (*In Portugal*)

Perceberias, se o tivesses visto. *You would understand, if you had seen it.*

O guarda nem **tinha percebido** o ladrão a entrar. *The guard hadn't even noticed the thief walk in.*

*NOTE: Only the radical-changing verb forms with *open* stressed vowels appear in italic type. For further explanation see Foreword.

to lose

Personal Infinitive

perder	perdermos
perderes	perderdes
perder	perderem

Present Indicative

perco	perdemos
perdes	perdeis
perde	*perdem**

Imperfect Indicative

perdia	perdíamos
perdias	perdíeis
perdia	perdiam

Preterit Indicative

perdi	perdemos
perdeste	perdestes
perdeu	perderam

Simple Pluperfect Indicative

perdera	perdêramos
perderas	perdêreis
perdera	perderam

Future Indicative

perderei	perderemos
perderás	perdereis
perderá	perderão

Present Perfect Indicative

tenho perdido	temos perdido
tens perdido	tendes perdido
tem perdido	têm perdido

Past Perfect or Pluperfect Indicative

tinha perdido	tínhamos perdido
tinhas perdido	tínheis perdido
tinha perdido	tinham perdido

Future Perfect Indicative

terei perdido	teremos perdido
terás perdido	tereis perdido
terá perdido	terão perdido

Present Subjunctive

perca	percamos
percas	percais
perca	*percam**

Imperfect Subjunctive

perdesse	perdêssemos
perdesses	perdêsseis
perdesse	perdessem

Future Subjunctive

perder	perdermos
perderes	perderdes
perder	perderem

Present Perfect Subjunctive

tenha perdido	tenhamos perdido
tenhas perdido	tenhais perdido
tenha perdido	tenham perdido

Past Perfect or Pluperfect Subjunctive

tivesse perdido	tivéssemos perdido
tivesses perdido	tivésseis perdido
tivesse perdido	tivessem perdido

Future Perfect Subjunctive

tiver perdido	tivermos perdido
tiveres perdido	tiverdes perdido
tiver perdido	tiverem perdido

Conditional

perderia	perderíamos
perderias	perderíeis
perderia	perderiam

Conditional Perfect

teria perdido	teríamos perdido
terias perdido	teríeis perdido
teria perdido	teriam perdido

Imperative

*perde**– perdei

Samples of verb usage.

Eu sempre **perco-me** nas cidades grandes. *I always get lost in big cities.*

Não **perca** esse dinheiro! *Don't lose that money!*

A nossa equipe **perdeu** o jogo. *Our team lost the game.*

O menino **perdeu** o seu cão. *The little boy lost his dog.*

*NOTE: Only the radical-changing verb forms with *open* stressed vowels appear in italic type. For further explanation see Foreword.

to forgive, pardon

Personal Infinitive
perdoar perdoarmos
perdoares perdoardes
perdoar perdoarem

Present Indicative
perdoo perdoamos
perdoas perdoais
perdoa perdoam

Imperfect Indicative
perdoava perdoávamos
perdoavas perdoáveis
perdoava perdoavam

Preterit Indicative
perdoei perdoámos
perdoaste perdoastes
perdoou perdoaram

Simple Pluperfect Indicative
perdoara perdoáramos
perdoaras perdoáreis
perdoara perdoaram

Future Indicative
perdoarei perdoaremos
perdoarás perdoareis
perdoará perdoarão

Present Perfect Indicative
tenho perdoado temos perdoado
tens perdoado tendes perdoado
tem perdoado têm perdoado

Past Perfect or Pluperfect Indicative
tinha perdoado tínhamos perdoado
tinhas perdoado tínheis perdoado
tinha perdoado tinham perdoado

Future Perfect Indicative
terei perdoado teremos perdoado
terás perdoado tereis perdoado
terá perdoado terão perdoado

Present Subjunctive
perdoe perdoemos
perdoes perdoeis
perdoe perdoem

Imperfect Subjunctive
perdoasse perdoássemos
perdoasses perdoásseis
perdoasse perdoassem

Future Subjunctive
perdoar perdoarmos
perdoares perdoardes
perdoar perdoarem

Present Perfect Subjunctive
tenha perdoado tenhamos perdoado
tenhas perdoado tenhais perdoado
tenha perdoado tenham perdoado

Past Perfect or Pluperfect Subjunctive
tivesse perdoado tivéssemos perdoado
tivesses perdoado tivésseis perdoado
tivesse perdoado tivessem perdoado

Future Perfect Subjunctive
tiver perdoado tivermos perdoado
tiveres perdoado tiverdes perdoado
tiver perdoado tiverem perdoado

Conditional
perdoaria perdoaríamos
perdoarias perdoaríeis
perdoaria perdoariam

Conditional Perfect
teria perdoado teríamos perdoado
terias perdoado teríeis perdoado
teria perdoado teriam perdoado

Imperative
perdoa–perdoai

Samples of verb usage.

Perdoe-me. *Forgive me.*

O juiz **perdoou** o prisioneiro. *The judge pardoned the prisoner.*

O ex-governador sempre **perdoava** os erros dos seus empregados.
The ex-governor always forgave his employees' mistakes.

Eu te **perdoo,** meu filho. *I forgive you, my son.*

to ask (a question); (**perguntar por**) to ask about *or* for

Personal Infinitive		***Present Subjunctive***	
perguntar	perguntarmos	pergunte	perguntemos
perguntares	perguntardes	perguntes	pergunteis
perguntar	perguntarem	pergunte	perguntem
Present Indicative		***Imperfect Subjunctive***	
pergunto	perguntamos	perguntasse	perguntássemos
perguntas	perguntais	perguntasses	perguntásseis
pergunta	perguntam	perguntasse	perguntassem
Imperfect Indicative		***Future Subjunctive***	
perguntava	perguntávamos	perguntar	perguntarmos
perguntavas	perguntáveis	perguntares	perguntardes
perguntava	perguntavam	perguntar	perguntarem
Preterit Indicative		***Present Perfect Subjunctive***	
perguntei	perguntámos	tenha perguntado	tenhamos perguntado
perguntaste	perguntastes	tenhas perguntado	tenhais perguntado
perguntou	perguntaram	tenha perguntado	tenham perguntado
Simple Pluperfect Indicative		***Past Perfect or Pluperfect Subjunctive***	
perguntara	perguntáramos	tivesse perguntado	tivéssemos perguntado
perguntaras	perguntáreis	tivesses perguntado	tivésseis perguntado
perguntara	perguntaram	tivesse perguntado	tivessem perguntado
Future Indicative		***Future Perfect Subjunctive***	
perguntarei	perguntaremos	tiver perguntado	tivermos perguntado
perguntarás	perguntareis	tiveres perguntado	tiverdes perguntado
perguntará	perguntarão	tiver perguntado	tiverem perguntado
Present Perfect Indicative		***Conditional***	
tenho perguntado	temos perguntado	perguntaria	perguntaríamos
tens perguntado	tendes perguntado	perguntarias	perguntaríeis
tem perguntado	têm perguntado	perguntaria	perguntariam
Past Perfect or Pluperfect Indicative		***Conditional Perfect***	
tinha perguntado	tínhamos perguntado	teria perguntado	teríamos perguntado
tinhas perguntado	tínheis perguntado	terias perguntado	teríeis perguntado
tinha perguntado	tinham perguntado	teria perguntado	teriam perguntado
Future Perfect Indicative		***Imperative***	
terei perguntado	teremos perguntado	pergunta–perguntai	
terás perguntado	tereis perguntado		
terá perguntado	terão perguntado		

Samples of verb usage.

Pergunte o que quiser. *Ask whatever you want.*

O aluno **perguntava** à professora o que devia fazer.
The student was asking the teacher what he should do.

Eu **perguntei** ao meu chefe quanto tempo faltava antes de podermos sair do trabalho.
I asked my boss how long it would be before we could leave work.

Nós lhe **perguntaremos** isso amanhã. *We'll ask him that tomorrow.*

O homem que bateu à porta **perguntava por** ti, mas eu disse-lhe que não estavas.
The man who knocked at the door was asking for you, but I told him you weren't here.

Os teus pais **perguntaram por** mim. *Your parents asked for me.*

to permit, allow, let

Personal Infinitive
permitir permitirmos
permitires permitirdes
permitir permitirem

Present Indicative
permito permitimos
permites permitis
permite permitem

Imperfect Indicative
permitia permitíamos
permitias permitíeis
permitia permitiam

Preterit Indicative
permiti permitimos
permitiste permitistes
permitiu permitiram

Simple Pluperfect Indicative
permitira permitíramos
permitiras permitíreis
permitira permitiram

Future Indicative
permitirei permitiremos
permitirás permitireis
permitirá permitirão

Present Perfect Indicative
tenho permitido temos permitido
tens permitido tendes permitido
tem permitido têm permitido

Past Perfect or Pluperfect Indicative
tinha permitido tínhamos permitido
tinhas permitido tínheis permitido
tinha permitido tinham permitido

Future Perfect Indicative
terei permitido teremos permitido
terás permitido tereis permitido
terá permitido terão permitido

Present Subjunctive
permita permitamos
permitas permitais
permita permitam

Imperfect Subjunctive
permitisse permitíssemos
permitisses permitísseis
permitisse permitissem

Future Subjunctive
permitir permitirmos
permitires permitirdes
permitir permitirem

Present Perfect Subjunctive
tenha permitido tenhamos permitido
tenhas permitido tenhais permitido
tenha permitido tenham permitido

Past Perfect or Pluperfect Subjunctive
tivesse permitido tivéssemos permitido
tivesses permitido tivésseis permitido
tivesse permitido tivessem permitido

Future Perfect Subjunctive
tiver permitido tivermos permitido
tiveres permitido tiverdes permitido
tiver permitido tiverem permitido

Conditional
permitiria permitiríamos
permitirias permitiríeis
permitiria permitiriam

Conditional Perfect
teria permitido teríamos permitido
terias permitido teríeis permitido
teria permitido teriam permitido

Imperative
permite–permiti

Samples of verb usage.

O dire(c)tor **tinha permitido** a ausência do estudante. *The director had permitted the student's absence.*

Permita-me fazer uma pergunta sobre isso. *Allow me to ask a question about that.*

Permitirei que você vá à festa sob a condição de que seu irmão lhe acompanhe.
I will allow you to go to the party on the condition that your brother accompanies you.

O gerente não me **permitiu** entrar no restaurante porque eu não tinha pago a última conta.
The manager didn't let me enter the restaurant because I hadn't paid the last bill.

to persuade

Personal Infinitive	
persuadir	persuadirmos
persuadires	persuadirdes
persuadir	persuadirem
Present Indicative	
persuado	persuadimos
persuades	persuadis
persuade	persuadem
Imperfect Indicative	
persuadia	persuadíamos
persuadias	persuadíeis
persuadia	persuadiam
Preterit Indicative	
persuadi	persuadimos
persuadiste	persuadistes
persuadiu	persuadiram
Simple Pluperfect Indicative	
persuadira	persuadíramos
persuadiras	persuadíreis
persuadira	persuadiram
Future Indicative	
persuadirei	persuadiremos
persuadirás	persuadireis
persuadirá	persuadirão
Present Perfect Indicative	
tenho persuadido	temos persuadido
tens persuadido	tendes persuadido
tem persuadido	têm persuadido
Past Perfect or Pluperfect Indicative	
tinha persuadido	tínhamos persuadido
tinhas persuadido	tínheis persuadido
tinha persuadido	tinham persuadido
Future Perfect Indicative	
terei persuadido	teremos persuadido
terás persuadido	tereis persuadido
terá persuadido	terão persuadido

Present Subjunctive	
persuada	persuadamos
persuadas	persuadais
persuada	persuadam
Imperfect Subjunctive	
persuadisse	persuadíssemos
persuadisses	persuadísseis
persuadisse	persuadissem
Future Subjunctive	
persuadir	persuadirmos
persuadires	persuadirdes
persuadir	persuadirem
Present Perfect Subjunctive	
tenha persuadido	tenhamos persuadido
tenhas persuadido	tenhais persuadido
tenha persuadido	tenham persuadido
Past Perfect or Pluperfect Subjunctive	
tivesse persuadido	tivéssemos persuadido
tivesses persuadido	tivésseis persuadido
tivesse persuadido	tivessem persuadido
Future Perfect Subjunctive	
tiver persuadido	tivermos persuadido
tiveres persuadido	tiverdes persuadido
tiver persuadido	tiverem persuadido
Conditional	
persuadiria	persuadiríamos
persuadirias	persuadiríeis
persuadiria	persuadiriam
Conditional Perfect	
teria persuadido	teríamos persuadido
terias persuadido	teríeis persuadido
teria persuadido	teriam persuadido
Imperative	
persuade–persuadi	

Samples of verb usage.

Não tente **persuadir**-me. *Don't try to persuade me.*

Persuadi a tua mãe para te deixar ir. *I persuaded your mother to let you go.*

O candidato **tinha persuadido** a maioria dos votantes.
The candidate had persuaded the majority of the voters.

Até o mês que vem, **terei persuadido** o gerente a promover-me.
By next month I will have persuaded the manager to promote me.

to belong (to)

Personal Infinitive

pertencer	pertencermos
pertenceres	pertencerdes
pertencer	pertencerem

Present Indicative

pertenço	pertencemos
pertences	pertenceis
pertence	pertencem

Imperfect Indicative

pertencia	pertencíamos
pertencias	pertencíeis
pertencia	pertenciam

Preterit Indicative

pertenci	pertencemos
pertenceste	pertencestes
pertenceu	pertenceram

Simple Pluperfect Indicative

pertencera	pertencêramos
pertenceras	pertencêreis
pertencera	pertenceram

Future Indicative

pertencerei	pertenceremos
pertencerás	pertencereis
pertencerá	pertencerão

Present Perfect Indicative

tenho pertencido	temos pertencido
tens pertencido	tendes pertencido
tem pertencido	têm pertencido

Past Perfect or Pluperfect Indicative

tinha pertencido	tínhamos pertencido
tinhas pertencido	tínheis pertencido
tinha pertencido	tinham pertencido

Future Perfect Indicative

terei pertencido	teremos pertencido
terás pertencido	tereis pertencido
terá pertencido	terão pertencido

Present Subjunctive

pertença	pertençamos
pertenças	pertençais
pertença	pertençam

Imperfect Subjunctive

pertencesse	pertencêssemos
pertencesses	pertencêsseis
pertencesse	pertencessem

Future Subjunctive

pertencer	pertencermos
pertenceres	pertencerdes
pertencer	pertencerem

Present Perfect Subjunctive

tenha pertencido	tenhamos pertencido
tenhas pertencido	tenhais pertencido
tenha pertencido	tenham pertencido

Past Perfect or Pluperfect Subjunctive

tivesse pertencido	tivéssemos pertencido
tivesses pertencido	tivésseis pertencido
tivesse pertencido	tivessem pertencido

Future Perfect Subjunctive

tiver pertencido	tivermos pertencido
tiveres pertencido	tiverdes pertencido
tiver pertencido	tiverem pertencido

Conditional

pertenceria	pertenceríamos
pertencerias	pertenceríeis
pertenceria	pertenceriam

Conditional Perfect

teria pertencido	teríamos pertencido
terias pertencido	teríeis pertencido
teria pertencido	teriam pertencido

Imperative

pertence– pertencei

Samples of verb usage.

Eu não **pertenço** a ninguém! *I don't belong to anybody!*

Este livro não lhe **pertencia** (a ele). *This book didn't belong to him.*

A minha alma jamais te **pertencerá**! *My soul will never belong to you!*

Não **pertencemos** ao mesmo grupo. *We do not belong to the same group.*

to weigh

Personal Infinitive

pesar	pesarmos
pesares	pesardes
pesar	pesarem

Present Indicative

peso	pesamos
pesas	pesais
pesa	*pesam**

Imperfect Indicative

pesava	pesávamos
pesavas	pesáveis
pesava	pesavam

Preterit Indicative

pesei	pesámos
pesaste	pesastes
pesou	pesaram

Simple Pluperfect Indicative

pesara	pesáramos
pesaras	pesáreis
pesara	pesaram

Future Indicative

pesarei	pesaremos
pesarás	pesareis
pesará	pesarão

Present Perfect Indicative

tenho pesado	temos pesado
tens pesado	tendes pesado
tem pesado	têm pesado

Past Perfect or Pluperfect Indicative

tinha pesado	tínhamos pesado
tinhas pesado	tínheis pesado
tinha pesado	tinham pesado

Future Perfect Indicative

terei pesado	teremos pesado
terás pesado	tereis pesado
terá pesado	terão pesado

Present Subjunctive

pese	pesemos
peses	peseis
pese	*pesem**

Imperfect Subjunctive

pesasse	pesássemos
pesasses	pesásseis
pesasse	pesassem

Future Subjunctive

pesar	pesarmos
pesares	pesardes
pesar	pesarem

Present Perfect Subjunctive

tenha pesado	tenhamos pesado
tenhas pesado	tenhais pesado
tenha pesado	tenham pesado

Past Perfect or Pluperfect Subjunctive

tivesse pesado	tivéssemos pesado
tivesses pesado	tivésseis pesado
tivesse pesado	tivessem pesado

Future Perfect Subjunctive

tiver pesado	tivermos pesado
tiveres pesado	tiverdes pesado
tiver pesado	tiverem pesado

Conditional

pesaria	pesaríamos
pesarias	pesaríeis
pesaria	pesariam

Conditional Perfect

teria pesado	teríamos pesado
terias pesado	teríeis pesado
teria pesado	teriam pesado

Imperative

*pesa**–pesai

Samples of verb usage.

Eu **me pesei** e fiquei desiludido. *I weighed myself and became disillusioned.*

O funcionário já **tinha pesado** todas as malas. *The clerk had already weighed all of the luggage.*

Pese os tomates para ver quanto nos vão custar.
Weigh the tomatos to see how much they're going to cost us.

Eu **pesarei** a carga se tiver tempo. *I will weigh the shipment if I have time.*

*NOTE: Only the radical-changing verb forms with *open* stressed vowels appear in italic type. For further explanation see Foreword.

to fish, catch

Personal Infinitive

pescar	pescarmos
pescares	pescardes
pescar	pescarem

Present Indicative

pesco	pescamos
pescas	pescais
pesca	*pescam**

Imperfect Indicative

pescava	pescávamos
pescavas	pescáveis
pescava	pescavam

Preterit Indicative

pesquei	pescámos
pescaste	pescastes
pescou	pescaram

Simple Pluperfect Indicative

pescara	pescáramos
pescaras	pescáreis
pescara	pescaram

Future Indicative

pescarei	pescaremos
pescarás	pescareis
pescará	pescarão

Present Perfect Indicative

tenho pescado	temos pescado
tens pescado	tendes pescado
tem pescado	têm pescado

Past Perfect or Pluperfect Indicative

tinha pescado	tínhamos pescado
tinhas pescado	tínheis pescado
tinha pescado	tinham pescado

Future Perfect Indicative

terei pescado	teremos pescado
terás pescado	tereis pescado
terá pescado	terão pescado

Present Subjunctive

pesque	pesquemos
pesques	pesqueis
pesque	*pesquem**

Imperfect Subjunctive

pescasse	pescássemos
pescasses	pescásseis
pescasse	pescassem

Future Subjunctive

pescar	pescarmos
pescares	pescardes
pescar	pescarem

Present Perfect Subjunctive

tenha pescado	tenhamos pescado
tenhas pescado	tenhais pescado
tenha pescado	tenham pescado

Past Perfect or Pluperfect Subjunctive

tivesse pescado	tivéssemos pescado
tivesses pescado	tivésseis pescado
tivesse pescado	tivessem pescado

Future Perfect Subjunctive

tiver pescado	tivermos pescado
tiveres pescado	tiverdes pescado
tiver pescado	tiverem pescado

Conditional

pescaria	pescaríamos
pescarias	pescaríeis
pescaria	pescariam

Conditional Perfect

teria pescado	teríamos pescado
terias pescado	teríeis pescado
teria pescado	teriam pescado

Imperative

*pesca**–pescai

Samples of verb usage.

Pescámos a tarde inteira. *We fished the whole afternoon.*

Espero que ela **pesque** por fim um marido. *I hope she finally catches a husband.*

Pesca-se muito peixe nesta área. *A lot of fish are caught in this area.*

Ninguém **pesca** sem rede nem vara. *Nobody fishes without a fishing rod or a net.*

*NOTE: Only the radical-changing verb forms with *open* stressed vowels appear in italic type. For further explanation see Foreword.

to drip

Personal Infinitive
pingar pingarmos
pingares pingardes
pingar pingarem

Present Indicative
pingo pingamos
pingas pingais
pinga pingam

Imperfect Indicative
pingava pingávamos
pingavas pingáveis
pingava pingavam

Preterit Indicative
pinguei pingámos
pingaste pingastes
pingou pingaram

Simple Pluperfect Indicative
pingara pingáramos
pingaras pingáreis
pingara pingaram

Future Indicative
pingarei pingaremos
pingarás pingareis
pingará pingarão

Present Perfect Indicative
tenho pingado temos pingado
tens pingado tendes pingado
tem pingado têm pingado

Past Perfect or Pluperfect Indicative
tinha pingado tínhamos pingado
tinhas pingado tínheis pingado
tinha pingado tinham pingado

Future Perfect Indicative
terei pingado teremos pingado
terás pingado tereis pingado
terá pingado terão pingado

Present Subjunctive
pingue pinguemos
pingues pingueis
pingue pinguem

Imperfect Subjunctive
pingasse pingássemos
pingasses pingásseis
pingasse pingassem

Future Subjunctive
pingar pingarmos
pingares pingardes
pingar pingarem

Present Perfect Subjunctive
tenha pingado tenhamos pingado
tenhas pingado tenhais pingado
tenha pingado tenham pingado

Past Perfect or Pluperfect Subjunctive
tivesse pingado tivéssemos pingado
tivesses pingado tivésseis pingado
tivesse pingado tivessem pingado

Future Perfect Subjunctive
tiver pingado tivermos pingado
tiveres pingado tiverdes pingado
tiver pingado tiverem pingado

Conditional
pingaria pingaríamos
pingarias pingaríeis
pingaria pingariam

Conditional Perfect
teria pingado teríamos pingado
terias pingado teríeis pingado
teria pingado teriam pingado

Imperative
pinga–pingai

Samples of verb usage.

As gotas de água **pingavam** do teto durante a tempestade.
Drops of water were dripping from the ceiling during the storm.

Quando a chuva **pinga** no telhado desta casa, faz muito barulho.
When the rain drips on the roof of this house, it makes a lot of noise.

A torneira da pia, apesar de fechada, **pingava**. *The sink's faucet, although shut, was dripping.*

Quando a cachoeira secava no verão, não **pingava** nem uma gota.
When the waterfall would dry up in the summer, it wouldn't drip a single drop.

to paint; (**-se**) to use or put on makeup

Personal Infinitive	
pintar	pintarmos
pintares	pintardes
pintar	pintarem
Present Indicative	
pinto	pintamos
pintas	pintais
pinta	pintam
Imperfect Indicative	
pintava	pintávamos
pintavas	pintáveis
pintava	pintavam
Preterit Indicative	
pintei	pintámos
pintaste	pintastes
pintou	pintaram
Simple Pluperfect Indicative	
pintara	pintáramos
pintaras	pintáreis
pintara	pintaram
Future Indicative	
pintarei	pintaremos
pintarás	pintareis
pintará	pintarão
Present Perfect Indicative	
tenho pintado	temos pintado
tens pintado	tendes pintado
tem pintado	têm pintado
Past Perfect or Pluperfect Indicative	
tinha pintado	tínhamos pintado
tinhas pintado	tínheis pintado
tinha pintado	tinham pintado
Future Perfect Indicative	
terei pintado	teremos pintado
terás pintado	tereis pintado
terá pintado	terão pintado

Present Subjunctive	
pinte	pintemos
pintes	pinteis
pinte	pintem
Imperfect Subjunctive	
pintasse	pintássemos
pintasses	pintásseis
pintasse	pintassem
Future Subjunctive	
pintar	pintarmos
pintares	pintardes
pintar	pintarem
Present Perfect Subjunctive	
tenha pintado	tenhamos pintado
tenhas pintado	tenhais pintado
tenha pintado	tenham pintado
Past Perfect or Pluperfect Subjunctive	
tivesse pintado	tivéssemos pintado
tivesses pintado	tivésseis pintado
tivesse pintado	tivessem pintado
Future Perfect Subjunctive	
tiver pintado	tivermos pintado
tiveres pintado	tiverdes pintado
tiver pintado	tiverem pintado
Conditional	
pintaria	pintaríamos
pintarias	pintaríeis
pintaria	pintariam
Conditional Perfect	
teria pintado	teríamos pintado
terias pintado	teríeis pintado
teria pintado	teriam pintado
Imperative	
pinta–pintai	

Samples of verb usage.

Pintámos o quarto dela ontem. *We painted her room yesterday.*

Ele já **tinha pintado** a casa toda quando cheguei.
He had already painted the whole house when I arrived.

Ela **pinta-se** demais. *She uses too much makeup.*

Ela **pintou-se** antes da festa. *She put her makeup on before the party.*

to worsen, get *or* become worse

Personal Infinitive

piorar	piorarmos
piorares	piorardes
piorar	piorarem

Present Indicative

pioro	pioramos
pioras	piorais
piora	*pioram**

Imperfect Indicative

piorava	piorávamos
pioravas	pioráveis
piorava	pioravam

Preterit Indicative

piorei	piorámos
pioraste	piorastes
piorou	pioraram

Simple Pluperfect Indicative

piorara	pioráramos
pioraras	pioráreis
piorara	pioraram

Future Indicative

piorarei	pioraremos
piorarás	piorareis
piorará	piorarão

Present Perfect Indicative

tenho piorado	temos piorado
tens piorado	tendes piorado
tem piorado	têm piorado

Past Perfect or Pluperfect Indicative

tinha piorado	tínhamos piorado
tinhas piorado	tínheis piorado
tinha piorado	tinham piorado

Future Perfect Indicative

terei piorado	teremos piorado
terás piorado	tereis piorado
terá piorado	terão piorado

Present Subjunctive

piore	pioremos
piores	pioreis
piore	*piorem**

Imperfect Subjunctive

piorasse	piorássemos
piorasses	pirásseis
piorasse	piorassem

Future Subjunctive

piorar	piorarmos
piorares	piorardes
piorar	piorarem

Present Perfect Subjunctive

tenha piorado	tenhamos piorado
tenhas piorado	tenhais piorado
tenha piorado	tenham piorado

Past Perfect or Pluperfect Subjunctive

tivesse piorado	tivéssemos piorado
tivesses piorado	tivésseis piorado
tivesse piorado	tivessem piorado

Future Perfect Subjunctive

tiver piorado	tivermos piorado
tiveres piorado	tiverdes piorado
tiver piorado	tiverem piorado

Conditional

pioraria	pioraríamos
piorarias	pioraríeis
pioraria	piorariam

Conditional Perfect

teria piorado	teríamos piorado
terias piorado	teríeis piorado
teria piorado	teriam piorado

Imperative

*piora**–piorai

Samples of verb usage.

As coisas só estão **piorando**. *Things are just getting worse.*

Procura outra pessoa para te ajudar. Eu só **pioro** os problemas.
Look for someone else to help you. I just make problems worse.

A sua condição **piorava** a cada dia. *His/Her condition was becoming worse every day.*

A situação financeira do país **tinha piorado** muito.
The country's financial situation had gotten much worse.

*NOTE: Only the radical-changing verb forms with *open* stressed vowels appear in italic type. For further explanation see Foreword.

to plant

Personal Infinitive		***Present Subjunctive***	
plantar	plantarmos	plante	plantemos
plantares	plantardes	plantes	planteis
plantar	plantarem	plante	plantem
Present Indicative		***Imperfect Subjunctive***	
planto	plantamos	plantasse	plantássemos
plantas	plantais	plantasses	plantásseis
planta	plantam	plantasse	plantassem
Imperfect Indicative		***Future Subjunctive***	
plantava	plantávamos	plantar	plantarmos
plantavas	plantáveis	plantares	plantardes
plantava	plantavam	plantar	plantarem
Preterit Indicative		***Present Perfect Subjunctive***	
plantei	plantámos	tenha plantado	tenhamos plantado
plantaste	plantastes	tenhas plantado	tenhais plantado
plantou	plantaram	tenha plantado	tenham plantado
Simple Pluperfect Indicative		***Past Perfect or Pluperfect Subjunctive***	
plantara	plantáramos	tivesse plantado	tivéssemos plantado
plantaras	plantáreis	tivesses plantado	tivésseis plantado
plantara	plantaram	tivesse plantado	tivessem plantado
Future Indicative		***Future Perfect Subjunctive***	
plantarei	plantaremos	tiver plantado	tivermos plantado
plantarás	plantareis	tiveres plantado	tiverdes plantado
plantará	plantarão	tiver plantado	tiverem plantado
Present Perfect Indicative		***Conditional***	
tenho plantado	temos plantado	plantaria	plantaríamos
tens plantado	tendes plantado	plantarias	plantaríeis
tem plantado	têm plantado	plantaria	plantariam
Past Perfect or Pluperfect Indicative		***Conditional Perfect***	
tinha plantado	tínhamos plantado	teria plantado	teríamos plantado
tinhas plantado	tínheis plantado	terias plantado	teríeis plantado
tinha plantado	tinham plantado	teria plantado	teriam plantado
Future Perfect Indicative		***Imperative***	
terei plantado	teremos plantado	planta–plantai	
terás plantado	tereis plantado		
terá plantado	terão plantado		

Samples of verb usage.

Vamos **plantar** milho aqui. *We are going to plant corn here.*

Ele **plantava** trinta árvores cada ano. *He used to plant thirty trees every year.*

Espero que **tenhas plantado** as cenouras onde te pedi.
I hope you planted the carrots where I asked you to.

Temos plantado macieiras neste terreno nos últimos anos.
We have been planting apple trees on this land in the last few years.

to be able; can

Personal Infinitive

poder	podermos
poderes	poderdes
poder	poderem

Present Indicative

posso	podemos
podes	podeis
pode	*podem**

Imperfect Indicative

podia	podíamos
podias	podíeis
podia	podiam

Preterit Indicative

pude	pudemos
pudeste	pudestes
pôde	puderam

Simple Pluperfect Indicative

pudera	pudéramos
puderas	pudéreis
pudera	puderam

Future Indicative

poderei	poderemos
poderás	podereis
poderá	poderão

Present Perfect Indicative

tenho podido	temos podido
tens podido	tendes podido
tem podido	têm podido

Past Perfect or Pluperfect Indicative

tinha podido	tínhamos podido
tinhas podido	tínheis podido
tinha podido	tinham podido

Future Perfect Indicative

terei podido	teremos podido
terás podido	tereis podido
terá podido	terão podido

Present Subjunctive

possa	possamos
possas	possais
possa	*possam**

Imperfect Subjunctive

pudesse	pudéssemos
pudesses	pudésseis
pudesse	pudessem

Future Subjunctive

puder	pudermos
puderes	puderdes
puder	puderem

Present Perfect Subjunctive

tenha podido	tenhamos podido
tenhas podido	tenhais podido
tenha podido	tenham podido

Past Perfect or Pluperfect Subjunctive

tivesse podido	tivéssemos podido
tivesses podido	tivésseis podido
tivesse podido	tivessem podido

Future Perfect Subjunctive

tiver podido	tivermos podido
tiveres podido	tiverdes podido
tiver podido	tiverem podido

Conditional

poderia	poderíamos
poderias	poderíeis
poderia	poderiam

Conditional Perfect

teria podido	teríamos podido
terias podido	teríeis podido
teria podido	teriam podido

Imperative

*pode**–podei

Samples of verb usage.

Eu não **posso** ir com você. *I can't go with you.*

Acho que **poderei** ir na semana que vem. *I think that I can go next week.*

Eu gostaria que você **pudesse** ver o filme. *I would like you to be able to see the movie.*

Se **pudermos,** faremos o jantar na minha casa. *If we can, we'll make dinner at my house.*

*NOTE: Only the radical-changing verb forms with *open* stressed vowels appear in italic type. For further explanation see Foreword.

to polish, shine, buff

Personal Infinitive

polir	polirmos
polires	polirdes
polir	polirem

Present Indicative

pulo	polimos
pules	polis
pule	pulem

Imperfect Indicative

polia	políamos
polias	políeis
polia	poliam

Preterit Indicative

poli	polimos
poliste	polistes
poliu	poliram

Simple Pluperfect Indicative

polira	políramos
poliras	políreis
polira	poliram

Future Indicative

polirei	poliremos
polirás	polireis
polirá	polirão

Present Perfect Indicative

tenho polido	temos polido
tens polido	tendes polido
tem polido	têm polido

Past Perfect or Pluperfect Indicative

tinha polido	tínhamos polido
tinhas polido	tínheis polido
tinha polido	tinham polido

Future Perfect Indicative

terei polido	teremos polido
terás polido	tereis polido
terá polido	terão polido

Present Subjunctive

pula	pulamos
pulas	pulais
pula	pulam

Imperfect Subjunctive

polisse	políssemos
polisses	polísseis
polisse	polissem

Future Subjunctive

polir	polirmos
polires	polirdes
polir	polirem

Present Perfect Subjunctive

tenha polido	tenhamos polido
tenhas polido	tenhais polido
tenha polido	tenham polido

Past Perfect or Pluperfect Subjunctive

tivesse polido	tivéssemos polido
tivesses polido	tivésseis polido
tivesse polido	tivessem polido

Future Perfect Subjunctive

tiver polido	tivermos polido
tiveres polido	tiverdes polido
tiver polido	tiverem polido

Conditional

poliria	poliríamos
polirias	poliríeis
poliria	poliriam

Conditional Perfect

teria polido	teríamos polido
terias polido	teríeis polido
teria polido	teriam polido

Imperative

pule–poli

Samples of verb usage.

A minha mãe decidiu **polir** a baixela antes dos convidados chegarem.
My mother decided to polish the silver service before the guests arrived.

O sargento mandou que os seus soldados **polissem** as botas antes da inspe(c)ção.
The sergeant ordered his soldiers to shine their boots before the inspection.

O meu irmão acabou de lavar e **polir** o meu carro. *My brother just washed and buffed (polished) my car.*

A nossa vizinha está sempre **polindo** seu piano. *Our neighbor is always polishing her piano.*

to put, place, set; (**-se**) to become

Personal Infinitive		***Present Subjunctive***	
pôr	pormos	ponha	ponhamos
pores	pordes	ponhas	ponhais
pôr	porem	ponha	ponham
Present Indicative		***Imperfect Subjunctive***	
ponho	pomos	pusesse	puséssemos
pões	pondes	pusesses	pusésseis
põe	põem	pusesse	pusessem
Imperfect Indicative		***Future Subjunctive***	
punha	púnhamos	puser	pusermos
punhas	púnheis	puseres	puserdes
punha	punham	puser	puserem
Preterit Indicative		***Present Perfect Subjunctive***	
pus	pusemos	tenha posto	tenhamos posto
puseste	pusestes	tenhas posto	tenhais posto
pôs	puseram	tenha posto	tenham posto
Simple Pluperfect Indicative		***Past Perfect or Pluperfect Subjunctive***	
pusera	puséramos	tivesse posto	tivéssemos posto
puseras	puséreis	tivesses posto	tivésseis posto
pusera	puseram	tivesse posto	tivessem posto
Future Indicative		***Future Perfect Subjunctive***	
porei	poremos	tiver posto	tivermos posto
porás	poreis	tiveres posto	tiverdes posto
porá	porão	tiver posto	tiverem posto
Present Perfect Indicative		***Conditional***	
tenho posto	temos posto	poria	poríamos
tens posto	tendes posto	porias	poríeis
tem posto	têm posto	poria	poriam
Past Perfect or Pluperfect Indicative		***Conditional Perfect***	
tinha posto	tínhamos posto	teria posto	teríamos posto
tinhas posto	tínheis posto	terias posto	teríeis posto
tinha posto	tinham posto	teria posto	teriam posto
Future Perfect Indicative		***Imperative***	
terei posto	teremos posto	põe–ponde	
terás posto	tereis posto		
terá posto	terão posto		

Samples of verb usage.

Ponha isso ali. *Put that there.*

Ela **tinha-se posto** zangada. *She had become angry.*

O carteiro (homen do correio) sempre **põe** o correio aqui. *The mailman always puts the mail here.*

Você **pôs** a mesa? *Did you set the table?*

NOTE: Verbs derived from **pôr** do not require a circumflex on the infinitive: **antepor, apor, compor, contrapor, decompor, depor, descompor, dispor, entrepor, expor, extrapor, impor, indispor, interpor, justapor, opor, pospor, predispor, prepor, pressupor, propor, recompor, reexpor, reimpor, repor, sobrepor, sobpor, supor, transpor.**

to possess, own, have

Personal Infinitive

possuir	possuirmos
possuíres	possuirdes
possuir	possuírem

Present Indicative

possuo	possuímos
possuis	possuís
possui	possuem

Imperfect Indicative

possuía	possuíamos
possuías	possuíeis
possuía	possuíam

Preterit Indicative

possuí	possuímos
possuíste	possuístes
possuiu	possuíram

Simple Pluperfect Indicative

possuíra	possuíramos
possuíras	possuíreis
possuíra	possuíram

Future Indicative

possuirei	possuiremos
possuirás	possuireis
possuirá	possuirão

Present Indicative

tenho possuído	temos possuído
tens possuído	tendes possuído
tem possuído	têm possuído

Past Perfect or Pluperfect Indicative

tinha possuído	tínhamos possuído
tinhas possuído	tínheis possuído
tinha possuído	tinham possuído

Future Perfect Indicative

terei possuído	teremos possuído
terás possuído	tereis possuído
terá possuído	terão possuído

Present Subjunctive

possua	possuamos
possuas	possuais
possua	possuam

Imperfect Subjunctive

possuísse	possuíssemos
possuísses	possuísseis
possuísse	possuíssem

Future Subjunctive

possuir	possuirmos
possuíres	possuirdes
possuir	possuírem

Present Perfect Subjunctive

tenha possuído	tenhamos possuído
tenhas possuído	tenhais possuído
tenha possuído	tenham possuído

Past Perfect or Pluperfect Subjunctive

tivesse possuído	tivéssemos possuído
tivesses possuído	tivésseis possuído
tivesse possuído	tivessem possuído

Future Perfect Subjunctive

tiver possuído	tivermos possuído
tiveres possuído	tiverdes possuído
tiver possuído	tiverem possuído

Conditional

possuiria	possuiríamos
possuirias	possuiríeis
possuiria	possuiriam

Conditional Perfect

teria possuído	teríamos possuído
terias possuído	teríeis possuído
teria possuído	teriam possuído

Imperative

possui–possuí

Samples of verb usage.

O fazendeiro **possuía** muita terra. *The rancher owned a lot of land.*

Ela **possui** o dom da fala (palavra). *She has the gift of gab (talent for speech).*

Eu **possuo** apenas o que Deus me deu. *I only have what God gave me.*

O gerente quer **possuir** um emprego melhor. *The manager wants to have a better job.*

to save (up) (money); (**-se**) to spare oneself

Personal Infinitive
poupar poupármos
poupares poupardes
poupar pouparem

Present Indicative
poupo poupamos
poupas poupais
poupa poupam

Imperfect Indicative
poupava poupávamos
poupavas poupáveis
poupava poupavam

Preterit Indicative
poupei poupámos
poupaste poupastes
poupou pouparam

Simple Pluperfect Indicative
poupara poupáramos
pouparas poupáreis
poupara pouparam

Future Indicative
pouparei pouparemos
pouparás poupareis
poupará pouparão

Present Perfect Indicative
tenho poupado temos poupado
tens poupado tendes poupado
tem poupado têm poupado

Past Perfect or Pluperfect Indicative
tinha poupado tínhamos poupado
tinhas poupado tínheis poupado
tinha poupado tinham poupado

Future Perfect Indicative
terei poupado teremos poupado
terás poupado tereis poupado
terá poupado terão poupado

Present Subjunctive
poupe poupemos
poupes poupeis
poupe poupem

Imperfect Subjunctive
poupasse poupássemos
poupasses poupásseis
poupasse poupassem

Future Subjunctive
poupar poupármos
poupares poupardes
poupar pouparem

Present Perfect Subjunctive
tenha poupado tenhamos poupado
tenhas poupado tenhais poupado
tenha poupado tenham poupado

Past Perfect or Pluperfect Subjunctive
tivesse poupado tivéssemos poupado
tivesses poupado tivésseis poupado
tivesse poupado tivessem poupado

Future Perfect Subjunctive
tiver poupado tivermos poupado
tiveres poupado tiverdes poupado
tiver poupado tiverem poupado

Conditional
pouparia pouparíamos
pouparias pouparíeis
pouparia poupariam

Conditional Perfect
teria poupado teríamos poupado
terias poupado teríeis poupado
teria poupado teriam poupado

Imperative
poupa–poupai

Samples of verb usage.

Se **poupares** o dinheiro, poderás comprar o carro que quiseres.
If you save up the money, you will be able to buy whichever car you want.

Eu **poupo** um terço do que ganho. *I save a third of what I earn.*

Eles **pouparam** para comprar a casa. *They saved up to buy the house.*

Poupe-se do esforço. *Spare yourself the trouble.*

to practice

Personal Infinitive

praticar	praticarmos
praticares	praticardes
praticar	praticarem

Present Indicative

pratico	praticamos
praticas	praticais
pratica	praticam

Imperfect Indicative

praticava	praticávamos
praticavas	praticáveis
praticava	praticavam

Preterit Indicative

pratiquei	praticámos
praticaste	praticastes
praticou	praticaram

Simple Pluperfect Indicative

praticara	praticáramos
praticaras	praticáreis
praticara	praticaram

Future Indicative

praticarei	praticaremos
praticarás	praticareis
praticará	praticarão

Present Perfect Indicative

tenho praticado	temos praticado
tens praticado	tendes praticado
tem praticado	têm praticado

Past Perfect or Pluperfect Indicative

tinha praticado	tínhamos praticado
tinhas praticado	tínheis praticado
tinha praticado	tinham praticado

Future Perfect Indicative

terei praticado	teremos praticado
terás praticado	tereis praticado
terá praticado	terão praticado

Present Subjunctive

pratique	pratiquemos
pratiques	pratiqueis
pratique	pratiquem

Imperfect Subjunctive

praticasse	praticássemos
praticasses	praticásseis
praticasse	praticassem

Future Subjunctive

praticar	praticarmos
praticares	praticardes
praticar	praticarem

Present Perfect Subjunctive

tenha praticado	tenhamos praticado
tenhas praticado	tenhais praticado
tenha praticado	tenham praticado

Past Perfect or Pluperfect Subjunctive

tivesse praticado	tivéssemos praticado
tivesses praticado	tivésseis praticado
tivesse praticado	tivessem praticado

Future Perfect Subjunctive

tiver praticado	tivermos praticado
tiveres praticado	tiverdes praticado
tiver praticado	tiverem praticado

Conditional

praticaria	praticaríamos
praticarias	praticaríeis
praticaria	praticariam

Conditional Perfect

teria praticado	teríamos praticado
terias praticado	teríeis praticado
teria praticado	teriam praticado

Imperative

pratica–praticai

Samples of verb usage.

Pratique a sua escrita e a aperfeiçoará. *Practice your handwriting and you will perfect it.*

Ela **pratica** o plano das lições antes de ensiná-las.
She practices her lesson plans before she teaches them.

Elas estão a **praticar** (**praticando**) conduzir (dirigir) o carro para o exame.
They (female) are practicing driving the car for the driving test.

Se eu **tivesse praticado** mais, eu teria sido aprovado. *If I had practiced more, I would have passed.*

to need

Personal Infinitive
precisar precisarmos
precisares precisardes
precisar precisarem

Present Indicative
preciso precisamos
precisas precisais
precisa precisam

Imperfect Indicative
precisava precisávamos
precisavas precisáveis
precisava precisavam

Preterit Indicative
precisei precisámos
precisaste precisastes
precisou precisaram

Simple Pluperfect Indicative
precisara precisáramos
precisaras precisáreis
precisara precisaram

Future Indicative
precisarei precisaremos
precisarás precisareis
precisará precisarão

Present Perfect Indicative
tenho precisado temos precisado
tens precisado tendes precisado
tem precisado têm precisado

Past Perfect or Pluperfect Indicative
tinha precisado tínhamos precisado
tinhas precisado tínheis precisado
tinha precisado tinham precisado

Future Perfect Indicative
terei precisado teremos precisado
terás precisado tereis precisado
terá precisado terão precisado

Present Subjunctive
precise precisemos
precises preciseis
precise precisem

Imperfect Subjunctive
precisasse precisássemos
precisasses precisásseis
precisasse precisassem

Future Subjunctive
precisar precisarmos
precisares precisardes
precisar precisarem

Present Perfect Subjunctive
tenha precisado tenhamos precisado
tenhas precisado tenhais precisado
tenha precisado tenham precisado

Past Perfect or Pluperfect Subjunctive
tivesse precisado tivéssemos precisado
tivesses precisado tivésseis precisado
tivesse precisado tivessem precisado

Future Perfect Subjunctive
tiver precisado tivermos precisado
tiveres precisado tiverdes precisado
tiver precisado tiverem precisado

Conditional
precisaria precisaríamos
precisarias precisaríeis
precisaria precisariam

Conditional Perfect
teria precisado teríamos precisado
terias precisado teríeis precisado
teria precisado teriam precisado

Imperative
precisa–precisai

Samples of verb usage.

Precisa-se de ajuda. *Help is needed.*

Eu **preciso** estudar mais. *I need to study more.*

Tínhamos precisado de você ontem. Hoje já não importa mais.
We had need of you yesterday. It doesn't matter anymore today.

Não quero que você **precise** da ajuda de ninguém. *I don't want you to need anyone's help.*

to prefer

Personal Infinitive

preferir	preferirmos
preferires	preferirdes
preferir	preferirem

Present Indicative

prefiro	preferimos
preferes	preferis
prefere	*preferem**

Imperfect Indicative

preferia	preferíamos
preferias	preferíeis
preferia	preferiam

Preterit Indicative

preferi	preferimos
preferiste	preferistes
preferiu	preferiram

Simple Pluperfect Indicative

preferira	preferíramos
preferiras	preferíreis
preferira	preferiram

Future Indicative

preferirei	preferiremos
preferirás	preferireis
preferirá	preferirão

Present Perfect Indicative

tenho preferido	temos preferido
tens preferido	tendes preferido
tem preferido	têm preferido

Past Perfect or Pluperfect Indicative

tinha preferido	tínhamos preferido
tinhas preferido	tínheis preferido
tinha preferido	tinham preferido

Future Perfect Indicative

terei preferido	teremos preferido
terás preferido	tereis preferido
terá preferido	terão preferido

Present Subjunctive

prefira	prefiramos
prefiras	prefirais
prefira	prefiram

Imperfect Subjunctive

preferisse	preferíssemos
preferisses	preferísseis
preferisse	preferissem

Future Subjunctive

preferir	preferirmos
preferires	preferirdes
preferir	preferirem

Present Perfect Subjunctive

tenha preferido	tenhamos preferido
tenhas preferido	tenhais preferido
tenha preferido	tenham preferido

Past Perfect or Pluperfect Subjunctive

tivesse preferido	tivéssemos preferido
tivesses preferido	tivésseis preferido
tivesse preferido	tivessem preferido

Future Perfect Subjunctive

tiver preferido	tivermos preferido
tiveres preferido	tiverdes preferido
tiver preferido	tiverem preferido

Conditional

preferiria	preferiríamos
preferirias	preferiríeis
preferiria	prefeririam

Conditional Perfect

teria preferido	teríamos preferido
terias preferido	teríeis preferido
teria preferido	teriam preferido

Imperative

*prefere**– preferi

Samples of verb usage.

Eu **prefiro** não falar neste momento. *I'd prefer not to talk at this time.*

(Nós) **temos preferido** falar português ultimamente. *We have preferred to speak Portuguese lately.*

O meu sobrinho **prefere** a carne mal passada. *My nephew prefers his meat medium rare.*

Se vocês **preferirem**, podemos ir embora agora. *If you'd rather, we can leave now.*

*NOTE: Only the radical-changing verb forms with *open* stressed vowels appear in italic type. For further explanation see Foreword.

to prepare; to get *or* make ready

Personal Infinitive

preparar	prepararmos
preparares	preparardes
preparar	prepararem

Present Indicative

preparo	preparamos
preparas	preparais
prepara	preparam

Imperfect Indicative

preparava	preparávamos
preparavas	preparáveis
preparava	preparavam

Preterit Indicative

preparei	preparámos
preparaste	preparastes
preparou	prepararam

Simple Pluperfect Indicative

preparara	preparáramos
prepararas	preparáreis
preparara	prepararam

Future Indicative

prepararei	prepararemos
prepararás	preparareis
preparará	prepararão

Present Perfect Indicative

tenho preparado	temos preparado
tens preparado	tendes preparado
tem preparado	têm preparado

Past Perfect or Pluperfect Indicative

tinha preparado	tínhamos preparado
tinhas preparado	tínheis preparado
tinha preparado	tinham preparado

Future Perfect Indicative

terei preparado	teremos preparado
terás preparado	tereis preparado
terá preparado	terão preparado

Present Subjunctive

prepare	preparemos
prepares	prepareis
prepare	preparem

Imperfect Subjunctive

preparasse	preparássemos
preparasses	preparásseis
preparasse	preparassem

Future Subjunctive

preparar	prepararmos
preparares	preparardes
preparar	prepararem

Present Perfect Subjunctive

tenha preparado	tenhamos preparado
tenhas preparado	tenhais preparado
tenha preparado	tenham preparado

Past Perfect or Pluperfect Subjunctive

tivesse preparado	tivéssemos preparado
tivesses preparado	tivésseis preparado
tivesse preparado	tivessem preparado

Future Perfect Subjunctive

tiver preparado	tivermos preparado
tiveres preparado	tiverdes preparado
tiver preparado	tiverem preparado

Conditional

prepararia	prepararíamos
prepararias	prepararíeis
prepararia	preparariam

Conditional Perfect

teria preparado	teríamos preparado
terias preparado	teríeis preparado
teria preparado	teriam preparado

Imperative

prepara–preparai

Samples of verb usage.

O aniversariante não estava **preparado** para a surpresa. *The birthday boy wasn't ready for the surprise.*

Tínhamos preparado tudo para a apresentação. *We had prepared everything for the presentation.*

Preparei um jantar da maneira que você gosta. *I prepared a dinner just the way you like it.*

Prepare-se para o exame oral. *Get ready for the oral exam.*

to preserve, conserve; to protect, save

Personal Infinitive

preservar	preservarmos
preservares	preservardes
preservar	preservarem

Present Indicative

preservo	preservamos
preservas	preservais
preserva	*preservam**

Imperfect Indicative

preservava	preservávamos
preservavas	preserváveis
preservava	preservavam

Preterit Indicative

preservei	preservámos
preservaste	preservastes
preservou	preservaram

Simple Pluperfect Indicative

preservara	preserváramos
preservaras	preserváreis
preservara	preservaram

Future Indicative

preservarei	preservaremos
preservarás	preservareis
preservará	preservarão

Present Perfect Indicative

tenho preservado	temos preservado
tens preservado	tendes preservado
tem preservado	têm preservado

Past Perfect or Pluperfect Indicative

tinha preservado	tínhamos preservado
tinhas preservado	tínheis preservado
tinha preservado	tinham preservado

Future Perfect Indicative

terei preservado	teremos preservado
terás preservado	tereis preservado
terá preservado	terão preservado

Present Subjunctive

preserve	preservemos
preserves	preserveis
preserve	*preservem**

Imperfect Subjunctive

preservasse	preservássemos
preservasses	preservásseis
preservasse	preservassem

Future Subjunctive

preservar	preservarmos
preservares	preservardes
preservar	preservarem

Present Perfect Subjunctive

tenha preservado	tenhamos preservado
tenhas preservado	tenhais preservado
tenha preservado	tenham preservado

Past Perfect or Pluperfect Subjunctive

tivesse preservado	tivéssemos preservado
tivesses preservado	tivésseis preservado
tivesse preservado	tivessem preservado

Future Perfect Subjunctive

tiver preservado	tivermos preservado
tiveres preservado	tiverdes preservado
tiver preservado	tiverem preservado

Conditional

preservaria	preservaríamos
preservarias	preservaríeis
preservaria	preservariam

Conditional Perfect

teria preservado	teríamos preservado
terias preservado	teríeis preservado
teria preservado	teriam preservado

Imperative

*preserva**–preservai

Samples of verb usage.

Preserve as suas energias. *Conserve your energy.*

A Torre do Tombo, em Lisboa, **preserva** muitos documentos portugueses antigos.
The Torre do Tombo, in Lisbon, preserves many old Portuguese documents.

Temos preservado a natureza deste parque com êxito.
We have been successfully protecting the nature in this park.

Ele **preservou** a vida do amigo. *He saved his friend's life.*

*NOTE: Only the radical-changing verb forms with *open* stressed vowels appear in italic type. For further explanation see Foreword.

to look for; to try to

Personal Infinitive

procurar	procurarmos
procurares	procurardes
procurar	procurarem

Present Indicative

procuro	procuramos
procuras	procurais
procura	procuram

Imperfect Indicative

procurava	procurávamos
procuravas	procuráveis
procurava	procuravam

Preterit Indicative

procurei	procurámos
procuraste	procurastes
procurou	procuraram

Simple Pluperfect Indicative

procurara	procuráramos
procuraras	procuráreis
procurara	procuraram

Future Indicative

procurarei	procuraremos
procurarás	procurareis
procurará	procurarão

Present Perfect Indicative

tenho procurado	temos procurado
tens procurado	tendes procurado
tem procurado	têm procurado

Past Perfect or Pluperfect Indicative

tinha procurado	tínhamos procurado
tinhas procurado	tínheis procurado
tinha procurado	tinham procurado

Future Perfect Indicative

terei procurado	teremos procurado
terás procurado	tereis procurado
terá procurado	terão procurado

Present Subjunctive

procure	procuremos
procures	procureis
procure	procurem

Imperfect Subjunctive

procurasse	procurássemos
procurasses	procurásseis
procurasse	procurassem

Future Subjunctive

procurar	procurarmos
procurares	procurardes
procurar	procurarem

Present Perfect Subjunctive

tenha procurado	tenhamos procurado
tenhas procurado	tenhais procurado
tenha procurado	tenham procurado

Past Perfect or Pluperfect Subjunctive

tivesse procurado	tivéssemos procurado
tivesses procurado	tivésseis procurado
tivesse procurado	tivessem procurado

Future Perfect Subjunctive

tiver procurado	tivermos procurado
tiveres procurado	tiverdes procurado
tiver procurado	tiverem procurado

Conditional

procuraria	procuraríamos
procurarias	procuraríeis
procuraria	procurariam

Conditional Perfect

teria procurado	teríamos procurado
terias procurado	teríeis procurado
teria procurado	teriam procurado

Imperative

procura–procurai

Samples of verb usage.

Procure o seu irmão. *Look for your brother.*

Procuraram em vão o fugitivo. *They searched in vain for the fugitive.*

Quero que eles o **procurem** por todos os cantos. *I want them to look for him in every corner.*

Procura poupar o teu dinheiro. *Try to save your money.*

to produce; to manufacture

Personal Infinitive	
produzir	produzirmos
produzires	produzirdes
produzir	produzirem

Present Indicative	
produzo	produzimos
produzes	produzis
produz	produzem

Imperfect Indicative	
produzia	produzíamos
produzias	produzíeis
produzia	produziam

Preterit Indicative	
produzi	produzimos
produziste	produzistes
produziu	produziram

Simple Pluperfect Indicative	
produzira	produzíramos
produziras	produzíreis
produzira	produziram

Future Indicative	
produzirei	produziremos
produzirás	produzireis
produzirá	produzirão

Present Perfect Indicative	
tenho produzido	temos produzido
tens produzido	tendes produzido
tem produzido	têm produzido

Past Perfect or Pluperfect Indicative	
tinha produzido	tínhamos produzido
tinhas produzido	tínheis produzido
tinha produzido	tinham produzido

Future Perfect Indicative	
terei produzido	teremos produzido
terás produzido	tereis produzido
terá produzido	terão produzido

Present Subjunctive	
produza	produzamos
produzas	produzais
produza	produzam

Imperfect Subjunctive	
produzisse	produzíssemos
produzisses	produzísseis
produzisse	produzissem

Future Subjunctive	
produzir	produzirmos
produzires	produzirdes
produzir	produzirem

Present Perfect Subjunctive	
tenha produzido	tenhamos produzido
tenhas produzido	tenhais produzido
tenha produzido	tenham produzido

Past Perfect or Pluperfect Subjunctive	
tivesse produzido	tivéssemos produzido
tivesses produzido	tivésseis produzido
tivesse produzido	tivessem produzido

Future Perfect Subjunctive	
tiver produzido	tivermos produzido
tiveres produzido	tiverdes produzido
tiver produzido	tiverem produzido

Conditional	
produziria	produziríamos
produzirias	produziríeis
produziria	produziriam

Conditional Perfect	
teria produzido	teríamos produzido
terias produzido	teríeis produzido
teria produzido	teriam produzido

Imperative

produz–produzi

Samples of verb usage.

A nossa companhia **produziu** muito o ano passado. *Our company produced a lot last year.*

Produziremos ainda mais no ano que vem. *We will produce even more next year.*

Os japaneses **produziram** mais de um milhão de carros este ano.
The Japanese produced more than a million cars this year.

Esta fábrica **produz** ferramentas. *This factory manufactures tools.*

to program; to schedule

Personal Infinitive		***Present Subjunctive***	
programar	programarmos	programe	programemos
programares	programardes	programes	programeis
programar	programarem	programe	programem
Present Indicative		***Imperfect Subjunctive***	
programo	programamos	programasse	programássemos
programas	programais	programasses	programásseis
programa	programam	programasse	programassem
Imperfect Indicative		***Future Subjunctive***	
programava	programávamos	programar	programarmos
programavas	programáveis	programares	programardes
programava	programavam	programar	programarem
Preterit Indicative		***Present Perfect Subjunctive***	
programei	programámos	tenha programado	tenhamos programado
programaste	programastes	tenhas programado	tenhais programado
programou	programaram	tenha programado	tenham programado
Simple Pluperfect Indicative		***Past Perfect or Pluperfect Subjunctive***	
programara	programáramos	tivesse programado	tivéssemos programado
programaras	programáreis	tivesses programado	tivésseis programado
programara	programaram	tivesse programado	tivessem programado
Future Indicative		***Future Perfect Subjunctive***	
programarei	programaremos	tiver programado	tivermos programado
programarás	programareis	tiveres programado	tiverdes programado
programará	programarão	tiver programado	tiverem programado
Present Perfect Indicative		***Conditional***	
tenho programado	temos programado	programaria	programaríamos
tens programado	tendes programado	programarias	programaríeis
tem programado	têm programado	programaria	programariam
Past Perfect or Pluperfect Indicative		***Conditional Perfect***	
tinha programado	tínhamos programado	teria programado	teríamos programado
tinhas programado	tínheis programado	terias programado	teríeis programado
tinha programado	tinham programado	teria programado	teriam programado
Future Perfect Indicative		***Imperative***	
terei programado	teremos programado	programa–programai	
terás programado	tereis programado		
terá programado	terão programado		

Samples of verb usage.

Vamos **programar** uma hora para encontrarmo-nos. *Let's schedule a time to meet.*

Ela **programa** computadores. *She programs computers.*

(Nós) **programávamos** todos os encontros do presidente.
We used to schedule all of the president's meetings.

O agente secreto estava **programado** para matar. *The secret agent was programmed to kill.*

to progress, proceed, advance

Personal Infinitive

progredir	progredirmos
progredires	progredirdes
progredir	progredirem

Present Indicative

progrido	progredimos
progrides	progredis
progride	progridem

Imperfect Indicative

progredia	progredíamos
progredias	progredíeis
progredia	progrediam

Preterit Indicative

progredi	progredimos
progrediste	progredistes
progrediu	progrediram

Simple Pluperfect Indicative

progredira	progredíramos
progrediras	progredíreis
progredira	progrediram

Future Indicative

progredirei	progrediremos
progredirás	progredireis
progredirá	progredirão

Present Perfect Indicative

tenho progredido	temos progredido
tens progredido	tendes progredido
tem progredido	têm progredido

Past Perfect or Pluperfect Indicative

tinha progredido	tínhamos progredido
tinhas progredido	tínheis progredido
tinha progredido	tinham progredido

Future Perfect Indicative

terei progredido	teremos progredido
terás progredido	tereis progredido
terá progredido	terão progredido

Present Subjunctive

progrida	progridamos
progridas	progridais
progrida	progridam

Imperfect Subjunctive

progredisse	progredíssemos
progredisses	progredísseis
progredisse	progredissem

Future Subjunctive

progredir	progredirmos
progredires	progredirdes
progredir	progredirem

Present Perfect Subjunctive

tenha progredido	tenhamos progredido
tenhas progredido	tenhais progredido
tenha progredido	tenham progredido

Past Perfect or Pluperfect Subjunctive

tivesse progredido	tivéssemos progredido
tivesses progredido	tivésseis progredido
tivesse progredido	tivessem progredido

Future Perfect Subjunctive

tiver progredido	tivermos progredido
tiveres progredido	tiverdes progredido
tiver progredido	tiverem progredido

Conditional

progrediria	progrediríamos
progredirias	progrediríeis
progrediria	progrediriam

Conditional Perfect

teria progredido	teríamos progredido
terias progredido	teríeis progredido
teria progredido	teriam progredido

Imperative

progride–progredi

Samples of verb usage.

A indústria não **progride** há anos. *The industry has not progressed in years.*

O carro **progrediu** lentamente pela estrada. *The car proceeded slowly on the road.*

A evolução **progrediu** lentamente até produzir o ser humano.
Evolution advanced slowly until it produced the human being.

Se **progredirmos** com estas experiências, teremos um êxito incrível.
If we progress with these experiments, we'll be incredibly successful.

to prohibit, ban

Personal Infinitive

proibir	proibirmos
proibires	proibirdes
proibir	proibirem

Present Indicative

proíbo	proibimos
proíbes	proibis
proíbe	proíbem

Imperfect Indicative

proibia	proibíamos
proibias	proibíeis
proibia	proibiam

Preterit Indicative

proibi	proibimos
proibiste	proibistes
proibiu	proibiram

Simple Pluperfect Indicative

proibira	proibíramos
proibiras	proibíreis
proibira	proibiram

Future Indicative

proibirei	proibiremos
proibirás	proibireis
proibirá	proibirão

Present Perfect Indicative

tenho proibido	temos proibido
tens proibido	tendes proibido
tem proibido	têm proibido

Past Perfect or Pluperfect Indicative

tinha proibido	tínhamos proibido
tinhas proibido	tínheis proibido
tinha proibido	tinham proibido

Future Perfect Indicative

terei proibido	teremos proibido
terás proibido	tereis proibido
terá proibido	terão proibido

Present Subjunctive

proíba	proibamos
proíbas	proibais
proíba	proíbam

Imperfect Subjunctive

proibisse	proibíssemos
proibisses	proibísseis
proibisse	proibissem

Future Subjunctive

proibir	proibirmos
proibires	proibirdes
proibir	proibirem

Present Perfect Subjunctive

tenha proibido	tenhamos proibido
tenhas proibido	tenhais proibido
tenha proibido	tenham proibido

Past Perfect or Pluperfect Subjunctive

tivesse proibido	tivéssemos proibido
tivesses proibido	tivésseis proibido
tivesse proibido	tivessem proibido

Future Perfect Subjunctive

tiver proibido	tivermos proibido
tiveres proibido	tiverdes proibido
tiver proibido	tiverem proibido

Conditional

proibiria	proibiríamos
proibirias	proibiríeis
proibiria	proibiriam

Conditional Perfect

teria proibido	teríamos proibido
terias proibido	teríeis proibido
teria proibido	teriam proibido

Imperative

proíbe–proibi

Samples of verb usage.

É **proibido** fumar aqui. *Smoking is prohibited (banned) here.*

O sargento **proibiu** os soldados de saírem. *The sergeant prohibited the soldiers from leaving.*

Os meus pais **tem proibido** muitas coisas ultimamente.
My parents have been prohibiting a lot of things lately.

O dire(c)tor da escola **tinha proibido** carregar armas na aula.
The school principal had banned carrying weapons to class.

to pronounce, enunciate

Personal Infinitive
pronunciar pronunciarmos
pronunciares pronunciardes
pronunciar pronunciarem

Present Indicative
pronuncio pronunciamos
pronuncias pronunciais
pronuncia pronunciam

Imperfect Indicative
pronunciava pronunciávamos
pronunciavas pronunciáveis
pronunciava pronunciavam

Preterit Indicative
pronunciei pronunciámos
pronunciaste pronunciastes
pronunciou pronunciaram

Simple Pluperfect Indicative
pronunciara pronunciáramos
pronunciaras pronunciáreis
pronunciara pronunciaram

Future Indicative
pronunciarei pronunciaremos
pronunciarás pronunciareis
pronunciará pronunciarão

Present Perfect Indicative
tenho pronunciado temos pronunciado
tens pronunciado tendes pronunciado
tem pronunciado têm pronunciado

Past Perfect or Pluperfect Indicative
tinha pronunciado tínhamos pronunciado
tinhas pronunciado tínheis pronunciado
tinha pronunciado tinham pronunciado

Future Perfect Indicative
terei pronunciado teremos pronunciado
terás pronunciado tereis pronunciado
terá pronunciado terão pronunciado

Present Subjunctive
pronuncie pronunciemos
pronuncies pronuncieis
pronuncie pronunciem

Imperfect Subjunctive
pronunciasse pronunciássemos
pronunciasses pronunciásseis
pronunciasse pronunciassem

Future Subjunctive
pronunciar pronunciarmos
pronunciares pronunciardes
pronunciar pronunciarem

Present Perfect Subjunctive
tenha pronunciado tenhamos pronunciado
tenhas pronunciado tenhais pronunciado
tenha pronunciado tenham pronunciado

Past Perfect or Pluperfect Subjunctive
tivesse pronunciado tivéssemos pronunciado
tivesses pronunciado tivésseis pronunciado
tivesse pronunciado tivessem pronunciado

Future Perfect Subjunctive
tiver pronunciado tivermos pronunciado
tiveres pronunciado tiverdes pronunciado
tiver pronunciado tiverem pronunciado

Conditional
pronunciaria pronunciaríamos
pronunciarias pronunciaríeis
pronunciaria pronunciariam

Conditional Perfect
teria pronunciado teríamos pronunciado
terias pronunciado teríeis pronunciado
teria pronunciado teriam pronunciado

Imperative
pronuncia–pronunciai

Samples of verb usage.

Agora vos **pronuncio** marido e mulher. *I now pronounce you man and wife.*

Ela **pronuncia** o português muito bem. *She pronounces Portuguese very well.*

Pronuncie essa palavra mais claramente. *Enunciate that word more clearly.*

O juiz **pronunciou** a sua decisão. *The judge pronounced his decision.*

to protect; to shield; to defend

Personal Infinitive		***Present Subjunctive***	
proteger	protegermos	proteja	protejamos
protegeres	protegerdes	protejas	protejais
proteger	protegerem	proteja	protejam
Present Indicative		***Imperfect Subjunctive***	
protejo	protegemos	protegesse	protegêssemos
proteges	protegeis	protegesses	protegêsseis
protege	*protegem**	protegesse	protegessem
Imperfect Indicative		***Future Subjunctive***	
protegia	protegíamos	proteger	protegermos
protegias	protegíeis	protegeres	protegerdes
protegia	protegiam	proteger	protegerem
Preterit Indicative		***Present Perfect Subjunctive***	
protegi	protegemos	tenha protegido	tenhamos protegido
protegeste	protegestes	tenhas protegido	tenhais protegido
protegeu	protegeram	tenha protegido	tenham protegido
Simple Pluperfect Indicative		***Past Perfect or Pluperfect Subjunctive***	
protegera	protegêramos	tivesse protegido	tivéssemos protegido
protegeras	protegêreis	tivesses protegido	tivésseis protegido
protegera	protegeram	tivesse protegido	tivessem protegido
Future Indicative		***Future Perfect Subjunctive***	
protegerei	protegeremos	tiver protegido	tivermos protegido
protegerás	protegereis	tiveres protegido	tiverdes protegido
protegerá	protegerão	tiver protegido	tiverem protegido
Present Perfect Indicative		***Conditional***	
tenho protegido	temos protegido	protegeria	protegeríamos
tens protegido	tendes protegido	protegerias	protegeríeis
tem protegido	têm protegido	protegeria	protegeriam
Past Perfect or Pluperfect Indicative		***Conditional Perfect***	
tinha protegido	tínhamos protegido	teria protegido	teríamos protegido
tinhas protegido	tínheis protegido	terias protegido	teríeis protegido
tinha protegido	tinham protegido	teria protegido	teriam protegido
Future Perfect Indicative		***Imperative***	
terei protegido	teremos protegido	*protege**– protegei	
terás protegido	tereis protegido		
terá protegido	terão protegido		

Samples of verb usage.

Queres que eu te **proteja**? *Do you want me to protect you?*

Protegerei a minha família de qualquer perigo. *I will defend my family against any danger.*

Ela **protege** os seus animais de estimação como se fossem família.
She protects her pets as if they were part of the family.

Eles **tem protegido** um criminoso durante muitos anos.
They have been shielding a criminal for many years.

*NOTE: Only the radical-changing verb forms with *open* stressed vowels appear in italic type. For further explanation see Foreword.

to prove; to test; to sample, try

Personal Infinitive		**Present Subjunctive**	
provar	provarmos	*prove*	provemos
provares	provardes	*proves*	proveis
provar	provarem	*prove*	*provem**
Present Indicative		**Imperfect Subjunctive**	
provo	provamos	provasse	provássemos
provas	provais	provasses	provásseis
prova	*provam**	provasse	provassem
Imperfect Indicative		**Future Subjunctive**	
provava	provávamos	provar	provarmos
provavas	prováveis	provares	provardes
provava	provavam	provar	provarem
Preterit Indicative		**Present Perfect Subjunctive**	
provei	provámos	tenha provado	tenhamos provado
provaste	provastes	tenhas provado	tenhais provado
provou	provaram	tenha provado	tenham provado
Simple Pluperfect Indicative		**Past Perfect or Pluperfect Subjunctive**	
provara	prováramos	tivesse provado	tivéssemos provado
provaras	prováreis	tivesses provado	tivésseis provado
provara	provaram	tivesse provado	tivessem provado
Future Indicative		**Future Perfect Subjunctive**	
provarei	provaremos	tiver provado	tivermos provado
provarás	provareis	tiveres provado	tiverdes provado
provará	provarão	tiver provado	tiverem provado
Present Perfect Indicative		**Conditional**	
tenho provado	temos provado	provaria	provaríamos
tens provado	tendes provado	provarias	provaríeis
tem provado	têm provado	provaria	provariam
Past Perfect or Pluperfect Indicative		**Conditional Perfect**	
tinha provado	tínhamos provado	teria provado	teríamos provado
tinhas provado	tínheis provado	terias provado	teríeis provado
tinha provado	tinham provado	teria provado	teriam provado
Future Perfect Indicative		**Imperative**	
terei provado	teremos provado	*prova**–provai	
terás provado	tereis provado		
terá provado	terão provado		

Samples of verb usage.

Eu **provarei** que este plano funcionará. *I will prove that this plan will work.*

(Nós) **teríamos provado** o bolo se você nos tivesse deixado.
We would have sampled (tried) the cake if you had let us.

Você já **provou** a comida? *Have you tried the food yet?*

Ela **prova** carros para ver se são seguros. *She tests cars to see if they are safe.*

*NOTE: Only the radical-changing verb forms with *open* stressed vowels appear in italic type. For further explanation see Foreword.

to jump, leap

Personal Infinitive	***Present Subjunctive***
pular / pularmos	pule / pulemos
pulares / pulardes	pules / puleis
pular / pularem	pule / pulem
Present Indicative	***Imperfect Subjunctive***
pulo / pulamos	pulasse / pulássemos
pulas / pulais	pulasses / pulásseis
pula / pulam	pulasse / pulassem
Imperfect Indicative	***Future Subjunctive***
pulava / pulávamos	pular / pularmos
pulavas / puláveis	pulares / pulardes
pulava / pulavam	pular / pularem
Preterit Indicative	***Present Perfect Subjunctive***
pulei / pulámos	tenha pulado / tenhamos pulado
pulaste / pulastes	tenhas pulado / tenhais pulado
pulou / pularam	tenha pulado / tenham pulado
Simple Pluperfect Indicative	***Past Perfect or Pluperfect Subjunctive***
pulara / puláramos	tivesse pulado / tivéssemos pulado
pularas / puláreis	tivesses pulado / tivésseis pulado
pulara / pularam	tivesse pulado / tivessem pulado
Future Indicative	***Future Perfect Subjunctive***
pularei / pularemos	tiver pulado / tivermos pulado
pularás / pulareis	tiveres pulado / tiverdes pulado
pulará / pularão	tiver pulado / tiverem pulado
Present Perfect Indicative	***Conditional***
tenho pulado / temos pulado	pularia / pularíamos
tens pulado / tendes pulado	pularias / pularíeis
tem pulado / têm pulado	pularia / pulariam
Past Perfect or Pluperfect Indicative	***Conditional Perfect***
tinha pulado / tínhamos pulado	teria pulado / teríamos pulado
tinhas pulado / tínheis pulado	terias pulado / teríeis pulado
tinha pulado / tinham pulado	teria pulado / teriam pulado
Future Perfect Indicative	***Imperative***
terei pulado / teremos pulado	pula–pulai
terás pulado / tereis pulado	
terá pulado / terão pulado	

Samples of verb usage.

Pule a cerca! *Jump the fence!*

O gato **pulou** para pegar a bola. *The cat jumped to catch the ball.*

A atleta **tinha pulado** tão alto que quebrou o recorde mundial.
The athlete had jumped so high that she broke the world record.

O suicida **pulará** do prédio se ninguém o impedir.
The suicidal man will leap from the building if no one stops him.

to pull

Personal Infinitive		***Present Subjunctive***	
puxar	puxarmos	puxe	puxemos
puxares	puxardes	puxes	puxeis
puxar	puxarem	puxe	puxem
Present Indicative		***Imperfect Subjunctive***	
puxo	puxamos	puxasse	puxássemos
puxas	puxais	puxasses	puxásseis
puxa	puxam	puxasse	puxassem
Imperfect Indicative		***Future Subjunctive***	
puxava	puxávamos	puxar	puxarmos
puxavas	puxáveis	puxares	puxardes
puxava	puxavam	puxar	puxarem
Preterit Indicative		***Present Perfect Subjunctive***	
puxei	puxámos	tenha puxado	tenhamos puxado
puxaste	puxastes	tenhas puxado	tenhais puxado
puxou	puxaram	tenha puxado	tenham puxado
Simple Pluperfect Indicative		***Past Perfect or Pluperfect Subjunctive***	
puxara	puxáramos	tivesse puxado	tivéssemos puxado
puxaras	puxáreis	tivesses puxado	tivésseis puxado
puxara	puxaram	tivesse puxado	tivessem puxado
Future Indicative		***Future Perfect Subjunctive***	
puxarei	puxaremos	tiver puxado	tivermos puxado
puxarás	puxareis	tiveres puxado	tiverdes puxado
puxará	puxarão	tiver puxado	tiverem puxado
Present Perfect Indicative		***Conditional***	
tenho puxado	temos puxado	puxaria	puxaríamos
tens puxado	tendes puxado	puxarias	puxaríeis
tem puxado	têm puxado	puxaria	puxariam
Past Perfect or Pluperfect Indicative		***Conditional Perfect***	
tinha puxado	tínhamos puxado	teria puxado	teríamos puxado
tinhas puxado	tínheis puxado	terias puxado	teríeis puxado
tinha puxado	tinham puxado	teria puxado	teriam puxado
Future Perfect Indicative		***Imperative***	
terei puxado	teremos puxado	puxa–puxai	
terás puxado	tereis puxado		
terá puxado	terão puxado		

Samples of verb usage.

No meu trabalho tenho que **puxar** obje(c)tos pesados. *At my work I have to pull heavy objects.*

Puxe a porta para fechá-la bem. *Pull the door to shut it tightly (well).*

O salva-vidas **puxou** o rapaz para a areia. *The lifeguard pulled the boy towards the sand.*

Se você **puxar** e depois empurrar, a porta abrirá. *If you pull and then push, the door will open.*

to break, bust; to shatter; to fracture

Personal Infinitive	
quebrar	quebrarmos
quebrares	quebrardes
quebrar	quebrarem
Present Indicative	
quebro	quebramos
quebras	quebrais
quebra	*quebram**
Imperfect Indicative	
quebrava	quebrávamos
quebravas	quebráveis
quebrava	quebravam
Preterit Indicative	
quebrei	quebrámos
quebraste	quebrastes
quebrou	quebraram
Simple Pluperfect Indicative	
quebrara	quebráramos
quebraras	quebráreis
quebrara	quebraram
Future Indicative	
quebrarei	quebraremos
quebrarás	quebrareis
quebrará	quebrarão
Present Perfect Indicative	
tenho quebrado	temos quebrado
tens quebrado	tendes quebrado
tem quebrado	têm quebrado
Past Perfect or Pluperfect Indicative	
tinha quebrado	tínhamos quebrado
tinhas quebrado	tínheis quebrado
tinha quebrado	tinham quebrado
Future Perfect Indicative	
terei quebrado	teremos quebrado
terás quebrado	tereis quebrado
terá quebrado	terão quebrado

Present Subjunctive	
quebre	quebremos
quebres	quebreis
quebre	*quebrem**
Imperfect Subjunctive	
quebrasse	quebrássemos
quebrasses	quebrásseis
quebrasse	quebrassem
Future Subjunctive	
quebrar	quebrarmos
quebrares	quebrardes
quebrar	quebrarem
Present Perfect Subjunctive	
tenha quebrado	tenhamos quebrado
tenhas quebrado	tenhais quebrado
tenha quebrado	tenham quebrado
Past Perfect or Pluperfect Subjunctive	
tivesse quebrado	tivéssemos quebrado
tivesses quebrado	tivésseis quebrado
tivesse quebrado	tivessem quebrado
Future Perfect Subjunctive	
tiver quebrado	tivermos quebrado
tiveres quebrado	tiverdes quebrado
tiver quebrado	tiverem quebrado
Conditional	
quebraria	quebraríamos
quebrarias	quebraríeis
quebraria	quebrariam
Conditional Perfect	
teria quebrado	teríamos quebrado
terias quebrado	teríeis quebrado
teria quebrado	teriam quebrado
Imperative	
*quebra**–quebrai	

Samples of verb usage.

O prato caiu da minha mão e **quebrou**. *The plate fell from my hand and broke (shattered).*

Se você não tiver cuidado, vai **quebrar** a perna. *If you're not careful, you'll break (bust) your leg.*

Não quero que a criança **quebre** o seu brinquedo. *I don't want the child to break his toy.*

Todas as vitrinas da loja **se quebraram**. *All the store's windows shattered.*

*NOTE: Only the radical-changing verb forms with *open* stressed vowels appear in italic type. For further explanation see Foreword.

to burn

Personal Infinitive

queimar	queimarmos
queimares	queimardes
queimar	queimarem

Present Indicative

queimo	queimamos
queimas	queimais
queima	queimam

Imperfect Indicative

queimava	queimávamos
queimavas	queimáveis
queimava	queimavam

Preterit Indicative

queimei	queimámos
queimaste	queimastes
queimou	queimaram

Simple Pluperfect Indicative

queimara	queimáramos
queimaras	queimáreis
queimara	queimaram

Future Indicative

queimarei	queimaremos
queimarás	queimareis
queimará	queimarão

Present Perfect Indicative

tenho queimado	temos queimado
tens queimado	tendes queimado
tem queimado	têm queimado

Past Perfect or Pluperfect Indicative

tinha queimado	tínhamos queimado
tinhas queimado	tínheis queimado
tinha queimado	tinham queimado

Future Perfect Indicative

terei queimado	teremos queimado
terás queimado	tereis queimado
terá queimado	terão queimado

Present Subjunctive

queime	queimemos
queimes	queimeis
queime	queimem

Imperfect Subjunctive

queimasse	queimássemos
queimasses	queimásseis
queimasse	queimassem

Future Subjunctive

queimar	queimarmos
queimares	queimardes
queimar	queimarem

Present Perfect Subjunctive

tenha queimado	tenhamos queimado
tenhas queimado	tenhais queimado
tenha queimado	tenham queimado

Past Perfect or Pluperfect Subjunctive

tivesse queimado	tivéssemos queimado
tivesses queimado	tivésseis queimado
tivesse queimado	tivessem queimado

Future Perfect Subjunctive

tiver queimado	tivermos queimado
tiveres queimado	tiverdes queimado
tiver queimado	tiverem queimado

Conditional

queimaria	queimaríamos
queimarias	queimaríeis
queimaria	queimariam

Conditional Perfect

teria queimado	teríamos queimado
terias queimado	teríeis queimado
teria queimado	teriam queimado

Imperative

queima–queimai

Samples of verb usage.

O fogo ia **queimar** tudo. *The fire was going to burn everything.*

A floresta **queimava** noite após noite. *The forest burned night after night.*

Você **se queimou**? *Did you burn yourself?*

A vela **tinha queimado** até desaparecer. *The candle had burnt until it disappeared.*

to complain

Personal Infinitive		*Present Subjunctive*	
queixar-me	queixarmo-nos	queixe-me	queixemo-nos
queixares-te	queixardes-vos	queixes-te	queixeis-vos
queixar-se	queixarem-se	queixe-se	queixem-se
Present Indicative		***Imperfect Subjunctive***	
queixo-me	queixamo-nos	queixasse-me	queixássemo-nos
queixas-te	queixais-vos	queixasses-te	queixásseis-vos
queixa-se	queixam-se	queixasse-se	queixassem-se
Imperfect Indicative		***Future Subjunctive***	
queixava-me	queixávamo-nos	me queixar	nos queixarmos
queixavas-te	queixáveis-vos	te queixares	vos queixardes
queixava-se	queixavam-se	se queixar	se queixarem
Preterit Indicative		***Present Perfect Subjunctive***	
queixei-me	queixámo-nos	tenha-me queixado	tenhamo-nos queixado
queixaste-te	queixastes-vos	tenhas-te queixado	tenhais-vos queixado
queixou-se	queixaram-se	tenha-se queixado	tenham-se queixado
Simple Pluperfect Indicative		***Past Perfect or Pluperfect Subjunctive***	
queixara-me	queixáramo-nos	tivesse-me queixado	tivéssemo-nos queixado
queixaras-te	queixáreis-vos	tivesses-te queixado	tivésseis-vos queixado
queixara-se	queixaram-se	tivesse-se queixado	tivessem-se queixado
Future Indicative		***Future Perfect Subjunctive***	
queixar-me-ei	queixar-nos-emos	me tiver queixado	nos tivermos queixado
queixar-te-ás	queixar-vos-eis	te tiveres queixado	vos tiverdes queixado
queixar-se-á	queixar-se-ão	se tiver queixado	se tiverem queixado
Present Perfect Indicative		***Conditional***	
tenho-me queixado	temo-nos queixado	queixar-me-ia	queixar-nos-íamos
tens-te queixado	tendes-vos queixado	queixar-te-ias	queixar-vos-íeis
tem-se queixado	têm-se queixado	queixar-se-ia	queixar-se-iam
Past Perfect or Pluperfect Indicative		***Conditional Perfect***	
tinha-me queixado	tínhamo-nos queixado	ter-me-ia queixado	ter-nos-íamos queixado
tinhas-te queixado	tínheis-vos queixado	ter-te-ias queixado	ter-vos-íeis queixado
tinha-se queixado	tinham-se queixado	ter-se-ia queixado	ter-se-iam queixado
Future Perfect Indicative		***Imperative***	
ter-me-ei queixado	ter-nos-emos queixado	queixa-te–queixai-vos	
ter-te-ás queixado	ter-vos-eis queixado		
ter-se-á queixado	ter-se-ão queixado		

Samples of verb usage.

Você **se queixa** de tudo. *You complain about everything.*

A minha avó sempre **queixava-se** de dores nas costas.
The grandmother always complained about back pains.

Nós **nos queixámos** do assalto à polícia. *We complained about the robbery to the police.*

Na sua posição, eu **me queixaria**. *In your position, I would complain.*

NOTE: See section on **Reflexive Verbs** in the introductory material.

to want, wish

Personal Infinitive

querer	querermos
quereres	quererdes
querer	quererem

Present Indicative

quero	queremos
queres	quereis
quer	*querem**

Imperfect Indicative

queria	queríamos
querias	queríeis
queria	queriam

Preterit Indicative

quis	quisemos
quiseste	quisestes
quis	quiseram

Simple Pluperfect Indicative

quisera	quiséramos
quiseras	quiséreis
quisera	quiseram

Future Indicative

quererei	quereremos
quererás	querereis
quererá	quererão

Present Perfect Indicative

tenho querido	temos querido
tens querido	tendes querido
tem querido	têm querido

Past Perfect or Pluperfect Indicative

tinha querido	tínhamos querido
tinhas querido	tínheis querido
tinha querido	tinham querido

Future Perfect Indicative

terei querido	teremos querido
terás querido	tereis querido
terá querido	terão querido

Present Subjunctive

queira	queiramos
queiras	queirais
queira	queiram

Imperfect Subjunctive

quisesse	quiséssemos
quisesses	quisésseis
quisesse	quisessem

Future Subjunctive

quiser	quisermos
quiseres	quiserdes
quiser	quiserem

Present Perfect Subjunctive

tenha querido	tenhamos querido
tenhas querido	tenhais querido
tenha querido	tenham querido

Past Perfect or Pluperfect Subjunctive

tivesse querido	tivéssemos querido
tivesses querido	tivésseis querido
tivesse querido	tivessem querido

Future Perfect Subjunctive

tiver querido	tivermos querido
tiveres querido	tiverdes querido
tiver querido	tiverem querido

Conditional

quereria	quereríamos
quererias	quereríeis
quereria	quereriam

Conditional Perfect

teria querido	teríamos querido
terias querido	teríeis querido
teria querido	teriam querido

Imperative

*quer (quere)**–querei

Samples of verb usage.

O que (é que) você **quer**? *What do you want?*

Se Deus **quiser**, viverei até aos noventa anos. *If God wishes, I'll live to be ninety years old.*

Espero que **queiras** ir à festa comigo. *I hope you want to go to the party with me.*

Eu não **quis** comer. *I refused (didn't want) to eat.*

NOTE: **Querer** in the Preterite Indicative may mean *sought to, tried, attempted to*: **Eu quis salvá-lo mas não pude.** *I tried to save him but I couldn't.* In the negative it may imply refusal or denial: **Os meus amigos não quiseram ajudar-me.** *My friends refused to help me.*

*NOTE: Only the radical-changing verb forms with *open* stressed vowels appear in italic type. For further explanation see Foreword.

to fear, be afraid of

Personal Infinitive

recear	recearmos
receares	receardes
recear	recearem

Present Indicative

receio	receamos
receias	receais
receia	receiam

Imperfect Indicative

receava	receávamos
receavas	receáveis
receava	receavam

Preterit Indicative

receei	receámos
receaste	receastes
receou	recearam

Simple Pluperfect Indicative

receara	receáramos
recearas	receáreis
receara	recearam

Future Indicative

recearei	recearemos
recearás	receareis
receará	recearão

Present Perfect Indicative

tenho receado	temos receado
tens receado	tendes receado
tem receado	têm receado

Past Perfect or Pluperfect Indicative

tinha receado	tínhamos receado
tinhas receado	tínheis receado
tinha receado	tinham receado

Future Perfect Indicative

terei receado	teremos receado
terás receado	tereis receado
terá receado	terão receado

Present Subjunctive

receie	receemos
receies	receeis
receie	receiem

Imperfect Subjunctive

receasse	receássemos
receasses	receásseis
receasse	receassem

Future Subjunctive

recear	recearmos
receares	receardes
recear	recearem

Present Perfect Subjunctive

tenha receado	tenhamos receado
tenhas receado	tenhais receado
tenha receado	tenham receado

Past Perfect or Pluperfect Subjunctive

tivesse receado	tivéssemos receado
tivesses receado	tivésseis receado
tivesse receado	tivessem receado

Future Perfect Subjunctive

tiver receado	tivermos receado
tiveres receado	tiverdes receado
tiver receado	tiverem receado

Conditional

recearia	recearíamos
recearias	recearíeis
recearia	receariam

Conditional Perfect

teria receado	teríamos receado
terias receado	teríeis receado
teria receado	teriam receado

Imperative

receia–receai

Samples of verb usage.

(Nós) **receávamos** as consequências. *We feared the consequences.*

Receio o que possa acontecer. *I'm afraid of what may happen.*

Qualquer pessoa (um) **recearia** isso. *Anyone would be afraid of that.*

Não **receie** nada. Tudo acabará bem. *Don't be afraid of anything. Everything will be okay.*

to receive

Personal Infinitive		***Present Subjunctive***	
receber	recebermos	receba	recebamos
receberes	receberdes	recebas	recebais
receber	receberem	receba	recebam
Present Indicative		***Imperfect Subjunctive***	
recebo	recebemos	recebesse	recebêssemos
recebes	recebeis	recebesses	recebêsseis
recebe	*recebem**	recebesse	recebessem
Imperfect Indicative		***Future Subjunctive***	
recebia	recebíamos	receber	recebermos
recebias	recebíeis	receberes	receberdes
recebia	recebiam	receber	receberem
Preterit Indicative		***Present Perfect Subjunctive***	
recebi	recebemos	tenha recebido	tenhamos recebido
recebeste	recebestes	tenhas recebido	tenhais recebido
recebeu	receberam	tenha recebido	tenham recebido
Simple Pluperfect Indicative		***Past Perfect or Pluperfect Subjunctive***	
recebera	recebêramos	tivesse recebido	tivéssemos recebido
receberas	recebêreis	tivesses recebido	tivésseis recebido
recebera	receberam	tivesse recebido	tivessem recebido
Future Indicative		***Future Perfect Subjunctive***	
receberei	receberemos	tiver recebido	tivermos recebido
receberás	recebereis	tiveres recebido	tiverdes recebido
receberá	receberão	tiver recebido	tiverem recebido
Present Perfect Indicative		***Conditional***	
tenho recebido	temos recebido	receberia	receberíamos
tens recebido	tendes recebido	receberias	receberíeis
tem recebido	têm recebido	receberia	receberiam
Past Perfect or Pluperfect Indicative		***Conditional Perfect***	
tinha recebido	tínhamos recebido	teria recebido	teríamos recebido
tinhas recebido	tínheis recebido	terias recebido	teríeis recebido
tinha recebido	tinham recebido	teria recebido	teriam recebido
Future Perfect Indicative		***Imperative***	
terei recebido	teremos recebido	*recebe**– recebei	
terás recebido	tereis recebido		
terá recebido	terão recebido		

Samples of verb usage.

Você **recebeu** as instruções? *Did you receive the instructions?*

Receberemos muito dinheiro se fizermos isto. *We will receive a lot of money if we do this.*

Você me disse que ela já **tinha recebido** o presente.
You told me that she had already received the present.

Espero que ela **receba** o prémio (prêmio *in Brazil*). *I hope she receives the prize (award).*

*NOTE: Only the radical-changing verb forms with *open* stressed vowels appear in italic type. For further explanation see Foreword.

to recuperate, recover, regain

Personal Infinitive
recuperar recuperarmos
recuperares recuperardes
recuperar recuperarem

Present Indicative
recupero recuperamos
recuperas recuperais
recupera *recuperam**

Imperfect Indicative
recuperava recuperávamos
recuperavas recuperáveis
recuperava recuperavam

Preterit Indicative
recuperei recuperámos
recuperaste recuperastes
recuperou recuperaram

Simple Pluperfect Indicative
recuperara recuperáramos
recuperaras recuperáreis
recuperara recuperaram

Future Indicative
recuperarei recuperaremos
recuperarás recuperareis
recuperará recuperarão

Present Perfect Indicative
tenho recuperado temos recuperado
tens recuperado tendes recuperado
tem recuperado têm recuperado

Past Perfect or Pluperfect Indicative
tinha recuperado tínhamos recuperado
tinhas recuperado tínheis recuperado
tinha recuperado tinham recuperado

Future Perfect Indicative
terei recuperado teremos recuperado
terás recuperado tereis recuperado
terá recuperado terão recuperado

Present Subjunctive
recupere recuperemos
recuperes recupereis
recupere *recuperem**

Imperfect Subjunctive
recuperasse recuperássemos
recuperasses recuperásseis
recuperasse recuperassem

Future Subjunctive
recuperar recuperarmos
recuperares recuperardes
recuperar recuperarem

Present Perfect Subjunctive
tenha recuperado tenhamos recuperado
tenhas recuperado tenhais recuperado
tenha recuperado tenham recuperado

Past Perfect or Pluperfect Subjunctive
tivesse recuperado tivéssemos recuperado
tivesses recuperado tivésseis recuperado
tivesse recuperado tivessem recuperado

Future Perfect Subjunctive
tiver recuperado tivermos recuperado
tiveres recuperado tiverdes recuperado
tiver recuperado tiverem recuperado

Conditional
recuperaria recuperaríamos
recuperarias recuperaríeis
recuperaria recuperariam

Conditional Perfect
teria recuperado teríamos recuperado
terias recuperado teríeis recuperado
teria recuperado teriam recuperado

Imperative
*recupera**–recuperai

Samples of verb usage.

Espero que ela **se recupere** da sua doença. *I hope she recovers from her illness.*

Tardaremos anos em **recuperar** a perda! *We'll take years to recover the loss!*

As forças armadas **recuperaram** o controle do país. *The armed forces regained control of the country.*

Eles queriam **recuperar** o tempo perdido. *They wanted to recuperate the lost time.*

*NOTE: Only the radical-changing verb forms with *open* stressed vowels appear in italic type. For further explanation see Foreword.

to refuse, reject

Personal Infinitive
recusar recusarmos
recusares recusardes
recusar recusarem

Present Indicative
recuso recusamos
recusas recusais
recusa recusam

Imperfect Indicative
recusava recusávamos
recusavas recusáveis
recusava recusavam

Preterit Indicative
recusei recusámos
recusaste recusastes
recusou recusaram

Simple Pluperfect Indicative
recusara recusáramos
recusaras recusáreis
recusara recusaram

Future Indicative
recusarei recusaremos
recusarás recusareis
recusará recusarão

Present Perfect Indicative
tenho recusado temos recusado
tens recusado tendes recusado
tem recusado têm recusado

Past Perfect or Pluperfect Indicative
tinha recusado tínhamos recusado
tinhas recusado tínheis recusado
tinha recusado tinham recusado

Future Perfect Indicative
terei recusado teremos recusado
terás recusado tereis recusado
terá recusado terão recusado

Present Subjunctive
recuse recusemos
recuses recuseis
recuse recusem

Imperfect Subjunctive
recusasse recusássemos
recusasses recusásseis
recusasse recusassem

Future Subjunctive
recusar recusarmos
recusares recusardes
recusar recusarem

Present Perfect Subjunctive
tenha recusado tenhamos recusado
tenhas recusado tenhais recusado
tenha recusado tenham recusado

Past Perfect or Pluperfect Subjunctive
tivesse recusado tivéssemos recusado
tivesses recusado tivésseis recusado
tivesse recusado tivessem recusado

Future Perfect Subjunctive
tiver recusado tivermos recusado
tiveres recusado tiverdes recusado
tiver recusado tiverem recusado

Conditional
recusaria recusaríamos
recusarias recusaríeis
recusaria recusariam

Conditional Perfect
teria recusado teríamos recusado
terias recusado teríeis recusado
teria recusado teriam recusado

Imperative
recusa–recusai

Samples of verb usage.

A secretária **tinha-se recusado** a cooperar com o criminoso.
The secretary had refused to cooperate with the criminal.

Ela **recusou** a proposta. *She rejected the proposal.*

Por quê você **tem-se recusado** a falar com ela? *Why have you been refusing to talk to her?*

A universidade **recusava** qualquer pessoa sem diploma.
The university rejected anyone without a diploma.

to refresh, freshen, cool (off or down)

Personal Infinitive

refrescar	refrescarmos
refrescares	refrescardes
refrescar	refrescarem

Present Indicative

refresco	refrescamos
refrescas	refrescais
refresca	*refrescam**

Imperfect Indicative

refrescava	refrescávamos
refrescavas	refrescáveis
refrescava	refrescavam

Preterit Indicative

refresquei	refrescámos
refrescaste	refrescastes
refrescou	refrescaram

Simple Pluperfect Indicative

refrescara	refrescáramos
refrescaras	refrescáreis
refrescara	refrescaram

Future Indicative

refrescarei	refrescaremos
refrescarás	refrescareis
refrescará	refrescarão

Present Perfect Indicative

tenho refrescado	temos refrescado
tens refrescado	tendes refrescado
tem refrescado	têm refrescado

Past Perfect or Pluperfect Indicative

tinha refrescado	tínhamos refrescado
tinhas refrescado	tínheis refrescado
tinha refrescado	tinham refrescado

Future Perfect Indicative

terei refrescado	teremos refrescado
terás refrescado	tereis refrescado
terá refrescado	terão refrescado

Present Subjunctive

refresque	refresquemos
refresques	refresqueis
refresque	*refresquem**

Imperfect Subjunctive

refrescasse	refrescássemos
refrescasses	refrescásseis
refrescasse	refrescassem

Future Subjunctive

refrescar	refrescarmos
refrescares	refrescardes
refrescar	refrescarem

Present Perfect Subjunctive

tenha refrescado	tenhamos refrescado
tenhas refrescado	tenhais refrescado
tenha refrescado	tenham refrescado

Past Perfect or Pluperfect Subjunctive

tivesse refrescado	tivéssemos refrescado
tivesses refrescado	tivésseis refrescado
tivesse refrescado	tivessem refrescado

Future Perfect Subjunctive

tiver refrescado	tivermos refrescado
tiveres refrescado	tiverdes refrescado
tiver refrescado	tiverem refrescado

Conditional

refrescaria	refrescaríamos
refrescarias	refrescaríeis
refrescaria	refrescariam

Conditional Perfect

teria refrescado	teríamos refrescado
terias refrescado	teríeis refrescado
teria refrescado	teriam refrescado

Imperative

*refresca**–refrescai

Samples of verb usage.

O sumo (suco *in Brazil*) de laranja **refrescou** o surfista. *The orange juice refreshed the surfer.*

A chuva **tinha refrescado** aquela tarde quente. *The rain had cooled down that warm afternoon.*

Quero beber algo que me **refresque**. *I want to drink something that will refresh me.*

Não te preocupes tanto. **Refresca** a cabeça! *Don't worry so much. Cool off!*

*NOTE: Only the radical-changing verb forms with *open* stressed vowels appear in italic type. For further explanation see Foreword.

registar (*in Portugal*) Pres. Part. *registando* Past Part. *registado*
registrar (*in Brazil*)

to register, file

Personal Infinitive		***Present Subjunctive***	
registar	registarmos	registe	registemos
registares	registardes	registes	registeis
registar	registarem	registe	registem
Present Indicative		***Imperfect Subjunctive***	
registo	registamos	registasse	registássemos
registas	registais	registasses	registásseis
regista	registam	registasse	registassem
Imperfect Indicative		***Future Subjunctive***	
registava	registávamos	registar	registarmos
registavas	registáveis	registares	registardes
registava	registavam	registar	registarem
Preterit Indicative		***Present Perfect Subjunctive***	
registei	registámos	tenha registado	tenhamos registado
registaste	registastes	tenhas registado	tenhais registado
registou	registaram	tenha registado	tenham registado
Simple Pluperfect Indicative		***Past Perfect or Pluperfect Subjunctive***	
registara	registáramos	tivesse registado	tivéssemos registado
registaras	registáreis	tivesses registado	tivésseis registado
registara	registaram	tivesse registado	tivessem registado
Future Indicative		***Future Perfect Subjunctive***	
registarei	registaremos	tiver registado	tivermos registado
registarás	registareis	tiveres registado	tiverdes registado
registará	registarão	tiver registado	tiverem registado
Present Perfect Indicative		***Conditional***	
tenho registado	temos registado	registaria	registaríamos
tens registado	tendes registado	registarias	registaríeis
tem registado	têm registado	registaria	registariam
Past Perfect or Pluperfect Indicative		***Conditional Perfect***	
tinha registado	tínhamos registado	teria registado	teríamos registado
tinhas registado	tínheis registado	terias registado	teríeis registado
tinha registado	tinham registado	teria registado	teriam registado
Future Perfect Indicative		***Imperative***	
terei registado	teremos registado	regista–registai	
terás registado	tereis registado		
terá registado	terão registado		

Samples of verb usage.

Quando o bebé (bebê *in Brazil*) nascer, teremos que **registá**-lo (**registrá**-lo *in Brazil*).
When the baby is born we will have to register him/her.

Já era a terceira vez que ele **tinha registado** a reclamação com a polícia.
It was already the third time he had filed the complaint with the police.

Registe na faculdade antes do começo do semestre.
Register at college before the beginning of the semester.

Registámos no livro de hóspedes antes de subir ao quarto.
We registered in the guest book before going up to the room.

to reject

Personal Infinitive	
rejeitar	rejeitarmos
rejeitares	rejeitardes
rejeitar	rejeitarem
Present Indicative	
rejeito	rejeitamos
rejeitas	rejeitais
rejeita	rejeitam
Imperfect Indicative	
rejeitava	rejeitávamos
rejeitavas	rejeitáveis
rejeitava	rejeitavam
Preterit Indicative	
rejeitei	rejeitámos
rejeitaste	rejeitastes
rejeitou	rejeitaram
Simple Pluperfect Indicative	
rejeitara	rejeitáramos
rejeitaras	rejeitáreis
rejeitara	rejeitaram
Future Indicative	
rejeitarei	rejeitaremos
rejeitarás	rejeitareis
rejeitará	rejeitarão
Present Perfect Indicative	
tenho rejeitado	temos rejeitado
tens rejeitado	tendes rejeitado
tem rejeitado	têm rejeitado
Past Perfect or Pluperfect Indicative	
tinha rejeitado	tínhamos rejeitado
tinhas rejeitado	tínheis rejeitado
tinha rejeitado	tinham rejeitado
Future Perfect Indicative	
terei rejeitado	teremos rejeitado
terás rejeitado	tereis rejeitado
terá rejeitado	terão rejeitado

Present Subjunctive	
rejeite	rejeitemos
rejeites	rejeiteis
rejeite	rejeitem
Imperfect Subjunctive	
rejeitasse	rejeitássemos
rejeitasses	rejeitásseis
rejeitasse	rejeitassem
Future Subjunctive	
rejeitar	rejeitarmos
rejeitares	rejeitardes
rejeitar	rejeitarem
Present Perfect Subjunctive	
tenha rejeitado	tenhamos rejeitado
tenhas rejeitado	tenhais rejeitado
tenha rejeitado	tenham rejeitado
Past Perfect or Pluperfect Subjunctive	
tivesse rejeitado	tivéssemos rejeitado
tivesses rejeitado	tivésseis rejeitado
tivesse rejeitado	tivessem rejeitado
Future Perfect Subjunctive	
tiver rejeitado	tivermos rejeitado
tiveres rejeitado	tiverdes rejeitado
tiver rejeitado	tiverem rejeitado
Conditional	
rejeitaria	rejeitaríamos
rejeitarias	rejeitaríeis
rejeitaria	rejeitariam
Conditional Perfect	
teria rejeitado	teríamos rejeitado
terias rejeitado	teríeis rejeitado
teria rejeitado	teriam rejeitado
Imperative	
rejeita–rejeitai	

Samples of verb usage.

Antes de **rejeitarmos** a proposta, vamos ouvir o representante.
Before we reject the proposal, let's listen to the representative.

Ele foi **rejeitado** pelo clube inteiro. *He was rejected by the whole club.*

Quero que vocês **rejeitem** esta ideia (idéia *in Brazil*) de fechar o caminho.
I want you to reject this idea of closing the road.

Se **tivéssemos rejeitado** o menino, ele não teria tido onde morar.
If we had rejected the boy, he wouldn't have had a place to live.

to relate, associate; to enumerate, list

Personal Infinitive

relacionar	relacionarmos
relacionares	relacionardes
relacionar	relacionarem

Present Indicative

relaciono	relacionamos
relacionas	relacionais
relaciona	relacionam

Imperfect Indicative

relacionava	relacionávamos
relacionavas	relacionáveis
relacionava	relacionavam

Preterit Indicative

relacionei	relacionámos
relacionaste	relacionastes
relacionou	relacionaram

Simple Pluperfect Indicative

relacionara	relacionáramos
relacionaras	relacionáreis
relacionara	relacionaram

Future Indicative

relacionarei	relacionaremos
relacionarás	relacionareis
relacionará	relacionarão

Present Perfect Indicative

tenho relacionado	temos relacionado
tens relacionado	tendes relacionado
tem relacionado	têm relacionado

Past Perfect or Pluperfect Indicative

tinha relacionado	tínhamos relacionado
tinhas relacionado	tínheis relacionado
tinha relacionado	tinham relacionado

Future Perfect Indicative

terei relacionado	teremos relacionado
terás relacionado	tereis relacionado
terá relacionado	terão relacionado

Present Subjunctive

relacione	relacionemos
relaciones	relacioneis
relacione	relacionem

Imperfect Subjunctive

relacionasse	relacionássemos
relacionasses	relacionásseis
relacionasse	relacionassem

Future Subjunctive

relacionar	relacionarmos
relacionares	relacionardes
relacionar	relacionarem

Present Perfect Subjunctive

tenha relacionado	tenhamos relacionado
tenhas relacionado	tenhais relacionado
tenha relacionado	tenham relacionado

Past Perfect or Pluperfect Subjunctive

tivesse relacionado	tivéssemos relacionado
tivesses relacionado	tivésseis relacionado
tivesse relacionado	tivessem relacionado

Future Perfect Subjunctive

tiver relacionado	tivermos relacionado
tiveres relacionado	tiverdes relacionado
tiver relacionado	tiverem relacionado

Conditional

relacionaria	relacionaríamos
relacionarias	relacionaríeis
relacionaria	relacionariam

Conditional Perfect

teria relacionado	teríamos relacionado
terias relacionado	teríeis relacionado
teria relacionado	teriam relacionado

Imperative

relaciona–relacionai

Samples of verb usage.

Nós nos **relacionamos** bem. *We relate well to one another.*

Ela **relacionou** todas as mudanças que queria fazer.
She listed (enumerated) all the changes she wanted to make.

Ele **se relacionaria** bem nesta firma. *He would get along (relate) well in this firm.*

Espero que vocês aprendam a **se relacionar** melhor. *I hope that you learn to relate better to each other.*

to renew, renovate

Personal Infinitive		***Present Subjunctive***	
renovar	renovarmos	*renove*	renovemos
renovares	renovardes	*renoves*	renoveis
renovar	renovarem	*renove*	*renovem**
Present Indicative		***Imperfect Subjunctive***	
renovo	renovamos	renovasse	renovássemos
renovas	renovais	renovasses	renovásseis
renova	*renovam**	renovasse	renovassem
Imperfect Indicative		***Future Subjunctive***	
renovava	renovávamos	renovar	renovarmos
renovavas	renováveis	renovares	renovardes
renovava	renovavam	renovar	renovarem
Preterit Indicative		***Present Perfect Subjunctive***	
renovei	renovámos	tenha renovado	tenhamos renovado
renovaste	renovastes	tenhas renovado	tenhais renovado
renovou	renovaram	tenha renovado	tenham renovado
Simple Pluperfect Indicative		***Past Perfect or Pluperfect Subjunctive***	
renovara	renováramos	tivesse renovado	tivéssemos renovado
renovaras	renováreis	tivesses renovado	tivésseis renovado
renovara	renovaram	tivesse renovado	tivessem renovado
Future Indicative		***Future Perfect Subjunctive***	
renovarei	renovaremos	tiver renovado	tivermos renovado
renovarás	renovareis	tiveres renovado	tiverdes renovado
renovará	renovarão	tiver renovado	tiverem renovado
Present Perfect Indicative		***Conditional***	
tenho renovado	temos renovado	renovaria	renovaríamos
tens renovado	tendes renovado	renovarias	renovaríeis
tem renovado	têm renovado	renovaria	renovariam
Past Perfect or Pluperfect Indicative		***Conditional Perfect***	
tinha renovado	tínhamos renovado	teria renovado	teríamos renovado
tinhas renovado	tínheis renovado	terias renovado	teríeis renovado
tinha renovado	tinham renovado	teria renovado	teriam renovado
Future Perfect Indicative		***Imperative***	
terei renovado	teremos renovado	*renova**–renovai	
terás renovado	tereis renovado		
terá renovado	terão renovado		

Samples of verb usage.

Os inquilinos **renovam** o contrato anualmente. *The tenants renew their contract annually.*

O casal **renovou** os juramentos feitos no dia do casamento.
The couple renewed the vows made on their wedding day.

É importante que cada prédio **renove** o seu sistema de ele(c)tricidade cada cinquenta anos.
It is important that every building have its electrical system renovated every fifty years.

Vamos **renovar** a casa este verão. *We are going to renovate the house this summer.*

*NOTE: Only the radical-changing verb forms with *open* stressed vowels appear in italic type. For further explanation see Foreword.

to repeat, do again *or* over

Personal Infinitive
repetir repetirmos
repetires repetirdes
repetir repetirem

Present Indicative
repito repetimos
repetes repetis
repete *repetem**

Imperfect Indicative
repetia repetíamos
repetias repetíeis
repetia repetiam

Preterit Indicative
repeti repetimos
repetiste repetistes
repetiu repetiram

Simple Pluperfect Indicative
repetira repetíramos
repetiras repetíreis
repetira repetiram

Future Indicative
repetirei repetiremos
repetirás repetireis
repetirá repetirão

Present Perfect Indicative
tenho repetido temos repetido
tens repetido tendes repetido
tem repetido têm repetido

Past Perfect or Pluperfect Indicative
tinha repetido tínhamos repetido
tinhas repetido tínheis repetido
tinha repetido tinham repetido

Future Perfect Indicative
terei repetido teremos repetido
terás repetido tereis repetido
terá repetido terão repetido

Present Subjunctive
repita repitamos
repitas repitais
repita repitam

Imperfect Subjunctive
repetisse repetíssemos
repetisses repetísseis
repetisse repetissem

Future Subjunctive
repetir repetirmos
repetires repetirdes
repetir repetirem

Present Perfect Subjunctive
tenha repetido tenhamos repetido
tenhas repetido tenhais repetido
tenha repetido tenham repetido

Past Perfect or Pluperfect Subjunctive
tivesse repetido tivéssemos repetido
tivesses repetido tivésseis repetido
tivesse repetido tivessem repetido

Future Perfect Subjunctive
tiver repetido tivermos repetido
tiveres repetido tiverdes repetido
tiver repetido tiverem repetido

Conditional
repetiria repetiríamos
repetirias repetiríeis
repetiria repetiriam

Conditional Perfect
teria repetido teríamos repetido
terias repetido teríeis repetido
teria repetido teriam repetido

Imperative
*repete**– repeti

Samples of verb usage.

Repita o que você acabou de dizer! *Repeat what you just said!*

Só estou a **repetir** (**repetindo**) o que você disse. *I'm only repeating what you said.*

Você acha que ela **repetirá** aquela canção? *Do you think she'll do that song again?*

(Nós) **repetiríamos** tudo de novo. *We would do it all over again.*

*NOTE: Only the radical-changing verb forms with *open* stressed vowels appear in italic type. For further explanation see Foreword.

to respect, value

Personal Infinitive
respeitar respeitarmos
respeitares respeitardes
respeitar respeitarem

Present Indicative
respeito respeitamos
respeitas respeitais
respeita respeitam

Imperfect Indicative
respeitava respeitávamos
respeitavas respeitáveis
respeitava respeitavam

Preterit Indicative
respeitei respeitámos
respeitaste respeitastes
respeitou respeitaram

Simple Pluperfect Indicative
respeitara respeitáramos
respeitaras respeitáreis
respeitara respeitaram

Future Indicative
respeitarei respeitaremos
respeitarás respeitareis
respeitará respeitarão

Present Perfect Indicative
tenho respeitado temos respeitado
tens respeitado tendes respeitado
tem respeitado têm respeitado

Past Perfect or Pluperfect Indicative
tinha respeitado tínhamos respeitado
tinhas respeitado tínheis respeitado
tinha respeitado tinham respeitado

Future Perfect Indicative
terei respeitado teremos respeitado
terás respeitado tereis respeitado
terá respeitado terão respeitado

Present Subjunctive
respeite respeitemos
respeites respeiteis
respeite respeitem

Imperfect Subjunctive
respeitasse respeitássemos
respeitasses respeitásseis
respeitasse respeitassem

Future Subjunctive
respeitar respeitarmos
respeitares respeitardes
respeitar respeitarem

Present Perfect Subjunctive
tenha respeitado tenhamos respeitado
tenhas respeitado tenhais respeitado
tenha respeitado tenham respeitado

Past Perfect or Pluperfect Subjunctive
tivesse respeitado tivéssemos respeitado
tivesses respeitado tivésseis respeitado
tivesse respeitado tivessem respeitado

Future Perfect Subjunctive
tiver respeitado tivermos respeitado
tiveres respeitado tiverdes respeitado
tiver respeitado tiverem respeitado

Conditional
respeitaria respeitaríamos
respeitarias respeitaríeis
respeitaria respeitariam

Conditional Perfect
teria respeitado teríamos respeitado
terias respeitado teríeis respeitado
teria respeitado teriam respeitado

Imperative
respeita–respeitai

Samples of verb usage.

Respeite a lei. *Respect the law.*

Ela **respeitava** o compromisso dele com a sua namorada.
She respected his commitment to his girlfriend.

Ele **respeita** muito a tua opinião. *He values (respects) your opinion a lot.*

Você não **respeitaria** uma pessoa mais velha? Wouldn't you respect an older person?

to breathe

Personal Infinitive
respirar respirarmos
respirares respirardes
respirar respirarem

Present Indicative
respiro respiramos
respiras respirais
respira respiram

Imperfect Indicative
respirava respirávamos
respiravas respiráveis
respirava respiravam

Preterit Indicative
respirei respirámos
respiraste respirastes
respirou respiraram

Simple Pluperfect Indicative
respirara respiráramos
respiraras respiráreis
respirara respiraram

Future Indicative
respirarei respiraremos
respirarás respirareis
respirará respirarão

Present Perfect Indicative
tenho respirado temos respirado
tens respirado tendes respirado
tem respirado têm respirado

Past Perfect or Pluperfect Indicative
tinha respirado tínhamos respirado
tinhas respirado tínheis respirado
tinha respirado tinham respirado

Future Perfect Indicative
terei respirado teremos respirado
terás respirado tereis respirado
terá respirado terão respirado

Present Subjunctive
respire respiremos
respires respireis
respire respirem

Imperfect Subjunctive
respirasse respirássemos
respirasses respirásseis
respirasse respirassem

Future Subjunctive
respirar respirarmos
respirares respirardes
respirar respirarem

Present Perfect Subjunctive
tenha respirado tenhamos respirado
tenhas respirado tenhais respirado
tenha respirado tenham respirado

Past Perfect or Pluperfect Subjunctive
tivesse respirado tivéssemos respirado
tivesses respirado tivésseis respirado
tivesse respirado tivessem respirado

Future Perfect Subjunctive
tiver respirado tivermos respirado
tiveres respirado tiverdes respirado
tiver respirado tiverem respirado

Conditional
respiraria respiraríamos
respirarias respiraríeis
respiraria respirariam

Conditional Perfect
teria respirado teríamos respirado
terias respirado teríeis respirado
teria respirado teriam respirado

Imperative
respira–respirai

Samples of verb usage.

Nesse momento eu só podia **respirar** com dificuldade.
At that moment I could only breathe with difficulty.

Agora podemos **respirar** livremente! *Now we can breathe freely!*

Respire devagar, e não desmaiará. *Breathe slowly, and you won't faint.*

O médico acha que agora ela poderá **respirar** sem dor.
The doctor thinks that she will be able to breathe without pain now.

to answer, respond

Personal Infinitive		***Present Subjunctive***	
responder	respondermos	responda	respondamos
responderes	responderdes	respondas	respondais
responder	responderem	responda	respondam
Present Indicative		***Imperfect Subjunctive***	
respondo	respondemos	respondesse	respondêssemos
respondes	respondeis	respondesses	respondêsseis
responde	respondem	respondesse	respondessem
Imperfect Indicative		***Future Subjunctive***	
respondia	respondíamos	responder	respondermos
respondias	respondíeis	responderes	responderdes
respondia	respondiam	responder	responderem
Preterit Indicative		***Present Perfect Subjunctive***	
respondi	respondemos	tenha respondido	tenhamos respondido
respondeste	respondestes	tenhas respondido	tenhais respondido
respondeu	responderam	tenha respondido	tenham respondido
Simple Pluperfect Indicative		***Past Perfect or Pluperfect Subjunctive***	
respondera	respondêramos	tivesse respondido	tivéssemos respondido
responderas	respondêreis	tivesses respondido	tivésseis respondido
respondera	responderam	tivesse respondido	tivessem respondido
Future Indicative		***Future Perfect Subjunctive***	
responderei	responderemos	tiver respondido	tivermos respondido
responderás	respondereis	tiveres respondido	tiverdes respondido
responderá	responderão	tiver respondido	tiverem respondido
Present Perfect Indicative		***Conditional***	
tenho respondido	temos respondido	responderia	responderíamos
tens respondido	tendes respondido	responderias	responderíeis
tem respondido	têm respondido	responderia	responderiam
Past Perfect or Pluperfect Indicative		***Conditional Perfect***	
tinha respondido	tínhamos respondido	teria respondido	teríamos respondido
tinhas respondido	tínheis respondido	terias respondido	teríeis respondido
tinha respondido	tinham respondido	teria respondido	teriam respondido
Future Perfect Indicative		***Imperative***	
terei respondido	teremos respondido	responde–respondei	
terás respondido	tereis respondido		
terá respondido	terão respondido		

Samples of verb usage.

Responda à pergunta. *Answer the question.*

O soldado **respondeu** imediatamente à chamada. *The soldier responded immediately to the call.*

Os inimigos **responderam** com a sua artilharia pesada.
The enemy answered (responded) with their heavy artillery.

Responderei quando estiver pronto. *I will answer when I am ready.*

to pray

Personal Infinitive

rezar	rezarmos
rezares	rezardes
rezar	rezarem

Present Indicative

rezo	rezamos
rezas	rezais
reza	*rezam**

Imperfect Indicative

rezava	rezávamos
rezavas	rezáveis
rezava	rezavam

Preterit Indicative

rezei	rezámos
rezaste	rezastes
rezou	rezaram

Simple Pluperfect Indicative

rezara	rezáramos
rezaras	rezáreis
rezara	rezaram

Future Indicative

rezarei	rezaremos
rezarás	rezareis
rezará	rezarão

Present Perfect Indicative

tenho rezado	temos rezado
tens rezado	tendes rezado
tem rezado	têm rezado

Past Perfect or Pluperfect Indicative

tinha rezado	tínhamos rezado
tinhas rezado	tínheis rezado
tinha rezado	tinham rezado

Future Perfect Indicative

terei rezado	teremos rezado
terás rezado	tereis rezado
terá rezado	terão rezado

Present Subjunctive

reze	rezemos
rezes	rezeis
reze	*rezem**

Imperfect Subjunctive

rezasse	rezássemos
rezasses	rezásseis
rezasse	rezassem

Future Subjunctive

rezar	rezarmos
rezares	rezardes
rezar	rezarem

Present Perfect Subjunctive

tenha rezado	tenhamos rezado
tenhas rezado	tenhais rezado
tenha rezado	tenham rezado

Past Perfect or Pluperfect Subjunctive

tivesse rezado	tivéssemos rezado
tivesses rezado	tivésseis rezado
tivesse rezado	tivessem rezado

Future Perfect Subjunctive

tiver rezado	tivermos rezado
tiveres rezado	tiverdes rezado
tiver rezado	tiverem rezado

Conditional

rezaria	rezaríamos
rezarias	rezaríeis
rezaria	rezariam

Conditional Perfect

teria rezado	teríamos rezado
terias rezado	teríeis rezado
teria rezado	teriam rezado

Imperative

*reza**–rezai

Samples of verb usage.

Rezaste hoje? *Did you pray today?*

Ele **rezou** pela alma da sua filha. *He prayed for his daughter's soul.*

Eu nunca **rezaria** por dinheiro nem por fama. *I would never pray for money nor fame.*

Os padres sempre **rezavam** em Latim. *The priests always prayed in Latin.*

*NOTE: Only the radical-changing verb forms with *open* stressed vowels appear in italic type. For further explanation see Foreword.

to laugh; (**-se de**) to laugh at

Personal Infinitive		***Present Subjunctive***	
rir	rirmos	ria	riamos
rires	rirdes	rias	riais
rir	rirem	ria	riam
Present Indicative		***Imperfect Subjunctive***	
rio	rimos	risse	ríssemos
ris	ris	risses	rísseis
ri	riem	risse	rissem
Imperfect Indicative		***Future Subjunctive***	
ria	ríamos	rir	rirmos
rias	ríeis	rires	rirdes
ria	riam	rir	rirem
Preterit Indicative		***Present Perfect Subjunctive***	
ri	rimos	tenha rido	tenhamos rido
riste	ristes	tenhas rido	tenhais rido
riu	riram	tenha rido	tenham rido
Simple Pluperfect Indicative		***Past Perfect or Pluperfect Subjunctive***	
rira	ríramos	tivesse rido	tivéssemos rido
riras	ríreis	tivesses rido	tivésseis rido
rira	riram	tivesse rido	tivessem rido
Future Indicative		***Future Perfect Subjunctive***	
rirei	riremos	tiver rido	tivermos rido
rirás	rireis	tiveres rido	tiverdes rido
rirá	rirão	tiver rido	tiverem rido
Present Perfect Indicative		***Conditional***	
tenho rido	temos rido	riria	riríamos
tens rido	tendes rido	ririas	riríeis
tem rido	têm rido	riria	ririam
Past Perfect or Pluperfect Indicative		***Conditional Perfect***	
tinha rido	tínhamos rido	teria rido	teríamos rido
tinhas rido	tínheis rido	terias rido	teríeis rido
tinha rido	tinham rido	teria rido	teriam rido
Future Perfect Indicative		***Imperative***	
terei rido	teremos rido	ri–ride	
terás rido	tereis rido		
terá rido	terão rido		

Samples of verb usage.

Ríamos durante o filme. *We laughed during the movie.*

Ele **ria** às gargalhadas. *He laughed and laughed.*

Ela **riu-se de** mim porque eu estava descalço. *She laughed at me because I was barefoot.*

A professora fazia os estudantes **rirem.** *The professor (female) made the students laugh.*

to gnaw, nibble; to consume

Personal Infinitive

roer	roermos
roeres	roerdes
roer	roerem

Present Indicative

roo	roemos
róis	roeis
rói	*roem**

Imperfect Indicative

roía	roíamos
roías	roíeis
roía	roíam

Preterit Indicative

roí	roemos
roeste	roestes
roeu	roeram

Simple Pluperfect Indicative

roera	roêramos
roeras	roêreis
roera	roeram

Future Indicative

roerei	roeremos
roerás	roereis
roerá	roerão

Present Perfect Indicative

tenho roído	temos roído
tens roído	tendes roído
tem roído	têm roído

Past Perfect or Pluperfect Indicative

tinha roído	tínhamos roído
tinhas roído	tínheis roído
tinha roído	tinham roído

Future Perfect Indicative

terei roído	teremos roído
terás roído	tereis roído
terá roído	terão roído

Present Subjunctive

roa	roamos
roas	roais
roa	roam

Imperfect Subjunctive

roesse	roêssemos
roesses	roêsseis
roesse	roessem

Future Subjunctive

roer	roermos
roeres	roerdes
roer	roerem

Present Perfect Subjunctive

tenha roído	tenhamos roído
tenhas roído	tenhais roído
tenha roído	tenham roído

Past Perfect or Pluperfect Subjunctive

tivesse roído	tivéssemos roído
tivesses roído	tivésseis roído
tivesse roído	tivessem roído

Future Perfect Subjunctive

tiver roído	tivermos roído
tiveres roído	tiverdes roído
tiver roído	tiverem roído

Conditional

roeria	roeríamos
roerias	roeríeis
roeria	roeriam

Conditional Perfect

teria roído	teríamos roído
terias roído	teríeis roído
teria roído	teriam roído

Imperative

rói–roei

Samples of verb usage.

O cão gostava de **roer** o seu osso. *The dog liked to gnaw on his bone.*

A ideia (idéia *in Brazil*) **roía**-lhe os nervos. *The idea was gnawing (eating) at his nerves.*

Esta obsessão está-te **a roer** (**roendo** *in Brazil*). *This obsession is consuming you.*

O rato **roeu** a rolha do remédio ruim. *The mouse (or rat in Brazil) nibbled on the bad medicine's cork.*

*NOTE: Only the radical-changing verb forms with *open* stressed vowels appear in italic type. For further explanation see Foreword.

to beg, plead, implore

Personal Infinitive
rogar rogarmos
rogares rogardes
rogar rogarem

Present Indicative
rogo rogamos
rogas rogais
roga *rogam**

Imperfect Indicative
rogava rogávamos
rogavas rogáveis
rogava rogavam

Preterit Indicative
roguei rogámos
rogaste rogastes
rogou rogaram

Simple Pluperfect Indicative
rogara rogáramos
rogaras rogáreis
rogara rogaram

Future Indicative
rogarei rogaremos
rogarás rogareis
rogará rogarão

Present Perfect Indicative
tenho rogado temos rogado
tens rogado tendes rogado
tem rogado têm rogado

Past Perfect or Pluperfect Indicative
tinha rogado tínhamos rogado
tinhas rogado tínheis rogado
tinha rogado tinham rogado

Future Perfect Indicative
terei rogado teremos rogado
terás rogado tereis rogado
terá rogado terão rogado

Present Subjunctive
rogue roguemos
rogues rogueis
rogue *roguem**

Imperfect Subjunctive
rogasse rogássemos
rogasses rogásseis
rogasse rogassem

Future Subjunctive
rogar rogarmos
rogares rogardes
rogar rogarem

Present Perfect Subjunctive
tenha rogado tenhamos rogado
tenhas rogado tenhais rogado
tenha rogado tenham rogado

Past Perfect or Pluperfect Subjunctive
tivesse rogado tivéssemos rogado
tivesses rogado tivésseis rogado
tivesse rogado tivessem rogado

Future Perfect Subjunctive
tiver rogado tivermos rogado
tiveres rogado tiverdes rogado
tiver rogado tiverem rogado

Conditional
rogaria rogaríamos
rogarias rogaríeis
rogaria rogariam

Conditional Perfect
teria rogado teríamos rogado
terias rogado teríeis rogado
teria rogado teriam rogado

Imperative
*roga**–rogai

Samples of verb usage.

Ele **tinha rogado** a todos os dire(c)tores para ficar com o emprego.
He had begged all of the directors to keep his job.

O acusado **rogará** misericórdia dos jurados. *The accused will plead for mercy from the jury.*

Estou **rogando** que me perdoe. *I am begging you to forgive me.*

Eu **rogo**-lhe que a trate bem. *I implore you to treat her well.*

*NOTE: Only the radical-changing verb forms with *open* stressed vowels appear in italic type. For further explanation see Foreword.

to rip, tear, break (off)

Personal Infinitive

romper	rompermos
romperes	romperdes
romper	romperem

Present Indicative

rompo	rompemos
rompes	rompeis
rompe	rompem

Imperfect Indicative

rompia	rompíamos
rompias	rompíeis
rompia	rompiam

Preterit Indicative

rompi	rompemos
rompeste	rompestes
rompeu	romperam

Simple Pluperfect Indicative

rompera	rompêramos
romperas	rompêreis
rompera	romperam

Future Indicative

romperei	romperemos
romperás	rompereis
romperá	romperão

Present Perfect Indicative

tenho rompido	temos rompido
tens rompido	tendes rompido
tem rompido	têm rompido

Past Perfect or Pluperfect Indicative

tinha rompido	tínhamos rompido
tinhas rompido	tínheis rompido
tinha rompido	tinham rompido

Future Perfect Indicative

terei rompido	teremos rompido
terás rompido	tereis rompido
terá rompido	terão rompido

Present Subjunctive

rompa	rompamos
rompas	rompais
rompa	rompam

Imperfect Subjunctive

rompesse	rompêssemos
rompesses	rompêsseis
rompesse	rompessem

Future Subjunctive

romper	rompermos
romperes	romperdes
romper	romperem

Present Perfect Subjunctive

tenha rompido	tenhamos rompido
tenhas rompido	tenhais rompido
tenha rompido	tenham rompido

Past Perfect or Pluperfect Subjunctive

tivesse rompido	tivéssemos rompido
tivesses rompido	tivésseis rompido
tivesse rompido	tivessem rompido

Future Perfect Subjunctive

tiver rompido	tivermos rompido
tiveres rompido	tiverdes rompido
tiver rompido	tiverem rompido

Conditional

romperia	romperíamos
romperias	romperíeis
romperia	romperiam

Conditional Perfect

teria rompido	teríamos rompido
terias rompido	teríeis rompido
teria rompido	teriam rompido

Imperative

rompe–rompei

Samples of verb usage.

A miúda **rompeu** as calças enquanto corria. *The girl tore (ripped) her pants while she was running.*

A noiva **rompeu** o noivado no mês antes do casamento.
The fiancee broke off the engagement the month before the wedding.

A Coreia (Coréia *in Brazil*) do Norte vai **romper** relações diplomáticas com o Chile.
North Korea is going to break off diplomatic relations with Chile.

O cabo **tinha rompido** durante a tempestade. *The cable had broken during the storm.*

*NOTE: **roto** seldom used in Brazil.

to snore*

Personal Infinitive	
roncar	roncarmos
roncares	roncardes
roncar	roncarem
Present Indicative	
ronco	roncamos
roncas	roncais
ronca	roncam
Imperfect Indicative	
roncava	roncávamos
roncavas	roncáveis
roncava	roncavam
Preterit Indicative	
ronquei	roncámos
roncaste	roncastes
roncou	roncaram
Simple Pluperfect Indicative	
roncara	roncáramos
roncaras	roncáreis
roncara	roncaram
Future Indicative	
roncarei	roncaremos
roncarás	roncareis
roncará	roncarão
Present Perfect Indicative	
tenho roncado	temos roncado
tens roncado	tendes roncado
tem roncado	têm roncado
Past Perfect or Pluperfect Indicative	
tinha roncado	tínhamos roncado
tinhas roncado	tínheis roncado
tinha roncado	tinham roncado
Future Perfect Indicative	
terei roncado	teremos roncado
terás roncado	tereis roncado
terá roncado	terão roncado

Present Subjunctive	
ronque	ronquemos
ronques	ronqueis
ronque	ronquem
Imperfect Subjunctive	
roncasse	roncássemos
roncasses	roncásseis
roncasse	roncassem
Future Subjunctive	
roncar	roncarmos
roncares	roncardes
roncar	roncarem
Present Perfect Subjunctive	
tenha roncado	tenhamos roncado
tenhas roncado	tenhais roncado
tenha roncado	tenham roncado
Past Perfect or Pluperfect Subjunctive	
tivesse roncado	tivéssemos roncado
tivesses roncado	tivésseis roncado
tivesse roncado	tivessem roncado
Future Perfect Subjunctive	
tiver roncado	tivermos roncado
tiveres roncado	tiverdes roncado
tiver roncado	tiverem roncado
Conditional	
roncaria	roncaríamos
roncarias	roncaríeis
roncaria	roncariam
Conditional Perfect	
teria roncado	teríamos roncado
terias roncado	teríeis roncado
teria roncado	teriam roncado
Imperative	
ronca–roncai	

Samples of verb usage.

O Henrique **ronca** muito. *Henry snores a lot.*

A esposa não pôde dormir porque o marido **roncou** a noite inteira.
The wife couldn't sleep because her husband snored all night long.

Ele pediu-me que tentasse não **roncar** tanto. *She asked me to try not to snore so much.*

Eu não **ronco** quando durmo de costas. *I don't snore when I sleep on my back.*

*NOTE: In Portugal *to snore* is more commonly expressed by **ressonar**.

to steal, rob

Personal Infinitive

roubar	roubarmos
roubares	roubardes
roubar	roubarem

Present Indicative

roubo	roubamos
roubas	roubais
rouba	roubam

Imperfect Indicative

roubava	roubávamos
roubavas	roubáveis
roubava	roubavam

Preterit Indicative

roubei	roubámos
roubaste	roubastes
roubou	roubaram

Simple Pluperfect Indicative

roubara	roubáramos
roubaras	roubáreis
roubara	roubaram

Future Indicative

roubarei	roubaremos
roubarás	roubareis
roubará	roubarão

Present Perfect Indicative

tenho roubado	temos roubado
tens roubado	tendes roubado
tem roubado	têm roubado

Past Perfect or Pluperfect Indicative

tinha roubado	tínhamos roubado
tinhas roubado	tínheis roubado
tinha roubado	tinham roubado

Future Perfect Indicative

terei roubado	teremos roubado
terás roubado	tereis roubado
terá roubado	terão roubado

Present Subjunctive

roube	roubemos
roubes	roubeis
roube	roubem

Imperfect Subjunctive

roubasse	roubássemos
roubasses	roubásseis
roubasse	roubassem

Future Subjunctive

roubar	roubarmos
roubares	roubardes
roubar	roubarem

Present Perfect Subjunctive

tenha roubado	tenhamos roubado
tenhas roubado	tenhais roubado
tenha roubado	tenham roubado

Past Perfect or Pluperfect Subjunctive

tivesse roubado	tivéssemos roubado
tivesses roubado	tivésseis roubado
tivesse roubado	tivessem roubado

Future Perfect Subjunctive

tiver roubado	tivermos roubado
tiveres roubado	tiverdes roubado
tiver roubado	tiverem roubado

Conditional

roubaria	roubaríamos
roubarias	roubaríeis
roubaria	roubariam

Conditional Perfect

teria roubado	teríamos roubado
terias roubado	teríeis roubado
teria roubado	teriam roubado

Imperative

rouba–roubai

Samples of verb usage.

Não **roube** desta gente. *Don't steal from these people.*

O carro **tinha sido roubado** três vezes num mês. *The car had been stolen three times in one month.*

O ladrão **roubou** a mansão. *The thief robbed the mansion.*

Este di(c)tador **rouba** do povo. *This dictator steals from the people.*

to know (a fact);* (**saber** + infinitive) to know how to

Personal Infinitive		***Present Subjunctive***	
saber	sabermos	saiba	saibamos
saberes	saberdes	saibas	saibais
saber	saberem	saiba	saibam
Present Indicative		***Imperfect Subjunctive***	
sei	sabemos	soubesse	soubéssemos
sabes	sabeis	soubesses	soubésseis
sabe	sabem	soubesse	soubessem
Imperfect Indicative		***Future Subjunctive***	
sabia	sabíamos	souber	soubermos
sabias	sabíeis	souberes	souberdes
sabia	sabiam	souber	souberem
Preterit Indicative		***Present Perfect Subjunctive***	
soube	soubemos	tenha sabido	tenhamos sabido
soubeste	soubestes	tenhas sabido	tenhais sabido
soube	souberam	tenha sabido	tenham sabido
Simple Pluperfect Indicative		***Past Perfect or Pluperfect Subjunctive***	
soubera	soubéramos	tivesse sabido	tivéssemos sabido
souberas	soubéreis	tivesses sabido	tivésseis sabido
soubera	souberam	tivesse sabido	tivessem sabido
Future Indicative		***Future Perfect Subjunctive***	
saberei	saberemos	tiver sabido	tivermos sabido
saberás	sabereis	tiveres sabido	tiverdes sabido
saberá	saberão	tiver sabido	tiverem sabido
Present Perfect Indicative		***Conditional***	
tenho sabido	temos sabido	saberia	saberíamos
tens sabido	tendes sabido	saberias	saberíeis
tem sabido	têm sabido	saberia	saberiam
Past Perfect or Pluperfect Indicative		***Conditional Perfect***	
tinha sabido	tínhamos sabido	teria sabido	teríamos sabido
tinhas sabido	tínheis sabido	terias sabido	teríeis sabido
tinha sabido	tinham sabido	teria sabido	teriam sabido
Future Perfect Indicative		***Imperative***	
terei sabido	teremos sabido	sabe–sabei	
terás sabido	tereis sabido		
terá sabido	terão sabido		

Samples of verb usage.

O mestre **sabe** tudo. *The master knows everything.*

Você **sabe** jogar futebol? *Do you know how to play soccer?*

Eu **soube** do acidente. *I learned (found out) about the accident.*

Ela **teria sabido** a resposta. *She would have known the answer.*

*NOTE: **Saber** in the Preterite Indicative means *found out, discovered* or *learned*: **Como soubeste que te comprei um presente?** *How did you find out (learn) that I bought you a present?*

to shake, wave

Personal Infinitive		***Present Subjunctive***	
sacudir	sacudirmos	sacuda	sacudamos
sacudires	sacudirdes	sacudas	sacudais
sacudir	sacudirem	sacuda	sacudam
Present Indicative		***Imperfect Subjunctive***	
sacudo	sacudimos	sacudisse	sacudíssemos
sacodes	sacudis	sacudisses	sacudísseis
sacode	*sacodem**	sacudisse	sacudissem
Imperfect Indicative		***Future Subjunctive***	
sacudia	sacudíamos	sacudir	sacudirmos
sacudias	sacudíeis	sacudires	sacudirdes
sacudia	sacudiam	sacudir	sacudirem
Preterit Indicative		***Present Perfect Subjunctive***	
sacudi	sacudimos	tenha sacudido	tenhamos sacudido
sacudiste	sacudistes	tenhas sacudido	tenhais sacudido
sacudiu	sacudiram	tenha sacudido	tenham sacudido
Simple Pluperfect Indicative		***Past Perfect or Pluperfect Subjunctive***	
sacudira	sacudíramos	tivesse sacudido	tivéssemos sacudido
sacudiras	sacudíreis	tivesses sacudido	tivésseis sacudido
sacudira	sacudiram	tivesse sacudido	tivessem sacudido
Future Indicative		***Future Perfect Subjunctive***	
sacudirei	sacudiremos	tiver sacudido	tivermos sacudido
sacudirás	sacudireis	tiveres sacudido	tiverdes sacudido
sacudirá	sacudirão	tiver sacudido	tiverem sacudido
Present Perfect Indicative		***Conditional***	
tenho sacudido	temos sacudido	sacudiria	sacudiríamos
tens sacudido	tendes sacudido	sacudirias	sacudiríeis
tem sacudido	têm sacudido	sacudiria	sacudiriam
Past Perfect or Pluperfect Indicative		***Conditional Perfect***	
tinha sacudido	tínhamos sacudido	teria sacudido	teríamos sacudido
tinhas sacudido	tínheis sacudido	terias sacudido	teríeis sacudido
tinha sacudido	tinham sacudido	teria sacudido	teriam sacudido
Future Perfect Indicative		***Imperative***	
terei sacudido	teremos sacudido	*sacode**– sacudi	
terás sacudido	tereis sacudido		
terá sacudido	terão sacudido		

Samples of verb usage.

A empregada sempre **sacode** os tapetes para tirar o pó.
The maid always shakes the carpets to get the dust out.

Ele está **sacudindo** uma bandeira branca. *He is waving a white flag.*

O terremoto **sacudiu** a cidade. *The earthquake shook the city.*

Os vizinhos **sacudiam** a cabeça, dizendo que não. *The neighbors shook their heads to say no.*

*NOTE: Only the radical-changing verb forms with *open* stressed vowels appear in italic type. For further explanation see Foreword.

to leave (from); to come *or* get out (of)

Personal Infinitive
sair sairmos
saíres sairdes
sair saírem

Present Indicative
saio saímos
sais saís
sai saem

Imperfect Indicative
saía saíamos
saías saíeis
saía saíam

Preterit Indicative
saí saímos
saíste saístes
saiu saíram

Simple Pluperfect Indicative
saíra saíramos
saíras saíreis
saíra saíram

Future Indicative
sairei sairemos
sairás saireis
sairá sairão

Present Perfect Indicative
tenho saído temos saído
tens saído tendes saído
tem saído têm saído

Past Perfect or Pluperfect Indicative
tinha saído tínhamos saído
tinhas saído tínheis saído
tinha saído tinham saído

Future Perfect Indicative
terei saído teremos saído
terás saído tereis saído
terá saído terão saído

Present Subjunctive
saia saiamos
saias saiais
saia saiam

Imperfect Subjunctive
saísse saíssemos
saísses saísseis
saísse saíssem

Future Subjunctive
sair sairmos
saíres sairdes
sair saírem

Present Perfect Subjunctive
tenha saído tenhamos saído
tenhas saído tenhais saído
tenha saído tenham saído

Past Perfect or Pluperfect Subjunctive
tivesse saído tivéssemos saído
tivesses saído tivésseis saído
tivesse saído tivessem saído

Future Perfect Subjunctive
tiver saído tivermos saído
tiveres saído tiverdes saído
tiver saído tiverem saído

Conditional
sairia sairíamos
sairias sairíeis
sairia sairiam

Conditional Perfect
teria saído teríamos saído
terias saído teríeis saído
teria saído teriam saído

Imperative
sai–saí

Samples of verb usage.

Quando ele telefonou (ligou) já **tínhamos saído**. *When he phoned we had already left.*

Eu **saio** de casa todos os dias às nove horas. *I leave the house every day at nine o'clock.*

O médico **saiu** para falar com um paciente. *The doctor came out to speak to a patient.*

Sairás da cadeia (prisão) este sábado? *Will you be leaving (getting out of) jail this Saturday?*

to save, rescue

Personal Infinitive		***Present Subjunctive***	
salvar	salvarmos	salve	salvemos
salvares	salvardes	salves	salveis
salvar	salvarem	salve	salvem
Present Indicative		***Imperfect Subjunctive***	
salvo	salvamos	salvasse	salvássemos
salvas	salvais	salvasses	salvásseis
salva	salvam	salvasse	salvassem
Imperfect Indicative		***Future Subjunctive***	
salvava	salvávamos	salvar	salvarmos
salvavas	salváveis	salvares	salvardes
salvava	salvavam	salvar	salvarem
Preterit Indicative		***Present Perfect Subjunctive***	
salvei	salvámos	tenha salvado	tenhamos salvado
salvaste	salvastes	tenhas salvado	tenhais salvado
salvou	salvaram	tenha salvado	tenham salvado
Simple Pluperfect Indicative		***Past Perfect or Pluperfect Subjunctive***	
salvara	salváramos	tivesse salvado	tivéssemos salvado
salvaras	salváreis	tivesses salvado	tivésseis salvado
salvara	salvaram	tivesse salvado	tivessem salvado
Future Indicative		***Future Perfect Subjunctive***	
salvarei	salvaremos	tiver salvado	tivermos salvado
salvarás	salvareis	tiveres salvado	tiverdes salvado
salvará	salvarão	tiver salvado	tiverem salvado
Present Perfect Indicative		***Conditional***	
tenho salvado	temos salvado	salvaria	salvaríamos
tens salvado	tendes salvado	salvarias	salvaríeis
tem salvado	têm salvado	salvaria	salvariam
Past Perfect or Pluperfect Indicative		***Conditional Perfect***	
tinha salvado	tínhamos salvado	teria salvado	teríamos salvado
tinhas salvado	tínheis salvado	terias salvado	teríeis salvado
tinha salvado	tinham salvado	teria salvado	teriam salvado
Future Perfect Indicative		***Imperative***	
terei salvado	teremos salvado	salva–salvai	
terás salvado	tereis salvado		
terá salvado	terão salvado		

Samples of verb usage.

Salve a menina que está a afogar-se (afogando-se *in Brazil*). *Rescue the little girl who's drowning.*

O bombeiro **salvou** a velhinha do fogo. *The fireman rescued the old lady from the fire.*

A decisão tomada pelo general vai **salvar** milhares de vidas.
The decision made by the general is going to save thousands of lives.

Se ela não **tivesse**-me **salvado**, eu teria morrido. *If she hadn't saved me, I would have died.*

to dry (up, out or off)

Personal Infinitive	
secar	secarmos
secares	secardes
secar	secarem
Present Indicative	
seco	secamos
secas	secais
seca	*secam**
Imperfect Indicative	
secava	secávamos
secavas	secáveis
secava	secavam
Preterit Indicative	
sequei	secámos
secaste	secastes
secou	secaram
Simple Pluperfect Indicative	
secara	secáramos
secaras	secáreis
secara	secaram
Future Indicative	
secarei	secaremos
secarás	secareis
secará	secarão
Present Perfect Indicative	
tenho secado	temos secado
tens secado	tendes secado
tem secado	têm secado
Past Perfect or Pluperfect Indicative	
tinha secado	tínhamos secado
tinhas secado	tínheis secado
tinha secado	tinham secado
Future Perfect Indicative	
terei secado	teremos secado
terás secado	tereis secado
terá secado	terão secado

Present Subjunctive	
seque	sequemos
seques	sequeis
seque	*sequem**
Imperfect Subjunctive	
secasse	secássemos
secasses	secásseis
secasse	secassem
Future Subjunctive	
secar	secarmos
secares	secardes
secar	secarem
Present Perfect Subjunctive	
tenha secado	tenhamos secado
tenhas secado	tenhais secado
tenha secado	tenham secado
Past Perfect or Pluperfect Subjunctive	
tivesse secado	tivéssemos secado
tivesses secado	tivésseis secado
tivesse secado	tivessem secado
Future Perfect Subjunctive	
tiver secado	tivermos secado
tiveres secado	tiverdes secado
tiver secado	tiverem secado
Conditional	
secaria	secaríamos
secarias	secaríeis
secaria	secariam
Conditional Perfect	
teria secado	teríamos secado
terias secado	teríeis secado
teria secado	teriam secado
Imperative	
*seca**–secai	

Samples of verb usage.

A roupa **secava** ao sol. *The clothes were drying in the sun.*

Ela **seca** o cabelo antes de sair de casa todos os dias.
She dries her hair before she leaves the house every day.

A terra **tinha secado** com a falta de água. *The land had dried up from the lack of water.*

Seque-se bem antes de sair. Está frio lá fora. *Dry yourself off well before going out. It's cold out there.*

*NOTE: Only the radical-changing verb forms with *open* stressed vowels appear in italic type. For further explanation see Foreword.

to follow; to continue

Personal Infinitive

seguir	seguirmos
seguires	seguirdes
seguir	seguirem

Present Indicative

sigo	seguimos
segues	seguis
segue	*seguem**

Imperfect Indicative

seguia	seguíamos
seguias	seguíeis
seguia	seguiam

Preterit Indicative

segui	seguimos
seguiste	seguistes
seguiu	seguiram

Simple Pluperfect Indicative

seguira	seguíramos
seguiras	seguíreis
seguira	seguiram

Future Indicative

seguirei	seguiremos
seguirás	seguireis
seguirá	seguirão

Present Perfect Indicative

tenho seguido	temos seguido
tens seguido	tendes seguido
tem seguido	têm seguido

Past Perfect or Pluperfect Indicative

tinha seguido	tínhamos seguido
tinhas seguido	tínheis seguido
tinha seguido	tinham seguido

Future Perfect Indicative

terei seguido	teremos seguido
terás seguido	tereis seguido
terá seguido	terão seguido

Present Subjunctive

siga	sigamos
sigas	sigais
siga	sigam

Imperfect Subjunctive

seguisse	seguíssemos
seguisses	seguísseis
seguisse	seguissem

Future Subjunctive

seguir	seguirmos
seguires	seguirdes
seguir	seguirem

Present Perfect Subjunctive

tenha seguido	tenhamos seguido
tenhas seguido	tenhais seguido
tenha seguido	tenham seguido

Past Perfect or Pluperfect Subjunctive

tivesse seguido	tivéssemos seguido
tivesses seguido	tivésseis seguido
tivesse seguido	tivessem seguido

Future Perfect Subjunctive

tiver seguido	tivermos seguido
tiveres seguido	tiverdes seguido
tiver seguido	tiverem seguido

Conditional

seguiria	seguiríamos
seguirias	seguiríeis
seguiria	seguiriam

Conditional Perfect

teria seguido	teríamos seguido
terias seguido	teríeis seguido
teria seguido	teriam seguido

Imperative

segue–segui

Samples of verb usage.

Siga as instruções. *Follow the instructions.*

Seguirei os meus instintos. *I will follow my instincts.*

Muitas pessoas **seguem** o Dali Lama. *Many people follow the Dalai Lama.*

O funcionário **seguiu** trabalhando. *The employee continued working.*

*NOTE: Only the radical-changing verb forms with *open* stressed vowels appear in italic type. For further explanation see Foreword.

to seat; (**-se**) to sit (down)

Personal Infinitive
sentar sentarmos
sentares sentardes
sentar sentarem

Present Indicative
sento sentamos
sentas sentais
senta sentam

Imperfect Indicative
sentava sentávamos
sentavas sentáveis
sentava sentavam

Preterit Indicative
sentei sentámos
sentaste sentastes
sentou sentaram

Simple Pluperfect Indicative
sentara sentáramos
sentaras sentáreis
sentara sentaram

Future Indicative
sentarei sentaremos
sentarás sentareis
sentará sentarão

Present Perfect Indicative
tenho sentado temos sentado
tens sentado tendes sentado
tem sentado têm sentado

Past Perfect or Pluperfect Indicative
tinha sentado tínhamos sentado
tinhas sentado tínheis sentado
tinha sentado tinham sentado

Future Perfect Indicative
terei sentado teremos sentado
terás sentado tereis sentado
terá sentado terão sentado

Present Subjunctive
sente sentemos
sentes senteis
sente sentem

Imperfect Subjunctive
sentasse sentássemos
sentasses sentásseis
sentasse sentassem

Future Subjunctive
sentar sentarmos
sentares sentardes
sentar sentarem

Present Perfect Subjunctive
tenha sentado tenhamos sentado
tenhas sentado tenhais sentado
tenha sentado tenham sentado

Past Perfect or Pluperfect Subjunctive
tivesse sentado tivéssemos sentado
tivesses sentado tivésseis sentado
tivesse sentado tivessem sentado

Future Perfect Subjunctive
tiver sentado tivermos sentado
tiveres sentado tiverdes sentado
tiver sentado tiverem sentado

Conditional
sentaria sentaríamos
sentarias sentaríeis
sentaria sentariam

Conditional Perfect
teria sentado teríamos sentado
terias sentado teríeis sentado
teria sentado teriam sentado

Imperative
senta–sentai

Samples of verb usage.

Sente-se aqui por favor. *Please sit here.*

Ele sempre **sentava-se** na mesma cadeira. *He always sat in the same chair.*

Ele os viu **sentarem-se.** *He saw them sit down.*

Eu já estava **sentado** quando o professor chegou. *I was already seated when the professor arrived.*

to feel; to be sorry; (**sentir saudades** or **a falta de**) to miss

Personal Infinitive

sentir	sentirmos
sentires	sentirdes
sentir	sentirem

Present Indicative

sinto	sentimos
sentes	sentis
sente	sentem

Imperfect Indicative

sentia	sentíamos
sentias	sentíeis
sentia	sentiam

Preterit Indicative

senti	sentimos
sentiste	sentistes
sentiu	sentiram

Simple Pluperfect Indicative

sentira	sentíramos
sentiras	sentíreis
sentira	sentiram

Future Indicative

sentirei	sentiremos
sentirás	sentireis
sentirá	sentirão

Present Perfect Indicative

tenho sentido	temos sentido
tens sentido	tendes sentido
tem sentido	têm sentido

Past Perfect or Pluperfect Indicative

tinha sentido	tínhamos sentido
tinhas sentido	tínheis sentido
tinha sentido	tinham sentido

Future Perfect Indicative

terei sentido	teremos sentido
terás sentido	tereis sentido
terá sentido	terão sentido

Present Subjunctive

sinta	sintamos
sintas	sintais
sinta	sintam

Imperfect Subjunctive

sentisse	sentíssemos
sentisses	sentísseis
sentisse	sentissem

Future Subjunctive

sentir	sentirmos
sentires	sentirdes
sentir	sentirem

Present Perfect Subjunctive

tenha sentido	tenhamos sentido
tenhas sentido	tenhais sentido
tenha sentido	tenham sentido

Past Perfect or Pluperfect Subjunctive

tivesse sentido	tivéssemos sentido
tivesses sentido	tivésseis sentido
tivesse sentido	tivessem sentido

Future Perfect Subjunctive

tiver sentido	tivermos sentido
tiveres sentido	tiverdes sentido
tiver sentido	tiverem sentido

Conditional

sentiria	sentiríamos
sentirias	sentiríeis
sentiria	sentiriam

Conditional Perfect

teria sentido	teríamos sentido
terias sentido	teríeis sentido
teria sentido	teriam sentido

Imperative

sente–senti

Samples of verb usage.

Eles **sentiram** a noite esfriar. *They felt the night grow colder.*

Não **me sinto** muito bem. *I don't feel very good.*

Senti muito pela sua perda. *I was very sorry over her loss.*

Sempre **sentiremos** a falta do nosso gato perdido. *We will always miss our lost cat.*

to be

Personal Infinitive
ser sermos
seres serdes
ser serem

Present Indicative
sou somos
és sois
é são

Imperfect Indicative
era éramos
eras éreis
era eram

Preterit Indicative
fui fomos
foste fostes
foi foram

Simple Pluperfect Indicative
fora fôramos
foras fôreis
fora foram

Future Indicative
serei seremos
serás sereis
será serão

Present Perfect Indicative
tenho sido temos sido
tens sido tendes sido
tem sido têm sido

Past Perfect or Pluperfect Indicative
tinha sido tínhamos sido
tinhas sido tínheis sido
tinha sido tinham sido

Future Perfect Indicative
terei sido teremos sido
terás sido tereis sido
terá sido terão sido

Present Subjunctive
seja sejamos
sejas sejais
seja sejam

Imperfect Subjunctive
fosse fôssemos
fosses fôsseis
fosse fossem

Future Subjunctive
for formos
fores fordes
for forem

Present Perfect Subjunctive
tenha sido tenhamos sido
tenhas sido tenhais sido
tenha sido tenham sido

Past Perfect or Pluperfect Subjunctive
tivesse sido tivéssemos sido
tivesses sido tivésseis sido
tivesse sido tivessem sido

Future Perfect Subjunctive
tiver sido tivermos sido
tiveres sido tiverdes sido
tiver sido tiverem sido

Conditional
seria seríamos
serias seríeis
seria seriam

Conditional Perfect
teria sido teríamos sido
terias sido teríeis sido
teria sido teriam sido

Imperative
sê–sede

Samples of verb usage.

(Nós) **somos** estudantes nesta escola. Quem **é** você? *We're students in this school. Who are you?*

Seja o que **for**, sempre **serei** teu amigo. *Be that as it may, I will always be your friend.*

Elas nunca podiam **ter sido** amigas. *They (female) could never have been friends.*

Já **é** tarde demais. *It's too late.*

to serve; to be of use, be good

Personal Infinitive		***Present Subjunctive***	
servir	servirmos	sirva	sirvamos
servires	servirdes	sirvas	sirvais
servir	servirem	sirva	sirvam
Present Indicative		***Imperfect Subjunctive***	
sirvo	servimos	servisse	servíssemos
serves	servis	servisses	servísseis
serve	*servem**	servisse	servissem
Imperfect Indicative		***Future Subjunctive***	
servia	servíamos	servir	servirmos
servias	servíeis	servires	servirdes
servia	serviam	servir	servirem
Preterit Indicative		***Present Perfect Subjunctive***	
servi	servimos	tenha servido	tenhamos servido
serviste	servistes	tenhas servido	tenhais servido
serviu	serviram	tenha servido	tenham servido
Simple Pluperfect Indicative		***Past Perfect or Pluperfect Subjunctive***	
servira	servíramos	tivesse servido	tivéssemos servido
serviras	servíreis	tivesses servido	tivésseis servido
servira	serviram	tivesse servido	tivessem servido
Future Indicative		***Future Perfect Subjunctive***	
servirei	serviremos	tiver servido	tivermos servido
servirás	servireis	tiveres servido	tiverdes servido
servirá	servirão	tiver servido	tiverem servido
Present Perfect Indicative		***Conditional***	
tenho servido	temos servido	serviria	serviríamos
tens servido	tendes servido	servirias	serviríeis
tem servido	têm servido	serviria	serviriam
Past Perfect or Pluperfect Indicative		***Conditional Perfect***	
tinha servido	tínhamos servido	teria servido	teríamos servido
tinhas servido	tínheis servido	terias servido	teríeis servido
tinha servido	tinham servido	teria servido	teriam servido
Future Perfect Indicative		***Imperative***	
terei servido	teremos servido	*serve**– servi	
terás servido	tereis servido		
terá servido	terão servido		

Samples of verb usage.

Eles **serviram-se** durante o jantar. *They served themselves during dinner.*

Quero **servir** à minha pátria. *I want to serve my country.*

Se eu fosse garçom (empregado de restaurante *in Portugal*), **serviria** a todos muito bem.
If I were a waiter, I would serve everyone very well.

A sua ideia (idéia *in Brazil*) **serve** para resolver o nosso problema.
Your idea is of use in solving our problem.

*NOTE: Only the radical-changing verb forms with *open* stressed vowels appear in italic type. For further explanation see Foreword.

to sound; to ring, strike (as a bell)

Personal Infinitive

soar	soarmos
soares	soardes
soar	soarem

Present Indicative

soo	soamos
soas	soais
soa	soam

Imperfect Indicative

soava	soávamos
soavas	soáveis
soava	soavam

Preterit Indicative

soei	soámos
soaste	soastes
soou	soaram

Simple Pluperfect Indicative

soara	soáramos
soaras	soáreis
soara	soaram

Future Indicative

soarei	soaremos
soarás	soareis
soará	soarão

Present Perfect Indicative

tenho soado	temos soado
tens soado	tendes soado
tem soado	têm soado

Past Perfect or Pluperfect Indicative

tinha soado	tínhamos soado
tinhas soado	tínheis soado
tinha soado	tinham soado

Future Perfect Indicative

terei soado	teremos soado
terás soado	tereis soado
terá soado	terão soado

Present Subjunctive

soe	soemos
soes	soeis
soe	soem

Imperfect Subjunctive

soasse	soássemos
soasses	soásseis
soasse	soassem

Future Subjunctive

soar	soarmos
soares	soardes
soar	soarem

Present Perfect Subjunctive

tenha soado	tenhamos soado
tenhas soado	tenhais soado
tenha soado	tenham soado

Past Perfect or Pluperfect Subjunctive

tivesse soado	tivéssemos soado
tivesses soado	tivésseis soado
tivesse soado	tivessem soado

Future Perfect Subjunctive

tiver soado	tivermos soado
tiveres soado	tiverdes soado
tiver soado	tiverem soado

Conditional

soaria	soaríamos
soarias	soaríeis
soaria	soariam

Conditional Perfect

teria soado	teríamos soado
terias soado	teríeis soado
teria soado	teriam soado

Imperative

soa–soai

Samples of verb usage.

O sino da igreja está a **soar** (**soando**). *The church bell is ringing.*

Soou o relógio. Era meia-noite. *The clock struck midnight.*

O despertador sempre **soava** à mesma hora. *The alarm clock always rang at the same hour.*

O sino **soava** às oito e meia e a aula acabava. *The bell would ring at eight thirty and class would end.*

to be left over; to be in excess

Personal Infinitive		***Present Subjunctive***	
sobrar	sobrarmos	*sobre*	sobremos
sobrares	sobrardes	*sobres*	sobreis
sobrar	sobrarem	*sobre*	*sobrem**
Present Indicative		***Imperfect Subjunctive***	
sobro	sobramos	sobrasse	sobrássemos
sobras	sobrais	sobrasses	sobrásseis
sobra	*sobram**	sobrasse	sobrassem
Imperfect Indicative		***Future Subjunctive***	
sobrava	sobrávamos	sobrar	sobrarmos
sobravas	sobráveis	sobrares	sobrardes
sobrava	sobravam	sobrar	sobrarem
Preterit Indicative		***Present Perfect Subjunctive***	
sobrei	sobrámos	tenha sobrado	tenhamos sobrado
sobraste	sobrastes	tenhas sobrado	tenhais sobrado
sobrou	sobraram	tenha sobrado	tenham sobrado
Simple Pluperfect Indicative		***Past Perfect or Pluperfect Subjunctive***	
sobrara	sobráramos	tivesse sobrado	tivéssemos sobrado
sobraras	sobráreis	tivesses sobrado	tivésseis sobrado
sobrara	sobraram	tivesse sobrado	tivessem sobrado
Future Indicative		***Future Perfect Subjunctive***	
sobrarei	sobraremos	tiver sobrado	tivermos sobrado
sobrarás	sobrareis	tiveres sobrado	tiverdes sobrado
sobrará	sobrarão	tiver sobrado	tiverem sobrado
Present Perfect Indicative		***Conditional***	
tenho sobrado	temos sobrado	sobraria	sobraríamos
tens sobrado	tendes sobrado	sobrarias	sobraríeis
tem sobrado	têm sobrado	sobraria	sobrariam
Past Perfect or Pluperfect Indicative		***Conditional Perfect***	
tinha sobrado	tínhamos sobrado	teria sobrado	teríamos sobrado
tinhas sobrado	tínheis sobrado	terias sobrado	teríeis sobrado
tinha sobrado	tinham sobrado	teria sobrado	teriam sobrado
Future Perfect Indicative		***Imperative***	
terei sobrado	teremos sobrado	*sobra**–sobrai	
terás sobrado	tereis sobrado		
terá sobrado	terão sobrado		

Samples of verb usage.

Deram aos pobres da vila a comida que **sobrou** do jantar de ontem.
They gave the poor people of the village the food that was left over from the dinner yesterday.

Ela foi a uma cidade onde **sobrava** mulheres. *She went to a city where there was an excess of women.*

O dinheiro que tenho dá e **sobra**. *The money I have will be enough and there will still be some left over.*

Depois de comprar os bilhetes, **sobraram**-me apenas uns trocados.
After buying the tickets all I had left was a little change.

*NOTE: Only the radical-changing verb forms with *open* stressed vowels appear in italic type. For further explanation see Foreword.

to suffer

Personal Infinitive		***Present Subjunctive***	
sofrer	sofrermos	sofra	soframos
sofreres	sofrerdes	sofras	sofrais
sofrer	sofrerem	sofra	sofram
Present Indicative		***Imperfect Subjunctive***	
sofro	sofremos	sofresse	sofrêssemos
sofres	sofreis	sofresses	sofrêsseis
sofre	*sofrem**	sofresse	sofressem
Imperfect Indicative		***Future Subjunctive***	
sofria	sofríamos	sofrer	sofrermos
sofrias	sofríeis	sofreres	sofrerdes
sofria	sofriam	sofrer	sofrerem
Preterit Indicative		***Present Perfect Subjunctive***	
sofri	sofremos	tenha sofrido	tenhamos sofrido
sofreste	sofrestes	tenhas sofrido	tenhais sofrido
sofreu	sofreram	tenha sofrido	tenham sofrido
Simple Pluperfect Indicative		***Past Perfect or Pluperfect Subjunctive***	
sofrera	sofrêramos	tivesse sofrido	tivéssemos sofrido
sofreras	sofrêreis	tivesses sofrido	tivésseis sofrido
sofrera	sofreram	tivesse sofrido	tivessem sofrido
Future Indicative		***Future Perfect Subjunctive***	
sofrerei	sofreremos	tiver sofrido	tivermos sofrido
sofrerás	sofrereis	tiveres sofrido	tiverdes sofrido
sofrerá	sofrerão	tiver sofrido	tiverem sofrido
Present Perfect Indicative		***Conditional***	
tenho sofrido	temos sofrido	sofreria	sofreríamos
tens sofrido	tendes sofrido	sofrerias	sofreríeis
tem sofrido	têm sofrido	sofreria	sofreriam
Past Perfect or Pluperfect Indicative		***Conditional Perfect***	
tinha sofrido	tínhamos sofrido	teria sofrido	teríamos sofrido
tinhas sofrido	tínheis sofrido	terias sofrido	teríeis sofrido
tinha sofrido	tinham sofrido	teria sofrido	teriam sofrido
Future Perfect Indicative		***Imperative***	
terei sofrido	teremos sofrido	*sofre**–sofrei	
terás sofrido	tereis sofrido		
terá sofrido	terão sofrido		

Samples of verb usage.

Ela **tem sofrido** muito com aquele marido que tem.
She has been suffering a lot with that husband she has.

Aquele garoto está **sofrendo** as consequências de ter comido demais.
That kid is suffering the consequences of having eaten too much.

Os alunos **sofrerão** muito para aprender o português.
The students will suffer a lot in order to learn Portuguese.

A minha irmã **sofreu** um acidente de carro. *My sister had (suffered) a car accident.*

*NOTE: Only the radical-changing verb forms with *open* stressed vowels appear in italic type. For further explanation see Foreword.

to let go *or* loose, release, set free

Personal Infinitive		***Present Subjunctive***	
soltar	soltarmos	*solte*	soltemos
soltares	soltardes	*soltes*	solteis
soltar	soltarem	*solte*	*soltem**
Present Indicative		***Imperfect Subjunctive***	
solto	soltamos	soltasse	soltássemos
soltas	soltais	soltasses	soltásseis
solta	*soltam**	soltasse	soltassem
Imperfect Indicative		***Future Subjunctive***	
soltava	soltávamos	soltar	soltarmos
soltavas	soltáveis	soltares	soltardes
soltava	soltavam	soltar	soltarem
Preterit Indicative		***Present Perfect Subjunctive***	
soltei	soltámos	tenha soltado	tenhamos soltado
soltaste	soltastes	tenhas soltado	tenhais soltado
soltou	soltaram	tenha soltado	tenham soltado
Simple Pluperfect Indicative		***Past Perfect or Pluperfect Subjunctive***	
soltara	soltáramos	tivesse soltado	tivéssemos soltado
soltaras	soltáreis	tivesses soltado	tivésseis soltado
soltara	soltaram	tivesse soltado	tivessem soltado
Future Indicative		***Future Perfect Subjunctive***	
soltarei	soltaremos	tiver soltado	tivermos soltado
soltarás	soltareis	tiveres soltado	tiverdes soltado
soltará	soltarão	tiver soltado	tiverem soltado
Present Perfect Indicative		***Conditional***	
tenho soltado	temos soltado	soltaria	soltaríamos
tens soltado	tendes soltado	soltarias	soltaríeis
tem soltado	têm soltado	soltaria	soltariam
Past Perfect or Pluperfect Indicative		***Conditional Perfect***	
tinha soltado	tínhamos soltado	teria soltado	teríamos soltado
tinhas soltado	tínheis soltado	terias soltado	teríeis soltado
tinha soltado	tinham soltado	teria soltado	teriam soltado
Future Perfect Indicative		***Imperative***	
terei soltado	teremos soltado	*solta**–soltai	
terás soltado	tereis soltado		
terá soltado	terão soltado		

Samples of verb usage.

Solta-me! *Let go of me!*

Se eles tivessem pedido, ela os **teria soltado.** *If they had asked, she would have let them go.*

Ela **soltaria** o pássaro depois que este sarasse. *She would set the bird free after it healed.*

A polícia **soltou** o rapaz depois de duas horas. *The police released the boy after two hours.*

*NOTE: Only the radical-changing verb forms with *open* stressed vowels appear in italic type. For further explanation see Foreword.

to add (up)

Personal Infinitive

somar	somarmos
somares	somardes
somar	somarem

Present Indicative

somo	somamos
somas	somais
soma	*somam**

Imperfect Indicative

somava	somávamos
somavas	somáveis
somava	somavam

Preterit Indicative

somei	somámos
somaste	somastes
somou	somaram

Simple Pluperfect Indicative

somara	somáramos
somaras	somáreis
somara	somaram

Future Indicative

somarei	somaremos
somarás	somareis
somará	somarão

Present Perfect Indicative

tenho somado	temos somado
tens somado	tendes somado
tem somado	têm somado

Past Perfect or Pluperfect Indicative

tinha somado	tínhamos somado
tinhas somado	tínheis somado
tinha somado	tinham somado

Future Perfect Indicative

terei somado	teremos somado
terás somado	tereis somado
terá somado	terão somado

Present Subjunctive

some	somemos
somes	someis
some	*somem**

Imperfect Subjunctive

somasse	somássemos
somasses	somásseis
somasse	somassem

Future Subjunctive

somar	somarmos
somares	somardes
somar	somarem

Present Perfect Subjunctive

tenha somado	tenhamos somado
tenhas somado	tenhais somado
tenha somado	tenham somado

Past Perfect or Pluperfect Subjunctive

tivesse somado	tivéssemos somado
tivesses somado	tivésseis somado
tivesse somado	tivessem somado

Future Perfect Subjunctive

tiver somado	tivermos somado
tiveres somado	tiverdes somado
tiver somado	tiverem somado

Conditional

somaria	somaríamos
somarias	somaríeis
somaria	somariam

Conditional Perfect

teria somado	teríamos somado
terias somado	teríeis somado
teria somado	teriam somado

Imperative

*soma**–somai

Samples of verb usage.

Um matemático deve saber **somar** muito bem. *A mathematician should know how to add very well.*

Eu **tenho somado** todas as despesas desde o primeiro dia.
I have added up all of the expenses since the first day.

Somando cinco e cinco dá dez. *Adding five and five makes ten.*

Eu não sou capaz de **somar** tantos números. *I'm not capable of adding up so many numbers.*

*NOTE: Although this verb is radical-changing in Portugal, most Brazilian speakers do not open the stressed vowels of the italized forms.

to dream

Personal Infinitive	
sonhar	sonharmos
sonhares	sonhardes
sonhar	sonharem
Present Indicative	
sonho	sonhamos
sonhas	sonhais
sonha	sonham
Imperfect Indicative	
sonhava	sonhávamos
sonhavas	sonháveis
sonhava	sonhavam
Preterit Indicative	
sonhei	sonhámos
sonhaste	sonhastes
sonhou	sonharam
Simple Pluperfect Indicative	
sonhara	sonháramos
sonharas	sonháreis
sonhara	sonharam
Future Indicative	
sonharei	sonharemos
sonharás	sonhareis
sonhará	sonharão
Present Perfect Indicative	
tenho sonhado	temos sonhado
tens sonhado	tendes sonhado
tem sonhado	têm sonhado
Past Perfect or Pluperfect Indicative	
tinha sonhado	tínhamos sonhado
tinhas sonhado	tínheis sonhado
tinha sonhado	tinham sonhado
Future Perfect Indicative	
terei sonhado	teremos sonhado
terás sonhado	tereis sonhado
terá sonhado	terão sonhado

Present Subjunctive	
sonhe	sonhemos
sonhes	sonheis
sonhe	sonhem
Imperfect Subjunctive	
sonhasse	sonhássemos
sonhasses	sonhásseis
sonhasse	sonhassem
Future Subjunctive	
sonhar	sonharmos
sonhares	sonhardes
sonhar	sonharem
Present Perfect Subjunctive	
tenha sonhado	tenhamos sonhado
tenhas sonhado	tenhais sonhado
tenha sonhado	tenham sonhado
Past Perfect or Pluperfect Subjunctive	
tivesse sonhado	tivéssemos sonhado
tivesses sonhado	tivésseis sonhado
tivesse sonhado	tivessem sonhado
Future Perfect Subjunctive	
tiver sonhado	tivermos sonhado
tiveres sonhado	tiverdes sonhado
tiver sonhado	tiverem sonhado
Conditional	
sonharia	sonharíamos
sonharias	sonharíeis
sonharia	sonhariam
Conditional Perfect	
teria sonhado	teríamos sonhado
terias sonhado	teríeis sonhado
teria sonhado	teriam sonhado
Imperative	
sonha–sonhai	

Samples of verb usage.

Ele **sonhava** muito quando era criança. *He dreamed a lot when he was a kid.*

Os brasileiros **sonham** com a copa do mundo. *The Brazilians dream about the World Cup.*

Hoje à noite **sonharei** com um gelado (sorvete). *Tonight I will dream about ice cream.*

Ela **teria sonhado** com outras coisas, mas acordou.
She would have dreamt about other things, but she woke up.

to blow (out)

Personal Infinitive		***Present Subjunctive***	
soprar	soprarmos	*sopre*	sopremos
soprares	soprardes	*sopres*	sopreis
soprar	soprarem	*sopre*	*soprem**
Present Indicative		***Imperfect Subjunctive***	
sopro	sopramos	soprasse	soprássemos
sopras	soprais	soprasses	soprásseis
sopra	*sopram**	soprasse	soprassem
Imperfect Indicative		***Future Subjunctive***	
soprava	soprávamos	soprar	soprarmos
sopravas	sopráveis	soprares	soprardes
soprava	sopravam	soprar	soprarem
Preterit Indicative		***Present Perfect Subjunctive***	
soprei	soprámos	tenha soprado	tenhamos soprado
sopraste	soprastes	tenhas soprado	tenhais soprado
soprou	sopraram	tenha soprado	tenham soprado
Simple Pluperfect Indicative		***Past Perfect or Pluperfect Subjunctive***	
soprara	sopráramos	tivesse soprado	tivéssemos soprado
sopraras	sopráreis	tivesses soprado	tivésseis soprado
soprara	sopraram	tivesse soprado	tivessem soprado
Future Indicative		***Future Perfect Subjunctive***	
soprarei	sopraremos	tiver soprado	tivermos soprado
soprarás	soprareis	tiveres soprado	tiverdes soprado
soprará	soprarão	tiver soprado	tiverem soprado
Present Perfect Indicative		***Conditional***	
tenho soprado	temos soprado	sopraria	sopraríamos
tens soprado	tendes soprado	soprarias	sopraríeis
tem soprado	têm soprado	sopraria	soprariam
Past Perfect or Pluperfect Indicative		***Conditional Perfect***	
tinha soprado	tínhamos soprado	teria soprado	teríamos soprado
tinhas soprado	tínheis soprado	terias soprado	teríeis soprado
tinha soprado	tinham soprado	teria soprado	teriam soprado
Future Perfect Indicative		***Imperative***	
terei soprado	teremos soprado	*sopra**–soprai	
terás soprado	tereis soprado		
terá soprado	terão soprado		

Samples of verb usage.

A menina **soprará** as velas do seu bolo. *The girl will blow out the candles on her cake.*

O vento **soprava** pelas árvores. *The wind blew through the trees.*

Eu **soprei** o pó dos livros antigos. *I blew the dust off the old books.*

A mãe **soprou** a ferida no joelho do filho. *The mother blew on her son's scraped knee.*

*NOTE: Only the radical-changing verb forms with *open* stressed vowels appear in italic type. For further explanation see Foreword.

to sweat

Personal Infinitive		*Present Subjunctive*	
suar	suarmos	sue	suemos
suares	suardes	sues	sueis
suar	suarem	sue	suem
Present Indicative		*Imperfect Subjunctive*	
suo	suamos	suasse	suássemos
suas	suais	suasses	suásseis
sua	suam	suasse	suassem
Imperfect Indicative		*Future Subjunctive*	
suava	suávamos	suar	suarmos
suavas	suáveis	suares	suardes
suava	suavam	suar	suarem
Preterit Indicative		*Present Perfect Subjunctive*	
suei	suámos	tenha suado	tenhamos suado
suaste	suastes	tenhas suado	tenhais suado
suou	suaram	tenha suado	tenham suado
Simple Pluperfect Indicative		*Past Perfect or Pluperfect Subjunctive*	
suara	suáramos	tivesse suado	tivéssemos suado
suaras	suáreis	tivesses suado	tivésseis suado
suara	suaram	tivesse suado	tivessem suado
Future Indicative		*Future Perfect Subjunctive*	
suarei	suaremos	tiver suado	tivermos suado
suarás	suareis	tiveres suado	tiverdes suado
suará	suarão	tiver suado	tiverem suado
Present Perfect Indicative		*Conditional*	
tenho suado	temos suado	suaria	suaríamos
tens suado	tendes suado	suarias	suaríeis
tem suado	têm suado	suaria	suariam
Past Perfect or Pluperfect Indicative		*Conditional Perfect*	
tinha suado	tínhamos suado	teria suado	teríamos suado
tinhas suado	tínheis suado	terias suado	teríeis suado
tinha suado	tinham suado	teria suado	teriam suado
Future Perfect Indicative		*Imperative*	
terei suado	teremos suado	sua–suai	
terás suado	tereis suado		
terá suado	terão suado		

Samples of verb usage.

O operário **sua** pelo pão. *The laborer sweats to earn his bread.*

Quando bebo cerveja no verão, **suo** muito. *When I drink beer in the summer I sweat a lot.*

Os jogadores **suaram** para fazer aquele gol (golo *in Portugal*). *The players sweated to make that goal.*

A sua camisa está toda **suada**. *Your shirt is all sweaty.*

to soften; to soothe

Personal Infinitive
suavizar suavizarmos
suavizares suavizardes
suavizar suavizarem

Present Indicative
suavizo suavizamos
suavizas suavizais
suaviza suavizam

Imperfect Indicative
suavizava suavizávamos
suavizavas suavizáveis
suavizava suavizavam

Preterit Indicative
suavizei suavizámos
suavizaste suavizastes
suavizou suavizaram

Simple Pluperfect Indicative
suavizara suavizáramos
suavizaras suavizáreis
suavizara suavizaram

Future Indicative
suavizarei suavizaremos
suavizarás suavizareis
suavizará suavizarão

Present Perfect Indicative
tenho suavizado temos suavizado
tens suavizado tendes suavizado
tem suavizado têm suavizado

Past Perfect or Pluperfect Indicative
tinha suavizado tínhamos suavizado
tinhas suavizado tínheis suavizado
tinha suavizado tinham suavizado

Future Perfect Indicative
terei suavizado teremos suavizado
terás suavizado tereis suavizado
terá suavizado terão suavizado

Present Subjunctive
suavize suavizemos
suavizes suavizeis
suavize suavizem

Imperfect Subjunctive
suavizasse suavizássemos
suavizasses suavizásseis
suavizasse suavizassem

Future Subjunctive
suavizar suavizarmos
suavizares suavizardes
suavizar suavizarem

Present Perfect Subjunctive
tenha suavizado tenhamos suavizado
tenhas suavizado tenhais suavizado
tenha suavizado tenham suavizado

Past Perfect or Pluperfect Subjunctive
tivesse suavizado tivéssemos suavizado
tivesses suavizado tivésseis suavizado
tivesse suavizado tivessem suavizado

Future Perfect Subjunctive
tiver suavizado tivermos suavizado
tiveres suavizado tiverdes suavizado
tiver suavizado tiverem suavizado

Conditional
suavizaria suavizaríamos
suavizarias suavizaríeis
suavizaria suavizariam

Conditional Perfect
teria suavizado teríamos suavizado
terias suavizado teríeis suavizado
teria suavizado teriam suavizado

Imperative
suaviza–suavizai

Samples of verb usage.

Esta pomada **suavizará** a dor. *This ointment will soothe the pain.*

A luz das velas **suavizava** o ambiente. *The candlelight softened the atmosphere.*

Esse cantor sabe **suavizar** o tom da sua voz. *That singer knows how to soften the tone of his voice.*

Suavize a sua fala e ganhará respeito. *Soften your speech and you'll earn respect.*

to go up, climb up

Personal Infinitive		***Present Subjunctive***	
subir	subirmos	suba	subamos
subires	subirdes	subas	subais
subir	subirem	suba	subam
Present Indicative		***Imperfect Subjunctive***	
subo	subimos	subisse	subíssemos
sobes	subis	subisses	subísseis
sobe	*sobem**	subisse	subissem
Imperfect Indicative		***Future Subjunctive***	
subia	subíamos	subir	subirmos
subias	subíeis	subires	subirdes
subia	subiam	subir	subirem
Preterit Indicative		***Present Perfect Subjunctive***	
subi	subimos	tenha subido	tenhamos subido
subiste	subistes	tenhas subido	tenhais subido
subiu	subiram	tenha subido	tenham subido
Simple Pluperfect Indicative		***Past Perfect or Pluperfect Subjunctive***	
subira	subíramos	tivesse subido	tivéssemos subido
subiras	subíreis	tivesses subido	tivésseis subido
subira	subiram	tivesse subido	tivessem subido
Future Indicative		***Future Perfect Subjunctive***	
subirei	subiremos	tiver subido	tivermos subido
subirás	subireis	tiveres subido	tiverdes subido
subirá	subirão	tiver subido	tiverem subido
Present Perfect Indicative		***Conditional***	
tenho subido	temos subido	subiria	subiríamos
tens subido	tendes subido	subirias	subiríeis
tem subido	têm subido	subiria	subiriam
Past Perfect or Pluperfect Indicative		***Conditional Perfect***	
tinha subido	tínhamos subido	teria subido	teríamos subido
tinhas subido	tínheis subido	terias subido	teríeis subido
tinha subido	tinham subido	teria subido	teriam subido
Future Perfect Indicative		***Imperative***	
terei subido	teremos subido	*sobe**– subi	
terás subido	tereis subido		
terá subido	terão subido		

Samples of verb usage.

Eu prefiro **subir** as escadas. *I prefer to take the stairs.*

O avião **subirá** acima das nuvens. *The airplane will climb above the clouds.*

O meu amigo **sobe** árvores facilmente. *My friend climbs trees easily.*

O mensageiro já **tinha subido** no elevador. *The messenger had already gone up in the elevator.*

*NOTE: Only the radical-changing verb forms with *open* stressed vowels appear in italic type. For further explanation see Foreword.

to substitute, exchange, replace

Personal Infinitive
substituir substituirmos
substituíres substituirdes
substituir substituírem

Present Indicative
substituo substituímos
substituis substituís
substitui substituem

Imperfect Indicative
substituía substituíamos
substituías substituíeis
substituía substituíam

Preterit Indicative
substituí substituímos
substituíste substituístes
substituiu substituíram

Simple Pluperfect Indicative
substituíra substituíramos
substituíras substituíreis
substituíra substituíram

Future Indicative
substituirei substituiremos
substituirás substituireis
substituirá substituirão

Present Perfect Indicative
tenho substituído temos substituído
tens substituído tendes substituído
tem substituído têm substituído

Past Perfect or Pluperfect Indicative
tinha substituído tínhamos substituído
tinhas substituído tínheis substituído
tinha substituído tinham substituído

Future Perfect Indicative
terei substituído teremos substituído
terás substituído tereis substituído
terá substituído terão substituído

Present Subjunctive
substitua substituamos
substituas substituais
substitua substituam

Imperfect Subjunctive
substituísse substituíssemos
substituísses substituísseis
substituísse substituíssem

Future Subjunctive
substituir substituirmos
substituíres substituirdes
substituir substituírem

Present Perfect Subjunctive
tenha substituído tenhamos substituído
tenhas substituído tenhais substituído
tenha substituído tenham substituído

Past Perfect or Pluperfect Subjunctive
tivesse substituído tivéssemos substituído
tivesses substituído tivésseis substituído
tivesse substituído tivessem substituído

Future Perfect Subjunctive
tiver substituído tivermos substituído
tiveres substituído tiverdes substituído
tiver substituído tiverem substituído

Conditional
substituiria substituiríamos
substituirias substituiríeis
substituiria substituiriam

Conditional Perfect
teria substituído teríamos substituído
terias substituído teríeis substituído
teria substituído teriam substituído

Imperative
substitui–substituí

Samples of verb usage.

Você pode-me **substituir** no trabalho enquanto vou ao médico?
Can you replace me (take my place) at work while I go to the doctor?

Um dia será possível **substituir** inteiramente o sangue humano por sangue artificial.
One day it will be possible to replace human blood completely with artificial blood (to substitute artificial blood completely for human blood).

Eu **substituí** café por chá na minha dieta. *I substituted tea for coffee in my diet.*

Este editor de textos também oferece a função de localizar e **substituir.**
This text editor also offers a search-and-replace function.

to suffocate; to smother; to choke

Personal Infinitive

sufocar	sufocarmos
sufocares	sufocardes
sufocar	sufocarem

Present Indicative

sufoco	sufocamos
sufocas	sufocais
sufoca	*sufocam**

Imperfect Indicative

sufocava	sufocávamos
sufocavas	sufocáveis
sufocava	sufocavam

Preterit Indicative

sufoquei	sufocámos
sufocaste	sufocastes
sufocou	sufocaram

Simple Pluperfect Indicative

sufocara	sufocáramos
sufocaras	sufocáreis
sufocara	sufocaram

Future Indicative

sufocarei	sufocaremos
sufocarás	sufocareis
sufocará	sufocarão

Present Perfect Indicative

tenho sufocado	temos sufocado
tens sufocado	tendes sufocado
tem sufocado	têm sufocado

Past Perfect or Pluperfect Indicative

tinha sufocado	tínhamos sufocado
tinhas sufocado	tínheis sufocado
tinha sufocado	tinham sufocado

Future Perfect Indicative

terei sufocado	teremos sufocado
terás sufocado	tereis sufocado
terá sufocado	terão sufocado

Present Subjunctive

sufoque	sufoquemos
sufoques	sufoqueis
sufoque	*sufoquem**

Imperfect Subjunctive

sufocasse	sufocássemos
sufocasses	sufocásseis
sufocasse	sufocassem

Future Subjunctive

sufocar	sufocarmos
sufocares	sufocardes
sufocar	sufocarem

Present Perfect Subjunctive

tenha sufocado	tenhamos sufocado
tenhas sufocado	tenhais sufocado
tenha sufocado	tenham sufocado

Past Perfect or Pluperfect Subjunctive

tivesse sufocado	tivéssemos sufocado
tivesses sufocado	tivésseis sufocado
tivesse sufocado	tivessem sufocado

Future Perfect Subjunctive

tiver sufocado	tivermos sufocado
tiveres sufocado	tiverdes sufocado
tiver sufocado	tiverem sufocado

Conditional

sufocaria	sufocaríamos
sufocarias	sufocaríeis
sufocaria	sufocariam

Conditional Perfect

teria sufocado	teríamos sufocado
terias sufocado	teríeis sufocado
teria sufocado	teriam sufocado

Imperative

*sufoca**–sufocai

Samples of verb usage.

O calor **sufocava** os trabalhadores. *The heat was suffocating the workers.*

As autoridades garantem que **sufocarão** a revolta.
The authorities guarantee that they will smother the rebellion.

Aquele cobertor **sufocava** o bebé (bebê *in Brazil*). *That blanket was suffocating the baby.*

A asma faz-me **sufocar.** *Asthma makes me choke.*

*NOTE: Only the radical-changing verb forms with *open* stressed vowels appear in italic type. For further explanation see Foreword.

to suggest

Personal Infinitive		***Present Subjunctive***	
sugerir	sugerirmos	sugira	sugiramos
sugerires	sugerirdes	sugiras	sugirais
sugerir	sugerirem	sugira	sugiram
Present Indicative		***Imperfect Subjunctive***	
sugiro	sugerimos	sugerisse	sugeríssemos
sugeres	sugeris	sugerisses	sugerísseis
sugere	*sugerem**	sugerisse	sugerissem
Imperfect Indicative		***Future Subjunctive***	
sugeria	sugeríamos	sugerir	sugerirmos
sugerias	sugeríeis	sugerires	sugerirdes
sugeria	sugeriam	sugerir	sugerirem
Preterit Indicative		***Present Perfect Subjunctive***	
sugeri	sugerimos	tenha sugerido	tenhamos sugerido
sugeriste	sugeristes	tenhas sugerido	tenhais sugerido
sugeriu	sugeriram	tenha sugerido	tenham sugerido
Simple Pluperfect Indicative		***Past Perfect or Pluperfect Subjunctive***	
sugerira	sugeríramos	tivesse sugerido	tivéssemos sugerido
sugeriras	sugeríreis	tivesses sugerido	tivésseis sugerido
sugerira	sugeriram	tivesse sugerido	tivessem sugerido
Future Indicative		***Future Perfect Subjunctive***	
sugerirei	sugeriremos	tiver sugerido	tivermos sugerido
sugerirás	sugerireis	tiveres sugerido	tiverdes sugerido
sugerirá	sugerirão	tiver sugerido	tiverem sugerido
Present Perfect Indicative		***Conditional***	
tenho sugerido	temos sugerido	sugeriria	sugeriríamos
tens sugerido	tendes sugerido	sugeririas	sugeriríeis
tem sugerido	têm sugerido	sugeriria	sugeririam
Past Perfect or Pluperfect Indicative		***Conditional Perfect***	
tinha sugerido	tínhamos sugerido	teria sugerido	teríamos sugerido
tinhas sugerido	tínheis sugerido	terias sugerido	teríeis sugerido
tinha sugerido	tinham sugerido	teria sugerido	teriam sugerido
Future Perfect Indicative		***Imperative***	
terei sugerido	teremos sugerido	*sugere**– sugeri	
terás sugerido	tereis sugerido		
terá sugerido	terão sugerido		

Samples of verb usage.

O senador **sugeriu** uma mudança na lei. *The senator suggested a change in the law.*

As alunas **sugerirão** melhorias no ensino. *The students will suggest improvements in the curriculum.*

Eu **sugiro** que jantemos juntos. *I suggest that we have dinner together.*

Esta música **sugere** a ilusão de paraíso. *This music suggests the illusion of paradise.*

*NOTE: Only the radical-changing verb forms with *open* stressed vowels appear in italic type. For further explanation see Foreword.

to dirty, get dirty, soil

Personal Infinitive

sujar	sujarmos
sujares	sujardes
sujar	sujarem

Present Indicative

sujo	sujamos
sujas	sujais
suja	sujam

Imperfect Indicative

sujava	sujávamos
sujavas	sujáveis
sujava	sujavam

Preterit Indicative

sujei	sujámos
sujaste	sujastes
sujou	sujaram

Simple Pluperfect Indicative

sujara	sujáramos
sujaras	sujáreis
sujara	sujaram

Future Indicative

sujarei	sujaremos
sujarás	sujareis
sujará	sujarão

Present Perfect Indicative

tenho sujado	temos sujado
tens sujado	tendes sujado
tem sujado	têm sujado

Past Perfect or Pluperfect Indicative

tinha sujado	tínhamos sujado
tinhas sujado	tínheis sujado
tinha sujado	tinham sujado

Future Perfect Indicative

terei sujado	teremos sujado
terás sujado	tereis sujado
terá sujado	terão sujado

Present Subjunctive

suje	sujemos
sujes	sujeis
suje	sujem

Imperfect Subjunctive

sujasse	sujássemos
sujasses	sujásseis
sujasse	sujassem

Future Subjunctive

sujar	sujarmos
sujares	sujardes
sujar	sujarem

Present Perfect Subjunctive

tenha sujado	tenhamos sujado
tenhas sujado	tenhais sujado
tenha sujado	tenham sujado

Past Perfect or Pluperfect Subjunctive

tivesse sujado	tivéssemos sujado
tivesses sujado	tivésseis sujado
tivesse sujado	tivessem sujado

Future Perfect Subjunctive

tiver sujado	tivermos sujado
tiveres sujado	tiverdes sujado
tiver sujado	tiverem sujado

Conditional

sujaria	sujaríamos
sujarias	sujaríeis
sujaria	sujariam

Conditional Perfect

teria sujado	teríamos sujado
terias sujado	teríeis sujado
teria sujado	teriam sujado

Imperative

suja–sujai

Samples of verb usage.

Sempre **me sujo** quando como chocolate. *I always get dirty when I eat chocolate.*

Não **suje** a sua camisa nova. *Don't soil your new shirt.*

Se brincar com lama, você **se sujará**. *If you play with mud, you will get dirty.*

As crianças **sujaram-se** chupando chupa-chupas (pirulitos *in Brazil*).
The kids got dirty from sucking on lollipops.

to surprise, take by surprise

Personal Infinitive

surpreender	surpreendermos
surpreenderes	surpreenderdes
surpreender	surpreenderem

Present Indicative

surpreendo	surpreendemos
surpreendes	surpreendeis
surpreende	surpreendem

Imperfect Indicative

surpreendia	surpreendíamos
surpreendias	surpreendíeis
surpreendia	surpreendiam

Preterit Indicative

surpreendi	surpreendemos
surpreendeste	surpreendestes
surpreendeu	surpreenderam

Simple Pluperfect Indicative

surpreendera	surpreendêramos
surpreenderas	surpreendêreis
surpreendera	surpreenderam

Future Indicative

surpreenderei	surpreenderemos
surpreenderás	surpreendereis
surpreenderá	surpreenderão

Present Perfect Indicative

tenho surpreendido	temos surpreendido
tens surpreendido	tendes surpreendido
tem surpreendido	têm surpreendido

Past Perfect or Pluperfect Indicative

tinha surpreendido	tínhamos surpreendido
tinhas surpreendido	tínheis surpreendido
tinha surpreendido	tinham surpreendido

Future Perfect Indicative

terei surpreendido	teremos surpreendido
terás surpreendido	tereis surpreendido
terá surpreendido	terão surpreendido

Present Subjunctive

surpreenda	surpreendamos
surpreendas	surpreendais
surpreenda	surpreendam

Imperfect Subjunctive

surpreendesse	surpreendêssemos
surpreendesses	surpreendêsseis
surpreendesse	surpreendessem

Future Subjunctive

surpreender	surpreendermos
surpreenderes	surpreenderdes
surpreender	surpreenderem

Present Perfect Subjunctive

tenha surpreendido	tenhamos surpreendido
tenhas surpreendido	tenhais surpreendido
tenha surpreendido	tenham surpreendido

Past Perfect or Pluperfect Subjunctive

tivesse surpreendido	tivéssemos surpreendido
tivesses surpreendido	tivésseis surpreendido
tivesse surpreendido	tivessem surpreendido

Future Perfect Subjunctive

tiver surpreendido	tivermos surpreendido
tiveres surpreendido	tiverdes surpreendido
tiver surpreendido	tiverem surpreendido

Conditional

surpreenderia	surpreenderíamos
surpreenderias	surpreenderíeis
surpreenderia	surpreenderiam

Conditional Perfect

teria surpreendido	teríamos surpreendido
terias surpreendido	teríeis surpreendido
teria surpreendido	teriam surpreendido

Imperative

surpreende–surpreendei

Samples of verb usage.

Você sempre me **surpreende.** *You always surprise me.*

As notícias **surpreenderam**-nos a todos. *The news surprised us all.*

O nosso exército **surpreenderá** os inimigos. *Our army will take the enemy by surprise.*

Surpreende-me que pudesses cometer um erro tão grave.
It surprises me that you could make such a serious error (mistake).

to weave

Personal Infinitive		***Present Subjunctive***	
tecer	tecermos	teça	teçamos
teceres	tecerdes	teças	teçais
tecer	tecerem	teça	teçam
Present Indicative		***Imperfect Subjunctive***	
teço	tecemos	tecesse	tecêssemos
teces	teceis	tecesses	tecêsseis
tece	*tecem**	tecesse	tecessem
Imperfect Indicative		***Future Subjunctive***	
tecia	tecíamos	tecer	tecermos
tecias	tecíeis	teceres	tecerdes
tecia	teciam	tecer	tecerem
Preterit Indicative		***Present Perfect Subjunctive***	
teci	tecemos	tenha tecido	tenhamos tecido
teceste	tecestes	tenhas tecido	tenhais tecido
teceu	teceram	tenha tecido	tenham tecido
Simple Pluperfect Indicative		***Past Perfect or Pluperfect Subjunctive***	
tecera	tecêramos	tivesse tecido	tivéssemos tecido
teceras	tecêreis	tivesses tecido	tivésseis tecido
tecera	teceram	tivesse tecido	tivessem tecido
Future Indicative		***Future Perfect Subjunctive***	
tecerei	teceremos	tiver tecido	tivermos tecido
tecerás	tecereis	tiveres tecido	tiverdes tecido
tecerá	tecerão	tiver tecido	tiverem tecido
Present Perfect Indicative		***Conditional***	
tenho tecido	temos tecido	teceria	teceríamos
tens tecido	tendes tecido	tecerias	teceríeis
tem tecido	têm tecido	teceria	teceriam
Past Perfect or Pluperfect Indicative		***Conditional Perfect***	
tinha tecido	tínhamos tecido	teria tecido	teríamos tecido
tinhas tecido	tínheis tecido	terias tecido	teríeis tecido
tinha tecido	tinham tecido	teria tecido	teriam tecido
Future Perfect Indicative		***Imperative***	
terei tecido	teremos tecido	*tece**– tecei	
terás tecido	tereis tecido		
terá tecido	terão tecido		

Samples of verb usage.

Os arqueólogos descobriram que os antigos egípcios sabiam **tecer** linho.
The archaeologists discovered that the ancient Egyptians knew how to weave linen.

A minha avó **tece** renda para se distrair. *My grandmother makes lace to pass the time.*

Eu **tecerei** uma toalha de mesa no fim de semana que vem. *I will weave a tablecloth next weekend.*

O tecelão está **a tecer** (**tecendo** *in Brazil*) panos de algodão. *The weaver is making cotton cloth.*

*NOTE: Only the radical-changing verb forms with *open* stressed vowels appear in italic type. For further explanation see Foreword.

to telephone, phone, call*

Personal Infinitive		***Present Subjunctive***	
telefonar	telefonarmos	telefone	telefonemos
telefonares	telefonardes	telefones	telefoneis
telefonar	telefonarem	telefone	telefonem
Present Indicative		***Imperfect Subjunctive***	
telefono	telefonamos	telefonasse	telefonássemos
telefonas	telefonais	telefonasses	telefonásseis
telefona	telefonam	telefonasse	telefonassem
Imperfect Indicative		***Future Subjunctive***	
telefonava	telefonávamos	telefonar	telefonarmos
telefonavas	telefonáveis	telefonares	telefonardes
telefonava	telefonavam	telefonar	telefonarem
Preterit Indicative		***Present Perfect Subjunctive***	
telefonei	telefonámos	tenha telefonado	tenhamos telefonado
telefonaste	telefonastes	tenhas telefonado	tenhais telefonado
telefonou	telefonaram	tenha telefonado	tenham telefonado
Simple Pluperfect Indicative		***Past Perfect or Pluperfect Subjunctive***	
telefonara	telefonáramos	tivesse telefonado	tivéssemos telefonado
telefonaras	telefonáreis	tivesses telefonado	tivésseis telefonado
telefonara	telefonaram	tivesse telefonado	tivessem telefonado
Future Indicative		***Future Perfect Subjunctive***	
telefonarei	telefonaremos	tiver telefonado	tivermos telefonado
telefonarás	telefonareis	tiveres telefonado	tiverdes telefonado
telefonará	telefonarão	tiver telefonado	tiverem telefonado
Present Perfect Indicative		***Conditional***	
tenho telefonado	temos telefonado	telefonaria	telefonaríamos
tens telefonado	tendes telefonado	telefonarias	telefonaríeis
tem telefonado	têm telefonado	telefonaria	telefonariam
Past Perfect or Pluperfect Indicative		***Conditional Perfect***	
tinha telefonado	tínhamos telefonado	teria telefonado	teríamos telefonado
tinhas telefonado	tínheis telefonado	terias telefonado	teríeis telefonado
tinha telefonado	tinham telefonado	teria telefonado	teriam telefonado
Future Perfect Indicative		***Imperative***	
terei telefonado	teremos telefonado	telefona–telefonai	
terás telefonado	tereis telefonado		
terá telefonado	terão telefonado		

Samples of verb usage.

O rapaz **telefonava** todos os dias para a sua namorada.
The young man phoned (called) his girlfriend every day.

Não costumo **telefonar** sem necessidade. *I don't usually phone unnecessarily.*

O meu pai **tinha**-me **telefonado** do escritório dele. *My father had phoned me from his office.*

Telefonaram-me para dizer que a minha avó tinha morrido.
They phoned to tell me that my grandmother had died.

*NOTE: In Brazil **ligar** is more commonly used for *to telephone*.

to try to, attempt; to tempt

Personal Infinitive

tentar	tentarmos
tentares	tentardes
tentar	tentarem

Present Indicative

tento	tentamos
tentas	tentais
tenta	tentam

Imperfect Indicative

tentava	tentávamos
tentavas	tentáveis
tentava	tentavam

Preterit Indicative

tentei	tentámos
tentaste	tentastes
tentou	tentaram

Simple Pluperfect Indicative

tentara	tentáramos
tentaras	tentáreis
tentara	tentaram

Future Indicative

tentarei	tentaremos
tentarás	tentareis
tentará	tentarão

Present Perfect Indicative

tenho tentado	temos tentado
tens tentado	tendes tentado
tem tentado	têm tentado

Past Perfect or Pluperfect Indicative

tinha tentado	tínhamos tentado
tinhas tentado	tínheis tentado
tinha tentado	tinham tentado

Future Perfect Indicative

terei tentado	teremos tentado
terás tentado	tereis tentado
terá tentado	terão tentado

Present Subjunctive

tente	tentemos
tentes	tenteis
tente	tentem

Imperfect Subjunctive

tentasse	tentássemos
tentasses	tentásseis
tentasse	tentassem

Future Subjunctive

tentar	tentarmos
tentares	tentardes
tentar	tentarem

Present Perfect Subjunctive

tenha tentado	tenhamos tentado
tenhas tentado	tenhais tentado
tenha tentado	tenham tentado

Past Perfect or Pluperfect Subjunctive

tivesse tentado	tivéssemos tentado
tivesses tentado	tivésseis tentado
tivesse tentado	tivessem tentado

Future Perfect Subjunctive

tiver tentado	tivermos tentado
tiveres tentado	tiverdes tentado
tiver tentado	tiverem tentado

Conditional

tentaria	tentaríamos
tentarias	tentaríeis
tentaria	tentariam

Conditional Perfect

teria tentado	teríamos tentado
terias tentado	teríeis tentado
teria tentado	teriam tentado

Imperative

tenta–tentai

Samples of verb usage.

Eu **tentei** explicar, mas ele não quis ouvir. *I tried to explain, but he refused to listen.*

O diabo **tentava**-me, mas eu não o segui. *The devil was tempting me, but I did not follow him.*

A atleta **tentará** quebrar o record mundial. *The athlete (female) will attempt to break the world record.*

Ela **tinha tentado** telefonar mas não conseguiu. *She had tried calling but couldn't.*

to have;* (**ter que** or **de** + infinitive) to have to

Personal Infinitive		***Present Subjunctive***	
ter	termos	tenha	tenhamos
teres	terdes	tenhas	tenhais
ter	terem	tenha	tenham
Present Indicative		***Imperfect Subjunctive***	
tenho	temos	tivesse	tivéssemos
tens	tendes	tivesses	tivésseis
tem	têm	tivesse	tivessem
Imperfect Indicative		***Future Subjunctive***	
tinha	tínhamos	tiver	tivermos
tinhas	tínheis	tiveres	tiverdes
tinha	tinham	tiver	tiverem
Preterit Indicative		***Present Perfect Subjunctive***	
tive	tivemos	tenha tido	tenhamos tido
tiveste	tivestes	tenhas tido	tenhais tido
teve	tiveram	tenha tido	tenham tido
Simple Pluperfect Indicative		***Past Perfect or Pluperfect Subjunctive***	
tivera	tivéramos	tivesse tido	tivéssemos tido
tiveras	tivéreis	tivesses tido	tivésseis tido
tivera	tiveram	tivesse tido	tivessem tido
Future Indicative		***Future Perfect Subjunctive***	
terei	teremos	tiver tido	tivermos tido
terás	tereis	tiveres tido	tiverdes tido
terá	terão	tiver tido	tiverem tido
Present Perfect Indicative		***Conditional***	
tenho tido	temos tido	teria	teríamos
tens tido	tendes tido	terias	teríeis
tem tido	têm tido	teria	teriam
Past Perfect or Pluperfect Indicative		***Conditional Perfect***	
tinha tido	tínhamos tido	teria tido	teríamos tido
tinhas tido	tínheis tido	terias tido	teríeis tido
tinha tido	tinham tido	teria tido	teriam tido
Future Perfect Indicative		***Imperative***	
terei tido	teremos tido	tem–tende	
terás tido	tereis tido		
terá tido	terão tido		

Samples of verb usage.

Tenha paciência! *Be patient!*

Ela **tinha que** ir-se embora. *She had to leave.*

Procure-me quando você **tiver** o dinheiro para comprar o carro.
Look for me when you have the money to buy the car.

(Nós) **teríamos** posto a mesa, mas não havia pratos limpos.
We would have set the table, but there weren't any clean plates.

*NOTE: **Ter** is also used as the principal auxiliary verb in forming compound tenses. See Sample Conjugations.

to take *or* pull out *or* off

Personal Infinitive	
tirar	tirarmos
tirares	tirardes
tirar	tirarem

Present Indicative	
tiro	tiramos
tiras	tirais
tira	tiram

Imperfect Indicative	
tirava	tirávamos
tiravas	tiráveis
tirava	tiravam

Preterit Indicative	
tirei	tirámos
tiraste	tirastes
tirou	tiraram

Simple Pluperfect Indicative	
tirara	tiráramos
tiraras	tiráreis
tirara	tiraram

Future Indicative	
tirarei	tiraremos
tirarás	tirareis
tirará	tirarão

Present Perfect Indicative	
tenho tirado	temos tirado
tens tirado	tendes tirado
tem tirado	têm tirado

Past Perfect or Pluperfect Indicative	
tinha tirado	tínhamos tirado
tinhas tirado	tínheis tirado
tinha tirado	tinham tirado

Future Perfect Indicative	
terei tirado	teremos tirado
terás tirado	tereis tirado
terá tirado	terão tirado

Present Subjunctive	
tire	tiremos
tires	tireis
tire	tirem

Imperfect Subjunctive	
tirasse	tirássemos
tirasses	tirásseis
tirasse	tirassem

Future Subjunctive	
tirar	tirarmos
tirares	tirardes
tirar	tirarem

Present Perfect Subjunctive	
tenha tirado	tenhamos tirado
tenhas tirado	tenhais tirado
tenha tirado	tenham tirado

Past Perfect or Pluperfect Subjunctive	
tivesse tirado	tivéssemos tirado
tivesses tirado	tivésseis tirado
tivesse tirado	tivessem tirado

Future Perfect Subjunctive	
tiver tirado	tivermos tirado
tiveres tirado	tiverdes tirado
tiver tirado	tiverem tirado

Conditional	
tiraria	tiraríamos
tirarias	tiraríeis
tiraria	tirariam

Conditional Perfect	
teria tirado	teríamos tirado
terias tirado	teríeis tirado
teria tirado	teriam tirado

Imperative
tira–tirai

Samples of verb usage.

Tire essa roupa suja. *Take off those dirty clothes.*

A mãe **tirava** o bolo do forno quando o telefone tocou.
The mother was taking the cake out of the oven when the phone rang.

Um cavalheiro sempre **tira** o chapéu quando uma dama entra na sala.
A genteman always removes his hat when a lady enters the room.

Um homem desconhecido **tirou** uma faca do bolso e atacou o médico.
An unknown man pulled a knife out of his pocket and attacked the doctor.

to touch; to play (an instrument or a record); to ring (as a bell)

Personal Infinitive		***Present Subjunctive***	
tocar	tocarmos	*toque*	toquemos
tocares	tocardes	*toques*	toqueis
tocar	tocarem	*toque*	*toquem**
Present Indicative		***Imperfect Subjunctive***	
toco	tocamos	tocasse	tocássemos
tocas	tocais	tocasses	tocásseis
toca	*tocam**	tocasse	tocassem
Imperfect Indicative		***Future Subjunctive***	
tocava	tocávamos	tocar	tocarmos
tocavas	tocáveis	tocares	tocardes
tocava	tocavam	tocar	tocarem
Preterit Indicative		***Present Perfect Subjunctive***	
toquei	tocámos	tenha tocado	tenhamos tocado
tocaste	tocastes	tenhas tocado	tenhais tocado
tocou	tocaram	tenha tocado	tenham tocado
Simple Pluperfect Indicative		***Past Perfect or Pluperfect Subjunctive***	
tocara	tocáramos	tivesse tocado	tivéssemos tocado
tocaras	tocáreis	tivesses tocado	tivésseis tocado
tocara	tocaram	tivesse tocado	tivessem tocado
Future Indicative		***Future Perfect Subjunctive***	
tocarei	tocaremos	tiver tocado	tivermos tocado
tocarás	tocareis	tiveres tocado	tiverdes tocado
tocará	tocarão	tiver tocado	tiverem tocado
Present Perfect Indicative		***Conditional***	
tenho tocado	temos tocado	tocaria	tocaríamos
tens tocado	tendes tocado	tocarias	tocaríeis
tem tocado	têm tocado	tocaria	tocariam
Past Perfect or Pluperfect Indicative		***Conditional Perfect***	
tinha tocado	tínhamos tocado	teria tocado	teríamos tocado
tinhas tocado	tínheis tocado	terias tocado	teríeis tocado
tinha tocado	tinham tocado	teria tocado	teriam tocado
Future Perfect Indicative		***Imperative***	
terei tocado	teremos tocado	*toca**–tocai	
terás tocado	tereis tocado		
terá tocado	terão tocado		

Samples of verb usage.

Ela **toca** violão muito bem. *She plays the guitar very well.*

Nós **tocávamos** discos a noite toda. *We played records all night.*

A enfermeira **tocou** na ferida do paciente sem querer.
The nurse touched the patient's wound by accident.

Eu atendi à porta quando ouvi **tocar** a campainha. *I answered the door when I heard the doorbell ring.*

*NOTE: Only the radical-changing verb forms with *open* stressed vowels appear in italic type. For further explanation see Foreword.

to tolerate, stand, take

Personal Infinitive

tolerar	tolerarmos
tolerares	tolerardes
tolerar	tolerarem

Present Indicative

tolero	toleramos
toleras	tolerais
tolera	*toleram**

Imperfect Indicative

tolerava	tolerávamos
toleravas	toleráveis
tolerava	toleravam

Preterit Indicative

tolerei	tolerámos
toleraste	tolerastes
tolerou	toleraram

Simple Pluperfect Indicative

tolerara	toleráramos
toleraras	toleráreis
tolerara	toleraram

Future Indicative

tolerarei	toleraremos
tolerarás	tolerareis
tolerará	tolerarão

Present Perfect Indicative

tenho tolerado	temos tolerado
tens tolerado	tendes tolerado
tem tolerado	têm tolerado

Past Perfect or Pluperfect Indicative

tinha tolerado	tínhamos tolerado
tinhas tolerado	tínheis tolerado
tinha tolerado	tinham tolerado

Future Perfect Indicative

terei tolerado	teremos tolerado
terás tolerado	tereis tolerado
terá tolerado	terão tolerado

Present Subjunctive

tolere	toleremos
toleres	tolereis
tolere	*tolerem**

Imperfect Subjunctive

tolerasse	tolerássemos
tolerasses	tolerásseis
tolerasse	tolerassem

Future Subjunctive

tolerar	tolerarmos
tolerares	tolerardes
tolerar	tolerarem

Present Perfect Subjunctive

tenha tolerado	tenhamos tolerado
tenhas tolerado	tenhais tolerado
tenha tolerado	tenham tolerado

Past Perfect or Pluperfect Subjunctive

tivesse tolerado	tivéssemos tolerado
tivesses tolerado	tivésseis tolerado
tivesse tolerado	tivessem tolerado

Future Perfect Subjunctive

tiver tolerado	tivermos tolerado
tiveres tolerado	tiverdes tolerado
tiver tolerado	tiverem tolerado

Conditional

toleraria	toleraríamos
tolerarias	toleraríeis
toleraria	tolerariam

Conditional Perfect

teria tolerado	teríamos tolerado
terias tolerado	teríeis tolerado
teria tolerado	teriam tolerado

Imperative

*tolera**–tolerai

Samples of verb usage.

Não posso **tolerar** esse barulho nem um minuto mais!
I can't stand (take) that racket for even one minute more!

O professor nunca **toleraria** alunos preguiçosos. *The teacher would never tolerate lazy students.*

Mau comportamento não será **tolerado** nesta escola. *Bad behavior will not be tolerated in this school.*

Não **tolerarei** este abuso da minha própria família. *I will not take this abuse from my own family.*

*NOTE: Only the radical-changing verb forms with *open* stressed vowels appear in italic type. For further explanation see Foreword.

to take; to drink

Personal Infinitive		***Present Subjunctive***	
tomar	tomarmos	*tome*	tomemos
tomares	tomardes	*tomes*	tomeis
tomar	tomarem	*tome*	*tomem**
Present Indicative		***Imperfect Subjunctive***	
tomo	tomamos	tomasse	tomássemos
tomas	tomais	tomasses	tomásseis
toma	*tomam**	tomasse	tomassem
Imperfect Indicative		***Future Subjunctive***	
tomava	tomávamos	tomar	tomarmos
tomavas	tomáveis	tomares	tomardes
tomava	tomavam	tomar	tomarem
Preterit Indicative		***Present Perfect Subjunctive***	
tomei	tomámos	tenha tomado	tenhamos tomado
tomaste	tomastes	tenhas tomado	tenhais tomado
tomou	tomaram	tenha tomado	tenham tomado
Simple Pluperfect Indicative		***Past Perfect or Pluperfect Subjunctive***	
tomara	tomáramos	tivesse tomado	tivéssemos tomado
tomaras	tomáreis	tivesses tomado	tivésseis tomado
tomara	tomaram	tivesse tomado	tivessem tomado
Future Indicative		***Future Perfect Subjunctive***	
tomarei	tomaremos	tiver tomado	tivermos tomado
tomarás	tomareis	tiveres tomado	tiverdes tomado
tomará	tomarão	tiver tomado	tiverem tomado
Present Perfect Indicative		***Conditional***	
tenho tomado	temos tomado	tomaria	tomaríamos
tens tomado	tendes tomado	tomarias	tomaríeis
tem tomado	têm tomado	tomaria	tomariam
Past Perfect or Pluperfect Indicative		***Conditional Perfect***	
tinha tomado	tínhamos tomado	teria tomado	teríamos tomado
tinhas tomado	tínheis tomado	terias tomado	teríeis tomado
tinha tomado	tinham tomado	teria tomado	teriam tomado
Future Perfect Indicative		***Imperative***	
terei tomado	teremos tomado	*toma**–tomai	
terás tomado	tereis tomado		
terá tomado	terão tomado		

Samples of verb usage.

O ladrão **tomou** a bolsa da velhinha. *The thief took the purse from the old lady.*

Eu **tomo** café todas as manhãs. *I drink coffee every morning.*

A minha irmã sempre **tomava** aspirina à noite. *My sister would always take aspirin at night.*

O estudante terá que **tomar** o exame final. *The student will have to take the final exam.*

*NOTE: Although this verb is radical-changing in Portugal, most Brazilian speakers do not open the stressed vowels of the italized forms.

to twist, wring (out); to root *or* cheer (for); (**-se**) to writhe

Personal Infinitive

torcer	torcermos
torceres	torcerdes
torcer	torcerem

Present Indicative

torço	torcemos
torces	torceis
torce	*torcem**

Imperfect Indicative

torcia	torcíamos
torcias	torcíeis
torcia	torciam

Preterit Indicative

torci	torcemos
torceste	torcestes
torceu	torceram

Simple Pluperfect Indicative

torcera	torcêramos
torceras	torcêreis
torcera	torceram

Future Indicative

torcerei	torceremos
torcerás	torcereis
torcerá	torcerão

Present Perfect Indicative

tenho torcido	temos torcido
tens torcido	tendes torcido
tem torcido	têm torcido

Past Perfect or Pluperfect Indicative

tinha torcido	tínhamos torcido
tinhas torcido	tínheis torcido
tinha torcido	tinham torcido

Future Perfect Indicative

terei torcido	teremos torcido
terás torcido	tereis torcido
terá torcido	terão torcido

Present Subjunctive

torça	torçamos
torças	torçais
torça	torçam

Imperfect Subjunctive

torcesse	torcêssemos
torcesses	torcêsseis
torcesse	torcessem

Future Subjunctive

torcer	torcermos
torceres	torcerdes
torcer	torcerem

Present Perfect Subjunctive

tenha torcido	tenhamos torcido
tenhas torcido	tenhais torcido
tenha torcido	tenham torcido

Past Perfect or Pluperfect Subjunctive

tivesse torcido	tivéssemos torcido
tivesses torcido	tivésseis torcido
tivesse torcido	tivessem torcido

Future Perfect Subjunctive

tiver torcido	tivermos torcido
tiveres torcido	tiverdes torcido
tiver torcido	tiverem torcido

Conditional

torceria	torceríamos
torcerias	torceríeis
torceria	torceriam

Conditional Perfect

teria torcido	teríamos torcido
terias torcido	teríeis torcido
teria torcido	teriam torcido

Imperative

*torce**–torcei

Samples of verb usage.

O epilé(p)tico **torcia-se** no chão. *The epileptic was writhing on the floor.*

A lavadeira já **tinha torcido** toda a roupa. *The laundress had already wrung out all the clothes.*

Ele **tinha torcido** pelo Benfica durante anos. *He had rooted (cheered) for Benfica for years.*

O meu primo **torceu** o tornozelo ontem. *My cousin twisted his ankle yesterday.*

*NOTE: Only the radical-changing verb forms with *open* stressed vowels appear in italic type. For further explanation see Foreword.

to toast, roast; to burn; to scorch

Personal Infinitive	***Present Subjunctive***
torrar torrarmos	*torre* torremos
torrares torrardes	*torres* torreis
torrar torrarem	*torre* *torrem**
Present Indicative	***Imperfect Subjunctive***
torro torramos	torrasse torrássemos
torras torrais	torrasses torrásseis
torra *torram**	torrasse torrassem
Imperfect Indicative	***Future Subjunctive***
torrava torrávamos	torrar torrarmos
torravas torráveis	torrares torrardes
torrava torravam	torrar torrarem
Preterit Indicative	***Present Perfect Subjunctive***
torrei torrámos	tenha torrado tenhamos torrado
torraste torrastes	tenhas torrado tenhais torrado
torrou torraram	tenha torrado tenham torrado
Simple Pluperfect Indicative	***Past Perfect or Pluperfect Subjunctive***
torrara torráramos	tivesse torrado tivéssemos torrado
torraras torráreis	tivesses torrado tivésseis torrado
torrara torraram	tivesse torrado tivessem torrado
Future Indicative	***Future Perfect Subjunctive***
torrarei torraremos	tiver torrado tivermos torrado
torrarás torrareis	tiveres torrado tiverdes torrado
torrará torrarão	tiver torrado tiverem torrado
Present Perfect Indicative	***Conditional***
tenho torrado temos torrado	torraria torraríamos
tens torrado tendes torrado	torrarias torraríeis
tem torrado têm torrado	torraria torrariam
Past Perfect or Pluperfect Indicative	***Conditional Perfect***
tinha torrado tínhamos torrado	teria torrado teríamos torrado
tinhas torrado tínheis torrado	terias torrado teríeis torrado
tinha torrado tinham torrado	teria torrado teriam torrado
Future Perfect Indicative	***Imperative***
terei torrado teremos torrado	*torra**–torrai
terás torrado tereis torrado	
terá torrado terão torrado	

Samples of verb usage.

A minha irmã quer **torrar** o pão na torradeira nova. *My sister wants to toast the bread in the new toaster.*

O sol **torrou** todos na praia. *The sun scorched everyone on the beach.*

Já **torrei** a minha pele com este sol tão forte. *I've already roasted my skin in this strong sun.*

O calor do incêndio **torrará** todas as árvores naquela floresta.
The heat from the fire will burn all the trees in that forest.

*NOTE: Only the radical-changing verb forms with *open* stressed vowels appear in italic type. For further explanation see Foreword.

to torture

Personal Infinitive	***Present Subjunctive***
torturar torturarmos	torture torturemos
torturares torturardes	tortures tortureis
torturar torturarem	torture torturem
Present Indicative	***Imperfect Subjunctive***
torturo torturamos	torturasse torturássemos
torturas torturais	torturasses torturásseis
tortura torturam	torturasse torturassem
Imperfect Indicative	***Future Subjunctive***
torturava torturávamos	torturar torturarmos
torturavas torturáveis	torturares torturardes
torturava torturavam	torturar torturarem
Preterit Indicative	***Present Perfect Subjunctive***
torturei torturámos	tenha torturado tenhamos torturado
torturaste torturastes	tenhas torturado tenhais torturado
torturou torturaram	tenha torturado tenham torturado
Simple Pluperfect Indicative	***Past Perfect or Pluperfect Subjunctive***
torturara torturáramos	tivesse torturado tivéssemos torturado
torturaras torturáreis	tivesses torturado tivésseis torturado
torturara torturaram	tivesse torturado tivessem torturado
Future Indicative	***Future Perfect Subjunctive***
torturarei torturaremos	tiver torturado tivermos torturado
torturarás torturareis	tiveres torturado tiverdes torturado
torturará torturarão	tiver torturado tiverem torturado
Present Perfect Indicative	***Conditional***
tenho torturado temos torturado	torturaria torturaríamos
tens torturado tendes torturado	torturarias torturaríeis
tem torturado têm torturado	torturaria torturariam
Past Perfect or Pluperfect Indicative	***Conditional Perfect***
tinha torturado tínhamos torturado	teria torturado teríamos torturado
tinhas torturado tínheis torturado	terias torturado teríeis torturado
tinha torturado tinham torturado	teria torturado teriam torturado
Future Perfect Indicative	***Imperative***
terei torturado teremos torturado	tortura–torturai
terás torturado tereis torturado	
terá torturado terão torturado	

Samples of verb usage.

A Inquisição **torturava** todos que não fossem verdadeiros cristãos.
The Inquisition used to torture all who weren't true Christians.

Não me **torture** com comida, estou de dieta. *Don't torture me with food, I'm on a diet.*

Os terroristas **teriam torturado** os reféns se não tivesse sido pela intervenção do Papa.
The terrorists would have tortured the hostages if it hadn't been for the Pope's intervention.

Se o **torturarem,** ele dirá tudo o que sabe. *If you torture him, he'll tell everything he knows.*

Pres. Part. *tossindo* Past Part. *tossido* **tossir**

to cough

Personal Infinitive	
tossir	tossirmos
tossires	tossirdes
tossir	tossirem

Present Indicative	
tusso	tossimos
tosses	tossis
tosse	*tossem**

Imperfect Indicative	
tossia	tossíamos
tossias	tossíeis
tossia	tossiam

Preterit Indicative	
tossi	tossimos
tossiste	tossistes
tossiu	tossiram

Simple Pluperfect Indicative	
tossira	tossíramos
tossiras	tossíreis
tossira	tossiram

Future Indicative	
tossirei	tossiremos
tossirás	tossireis
tossirá	tossirão

Present Perfect Indicative	
tenho tossido	temos tossido
tens tossido	tendes tossido
tem tossido	têm tossido

Past Perfect or Pluperfect Indicative	
tinha tossido	tínhamos tossido
tinhas tossido	tínheis tossido
tinha tossido	tinham tossido

Future Perfect Indicative	
terei tossido	teremos tossido
terás tossido	tereis tossido
terá tossido	terão tossido

Present Subjunctive	
tussa	tussamus
tussas	tussais
tussa	tussam

Imperfect Subjunctive	
tossisse	tossíssemos
tossisses	tossísseis
tossisse	tossissem

Future Subjunctive	
tossir	tossirmos
tossires	tossirdes
tossir	tossirem

Present Perfect Subjunctive	
tenha tossido	tenhamos tossido
tenhas tossido	tenhais tossido
tenha tossido	tenham tossido

Past Perfect or Pluperfect Subjunctive	
tivesse tossido	tivéssemos tossido
tivesses tossido	tivésseis tossido
tivesse tossido	tivessem tossido

Future Perfect Subjunctive	
tiver tossido	tivermos tossido
tiveres tossido	tiverdes tossido
tiver tossido	tiverem tossido

Conditional	
tossiria	tossiríamos
tossirias	tossiríeis
tossiria	tossiriam

Conditional Perfect	
teria tossido	teríamos tossido
terias tossido	teríeis tossido
teria tossido	teriam tossido

Imperative

*tosse**– tossi

Samples of verb usage.

Tomo xarope para deixar de **tossir**. *I take cough syrup to stop coughing.*

A velha **tossia** porque fumava quarenta cigarros ao dia.
The old lady coughed because she smoked forty cigarettes a day.

Se eu **tivesse tossido,** teria tapado a boca com a mão.
If I had coughed, I would have covered my mouth with my hand.

O Chopin morreu **tossindo** com tuberculose. *Chopin died coughing from tuberculosis.*

*NOTE: Only the radical-changing verb forms with *open* stressed vowels appear in italic type. For further explanation see Foreword.

to work

Personal Infinitive

trabalhar	trabalharmos
trabalhares	trabalhardes
trabalhar	trabalharem

Present Indicative

trabalho	trabalhamos
trabalhas	trabalhais
trabalha	trabalham

Imperfect Indicative

trabalhava	trabalhávamos
trabalhavas	trabalháveis
trabalhava	trabalhavam

Preterit Indicative

trabalhei	trabalhámos
trabalhaste	trabalhastes
trabalhou	trabalharam

Simple Pluperfect Indicative

trabalhara	trabalháramos
trabalharas	trabalháreis
trabalhara	trabalharam

Future Indicative

trabalharei	trabalharemos
trabalharás	trabalhareis
trabalhará	trabalharão

Present Perfect Indicative

tenho trabalhado	temos trabalhado
tens trabalhado	tendes trabalhado
tem trabalhado	têm trabalhado

Past Perfect or Pluperfect Indicative

tinha trabalhado	tínhamos trabalhado
tinhas trabalhado	tínheis trabalhado
tinha trabalhado	tinham trabalhado

Future Perfect Indicative

terei trabalhado	teremos trabalhado
terás trabalhado	tereis trabalhado
terá trabalhado	terão trabalhado

Present Subjunctive

trabalhe	trabalhemos
trabalhes	trabalheis
trabalhe	trabalhem

Imperfect Subjunctive

trabalhasse	trabalhássemos
trabalhasses	trabalhásseis
trabalhasse	trabalhassem

Future Subjunctive

trabalhar	trabalharmos
trabalhares	trabalhardes
trabalhar	trabalharem

Present Perfect Subjunctive

tenha trabalhado	tenhamos trabalhado
tenhas trabalhado	tenhais trabalhado
tenha trabalhado	tenham trabalhado

Past Perfect or Pluperfect Subjunctive

tivesse trabalhado	tivéssemos trabalhado
tivesses trabalhado	tivésseis trabalhado
tivesse trabalhado	tivessem trabalhado

Future Perfect Subjunctive

tiver trabalhado	tivermos trabalhado
tiveres trabalhado	tiverdes trabalhado
tiver trabalhado	tiverem trabalhado

Conditional

trabalharia	trabalharíamos
trabalharias	trabalharíeis
trabalharia	trabalhariam

Conditional Perfect

teria trabalhado	teríamos trabalhado
terias trabalhado	teríeis trabalhado
teria trabalhado	teriam trabalhado

Imperative

trabalha–trabalhai

Samples of verb usage.

Ela está a **trabalhar** (**trabalhando** *in Brazil*). *She is working.*

Elas **trabalham** todos os dias. *They work every day.*

Vais **trabalhar** hoje ou estás doente? *Are you going to work today or are you sick?*

Se não **tivesse trabalhado** ontem, ele se sentiria melhor hoje.
If he hadn't worked yesterday, he would feel better today.

to devour, swallow (up or down); to take a drag of (a cigarette), inhale (*as tobacco smoke*)

Personal Infinitive

tragar	tragarmos
tragares	tragardes
tragar	tragarem

Present Indicative

trago	tragamos
tragas	tragais
traga	tragam

Imperfect Indicative

tragava	tragávamos
tragavas	tragáveis
tragava	tragavam

Preterit Indicative

traguei	tragámos
tragaste	tragastes
tragou	tragaram

Simple Pluperfect Indicative

tragara	tragáramos
tragaras	tragáreis
tragara	tragaram

Future Indicative

tragarei	tragaremos
tragarás	tragareis
tragará	tragarão

Present Perfect Indicative

tenho tragado	temos tragado
tens tragado	tendes tragado
tem tragado	têm tragado

Past Perfect or Pluperfect Indicative

tinha tragado	tínhamos tragado
tinhas tragado	tínheis tragado
tinha tragado	tinham tragado

Future Perfect Indicative

terei tragado	teremos tragado
terás tragado	tereis tragado
terá tragado	terão tragado

Present Subjunctive

trague	traguemos
tragues	tragueis
trague	traguem

Imperfect Subjunctive

tragasse	tragássemos
tragasses	tragásseis
tragasse	tragassem

Future Subjunctive

tragar	tragarmos
tragares	tragardes
tragar	tragarem

Present Perfect Subjunctive

tenha tragado	tenhamos tragado
tenhas tragado	tenhais tragado
tenha tragado	tenham tragado

Past Perfect or Pluperfect Subjunctive

tivesse tragado	tivéssemos tragado
tivesses tragado	tivésseis tragado
tivesse tragado	tivessem tragado

Future Perfect Subjunctive

tiver tragado	tivermos tragado
tiveres tragado	tiverdes tragado
tiver tragado	tiverem tragado

Conditional

tragaria	tragaríamos
tragarias	tragaríeis
tragaria	tragariam

Conditional Perfect

teria tragado	teríamos tragado
terias tragado	teríeis tragado
teria tragado	teriam tragado

Imperative

traga–tragai

Samples of verb usage.

As ondas do mar **tragaram** o navio. *The ocean waves swallowed up the ship.*

Quando se fuma charutos, não se deve **tragar**.
When you smoke (one smokes) cigars, you (one) shouldn't inhale.

Eles já **tinham tragado** tudo o que estava na mesa.
They had already devoured everything that was on the table.

Ele **tragou** o cigarro antes de responder. *He took a drag on his cigarette before he answered.*

to lock, bolt, bar

Personal Infinitive

trancar	trancarmos
trancares	trancardes
trancar	trancarem

Present Indicative

tranco	trancamos
trancas	trancais
tranca	trancam

Imperfect Indicative

trancava	trancávamos
trancavas	trancáveis
trancava	trancavam

Preterit Indicative

tranquei	trancámos
trancaste	trancastes
trancou	trancaram

Simple Pluperfect Indicative

trancara	trancáramos
trancaras	trancáreis
trancara	trancaram

Future Indicative

trancarei	trancaremos
trancarás	trancareis
trancará	trancarão

Present Perfect Indicative

tenho trancado	temos trancado
tens trancado	tendes trancado
tem trancado	têm trancado

Past Perfect or Pluperfect Indicative

tinha trancado	tínhamos trancado
tinhas trancado	tínheis trancado
tinha trancado	tinham trancado

Future Perfect Indicative

terei trancado	teremos trancado
terás trancado	tereis trancado
terá trancado	terão trancado

Present Subjunctive

tranque	tranquemos
tranques	tranqueis
tranque	tranquem

Imperfect Subjunctive

trancasse	trancássemos
trancasses	trancásseis
trancasse	trancassem

Future Subjunctive

trancar	trancarmos
trancares	trancardes
trancar	trancarem

Present Perfect Subjunctive

tenha trancado	tenhamos trancado
tenhas trancado	tenhais trancado
tenha trancado	tenham trancado

Past Perfect or Pluperfect Subjunctive

tivesse trancado	tivéssemos trancado
tivesses trancado	tivésseis trancado
tivesse trancado	tivessem trancado

Future Perfect Subjunctive

tiver trancado	tivermos trancado
tiveres trancado	tiverdes trancado
tiver trancado	tiverem trancado

Conditional

trancaria	trancaríamos
trancarias	trancaríeis
trancaria	trancariam

Conditional Perfect

teria trancado	teríamos trancado
terias trancado	teríeis trancado
teria trancado	teriam trancado

Imperative

tranca–trancai

Samples of verb usage.

Ele sempre **trancava** o cofre antes de sair. *He always locked the safe before he left.*

Tranque as portas antes de ir para a cama. *Lock the doors before going to bed.*

Trancaram o carro e perderam a chave. *They locked the car and lost the key.*

Temos trancado o portão sempre que saímos de casa.
We have been bolting (barring) the gate every time we leave the house.

to deal with; treat; to try to

Personal Infinitive		***Present Subjunctive***	
tratar	tratarmos	trate	tratemos
tratares	tratardes	trates	trateis
tratar	tratarem	trate	tratem
Present Indicative		***Imperfect Subjunctive***	
trato	tratamos	tratasse	tratássemos
tratas	tratais	tratasses	tratásseis
trata	tratam	tratasse	tratassem
Imperfect Indicative		***Future Subjunctive***	
tratava	tratávamos	tratar	tratarmos
tratavas	tratáveis	tratares	tratardes
tratava	tratavam	tratar	tratarem
Preterit Indicative		***Present Perfect Subjunctive***	
tratei	tratámos	tenha tratado	tenhamos tratado
trataste	tratastes	tenhas tratado	tenhais tratado
tratou	trataram	tenha tratado	tenham tratado
Simple Pluperfect Indicative		***Past Perfect or Pluperfect Subjunctive***	
tratara	tratáramos	tivesse tratado	tivéssemos tratado
trataras	tratáreis	tivesses tratado	tivésseis tratado
tratara	trataram	tivesse tratado	tivessem tratado
Future Indicative		***Future Perfect Subjunctive***	
tratarei	trataremos	tiver tratado	tivermos tratado
tratarás	tratareis	tiveres tratado	tiverdes tratado
tratará	tratarão	tiver tratado	tiverem tratado
Present Perfect Indicative		***Conditional***	
tenho tratado	temos tratado	trataria	trataríamos
tens tratado	tendes tratado	tratarias	trataríeis
tem tratado	têm tratado	trataria	tratariam
Past Perfect or Pluperfect Indicative		***Conditional Perfect***	
tinha tratado	tínhamos tratado	teria tratado	teríamos tratado
tinhas tratado	tínheis tratado	terias tratado	teríeis tratado
tinha tratado	tinham tratado	teria tratado	teriam tratado
Future Perfect Indicative		***Imperative***	
terei tratado	teremos tratado	trata–tratai	
terás tratado	tereis tratado		
terá tratado	terão tratado		

Samples of verb usage.

Trataram o padre com muito respeito. *They treated the priest with great respect.*

Este livro **trata** de espiões internacionais. *This book deals with international spies.*

Mães sempre **tratam** bem dos filhos. *Mothers always treat their children well.*

Ele **tem tratado** de resolver o problema. *He has been trying to solve the problem.*

to bring

Personal Infinitive		***Present Subjunctive***	
trazer	trazermos	traga	tragamos
trazeres	trazerdes	tragas	tragais
trazer	trazerem	traga	tragam
Present Indicative		***Imperfect Subjunctive***	
trago	trazemos	trouxesse	trouxéssemos
trazes	trazeis	trouxesses	trouxésseis
traz	trazem	trouxesse	trouxessem
Imperfect Indicative		***Future Subjunctive***	
trazia	trazíamos	trouxer	trouxermos
trazias	trazíeis	trouxeres	trouxerdes
trazia	traziam	trouxer	trouxerem
Preterit Indicative		***Present Perfect Subjunctive***	
trouxe	trouxemos	tenha trazido	tenhamos trazido
trouxeste	trouxestes	tenhas trazido	tenhais trazido
trouxe	trouxeram	tenha trazido	tenham trazido
Simple Pluperfect Indicative		***Past Perfect or Pluperfect Subjunctive***	
trouxera	trouxéramos	tivesse trazido	tivéssemos trazido
trouxeras	trouxéreis	tivesses trazido	tivésseis trazido
trouxera	trouxeram	tivesse trazido	tivessem trazido
Future Indicative		***Future Perfect Subjunctive***	
trarei	traremos	tiver trazido	tivermos trazido
trarás	trareis	tiveres trazido	tiverdes trazido
trará	trarão	tiver trazido	tiverem trazido
Present Perfect Indicative		***Conditional***	
tenho trazido	temos trazido	traria	traríamos
tens trazido	tendes trazido	trarias	traríeis
tem trazido	têm trazido	traria	trariam
Past Perfect or Pluperfect Indicative		***Conditional Perfect***	
tinha trazido	tínhamos trazido	teria trazido	teríamos trazido
tinhas trazido	tínheis trazido	terias trazido	teríeis trazido
tinha trazido	tinham trazido	teria trazido	teriam trazido
Future Perfect Indicative		***Imperative***	
terei trazido	teremos trazido	traze–trazei	
terás trazido	tereis trazido		
terá trazido	terão trazido		

Samples of verb usage.

Você **trouxe** o meu presente? *Did you bring my present?*

Quero que **tragas** a tua esposa à boite hoje à noite. *I want you to bring your wife to the nightclub tonight.*

O meu pai sempre **traz** sobremesa da pastelaria à (*also* para *in Brazil*) casa.
My father always brings dessert home from the pastry shop.

Gostaria que você **trouxesse** vinho à festa. *I would like you to bring wine to the party.*

to train, practice; to coach

Personal Infinitive		*Present Subjunctive*	
treinar	treinarmos	treine	treinemos
treinares	treinardes	treines	treineis
treinar	treinarem	treine	treinem
Present Indicative		***Imperfect Subjunctive***	
treino	treinamos	treinasse	treinássemos
treinas	treinais	treinasses	treinásseis
treina	treinam	treinasse	treinassem
Imperfect Indicative		***Future Subjunctive***	
treinava	treinávamos	treinar	treinarmos
treinavas	treináveis	treinares	treinardes
treinava	treinavam	treinar	treinarem
Preterit Indicative		***Present Perfect Subjunctive***	
treinei	treinámos	tenha treinado	tenhamos treinado
treinaste	treinastes	tenhas treinado	tenhais treinado
treinou	treinaram	tenha treinado	tenham treinado
Simple Pluperfect Indicative		***Past Perfect or Pluperfect Subjunctive***	
treinara	treináramos	tivesse treinado	tivéssemos treinado
treinaras	treináreis	tivesses treinado	tivésseis treinado
treinara	treinaram	tivesse treinado	tivessem treinado
Future Indicative		***Future Perfect Subjunctive***	
treinarei	treinaremos	tiver treinado	tivermos treinado
treinarás	treinareis	tiveres treinado	tiverdes treinado
treinará	treinarão	tiver treinado	tiverem treinado
Present Perfect Indicative		***Conditional***	
tenho treinado	temos treinado	treinaria	treinaríamos
tens treinado	tendes treinado	treinarias	treinaríeis
tem treinado	têm treinado	treinaria	treinariam
Past Perfect or Pluperfect Indicative		***Conditional Perfect***	
tinha treinado	tínhamos treinado	teria treinado	teríamos treinado
tinhas treinado	tínheis treinado	terias treinado	teríeis treinado
tinha treinado	tinham treinado	teria treinado	teriam treinado
Future Perfect Indicative		***Imperative***	
terei treinado	teremos treinado	treina–treinai	
terás treinado	tereis treinado		
terá treinado	terão treinado		

Samples of verb usage.

Os atletas têm que **treinar** todos os dias. *Athletes have to practice every day.*

Ele **tem treinado** cavalos faz dez anos. *He has been training horses for ten years.*

Se **treinarmos** bastante, seremos os melhores soldados no exército.
If we drill (train) enough, we'll be the best soldiers in the army.

Eu **treino** cães para caça. *I train hunting dogs.*

to shake, tremble, shiver

Personal Infinitive
tremer tremermos
tremeres tremerdes
tremer tremerem

Present Indicative
tremo trememos
tremes tremeis
treme *tremem**

Imperfect Indicative
tremia tremíamos
tremias tremíeis
tremia tremiam

Preterit Indicative
tremi trememos
tremeste tremestes
tremeu tremeram

Simple Pluperfect Indicative
tremera tremêramos
tremeras tremêreis
tremera tremeram

Future Indicative
tremerei tremeremos
tremerás tremereis
tremerá tremerão

Present Perfect Indicative
tenho tremido temos tremido
tens tremido tendes tremido
tem tremido têm tremido

Past Perfect or Pluperfect Indicative
tinha tremido tínhamos tremido
tinhas tremido tínheis tremido
tinha tremido tinham tremido

Future Perfect Indicative
terei tremido teremos tremido
terás tremido tereis tremido
terá tremido terão tremido

Present Subjunctive
trema tremamos
tremas tremais
trema tremam

Imperfect Subjunctive
tremesse tremêssemos
tremesses tremêsseis
tremesse tremessem

Future Subjunctive
tremer tremermos
tremeres tremerdes
tremer tremerem

Present Perfect Subjunctive
tenha tremido tenhamos tremido
tenhas tremido tenhais tremido
tenha tremido tenham tremido

Past Perfect or Pluperfect Subjunctive
tivesse tremido tivéssemos tremido
tivesses tremido tivésseis tremido
tivesse tremido tivessem tremido

Future Perfect Subjunctive
tiver tremido tivermos tremido
tiveres tremido tiverdes tremido
tiver tremido tiverem tremido

Conditional
tremeria tremeríamos
tremerias tremeríeis
tremeria tremeriam

Conditional Perfect
teria tremido teríamos tremido
terias tremido teríeis tremido
teria tremido teriam tremido

Imperative
*treme**–tremei

Samples of verb usage.

O terremoto fazia **tremer** o chão. *The earthquake made the ground shake.*

Não **trema** diante do perigo. *Don't tremble in the face of danger.*

Estava tão assustada que **tremia.** *She was so scared that she was trembling.*

O vento frio faz-me **tremer**. *The cold wind makes me shiver.*

*NOTE: Although this verb is radical-changing in Portugal, most Brazilian speakers do not open the stressed vowels of the italicized forms.

to change, exchange; to switch, trade, swap

Personal Infinitive	
trocar	trocarmos
trocares	trocardes
trocar	trocarem
Present Indicative	
troco	trocamos
trocas	trocais
troca	*trocam**
Imperfect Indicative	
trocava	trocávamos
trocavas	trocáveis
trocava	trocavam
Preterit Indicative	
troquei	trocámos
trocaste	trocastes
trocou	trocaram
Simple Pluperfect Indicative	
trocara	trocáramos
trocaras	trocáreis
trocara	trocaram
Future Indicative	
trocarei	trocaremos
trocarás	trocareis
trocará	trocarão
Present Perfect Indicative	
tenho trocado	temos trocado
tens trocado	tendes trocado
tem trocado	têm trocado
Past Perfect or Pluperfect Indicative	
tinha trocado	tínhamos trocado
tinhas trocado	tínheis trocado
tinha trocado	tinham trocado
Future Perfect Indicative	
terei trocado	teremos trocado
terás trocado	tereis trocado
terá trocado	terão trocado

Present Subjunctive	
troque	troquemos
troques	troqueis
troque	*troquem**
Imperfect Subjunctive	
trocasse	trocássemos
trocasses	trocásseis
trocasse	trocassem
Future Subjunctive	
trocar	trocarmos
trocares	trocardes
trocar	trocarem
Present Perfect Subjunctive	
tenha trocado	tenhamos trocado
tenhas trocado	tenhais trocado
tenha trocado	tenham trocado
Past Perfect or Pluperfect Subjunctive	
tivesse trocado	tivéssemos trocado
tivesses trocado	tivésseis trocado
tivesse trocado	tivessem trocado
Future Perfect Subjunctive	
tiver trocado	tivermos trocado
tiveres trocado	tiverdes trocado
tiver trocado	tiverem trocado
Conditional	
trocaria	trocaríamos
trocarias	trocaríeis
trocaria	trocariam
Conditional Perfect	
teria trocado	teríamos trocado
terias trocado	teríeis trocado
teria trocado	teriam trocado
Imperative	
*troca**–trocai	

Samples of verb usage.

Eu **troquei** de roupa. *I changed clothes.*

Vamos **trocar** os nossos carros por um dia só. *Let's trade (swap) cars for just a day.*

Quero que **troque** dez dólares, por favor. *I want change for ten dollars, please.*

Já **tínhamos trocado** os euros por dólares. *We had already exchanged the euros for dollars.*

*NOTE: Only the radical-changing verb forms with *open* stressed vowels appear in italic type. For further explanation see Foreword.

to unite, join, connect

Personal Infinitive

unir	unirmos
unires	unirdes
unir	unirem

Present Indicative

uno	unimos
unes	unis
une	unem

Imperfect Indicative

unia	uníamos
unias	uníeis
unia	uniam

Preterit Indicative

uni	unimos
uniste	unistes
uniu	uniram

Simple Pluperfect Indicative

unira	uníramos
uniras	uníreis
unira	uniram

Future Indicative

unirei	uniremos
unirás	unireis
unirá	unirão

Present Perfect Indicative

tenho unido	temos unido
tens unido	tendes unido
tem unido	têm unido

Past Perfect or Pluperfect Indicative

tinha unido	tínhamos unido
tinhas unido	tínheis unido
tinha unido	tinham unido

Future Perfect Indicative

terei unido	teremos unido
terás unido	tereis unido
terá unido	terão unido

Present Subjunctive

una	unamos
unas	unais
una	unam

Imperfect Subjunctive

unisse	uníssemos
unisses	unísseis
unisse	unissem

Future Subjunctive

unir	unirmos
unires	unirdes
unir	unirem

Present Perfect Subjunctive

tenha unido	tenhamos unido
tenhas unido	tenhais unido
tenha unido	tenham unido

Past Perfect or Pluperfect Subjunctive

tivesse unido	tivéssemos unido
tivesses unido	tivésseis unido
tivesse unido	tivessem unido

Future Perfect Subjunctive

tiver unido	tivermos unido
tiveres unido	tiverdes unido
tiver unido	tiverem unido

Conditional

uniria	uniríamos
unirias	uniríeis
uniria	uniriam

Conditional Perfect

teria unido	teríamos unido
terias unido	teríeis unido
teria unido	teriam unido

Imperative

une–uni

Samples of verb usage.

O governo buscava uma estratégia que **unisse** os dois países.
The government was looking for a strategy that would unite the two countries.

Uni-vos contra o ditador! (*in Portugal*). **Unam-se** contra o ditador! (*in Brazil*). *Unite against the dictator!*

Esta guerra **uniu** os cidadãos. *The war united the citizens.*

O ele(c)tricista tentou **unir** os dois fios e recebeu um choque tremendo.
The electrician tried to connect (join) the two wires and got a big shock.

to use

Personal Infinitive		*Present Subjunctive*	
usar	usarmos	use	usemos
usares	usardes	uses	useis
usar	usarem	use	usem
Present Indicative		***Imperfect Subjunctive***	
uso	usamos	usasse	usássemos
usas	usais	usasses	usásseis
usa	usam	usasse	usassem
Imperfect Indicative		***Future Subjunctive***	
usava	usávamos	usar	usarmos
usavas	usáveis	usares	usardes
usava	usavam	usar	usarem
Preterit Indicative		***Present Perfect Subjunctive***	
usei	usámos	tenha usado	tenhamos usado
usaste	usastes	tenhas usado	tenhais usado
usou	usaram	tenha usado	tenham usado
Simple Pluperfect Indicative		***Past Perfect or Pluperfect Subjunctive***	
usara	usáramos	tivesse usado	tivéssemos usado
usaras	usáreis	tivesses usado	tivésseis usado
usara	usaram	tivesse usado	tivessem usado
Future Indicative		***Future Perfect Subjunctive***	
usarei	usaremos	tiver usado	tivermos usado
usarás	usareis	tiveres usado	tiverdes usado
usará	usarão	tiver usado	tiverem usado
Present Perfect Indicative		***Conditional***	
tenho usado	temos usado	usaria	usaríamos
tens usado	tendes usado	usarias	usaríeis
tem usado	têm usado	usaria	usariam
Past Perfect or Pluperfect Indicative		***Conditional Perfect***	
tinha usado	tínhamos usado	teria usado	teríamos usado
tinhas usado	tínheis usado	terias usado	teríeis usado
tinha usado	tinham usado	teria usado	teriam usado
Future Perfect Indicative		***Imperative***	
terei usado	teremos usado	usa–usai	
terás usado	tereis usado		
terá usado	terão usado		

Samples of verb usage.

O mecânico **usa** quase todas as suas ferramentas quando arranja motores.
The mechanic uses almost all his tools when he fixes motors.

Se ela lutasse, não **usaria** as unhas. *If she were to fight, she wouldn't use her nails.*

Você pode **usá**-lo, mas não deve abusá-lo. *You can use it, but you shouldn't abuse it.*

Eu **usei** quase todos os teus discos na festa. *I used almost all of your records at the party.*

to be worth

Personal Infinitive
valer valermos
valeres valerdes
valer valerem

Present Indicative
valho valemos
vales valeis
vale valem

Imperfect Indicative
valia valíamos
valias valíeis
valia valiam

Preterit Indicative
vali valemos
valeste valestes
valeu valeram

Simple Pluperfect Indicative
valera valêramos
valeras valêreis
valera valeram

Future Indicative
valerei valeremos
valerás valereis
valerá valerão

Present Perfect Indicative
tenho valido temos valido
tens valido tendes valido
tem valido têm valido

Past Perfect or Pluperfect Indicative
tinha valido tínhamos valido
tinhas valido tínheis valido
tinha valido tinham valido

Future Perfect Indicative
terei valido teremos valido
terás valido tereis valido
terá valido terão valido

Present Subjunctive
valha valhamos
valhas valhais
valha valham

Imperfect Subjunctive
valesse valêssemos
valesses valêsseis
valesse valessem

Future Subjunctive
valer valermos
valeres valerdes
valer valerem

Present Perfect Subjunctive
tenha valido tenhamos valido
tenhas valido tenhais valido
tenha valido tenham valido

Past Perfect or Pluperfect Subjunctive
tivesse valido tivéssemos valido
tivesses valido tivésseis valido
tivesse valido tivessem valido

Future Perfect Subjunctive
tiver valido tivermos valido
tiveres valido tiverdes valido
tiver valido tiverem valido

Conditional
valeria valeríamos
valerias valeríeis
valeria valeriam

Conditional Perfect
teria valido teríamos valido
terias valido teríeis valido
teria valido teriam valido

Imperative
vale–valei

Samples of verb usage.

Esse filme **vale** a pena ver de novo. *That film is worth seeing again.*

Um cruzeiro **valia** um dólar antigamente. *One cruzeiro used to be worth a dollar in the old days.*

Espero que este quadro **valha** muito. *I hope this painting is worth a lot.*

Esta moeda romana **valerá** muito de aqui a cinquenta anos.
This Roman coin will be worth a lot fifty years from now.

to sweep

Personal Infinitive		***Present Subjunctive***	
varrer	varrermos	varra	varramos
varreres	varrerdes	varras	varrais
varrer	varrerem	varra	varram
Present Indicative		***Imperfect Subjunctive***	
varro	varremos	varresse	varrêssemos
varres	varreis	varresses	varrêsseis
varre	varrem	varresse	varressem
Imperfect Indicative		***Future Subjunctive***	
varria	varríamos	varrer	varrermos
varrias	varríeis	varreres	varrerdes
varria	varriam	varrer	varrerem
Preterit Indicative		***Present Perfect Subjunctive***	
varri	varremos	tenha varrido	tenhamos varrido
varreste	varrestes	tenhas varrido	tenhais varrido
varreu	varreram	tenha varrido	tenham varrido
Simple Pluperfect Indicative		***Past Perfect or Pluperfect Subjunctive***	
varrera	varrêramos	tivesse varrido	tivéssemos varrido
varreras	varrêreis	tivesses varrido	tivésseis varrido
varrera	varreram	tivesse varrido	tivessem varrido
Future Indicative		***Future Perfect Subjunctive***	
varrerei	varreremos	tiver varrido	tivermos varrido
varrerás	varrereis	tiveres varrido	tiverdes varrido
varrerá	varrerão	tiver varrido	tiverem varrido
Present Perfect Indicative		***Conditional***	
tenho varrido	temos varrido	varreria	varreríamos
tens varrido	tendes varrido	varrerias	varreríeis
tem varrido	têm varrido	varreria	varreriam
Past Perfect or Pluperfect Indicative		***Conditional Perfect***	
tinha varrido	tínhamos varrido	teria varrido	teríamos varrido
tinhas varrido	tínheis varrido	terias varrido	teríeis varrido
tinha varrido	tinham varrido	teria varrido	teriam varrido
Future Perfect Indicative		***Imperative***	
terei varrido	teremos varrido	varre–varrei	
terás varrido	tereis varrido		
terá varrido	terão varrido		

Samples of verb usage.

Os homens **varrem** as ruas de noite. *The men sweep the streets at night.*

O padeiro **varreu** a loja. *The baker swept his shop.*

Varre o chão por mim e te pagarei dez reais.
Sweep the floor for me and I'll pay you ten reais.

O empregado já **tinha varrido** três andares quando o chefe dele chegou à loja.
The employee had already swept three floors when his boss got to the store.

to defeat; to overcome; to win; to expire (as a deadline)

Personal Infinitive

vencer	vencermos
venceres	vencerdes
vencer	vencerem

Present Indicative

venço	vencemos
vences	venceis
vence	vencem

Imperfect Indicative

vencia	vencíamos
vencias	vencíeis
vencia	venciam

Preterit Indicative

venci	vencemos
venceste	vencestes
venceu	venceram

Simple Pluperfect Indicative

vencera	vencêramos
venceras	vencêreis
vencera	venceram

Future Indicative

vencerei	venceremos
vencerás	vencereis
vencerá	vencerão

Present Perfect Indicative

tenho vencido	temos vencido
tens vencido	tendes vencido
tem vencido	têm vencido

Past Perfect or Pluperfect Indicative

tinha vencido	tínhamos vencido
tinhas vencido	tínheis vencido
tinha vencido	tinham vencido

Future Perfect Indicative

terei vencido	teremos vencido
terás vencido	tereis vencido
terá vencido	terão vencido

Present Subjunctive

vença	vençamos
venças	vençais
vença	vençam

Imperfect Subjunctive

vencesse	vencêssemos
vencesses	vencêsseis
vencesse	vencessem

Future Subjunctive

vencer	vencermos
venceres	vencerdes
vencer	vencerem

Present Perfect Subjunctive

tenha vencido	tenhamos vencido
tenhas vencido	tenhais vencido
tenha vencido	tenham vencido

Past Perfect or Pluperfect Subjunctive

tivesse vencido	tivéssemos vencido
tivesses vencido	tivésseis vencido
tivesse vencido	tivessem vencido

Future Perfect Subjunctive

tiver vencido	tivermos vencido
tiveres vencido	tiverdes vencido
tiver vencido	tiverem vencido

Conditional

venceria	venceríamos
vencerias	venceríeis
venceria	venceriam

Conditional Perfect

teria vencido	teríamos vencido
terias vencido	teríeis vencido
teria vencido	teriam vencido

Imperative

vence–vencei

Samples of verb usage.

Os franceses não puderam **vencer** os russos na batalha de Waterloo.
The French couldn't defeat the Russians at the battle of Waterloo.

Embora tenha nascido numa favela, ele pôde **vencer** todos os obstáculos.
Even though he was born in a slum, he was able to overcome all obstacles.

Que **vença** a melhor equipa (o melhor time *in Brazil*). *May the better team win.*

A nossa assinatura **venceu** no dia quinze. *Our subscription expired on the fifteenth.*

to sell

Personal Infinitive		***Present Subjunctive***	
vender	vendermos	venda	vendamos
venderes	venderdes	vendas	vendais
vender	venderem	venda	vendam
Present Indicative		***Imperfect Subjunctive***	
vendo	vendemos	vendesse	vendêssemos
vendes	vendeis	vendesses	vendêsseis
vende	vendem	vendesse	vendessem
Imperfect Indicative		***Future Subjunctive***	
vendia	vendíamos	vender	vendermos
vendias	vendíeis	venderes	venderdes
vendia	vendiam	vender	venderem
Preterit Indicative		***Present Perfect Subjunctive***	
vendi	vendemos	tenha vendido	tenhamos vendido
vendeste	vendestes	tenhas vendido	tenhais vendido
vendeu	venderam	tenha vendido	tenham vendido
Simple Pluperfect Indicative		***Past Perfect or Pluperfect Subjunctive***	
vendera	vendêramos	tivesse vendido	tivéssemos vendido
venderas	vendêreis	tivesses vendido	tivésseis vendido
vendera	venderam	tivesse vendido	tivessem vendido
Future Indicative		***Future Perfect Subjunctive***	
venderei	venderemos	tiver vendido	tivermos vendido
venderás	vendereis	tiveres vendido	tiverdes vendido
venderá	venderão	tiver vendido	tiverem vendido
Present Perfect Indicative		***Conditional***	
tenho vendido	temos vendido	venderia	venderíamos
tens vendido	tendes vendido	venderias	venderíeis
tem vendido	têm vendido	venderia	venderiam
Past Perfect or Pluperfect Indicative		***Conditional Perfect***	
tinha vendido	tínhamos vendido	teria vendido	teríamos vendido
tinhas vendido	tínheis vendido	terias vendido	teríeis vendido
tinha vendido	tinham vendido	teria vendido	teriam vendido
Future Perfect Indicative		***Imperative***	
terei vendido	teremos vendido	vende–vendei	
terás vendido	tereis vendido		
terá vendido	terão vendido		

Samples of verb usage.

O erudito **vendeu** todos os seus livros. *The scholar sold all of his books.*

Quanto mais **vendermos**, mais dinheiro faremos. *The more we sell, the more money we'll make.*

O arquiteto podia **vender** um proje(c)to atrás do outro.
The architect was able to sell one project after another.

Ele não **teria vendido** a casa se não tivesse sido preciso.
He wouldn't have sold the house if it hadn't been necessary.

to see

Personal Infinitive		***Present Subjunctive***	
ver	vermos	veja	vejamos
veres	verdes	vejas	vejais
ver	verem	veja	vejam
Present Indicative		***Imperfect Subjunctive***	
vejo	vemos	visse	víssemos
vês	vedes	visses	vísseis
vê	vêem	visse	vissem
Imperfect Indicative		***Future Subjunctive***	
via	víamos	vir	virmos
vias	víeis	vires	virdes
via	viam	vir	virem
Preterit Indicative		***Present Perfect Subjunctive***	
vi	vimos	tenha visto	tenhamos visto
viste	vistes	tenhas visto	tenhais visto
viu	viram	tenha visto	tenham visto
Simple Pluperfect Indicative		***Past Perfect or Pluperfect Subjunctive***	
vira	víramos	tivesse visto	tivéssemos visto
viras	víreis	tivesses visto	tivésseis visto
vira	viram	tivesse visto	tivessem visto
Future Indicative		***Future Perfect Subjunctive***	
verei	veremos	tiver visto	tivermos visto
verás	vereis	tiveres visto	tiverdes visto
verá	verão	tiver visto	tiverem visto
Present Perfect Indicative		***Conditional***	
tenho visto	temos visto	veria	veríamos
tens visto	tendes visto	verias	veríeis
tem visto	têm visto	veria	veriam
Past Perfect or Pluperfect Indicative		***Conditional Perfect***	
tinha visto	tínhamos visto	teria visto	teríamos visto
tinhas visto	tínheis visto	terias visto	teríeis visto
tinha visto	tinham visto	teria visto	teriam visto
Future Perfect Indicative		***Imperative***	
terei visto	teremos visto	vê–vede	
terás visto	tereis visto		
terá visto	terão visto		

Samples of verb usage.

Veja quanta comida sobrou do jantar! *Look how much food was left over from dinner!*

O médico já **tinha visto** o paciente quando a família chegou ao quarto.
The doctor had already seen the patient when the family arrived at the room.

Depois de eu **ver** o acidente, fui buscar ajuda. *After I saw the accident, I went to get help.*

Quando ela **vir** os resultados, ficará muito decepcionada.
When she sees the results, she'll be very disappointed.

to dress, wear, put on; (**-se**) to get dressed

Personal Infinitive

vestir	vestirmos
vestires	vestirdes
vestir	vestirem

Present Indicative

visto	vestimos
vestes	vestis
veste	*vestem**

Imperfect Indicative

vestia	vestíamos
vestias	vestíeis
vestia	vestiam

Preterit Indicative

vesti	vestimos
vestiste	vestistes
vestiu	vestiram

Simple Pluperfect Indicative

vestira	vestíramos
vestiras	vestíreis
vestira	vestiram

Future Indicative

vestirei	vestiremos
vestirás	vestireis
vestirá	vestirão

Present Perfect Indicative

tenho vestido	temos vestido
tens vestido	tendes vestido
tem vestido	têm vestido

Past Perfect or Pluperfect Indicative

tinha vestido	tínhamos vestido
tinhas vestido	tínheis vestido
tinha vestido	tinham vestido

Future Perfect Indicative

terei vestido	teremos vestido
terás vestido	tereis vestido
terá vestido	terão vestido

Present Subjunctive

vista	vistamos
vistas	vistais
vista	vistam

Imperfect Subjunctive

vestisse	vestíssemos
vestisses	vestísseis
vestisse	vestissem

Future Subjunctive

vestir	vestirmos
vestires	vestirdes
vestir	vestirem

Present Perfect Subjunctive

tenha vestido	tenhamos vestido
tenhas vestido	tenhais vestido
tenha vestido	tenham vestido

Past Perfect or Pluperfect Subjunctive

tivesse vestido	tivéssemos vestido
tivesses vestido	tivésseis vestido
tivesse vestido	tivessem vestido

Future Perfect Subjunctive

tiver vestido	tivermos vestido
tiveres vestido	tiverdes vestido
tiver vestido	tiverem vestido

Conditional

vestiria	vestiríamos
vestirias	vestiríeis
vestiria	vestiriam

Conditional Perfect

teria vestido	teríamos vestido
terias vestido	teríeis vestido
teria vestido	teriam vestido

Imperative

*veste**– vesti

Samples of verb usage.

As enfermeiras têm que **vestir** roupas especiais. *Nurses have to wear special clothes.*

O Roberto era o que **se** podia **vestir** mais rápido.
Robert was the one who could get dressed the quickest.

Vista-se agora! *Get dressed now!*

O que (é que) você quer que eu **vista** quando formos à praia?
What would you like me to put on (wear) when we go to the beach?

*NOTE: Only the radical-changing verb forms with *open* stressed vowels appear in italic type. For further explanation see Foreword.

to travel

Personal Infinitive

viajar	viajarmos
viajares	viajardes
viajar	viajarem

Present Indicative

viajo	viajamos
viajas	viajais
viaja	viajam

Imperfect Indicative

viajava	viajávamos
viajavas	viajáveis
viajava	viajavam

Preterit Indicative

viajei	viajámos
viajaste	viajastes
viajou	viajaram

Simple Pluperfect Indicative

viajara	viajáramos
viajaras	viajáreis
viajara	viajaram

Future Indicative

viajarei	viajaremos
viajarás	viajareis
viajará	viajarão

Present Perfect Indicative

tenho viajado	temos viajado
tens viajado	tendes viajado
tem viajado	têm viajado

Past Perfect or Pluperfect Indicative

tinha viajado	tínhamos viajado
tinhas viajado	tínheis viajado
tinha viajado	tinham viajado

Future Perfect Indicative

terei viajado	teremos viajado
terás viajado	tereis viajado
terá viajado	terão viajado

Present Subjunctive

viaje	viajemos
viajes	viajeis
viaje	viajem

Imperfect Subjunctive

viajasse	viajássemos
viajasses	viajásseis
viajasse	viajassem

Future Subjunctive

viajar	viajarmos
viajares	viajardes
viajar	viajarem

Present Perfect Subjunctive

tenha viajado	tenhamos viajado
tenhas viajado	tenhais viajado
tenha viajado	tenham viajado

Past Perfect or Pluperfect Subjunctive

tivesse viajado	tivéssemos viajado
tivesses viajado	tivésseis viajado
tivesse viajado	tivessem viajado

Future Perfect Subjunctive

tiver viajado	tivermos viajado
tiveres viajado	tiverdes viajado
tiver viajado	tiverem viajado

Conditional

viajaria	viajaríamos
viajarias	viajaríeis
viajaria	viajariam

Conditional Perfect

teria viajado	teríamos viajado
terias viajado	teríeis viajado
teria viajado	teriam viajado

Imperative

viaja–viajai

Samples of verb usage.

Os portugueses **viajaram** pelo mundo em caravelas.
The Portuguese traveled all around the world in caravels.

O presidente pensa **viajar** a vários países da América do Sul este ano.
The president plans to travel to several South American countries this year.

Quando **viajarmos** à Africa, quero ir a Johannesburg.
When we travel to Africa, I want to go to Johannesburg.

Viaje agora, enquanto puder. *Travel now, while you can.*

to avenge, revenge; (**-se**) to take or get revenge

Personal Infinitive

vingar	vingarmos
vingares	vingardes
vingar	vingarem

Present Indicative

vingo	vingamos
vingas	vingais
vinga	vingam

Imperfect Indicative

vingava	vingávamos
vingavas	vingáveis
vingava	vingavam

Preterit Indicative

vinguei	vingámos
vingaste	vingastes
vingou	vingaram

Simple Pluperfect Indicative

vingara	vingáramos
vingaras	vingáreis
vingara	vingaram

Future Indicative

vingarei	vingaremos
vingarás	vingareis
vingará	vingarão

Present Perfect Indicative

tenho vingado	temos vingado
tens vingado	tendes vingado
tem vingado	têm vingado

Past Perfect or Pluperfect Indicative

tinha vingado	tínhamos vingado
tinhas vingado	tínheis vingado
tinha vingado	tinham vingado

Future Perfect Indicative

terei vingado	teremos vingado
terás vingado	tereis vingado
terá vingado	terão vingado

Present Subjunctive

vingue	vinguemos
vingues	vingueis
vingue	vinguem

Imperfect Subjunctive

vingasse	vingássemos
vingasses	vingásseis
vingasse	vingassem

Future Subjunctive

vingar	vingarmos
vingares	vingardes
vingar	vingarem

Present Perfect Subjunctive

tenha vingado	tenhamos vingado
tenhas vingado	tenhais vingado
tenha vingado	tenham vingado

Past Perfect or Pluperfect Subjunctive

tivesse vingado	tivéssemos vingado
tivesses vingado	tivésseis vingado
tivesse vingado	tivessem vingado

Future Perfect Subjunctive

tiver vingado	tivermos vingado
tiveres vingado	tiverdes vingado
tiver vingado	tiverem vingado

Conditional

vingaria	vingaríamos
vingarias	vingaríeis
vingaria	vingariam

Conditional Perfect

teria vingado	teríamos vingado
terias vingado	teríeis vingado
teria vingado	teriam vingado

Imperative

vinga–vingai

Samples of verb usage.

A vitória de hoje nos **vingou** da derrota do ano passado.
Today's victory avenged us for last year's defeat.

Ela **se vingará** da morte do seu pai. *She will avenge her father's death.*

Espero que você **se vingue** desta desgraça. *I hope you avenge yourself of this disgrace.*

Vingar-se às vezes é doce. *Getting revenge is sometimes sweet.*

to come

Personal Infinitive
vir virmos
vires virdes
vir virem

Present Indicative
venho vimos
vens vindes
vem vêm

Imperfect Indicative
vinha vínhamos
vinhas vínheis
vinha vinham

Preterit Indicative
vim viemos
vieste viestes
veio vieram

Simple Pluperfect Indicative
viera viéramos
vieras viéreis
viera vieram

Future Indicative
virei viremos
virás vireis
virá virão

Present Perfect Indicative
tenho vindo temos vindo
tens vindo tendes vindo
tem vindo têm vindo

Past Perfect or Pluperfect Indicative
tinha vindo tínhamos vindo
tinhas vindo tínheis vindo
tinha vindo tinham vindo

Future Perfect Indicative
terei vindo teremos vindo
terás vindo tereis vindo
terá vindo terão vindo

Present Subjunctive
venha venhamos
venhas venhais
venha venham

Imperfect Subjunctive
viesse viéssemos
viesses viésseis
viesse viessem

Future Subjunctive
vier viermos
vieres vierdes
vier vierem

Present Perfect Subjunctive
tenha vindo tenhamos vindo
tenhas vindo tenhais vindo
tenha vindo tenham vindo

Past Perfect or Pluperfect Subjunctive
tivesse vindo tivéssemos vindo
tivesses vindo tivésseis vindo
tivesse vindo tivessem vindo

Future Perfect Subjunctive
tiver vindo tivermos vindo
tiveres vindo tiverdes vindo
tiver vindo tiverem vindo

Conditional
viria viríamos
virias viríeis
viria viriam

Conditional Perfect
teria vindo teríamos vindo
terias vindo teríeis vindo
teria vindo teriam vindo

Imperative
vem–vinde

Samples of verb usage.

Ele **veio** de Portugal há três anos. *He came from Portugal three years ago.*

Eu **venho** aqui todos os dias. *I come here every day.*

Se você a tivesse convidado, ela **teria vindo.** *If you had invited her, she would have come.*

Venha o que **vier,** ele te amará para sempre. *Come what may, he'll love you forever.*

NOTE: Verbs derived from **vir** are conjugated in the same way, except that for reasons of stress the second and third persons singular of the Present Indicative and the Imperative singular of such verbs require a written acute accent. E.g., **provir: provéns, provém, provém.**

to turn (over *or* upside down *or* inside out); to become, change *or* turn into

Personal Infinitive

virar	virarmos
virares	virardes
virar	virarem

Present Indicative

viro	viramos
viras	virais
vira	viram

Imperfect Indicative

virava	virávamos
viravas	viráveis
virava	viravam

Preterit Indicative

virei	virámos
viraste	virastes
virou	viraram

Simple Pluperfect Indicative

virara	viráramos
viraras	viráreis
virara	viraram

Future Indicative

virarei	viraremos
virarás	virareis
virará	virarão

Present Perfect Indicative

tenho virado	temos virado
tens virado	tendes virado
tem virado	têm virado

Past Perfect or Pluperfect Indicative

tinha virado	tínhamos virado
tinhas virado	tínheis virado
tinha virado	tinham virado

Future Perfect Indicative

terei virado	teremos virado
terás virado	tereis virado
terá virado	terão virado

Present Subjunctive

vire	viremos
vires	vireis
vire	virem

Imperfect Subjunctive

virasse	virássemos
virasses	virásseis
virasse	virassem

Future Subjunctive

virar	virarmos
virares	virardes
virar	virarem

Present Perfect Subjunctive

tenha virado	tenhamos virado
tenhas virado	tenhais virado
tenha virado	tenham virado

Past Perfect or Pluperfect Subjunctive

tivesse virado	tivéssemos virado
tivesses virado	tivésseis virado
tivesse virado	tivessem virado

Future Perfect Subjunctive

tiver virado	tivermos virado
tiveres virado	tiverdes virado
tiver virado	tiverem virado

Conditional

viraria	viraríamos
virarias	viraríeis
viraria	virariam

Conditional Perfect

teria virado	teríamos virado
terias virado	teríeis virado
teria virado	teriam virado

Imperative

vira–virai

Samples of verb usage.

Viro as páginas deste livro com prazer. *I turn the pages of this book with pleasure.*

Antes de lavar esta camisa tens que **virá**-la. *Before washing this shirt you've got to turn it inside out.*

O carro fez a curva tão rápido que **virou** na rua.
The car took the curve so fast that it turned over in the street.

Com a fase da lua cheia aquele homem **vira** lobisomem.
With the full moon that man turns into (becomes, changes into) a werewolf.

to visit

Personal Infinitive
visitar visitarmos
visitares visitardes
visitar visitarem

Present Indicative
visito visitamos
visitas visitais
visita visitam

Imperfect Indicative
visitava visitávamos
visitavas visitáveis
visitava visitavam

Preterit Indicative
visitei visitámos
visitaste visitastes
visitou visitaram

Simple Pluperfect Indicative
visitara visitáramos
visitaras visitáreis
visitara visitaram

Future Indicative
visitarei visitaremos
visitarás visitareis
visitará visitarão

Present Perfect Indicative
tenho visitado temos visitado
tens visitado tendes visitado
tem visitado têm visitado

Past Perfect or Pluperfect Indicative
tinha visitado tínhamos visitado
tinhas visitado tínheis visitado
tinha visitado tinham visitado

Future Perfect Indicative
terei visitado teremos visitado
terás visitado tereis visitado
terá visitado terão visitado

Present Subjunctive
visite visitemos
visites visiteis
visite visitem

Imperfect Subjunctive
visitasse visitássemos
visitasses visitásseis
visitasse visitassem

Future Subjunctive
visitar visitarmos
visitares visitardes
visitar visitarem

Present Perfect Subjunctive
tenha visitado tenhamos visitado
tenhas visitado tenhais visitado
tenha visitado tenham visitado

Past Perfect or Pluperfect Subjunctive
tivesse visitado tivéssemos visitado
tivesses visitado tivésseis visitado
tivesse visitado tivessem visitado

Future Perfect Subjunctive
tiver visitado tivermos visitado
tiveres visitado tiverdes visitado
tiver visitado tiverem visitado

Conditional
visitaria visitaríamos
visitarias visitaríeis
visitaria visitariam

Conditional Perfect
teria visitado teríamos visitado
terias visitado teríeis visitado
teria visitado teriam visitado

Imperative
visita–visitai

Samples of verb usage.

Visitaremos Paris no verão. *We'll visit Paris in the summer.*

Vocês devem **visitar** os seus avós. *You should visit your grandparents.*

Visitaste os nossos parentes em Portugal? *Did you visit our relatives in Portugal?*

Eu não tenho o menor interesse em **visitar** o Paquistão.
I don't have the slightest interest in visiting Pakistan.

to live

Personal Infinitive		***Present Subjunctive***	
viver	vivermos	viva	vivamos
viveres	viverdes	vivas	vivais
viver	viverem	viva	vivam
Present Indicative		***Imperfect Subjunctive***	
vivo	vivemos	vivesse	vivêssemos
vives	viveis	vivesses	vivêsseis
vive	vivem	vivesse	vivessem
Imperfect Indicative		***Future Subjunctive***	
vivia	vivíamos	viver	vivermos
vivias	vivíeis	viveres	viverdes
vivia	viviam	viver	viverem
Preterit Indicative		***Present Perfect Subjunctive***	
vivi	vivemos	tenha vivido	tenhamos vivido
viveste	vivestes	tenhas vivido	tenhais vivido
viveu	viveram	tenha vivido	tenham vivido
Simple Pluperfect Indicative		***Past Perfect or Pluperfect Subjunctive***	
vivera	vivêramos	tivesse vivido	tivéssemos vivido
viveras	vivêreis	tivesses vivido	tivésseis vivido
vivera	viveram	tivesse vivido	tivessem vivido
Future Indicative		***Future Perfect Subjunctive***	
viverei	viveremos	tiver vivido	tivermos vivido
viverás	vivereis	tiveres vivido	tiverdes vivido
viverá	viverão	tiver vivido	tiverem vivido
Present Perfect Indicative		***Conditional***	
tenho vivido	temos vivido	viveria	viveríamos
tens vivido	tendes vivido	viverias	viveríeis
tem vivido	têm vivido	viveria	viveriam
Past Perfect or Pluperfect Indicative		***Conditional Perfect***	
tinha vivido	tínhamos vivido	teria vivido	teríamos vivido
tinhas vivido	tínheis vivido	terias vivido	teríeis vivido
tinha vivido	tinham vivido	teria vivido	teriam vivido
Future Perfect Indicative		***Imperative***	
terei vivido	teremos vivido	vive–vivei	
terás vivido	tereis vivido		
terá vivido	terão vivido		

Samples of verb usage.

Viva a democracia! *Long live democracy!*

Fernando Pessoa **viveu** aqui. *Fernando Pessoa lived here.*

Viva a vida com paixão. *Live life with passion.*

Ela espera **viver** uma vida confortável. *She hopes (expects) to live a comfortable life.*

to fly

Personal Infinitive

voar	voarmos
voares	voardes
voar	voarem

Present Indicative

voo	voamos
voas	voais
voa	voam

Imperfect Indicative

voava	voávamos
voavas	voáveis
voava	voavam

Preterit Indicative

voei	voámos
voaste	voastes
voou	voaram

Simple Pluperfect Indicative

voara	voáramos
voaras	voáreis
voara	voaram

Future Indicative

voarei	voaremos
voarás	voareis
voará	voarão

Present Perfect Indicative

tenho voado	temos voado
tens voado	tendes voado
tem voado	têm voado

Past Perfect or Pluperfect Indicative

tinha voado	tínhamos voado
tinhas voado	tínheis voado
tinha voado	tinham voado

Future Perfect Indicative

terei voado	teremos voado
terás voado	tereis voado
terá voado	terão voado

Present Subjunctive

voe	voemos
voes	voeis
voe	voem

Imperfect Subjunctive

voasse	voássemos
voasses	voásseis
voasse	voassem

Future Subjunctive

voar	voarmos
voares	voardes
voar	voarem

Present Perfect Subjunctive

tenha voado	tenhamos voado
tenhas voado	tenhais voado
tenha voado	tenham voado

Past Perfect or Pluperfect Subjunctive

tivesse voado	tivéssemos voado
tivesses voado	tivésseis voado
tivesse voado	tivessem voado

Future Perfect Subjunctive

tiver voado	tivermos voado
tiveres voado	tiverdes voado
tiver voado	tiverem voado

Conditional

voaria	voaríamos
voarias	voaríeis
voaria	voariam

Conditional Perfect

teria voado	teríamos voado
terias voado	teríeis voado
teria voado	teriam voado

Imperative

voa–voai

Samples of verb usage.

O nosso piloto já **tem voado** por vários anos. *Our pilot has already been flying for several years.*

Ela **voou** aos (para os) Estados Unidos ontem. *She flew to the United States yesterday.*

Eu **voaria** contigo, mas tenho medo. *I would fly with you, but I am afraid.*

Esses pássaros não podem **voar**. *Those birds can't fly.*

to return, go *or* come back; to turn (as to change direction); (**voltar a** + infinitive) to start something again

Personal Infinitive
voltar voltarmos
voltares voltardes
voltar voltarem

Present Indicative
volto voltamos
voltas voltais
volta *voltam**

Imperfect Indicative
voltava voltávamos
voltavas voltáveis
voltava voltavam

Preterit Indicative
voltei voltámos
voltaste voltastes
voltou voltaram

Simple Pluperfect Indicative
voltara voltáramos
voltaras voltáreis
voltara voltaram

Future Indicative
voltarei voltaremos
voltarás voltareis
voltará voltarão

Present Perfect Indicative
tenho voltado temos voltado
tens voltado tendes voltado
tem voltado têm voltado

Past Perfect or Pluperfect Indicative
tinha voltado tínhamos voltado
tinhas voltado tínheis voltado
tinha voltado tinham voltado

Future Perfect Indicative
terei voltado teremos voltado
terás voltado tereis voltado
terá voltado terão voltado

Present Subjunctive
volte voltemos
voltes volteis
volte *voltem**

Imperfect Subjunctive
voltasse voltássemos
voltasses voltásseis
voltasse voltassem

Future Subjunctive
voltar voltarmos
voltares voltardes
voltar voltarem

Present Perfect Subjunctive
tenha voltado tenhamos voltado
tenhas voltado tenhais voltado
tenha voltado tenham voltado

Past Perfect or Pluperfect Subjunctive
tivesse voltado tivéssemos voltado
tivesses voltado tivésseis voltado
tivesse voltado tivessem voltado

Future Perfect Subjunctive
tiver voltado tivermos voltado
tiveres voltado tiverdes voltado
tiver voltado tiverem voltado

Conditional
voltaria voltaríamos
voltarias voltaríeis
voltaria voltariam

Conditional Perfect
teria voltado teríamos voltado
terias voltado teríeis voltado
teria voltado teriam voltado

Imperative
*volta**–voltai

Samples of verb usage.

Depois de alguns anos ela **voltará** para casa. *After a few years she will return (come back) home.*

O rapaz **voltou** o rosto para a rapariga que passava.
The young man turned his face toward the girl who was walking by.

O navio vai **voltar** a Lisboa. *The ship is going to return to Lisbon.*

Depois de dois anos ela **voltou** a fumar. *After two years she started smoking again.*

*NOTE: Only the radical-changing verb forms with *open* stressed vowels appear in italic type. For further explanation see Foreword.

to vote

Personal Infinitive		***Present Subjunctive***	
votar	votarmos	*vote*	votemos
votares	votardes	*votes*	voteis
votar	votarem	*vote*	*votem**
Present Indicative		***Imperfect Subjunctive***	
voto	votamos	votasse	votássemos
votas	votais	votasses	votásseis
vota	*votam**	votasse	votassem
Imperfect Indicative		***Future Subjunctive***	
votava	votávamos	votar	votarmos
votavas	votáveis	votares	votardes
votava	votavam	votar	votarem
Preterit Indicative		***Present Perfect Subjunctive***	
votei	votámos	tenha votado	tenhamos votado
votaste	votastes	tenhas votado	tenhais votado
votou	votaram	tenha votado	tenham votado
Simple Pluperfect Indicative		***Past Perfect or Pluperfect Subjunctive***	
votara	votáramos	tivesse votado	tivéssemos votado
votaras	votáreis	tivesses votado	tivésseis votado
votara	votaram	tivesse votado	tivessem votado
Future Indicative		***Future Perfect Subjunctive***	
votarei	votaremos	tiver votado	tivermos votado
votarás	votareis	tiveres votado	tiverdes votado
votará	votarão	tiver votado	tiverem votado
Present Perfect Indicative		***Conditional***	
tenho votado	temos votado	votaria	votaríamos
tens votado	tendes votado	votarias	votaríeis
tem votado	têm votado	votaria	votariam
Past Perfect or Pluperfect Indicative		***Conditional Perfect***	
tinha votado	tínhamos votado	teria votado	teríamos votado
tinhas votado	tínheis votado	terias votado	teríeis votado
tinha votado	tinham votado	teria votado	teriam votado
Future Perfect Indicative		***Imperative***	
terei votado	teremos votado	*vota**–votai	
terás votado	tereis votado		
terá votado	terão votado		

Samples of verb usage.

Vote na próxima eleição. *Vote in the next election.*

O senado **votou** contra a proposta. *The Senate voted against the bill.*

Eu **tenho votado** desde 1982. *I have been voting since 1982.*

Todo cidadão numa democracia tem o direito e a obrigação de **votar.**
Every citizen in a democracy has the right and the obligation to vote.

*NOTE: Only the radical-changing verb forms with *open* stressed vowels appear in italic type. For further explanation see Foreword.

to anger; (**-se**) to get *or* become angry *or* mad

Personal Infinitive

zangar	zangarmos
zangares	zangardes
zangar	zangarem

Present Indicative

zango	zangamos
zangas	zangais
zanga	zangam

Imperfect Indicative

zangava	zangávamos
zangavas	zangáveis
zangava	zangavam

Preterit Indicative

zanguei	zangámos
zangaste	zangastes
zangou	zangaram

Simple Pluperfect Indicative

zangara	zangáramos
zangaras	zangáreis
zangara	zangaram

Future Indicative

zangarei	zangaremos
zangarás	zangareis
zangará	zangarão

Present Perfect Indicative

tenho zangado	temos zangado
tens zangado	tendes zangado
tem zangado	têm zangado

Past Perfect or Pluperfect Indicative

tinha zangado	tínhamos zangado
tinhas zangado	tínheis zangado
tinha zangado	tinham zangado

Future Perfect Indicative

terei zangado	teremos zangado
terás zangado	tereis zangado
terá zangado	terão zangado

Present Subjunctive

zangue	zanguemos
zangues	zangueis
zangue	zanguem

Imperfect Subjunctive

zangasse	zangássemos
zangasses	zangásseis
zangasse	zangassem

Future Subjunctive

zangar	zangarmos
zangares	zangardes
zangar	zangarem

Present Perfect Subjunctive

tenha zangado	tenhamos zangado
tenhas zangado	tenhais zangado
tenha zangado	tenham zangado

Past Perfect or Pluperfect Subjunctive

tivesse zangado	tivéssemos zangado
tivesses zangado	tivésseis zangado
tivesse zangado	tivessem zangado

Future Perfect Subjunctive

tiver zangado	tivermos zangado
tiveres zangado	tiverdes zangado
tiver zangado	tiverem zangado

Conditional

zangaria	zangaríamos
zangarias	zangaríeis
zangaria	zangariam

Conditional Perfect

teria zangado	teríamos zangado
terias zangado	teríeis zangado
teria zangado	teriam zangado

Imperative

zanga–zangai

Samples of verb usage.

Fui-me embora antes de eles **se zangarem** comigo. *I left before they got angry at me.*

Ela **zanga-se** pelo menor motivo. *She gets angry (mad) for the slightest reason.*

O menino **zangou** o seu pai. *The boy angered his father.*

O meu antigo advogado sempre **zangava-se** com aquele juiz.
My old lawyer always used to get mad at that judge.

ENGLISH-PORTUGUESE INDEX

NOTE: Besides providing English cross-references to those 501 verbs that are fully conjugated in the manual, the following index provides the English equivalents of over 1000 additional Portuguese verbs, the conjugations of which are like those provided herein. When the English meaning is rendered by more than one Portuguese verb, the one most commonly used is listed first, and, wherever possible, differences between Continental and Brazilian usage are indicated.

A

abandon **abandonar, desertar, renegar**
abbreviate **abreviar,** (*as to summarize*) **resumir**
abduct (*as to kidnap*) **raptar, sequestrar** (**seqüestrar** *in Brazil*)
abhor **abominar, detestar, odiar**
abide **permanecer**
able, be **poder**
abolish **abolir**
abort **abortar**
abound **abundar**
abridge **resumir, condensar**
absent, be **ausentar-se,** (*as to be missing*) **faltar**
absolve **absolver**
absorb **absorver**
abstain from **abster-se de, privar-se de**
abstract **abstrair**
abuse **abusar**
accelerate **acelerar**
accent **acentuar**
accentuate **acentuar**
accept **aceitar,** (*as to consent to*) **consentir**
acclaim **aplaudir**
accommodate **acomodar**
accompany **acompanhar**
accomplish **realizar,** (*as to bring about*) **efe(c)tuar**
accrue **acumular**
accumulate **acumular**
accuse **acusar, denunciar**
accustom **habituar, acostumar, costumar**
accustomed (to), get *or* be(come) **acostumar-se (a), habituar-se (a), costumar**(-se)
ache **doer**
achieve **realizar, atingir, alcançar**
acknowledge **admitir, reconhecer**
acquainted with, be **conhecer,** (*slightly*) **entreconhecer**
acquire **adquirir, obter**
acquit **absolver**
act **agir,** (*as to behave*) **comportar-se,** (*as to perform*) **a(c)tuar**
activate **a(c)tivar, a(c)tuar**
actuate **a(c)tuar**
adapt **adaptar, ajustar, moldar**
adapt oneself (to) **adaptar-se (a), ajustar-se (a), moldar-se (a)**
add to **acrescentar (a), adicionar (a)**
add (up) **somar, totalizar, adicionar**
addict **viciar**
addicted, be(come) **viciar-se**
address (*as a letter, etc.*) **endereçar, sobrescrever,** (*as to direct oneself to*) **dirigir-se a**
adduce **aduzir**
adhere (to) **aderir (a)**
adjudicate **judiciar**
adjust **ajustar,** (*as to adapt*) **adaptar**
administer **administrar**
admire **admirar, apreciar**
admit **admitir**
admonish **ralhar**
adopt **ado(p)tar**
adore **adorar**
adorn **adornar, enfeitar, ornamentar**
adornments, strip of **desenfeitar**
advance (*as to move forward*) **avançar,** (*as to progress*) **progredir,** (*as to further*) **adiantar, avançar**
advantage of, take **aproveitar-se (de), prevalecer-se de**
advise **aconselhar**, (against) **desaconselhar**
affect **afe(c)tar,** (*as to interest*) **interessar**
affirm **afirmar**
affix **anexar**
affix a (postage) stamp to **selar**
afford (*as to provide*) **proporcionar**
afford, be able to (*as to be able to buy* or *have money to purchase*) **ter dinheiro, poder pagar**
affront **afrontar, insultar**
afraid (of), be **ter medo (de), recear, temer**
age (*as to grow older*) **envelhecer,** (*as to mature* or *ripen*) **amadurecer**
agitate **agitar**, **remexer**
agree (with) **concordar (com), estar de acordo (com), convir,** (*as to subscribe to*) **subscrever, aderir (a)**
agree (up)on **combinar**
aid **ajudar, socorrer**
aid of, go *or* rush to the **acudir**
aim (at) **apontar, mirar**
(air)plane, go by **ir** *or* **andar de avião**
alarm **alarmar**
alarmed, (be)come **alarmar-se**
alert **alertar**
align **alinhar**
allege **alegar, aduzir,** (*as to contend*) **argumentar**
alleviate **aliviar**
allot **parcelar, dividir**, **repartir**
allow **deixar, permitir, consentir**
alter **alterar, modificar, mudar**
alternate **alternar**
amass **acumular, juntar, ajuntar**
amaze **admirar, assombrar, maravilhar, pasmar,** (*as to shock and offend*) **chocar**
amazed by *or* at, be **admirar-se com, maravilhar-se com**
ameliorate **melhorar**
amend **emendar, re(c)tificar (-se)**
amends for, make **reparar**
amplify **amplificar, magnificar,** (*as to expand*) **expandir**
amuse **divertir, entreter**
amuse oneself **divertir-se**
analyze **analisar**
anger **zangar, enfurecer, irar, assanhar**
angry, get *or* grow *or* become **zangar-se, irar-se**
angry, make **enfurecer, zangar, irar**
animate (*as to enliven*) **animar, a(c)tivar**
annex **anexar**
annihilate **aniquilar**

annotate **anotar**
announce **anunciar**
annoy **chatear, incomodar, irritar, aborrecer, zangar, desgostar, ralar,** (persistently) **molestar**
annul **anular, rescindir**
answer (*as to respond*) **responder, replicar, contestar,** (a door *or* telephone) **atender (a)**
anticipate **antecipar**
apologize **desculpar-se**
appeal (*at law, etc.*) **apelar**
appeal to **apetecer**
appear (*as to show up*) **aparecer, surgir,** (*as to seem*) **parecer**, (*as to formally present oneself*) **comparecer**
appear at (*as at a window*) **assomar**
appear through **transparecer**
appease **pacificar, conciliar**
append (to) **acrescentar (a), adicionar (a)**
appetizing, be **apetecer**
applaud **aplaudir, bater palmas**
apply (for) (*as to ask for* or *solicit, such as a job*) **pedir, solicitar,** (*as to put into practice*) **aplicar**
apply oneself **aplicar-se**
appoint **nomear, designar**
appose **apor**
appraise **avaliar, estimar**
appreciate (*as to value* or *esteem*) **apreciar,** (*as to raise the price of*) **valorizar,** (*as to increase in value*) **valorizar-se**
apprehend **apreender**
approach **aproximar-se (de)**
appropriate, be (*as fitting*) **convir, calhar**
approve **aprovar**
approve of (*as to subscribe to*) **subscrever, aderir (a)**, (*as to agree with*) **concordar (com)**, **estar de acordo (com)**, **combinar, convir**
archive **arquivar**
argue **discutir,** (*as to quarrel*) **brigar**, (*as to contend*) **argumentar**
arm **armar, munir**
arm oneself with **armar-se de, munir-se de**
around (something), go *or* get **contornar**
arouse **excitar, despertar,** (*as to arouse the emotions in*) **emocionar, comover**
aroused, get *or* become **excitar-se**
arrange **arranjar,** (*as to fix* or *straighten up*) **ajeitar, arrumar, consertar,** (*as to agree to* or *upon*) **combinar**, (*as to order* or *classify*) **ordenar, classificar**
arrest (*as by the police*) **prender, deter**
arise **surgir, emergir**
arise again **ressurgir**
arrive (at) **chegar (a),** (*as to attain*) **atingir**
ascend **ascender**
ascertain **determinar**
ascribe **atribuir**
ashamed (of), be(come) **envergonhar-se (de)**
ask (*a question*) **perguntar, fazer uma pergunta**
ask about **perguntar por**
ask for (*as to request*) **pedir,** (*as to inquire about*) **perguntar por**
asleep, fall **adormecer**
assail **agredir**
assassinate **assassinar**
assault **assaltar, agredir, acometer**
assemble (*as to gather*) **congregar(-se), juntar(-se), ajuntar,** (*as to put together*) **montar, armar**
assent **assentir**
assert **afirmar, alegar**
assess (*as bills* or *taxes, etc.*) **cole(c)tar**
assign (*as to attribute*) **atribuir,** (*as to designate*) **designar**
assist (*as to help*) **ajudar**, (*as to wait on*) **atender**
associate **associar,** (*as to relate*) **relacionar**
assume (*as to take on a responsibility, duty, etc.*) **assumir,** (*as to think*) **pensar,** (*as to presume*) **presumir**
assure **assegurar**
astonish **assombrar, admirar, surpreender, pasmar**
astonished by *or* at, be **admirar-se com, assombrar-se com**
astound **pasmar, admirar, assombrar**
attach (to) **ligar, apegar, aderir, anexar, adicionar (a),** (*as to fasten*) **fixar, pregar**
attack **atacar, agredir, acometer, investir**
attain **atingir, alcançar**
attempt (to) (*as to try*) **tentar,** (*as to try out*) **ensaiar,** (*as to undertake*) **empreender**
attend **assistir (a)**
attention (to), pay **prestar atenção (a), ligar (para)**
attest **certificar, testemunhar, depor**
attract **atrair**
attribute **atribuir**
auction **leiloar**
augment **aumentar, incrementar**
authorize **autorizar**
avail oneself of **valer-se de, favorecer-se de**
avenge (oneself) **vingar(-se)**
avoid **esquivar, evitar,** (*as to escape*) **escapar, furtar-se**
awaken **despertar**
await **aguardar, esperar**
award **premiar**; (*as to award a medal to in the military*) **condecorar**
away, draw **retrair**
away, go **ir(-se) embora, afastar-se**
away, move (*as to move off*) **distanciar**
away, pass **falecer, morrer**
away, push *or* move **afastar (-se)**
away, put (*as to keep* or *store*) **guardar**, (*as to warehouse*) **armazenar**
away, run **escapar, fugir, safar-se**
away, shoo **afugentar, espantar**
away, steal **furtar-se**
away, take (*as to subtract*) **subtrair**
awe **pasmar, admirar**
awed by, be **admirar-se com, assombrar-se com**

B

babble **balbuciar**
back (*as to sponsor*) **patrocinar,** (*financially*) **financiar**
back up (*as to move backwards*) **retroceder, recuar**
backwards, move *or* go **retroceder**
bake **assar**
balance **balançar**
ban **proibir**
banish (*as to exile*) **exilar, banir,** (*as to deport*) **deportar**

bankrupt, go **falir, abrir falência, ir à falência, ir à bancarrota, entrar em bancarrota**

baptize **ba(p)tizar**

bar (*as to prohibit*) **barrar, vedar,** (*as to lock*) **trancar**

bargain **pechinchar, regatear**

bark (*as a dog*) **ladrar, latir**

barter **trocar**

base (oneself on) **basear(-se em), fundar(-se em)**

bath, take a **banhar-se**

bathe **banhar**

battle **batalhar**

be **ser, estar, haver, existir, ficar**

be able **poder**

be up to (*as to depend on*) **depender (de)**

bear (*as to endure*) **aturar, aguentar (agüentar** *in Brazil*), **suportar**

beat (*as to hit*) **bater, espancar,** (*as to win*) **ganhar,** (*as to palpitate*) **palpitar, bater**

become **ficar, fazer-se, pôr-se, tornar-se, virar**

bed, go to **deitar-se**

bed, put to **deitar**

beg (*as to implore*) **implorar, suplicar, rogar,** (*as to panhandle*) **mendigar, pedir esmola**

begin **começar, iniciar**

begin again **recomeçar**

behave **comportar-se, portar-se, proceder,** (*as to act*) **agir**

behead **degolar, decapitar**

behoove **convir**

belch **arrotar**

believe (in) **acreditar (em), crer (em),** (*as to have an opinion*) **achar que, crer, julgar**

believe, make **fingir**

belittle **depreciar, desvalorizar, menosprezar**

bellow **berrar, rugir**

belong to **pertencer (a)**

bend **dobrar, envergar**

bend around **revirar**

bend over *or* down **abaixar(-se), baixar(-se), debruçar(-se), envergar-se, dobrar-se**

benefit **beneficiar(-se),** (*as to do good to someone*) **bem-fazer**

bet (*as to wager*) **apostar**

bet, make a **apostar**

betray **trair**

better, make *or* get *or* become **melhorar**

bewilder (*as to amaze*) **pasmar, assombrar,** (*as to puzzle* or *confuse*) **mistificar, confundir**

bewitch **enfeitiçar**

bicycle, go by **ir de bicicleta**

bicycle, ride a **ir** *or* **andar de bicicleta**

bill (*as to invoice*) **fa(c)turar**

bind (*as to tie*) **atar** (*preferred in Portugal*), **amarrar** (*preferred in Brazil*), (*as to commit oneself* or *pledge*) **comprometer-se**

bitch (*as to complain* or *grouch*) **resmungar**

bite **morder,** (*as to sting*) **picar, morder**

bite again **remorder,** (*as to sting again*) **repicar**

bitter, make **amargar**

blame **culpar, acusar, responsabilizar**

blaspheme **blasfemar**

blaze **arder**

bleach **embranquecer, branquear**

bleed **sangrar(-se)**

blend **misturar, combinar**

bless **abençoar, benzer, bem-dizer**

blind **cegar**

blindfold **vendar**

blink (*the eyes*) **pestanejar,** (*the eyes, the turn signal on a car, etc.*) **piscar**

block **bloquear, obstruir**

blood, let **sangrar**

bloom **florescer**

blossom **florescer**

blot (out) **borrar**

blow again **ressoprar**

blow (out) (*as to expel air*) **soprar**

blow a horn **buzinar**

blow a whistle **apitar**

blow one's nose **assoar-se**

blow up (*as to burst*) **arrebentar, rebentar, estourar,** (*as to explode*) **explodir,** (*as to inflate*) **inflar**

board (*as a ship*) **embarcar, abordar**

board, go *or* take *or* load *or* put on **embarcar**

boast **gabar-se, louvar-se**

boil **ferver**

bolt (*as to lock*) **trancar**

bomb **bombardear**

bombard **bombardear**

boom (*as to rumble*) **estrondar**

boot out (*as to kick out*) **expulsar, botar (fora)**

bore (*as to tire, weary,* or *annoy*) **entediar, aborrecer,** (*as to drill*) **furar, perfurar**

bored, get *or* become (*as to grow tired of*) **aborrecer-se, entediar-se, ficar entediado**

born, be **nascer**

bother (*as to pester, annoy* or *irritate*) **chatear, irritar, aborrecer, ralar,** (*as to inconvenience*) **incomodar**

bothersome, be (*as to annoy*) **chatear, incomodar, irritar, aborrecer,** (*as to be difficult* or *painful to do*) **custar**

bottle **engarrafar**

bound (*as to delimit*) **delimitar**

bow (*as to bend*) **dobrar**

bow-wow (*as to bark*) **ladrar, latir**

box (up) **encaixar**

boycott **boicotar**

brag **gabar-se, louvar-se**

brake (*as a car*) **travar** (*preferred in Portugal*), **frear** (*preferred in Brazil*)

branch off **ramificar-se**

branches *or* subdivisions, form **ramificar**

brawl **brigar**

break (*used for solids*) **partir** (*preferred in Portugal*) (***see sample conjugations***), **quebrar** (*preferred in Brazil*), (*as to fracture*) **fra(c)turar, quebrar, partir** (*preferred in Portugal*), (*as to burst*) **arrebentar, rebentar,** (*as to violate a law, etc.*) **infringir, violar**

break, take a **pausar**

break off (*as a relationship*) **romper com, terminar com** *or* **acabar com** (*preferred in Brazil*)

break oneself of a habit **deixar de, desacostumar-se de**

break loose (*as to escape*) **escapar**

break out (*as to burst*) **arrebentar, irromper,** (*as to escape*) **escapar**

break up (*as to smash into pieces*) **despedaçar,** (*as a relationship*) **romper com,** (*as to fragment*) **fragmentar**

breast-feed **amamentar, mamar**

breathe **respirar**

breathe in **inspirar, aspirar**

breathe out **expirar**

bribe **subornar**

bribe to, give a **subornar**

bridle **refrear**

brighten (*as to lighten*) **clarear**
bring **trazer**
bring about (*as to effect*) **efe(c)tuar**
bring back **retornar**
bring down (*as to knock down*) **derrubar**
bring forward **aduzir**
bring near **aproximar(-se de), aconchegar**
bring up (*as to raise, nurture*) **criar, educar**
bristle (*as hair*) **arrepiar(-se)**
broadcast (*as radio, TV*) **emitir, transmitir**
broaden **alargar, expandir**
broil **grelhar, assar**
broke, go **falir, arruinar-se**
bronze **bronzear**
brood (*as to hatch*) **chocar**
brown (*as food*) **dourar**
bruise **machucar**
brush (*as the teeth, hair, etc.*) **escovar**
bubble (up) **borbulhar**
bud **brotar**
buff (*as to polish* or *shine*) **polir**
build **construir, fabricar**
bully **intimidar**
bundle up (*as to dress warmly*) **agasalhar(-se)**
burn **queimar, arder,** (*as to catch fire*) **incendiar-se**
burnish (*as to polish*) **polir**
burp **arrotar**
burst **arrebentar, rebentar, estourar, explodir, prorromper**
burst out **arrebentar, irromper**
bury **enterrar**
bus, go by **andar** *or* **ir de autocarro** (*in Portugal*) **de ônibus** (*in Brazil*)
business (with), do **negociar (com), comerciar**
business, go out of **falir**
bust (*as to break*) **quebrar, romper, partir**
bust, go (*as to go broke*) **falir**
butt in (*as to meddle*) **intrometer**
button **abotoar**
buy **comprar**
buzz **zumbir**
bypass (*as to go around*) **desviar, contornar**

C

calculate **calcular, computar**
call **chamar,** (*as to convoke*) **convocar**
call (up) (*as to phone*) **telefonar, ligar** (*preferred in Brazil*)
call (up)on (*as to invoke*) **invocar, apelar**
call back (*as to revoke*) **revocar**
call forth **evocar**
call into question **questionar**
called, be (*as to be named*) **chamar-se**
calm, become **acalmar-se**
calm (down) **acalmar(-se), sossegar(-se), amansar(-se)**
camp **acampar**
can (*as to be able to*) **poder**
can (foods) **enlatar**
cancel **cancelar, anular**
candidate, be a **concorrer**
cap (*as to put a lid on*) **tampar**
capacitate **capacitar**
captivate **captar, fascinar**
capture **capturar**
car, go by **ir** *or* **andar de carro** *or* **automóvel**
care (of), take **cuidar (de), ocupar-se com** *or* **de, encarregar-se de**
care about (*as to be concerned with*) **importar-se (com)**
careful, be **ter cuidado, cuidar(-se)**
caress **acariciar**
carry **levar, carregar**
carry out (*duties, etc.*) **exercer, desempenhar**
carve (*as to engrave*) **gravar**
cast (*as to throw*) **atirar, deitar, jogar** (*in Brazil*), **botar, lançar,** (*as metals*) **fundir**
cast, put in a (plaster) **engessar**
cast lots **sortear**
catch **apanhar, pegar,** (*as to capture*) **prender, capturar,** (*as fish*) **pescar,** (*as to hook*) **enganchar**
catch a cold **resfriar-se**
catch fire **incendiar-se**
catch sight of **entrever**
catch the flu **gripar-se**
caught, be(come) (*as to get hooked*) **enganchar-se**
cause **causar, motivar**
cause remorse **remorder, causar remorsos**
cause repugnance **repugnar**
caution **advertir**
cave in (*as to crumble down*) **desabar-se**
cease (from) **cessar, desistir (de), deixar de**
cede **ceder**
celebrate **celebrar, festejar**
censor **censurar**
censure **censurar**
center **centrar**
centralize **centralizar**
certify **certificar**
challenge **desafiar**
chance (*as to risk*) **arriscar, aventurar**
change (*as to alter*) **mudar, modificar,** (*as to exchange* or *swap with* or *for*) **trocar (por** *or* **com)**
change into (*as to become* or *turn into*) **tornar-se, virar**
change one's mind **mudar de ideia (idéia** *in Brazil*), (*as to have a change of heart*) **arrepender-se**
channel **canalizar**
characterize **caracterizar, qualificar**
charge (*as for goods* or *services*) **cobrar,** (*as to debit*) **debitar,** (*as to attack*) **atacar,** (*as to indict*) **acusar,** (*as a battery*) **carregar**
charge (with) (*as to entrust to*) **encomendar, encarregar, incumbir (de)**
charged (with), be (*as to be entrusted to*) **incumbir-se (de)**
charm **fascinar,** (*as to bewitch*) **enfeitiçar**
charter (*as a bus, boat, plane, etc.*) **fretar**
chase off *or* away **afugentar**
cheat (*as to defraud*) **fraudar,** (on) **trair**
cheep **piar**
cheer (*as to applaud*) **aplaudir**
cheer (for) **torcer (por)**
cheer up **animar(-se), desentristecer(-se)**
chew **mastigar** (*food*), **mascar** (*as gum* or *tobacco*)
chide **ralhar**
chill **gelar, esfriar** (*more commonly used in Brazil*), **resfriar, arrefecer(-se)** (*more commonly used in Portugal*), **refrigerar**
chime **repicar**
chirp **piar**
choke (*as to suffocate*) **sufocar, afogar,** (*as to strangle*) **estrangular,** (*as to gag on one's food*) **engasgar,** (*as to stifle*) **abafar**
choose **escolher, sele(c)cionar, eleger, optar (por)**
chop **cortar**
chop (up) finely **picar**
chop (up) finely again **repicar**
christen **ba(p)tizar**
circulate **circular**

circumscribe **circunscrever**
cite **citar, aduzir**
citizen, become a **naturalizar-se**
citizenship to, grant **naturalizar**
civilize **civilizar**
civilized, become **civilizar-se**
claim **alegar, pretender**
clap (*as to applaud*) **bater palmas, aplaudir**
clarify **clarificar, esclarecer**
clash **entrebater-se**
classify **classificar, qualificar**
clean (up) **limpar,** (*as to tidy* or *straighten up*) **arrumar**
cleanse **limpar, purificar**
clear up (*as to lighten*) **clarear,** (*as to make clear* or *clarify*) **esclarecer, clarificar,** (*as to solve*) **resolver, solucionar**
clear, be **constar**
cleave **rachar**
climax, reach a **culminar,** (*as to have an orgasm*) **ter orgasmo**
climb (up) **subir, ascender, escalar**
clog (up) **entupir, obstruir**
clone **clonar**
close **fechar,** (*as to terminate*) **terminar, encerrar**
close slightly **entrefechar**
close to, come *or* get **aproximar-se de**
close up (*as to seal*) **selar,** (*as to cover up*) **tapar**
cloud over **nublar-se**
cloudy, be(come) **nublar-se**
coach **treinar**
cock (*as a gun*) **engatilhar**
codify **codificar**
coerce **compelir**
coexist **coexistir**
cogitate **cogitar**
coil (up) **enrolar**
coincide **coincidir, corresponder**
cojoin **conjuntar**
cold, catch *or* get *or* come down with a **resfriar-se, ficar resfriado**
cold, get *or* become *or* grow **esfriar(-se)** (*preferred in Brazil*), **arrefecer(-se)** (*preferred in Portugal*)
cold, have a **estar (com) resfriado**
collaborate (with) **colaborar (com)**
collapse **desabar-se**
collect (*as to make a collection of*) **cole(c)cionar**, (*as bills* or *taxes, etc.*) **cole(c)tar,** (*as to get* or *receive*) **cobrar,** (*as to gather* or *amass*) **cole(c)tar, juntar, recolher**
collide **colidir, chocar-se, embater-se**, (*as to crash together*) **entrechocar-se**
colonize **colonizar, povoar**
color **colorir,** (*as to tint* or *dye one's hair*) **pintar (o cabelo)**
comb **pentear**
combat **combater**
combine **combinar, conjugar**
come **vir**
come across (*by chance*) **deparar(-se com)**
come apart **desfazer(-se)**
come back **voltar, retornar, revir**
come before (*as in time*) **anteceder, preceder**
come close to **aproximar-se de**
come down **descer**
come down with a cold **resfriar-se, ficar resfriado**
come in haste **acorrer**
come near (to) **aproximar-se (de), chegar-se (a)**
come out (of) **sair (de)**
come to a head **culminar**
come to an understanding (with) **entender-se (com), avir-se (com)**
come to one's mind (*as to occur*) **ocorrer**
come upon (by chance) **deparar(-se com)**
come unsewn **descoser-se** (*in Portugal*), **descosturar-se** (*in Brazil*)
comfort **confortar, consolar, acomodar**
command **comandar, ditar,** (*as a talent* or *a skill*) **dominar**
comment (on) **comentar (sobre)**
commerce **comerciar**
commit (*as to perpetrate*) **cometer**
commit oneself (*as to pledge*) **comprometer-se**
communicate **comunicar**
Communion, give *or* receive Holy **comungar**
compare (with *or* to) **comparar (com** *or* **a)**
compel **compelir, forçar, obrigar**
compensate **compensar**
compete (with) **competir (com), concorrer (com), rivalizar(-se com)**
compile **compilar**
complain (of *or* about) **queixar-se (de), lastimar(-se por), reclamar,** (*as to grouch*) **resmungar**
complete **completar, acabar, terminar**
complete, make **integrar, inteirar**
complicate **complicar**
complicated, get *or* become **complicar-se**
comply (with) **cumprir**
comply (with), not **descumprir**
compose **compor**
composed of, be **constar de**
comprehend (*as to understand*) **compreender, entender, captar,** (*as to comprise*) **compreender, encerrar, abranger**
compress **comprimir**
comprise **abranger, compreender, encerrar**
compromise (*as to jeopardize* or *endanger*) **comprometer,** (*as to resolve through mutual concessions*) **resolver por meio de concessões mútuas**
compute **computar**
conceal (*as to hide*) **esconder, ocultar,** (*as to cover*) **encobrir, tapar,** (*as to mask* or *disguise*) **disfarçar, mascarar(-se)**
concede **conceder, admitir, deferir**
conceive **conceber**
concentrate **concentrar**
concern (*as to interest* or *matter to*) **interessar, importar,** (*as to regard*) **concernir**
concern, relieve of **despreocupar**
conciliate **conciliar**
conclude **concluir, determinar-se**
concoct **confeccionar**
concrete, render *or* make **concretizar**
concur (*as to agree with*) **concordar com**
condemn **condenar, sentenciar**
condense **condensar, abreviar, resumir**
conditions, make subject to **condicionar**
conduct **conduzir, dirigir**
conduct (*as an orchestra*) **reger**
conduct oneself **comportar-se, portar-se, proceder**

confect **confeccionar**
confer **conferir**
confess **confessar**
confess again **reconfessar**
confide to *or* in **confiar (em)**
confidence in, have **confiar (em)**
configure **configurar**
confine **confinar, (de)limitar, encerrar,** (*as to limit* or *circumscribe*) **circunscrever**
confine to (*as to intern*) **internar em**
confirm **confirmar, comprovar**
confiscate **confiscar, sequestrar (seqüestrar** *in Brazil*)
conform (oneself to) **conformar(-se com), adaptar(-se a), ajustar(-se a), moldar(-se a)**
confront **confrontar, enfrentar, encarar**
confuse **confundir, atrapalhar,** (*as to mix up*) **embaralhar**
confused, become **confundir-se, atrapalhar-se**
congeal **congelar, gelar**
congratulate **dar (os) parabéns, felicitar, parabenizar** (*in Brazil*)
congregate **congregar(-se)**
conjecture (*as to suspect*) **suspeitar**
conjugate **conjugar**
conjure **conjurar**
conk out (*as a motor*) **estancar**
connect **conectar, ligar, unir**
connote **conotar**
conquer **conquistar, vencer**
consecrate **consagrar**
consent **consentir, assentir**
conserve **conservar, preservar**
consider **considerar, contemplar, ponderar, meditar, cogitar, refle(c)tir sobre**
consider unfavorably **desfavorecer**
consign **consignar**
consist (of) **consistir (em), constar de**
console **consolar, confortar**
consolidate **consolidar**
consonant, be **consoar**
conspire **conspirar, tramar**
constitute **constituir**
constrain **constranger**
construct **construir, fabricar**
consult **consultar**
consume (*as to use up*) **consumir, gastar,** (*as to eat away at*) **roer**
contact **conta(c)tar**
contain **conter**
contaminate **contaminar, poluir**
contemplate **contemplar, cogitar**
contend **contender,** (*as to argue a point*) **argumentar**
content **contentar**
content with, be **contentar-se com**
contest **contender, contestar**
contingent upon, make **condicionar**
continue **continuar, seguir**
contort **contorcer**
contraband, traffic in **contrabandear**
contract (*as to hire, etc.*) **contratar,** (*as a debt* or *sickness,* etc.) **contrair,** (*as to shrink*) **contrair, encolher**
contradict **contradizer, contrariar, refutar, desmentir, desdizer**
contrary, be **contrariar**
contravene **contravir**
contribute **contribuir**
control **controlar,** (*as to regulate*) **regular, regulamentar**
control of oneself, lose **desmedir-se, descontrolar-se**
control oneself, **controlar-se, moderar-se**
convalesce **convalescer**
converge **convergir, confluir**
converse **conversar**
convert (to) **converter (a** *or* **em)**
convey **transportar, comunicar**
convict **condenar, sentenciar**
convince **convencer**
convoke **convocar**
convulse **convulsionar(-se)**
cook **cozinhar**
cool, get *or* become *or* grow **esfriar(-se)** (*preferred in Brazil*), **arrefecer(-se)** (*preferred in Portugal*), **gelar-se**
cool (off *or* down) **esfriar** (*preferred in Brazil*), **arrefecer(-se)** (*preferred in Portugal*), **refrescar, refrigerar, gelar, resfriar**
cooperate (with) **cooperar (com), colaborar (com)**
coordinate **coordenar**
cope with **lidar com**
coproduce **co-produzir**
copy **copiar, imitar, reproduzir,** (*as to transcribe*) **transcrever**
cork (*as to stopper*) **tampar**
corporation, form a **incorporar**
correct **corrigir, emendar, remediar,** (*as to rectify*) **re(c)tificar(-se), regularizar(-se),** (*as to set straight*) **endireitar**
correlate **correlacionar**
correspond **corresponder**
corroborate **corroborar, comprovar, verificar**
corrode **corroer,** (*as to rust*) **enferrujar**
corrupt **corromper, perverter**
cost **custar**
cough **tossir**
count **contar**
count again **recontar**
counterfeit **falsificar, alterar, contrafazer**
countermand (*an order*) **contramandar, desmandar**
counterproduce **contraproduzir**
counterproposal, make a **contrapropor**
counterprove **contraprovar**
cover **cobrir, encobrir** (*as with a lid*) **tampar,** (*as to put a covering* or *lining in* or *on*) **forrar,** (*as to comprise* or *include*) **abranger, incluir**
cover up **cobrir, tapar**
covet **cobiçar**
cradle **embalar**
crack (*as to split*) **rachar,** (*as the sound of a whip*) **estalar**
crash (into) **colidir, chocar(-se com), embater(-se)**
crash together **entrechocar-se**
crave (*as to be hungry for*) **apetecer, ter desejo de**
crazy, drive *or* go **endoidecer, enlouquecer**
creak **ranger**
create **criar**
crease (*as to crumple*) **amarrotar**
credit **dar crédito, creditar**
credit to, be a **honrar**
cripple (*as to maim*) **aleijar,** (*as to incapacitate*) **incapacitar**
crisscross **ziguezaguear**
criticize **criticar**
cross (*as to traverse*) **atravessar, cruzar**
cross, make the sign of the **benzer-se, fazer o sinal-da-cruz**
cross out *or* off **riscar, cancelar**
crouch **agachar-se**
crown **coroar**
crumble (down) **desabar-se, desmoronar-se**

crumple **amarrotar**
crush **esmagar, machucar,** (*as to compress*) **comprimir, pisar**
cry (*as to weep*) **chorar**
cry (out) **gritar**
cry out against **reclamar**
cuddle **aconchegar**
cull **sele(c)cionar**
culminate **culminar**
cultivate **cultivar**
cure (*as to heal*) **curar,** (*as to smoke* or *salt meat, fish, etc.*) **defumar, salgar**
curl (up) **enrolar**
curse **amaldiçoar, maldizer**
cut **cortar**
cut out **recortar**

D

dally **remanchar**
damage **estragar, avariar, machucar, danificar, prejudicar, danar**
damn **amaldiçoar, maldizer, danar**
damp, become **(h)umedecer-se**
dampen (*as to moisten*) **(h)umedecer,** (*as to deaden a shock*) **amortecer**
dance **dançar**
dangle (*as to hang*) **pender**
dare (*as to risk*) **ousar, atrever-se, aventurar**
dark, get *or* become *or* grow **escurecer, anoitecer, entardecer**
darken **escurecer, obscurecer**
dash at **arremeter**
dash off (*as to write* or *prepare in haste*) **rascunhar**
date (*as an amorous relationship*) **namorar**
date (from) (*as to put a date on*) **datar (de)**
daub **pincelar**
dawn **amanhecer**
daydream **entressonhar**
daze **deslumbrar**
dazzle **deslumbrar**
deaden **amortecer**
deaf, become **ensurdecer, ficar ensurdecido**
deaf, grow *or* make **ensurdecer**
deafen **ensurdecer**
deal with **tratar (de),** (*as to handle* or *take care of*) **manejar, abordar, ocupar-se (com** *or* **de),** (*as to negotiate*) **negociar,** (*as to cope with*) **lidar com**
debase (oneself) **degradar**(-**se**)
debate **debater, discutir**
debit **debitar**
debilitate **debilitar, enfraquecer**
decapitate **decapitar, degolar**
decay (*as to rot*) **apodrecer,** (*as to decline*) **decair**
deceive **enganar,** (*as with false hopes*) **iludir**(-**se**)
decentralize **descentralizar**
decide **decidir,** (*as to determine*) **determinar**(-**se**)
decipher **decifrar**
declare **declarar, afirmar, manifestar**
decline **declinar,** (*as to decay*) **decair**
decode **decifrar**
decompose **decompor, apodrecer**
decorate (*as to adorn*) **decorar, enfeitar, ornamentar,** (*as to award a medal to in the military*) **condecorar**
decrease **diminuir, decrescer**
dedicate **dedicar**(-**se**), **devotar**(-**se**), (*as to consecrate*) **consagrar**(-**se**)
deduce **deduzir**
deface **deformar**
defame **difamar, caluniar, injuriar, denegrir**
defeat **derrotar, vencer, conquistar**
defend **defender,** (*as to protect*) **proteger**
defer (*as to postpone*) **adiar, postergar, prorrogar, pospor**
define **definir,** (*as to characterize*) **caracterizar**
deflect **desviar**
deform **deformar**
defraud **fraudar**
defy **desafiar**
degenerate **degenerar**
degrade (oneself) **degradar (-se)**
delay **demorar, atrasar**(-**se**), **pausar, tardar, prolongar,** (*as to retard*) **retardar**
delegate (to) **delegar (a)**
delete **apagar, eliminar, suprimir**
deliberate **deliberar**
delimit **delimitar**
delineate **delinear**
delirious, be **delirar, estar delirando**
deliver **entregar**
delude **iludir**(-**se**)
demand **demandar, exigir, reivindicar**
demarcate **delimitar**
demolish **demolir, derrubar, desmoronar**
demonstrate **demonstrar**
demoralize **desmoralizar**
demoralized, become **desmoralizar-se**
denigrate **denegrir**
denote **denotar, significar**
denounce **denunciar**
deny **negar, refutar, denegar, renegar, desmentir**
deny oneself **privar-se (de)**
deny protection **desproteger**
deny support **desapoiar, desamparar**
depart **ir**(-**se**) **embora, sair, afastar-se, apartar-se**
depend (on *or* upon) **depender (de)**
depict **figurar, representar, descrever**
deplore **deplorar**
deport **deportar**
depose **depor**
deposit **depositar**
depreciate **depreciar, desvalorizar**
depress **deprimir, abater, desanimar**
deprive (of) **privar (de), desproteger**
deride **ridicularizar**
derive **derivar**
descend (*as to go down*) **descer**
descend from (*as to come from*) **descender de, provir de, derivar-se de**
descended from, be **descender de, provir de, derivar-se de**
describe **descrever**
desert **desertar, abandonar**
deserve **merecer**
design **desenhar**
designate **designar,** (*as to point out*) **assinalar**
desire **desejar**
desist (from) **desistir (de)**
despair **desesperar-se**
despise **desprezar**
dessicate **dessecar**
destroy **destruir**
detach **separar, despegar, destacar**
detail (*as to give the details of*) **pormenorizar, particularizar**
details of, give **pormenorizar, particularizar**
detain **deter**
detect (*as to discover*) **descobrir, revelar**
deteriorate **deteriorar, degenerar**
determine **determinar**

determined, be(come) **determinar-se**
detest **detestar**
detract (from) **detrair (de)**
devalue **desvalorizar**
devastate **devastar**
develop **desenvolver,** (*as to elaborate*) **elaborar-se,** (*as photographs*) **revelar**
devise **inventar**
devote **devotar**(-se), **dedicar**(-se), (*as to consecrate*) **consagrar**(-se)
devour **devorar, tragar**
dial (*a telephone*) **discar**
dictate **ditar**
die **morrer, falecer, expirar**
differ (*as to disagree*) **discordar, distinguir-se (de), diferir**
different from, be **distinguir-se (de)**
differentiate **diferenciar, distinguir**
difficult, be (*as to be troublesome* or *painful*) **custar**
difficult, make **dificultar**
diffuse **difundir**
dig **cavar**
digest **digerir**
dilate **dilatar**
diligent, be **aplicar-se**
dim **escurecer**
dim, get *or* become *or* grow **escurecer**
diminish **diminuir, reduzir**
dinner, eat *or* have **jantar**
dip (*as to submerge*) **mergulhar**
direct **dirigir, orientar**
direct oneself to **dirigir-se a**
dirty **sujar**
dirty, get *or* become **sujar-se**
disable (*as to maim*) **aleijar,** (*as to incapacitate*) **incapacitar**
disabuse **desenganar**
disagree **discordar, dissentir, desacordar**
disallow **desconsentir**
disappear **desaparecer, sumir**
disappoint **decepcionar, desapontar, desiludir**
disapprove **desaprovar**
disarm **desarmar**
disarrange **desarranjar, desarrumar, desordenar, descompor**
disassemble **desarmar, desmontar**
disavow **denunciar, repudiar**
disbelieve **descrer**
discard **descartar**(-se)
discern (*as to distinguish*) **discernir,** (*as to make out, perceive*) **enxergar**
discharge (*as to dismiss* or *fire from a job*) **demitir,** (*as a firearm*) **disparar,** (*as to unload*) **descarregar**
discipline **disciplinar**
disclose **expor, divulgar, revelar**
discolor **descolorir**
discompose **descompor**
disconnect **desligar, desconectar, desarticular**
discontent **descontentar**
discontinue **descontinuar, cessar, suspender**
discount **descontar**
discourage **desanimar**
discover (*as to find*) **descobrir, achar, encontrar,** (*as to reveal*) **revelar, descobrir**
discredit **desacreditar, desfavorecer, desonrar**
discriminate **discriminar,** (*as to discern*) **discernir**
discuss **discutir**
disembark **desembarcar**
disenchant **desencantar, desiludir**
disencumber **desimpedir**
disengage **desprender**
disfavor **desfavorecer**
disfigure **deturpar**
disgrace **desonrar**
disguise **disfarçar, mascarar**(-se)
disgust **repugnar**
disgust, cause **repugnar**
dishearten **desanimar**
dishonor **desonrar**
disillusion **desiludir, decepcionar, desencantar**
disinfect **desinfe(c)tar**
disinherit **deserdar**
disintegrate **desintegrar**(-se)
disinter **desenterrar**
disjoin **desunir**
disjoint **desconjuntar, desarticular, desencaixar**
dislocate **deslocar, desconjuntar, desarticular, desencaixar**
dismantle **desmontar**
dismiss (*as to fire*) **despedir, demitir, desempregar**
dismount (*as a horse*) **desmontar**
disobey **desobedecer**
disoccupy **desocupar**
disorganize **desorganizar, desordenar**
disorient **desorientar**
disparage **depreciar, desapreciar, desvalorizar, menosprezar**
dispatch **despachar, expedir**
dispense **dispensar,** (*as to administer*) **administrar**
dispense with (*as to forego*) **prescindir**
disperse **dispersar, espalhar, derramar, difundir, disseminar**
display **exibir, mostrar, expor, manifestar**
displease **desagradar, aborrecer, desgostar**
dispose **dispor**
dispute **disputar, contender, debater,** (*as to contest*) **contestar**
disquiet **inquietar**
disregard **desconsiderar, desatender, descuidar**
disrepair, put into **desconsertar**
disrespect **desrespeitar**
dissatisfy **desagradar, descontentar**
dissemble **dissimular, disfarçar**
disseminate **disseminar, dispersar,** (*as to publicize*) **divulgar**
dissent from **dissentir**
disserve **desservir**
dissociate **desassociar, dissociar**
dissolve **dissolver**
dissuade **dissuadir, desaconselhar, desconvencer, despersuadir**
distain **desprezar, menosprezar**
distance (*as to separate*) **distanciar**
distance oneself (*as to move off* or *away*) **distanciar-se**
distend **distender**
distinguish **distinguir,** (*as to characterize*) **caracterizar,** (*as to make out*) **enxergar,** (*as to discern*) **discernir**
distinguish oneself **destacar-se**
distort **deformar, deturpar**
distract **distrair**
distress **afligir, magoar, penalizar, desconfortar**
distressed, get *or* become **afligir-se, penalizar-se**
distribute (among) **distribuir (entre** *or* **por), repartir (entre), dividir (entre)**
distrust **desconfiar, suspeitar**

disturb (*as to bother, inconvenience, irritate, etc.*) **incomodar, chatear, irritar, aborrecer**
disunite **desunir, desconjuntar, separar, apartar**
dive **mergulhar**
divide (*as to separate*) **dividir, partir** (***see sample conjugations***)
divide into portions **parcelar**
divide up **partilhar**
diversify **diversificar**
divert **desviar,** (*one's attention*) **distrair**
divorce **divorciar**
divorced, get *or* become **divorciar-se**
divulge **divulgar**
do **fazer**
do again *or* over **refazer, repetir**
do business with **negociar com**
do good (*as to someone*) **bem-fazer**
do harm **injuriar**
do penance **penitenciar-se**
do without (*as to forego*) **prescindir**
doctor (*as to treat with medicine*) **medicar**
document **documentar**
dodge (*as to evade*) **furtar-se, evitar**
doodle (*as to scribble*) **rabiscar**
dominate **dominar**
double **dobrar, duplicar**
doubt **duvidar**
down, bend **baixar**(-se), **envergar**(-se), **abaixar-se, debruçar**(-se), **dobrar**(-se)
down, bring **baixar**, (*as to knock down*) **derrubar**
down, calm **acalmar(-se), amansar**
down, get *or* go *or* come **descer**
down, gulp **engolir**
down, knock **derrubar, desmoronar, tombar**
down, lay **deitar,** (*as rules* or *law, etc.*) **prescrever**
down, lie **deitar-se**
down, put *or* set **pousar, assentar, deitar**
down, put (*as to depose*) **depor**
down, turn (*as the volume of a radio, TV, stereo, etc.*) **abaixar, baixar**
doze (off) **cochilar**
draft (*as to recruit*) **recrutar,** (*as to outline*) **rascunhar**
draft, make a rough **rascunhar**
drag **arrastar**
drain **drenar, vazar,** (*as to suck out*) **chupar**, (*as to run off*) **escorrer**
draw (*as to sketch* or *outline*) **desenhar, traçar,** (*as to attract*) **atrair**, (*as to drag*) **arrastar, puxar**
draw (out) **tirar (de), extrair (de)**, (*as to suck out*) **chupar**
draw back (in) **retrair**
draw lots **sortear**
draw near (*as to bring near*) **aproximar**
draw near to (*as to approach*) **aproximar-se de**
dream **sonhar**
drench **remolhar, ensopar, saturar**
dress (oneself) **vestir**(-se), *also* **botar** *or* **colocar a roupa** (*in Brazil*)
dress again **revestir**
dressed, get **vestir-se**
dress up (*as to adorn*) **enfeitar**(-se)
dress warmly **agasalhar**(-se)
dribble **gotejar**
drill **furar**
drink **beber** (***see sample conjugations***), (a drink) **tomar (uma bebida)**
drink to (*as to toast*) **brindar**
drip **pingar, gotejar**
drive (*as a car, etc.*) **dirigir, conduzir**
drive crazy **endoidecer, enlouquecer**
drive forward (*as to impel*) **impulsionar, impelir, propelir**
drive off *or* away (*as to chase* off) **afugentar, espantar**
drizzle **chuviscar**
drool **babar**
drop (*as to let fall*) **deixar cair**
drop by drop, fall **gotejar**
drown **afogar**
drunk, be **estar bêbado** *or* **bêbedo**
drunk, become *or* get **embriagar-se, ficar bêbado** *or* **bêbedo**
drunk, make *or* get **embriagar**
dry (up *or* out) **secar, ressecar**
dry off **enxugar**
dry again **ressecar**
dry, make **secar, dessecar**
duck (*as to bend over*) **abaixar-se**
dump out **despejar**
dunk (*as to submerge*) **mergulhar**
dupe **enganar, iludir**
duplicate **duplicar**, (*as to copy*) **copiar**
dwell (at *or* in) **morar (em), residir (em)**
dye **tingir, pintar**
dye (one's) hair **pintar o cabelo**

E

earlier than, be (*as to precede in time*) **anteceder**
earmark **assinalar**
earn **ganhar**
ease (*as to slacken*) **afrouxar, relaxar,** (*as to alleviate*) **aliviar**
easy, make (*as to facilitate*) **facilitar**
eat **comer**
eat a snack **lanchar**
eat dinner **jantar**
eat lunch **almoçar**
eat supper **jantar**
eat up (*as to devour*) **devorar**
echo **ecoar, repercutir**(-se)
economize **economizar**
educate **educar, instruir,** (*as to teach*) **ensinar**
effect(uate) (*as to accomplish, bring about*) **efe(c)tuar, realizar**
effect (up)on, have an **repercutir**(-se)
effort, make an **esforçar-se, empenhar-se (a, em, para** *or* **por)**
eject **expelir**
elaborate **elaborar**
elapse (*said of time*) **decorrer, transcorrer**
elbow **cotovelar**
elect **eleger**
elevate **elevar**
eliminate **eliminar,** (*as to liquidate*) **liquidar**
embarass **envergonhar, embaraçar**
embarassed, be(come) **envergonhar-se**
embark **embarcar**
embellish **adornar, enfeitar,** (*as to gild*) **dourar**
embezzle **desfalcar**
embitter **amargar**
embittered, become **amargar-se**
embody **incorporar, incluir**
embrace (*as to hug*) **abraçar,** (*as to encompass* or *include*) **incluir, encerrar, compreender, abranger**
embroiled (in), get **embrulhar-se (em)**

emend **emendar**
emerge **emergir, surgir**
emerge again **ressurgir**
emigrate **emigrar**
emit **emitir,** (*as to give off an odor*) **exalar,** (*as to give off sparks*) **faiscar**
emotion in, excite *or* arouse **comover, emocionar**
employ **empregar, utilizar,** (*as to put into practice*) **aplicar**
emphasize **dar ênfase, acentuar, salientar, destacar**
empty **esvaziar, vazar, desencher,** (*as to pour* or *dump out*) **despejar**
empty, become **vazar-se**
enable **capacitar**
encase **encaixar**
enchant **encantar**
encircle (*as to enclose*) **cercar, encerrar, rodear,** (*as to encompass*) **abranger, compreender**
enclose **cercar, encerrar, rodear**
encompass **encerrar, compreender, abranger**
encourage **animar, incentivar, fomentar**
encumber **embaraçar**
end **acabar, terminar, concluir,** (*as to expire*) **expirar**
end in (*as to result in*) **resultar em**
endanger **pôr em perigo, arriscar, comprometer**
endeavor (to) **tentar, intentar, empreender**
endow **dotar**
endure (*as to last*) **durar, permanecer,** (*as to tolerate*) **aguentar (agüentar** *in Brazil*), **aturar, suportar, tolerar**
enforce **impor**
engrave **gravar, inscrever**
enhance **realçar**
enjoy **gozar (de),** (*as to savor*) **saborear**
enjoy oneself **divertir-se**
enlarge **ampliar, alargar, amplificar, magnificar, dilatar, expandir, engrossar, prolongar**
enlist (in) (*as to recruit*) **recrutar,** (*as to join*) **ingressar (em)**
enliven **animar, reanimar**
enough, be **bastar, chegar, ser suficiente**
enrage **assanhar, enfurecer, irar**
enraged, get *or* become *or* grow **enfurecer-se, irar-se**
enrich **enriquecer**
enroll **inscrever,** (*as for classes*) **matricular(-se)**
enroll again **reinscrever**
enslave **escravizar**
entangle **embaraçar, embaralhar**
enter (into) **entrar (em), ingressar (em)**
entertain **entreter, divertir**
entitle **intitular**
entrust (to *or* with) **confiar (a), encarregar, delegar (a), encomendar (a), incumbir**
entrusted, be (to *or* with) **incumbir-se (de)**
enumerate **enumerar,** (*as to itemize*) **relacionar**
enunciate **enunciar, pronunciar**
envelop **envolver**
envy **invejar**
enwrap **revestir**
equal, make things **igualar**
equate **igualar**
equalize **igualar, nivelar,** (*as to make uniform*) **uniformizar**
equivalent (to), be **equivaler (a)**
erase **apagar,** (*as to rub out*) **raspar**
erect **montar**
erode **corroer**
err **errar, enganar-se**
errors, remove **emendar, corrigir**
escape **escapar, fugir, furtar-se**
eschew **esquivar**
establish **estabelecer, instituir,** (*as to found*) **fundar, instaurar**
esteem **estimar, prezar, admirar**
estimate **estimar, avaliar**
etch (*as to engrave*) **gravar**
eulogize **elogiar**
euthanize (*as a pet*) **sacrificar**
evacuate **evacuar**
evade **evitar, escapar, esquivar, furtar-se**
evaluate **avaliar**
evaporate **evaporar**
evidence, give **testemunhar, depor**
evident, be **constar**
evince **manifestar**
evoke **evocar**
evolve **evoluir,** (*as to develop*) **desenvolver**
exact, be (*as to be precise*) **precisar**
exaggerate **exagerar**
exalt **exaltar, glorificar**
examine **examinar,** (*as to inspect*) **revistar, inspe(c)cionar, fiscalizar**
exasperate **exasperar**
exceed **exceder, ultrapassar, superar**
excel **exceder**
except **exce(p)tuar, isentar**
excess, be in **sobrar**
exchange (for) **trocar (por), substituir (por)**
exchange (with) **trocar (com)**
exchange looks **entreolhar-se**
excite **excitar, provocar, emocionar**
excite the passions of **apaixonar**
excited, get *or* become **excitar-se**
exclaim **exclamar**
exclude **excluir,** (*as to except* or *exempt*) **exce(p)tuar, isentar**
excuse **desculpar**
execute **executar,** (*as to carry out*) **desempenhar**
exemplify **exemplificar, tipificar**
exempt **isentar, desobrigar**
exercise (*as to work out physically*) **fazer exercícios, exercitar,** (*as to carry out* or *perform duties, etc.*) **exercer**
exert oneself (in *or* for) **esforçar-se, empenhar-se (a, em, para** *or* **por)**
exert influence (up)on **influenciar, influir**
exhale **expirar**
exhaust **esgotar**
exhausted, be **estar esgotado, esgotar-se**
exhibit **exibir, manifestar**
exhume **desenterrar**
exile **exilar, banir**
exist **existir, ser, subsistir**
expand **expandir, alargar, amplificar, dilatar**
expect **esperar, aguardar,** (*as to anticipate*) **antecipar**
expel **expulsar, expelir, banir**
expensive, make *or* become more **encarecer**
experience **experimentar,** (*as to feel*) **sentir**
experiment **experimentar**
expire (*as to die*) **expirar, falecer,** (*as a deadline*) **vencer, expirar**
explain **explicar, expor,** (*as to interpret*) **interpretar**
explain again **reexplicar, reexpor**
explode **explodir, arrebentar, estourar**

exploit **explorar**
explore **explorar**
export **exportar**
expose **expor**
express **expressar, exprimir;** express oneself well **expressar-se bem, exprimir-se bem**
extend **estirar, esticar, alargar, alongar, prolongar, estender, dilatar,** (one's hand) **tender (a mão)**
exterminate **exterminar, aniquilar**
extinguish **extinguir, apagar**
extol **elogiar, glorificar**
extract (from) **extrair (de)**

F

fabricate (*as to manufacture*) **fabricar, manufa(c)turar**
face (*as to confront* or *face up to*) **confrontar, enfrentar, encarar**
facilitate **facilitar**
fail (*as on an examination*) **reprovar,** (*in Portugal*) **chumbar,** (*as to not function properly*) **falhar,** (*as to be unsuccessful*) **fracassar,** (*as to go bankrupt*) **falir**
faint **desmaiar**
fake (*as to pretend*) **fingir**
fall (from) **cair (de)**
fall again **recair**
fall apart **desfazer-se, desintegrar-se**
fall asleep **adormecer**
fall down **cair, tombar**
fall in love with **apaixonar-se por, namorar-se de, ficar namorado de**
fall into place (*as to suit the purpose*) **encaixar**
fall to pieces **desmoronar-se**
falling out with, have a **desavir-se com**
falsify **falsificar, alterar, contrafazer**
familiarize **familiarizar**
familiarize oneself with **familiarizar-se com**
familiar with, be **conhecer**
fan **ventilar**
fascinate **fascinar, deslumbrar**
fast (*as to abstain from eating*) **jejuar**
fasten (*as to button*) **abotoar,** (*as to secure*) **segurar, fixar, cravar, pregar,** (the seatbelt) **colocar (o cinto de segurança)**
fat, get **engordar**
fatten **engordar**
favor **favorecer,** (*as to privilege*) **privilegiar**
fear **ter medo (de), recear, temer**
fear of, allay the **desassustar**
fed up (with), get *or* become **fartar-se (de)**
feed **alimentar, nutrir**
feel **sentir;** not feel **dessentir**
feel like (*as to have a desire for*) **apetecer, ter vontade de**
feel remorse **remorder-se**
feign **fingir, dissimular**
fence (in) **cercar**
ferment **fermentar**
fertilize **fertilizar**
fight **brigar, lutar, combater, contender, batalhar**
fight off (*as to repel*) **repelir**
fight with, pick *or* start a **armar (uma) briga com**
figure (*as to calculate*) **calcular, computar**
figure out **resolver, solucionar**
file (*as to register*) **registar** (*in Portugal*)**, registrar** (*in Brazil*), (*as to archive*) **arquivar,** (*as to smooth* or *polish*) **limar**
fill **encher**
fill out *or* in (*as a form*) **preencher**
fill up (*as to satiate*) **fartar**
film **filmar**
filter **filtrar**
finalize **finalizar**
finance **financiar**
find **achar, encontrar, descobrir**
find out (about) **inteirar-se (de)**
find the total **totalizar**
fine (*as to ticket*) **multar**
finish **acabar, completar, terminar, concluir, finalizar**
fire (*as to dismiss from a job*) **demitir, despedir, desempregar, despachar,** (*as a firearm*) **disparar**
fire, catch **incendiar-se**
fire, set on **incendiar**
fired, get *or* be **ser despedido** *or* **demitido, desempregar-se**
firm, make **firmar**
fish **pescar**
fit (*as to conform*) **conformar**
fit (in) **caber (em)**
fit well (*as to suit the purpose*) **encaixar**
fitting, be (*as to suit*), be **convir, calhar**
fix (*as to repair*) **arranjar, consertar, emendar, reparar,** (*as to straighten up*) **arrumar, ajeitar,** (*as to fasten, attach*) **fixar, cravar,** (*as an appointment, date, time, etc.*) **fixar, designar**
fix one's eyes (up)on **fitar**
fix up **ajeitar**
flash (*as the turn signal of a car*) **piscar**
flatten **achatar**
flatter **lisonjear**
flaunt **ostentar(-se)**
flavor **temperar**
flee **escapar, safar-se**
fling (*as to throw*) **deitar** (*in Portugal*)**, jogar** (*in Brazil*), **botar, lançar**
flirt (with) **namorar** (*in Portugal*), **paquerar (com)** (*in Brazil*)
float **flutuar**
flog **açoitar, chicotear**
flood **inundar**
flop (*as to fail* or *be unsuccessful*) **fracassar**
flourish (*as to prosper*) **prosperar**
flow **fluir, correr, escorrer**
flow into **influir**
flow together **confluir**
flower **florescer**
flu, catch *or* get the **gripar**
fluctuate **flutuar**
flutter (*as to throb*) **palpitar**
fly **voar,** (*as to pilot a plane*) **pilotar,** (*as a flag*) **hastear**
fly over **sobrevoar**
foam **espumar**
focus **enfocar, focalizar, focar**
focus, put out of **desfocar**
fog, be(come) covered in **nevoar-se**
foggy, be(come) **nevoar-se**
fold **dobrar**
fold again **redobrar**
follow **seguir,** (a path) **trilhar**
follow along (*as to accompany*) **acompanhar**
foment **fomentar**
fool **enganar**
forbid **vedar, proibir**
force **forçar, obrigar, compelir**
forecast **prognosticar,** (*as the weather*) **fazer previsão do tempo**
forego (*as to do without*) **prescindir**
foresee **pressentir, prever, antever, prognosticar,** (*as to anticipate*) **antecipar**
foretell **predizer, antedizer**
forewarn **prevenir, precaver**

forge (*as to counterfeit*) **alterar, falsificar, contrafazer**
forget (about) **esquecer(-se de)**
forgive **perdoar, desculpar**
form **formar, moldar, configurar**
formalize **formalizar**
formulate **formular**
fortify **fortalecer, fortificar**
found (*as to establish*) **fundar, instaurar,** (*as to cast, smelt metals*) **fundir**
fracture **fra(c)turar, quebrar, partir, romper**
fragment **fragmentar**
fray **desfiar**
frayed, become (*as to become unraveled*) **desfiar-se**
free, set **livrar, libertar, soltar, largar, desencadear**
freeze **congelar, gelar**
frequent (*as to go to often*) **frequentar (freqüentar** *in Brazil*)
freshen **refrescar**
fret **preocupar(-se), afligir(-se), inquietar(-se)**
fright of, allay the **desassustar**
frighten **assustar, espantar, aterrorizar, horrorizar, arrepiar**
frightened, be(come) **assustar-se, alarmar-se**
frolic **brincar**
froth **espumar**
frown **franzir**
frustrate **frustrar**
frustrated, get *or* become **frustrar-se**
fry **fritar**
fulfill (*as a pledge, promise* or *duty*) **cumprir**
fun, have **divertir-se**
fun (of), make **fazer troça (de), gozar (de)**
function **funcionar**
function (properly), not **falhar**
fund **financiar**
furnish **fornecer**
further (*as to advance*) **avançar, adiantar**
fuse **fundir**

G

gag (*as to choke*) **engasgar**
gather (*as to harvest*) **colher,** (*as to collect* or *amass*) **juntar, recolher,** (*as to congregate*) **congregar(-se)**
gaze upon **fitar**
generalize **generalizar**
generate **gerar**
gentle, make (*as to humanize*) **humanizar**
get **conseguir, obter**
get a cold **resfriar-se**
get along with (someone) **entender-se com**
get angry **zangar-se, irar-se**
get around (*as to avoid*) **contornar**
get back (*as to regain*) **recobrar**
get better **melhorar**
get close to **aproximar-se (de), chegar-se**
get cold *or* cool **arrefecer(-se)** (*preferred in Portugal*), **esfriar(-se)** (*preferred in Brazil*)
get complicated **complicar-se**
get dark **escurecer(-se), anoitecer, entardecer**
get dirty **sujar-se**
get distressed **penalizar-se**
get divorced **divorciar-se**
get down **descer**
get drunk **embriagar(-se)**
get dressed **vestir-se**
get embroiled in (*as involved in*) **embrulhar-se em, envolver-se em**
get enraged **enfurecer-se**
get excited (*as to become aroused*) **excitar-se**
get fat **engordar**
get fed up with **fartar-se**
get fired **ser despedido** *or* **demitido, desempregar-se**
get frustrated **frustrar-se**
get going **despachar-se, mexer-se**
get hooked **enganchar-se;** (on) (*as drugs*) **viciar-se**
get hurt **machucar-se**
get involved in (*as embroiled in*) **embrulhar-se em, envolver-se em**
get late **entardecer**
get married (to) **casar-se (com)**
get moldy **mofar**
get moving **mexer-se**
get nauseated **enjoar-se**
get near to **aproximar-se (de), chegar-se (a)**
get old **envelhecer-se**
get oneself in(to) **meter-se (em)**
get one's hair cut **cortar** *or* **rapar o cabelo**
get out of order **desordenar-se,** (*as to malfunction*) **descompor-se**
get out of tune **desafinar**
get pregnant (*as to make*) **engravidar,** (*as to become*) **ficar grávida, engravidar**
get ready **preparar**
get revenge (on) **vingar-se (de)**
get rich **enriquecer-se**
get rid of **despachar, despedir,** (*as to discard*) **descartar(-se)**
get rotten **apodrecer**
get scared **assustar-se**
get sad **entristecer-se**
get sick **adoecer,** (*as nauseated*) **enjoar-se**
get something off one's chest (*as to unburden*) **desabafar**
get together (*as to assemble, amass*) **juntar**
get the flu **gripar**
get thin **emagrecer**
get tired (of) **cansar-se (de)**
get troubled **afligir-se, inquietar-se, preocupar-se com**
get undressed **despir-se, desvestir-se, tirar a roupa**
get up **levantar-se**
get up early **levantar cedo, madrugar**
get used to **acostumar-se, habituar-se**
get weak **enfraquecer-se**
get wet **molhar-se**
get worse **piorar**
get worried **afligir-se, inquietar-se, preocupar-se com**
get, go (*as to pick up*) **ir buscar**
gift **dotar**
gild **dourar**
give **dar,** (*as to render*) **prestar,** (*as to apply*) **aplicar**
give back **devolver, retornar, restituir**
give in (*as to yield*) **ceder,** (*as to concede*) **conceder**
give off (*as an odor*) **exalar,** (sparks) **faiscar**
give up (*as to surrender*) **render(-se), entregar(-se),** (*as to relinquish*) **resignar**
gleam **brilhar, resplandecer**
glide **escorregar**
glitter **brilhar, resplandecer**
glorify **glorificar**
glue **colar, grudar**
glut **fartar, saciar, saturar**
glutted, become **fartar-se, saciar-se, saturar-se**
gnash (the teeth) **ranger (os dentes)**
gnaw **roer**
go **ir**; by car **ir** *or* **andar de carro** *or* **automóvel;** by train **ir** *or* **andar de comboio** (*in Portugal*) **de trem** (*in Brazil*); by bus **ir** *or* **andar de**

autocarro (*in Portugal*) **de ônibus** (*in Brazil*); by (air)plane **ir** *or* **andar de avião**; by bicycle **ir** *or* **andar de bicicleta**
go ashore **desembarcar**
go around **contornar**
go away **ir-se embora,** (*as to move off*) **afastar-se**
go back **voltar, retornar**
go backwards **retroceder**
go beyond **ultrapassar**
go broke **arruinar-se, falir**
go crazy **endoidecer, enlouquecer**
go down **descer, abaixar**
go for a ride **passear**
go for a stroll **passear**
go for a walk **passear**
go get **ir buscar**
go in **entrar (em)**, **ingressar (em)**
go often (*as to frequent*) **frequentar (freqüentar** *in Brazil*)
go on (*as to proceed*) **proceder**
go out again **ressair**
go out of print **esgotar-se, estar esgotado**
go through (*as to pierce*) **atravessar, penetrar, varar,** (*as to traverse*) **atravessar, passar, transitar**
go to bed **deitar-se**
go to the aid *or* help of **acudir**
go up **subir**
go with (*as to match*) **combinar** *or* **ir com :** "Esta blusa **combina** (*or* **vai com**) a sua saia." "*This blouse goes with your skirt*."
go, let **soltar, largar**
gobble up **devorar**
going, get **despachar-se, mexer-se**
good, be (*as useful* or *suitable*) **prestar;** "It's no good." "**Não presta.**"
good-bye (to), say **despedir-se (de)**
good, do (*as to someone*) **bem-fazer**
gooseflesh (goosebumps), give one **arrepiar**
gossip **bisbilhotar**
govern **governar, reger, imperar**
govern badly **malgovernar**
grab **agarrar, pegar**
graduate (*from school, etc.*) **graduar**(**-se**), **formar-se**
grant **outorgar, autorizar, deferir, conceder, admitir**
grant citizenship to **naturalizar**
granted, take for **pressupor, dar por certo**
grasp **agarrar,** (*as to comprehend*) **captar**
grate (*as cheese, vegetables, etc.*) **ralar,** (*as to make a sharp rasping sound*) **ranger**
graze (*as cattle*) **pastar**
grease (*as to lubricate*) **lubrificar**
greet **cumprimentar, saudar, acolher**
greet unkindly **desacolher**
grieve **penar, penalizar**
grill (*as to barbecue*) **grelhar**
grind (*as in a mill* or *grinder*) **moer,** (up) **triturar,** (*as to sharpen*) **afiar**, **amolar**
grip (*as to hold tight*) **segurar,** (*as to grasp*) **agarrar**
groan **gemer**
grouch **resmungar**
ground (*as to base on*) **basear**(**-se em**)
grow **crescer,** (*as to cultivate plants*) **cultivar,** (into) (*as to develop*) **desenvolver,** (*as to increase* or *pile up*) **amontoar-se, acumular-se**
grow angry **zangar-se, irar-se**
grow again **recrescer**
grow cold *or* cool **arrefecer** (**-se**) (*preferred in Portugal*), **esfriar-se**
grow dark **anoitecer, escurecer**(**-se**), **entardecer**
grow deaf **ensurdecer**
grow enraged **enfurecer**
grow late **entardecer**
grow lax *or* remiss **relaxar-se**
grow old **envelhecer-se**
grow poor **empobrecer-se**
grow uneasy **inquietar-se**
grumble (*as to grouch*) **resmungar,** (*as to mutter*) **murmurar**
guarantee **garantir,** (*as to assure*) **assegurar**
guard **guardar,** (*as to watch over*) **vigiar, rondar**
guard against **prevenir, precaver**
guess **adivinhar**
guest, receive as a **hospedar**
guffaw **gargalhar**
guide **guiar, dirigir**
gulp down **engolir**
gush (out) **brotar, jorrar, borbulhar**
gyrate **girar**

H

habit, break oneself of a **deixar de, desacostumar-se de**
habit of, be in the **acostumar-se a, costumar**(**-se**)
haggle **pechinchar, regatear**
hair, dye one's **pintar o cabelo**
hair cut, get one's **cortar** *or* **rapar o cabelo**
halt (*as to stop*) **parar**
hammer **martelar**
hamper **dificultar**
hand in *or* over **entregar**
handle (*as to manipulate*) **manejar, manipular,** (*as to deal with* or *take care of*) **manejar, ocupar-se (com** *or* **de)**
hang (*as to dangle*) **pender**
hang (up) (*as to suspend*) **pendurar, suspender**
hang from a hanger **pendurar**
hang from a hook **enganchar**
hang up (*as a phone*) **desligar**
hang on to **agarrar-se (a)**
happen **acontecer, ocorrer, passar-se**
happen before **antepassar**
happy (about), be(come) **alegrar-se** (**de** *or* **com**)
happy, make **alegrar**
harass **molestar, importunar, aperrear**
hard, become **endurecer-se**
hard, make **endurecer**
harden **endurecer**
harm **machucar, danificar, prejudicar, magoar, danar**
harm, do **injuriar, prejudicar**
harmful (to), be **prejudicar, danar, machucar, magoar**
harmonize **concordar, condizer**
harsh sound, make a **ranger**
harvest **colher, recolher**
hash (*as to chop up finely*) **picar**
hassle **aperrear, chatear, importunar**
haste, come in **acorrer**
haste, make **apressar-se**
hasten (*as to hurry*) **apressar** (**-se**), **despachar**(**-se**), **precipitar**(**-se**), (*as to advance*) **adiantar**
hatch (*as to brood*) **chocar**
hate **odiar, detestar, abominar**
haunt (*as ghosts*) **assombrar**
have **possuir, ter** (*also principal auxiliary verb in compound tenses*), **haver** (*literary auxiliary verb in compound tenses*)

have a snack **lanchar**
have a falling out with **desavir-se com**
have a premonition **pressentir**
have an influence *or* an effect up(on) **repercutir(-se em)**
have confidence in **confiar (em)**
have dinner *or* supper **jantar**
have fun **divertir-se**
have just **acabar de** + infinitive
have lunch **almoçar**
have much *or* many (*as to abound in*) **abundar**
have recourse to **recorrer**
have to **ter que** *or* **de** + infinitive, **haver de** + infinitive
have to do with **ter que** *or* **a ver com**
hazard **aventurar**
heal **curar, sarar**
heap (up) **amontoar(-se)**
hear **ouvir, escutar** (*in Brazil both these verbs can convey this meaning*)
hear faintly **entreouvir**
heat (up) **aquecer, esquentar** (*preferred in Brazil*)
help **ajudar**
help, deny *or* withdraw **desamparar, desapoiar**
help of, go *or* rush to the **acudir**
hesitate **hesitar, vacilar, oscilar**
hex (on), (put a) **enfeitiçar**
hibernate **hibernar**
hiccup (hic-cough) **soluçar**
hide **esconder, ocultar,** (*as to mask*) **mascarar**
highlight **realçar, salientar**
hint at **insinuar**
hire **empregar, contratar**
hit (*as to strike*) **bater, golpear,** (*as a target*) **atingir**
hit the nail on the head (*as to be right*) **acertar**
hit the mark (*as to be right*) **acertar**
hitch (*as to hook*) **enganchar**
hock, (put in) **empenhar, penhorar**
hoist (up) **içar,** (*as a flag*) **hastear**
hold (*as to contain*) **conter,** (*as to retain*) **reter**
hold back (*as to keep in reserve*) **reservar,** (*as to repress*) **reprimir**
hold on to **agarrar-se (a)**, (*as to secure*) **segurar**
hold up (*as to rob*) **assaltar,** (*as to support*) **apoiar, amparar, suster,** (*as to last*) **durar**

hone **amolar**
honk (*a horn*) **buzinar**
honor **honrar**
hook **enganchar**
hook, hang from a **enganchar**
hooked, get *or* be(come) **enganchar-se;** (on) (*as drugs*) **viciar-se**
hop **pular, saltar**
hope **esperar**
hope, lose all **desesperar-se**
horrify **horrorizar**
horse, ride a **andar** *or* **montar a cavalo**
horse, mount a **montar em cavalo**
hospitalize **hospitalizar**
house (*as to put up*) **alojar, acomodar, hospedar**
hug **abraçar**
hum (*as to buzz*) **zumbir**
human *or* humane, become **humanizar-se**
human *or* humane, make **humanizar**
humanize **humanizar**
humidify **(h)umedecer**
humiliate **humilhar, abater**
hungry for, be (*as to crave*) **apetecer**
hunt **caçar**
hurl **atirar, lançar, deitar**
hurry (oneself) (up) **apressar (-se), despachar(-se), precipitar(-se)**
hurt (*as to inflict pain* or *suffering*) **machucar,** (*emotionally*) **magoar,** (*as to ache*) **doer**
hurt, get **machucar-se**
hush up **calar(-se), silenciar(-se)**
husk **descascar**
hypnotize **hipnotizar**

I

idealize **idealizar**
identify **identificar**
ignorant of, be **desconhecer**
ignore **ignorar, desconsiderar, desatender**
ill, get *or* become **adoecer**
ill of, speak **maldizer, falar mal de**
ill to, wish **malquerer**
illuminate **iluminar**
illustrate (*as to furnish a book, etc. with illustrations* or *as to explain* or *elucidate*) **ilustrar,** (*as to demonstrate*) **demonstrar**
imagine **imaginar, conceber,** (*as to picture*) **figurar**

imbibe **embeber**
imbue **impregnar**
imitate **imitar, reproduzir**
immerse **imergir**
immigrate **imigrar**
immobilize **imobilizar**
immortalize **imortalizar**
immunize **imunizar**
impair **debilitar**
impassion **apaixonar**
impede **impedir,** (*as to block*) **bloquear,** (*as to hamper*) **dificultar**
impel **impelir, impulsionar**
implant **implantar**
implicate **implicar em**
implied, take as **subentender**
implore **implorar, rogar, suplicar**
imply **implicar, insinuar, conotar, inferir**
import **importar**
importune **importunar**
impose **impor**
impoverish **empobrecer**
impregnate (*as to permeate, imbue*) **impregnar,** (*as to get* or *make pregnant*) **engravidar**
impress **impressionar**
imprint **estampar, imprimir**
improve **melhorar,** (*as to further*) **adiantar,** (*as to perfect*) **aperfeiçoar**
improvise **improvisar**
inaugurate **inaugurar**
incapacitate **incapacitar**
incentive to, give **incentivar**
incite **instigar, fomentar**
incline **inclinar(-se)**, (*as to lean*) **pender**
inclined, be **inclinar(-se)**
include **incluir,** (*as to comprise*) **abranger**
inconvenience (*as to bother*) **incomodar(-se)**
inconvenient, be **desconvir**
incorporate **incorporar**
increase **aumentar, acrescentar, incrementar, adicionar, amontoar-se,** (*as the value of*) **valorizar**
increase in strength **fortalecer-se, fortificar-se, reforçar-se**
increase in value **valorizar-se**
increment **incrementar**
incriminate **incriminar**
incur **incorrer**
indicate **indicar, apontar, assinalar**
indict **acusar**
indispose **indispor**
individualize **individualizar**

induce **induzir**
inebriate **embriagar**
inebriated, become *or* get **embriagar-se**
infect **infeccionar, contagiar, contaminar, intoxicar, envenenar**
infection (*or other harmful substances*), free of **desintoxicar**
infer **inferir, deduzir**
inferred, take as **subentender**
infest **infestar**
inflame (*as to ignite, burn*) **inflamar,** (*as to enrage*) **assanhar**
inflate **inflar**
influence **influenciar, influir**
influence (up)on, exert **influenciar (em), influir (em)**
inform (about; that) **informar (de** *or* **sobre; de que)**, (*as to notify*) **participar,** (*as to instruct*) **instruir**
inform on *or* against **denunciar**
infringe **infringir, transgredir**
infuriate **assanhar, enfurecer**
infuse (*as to imbue*) **impregnar**
ingest **ingerir**
inhabit **habitar**
inhale **inalar, inspirar, aspirar**
inherit **herdar**
inhibit **inibir**
initiate **iniciar**
inject **inje(c)tar**
injure **machucar, ferir, magoar, danificar, danar, injuriar**
injured, get **machucar-se**
innovate **inovar**
inquire about **perguntar por**
inquire into **indagar**
inscribe **gravar, inscrever**
insert (in) **inserir (em)**, **enfiar (em), implantar**
insensitive, become **endurecer-se**
insinuate **insinuar**
insist (on *or* upon) **insistir (em), obstinar-se (com** *or* **em)**
inspect **inspe(c)cionar, revistar, fiscalizar**
inspire **inspirar**
install **instalar, montar**
instigate **instigar, fomentar**
institute **instituir, instaurar**
instruct **instruir, ensinar, educar**
insulate **isolar**
insult **ofender**, **insultar**, **afrontar, injuriar**
integrate (oneself into) **integrar**(**-se em**)
intensify **intensificar, aumentar**
inter **enterrar**
intercede **interceder**
intercept **interceptar**
interchange (*as to exchange* or *swap*) **trocar,** (*as to transpose*) **transpor**
interdepend **interdepender**
interdict **interditar, interdizer**
interest **interessar**
interfere **interferir**
intermediate **intermediar**
intermix **entremisturar**
intern **internar em**
internationalize **internacionalizar**
interpolate **intercalar**
interpose **entrepor, entremeter, intermeter, intercalar**
interpret **interpretar,** (*as to decipher*) **decifrar**
interrelate **correlacionar**
interrogate **interrogar**
interrupt **interromper, romper, quebrar, suspender, descontinuar, entrecortar**
intersect **entrecortar**
intervene **intervir**
interview **entrevistar**
interview with, have an **ter (uma) entrevista com**
intimidate **intimidar**
intoxicate **embriagar**
intoxicated, be **estar embriagado** *or* **bêbado** *or* **bêbedo**
intoxicated, become *or* get **embriagar-se, ficar bêbado** *or* **bêbedo**
intrigue **intrigar, tramar**
introduce **introduzir;** (to) **apresentar (a)**
intrude **intrometer**
inundate **inundar**
invade **invadir**
invalidate **invalidar, anular**
invent **inventar**
invert **inverter**
invest **investir**
investigate **investigar, indagar**
invigorate **vitalizar, fortalecer**
invite **convidar**
invoice (*as to bill*) **fa(c)turar**
invoke **invocar, apelar**
involve **envolver**
involved in, become *or* get **envolver-se (em), embrulhar-se (em)**
irradiate **irradiar**
irrigate **irrigar**
irritate **irritar**
iron (clothes) **engomar (a roupa)** (*more common in Lisbon Portuguese*), **passar (o) ferro** *or* **passar a roupa** (*preferred in Brazil*)
isolate **isolar**
issue (*as to publish*) **publicar**
itch (*as to feel an itch*) **sentir comichão,** (*as to scratch an itch*) **coçar,** (*as to prickle*) **formigar**
itemize **enumerar, relacionar**

J

jeopardize **comprometer**
jerk **repuxar**
jerk out *or* up *or* off **arrancar**
join (*as to bring together, join* or *unite*) **juntar, ligar, unir,** (*as to reunite*) **reunir,** (*as to become a member of*) **incorporar-se a, ingressar em**
joke **brincar**
jolt **abalar, chocar**
jot down **anotar**
judge **julgar,** (*as to sentence*) **sentenciar, judiciar**
jump **pular, saltar**
justify **justificar**
juxtapose **justapor**

K

keep (*as to retain*) **ficar com**, (*as to conserve*) **conservar,** (*as a promise, etc.*) **cumprir**, (*as to put away*) **guardar**, (*as to reserve*) **reservar**
keep an eye on (*as to watch over*) **vigiar**
keep silent *or* quiet **silenciar, calar**
kick (out) **expulsar, botar, jogar (fora)** (*in Brazil*), **deitar (fora)** (*in Portugal*)
kid (*as to tease*) **brincar**
kidnap **raptar, sequestrar** (**seqüestrar** *in Brazil*)
kill **matar**
kind, make (*as to humanize*) **humanizar**
kiss **beijar**
knead (*as dough*) **amassar**
kneel (down) **ajoelhar(-se)**
knock (at) **bater (a)**
knock down **derrubar, tombar, desmoronar**
knock over **entornar**
know (*as to be acquainted* or *familiar with*) **conhecer**

know (*a fact*) **saber (saber** *in the Pret. Indic. means* found out, discovered *or* learned)
know how to **saber** + infinitive
know, let **inteirar**
know slightly **entreconhecer**
known, become **divulgar-se**
known, make **inteirar**

L

label **rotular**
lack(ing, be) **faltar, carecer (de)**
lament **lamentar, lastimar (-se por), deplorar**
lampoon **satirizar**
land (*an airplane*) **aterrar** (*in Portugal*), **aterrissar** *or* **aterrizar** (*in Brazil*), (*as to go ashore*) **desembarcar**
lash **açoitar, chicotear**
lasso **laçar**
last (*as to endure*) **durar, permanecer**
late, be **atrasar**(-se)
late, get *or* become *or* grow **entardecer**
laugh **rir**
laugh at **rir-se de**
laugh loudly **gargalhar**
launch **lançar**
lay back **recostar**(-se), **reclinar**(-se)
lay claim to **reivindicar**
lay down **deitar,** (*as rules* or *law*) **prescrever**
lay waste to **devastar**
lax, become *or* grow **relaxar-se**
laze (*as to lounge around*) **folgar**
lead **guiar, conduzir, dirigir**
lead astray **seduzir**
leaf through (*as the pages of a book*) **folhear**
lean (*as to tilt*) **pender**
lean (back) on *or* against **encostar**(-se)
lean over **debruçar**
leap **pular, saltar**
learn **aprender, educar-se**
learn about (*as to find out about*) **inteirar-se (de)**, **saber** *in the Pret. Indic. means* found out, discovered *or* learned about)
learn again *or* over **reaprender**
learn by heart (*as to memorize*) **aprender de cor, decorar, memorizar**
leave (behind) **deixar, abandonar**
leave (from) **sair (de)**, **partir (de), ir(-se) embora** (*see sample conjugations*)
leaven **fermentar**
lecture **conferir**
left over, be **sobrar, restar, ficar**
legalize **legalizar**
legislate **legislar**
legitimate **legitimar**
legitimize **legitimar**
lend **emprestar**
lengthen **prolongar, alongar**
lessen **diminuir, reduzir,** (*as to lighten*) **aliviar**
let (*as to allow* or *permit*) **deixar**, **permitir**
let blood (*as to bleed*) **sangrar**(-se)
let go (*as to let loose*) **soltar, largar**
let fall (*as to drop*) **deixar cair**
let know **inteirar**
let loose **soltar, largar, livrar,** (*as to unchain* or *unleash*) **desencadear**
level **nivelar**
libel **difamar**
liberate **libertar**
license **licenciar**
lick **lamber**
lie (*as to tell an untruth*) **mentir**
lie (down) **deitar-se**
lie, tell a **mentir**
lift (up) **levantar, elevar**
lift off (*as an airplane*) **decolar**
like **gostar (de)**
like, feel **apetecer, ter vontade de**
like, look **parecer(-se com), semelhar**
limit **limitar,** (*as to restrict*) **restringir,** (*as to circumscribe limits*) **circunscrever**
limp **mancar**
limp, walk with a **mancar**
light **acender,** (*as to perch* or *settle*) **pousar**
lighten (*as to brighten*) **clarear,** (*as a load* or *burden*) **aliviar**
lightning **relampejar**
line (*as to put a lining* or *covering in* or *on*) **forrar**
link **ligar, unir, juntar**
liquefy **liquefazer**
liquidate **liquidar (liqüidar** *in Brazil*)
list (*as to itemize* or *enumerate*) **enumerar, relacionar**
listen **escutar, ouvir**
live **viver**, (at *or* in) **morar (em)**, **residir (em)**, (*as to inhabit*) **habitar**
live together **conviver**
load **carregar,** (*as to put on board*) **embarcar**
loaded with, be (*as to abound in*) **abundar**
loan **emprestar**
loathe **abominar, detestar, odiar**
locate **localizar**
lock **fechar à chave, trancar**
lodge **alojar, acomodar, hospedar**
loiter **remanchar**
long for **cobiçar**
long in, be *or* take **demorar, tardar**
look (at) **olhar (a** *or* **para)**
look at each other **entreolhar-se**
look down (up)on **desprezar**
look for **procurar, buscar**
look into (*as to investigate*) **investigar, indagar**
look like **parecer(-se com), semelhar**
look straight at **encarar**
look upon with contempt **desprezar, sobreolhar**
looks, exchange **entreolhar-se**
loose, break **escapar**
loose, let **soltar, largar, livrar,** (*as to unchain* or *unleash*) **desencadear**
loosen **afrouxar, folgar**
lose **perder**
lose all hope **desesperar-se**
lose control of oneself **desmedir-se, descontrolar-se**
lose one's job **desempregar-se**
lose value **desvaler**
lose weight **emagrecer**
lots, draw *or* cast **sortear**
lounge around **folgar**
love **amar, gostar muito de, adorar, bem-querer**
love to, make **fazer (o) amor,** (*not sexually*) **namorar**
love with, fall in **apaixonar-se por, namorar-se de, ficar namorado de**
lower **abaixar, baixar**
lubricate **lubrificar**
lukewarm, make **mornar**
lull **sossegar**
lunch, have *or* eat **almoçar**
lust after **cobiçar**

M

machinate **maquinar, intrigar, tramar, conspirar**
machine-gun **metralhar**
mad, get *or* become *or* grow **enfurecer-se, zangar-se**
mad, make (*as to anger*) **enfurecer, zangar**
magnify **magnificar**
make (*as to do*) **fazer,** (*as to build, construct, manufacture, etc.*) **manufa(c)turar, construir, fabricar, confeccionar,** (*as to oblige*) **obrigar, forçar**, (*as an appointment*) **marcar**
make angry **zangar, enfurecer, irar**
make a bet **apostar**
make a counterproposal **contrapropor**
make a harsh sound **ranger**
make a martyr of **martirizar**
make a mistake **enganar-se, errar**
make an effort **esforçar-se**
make a prognosis **prognosticar**
make a request for **pedir**
make a rough draft **rascunhar**
make amends for **reparar**
make an effort **esforçar-se**
make believe (*as to pretend*) **fingir**
make better **melhorar**
make bitter **amargar**
make complete **inteirar, integrar**
make concrete **concretizar**
make contingent upon **condicionar**
make deaf **ensurdecer**
make difficult **dificultar**
make dry **secar, dessecar**
make drunk **embriagar**
make easy **facilitar**
make every effort (to *or* in *or* for) **empenhar-se (a** *or* **em** *or* **para, por)**
make firm **firmar**
make fun of **gozar (de)**, **fazer troça (de)**
make happy **alegrar**
make hard *or* stiff **endurecer**
make haste **apressar-se**
make human **humanizar**
make known **inteirar, divulgar**
make love **fazer (o) amor,** (*not sexually*) **namorar**
make lukewarm **mornar**
make more expensive **encarecer**
make normal **normalizar**
make notes **anotar**
make old **envelhecer**
make one's way to **encaminhar-se (a** *or* **para)**
make out (*as to discern*) **enxergar**
make part of **integrar-se em**
make peaceful **pacificar**
make poor **empobrecer**
make possible **possibilitar**
make pregnant **engravidar**
make pure **purificar**
make ready **preparar**
make real **concretizar**
make restitution **restituir**
make rich **enriquecer**
make right **regularizar-se**
make sad **entristecer**
make salient (*as to highlight*) **salientar,** (*as to point out*) **destacar**
make sick to one's stomach **enjoar**
make subject to conditions **condicionar**
make the sign of the cross **benzer-se, fazer o sinal-da-cruz**
make things equal **igualar**
make untidy **desarrumar**
make use of **valer-se de, favorecer-se de, usar, utilizar, empregar**
make use of, not **desusar**
make uniform **uniformizar**
make whole **inteirar, integrar**
makeup, use *or* put on **pintar-se, maquiar-se** (*preferred in Brazil*), **maquilhar-se** (*in Portugal*), **maquilar-se**
maim **aleijar**
maintain **manter, sustentar**
malign **caluniar**
malinger **remanchar**
manage (*as to deal with*) **manejar,** (*as to administer*) **administrar**
mangle **mutilar**
manifest (*as to show clearly* or *to declare*) **manifestar**
manipulate **manipular, manejar**
manufacture **manufa(c)turar**, **fabricar, produzir**
march **marchar**
mark (*as to set* or *make an appointment, etc.*) **marcar,** (*as to indicate*) **assinalar**
mark, hit the **acertar**
married (to), get **casar-se (com)**
marry (*off* or *officiate at the ceremony*) **casar**
martyr **martirizar**
martyr of, make a **martirizar**
marvel (at) **maravilhar(-se com)**
mask **mascarar(-se)**
masquerade **mascarar(-se)**
massacre **massacrar**
massage (*as to give a massage*) **dar** *or* **fazer massagem, massagear,** (*as to rub*) **friccionar**
match (*as to go with*) **combinar** *or* **ir com:** "Esta blusa **combina** (*or* **vai com**) a sua saia." "*This blouse matches your skirt*."
material, render **materializar(-se)**
materialize **materializar(-se)**
matriculate **matricular(-se)**
matter **importar, fazer diferença**
mature **amadurecer**
mean **querer dizer, significar, conotar, denotar**
measure **medir**
mechanize **mecanizar**
meddle **intrometer, entremeter,** (*as to touch someone else's things*) **bulir em**
mediate **intermediar**
medicate **medicar**
medicine, treat with **medicar**
meditate **ponderar, cogitar, meditar**
meet (*as to make the acquaintance of*) **conhecer**, (*as to encounter*) **encontrar**, (*as by chance*) **deparar(-se com)**
meet again **encontrar de novo, reencontrar**
melt **derreter,** (*as to thaw*) **descongelar,** (*as to liquefy*) **liquefazer, fundir,** (*as to dissolve*) **dissolver**
member (of), become a **incorporar-se (a), ingressar (em)**
memorize **memorizar, aprender de cor, decorar**
mend **emendar,** (*as to patch*) **remendar**
menstruate **menstruar**
mention **mencionar**
merge **juntar, unir, conjugar**
mesmerize **hipnotizar**
mess (up) **desarrumar**
mess with **mexer com**
mildew **mofar**
mildew(y), get **mofar**
mimic **imitar**
mince **picar**
mind (*as to care about*) **importar-se (com)**

mind, change one's **mudar de ideia** (**idéia** *in Brazil*), (*as to have a change of heart*) **arrepender-se**
mind, come to one's **ocorrer**
mine **minar**
mingle **misturar, combinar, confundir-se**
minimize **minimizar**
misappropriate **desfalcar**
miscarry **abortar**
misdirect **desencaminhar**
misfire (*as an engine malfunctioning*) **falhar**
mislead **enganar, despistar, desencaminhar**
misrepresent (*as to distort*) **deturpar**
miss (*as to long for* or *feel the absence of*) **sentir saudades** *or* **sentir a falta de,** (*as a train, bus, appointment, etc.*) **perder,** (*as an engine malfunctioning*) **falhar**
misserve **desservir**
missing, be (*as absent*) **faltar**
mistake **confundir-se**
mistake, make a **enganar-se, errar**
mistaken, be (*as to be wrong*) **estar enganado, estar errado, enganar-se, errar**
mistreat **maltratar, abusar**
misuse **abusar, desaproveitar**
mix **misturar, mexer,** (*as to stir*) **revolver,** (*as to combine*) **combinar,** (*as to confuse*) **confundir-se**
mixed up, become (*as confused*) **confundir-se, atrapalhar-se**
moan **gemer**
mobilize **mobilizar**
mock **ridicularizar**
moderate **moderar**
moderate, be **moderar-se**
modernize **modernizar**
modify **modificar, alterar**
moist, become **(h)umedecer-se**
moisten **(h)umedecer, molhar**
mold (*as to mildew*) **mofar**; (*as to shape* or *form*) **moldar**
moldy, get (*as to mildew*) **mofar**
molest **molestar**
mollify **amolecer**
monopolize **monopolizar**
mortgage **hipotecar**
motion to **acenar**
motive of, be the **motivar**
motivate **motivar(-se), incentivar**
mount (*as a horse*) **montar (em)**
move (*as to change residence*) **mudar,** (*as to shift the location of*) **mover, mexer** (*emotionally*) **comover, emocionar,** (*as to stir*) **bulir, mexer**
move away (from) **afastar (-se de), distanciar(-se de)**
move back **recuar**
move backwards **retroceder**
move forward **avançar**
move off **afastar-se, distanciar-se**
move to and fro **balançar, oscilar**
moved, be(come) **emocionar-se**
moving, get **mexer-se, despachar-se**
muffle **amortecer**
mull over **refle(c)tir sobre, ponderar, cogitar**
multiply **multiplicar,** (*as to propagate*) **propagar**
mummify **mumificar**
murder **assassinar, matar**
murmur **sussurrar,** (*as to mutter*) **murmurar,** (*as to whisper*) **cochichar**
must **dever**
mutilate **mutilar**
mutiny **rebelar(-se)**
mutter **murmurar**
mystify **mistificar**

N

nail **pregar, cravar**
nail on the head, hit the **acertar (em cheio)**
name **chamar,** (*as to appoint*) **nomear**
name to, give a **chamar, intitular**
named, be **chamar-se**
nap (*as to doze*) **cochilar**
nap, take a **tirar uma soneca**
narrate **narrar**
narrow **estreitar(-se)**
nationalize **nacionalizar**
naturalize **naturalizar**
naturalized, become **naturalizar-se**
nausea, relieve of **desenjoar**
nauseate **enjoar**
nauseated, get *or* become **enjoar-se**
navigate **navegar,** (*as to pilot*) **pilotar**
near, bring **aconchegar, aproximar**
near, draw **aproximar**
near to, come *or* get **aproximar-se (de), chegar-se (a)**
need **precisar (de), necessitar (de)** (*less frequently used and more emphatic than* **precisar**)
need of, be in **carecer (de)**
neglect **descuidar, omitir, desatender**
negotiate **negociar**
neutralize **neutralizar**
nibble (*as to gnaw*) **roer,** (*food*) **petiscar**
nominate **nomear**
normal, make **normalizar, regularizar**
normalize **normalizar**
note **notar**
note (of), take **notar**
notes (on), take *or* make **anotar**
notice **notar, observar, perceber**
notify **notificar, participar, comunicar**
nourish **nutrir, alimentar,** (*as to suckle*) **amamentar**
nudge (*as to elbow*) **cotovelar**
nullify **anular, invalidar**
number **numerar**
nurse (*as to suckle*) **amamentar, mamar**

O

obey **obedecer**
object to **opor-se a**
oblige (*as to compel*) **obrigar**
obscure **obscurecer**
observe **observar**
obstinate (about), be **obstinar-se (com)**
obstruct **obstruir, impedir**
obtain **obter, adquirir, conseguir**
occupy **ocupar,** (*as to live in*) **habitar**
occur **ocorrer, acontecer, passar-se**
odd, find **estranhar**
offend **ofender, insultar, injuriar**
offer **oferecer,** (*as to propose*) **propor,** (*as to provide*) **proporcionar**
old, get *or* become *or* grow **envelhecer-se**
old, make **envelhecer**
omit **omitir, suprimir**
open **abrir**
open partially **entreabrir**
open up (*as to unwrap*) **desembrulhar**
operate **operar,** (*as to function*) **funcionar**
opine **opinar**
opinion, have an **achar que, julgar que, opinar**

opportune, be **calhar, convir**
oppose **opor(-se a)**, (*as to resist*) **resistir**, (*as to place opposite* or *against*) **contrapor, contrariar**
oppress **oprimir**
opt (for) **optar (por)**
order (*as to command*) **mandar, comandar,** (*as to arrange* or *classify*) **ordenar, classificar,** (*as to order something from someone*) **encomendar**
order, put *or* set in (*as to repair*) **compor, consertar**
order again, put in **reordenar**
orders, give **mandar, comandar**
organize **organizar**
orient **orientar(-se)**
originate **originar**
originate from **originar-se de, derivar-se de**
ornament **ornamentar**
ornaments, strip of **desenfeitar**
oscillate **oscilar**
ought **dever**
outdo **superar**
outline **contornar,** (*as to delineate*) **delinear,** (*as to make a draft*) **rascunhar,** (*as to sketch*) **traçar**
out of order, get (*as to disarrange*) **desordenar-se,** (*as to malfunction*) **descompor-se**
out of print, be *or* go **esgotar(-se), estar esgotado**
out of tune, get *or* be **desafinar**
overcast, be(come) **nublar-se**
overcome **superar, vencer**
overdo **exagerar**
overestimate **sobrestimar**
overexcite **sobreexcitar**
overfly **sobrevoar**
overflow **transbordar, derramar-se**
overload **sobrecarregar, sobrepesar**
overlook (*as to miss*) **omitir**
oversee **supervisionar, fiscalizar, inspe(c)cionar, superintender**
overstate **exagerar**
overturn **entornar**
owe **dever**
own **possuir**

P

pacify **pacificar**
pack (up) **empacotar, encaixar**
package **empacotar**
pad (*as to stuff*) **estofar**
paddle (*as to row*) **remar**
painful, be (*as to be difficult*) **custar**
paint **pintar,** (*as a portrait*) **retratar**
paint (with a brush) **pincelar**
palpitate **palpitar**
pamper **mimar, paparicar**
panhandle (*as to beg*) **mendigar, pedir esmola**
paraphrase **parafrasear**
parcel (out) **parcelar**
pardon **perdoar, desculpar,** (*as to absolve*) **absolver**
park (*as cars, etc.*) **estacionar**
part (*as to leave*) **partir** (***see sample conjugations***)**, sair**
part (in), play a **figurar (em), desempenhar um papel (em)**
part in, take **compartilhar, participar em**
part of, become **integrar-se em**
part of, make **integrar em**
partake (of) **participar (de)**
participate **participar**
particularize **particularizar, pormenorizar**
particulars of, give the **particularizar, pormenorizar**
partition (*as to divide up*) **partilhar**
party (for), give a **festejar, dar uma festa (para)**
pass (*as a student, exam, etc.*) **aprovar,** (*as a car on the road*) **ultrapassar**
pass (by) (*as to proceed* or *go through*) **passar,** (*time*) **passar, decorrer, transcorrer**
pass along (*as to transmit*) **transmitir**
pass away (*as to die*) **falecer, morrer**
pass on (*as to transmit*) **transmitir**
pass out **desmaiar** (*as to faint*)
pass over **traspassar**
pass sentence **sentenciar**
pass through (*as to traverse*) **atravessar, transitar**
paste (*as to glue*) **colar, grudar**
patch **remendar**
patrol (*as to police*) **policiar,** (*as to guard*) **rondar**
patronize (*as to sponsor*) **patrocinar**
pause **pausar, hesitar**
pave **pavimentar**
pawn **empenhar, penhorar**
pay **pagar, compensar**
pay attention (to) **prestar atenção (a), ligar (para)**
pay back **repagar, retribuir**
peaceful, make **pacificar**
peal (*as bells*) **repicar**
peculiar, find **estranhar**
pedal **pedalar**
pee **urinar**
peel **descascar**
peek **espreitar**
peep (*as to spy on*) **espreitar,** (*as to cheep*) **piar**
pen (*as to redact*) **redigir**
penance, do **penitenciar-se**
penalize **penalizar, castigar, punir**
penetrate **penetrar, varar**
penitent, be **penitenciar-se**
people (*as to populate*) **povoar**
perceive **perceber,** (*as to sense*) **sentir,** (*as to make out*) **enxergar**
perceive a difference (*as to discriminate*) **discriminar**
perch (*as to settle*) **pousar**
perfect **aperfeiçoar**
perforate **furar, perfurar**
perform (*as to act*) **a(c)tuar,** (*as to behave*) **agir**
perfume **perfumar**
perish **perecer**
perjure **perjurar**
permeate **impregnar**
permit **permitir, deixar, consentir**
perpetuate **perpetuar**
persecute **perseguir**
persist (in) **persistir (em), perseverar**
persevere **perseverar**
personalize **personalizar**
perspire (*as to sweat*) **transpirar, suar**
persuade **persuadir,** (*as to influence*) **influenciar, influir**
perturb **perturbar, atrapalhar**
pervert **perverter**
pester **chatear, aperrear, irritar, importunar**
pet **acariciar**
petrify **petrificar(-se)**
phone **telefonar, ligar** (*preferred in Brazil*)
photograph **tirar uma fotografia, fotografar**
pick **escolher, sele(c)cionar**
pick a fight with **armar (uma) briga com**
pick on (*as to tease*) **implicar com**
pick up (*as to take hold of*) **pegar (em),** (*as to receive a TV* or *radio broadcast*) **captar**
pick up, go (*as to go and get*) **ir buscar**

picture (*as to represent* or *depict*) **representar, retratar,** (*as to imagine*) **figurar**
picture, take a (*as a photo* or *snapshot*) **tirar uma fotografia, fotografar**
pierce **furar, perfurar, penetrar, varar**
pile (up) **amontoar(-se), acumular(-se)**
pilfer **furtar**
pilot **pilotar**
pinch **beliscar**
pity **ter pena (de), condoer-se**
place (*as to put*) **pôr, botar** (*in Brazil*), **colocar, pousar**
place ahead **antepor**
place between **interpor**
place in **meter (em), depositar (em)**
place opposite **contrapor**
place, fall into **encaixar**
place, take **acontecer**
plan **planear** (*in Portugal*), **planejar** (*in Brazil*), (*as to schedule*) **programar**
plane, go by **ir** *or* **andar de avião**
plant **plantar**
plaster **engessar**
plaster cast, put in a **engessar**
play (*as to frolic*) **brincar**
play (*as games* or *sports*) **jogar**
play (*as an instrument, a CD, a tape,* or *a record, etc.*) **tocar**
play a part *or* role (in) **desempenhar um papel (em), figurar (em)**
plead **suplicar, implorar, rogar**
please **agradar**
pleat (*as a skirt*) **franzir**
pledge (*as to commit oneself to*) **comprometer-se**
plot **tramar, conspirar, maquinar, intrigar**
plug (up) (*as a drain, etc.*) **entupir,** (*as to stopper*) **tampar**
plunge **mergulhar**
point (at) **apontar, indicar, assinalar, designar**
point out **apontar, indicar, assinalar, designar,** (*as to emphasize*) **destacar**
poison **envenenar,** (*as to affect with a harmful substance*) **intoxicar**
poison (*or other harmful substances*), free of **desintoxicar**
police **policiar**
polish (up) **polir,** (*as to wax*) **encerar**
pollute **poluir**
ponder **ponderar, considerar, sobrepesar, meditar**
poor, make **empobrecer**
poor, grow *or* become **empobrecer-se**
pop (*as to burst*) **arrebentar, estourar,** (*as the sound*) **estalar**
popularize **popularizar**
populate **povoar**
populated, become **povoar-se**
portray **descrever, retratar**
pose (*as to sit as a model*) **posar,** (*as to present*) **apresentar**
posit **postular**
position **posicionar**
possess **possuir**
possession of, take **apoderar-se (de)**
possible, make **possibilitar**
postpone (*as to put off*) **adiar, prorrogar, postergar, pospor, diferir,** (*as to prolong*) **prolongar**
postulate **postular**
pound (*as to hammer*) **martelar**
pour out **despejar, verter**
practice **praticar, ensaiar,** (*as to train*) **treinar**
praise **elogiar, louvar, bem-dizer,** (*as to applaud*) **aplaudir**
pray **rezar, orar**
preach **pregar**
precautions, take **munir-se (de)**
precede **preceder, anteceder, antepassar**
precipitate **precipitar**
precise, be **precisar**
predefine **predefinir**
predetermine **predeterminar**
predict **predizer, adivinhar, profetizar, prever**
predispose **predispor**
predominate **predominar**
preestablish **preestabelecer**
preexist **preexistir**
prefer **preferir**
preference to, give **dar preferência a, preferir, antepor**
pregnant, be **estar grávida**
pregnant, become *or* get **ficar grávida, engravidar, conceber**
pregnant, make or get **engravidar**
prejudice (*as to do harm*) **prejudicar**
premeditate **premeditar**
preoccupy **preocupar**
prepare **preparar, confeccionar**
prescribe (*as a remedy* or *cure*) **receitar,** (*as to set forth with authority*) **prescrever**
present (to) **apresentar (a)**
present oneself **comparecer**
preserve **preservar, conservar, resguardar**
preside **presidir**
press (*as a button*) **apertar** (*in Brazil*), **carregar em** (*in Portugal*)
press (out) (*as to squeeze*) **espremer**
presume (*as to suppose*) **presumir, supor**
presuppose **pressupor**
pretend (*as to make believe*) **fingir,** (*as to claim*) **pretender**
prevail **prevalecer, triunfar, predominar**
prevent **prevenir, precaver**
price, increase in (*as to appreciate in value*) **valorizar-se**
price of, raise the **valorizar**
pride (in), take **orgulhar-se (de)**
prick **picar**
prickle (*as to itch*) **formigar**
print (*as to publish*) **publicar, editar,** (*as to imprint*) **imprimir, estampar**
print, be out of **estar esgotado, esgotar-se**
print, go out of **esgotar-se, ficar esgotado**
privilege **privilegiar**
proceed **proceder, progredir, passar**
proceed from (*as to come from*) **provir**
process **processar**
proclaim **proclamar**
procrastinate **procrastinar**
procreate **procriar**
procure **adquirir**
produce **produzir, fabricar,** (*as to yield*) **render**
produce in cooperation with **co-produzir**
profile **profilar**
prognosis, make a **prognosticar**
prognosticate **prognosticar**
program **programar**
progress **progredir**
prohibit **proibir, vedar, interditar**
project **proje(c)tar**
proliferate **proliferar**
prolong **prolongar, protrair**
promise **prometer**

promote **promover,** (*as to further*) **avançar, adiantar,** (*as to foment*) **fomentar**
pronounce **pronunciar**
prophesy **profetizar, predizer**
prop (*as to lean against*) **encostar**(**-se a**)
prop up **sustentar**
propel **propelir**
propagate **propagar, divulgar**
propose **propor**
prosecute **processar**
prosper **prosperar**
prosperous, be **prosperar**
prostrate (oneself) **prostrar**(**-se**)
protect **proteger, preservar, resguardar, agasalhar**(**-se**)
protection, deny *or* deprive of **desproteger**
protest **protestar, reclamar**
protract **protrair**
proud (of), be **orgulhar-se** (**de**)
prove **provar**
prove to be true (*as to verify*) **verificar**
provide (with) **fornecer, abastecer** (**de**), **proporcionar**
provision **abastecer**
provoke **provocar**
pry (*as to snoop*) **bisbilhotar**
publicize **publicar, divulgar**
publish **publicar, editar**
puff up **inflar**
puke **vomitar**
pull **puxar**
pull (out *or* up *or* off) **arrancar,** (out of) (*as to extract* or *withdraw*) **extrair** (**de**), (out *or* off) **tirar** (**de**)
pulsate **pulsar, palpitar**
pulse **pulsar**
pulverize **pulverizar, triturar**
punctuate **pontuar**
punish **castigar, punir**
purchase **comprar**
pure, make **purificar**
purify **purificar, refinar, afinar**
purloin **furtar**
pursue **perseguir**
push (*as to shove*) **empurrar,** (*as a button, etc.*) **apertar** (*in Brazil*), **carregar em** (*in Portugal*)
push away (from) **afastar** (**de**)
put (*as to place*) **pôr, botar** (*in Brazil*), **colocar**
put a lid on **tampar**
put after (*in space* or *time*) **pospor**
put away (*as to store*) **guardar, armazenar**
put before (*in space* or *time*) **antepor, prepor**
put beneath **subpor**
put down (*as to set* or *lay* down) **deitar, botar** (*in Brazil*), **colocar, pousar,** (*as to depose*) **depor**
put in **meter** (**em**), (*as to deposit*) **depositar,** (*as to insert*) **inserir** (**em**)
put in a (plaster) cast **engessar**
put in order **compor**
put in order again **reordenar**
put in relief (*as to make stand out*) **destacar**
put in storage **armazenar**
put into (*as to intern*) **internar em**
put into action **a(c)tuar, activar**
put into disrepair **desconsertar**
put off (*as to postpone*) **adiar, pospor**
put on (*as clothing*) **vestir**(**-se**), **botar** (*in Brazil*)
put on board **embarcar**
put on makeup **pintar-se, maquiar-se** (*preferred in Brazil*)**, maquilhar-se** (*in Portugal*), **maquilar-se**
put on shoes *or* socks **calçar**(**-se**)
put on weight **engordar**
put out (*as to turn off*) **apagar, desligar,** (*as to extinguish*) **apagar, extinguir**
put out of focus **desfocar**
put to bed **deitar**
put to sleep (*as to put to bed*) **deitar**
put together (*as to assemble*) **montar, armar**
put under **subpor**
put up (*as to lodge*) **alojar, acomodar, hospedar**
put up with (*as to endure*) **aturar, aguentar** (**agüentar** *in Brazil*)**, suportar, tolerar**
putrefy **apodrecer, putrefazer**
puzzle (*as to bewilder*) **mistificar**

Q

qualify **qualificar**(**-se**)
quarrel **brigar, desavir-se com**
question (*as to interrogate*) **interrogar,** (*as to call into question*) **questionar,** (*as to look into*) **indagar**
question(s), ask (a) **perguntar, fazer** (**uma**) **pergunta**(**s**)
question, call into **questionar**
quiet **calar, silenciar, sossegar**
quiet down **sossegar**(**-se**)
quiet, be(come) *or* keep **calar-se, silenciar**
quit (*as to stop, cease*) **deixar de** + infinitive, **parar, cessar,** (*as to resign from a job*) **demitir-se**, **renunciar**
quiver **tremer, estremecer, palpitar, pulsar, vibrar**

R

radiate (*as light, etc.*) **irradiar**
raffle (off) **rifar, sortear**
rain **chover**
rain slightly (*as to sprinkle* or *drizzle*) **chuviscar**
raise (*as to bring up, nurture*) **criar**, (*as plants*) **cultivar**
raise (up) (*as to lift* or *elevate*) **levantar, elevar,** (*as to hoist*) **içar, hastear**
raise prices **aumentar os preços, encarecer**
raise the price of **aumentar o preço, valorizar**
ramify **ramificar**
ransom **resgatar**
rant **delirar**
rape **estuprar, violar**
rasp (*as to scrape*) **raspar, rapar**
rasping sound, make a **ranger**
rationalize **racionalizar**
ratify **ratificar**
ravage **devastar**
rave **delirar**
ravish **estuprar**
raze **demolir**
reabsorb **reabsorver**
reach **chegar**, **atingir, alcançar**
reacquire **readquirir**
react **reagir**
reactivate **rea(c)tivar, reacender**
read **ler**
readmit **readmitir**
ready, get *or* make **preparar**
reaffirm **reafirmar**
real, make **concretizar**
realize (*as to achieve* or *accomplish*) **realizar,** (*as to become aware of* or *notice*) **dar-se conta de, perceber**
reanimate **reanimar**
reappear **reaparecer, ressurgir**
rearrange **reorganizar, reordenar**
reason **raciocinar**
rebel (against) **revoltar-se** (**contra**), **rebelar**(**-se**) (**contra**)
rebind **reatar**
reborn, be **renascer**
rebuild **reformar, reconstruir**
rebuke **reprovar, ralhar**
rebut **refutar, replicar**

recall **recordar**
recapture **reconquistar**
receive **receber,** (*as to welcome*) **acolher,** (a guest) **hospedar**
receive unkindly **desacolher**
recite **recitar**
reclaim (*as to recover*) **reivindicar**
recline **reclinar**(-se), **recostar**(-se), (on *or* against) **encostar**(-se)
recognize **reconhecer**
recombine **recombinar**
recommence **recomeçar, reiniciar**
recommend **recomendar**
recompense **recompensar, gratificar**
recompose **recompor**
reconcentrate **reconcentrar**
reconcile **reconciliar, concordar**
reconciled, become **reconciliar-se**
reconquer **reconquistar**
reconsider **reconsiderar, repensar**
reconstitute **reconstituir**
reconstruct **reconstruir**
record (*as a tape, CD, DVD, etc.*) **gravar**
recount (*as to tell*) **relatar, recontar,** (*as to count again*) **recontar**
recourse to, have **recorrer (a)**
recover (*as to convalesce*) **recuperar, convalescer,** (*as to cover again*) **recobrir,** (*as to regain*) **recuperar, recobrar**
recreate **recriar**
recriminate **recriminar**
recruit **recrutar**
rectify **re(c)tificar**(-se), **regularizar**(-se)
recultivate **recultivar**
recuperate **recuperar,** (*as to convalesce*) **convalescer**
redact **redigir**
redeem (*as to recover*) **resgatar,** (*as to get back something that was pawned*) **desempenhar**
rediscover **redescobrir**
redistribute **redistribuir**
redo **refazer**
redouble **redobrar**
reduce **reduzir**
reedit **reeditar**
reemploy **reempregar**
reenter **reentrar**
reestablish **restabelecer**
reexamine **reexaminar, repesar**
reexhibit **reexpor**
reexport **reexportar**
refer (to) **referir-se (a)**
refill **reencher**
refine **refinar, afinar**
reflect **refle(c)tir**
reflect on (*as to consider*) **refle(c)tir sobre**
reform **reformar**
refortify **refortificar**
refrain **refrear**
refresh **refrescar, reviver**
refrigerate **refrigerar**
refuge, take *or* seek **refugiar-se**
refund **reembolsar, restituir, devolver**
refurbish **restaurar, renovar**
refuse **recusar, negar**
refute **refutar, contradizer**
regain **recobrar, recuperar, reivindicar, readquirir**
regard (*as concerning*) **concernir**
regenerate **regenerar**
regiment **regimentar**
register **registar** (*in Portugal*), **registrar** (*in Brazil*), (*as to enroll*) **inscrever-se,** (*as to matriculate*) **matricular-se**
regret (*as to repent*) **arrepender-se (de),** (*as to lament*) **lastimar(-se por)**
regulate **regular, regulamentar, regimentar**
regularize **regularizar**(-se)
regurgitate **regurgitar**
rehearse **ensaiar**
rehearse again **reensaiar**
rehire **reempregar**
reign **reinar, imperar**
reimburse **reembolsar**
reimplant **reimplantar**
reimport **reimportar**
reimpose **reimpor**
rein in **refrear**
reinforce **reforçar**
reinitiate **reiniciar**
reinscribe **reinscrever**
reinstall **reinstalar**
reinstate **reinstalar, reintegrar**
reintegrate **reintegrar**
reintroduce **reintroduzir**
reissue **reeditar**
reiterate **reiterar**
reject **rejeitar, recusar, renegar, desaceitar**
rejoice **celebrar, festejar**
rejoin **reunir**
rejuvenate **rejuvenescer**
relate (*as to associate*) **relacionar,** (*as to recount* or *tell*) **relatar, recontar**
relax (*as to rest*) **descansar, relaxar,** (*as to ease* or *slacken*) **afrouxar, relaxar**
release (*as to set free*) **soltar, desprender**
release from obligation **dispensar, desobrigar**
relegate **relegar**
relent (*as to soften one's position*) **amolecer-se, adoçar**
relieve (*of concern* or *worry*) **aliviar, despreocupar**
relieve of nausea **desenjoar**
relight **reacender**
relinquish **resignar**
relish **saborear**
reload **recarregar**
remain **ficar, permanecer,** (*as to be left over*) **restar, sobrar**
remake **refazer**
remark (on) **comentar (sobre)**
remedy **remediar**
remember **lembrar-se (de), recordar**
remind **lembrar, relembrar**
remiss, become *or* grow **relaxar-se**
remit **remeter**
remodel **remodelar, refazer, reformar**
remorse, cause **remorder**
remorse, feel **remorder-se**
remove **tirar, eliminar, remover**
remove errors **emendar, corrigir**
remove the rust from **desenferrujar**
remunerate **remunerar, gratificar**
rend (*as to split*) **rachar**
render (*as to give*) **prestar**
render concrete (*as to make real*) **concretizar**
render material (*as to materialize*) **materializar(-se)**
renew **renovar**
renounce **renunciar,** (*as to disavow*) **repudiar**
renovate **renovar,** (*as to restore*) **restaurar,** (*as to regenerate*) **regenerar**
rent **alugar, arrendar** (*in Portugal normally used for the renting of some form of lodging, such as a house or an apartment, while usually for renting land in Brazil*)
reoccupy **reocupar**
reopen **reabrir**
reorder **reordenar**
reorganize **reorganizar**
repent **arrepender-se**

repaint **repintar**
repair **consertar, compor, reparar, emendar, remediar**
repay **repagar, reembolsar, repor**
repeal (*as to revoke*) **desmandar**
repeat **repetir, reiterar**
repel **repelir**
replace (*as to put* or *give back*) **repor**
replace with (*as to exchange with*) **substituir (por)**
replant **replantar**
reply **responder, replicar, contestar**
repeople **repovoar**
repopulate **repovoar**
report (*as to recount*) **relatar, (re)contar,** (*as for news media, etc.*) **fazer (uma) reportagem**
repose **repousar**
reprehend **repreender**
represent **representar,** (*as to depict*) **figurar**
repress **reprimir**
reprimand **ralhar, repreender, censurar**
reprint **reimprimir**
reproduce **reproduzir**
reprove **reprovar, repreender**
republish **reeditar**
repudiate **repudiar**
repugnance, cause **repugnar**
repulse **repelir**
repurchase **recomprar**
request **requerer**
request (for), make a **pedir**
reread **reler**
rescind **rescindir**
rescue **salvar, socorrer**
resell **revender**
research, (do) **pesquisar, investigar**
resemble **parecer-se com, semelhar**
resent **ressentir**
reserve **reservar**
resew **recoser** (*in Portugal*), **costurar de novo** (*in Brazil*)
reshape **reformar**
reship **reenviar, reexpedir**
reside (at *or* in) **morar (em), residir (em)**
resign (*as to quit*) **demitir-se, renunciar**
resign oneself (to) **resignar-se (a), conformar-se (com),**
resist **resistir**
resolve (*as to solve* or *clear up*) **resolver, solucionar**
resound **ressoar, repercutir**(-se), **ecoar**
respond **responder,** (*as to react*) **reagir**
respect **respeitar**
responsible for, be **responsabilizar-se (por)**
responsible for, hold **responsabilizar (por)**
rest **descansar, folgar, repousar**
rest, take a **descansar, folgar, repousar**
rest (up)on **apoiar-se (em)**
restate **reafirmar**
restitution, make **restituir**
restless, be *or* become **agitar-se**
restore **restaurar, reparar, restabelecer, reintegrar,** (*as to give back*) **devolver, restituir**
restrain **controlar, refrear, reprimir,** (*as to confine*) **confinar**
restrain oneself, **controlar-se, moderar-se**
restrict **restringir, limitar, confinar**
restudy **reestudar**
result (in) **resultar (em)**
resume **recomeçar, reiniciar, retomar**
retain **reter**
retaliate **retaliar**
retard **retardar**
retell **redizer**
rethink **repensar**
retie **reatar**
retire (*as from a job*) **aposentar**(-se), **reformar-se** (*in Portugal*), (*as to withdraw*) **retirar-se**
retort **replicar, contravir**
retouch **retocar**
retrace **recorrer**
retrain **retreinar**
retranslate **retraduzir**
return (*as to go back*) **voltar, retornar, regressar,** (*as to give back*) **devolver, retornar, restituir,** (*as to send back*) **reenviar**
reunify **reunificar**
reunite **reunir**
reveal **revelar, descobrir,** (*as to divulge*) **divulgar**
revenge **vingar**
revenge (on), take *or* get **vingar-se (de)**
reverberate **repercutir**(-se), **ressoar**
revere **honrar**
reverse **inverter**
review **revisar, repassar**
revise **revisar**
revive **reanimar, reviver**
revoke **revocar, desmandar**
revolt **revoltar, sublevar, rebelar**(-se)
revolve (*as to rotate*) **girar**
reward **recompensar, premiar, remunerar, gratificar**
reweigh **repesar**
rewrite **reescrever**
rhyme **rimar, consoar**
rich, get *or* become **enriquecer-se**
rich, make **enriquecer**
rid of, get **despachar, despedir,** (*as to discard*) **descartar**
ride (a horse, on horseback) **ir** *or* **montar** *or* **andar a cavalo;** by car **ir** *or* **andar de carro** *or* **de automóvel;** by train **ir** *or* **andar de comboio** (*in Portugal*) *or* **de trem** (*in Brazil*), **ir** *or* **andar de autocarro** (*in Portugal*) **de ônibus** (*in Brazil*) by bus, **ir** *or* **andar de avião** by (air)plane
ride, take *or* go for a **passear**
ridicule **ridicularizar**
right, be **ter razão, acertar**
right, make **regularizar**(-se)
right, set **endireitar**
ring (*as a bell*) **tocar, soar, repicar**
rip **romper, rasgar**
rip out *or* off **arrancar**
rip to pieces **despedaçar**
rip up *or* apart **rasgar, desmanchar**
ripen **amadurecer**
ripple **ondular**
rise (*as to ascend*) **ascender**
rise above **sobrelevar**
rise up (*as to revolt*) **sublevar**
risk (*as to chance*) **arriscar, aventurar,** (*as to dare*) **atrever-se**
rival (*as to compete with*) **rivalizar(-se com)**
roam **vagar, errar**
roar (*as a lion*) **rugir,** (*as to rumble*) **estrondar**
roast **assar, torrar**
rob (*as to hold up*) **roubar, assaltar,** (*as to steal*) **furtar**
rock (*as to sleep*) **embalar**
roll **rodar, rolar**
roll up **enrolar**
root for (*as to cheer for*) **torcer (por)**
rope (*as to lasso*) **laçar**
rot **apodrecer, putrefazer**
rotate **girar, rodar**
rotten, get **apodrecer**
rough draft, make a **rascunhar**
rouse **animar, a(c)tivar**

row (*as to paddle*) **remar**
rub **esfregar,** (*as to massage*) **friccionar, dar** *or* **fazer massagem, massagear**
rub out (*as to erase*) **raspar**
rubber-stamp **carimbar**
ruffle (*as to pleat*) **franzir**
ruin **arruinar, estragar**
rule (*as to govern*) **governar, reger, imperar,** (*as a king, queen, etc.*) **reger, reinar**, (*as to dominate*) **dominar**
rumble (*as to thunder*) **estrondar**
rummage **revolver**
run **correr**, (*as liquids*) **fluir, escorrer**
run across (by chance) **deparar(-se com)**
run away **fugir, escapar, safar-se**
run fast (*as a watch* or *clock*) **adiantar-se**
run for (*as for an office*) **concorrer**
run over (*as with a car, etc.*) **atropelar**
rush **apressar(-se), despachar(-se), precipitar(-se)**
rush to the aid *or* help of **acudir**
rush violently at **arremeter**
rust **enferrujar**

S

sabotage **sabotar**
sacrifice **sacrificar**
sad, get *or* become **entristecer-se**
sad, make **entristecer**
sadden **entristecer**
saddle (*as a horse*) **selar**
salient, make **salientar**
salt **salgar**
sample (*as to try*) **provar,** (*as to nibble*) **petiscar**
sand(paper) **lixar**
sap **minar**
sate **saciar, fartar, saturar**
satiate **saciar, fartar, saturar**
satitated, become **fartar-se, saciar-se, saturar-se**
satirize **satirizar**
satisfy **satisfazer, contentar,** (*as to satiate*) **saciar, fartar**
satisfied (with), be **contentar-se (com)**
saturate **saturar**
sauté **refogar**
save (*as to rescue*) **salvar**, (*as to preserve*) **preservar,** (*as to money*) **poupar,** (*as to economize*) **economizar**
savor **saborear**
saw **serrar**
say **dizer, falar** (*in Brazil the meanings of* **dizer** *are commonly conveyed by the verb* **falar**) (***see sample conjugations***)
say again **redizer**
say good-bye (to) **despedir-se (de)**
scale (*as to climb*) **escalar**
scandalize **escandalizar**
scar (over) **cicatrizar**
scarce, be(come) **escassear**
scare **assustar,** (off *or* away) **espantar**
scared, get **assustar-se**
scatter **espalhar, derramar, difundir, dispersar, disseminar**
schedule **programar**
scheme (*as to plot*) **tramar, conspirar, maquinar, intrigar**
scold **ralhar, dar uma bronca**
scorch **queimar, torrar, requeimar**
scorn **desprezar, menosprezar**
scour **esfregar**
scrape (*as to scratch*) **arranhar,** (*as to rasp*) **raspar, rapar**
scratch (*as an itch*) **coçar,** (*as to break* or *mar the surface of*) **arranhar**
scratch (out) **riscar**
scrawl **rabiscar**
scream **berrar, gritar**
scribble **rabiscar**
scrub **esfregar, escovar**
seal (up) **selar**
search again *or* insistently **rebuscar**
season (*as food*) **temperar**
seat **sentar**, (*as to set down*) **assentar**
secrete **segregar(-se)**
secure (*as to hold*) **segurar,** (*as to fasten* or *attach*) **fixar, segurar**
seduce **seduzir, conquistar**
see **ver**
see again **rever**
seem **parecer**
segment **segmentar**
segregate **segregar(-se)**
seize (*as to grab*) **agarrar, abraçar,** (*as to confiscate*) **sequestrar (seqüestrar** *in Brazil*), **confiscar,** (*as to capture*) **capturar**
seize control of **apoderar-se (de)**
select **sele(c)cionar, escolher, eleger**
self-control, lose **desmedir-se, descontrolar-se**
sell **vender**
send **enviar, mandar, transmitir**
send (off) **despachar**
send again **reenviar**
send back **reenviar**
send word to **notificar, participar, comunicar**
sense **sentir**
sentence (*as to convict*) **sentenciar, condenar**
sentence, pass **sentenciar**
separate **separar**, **distanciar**, **apartar, desassociar**
sequester **sequestrar (seqüestrar** *in Brazil*), **confiscar**
serve **servir,** (*as to function*) **funcionar,** (*as to work* or *be suitable*) **prestar**
set (*as to put* or *place*) **pôr, botar** (*in Brazil*), (*as an appointment, day, time, etc.*) **marcar, fixar, designar**
set aside **apartar**
set back (*as a clock*) **atrasar**
set down (*as to put* or *lay down*) **deitar, botar, colocar, pousar, assentar**
set free **soltar, libertar, desencadear, largar, livrar**
set in order (*as to repair*) **compor**
set off (*as fireworks, rockets, etc.*) **lançar**
set on fire **incendiar**
set out for **encaminhar-se (para)**
set right **endireitar**
set straight **endireitar**
set up (*as to establish*) **estabelecer**
settle (*as to colonize*) **colonizar, povoar,** (*as to light* or *perch*) **pousar**
sew **coser** (*in Portugal*), **costurar** (*in Brazil*)
shake **sacudir,** (*as to tremble* or *quiver*) **tremer**, **estremecer, palpitar, vibrar,** (*as to agitate*) **agitar,** (*as to jolt*) **abalar,** (*as to convulse*) **convulsionar(-se)**, (*as someone's hand*) **apertar (a mão)**
shame **envergonhar**
shape **formar, moldar, configurar, elaborar**

share **compartilhar,** (in) **participar em, dividir (entre)**
sharpen (*as an edge*) **afiar, amolar,** (*as to a point*) **apontar**
shatter **quebrar, romper, partir** (*in Portugal*), **despedaçar**
shave (oneself) **fazer a barba, barbear**(-se), **raspar**(-se), **rapar**(-se)
shell **descascar**
shelter **alojar, agasalhar**(-se), **resguardar, abrigar**
shelter, deprive *or* deny **desproteger**
shelter, take *or* seek **refugiar-se**
shield **abrigar, proteger, resguardar**
shine (*as to gleam*) **brilhar, resplandecer,** (*as to polish shoes*) **engraxar,** (*as to polish*) **polir**
shine through **transparecer**
ship (*as to send*) **expedir, enviar, mandar**
shipwreck **naufragar**
shiver (*as with fear* or *cold*) **arrepiar-se, tremer**
shivers, give one the **arrepiar**
shock (*as to astonish* or *amaze*) **chocar, assombrar**, (*as to jolt*) **abalar,** (*as to offend* or *scandalize*) **chocar, escandalizar,** (*as to receive an electrical shock*) **receber um choque elé(c)trico**
shoes, put on **calçar**(-se)
shoo (off *or* away) **afugentar, espantar**
shoot (*a weapon*) **atirar (com), disparar**
shoot (at) **dar (um) tiro (em), atirar (em)**
shorten (*as to abbreviate*) **abreviar**
should **dever**
shout (out) **gritar, exclamar**
shove **empurrar**
show **mostrar,** (*as to demonstrate*) **demonstrar**
show clearly **manifestar**
show off **ostentar**(-se)
show slightly **assomar, entremostrar**
show up (*as to appear*) **aparecer**
shrink **encolher**
shudder **estremecer, tremer,** (*as with fear* or *cold*) **arrepiar-se, tremer**
shuffle (cards) **embaralhar**
shun **esquivar**
shut up (*as to hush up*) **calar**(-se), **silenciar**
sick, get *or* become **ficar doente, adoecer**
sick (and tired), get *or* become **fartar-se**
sick to one's stomach, get *or* become **enjoar-se**
sick to one's stomach, make **enjoar**
sigh **suspirar**
sight (*as to aim*) **mirar**
sight of, catch **entrever**
sign **assinar, firmar**
sign (one's name) (*as to subscribe*) **subscrever**
sign again **reassinar**
sign up *or* in **inscrever,** (*for classes*) **matricular**(-se)
sign up *or* in again **reinscrever**
signify **significar**
silence **silenciar, calar**
silent, be(come) *or* keep **silenciar-se, calar-se**
silver, coat with **pratear**
silver(plate) **pratear**
similar to, be **semelhar, parecer**(-se **com**)
simplify **simplificar**
simulate **simular**
sin **pecar**
sing **cantar**
sink (*as to submerge*) **afundar**(-se)
sit down **sentar-se**
skate **patinar**
sketch **desenhar, traçar,** (*as to make a rough draft*) **rascunhar**
skid **deslizar**(-se), **patinar**
skim through (the pages of a book) **folhear**
skinny, get *or* become **emagrecer**
skirt (*as to go around* or *bypass*) **contornar**
slacken **afrouxar, relaxar, folgar**
slander **caluniar, difamar, injuriar, desacreditar**
slant (*as to lean*) **pender**
slash **recortar**
slaughter (*as livestock*) **abater,** (*as to massacre*) **massacrar**
sleep **dormir**
sleep, put to (*as to put to bed*) **deitar,** (*as to euthanize a pet*) **sacrificar**
sleep, rock to **embalar**
slice **cortar**
slide **escorregar, deslizar**(-se), (*as to glide*) **patinar**
slight (*as to insult, belittle* or *disrespect*) **depreciar, desvalorizar, menosprezar, afrontar, desrespeitar, desconsiderar**
slip **escorregar, deslizar**(-se)
slobber **babar**
smash **machucar, esmagar**
smash to pieces **despedaçar**
smear **borrar**
smell (of *or* like) **cheirar (a)**, (*as to sniff*) **cheirar, aspirar**
smell bad (*as to stink*) **feder, cheirar mal**
smelt (ore) **fundir**
smile **sorrir**
smoke (*tobacco*) **fumar,** (*as to cure meat, etc.*) **defumar**
smooth (out, off *or* down) **alisar**
smother **sufocar**
smuggle **contrabandear**
snack, have *or* eat a **lanchar, merendar**
snap (*as to break*) **quebrar**(-se), **partir**(-se) (*in Portugal*), (*as the sound*) **estalar**
snatch (*as to kidnap*) **raptar, sequestrar (seqüestrar** *in Brazil*)
sneeze **espirrar**
sniff **cheirar, aspirar**
sniffle **fungar**
snoop **bisbilhotar, espionar, espreitar**
snooze **cochilar**
snore **roncar, ressonar** (*in Portugal*)
snow **nevar**
snow (s)lightly **neviscar**
snuff out **extinguir, apagar**
soak (*as to drench* or *steep*) **molhar, embeber, ensopar, saturar**
sob **soluçar**
socialize **socializar**
socks, put on **calçar**(-se)
soften **amaciar, amolecer, suavizar,** (*as to relent*) **amolecer, adoçar**
soil **sujar**
sold out, be(come) **esgotar**(-se), **estar esgotado**
solicit **solicitar, requerer**
solidify **solidificar, congelar**
solve **resolver, solucionar**
soothe **suavizar, acomodar, sossegar, confortar, tranquilizar (tranqüilizar** *in Brazil*)
sop up **ensopar**
sorry, be **sentir, arrepender-se**

sort (*as to order* or *classify*) **ordenar, classificar**
sound **soar**
sour, make **amargar**
sow **disseminar**
space (*as to separate*) **distanciar**
spank **espancar**
spare oneself **poupar-se**
sparkle **faiscar**
sparks, emit *or* give off **faiscar**
spatter **respingar, salpicar**
speak **falar** (*see sample conjugations*)
speak ill of **falar mal de, maldizer**
speak to *or* with **falar com, conversar (com)**
specialize **especializar**
specify **especificar,** (*as to give the particulars of*) **particularizar,** (*as to be precise*) **precisar**
speed up **acelerar**
spend **gastar**
spill **derramar (derramar sangue, lágrimas,** *etc.* to spill blood, tears, *etc.*)
spill (out) **entornar, verter**
spin (*as to rotate*) **rodar**
spin around **girar**
spit (out) **cuspir**
splash (*as to sprinkle*) **respingar**
split **rachar**
spoil **estragar, avariar,** (*as to pamper* or *overindulge*) **mimar, paparicar**
sponsor **patrocinar**
spot (*as to stain*) **borrar**
spout **brotar, jorrar**
spread (*as to extend*) **estender,** (*as disease*) **contagiar,** (*as to scatter* or *disperse*) **espalhar, derramar, difundir,** (*as to publicize*) **divulgar**
sprinkle (*as to rain slightly*) **chuviscar,** (*as to spatter*) **salpicar, respingar**
sprout **brotar**
spurt (out) **brotar, borbulhar, jorrar**
spy (on) **espionar,** (*as to peep*) **espreitar**
squeeze (*as to press* or *hold tightly*) **apertar,** (*as to press* or *compress*) **espremer, comprimir**
squander **malgastar**
squat **agachar-se**
squeak (*as to creak*) **ranger**
squirm **contorcer, estorcer(-se)**
squirt **espirrar**
stab **apunhalar**
stain (*as to spot* or *soil*) **manchar, borrar,** (*as to tint* or *color*) **tingir, colorir, pintar**
stammer **gaguejar, balbuciar**
stamp (*as a seal, etc.*) **carimbar, selar, estampar**
stand (*as to tolerate*) **suportar, tolerar**
stand on end (*as to bristle*) **arrepiar**
stand out **sobressair, destacar-se**
stand up (*as to last* or *hold up*) **durar**
stand up to (*as to confront* or *face up to*) **enfrentar**
standardize **estandardizar, padronizar, normalizar**
staple **grampear**
starch (*clothes*) **engomar**
stare (at) **fitar, encarar**
stare at each other **fitar-se**
start (*as to begin* or *initiate*) **começar, iniciar,** (*as an engine* or *motor*) **arrancar**
start (*something*) again **voltar a** + infinitive, **tornar a** + infinitive
start a fight with **armar uma briga com**
start the day (*as to wake up*) **amanhecer**
state (*as to declare* or *affirm*) **afirmar, declarar, manifestar**
staunch **estancar**
stay **ficar, permanecer**
steal **roubar, furtar**
steal away (*as to escape*) **furtar-se, escapar**
steep (*as to soak*) **ensopar**
stem from **derivar-se de**
step on **pisar**
stereotype **estereotipar**
sterilize **esterilizar**
stew **refogar**
stick (together) (*as to glue*) **colar, grudar**
stick (in *or* into) **meter (em), enfiar (em)**
stiff, make **endurecer**
stifle **abafar**
stimulate **estimular**
sting (*as an insect, etc.*) **picar, morder**
sting again (*as an insect, etc.*) **remorder, repicar**
stink **feder, cheirar mal**
stipulate **estipular**
stir **mexer, remexer, revolver,** (*as to move*) **bulir**
stir up (*as to rouse*) **agitar**
stitch **costurar** (*in Brazil*), **coser** (*in Portugal*)
stock (*as to store*) **armazenar**
stomach, get *or* become sick to one's **enjoar-se**
stomach, make sick to one's **enjoar**
stoop **debruçar(-se), baixar-se**
stop (*as to cease* or *desist from*) **deixar de, desistir (de), parar, cessar, descontinuar,** (*as to halt, detain* or *arrest*) **parar, deter, prender,** (*as to prohibit*) **proibir, vedar, barrar**
stop running (an engine) (*as to conk out*) **estancar**
stop the flow of (blood) **estancar**
stop up (*as a drain, etc.*) **entupir,** (*as to close up*) **tapar**
storage, put in **armazenar**
store **armazenar, guardar**
straight, set **endireitar**
straighten (out) **endireitar**
strain (*as to filter*) **filtrar,** (*as to exert oneself*) **esforçar-se**
strange, find **estranhar**
strangle **estrangular**
stream (*as to flow*) **fluir**
stream out (*as to gush*) **jorrar**
strength, increase in **reforçar-se, fortalecer-se, fortificar-se**
strengthen **reforçar, fortalecer, fortificar, esforçar, engrossar**
stress (*as to emphasize*) **acentuar, salientar,** (*as to subject to strain*) **estressar**
stressed, be *or* become (*as to subjected to strain*) **estar** *or* **ficar estressado**
stretch (*as to extend*) **esticar, estirar, repuxar,** (*as to lengthen*) **alongar**
stretch out **estender, estirar-se,** (*as to unfold*) **desencolher**
strike (*as to hit*) **bater, golpear,** (*as the hour*) **soar**
strike again **rebater**
strip of ornaments *or* adornments **desenfeitar**
stroke (*as to pet*) **acariciar**
stroll **passear**
stroll, take *or* go for a **passear**
strong(er), become **reforçar-se, fortalecer-se, fortificar-se**
structure **estruturar**
struggle **combater, lutar, batalhar, lidar**
stumble **tropeçar**
stutter **gaguejar, balbuciar**

study **estudar,** (*as to research*) **pesquisar, investigar**
stuff (*as to fill*) **encher,** (*as a turkey, etc.*) **rechear,** (*as to pad*) **estofar**
stupefy **estupeficar, estupefazer**
subscribe (to) (*as to sign*) **subscrever, assinar,** (*as to a magazine, etc.*) **fazer (uma) assinatura (de),** (*as to agree with*) **subscrever, aderir (a)**
subdivide **subdividir**(-se), (*as to form branches* or *subdivisions*) **ramificar**(-se)
subdue **submeter, subjugar, sujeitar**
subject **sujeitar, submeter**
subject oneself to **sujeitar-se a**
subjugate **subjugar, sujeitar**
submerge **submergir, afundar**(-se)
submit **submeter**
suborn **subornar**
subsist **subsistir**
substitute (for) **substituir (por)**
subtract **subtrair**
subvert **subverter**
succeed (*as to prosper*) **prosperar**
succeed in (*doing something*) **conseguir**
successful, be **prosperar**
succor **socorrer**
suck (out) **chupar**
suckle **amamentar, mamar**
sue (at law) **processar, demandar**
suffer **sofrer, penar**
suffice **bastar, chegar**
sufficient, be **bastar, ser suficiente, chegar**
suffocate **sufocar,** (*as to drown*) **afogar,** (*as to choke* or *gag on one's food*) **engasgar,** (*as to stifle*) **abafar**
suggest **sugerir**
suit **convir, calhar**
suit the purpose **encaixar**
summarize **resumir**
suntan **bronzear**(-se)
superabound **sobreabundar**
superimpose **sobrepor**
superintend **superintender**
superpose **sobrepor, superpor**
superscribe **sobrescrever**
supervise **supervisionar, fiscalizar, inspe(c)cionar, superintender**
supper, eat *or* have **jantar**
supply **fornecer, abastecer, proporcionar**
supply with weapons **armar**
support **apoiar, sustentar, amparar, manter, suportar, suster**
support (for), deny *or* withdraw **desamparar, desapoiar**
suppose **supor, presumir**
suppress **suprimir**
surpass **ultrapassar, superar, distanciar, sobrelevar,** (*as to stand out*) **destacar-se**
surprise **surpreender, assombrar, admirar**
surprised at, be **admirar-se com, assombrar-se com**
surrender (*as to give up*) **render**(-se), **entregar**(-se), **resignar,** (*as to cede*) **ceder**
surround (*as to enclose*) **cercar, rodear**
survive **sobreviver**
suspect **suspeitar, desconfiar**
suspend **suspender**
sustain **suster, nutrir, amparar**
swallow **engolir,** (*as to devour*) **tragar**
swap **trocar**
sway **balançar, oscilar**
swear (*as to vow*) **jurar,** (*as to utter obscenities* or *swearwords*) **dizer palavrões**
sweat (*as to perspire*) **suar, transpirar**
sweep **varrer**
sweeten **adoçar**
swell **inchar**
swelter **abafar**
swim **nadar**
swindle **fraudar**
swing **balançar, oscilar**
switch (with *or* for) (*as to exchange*) **trocar (com** *or* **por)**
symbolize **simbolizar**
sympathize **simpatizar**
synthesize **sintetizar**
systematize **sistematizar**

T

tackle (*as to deal with*) **abordar,** (*as to bring down*) **derrubar**
tag (*as to label*) **rotular**
take **tomar,** (*as a cab* or *bus*) **apanhar, levar,** (*as to tolerate*) **tolerar, suportar, aguentar (agüentar** *in Brazil*)
take a bath **banhar-se**
take a break (*as to pause*) **pausar**
take a drag of *or* on (*a cigarette*) **tragar, dar um trago em**
take a picture **fotografar, tirar uma foto**
take a rest **folgar**
take a ride **passear**
take a stroll **passear**
take a walk **passear**
take advantage of (*as to seize an opportunity* or *to exploit*) **aproveitar-se (de), prevalecer-se de**
take apart **desmanchar, desmontar**
take as inferred *or* implied **subentender**
take away (*as to subtract*) **subtrair**
take back **retomar**
take care of **cuidar (de),** (*as to deal with, handle*) **encarregar-se, ocupar-se (com** *or* **de)**
take care of oneself **cuidar-se**
take flight **safar-se, furtar-se, escapar**
take for granted **pressupor, dar por certo**
take hold of **prender**
take long in **demorar, tardar**
take note (of) **notar**
take notes (on) **anotar**
take off (*as an airplane*) **decolar**
take off one's clothes **tirar a roupa**
take out *or* off **tirar (de)**
take on (*as a duty*) **assumir**
take on board (*of a ship*) **embarcar**
take part in **compartilhar, participar em**
take place **acontecer**
take possession of **apoderar-se (de)**
take precautions **munir-se (de)**
take pride (in) **orgulhar-se (de)**
take refuge **refugiar-se**
take revenge **vingar-se**
take shape (*as to elaborate*) **elaborar-se**
take shelter **refugiar-se**
take time **demorar**
talk **falar** (*see sample conjugations*)
talk to *or* with **falar com** (*see sample conjugations*), (*as to converse with*) **conversar (com)**
tame **amansar**
tan **bronzear**(-se)
tape-record **gravar**
taste **provar**

tattoo **tatuar**
teach **ensinar, instruir, educar**
tear **romper, rasgar**
tear (*as the eyes*) **lacrimejar**
tear out *or* up *or* off **arrancar**
tear to pieces **despedaçar**
tease (*as to kid* or *mess with*) **brincar com, implicar-se com**
telephone **telefonar, ligar** (*preferred in Brazil*)
tell (*as to say*) **dizer, falar** (*in Brazil*) (*as to report, relate* or *recount*) **(re)contar**, **relatar, narrar**
tell (*the difference*) **distinguir**
tell a lie **mentir**
temper (*as to moderate*) **moderar,** (*as to soften* or *mollify*) **amolecer, adoçar**
tempt **tentar**
tend **tender**
terrify **aterrorizar, horrorizar**
test **provar**
testify **testemunhar, depor**
thank **agradecer**
thaw **descongelar**
theorize **teorizar**
thicken **engrossar**
thin, get *or* become **emagrecer**
think (*mental action*) **pensar, raciocinar,** (*as to have an opinion*) **achar que, crer, julgar, pensar de, opinar**
thread (a needle) **enfiar (em)**
threaten **ameaçar**
thresh (grain) **trilhar**
thrill **emocionar**
thrive (*as to prosper*) **prosperar**
throb **palpitar, pulsar, vibrar**
through, go *or* pass **atravessar**
throw **deitar** (*preferred in Portugal*)**, jogar** (*in Brazil*), **botar,** (*as to hurl*) **atirar, lançar**
throw aside (*as to discard*) **descartar**(-**se**)
throw out *or* away **jogar fora** (*in Brazil*), **deitar fora** (*in Portugal*)
throw down (*as to knock down*) **derrubar**
throw off the track (*as to mislead*) **despistar**
throw up (*as to vomit*) **vomitar**
thrust **impulsionar, impelir**
thunder (*as in a storm*) **trovejar,** (*as to rumble*) **estrondar**
ticket (*as to fine*) **multar**
tidy up **arrumar**
tie (up) **atar** (*preferred in Portugal*)**, amarrar** (*preferred in Brazil*)**, ligar,** (*as in games* or *sports*) **empatar**
tighten **apertar,** (*as to confine within narrow limits*) **estreitar**(-**se**)
tilt (*as to lean*) **pender**
tingle (*as to produce a tingling sensation*) **formigar**
tint **tingir,** (*as to dye one's hair*) **pintar (o cabelo)**
tip over **entornar**
tire **cansar,** (*as to bore*) **fartar**
tire out (*as exhaust*) **esgotar**
tired (of), get **cansar-se (de), fartar-se (de)**
tired out (*as exhausted*) **esgotar-se**
title **intitular**
title to, give a **intitular**
toast (*bread, etc.*) **torrar,** (*as to drink to*) **brindar**
together, flow **confluir**
together, live **conviver**
together, put *or* get (*as to assemble* or *gather*) **juntar**(-**se**)**, unir**(-**se**)
together, put (*as to assemble* or *construct*) **montar, armar**
together, stick (*as to glue*) **grudar, colar**
tolerate **tolerar, suportar**
topple **tombar**
torture **torturar**
total (up) **totalizar**
total of, find the **totalizar, calcular**
touch **tocar,** (*as to arouse the emotions*) **comover**, **emocionar,** (*as to meddle* or *mess around in someone else's things*) **bulir em**
touch down (*an airplane*) **aterrar** (*in Portugal*), **aterrissar** or **aterrizar** (*in Brazil*)
touched, be(come) (*emotionally*) **emocionar-se, comover-se**
trace (*as to sketch*) **traçar**
trade (for *or* with) (*as to exchange, barter*) **trocar (por** *or* **com),** (*as to do business*) **comerciar**
traffic in contraband **contrabandear**
train **treinar**
train, go by **ir** *or* **andar de comboio** (*in Portugal*) **de trem** (*in Brazil*)
trample **pisar, atropelar**
tranquilize **tranquilizar** (**tranqüilizar** *in Brazil*)
transcend **transcender**
transcribe **transcrever**
transfer **transferir**
transform **transformar**
transgress **transgredir, violar, infringir**
translate (to) **traduzir (em** *or* **para**), (*as to interpret*) **interpretar**
transmit (*all senses*) **transmitir,** (*as to communicate*) **comunicar**, (*as a disease*) **contagiar**, **apegar**
transplant **transplantar**
transport **transportar**
transpose **transpor**
travel **viajar**
travel through (*as to pass across*) **transitar**
tread on **pisar**
treat (*as to deal with*) **tratar,** (*with medicine*) **medicar**
tremble **tremer, estremecer**
trespass **traspassar**
trick (*as to deceive*) **enganar, iludir**
trim **recortar,** (*as a haircut*) **aparar**
trip (*as to stumble*) **tropeçar**
trip up **atropelar**
triple **triplicar**
triplicate **triplicar**
triumph **triunfar**
trouble (*as to inconvenience, bother* or *disturb*) **incomodar**(-**se**), (*as to worry*) **preocupar**(-**se**), (*as to disquiet*) **inquietar**
trust (in), (have) **confiar**
try (to) **tentar, procurar, tratar (de)**
try (out) (*as to sample*) **provar, experimentar,** (*as to attempt*) **ensaiar**
tug **repuxar**
tumble **tombar**
tune (up) (*a musical instrument*) **afinar**, (*an engine*) **ajustar**
tune, to get *or* be out of **desafinar**
turn **virar, revirar,** (*as to change direction*) **voltar**, (*as a corner*) **dobrar**
turn (*something*) back to a former position **desvirar**
turn around (*as to rotate*) **girar**
turn aside **desviar**
turn down (*as to lower the volume of a radio, TV, stereo, etc.*) **abaixar**, **baixar**
turn in *or* over (*as to hand in* or *over*) **entregar (a)**

turn inside out **virar**
turn into (*as to become* or *change into*) **tornar-se, virar**
turn off *or* out (*as to switch off*) **apagar, desligar**
turn on (*as to switch on*) **acender, ligar,** (*as to excite*) **apaixonar, excitar**
turn over **virar**
turn the pages of a book **folhear**
turn upside down **virar, inverter**
twist **torcer, retorcer, estorcer**(-se), **revirar**
typify **tipificar**

U

unaware of, be **desconhecer**
unbar (*as to unlock*) **destrancar**
unbind **desatar, desamarrar**
unblock (*as to unclog*) **desentupir**
unburden **aliviar, desabafar**
unbutton **desabotoar**
unclog **desentupir**
uncoil **desenrolar**(-se)
unchain **desencadear**
uncouple (*as to disconnect*) **disconectar, desligar**
uncover **descobrir, desencobrir**
undeceive **desenganar**
underline **sublinhar**
undermine **minar**
underrate **desvalorizar**
underscore (*as to underline*) **sublinhar,** (*as to stress*) **destacar, dar ênfase**
understand **compreender, entender, perceber** (*preferred in Portugal*), (*as to take as implied*) **subentender**
understanding (with), come to an **avir-se (com), entender-se (com)**
undertake (*as an enterprise*) **empreender**
undo **desfazer**(-se), **desmanchar**
undress **despir, tirar a roupa, desvestir**
undressed, get **despir-se, desvestir-se, tirar a roupa**
undulate **ondular**
uneasy, be *or* grow **inquietar-se**
unfasten **desatar, desamarrar, desprender, desabotoar**
unfavorably, consider **desfavorecer**
unfeeling, become (*as hardened*) **endurecer-se**
unfocus **desfocar**
unfold **desdobrar,** (*as to develop*) **desenvolver**
unhang **despendurar**
unhitch **despegar**
unhook **despendurar**
unified, be(come) **unificar-se, unir-se**
uniform, make **uniformizar**
unify **unificar**
unite **unir, unificar**
united, be(come) **unir-se, unificar-se**
unleash **desencadear**
unload **descarregar**
unlock **destrancar, desfechar**
unmake **desfazer**(-se), **desmanchar**
unmarry **descasar**(-se)
unoccupied, become **vagar**
unpile **desacumular**
unravel **desfiar**
unraveled, become (*as to become frayed*) **desfiar-se**
unroll **desenrolar**(-se)
unsew **descoser** (*in Portugal*), **descosturar** (*in Brazil*)
unsewn, come **descoser-se**
unstack **desacumular**
unstitch **descoser** (*in Portugal*), **descosturar** (*in Brazil*)
unstitched, come **descoser-se** (*in Portugal*), **descosturar-se** (*in Brazil*)
unstop **desimpedir, desentupir**
unsuitable, be **desconvir**
untidy, make **desarrumar**
untie **desatar, desamarrar**
untruth, tell an **mentir**
untune **desafinar**
unturn **desvirar**
unsuccessful, be (*as to fail*) **fracassar**
unwind (*as to unroll*) **desenrolar**(-se)
unwrap **desembrulhar**
upholster **estofar**
up to, be **depender**
upset (*as to perturb*) **perturbar, transtornar, atrapalhar, aborrecer, magoar,** (*as to tip* or *knock over*) **entornar**
upset, become **transtornar-se**
urinate **urinar**
use **usar, utilizar, empregar,** (*as to put into practice*) **aplicar**
useful, be (*as to be good*) **prestar**
use of, make **usar, utilizar, empregar, valer-se de, favorecer-se de**
use of, not make **desusar**
used, not be **desusar**
used to, get *or* be **acostumar-se (a), habituar-se (a)**
utilize **utilizar**

V

vacant, become **vagar**
vacate **vagar**
vacillate **vacilar, oscilar**
vaccinate **vacinar**
vacuum **aspirar**
validate **validar**
value (*as to esteem, admire* or *appreciate*) **apreciar, estimar, prezar, admirar, respeitar,** (*as to set the value of*) **valorizar**
value, increase in (*as to appreciate in value*) **valorizar-se**
value of, increase the **valorizar**
vanish **desaparecer, sumir**
vary **variar,** (*as to diversify*) **diversificar**
venerate **venerar**
ventilate **ventilar**
venture (*as to risk*) **aventurar, arriscar, ousar**
verbalize **verbalizar**
verify **verificar**
vibrate **vibrar**
vie (with) **rivalizar(-se com)**
vindicate **justificar**
violate **violar, infringir**
visit **visitar**
visualize **visualizar**
vitalize **vitalizar**
vitiate **viciar**
volunteer **oferecer-se**
vomit **vomitar**
vote **votar**
vow **jurar**

W

wag (*as a tail, etc.*) **balançar, mexer**
wager **apostar**
wait for **esperar, aguardar**
wait on **atender (a)**
wake (up) **acordar**(-se), **despertar,** (*as to start the day*) **amanhecer**
walk **andar, caminhar**
walk lamely **mancar**
walk with a limp **mancar**
walk, take *or* go for a **passear**
wander **vagar, errar**
want **querer, desejar,** (*as to lack*) **carecer (de)**
wanting, be (*as to be scarce*) **escassear**
warehouse **armazenar**

warm (up) **aquecer** (*preferred in Portugal*), **esquentar** (*preferred in Brazil*)
warm slightly (*liquids*) **mornar**
warn **avisar, advertir, alertar, prevenir, precaver**
warning, give **prevenir, precaver**
wash **lavar**
waste **malgastar, desperdiçar, desaproveitar**
watch (*as TV, a game, etc.*) **assistir**
watch (over), keep (*as to guard*) **vigiar, rondar**
water (*as to irrigate*) **aguar,** (*plants*) **regar, molhar,** (*as to tear*) **lacrimejar**
wave (*as to motion to*) **acenar,** (*as to sway*) **balançar, sacudir,** (*as to undulate*) **ondular**
wave to and fro **balançar, oscilar**
waver (*as to vacillate*) **vacilar, oscilar**
wax **encerar**
way to, make one's **encaminhar-se (para)**
weak, get *or* become **enfraquecer-se**
weaken **enfraquecer, debilitar**
weapons, supply with (*as to arm*) **armar**
wear (*as clothing*) **vestir, levar, usar**
wear out (*as to deteriorate*) **gastar, desgastar,** (*as to exhaust*) **esgotar**
weave **tecer**
weep **chorar**
weigh **pesar, balançar,** (*as to ponder* or *consider*) **ponderar, considerar, cogitar, sobrepesar**
weight, lose **emagrecer**
weight, put on **engordar**
welcome **cumprimentar, saudar, acolher**
wet **molhar, (h)umedecer**
wet again **remolhar**
wet, get *or* become **molhar-se, (h)umedecer-se**
whimper **choramingar, soluçar**
whine **choramingar**
whip **chicotear, açoitar**
whir (*as to buzz*) **zumbir**
whirl around **girar**
whisper **sussurrar, cochichar**
whistle (*as with one's mouth*) **assobiar,** (*as to blow a whistle*) **apitar**
white, become *or* turn **branquear-se, embranquecer-se**
whiten **embranquecer, branquear**
whole, make **integrar, inteirar**
widen **alargar, dilatar**
wilt **murchar**
win **ganhar,** (*as to conquer*) **conquistar, vencer, triunfar**
wind (up) (*as to roll up*) **enrolar**
wink **piscar, pestanejar**
wipe **limpar,** (off) **enxugar**
wipe one's nose **assoar-se**
wipe out (*as to annihilate*) **aniquilar, exterminar**
wish **desejar, querer**
wish ill to **malquerer**
wish one well **bem-querer**
withdraw (*as to leave*) **retirar, afastar-se, apartar-se, ausentar-se, retrair-se,** (*as to take out of*) **tirar (de), extrair (de)**
withdraw support **desamparar, desapoiar**
wither **murchar**
withhold (*as to suppress*) **suprimir**
withstand **resistir**
witness **testemunhar**
wonder at **maravilhar-se com**
work **trabalhar,** (*as to serve* or *function*) **funcionar,** (*as to be suitable*) **prestar**
work out (*physically*) **fazer exercícios, exercitar**
worried (about), get *or* become **preocupar-se (com), afligir-se, inquietar-se**
worry **preocupar(-se), afligir(-se), inquietar(-se)**
worse, get *or* become **piorar**
worsen **piorar**
worship **adorar**
worth, be **valer**
wound **ferir, machucar,** (*emotionally*) **magoar**
wrap (up) **embrulhar, embalar, envolver, enrolar**
wring (out) **torcer, retorcer**
wrinkle (up) **enrugar,** (*as to crumple*) **amarrotar**
wrinkle one's brow **franzir**
writhe (*as in pain*) **contorcer(-se), torcer-se**
write **escrever,** (*as to draw up a statement, document, etc.*) **redigir**
wrong **malfazer**
wrong, be **estar enganado, estar errado, enganar-se, errar**

Y

yank out *or* up *or* off **arrancar**
yawn **bocejar**
yell **gritar, berrar**
yelp **latir**
yield (*as to give in*) **ceder, conceder,** (*as to surrender*) **render-se,** (*as to produce*) **render**
young again, become **rejuvenescer**

Z

zigzag **ziguezaguear**

PORTUGUESE-ENGLISH INDEX

NOTE: Besides the 501 verbs that are fully conjugated in this book, the following index contains over 1000 additional verbs with their English meanings, cross-referenced to similar verbs conjugated herein. In the verbs listed below we have enclosed in parentheses those letters, i.e., **(c)**, **(h)**, **(p)**, that are neither written nor pronounced in **Brazilian** Portuguese.

A

aderir (a) to adhere (to); to attach; to approve of, subscribe to, agree with (*like* **ferir**)
adiantar to advance, hasten; to improve, further, promote; (**-se**) to run fast (*as a watch* or *clock*); (*negative impersonal use only in the 3rd person singular*) to be no good, of no help, no use, e.g., "**Não adianta.**" "It's no good." "It doesn't help." "It's no use." (*like* **espantar**)
adiar to postpone, defer, put off
adicionar (a) to add (to); to attach, append; to increase (*like* **estacionar**)
adivinhar to guess; to predict
administrar to administer, manage; to dispense, give (*medicine*) (*like* **registrar**)
admirar to admire, esteem, value; to astonish, surprise, amaze, astound, awe; (**-se com**) to be amazed, awed, surprised *or* astonished by *or* at (*like* **respirar**)
admitir to admit, concede, grant, acknowledge (*like* **permitir**)
adoçar to sweeten; to soften, temper (*as to relent*) (*like* **coçar**)
adoecer to get *or* become sick *or* ill
ado(p)tar to adopt (*like* **notar**)
adorar to adore, love; to worship
adormecer to fall asleep
adornar to adorn, embellish (*like* **adorar**)
adquirir to acquire, obtain, procure
aduzir to adduce, bring forward, cite, allege (*like* **produzir**)
advertir to warn, caution
afastar to move *or* push away; (**-se**) to go away, depart, withdraw; (**-se de**) to move off *or* away (from)
afe(c)tar to affect (*like* **completar**)
afiar to sharpen, grind (*like* **confiar**)
afinar to tune (up); to refine, purify (*like* **combinar**)
afirmar to affirm, assert, declare, state (*like* **animar**)
afligir to worry, distress; (**-se**) to get *or* become worried *or* distressed, fret (*Has both regular and irregular* Past Part. **afligido, aflito.** *See introductory material for usage explanation of verbs with double forms of the* Past Part.)
afogar to drown; to suffocate, choke
afrontar to insult, slight, affront (*like* **contar**)
afrouxar to loosen, slacken, ease, relax (*like* **puxar**)
afugentar to chase *or* drive *or* shoo off *or* away (*like* **alimentar**)
afundar(-se) to sink, submerge (*like* **andar**)
agachar-se to crouch, squat (*like* **achar**)
agarrar to grab, grasp, grip; (**-se a**) to hang *or* hold on to
agasalhar to shelter, protect; (**-se**) to bundle up, dress warmly (*like* **trabalhar**)
agir to act, behave, perform
agitar to agitate, shake, stir up; (**-se**) to be *or* become restless (*like* **evitar**)
agradar to please (*like* **nadar**)
agradecer to thank
agredir to attack, assault, assail (*like* **progredir**)
aguar to water (*like* **continuar**)
aguardar to await, wait for; to expect (*like* **guardar**)
aguentar (agüentar *in Brazil*) to bear, endure, take, put up with (*like* **alimentar**)
ajeitar to arrange, fix up (*like* **rejeitar**)
ajoelhar(-se) to kneel (down)
ajudar to help, aid; to assist
ajuntar to assemble, amass (*like* **juntar**)
ajustar to adjust, adapt; to tune up (*as an engine*) (**-se a**) to adapt *or* conform oneself (to) (*like* **assustar**)
alargar to enlarge, broaden, widen; to expand, extend (*like* **tragar**)
alarmar to alarm; (**-se**) to be *or* become alarmed *or* frightened (*like* **amar**)
alcançar to achieve, attain, reach (*like* **abraçar**)
alegar to allege, assert, claim (*like* **cegar**)
alegrar to make happy; (**-se de** *or* **com**) to be(come) happy (about)
aleijar to cripple, maim, disable (*like* **beijar**)
alertar to alert, warn (*like* **apertar**)
alimentar to feed, nourish
alinhar to align (*like* **caminhar**)
alisar to smooth (out, off *or* down) (*like* **precisar**)
aliviar to alleviate, ease, relieve, unburden; to lessen, lighten (*like* **enviar**)
almoçar to have *or* eat lunch
alojar to lodge, house, shelter, put up (*like* **notar**)
alongar to lengthen, extend, stretch (*like* **pingar**)
alterar to alter, modify; to falsify, forge, counterfeit
alternar to alternate (*like* **governar**)
alugar to rent (*in Portugal* **arrendar** *is normally used for renting some form of lodging, such as a house or an apartment*)
amaciar to soften (*like* **anunciar**)
amadurecer to ripen, mature, age (*like* **parecer**)
amaldiçoar to curse, damn (*like* **abotoar**)
amamentar to breast-feed, nurse, suckle; to nourish (*like* **alimentar**)
amanhecer to dawn; to wake up, start the day (*like* **conhecer**)
amansar to tame; (**-se**) to calm down (*like* **cansar**)
amar to love
amargar to make bitter *or* sour, embitter; (**-se**) to become embittered (*like* **tragar**)
amarrar (*preferred in Brazil,* **atar** *preferred in Portugal*) to tie (up), bind (*like* **agarrar**)
amarrotar to wrinkle, crumple, crease (*like* **notar**)
amassar to knead (*as dough, etc.*) (*like* **passar**)
ameaçar to threaten
amolar to sharpen, hone, grind (*like* **controlar**)
amolecer(-se) to soften, mollify, temper; to relent
amontoar(-se) to pile *or* heap (up); to grow, increase (*like* **abotoar**)
amortecer to deaden, dampen; to muffle (*like* **tecer**)

amparar to support, hold up, sustain, uphold (*like* **parar**)
ampliar to enlarge
amplificar to amplify, enlarge, expand (*like* **ficar**)
analisar to analyze
andar to walk; **de bicicleta** to ride a bicycle (bike), **a cavalo** ride a horse, go on horseback; **de carro** *or* **de automóvel** go by car; **de comboio** (*in Portugal*), **de trem** (*in Brazil*) go by train; **de autocarro** (*in Portugal*), **de ônibus** (*in Brazil*) go by bus; **de avião** by (air)plane
anexar to annex; to affix, attach (*like* **levar**)
animar(-se) to cheer up; to encourage; to animate, enliven, rouse
aniquilar to annihilate, exterminate, wipe out
anoitecer to get *or* become *or* grow dark (*See commentary on impersonal verbs in introductory material.*)
anotar to annotate, take *or* make notes (on); to jot down (*like* **notar**)
anteceder to precede, come before, be earlier than (*like* **beber**)
antecipar to anticipate, expect, foresee (*like* **ocupar**)
antedizer to foretell (*like* **dizer,** *has only irregular* Past Part. **antedito.** *See introductory material for usage explanation of verbs with irregular forms of the* Past Part.)
antepassar to precede, happen before (*like* **passar**)
antepor to put before, place ahead; to give preference to (*like* **pôr**, *except that the infinitival forms of its compound derivatives do not require the circumflex.*)
antever to foresee (*like* **ver,** *has only irregular* Past Part. **antevisto.** *See introductory material for usage explanation of verbs with irregular forms of the* Past Part.)
anular to annul, invalidate, nullify, cancel (*like* **acumular**)
anunciar to announce
apagar to turn off *or* out (*as lights*); to extinguish, put out, snuff out (*as a fire*); to erase, delete
apaixonar to impassion, excite the passions of, turn on; (**-se por**) to fall in love with
apanhar to catch, take
aparar to trim (*as a haircut*) (*like* **amar**)
aparecer to appear, show up (*like* **parecer**)
apartar to separate, set aside, disunite; (**-se**) to depart, withdraw (*like* **faltar**)
apegar to attach to; to transmit (*a disease*) (*like* **pegar**)
apelar to appeal (*at law, etc.*); to invoke, call (up)on (*like* **atropelar**)
aperfeiçoar to perfect, improve (*like* **abotoar**)
aperrear to harass, hassle, pester (*like* **chatear**)
apertar to squeeze (*as to press* or *hold tightly*); to shake (hands); to tighten; to press *or* push (*as a button*) (*in Brazil*) (**carregar em** *in Portugal*)
apetecer to be appetizing *or* appeal to; to feel like (*as to have a desire for*), *also* **ter desejo**; to be hungry for, crave
apitar to whistle, blow a whistle (*like* **felicitar**)
aplicar to apply, employ *or* use (*as to put into practice*); (**-se**) to be diligent, apply onself (*like* **complicar**)
aplaudir to applaud, clap, cheer; to praise, acclaim (*like* **partir**)
apoderar-se (de) to seize control of, take possession of (*like* **esperar**)
apodrecer to rot, get rotten, decay, decompose
apoiar to support, hold up; (**-se em**) to rest (up)on
apontar to aim *or* point at; to point out, indicate; to sharpen (*to a point*)
apor appose (*like* **pôr,** *except that the infinitival forms of its compound derivatives do not require the circumflex.*)
aposentar(-se) to retire (*as from a job*) (*like* **sentar**)
apostar to bet, wager, make a bet
apreciar to appreciate, admire, value
apreender apprehend (*like* **compreender**)
aprender to learn; **aprender de cor** to memorize, learn by heart
apresentar (a) to introduce (to); to present (to); to pose (*as to present*)
apressar to hurry (up), rush; (**-se**) to make haste, hasten, rush *or* hurry (oneself)
aprovar to approve; to pass (*a pupil*) (*like* **provar**)
aproveitar(-se de) to take advantage of (*as to seize an opportunity* or *to exploit*)
aproximar to bring *or* draw near; (**-se de**) to approach, come *or* get near *or* close to
apunhalar to stab (*like* **falar**)
aquecer to heat *or* warm (up) (**esquentar** *preferred in Brazil*)
arder to burn, blaze (*like* **bater**)
argumentar to argue (*a point*), contend, allege (*like* **alimentar**)
armar to arm; to supply with weapons; to assemble, put together; (**-se de**) to arm oneself with; **armar (uma) briga com** to pick *or* start a fight with (*like* **amar**)
armazenar to store, stock, put away *or* in storage, warehouse (*like* **condenar**)
arquivar to file, archive (*like* **cultivar**)
arrancar to pull *or* jerk *or* yank *or* tear *or* rip out *or* up *or* off; to start (*as an engine or motor*)
arranhar to scratch, scrape (*like* **apanhar**)
arranjar to fix; to arrange
arrastar to drag, draw (*like* **bastar**)
arrebentar to burst, break (out); to explode, blow up, pop
arrefecer (*preferred in Portugal,* **esfriar** *preferred in Brazil*) to cool, chill; to get *or* become *or* grow cold *or* cool; (**-se**) to cool off *or* down, chill
arremeter to dash at, rush violently at (*like* **meter**)

arrendar to rent (*in Portugal normally used for renting some form of lodging, such as a house or an apartment, while in Brazil usually for renting land*) (*like* **andar**)
arrepender-se (de) to regret, be sorry; to repent; to change one's mind
arrepiar to frighten, give one the shivers *or* gooseflesh *or* goosebumps; (**-se**) to bristle, stand on end (*as hair*); to shiver *or* shudder (with fear *or* cold) (*like* **confiar**)
arriscar to risk, venture, chance; to endanger
arrotar to burp, belch
arruinar to ruin; (**-se**) to go broke
arrumar to arrange; to tidy *or* clean up
ascender to ascend, rise, climb (*like* **acender**)
aspirar to vacuum; to breathe in, inhale; to sniff, smell (*like* **respirar**)
assaltar to assault; to hold up (*as to rob*) (*like* **faltar**)
assanhar to enrage, inflame, infuriate, anger (*like* **apanhar**)
assar to roast; to bake; to broil (*like* **passar**)
assassinar to murder; to assassinate
assegurar to assure, guarantee (*like* **torturar**)
assentar to seat; to set down (*like* **sentar**, *except has both regular and irregular* Past Part. **assentado, assente, assento.** *See introductory material for usage explanation of verbs with double forms of the* Past Part.)
assentir to assent, consent (*like* **sentir**)
assinalar to (ear)mark; to designate, point out *or* at, indicate (*like* **falar**)
assinar to sign; to subscribe
assistir (a) to attend; to watch (*as TV, a game, etc.*)
assoar-se to blow *or* wipe one's nose (*like* **soar**)
assobiar to whistle (*with one's mouth*)
associar to associate
assomar to show slightly; to appear at (*as at a window*) (*like* **somar**)
assombrar to astonish, astound, bewilder, amaze; to shock, surprise; to haunt; (**-se com**) to be amazed *or* awed *or* surprised *or* astonished by *or* at
assumir to assume, take on (*as a duty, responsibility, post, etc.*) (*like* **unir**)
assustar to frighten, scare; (**-se**) to get scared *or* frightened
atacar to attack; to charge
atar to tie, bind
atender (a) to answer (*a door* or *telephone*); to wait on, assist (*Has both regular and irregular* Past Part. **atendido, atento.** *See introductory material for usage explanation of verbs with double forms of the* Past Part.)
aterrar (*in Portugal*) to land, touch down (*as an airplane*) (*like* **errar**)
aterrissar (*in Brazil*) to land, touch down (*as an airplane*) (*like* **precisar**)
aterrizar (*in Brazil*) to land, touch down (*as an airplane*) (*like* **suavizar**)
aterrorizar to terrify, frighten
atingir to reach, arrive at; to attain, achieve; to hit (*as a target*)
atirar to throw, hurl, cast; (**com**) to shoot (*a weapon*)
ativar = activar
atrair to attract, draw
atrapalhar to upset, perturb, confuse; (**-se**) to become confused *or* mixed-up (*like* **trabalhar**)
atrasar(-se) to delay; to be late; to set back (*as a clock*) (*like* **casar**)
atravessar to cross; to go *or* pass through (*as to traverse*)
atrever-se to dare, risk (*like* **dever**)
atribuir to attribute, assign, ascribe (*like* **contribuir**)
atropelar to run over (*as with a car, etc.*); to trample; to trip up
atuar = actuar
aturar to bear, endure, put up with (*like* **torturar**)
aumentar to increase, augment; to intensify (*like* **alimentar**)
ausentar-se to be absent; to withdraw (*like* **sentar**)
autorizar to authorize, grant (*like* **suavizar**)
avaliar to evaluate, appraise, estimate (*like* **confiar**)
avançar to advance, move forward; to further, promote (*like* **abraçar**)
avariar to damage, spoil (*like* **confiar**)
aventurar to venture, risk, hazard, chance, dare (*like* **torturar**)
avir-se (com) to come to an understanding (with) (*like* **vir,** *except that for reasons of stress the 2nd and 3rd pers. sing. of the* Pres. Indic. *and the* Imperative *sing. require a written acute accent, i.e.,* **avéns, avém, avém.** *Also has only irregular* Past Part. **avindo-se.** *See introductory material for usage explanation of verbs with irregular forms of the* Past Part.)
avisar to warn (*like* **precisar**)

B

babar to drool, slobber (*like* **acabar**)
baixar to lower *or* turn down (*as the volume on a radio, TV, stereo, etc.*); to bring *or* bend down; (**-se**) to stoop, bend over *or* down (*like* **abaixar**)
balançar to sway, swing, move *or* wave to and fro; to wag (*as a tail, etc.*); to balance; to weigh
balbuciar to babble; to stammer, stutter (*like* **anunciar**)
banhar to bathe; (**-se**) to take a bath
banir to banish, expel; to exile (*like* **explodir,** *except defective and as such is not normally used in the 1st pers. sing.* Pres. Indic. *or entire* Pres. Subj. *See commentary on defective verbs in introductory material.*)
ba(p)tizar to baptize, christen (*like* **suavizar**)
barbear(-se) to shave (oneself), *also* **fazer a barba**
barrar to bar, stop (*as to prohibit*) (*like* **agarrar**)
basear(-se em) to base *or* ground (oneself on) (*like* **chatear**)
bastar to be enough *or* sufficient, suffice

batalhar to battle, struggle, fight (*like* **trabalhar**)
bater (a) to knock (at); to hit, strike, beat; **bater palmas** to clap, applaud
beber to drink (***see sample conjugations***)
beijar to kiss
beliscar to pinch
bem-dizer to praise; to bless (*like* **dizer,** *has only irregular* Past Part. **bem-dito.** *See introductory material for usage explanation of verbs with irregular forms of the* Past Part.)
bem-fazer to benefit (*someone*), do good (*like* **fazer,** *has only irregular* Past Part. **bem-feito.** *See introductory material for usage explanation of verbs with irregular forms of the* Past Part.)
bem-querer to love, wish one well (*like* **querer**, *except has both regular and irregular* Past Part. **benquerido, benquisto.** *See introductory material for usage explanation of verbs with double forms of the* Past Part.)
beneficiar(-se) to benefit (*like* **anunciar**)
benzer to bless; (**-se**) to make the sign of the cross, *also* **fazer o sinal-da-cruz** (*like* **depender,** *except it has both regular and irregular* Past Part. **benzido, bento.** *See introductory material for usage explanation of verbs with double forms of the* Past Part.)
berrar to yell, bellow, scream (*like* **errar**)
bisbilhotar to snoop, pry, gossip (*like* **notar**)
blasfemar to blaspheme (*like* **esperar**)
bloquear to block, impede (*like* **chatear**)
bocejar to yawn
boicotar to boycott (*like* **notar**)
bombardear to bomb(ard) (*like* **chatear**)
borbulhar to bubble (up); to spurt, gush (*like* **embrulhar**)
borrar to spot, stain, smear, blot (out) (*like* **torrar**)
botar to put *or* set (down), place (*in Brazil*); to throw *or* cast (out), fling, boot out; **botar a roupa** to dress (oneself) (*in Brazil*)
branquear to whiten; to bleach; (**-se**) to become *or* turn white (*like* **chatear**)
brigar to fight, brawl; to argue, quarrel; **armar (uma) briga com** to pick *or* start a fight with
brilhar to shine, gleam, glitter (*like* **compartilhar**)
brincar (com) to play (*as to frolic*), to joke; to kid, tease
brindar to toast (*as to drink to*) (*like* **andar**)
bronzear(-se) to (sun)tan; to bronze (*like* **chatear**)
brotar to sprout, bud; to spurt *or* gush (out), spout (*like* **notar**)
bulir to stir (*as to move*); (**em**) to meddle, touch (*as to mess in someone else's things*) (*like* **subir**)
buscar to look for; **ir buscar** to go get *or* pick up
buzinar to honk, blow a horn (*like* **combinar**)

C

caber (em) to fit (in)
caçar to hunt
cair (de) to fall (from); to fall down**; deixar cair** to drop, let fall
calar to hush up, shut up, quiet, silence; (**-se**) to be(come) *or* keep quiet *or* silent, shut up, hush up (*like* **falar**)
calçar(-se) to put on shoes *or* socks (*like* **abraçar**)
calcular to calculate, figure; to find the total (of) (*like* **acumular**)
calhar to be fitting *or* appropriate; to be opportune (*like* **trabalhar**)
caluniar to slander, defame, malign (*like* **confiar**)
caminhar to walk
canalizar to channel (*like* **suavizar**)
cancelar to cancel; to cross out
cansar to tire; (**-se de**) to get tired (of)
cantar to sing
capacitar to enable, capacitate (*like* **felicitar**)
captar to grasp, comprehend**;** to captivate; to pick up (*as to get or receive a TV or radio broadcast*) (*like* **atar**)
capturar to capture, catch, seize
caracterizar to characterize, define, distinguish (*like* **suavizar**)
carecer (de) to be in need of, lack(ing), want(ing) (*like* **parecer**)
carimbar to (rubber-)stamp (*like* **acabar**)
carregar to carry; to load; to charge (*as a battery*); (**em**) to press *or* push (*as a button*) (*in Portugal*) (**apertar** *in Brazil*)
casar to marry (*off* or *officiate at the ceremony*); (**-se com**) to get married (to)
castigar to punish, penalize
causar to cause
cavar to dig
ceder to cede, surrender; to yield, give in (*like* **beber**)
cegar to blind
celebrar to celebrate; to rejoice
censurar to censor; to reprimand; to censure
centralizar to centralize (*like* **suavizar**)
centrar to center (*like* **concentrar**)
cercar to fence (in), enclose, surround, encircle (*like* **secar**)
certificar to certify, attest (*like* **ficar**)
cessar to cease, stop, discontinue, quit (*like* **confessar**)
chamar to call; to name, give a name to; (**-se**) to be called *or* named
chatear to bother, annoy, pester, disturb, hassle
chegar to arrive, reach; to be sufficient *or* enough, suffice; (**-se**) to come *or* get near *or* close (to)
cheirar (a) to smell (of *or* like); to sniff, smell; **cheirar mal** to stink, smell bad
chicotear to whip, flog, lash (*like* **chatear**)
chocar to shock (*as to amaze or offend*), jolt; to brood *or* hatch (eggs); (**-se com**) to collide; to crash (into)
choramingar to whimper, whine (*like* **vingar**)
chorar to cry, weep

chover to rain (*See commentary on impersonal verbs in introductory material.*)

chumbar to fail (*as on an examination*) (*in Portugal*) (*like* **acabar**)

chupar to suck (out); to drain

chuviscar to drizzle, sprinkle, rain slightly (*See commentary on impersonal verbs in introductory material.*)

cicatrizar to scar (over) (*like* **suavizar**)

circular to circulate (*like* **acumular**)

circunscrever to circumscribe; to confine, limit (*like* **escrever,** *has only irregular* Past Part. **circunscrito.** *See introductory material for usage explanation of verbs with irregular forms of the* Past Part.)

citar to cite (*like* **felicitar**)

civilizar to civilize; (**-se**) to become civilized (*like* **suavizar**)

clarear to lighten, brighten; to clear up (*like* **chatear**)

clarificar to clarify, to clear up (*like* **ficar**)

classificar to classify; to sort, arrange, order (*like* **ficar**)

clonar to clone (*like* **abandonar**)

cobiçar to covet, long for; to lust after (*like* **abraçar**)

cobrar to charge (*as for goods or services*); to collect (*as to get or receive*)

cobrir to cover (up)

coçar to scratch, itch (*as to scratch an itch*)

cochichar to whisper, murmur (*like* **achar**)

cochilar to nap, doze, snooze (*like* **aniquilar**)

codificar to codify (*like* **ficar**)

coexistir to coexist (*like* **existir**)

cogitar to cogitate, contemplate, weigh, meditate (*like* **evitar**)

coincidir to coincide (*like* **decidir**)

colaborar (com) to collaborate (with); to cooperate (with)

colar to glue, paste, stick (together) (*like* **controlar**)

cole(c)cionar to collect (*as to make a collection of*) (*like* **estacionar**)

cole(c)tar to collect (*as to gather*); to assess (*as taxes*) (*like* **completar**)

colher to harvest; to gather (*like* **escolher**)

colidir to collide, crash (into) (*like* **decidir**)

colocar to put (down), place, set down; **colocar a roupa** to dress (oneself) (*in Brazil*); **colocar o cinto de segurança** to fasten the seatbelt (*like* **tocar**)

colonizar to colonize, settle (*like* **suavizar**)

colorir to color; to stain (*like* **explodir,** *except defective and as such is not normally used in the 1st pers. sing.* Pres. Indic. *or in the entire* Pres. Subj. *See commentary on defective verbs in introductory material.*)

comandar to command; to order, give orders (*like* **mandar**)

combater to fight, combat; to struggle (*like* **bater**)

combinar to combine; to blend, mingle; to agree (up)on, approve of, arrange; to match, go with (*as with clothes*)

começar to begin, start

comentar (sobre) to comment (on), remark (on) (*like* **alimentar**)

comer to eat

comerciar to do business, trade, commerce (*like* **anunciar**)

cometer to commit (*like* **meter**)

comover to move, touch (*as to arouse the emotions*) (*like* **mover**)

comparar (com *or* **a)** to compare (with *or* to) (*like* **parar**)

comparecer to appear, present oneself (*like* **parecer**)

compartilhar to share; to take part in

compelir to compel, force, coerce (*like* **servir**)

compensar to compensate; to pay (*like* **pensar**)

competir (com) to compete (with) (*like* **repetir,** *except defective and as such is not normally used in the 1st pers. sing.* Pres. Indic. *or in the entire* Pres. Subj. *See commentary on defective verbs in introductory material.*)

compilar to compile (*like* **aniquilar**)

completar to complete, finish

complicar to complicate; (**-se**) to get *or* become complicated

compor to compose; to repair, put *or* set in order (*like* **pôr,** *except that the infinitival forms of its compound derivatives do not require the circumflex.*)

comportar-se to behave, act (*like* **importar**)

comprar to buy, purchase

compreender to understand, comprehend; to comprise, embrace, encircle, encompass

comprimir to compress, squeeze, crush (*like* **decidir**)

comprometer to compromise, jeopardize, endanger; (**-se**) to commit oneself (to), pledge, bind (*like* **meter**)

comprovar to confirm; to corroborate (*like* **provar**)

computar to compute, calculate, figure (*like* **escutar**)

comungar to receive *or* give Holy Communion (in the Catholic Church) (*like* **pingar**)

comunicar to communicate; to transmit, convey, notify, send word (*like* **complicar**)

conceber to conceive, imagine; to become pregnant (*like* **receber**)

conceder to concede, grant; to yield, give in (*like* **beber**)

concentrar to concentrate

concernir to concern, regard (*like* **discernir**)

conciliar to conciliate; to appease (*like* **confiar**)

concluir to conclude, finish, end (*like* **contribuir**)

concordar to reconcile, harmonize; (**com**) to agree (with), concur, approve of (*like* **acordar**)

concorrer to compete; to be a candidate, run for (*as for an office, etc.*) (*like* **correr**)

concretizar to render *or* make concrete, make real (*like* **suavizar**)

condecorar to decorate (*as to award a medal to*) (*like* **adorar**)

condenar to condemn; to convict, sentence

condensar to condense; to abridge (*like* **pensar**)

condicionar to make contingent upon, make subject to conditions (*like* **estacionar**)
condoer-se to pity (*like* **doer,** *except not impersonal. See commentary on impersonal verbs in introductory material.*)
conduzir to conduct, lead; to drive (*as a car*) (*like* **produzir**)
conectar to connect (*like* **completar**)
confeccionar to confect, concoct, prepare, make (*like* **estacionar**)
conferir to confer; to lecture (*like* **ferir**)
confessar to confess
confiar (em) to trust, entrust (to *or* with), have confidence in; to confide to *or* in
configurar to configure, form, shape (*like* **torturar**)
confinar to confine, restrain, restrict (*like* **combinar**)
confirmar to confirm (*like* **animar**)
confiscar to confiscate, seize, sequester (*like* **arriscar**)
confluir to flow together; to converge (*like* **contribuir**)
conformar to conform, fit; (**-se com**) to resign *or* conform oneself (to) (*like* **formar**)
confrontar to confront; to face (*like* **contar**)
confortar to comfort, console, soothe
confundir to confuse, bewilder; (**-se**) to become confused *or* mixed-up; to mistake; to mix, mingle (*Has both regular and irregular* Past Part. **confundido, confuso.** *See introductory material for usage explanation of verbs with double forms of the* Past Part.)
congelar(**-se**) to freeze, congeal; to solidify
congregar(**-se**) to congregate, gather, assemble (*like* **cegar**)
conhecer to know (*as to be acquainted or familiar with*); to meet
conjugar to conjugate; to combine, merge
conjuntar to cojoin (*like* **juntar**)
conjurar to conjure (*like* **jurar**)
conotar to connote, mean; to imply (*like* **notar**)
conquistar to conquer, defeat, win; to seduce
consagrar(**-se**) to consecrate, dedicate (oneself), devote (oneself) (*like* **ladrar**)
conseguir to get, obtain; to succeed in (*doing something*) (*like* **seguir**)
consentir to consent; to accept, allow, permit (*like* **sentir**)
consertar to fix, repair, arrange, put *or* set in order (*like* **apertar**)
conservar to conserve, preserve, keep
considerar to consider, ponder, weigh (*in the mind*)
consignar to consign (*like* **combinar**)
consistir (em) to consist (of) (*like* **assistir**)
consoar to be consonant; to rhyme (*like* **soar**)
consolar to console, comfort (*like* **controlar**)
consolidar to consolidate (*like* **convidar**)
conspirar to conspire, plot, machinate, scheme (*like* **respirar**)
constar to be clear, evident, *or* certain; "**Consta que . . .**" "It is said that . . ."; **constar de** to consist of, be composed of (*like* **bastar**)
constituir to constitute (*like* **contribuir**)
constranger to constrain (*like* **proteger,** *except without open/close mutation of stressed vowels*)
construir to build, construct, make
consultar to consult
consumir to consume (*like* **subir**)
conta(**c**)**tar** to contact (*like* **tratar**)
contagiar to infect, transmit, spread (*as a disease*) (*like* **confiar**)
contaminar to contaminate, infect (*like* **combinar**)
contar to count; to tell, report
contemplar to contemplate, consider (*like* **lembrar**)
contender to contend, fight; to contest, dispute (*like* **depender**)
contentar to content, satisfy; (**-se com**) to be content *or* satisfied with (*like* **tentar**)
conter to contain, hold (*like* **ter,** *except that for reasons of stress the 2nd and 3rd pers. sing. of the* Pres. Indic. *and the* Imperative *sing. require a written acute accent, i.e.,* **conténs, contém, contém.**)
contestar to contest, dispute; to answer, reply (*like* **emprestar**)
continuar to continue
contorcer to contort; to squirm, writhe; (**-se**) to writhe (in pain) (*like* **torcer**)
contornar to outline; to go around; to get around (*as to avoid*), bypass, skirt (*like* **adorar**)
contrabandear to smuggle, traffic in contraband (*like* **chatear**)
contradizer to contradict; to refute (*like* **dizer,** *has only irregular* Past Part. **contradito.** *See introductory material for usage explanation of verbs with irregular forms of the* Past Part.)
contrafazer to counterfeit; to forge, falsify (*like* **fazer,** *has only irregular* Past Part. **contrafeito.** *See introductory material for usage explanation of verbs with irregular forms of the* Past Part.)
contrair to contract (*as a debt, sickness, or as to shrink*) (*like* **atrair**)
contramandar to countermand (*an order*) (*like* **mandar**)
contrapor to place opposite *or* against; to oppose (*like* **pôr,** *except that the infinitival forms of its compound derivatives do not require the circumflex.*)
contraproduzir to counterproduce (*like* **produzir**)
contrapropor to make a counterproposal (*like* **pôr,** *except that the infinitival forms of its compound derivatives do not require the circumflex.*)
contraprovar to counterprove (*like* **provar**)
contrariar to oppose, contradict, be contrary (*like* **confiar**)
contratar to contract; to hire (*like* **tratar**)

contravir to contravene; to retort (*like* **vir,** *except that for reasons of stress the* 2nd *and* 3rd *pers. sing. of the* Pres. Indic. *and the* Imperative *sing. require a written acute accent, i.e.,* **contravéns, contravém, contravém.** *Also has only irregular* Past Part. **contravindo.** *See introductory material for usage explanation of verbs with irregular forms of the* Past Part.)
contribuir to contribute
controlar to control, restrain; (**-se**) to control *or* restrain oneself
convalescer to recuperate, recover, convalesce (*like* **crescer**)
convencer to convince (*like* **vencer**)
convergir to converge (*like* **agir,** *with* **g** *to* **j** *spelling change, and* **servir,** *with open/close mutation of stressed vowels*)
conversar (**com**) to talk *or* speak to *or* with, converse
converter (**a** *or* **em**) to convert (to *or* into)
convidar to invite
convir to suit, be fitting *or* appropriate; to behoove; to agree, to approve of (*like* **vir,** *except that for reasons of stress the* 2nd *and* 3rd *pers. sing. of the* Pres. Indic. *and the* Imperative *sing. require a written acute accent, i.e.,* **convéns, convém, convém.** *Also has only irregular* Past Part. **convindo.** *See introductory material for usage explanation of verbs with irregular forms of the* Past Part.)
conviver live together (*like* **viver**)
convocar to convoke, call (*like* **tocar**)
convulsionar(**-se**) to convulse, shake (*like* **estacionar**)
cooperar (**com**) to cooperate (with) (*like* **esperar**)
coordenar to coordinate (*like* **condenar**)
copiar to copy
co-produzir to coproduce, produce in cooperation with (*like* **produzir**)
coroar to crown (*as a king*) (*like* **abotoar**)
correlacionar to correlate; to interrelate (*like* **estacionar**)
correr to run
corresponder to correspond; to coincide (*like* **responder**)
corrigir to correct, remove errors
corroborar to corroborate (*like* **adorar**)
corroer to corrode; erode (*like* **roer**)
corromper to corrupt (*like* **romper**, *except only regular* Past Part. **corrompido**)
cortar to cut; to chop; to slice; **cortar o cabelo** to get one's hair cut
coser (*in Portugal*) to sew, stitch (*like* **morder**)
costumar to accustom; (**-se**) to be accustomed to, be in the habit of (*like* **fumar**)
costurar (*in Brazil*) to sew, stitch (*like* **torturar**)
cotovelar to elbow, nudge (*like* **atropelar**)
cozinhar to cook
cravar to nail, fasten, fix (*like* **lavar**)
creditar to credit *also* **dar crédito** to credit (*like* **acreditar**)
crer to believe, think
crescer to grow
criar to create; to raise, bring up (*children* or *animals*)
criticar to criticize
cruzar to cross (*like* **suavizar**)
cuidar (**de**) to take care (of); (**-se**) to be careful, take care of oneself
culminar to culminate, come to a head, climax (*like* **combinar**)
culpar to blame
cultivar to cultivate; to grow, raise (*plants*)
cumprimentar to greet, welcome
cumprir to fulfill, comply, keep (*as a promise, etc.*)
curar to cure, heal
cuspir to spit (out)
custar to cost; to be difficult, bothersome *or* painful (*See commentary on impersonal verbs in introductory material.*)

D

danar to damage, injure, harm; to be harmful (to); to damn (*like* **enganar**)
dançar to dance
danificar to damage, injure, harm (*like* **ficar**)
dar to give
datar (**de**) to date (from) (*like* **atar**)
debater to debate, dispute (*like* **bater**)
debilitar to debilitate, weaken, impair (*like* **evitar**)
debitar to debit, charge (*like* **evitar**)
debruçar(**-se**) to stoop, bend down, lean over (*like* **abraçar**)
decair to decay, decline (*like* **cair**)
decapitar to decapitate, behead (*like* **evitar**)
decepcionar to disappoint; to disillusion (*like* **estacionar**)
decidir to decide
decifrar to decipher, decode, interpret (*like* **respirar**)
declarar to declare, state
declinar to decline (*like* **combinar**)
decolar to take off, lift off (*as an airplane*) (*like* **controlar**)
decompor to decompose (*like* **pôr,** *except that the infinitival forms of its compound derivatives do not require the circumflex.*)
decorar to decorate; to learn by heart, memorize (*like* **adorar**)
decorrer to elapse, pass (*said of time*) (*like* **correr**, *except impersonal. See commentary on impersonal verbs in introductory material.*)
decrescer to decrease (*like* **crescer**)
dedicar(**-se a**) to dedicate (oneself to), devote (oneself to) (*like* **complicar**)
deduzir to deduce, infer (*like* **produzir**)
defender to defend
deferir to grant, concede (*like* **ferir**)
definir to define
deformar to deform, distort, deface (*like* **formar**)
defumar to smoke, cure (*as meat, etc.*) (*like* **fumar**)
degenerar to degenerate, deteriorate (*like* **esperar**)

degolar to decapitate, behead (*like* **controlar**)
degradar(-se) to degrade (oneself), debase (oneself) (*like* **nadar**)
deitar to lay *or* put *or* set down; to put to bed; to throw, cast, hurl, fling (*preferred in Portugal*), **jogar** (*in Brazil*); (**-se**) to go to bed; to lie down; **deitar fora** to throw out *or* away (*in Portugal*), **jogar fora** (*in Brazil*)
deixar to let, allow, permit; to leave (behind); **deixar de +** *infinitive* to quit, stop, cease, break oneself of a habit: **"Deixei de fumar."** "I stopped smoking."
delegar (a) to delegate; to entrust (to) (*like* **cegar**)
deliberar to deliberate (*like* **esperar**)
delimitar to delimit, bound, demarcate; to confine (*like* **evitar**)
delinear to delineate, outline (*like* **chatear**)
delirar to be delirious; to rant, rave (*like* **respirar**)
demandar to demand; to sue at law (*like* **mandar**)
demitir to discharge, dismiss, fire (*as from a job*); (**-se**) to resign, quit (*as a job*) (*like* **permitir**)
demolir to demolish, raze (*like* **explodir,** *except defective and as such is not normally used in the 1st pers. sing.* Pres. Indic. *or in the entire* Pres. Subj. *See commentary on defective verbs in introductory material.*)
demonstrar to demonstrate, illustrate, show (*like* **mostrar**)
demorar to delay; to take time, be *or* take long in (*like* **morar**)
denegar to deny (*like* **negar**)
denegrir to denigrate; to defame (*like* **progredir**)
denotar to denote, mean (*like* **notar**)
denunciar to denounce, inform on *or* against; to disavow (*like* **anunciar**)
deparar(-se com) to meet, come *or* run across, come upon (*as by chance*) (*like* **parar**)
depender (de) to depend (on *or* upon), be up to
deplorar to deplore, lament (*like* **adorar**)
depor to put down; to depose; to testify, give evidence, attest (*like* **pôr,** *except that the infinitival forms of its compound derivatives do not require the circumflex.*)
deportar to deport, banish (*like* **importar**)
depositar to deposit, put *or* place in
depreciar to depreciate; to disparage, belittle, slight (*like* **anunciar**)
deprimir to depress (*like* **decidir**)
derivar to derive; (**-se de**) to originate *or* descend *or* stem from, be descended from (*like* **cultivar**)
derramar to scatter, disperse; to spread; to spill, **derramar sangue, lágrimas, etc.** to spill blood, tears, etc.; (**-se**) to overflow (*like* **amar**)
derreter to melt (*like* **meter**)
derrotar to defeat (*like* **notar**)
derrubar to knock *or* throw, *or* bring down; to tackle; to demolish (*like* **acabar**)
desabafar to unburden, get something off one's chest (*like* **falar**)
desabar-se to cave in, collapse, crumble (down) (*like* **acabar**)
desabotoar to unbutton, unfasten (*like* **abotoar**)
desaceitar to reject (*like* **aceitar**, *with both regular and irregular* Past Part. **desaceitado, desaceito.** *See introductory material for usage explanation of verbs with double forms of the* Past Part.)
desacolher to receive *or* greet unkindly (*like* **escolher**)
desaconselhar to dissuade, advise against (*like* **aconselhar**)
desacordar to disagree (*like* **acordar**)
desacostumar-se (de) to break oneself of a habit (*like* **acostumar**)
desacreditar to discredit; to slander (*like* **acreditar**)
desacumular to unpile, unstack (*like* **acumular**)
desafiar to challenge, defy (*like* **confiar**)
desafinar to untune; to get *or* be out of tune (*like* **combinar**)
desagradar to displease, dissatisfy (*like* **nadar**)
desamarrar to untie, unfasten, unbind (*like* **agarrar**)
desamparar to deny *or* withdraw support *or* help (*like* **parar**)
desanimar to discourage, depress, dishearten (*like* **animar**)
desaparecer to disappear, vanish (*like* **parecer**)
desapoiar to deny *or* withdraw support *or* help (*like* **apoiar**)
desapontar to disappoint (*like* **apontar**)
desapreciar to disparage (*like* **apreciar**)
desaprovar to disapprove (*like* **provar**)
desaproveitar to misuse, waste (*like* **aproveitar**)
desarmar to disarm; to disassemble (*like* **amar**)
desarranjar to disarrange (*like* **arranjar**)
desarrumar to mess (up), disarrange, make untidy (*like* **arrumar**)
desarticular to dislocate, disjoint; to disconnect (*like* **acumular**)
desassociar to dissociate, separate (*like* **associar**)
desassustar to allay the fright *or* fear of (*like* **assustar**)
desatar to untie, unbind, unfasten (*like* **atar**)
desatender to disregard, neglect, ignore (*like* **depender**)
desavir-se com to quarrel, have a falling out with (*like* **vir,** *except that for reasons of stress the 2nd and 3rd pers. sing. of the* Pres. Indic. *and the* Imperative *sing. require a written acute accent, i.e.,* **desavéns-te, desavém-se, desavém-te.** *Also has only irregular* Past Part. **desavindo-se.** *See introductory material for usage explanation of verbs with irregular forms of the* Past Part.)
descansar to rest; to relax (*like* **cansar**)
descarregar to unload, discharge (*like* **carregar**)
descartar(-se) to discard, throw aside; to get rid of (*like* **faltar**)

descasar to unmarry (*like* **casar**)
descascar to peel, shell, husk (*like* **buscar**)
descender (de) to descend *or* be descended (from) (*like* **acender**)
descentralizar to decentralize (*like* **suavizar**)
descer to go, get *or* come down, descend
descobrir to discover, find; to uncover, reveal; to detect (*like* **cobrir,** *has only irregular* Past Part. **descoberto.** *See introductory material for usage explanation of verbs with irregular forms of the* Past Part.)
descolorir to discolor (*like* **explodir,** *except defective and as such is not normally used in the 1st pers. sing.* Pres. Indic. *or in the entire* Pres. Subj. *See commentary on defective verbs in introductory material.*)
descompor to discompose, disarrange; **(-se)** to get out of order (*as to malfunction*) (*like* **pôr,** *except that the infinitival forms of its compound derivatives do not require the circumflex.*)
desconectar to disconnect (*like* **completar**)
desconfiar to distrust, suspect (*like* **confiar**)
desconfortar to distress (*like* **confortar**)
descongelar to thaw, melt (*like* **atropelar**)
desconhecer to be unaware *or* ignorant of (*like* **conhecer**)
desconjuntar to dislocate, disjoint; to disunite (*like* **juntar**)
desconsentir to disallow (*like* **sentir**)
desconsertar to put into disrepair (*like* **apertar**)
desconsiderar to disregard, slight, ignore (*like* **considerar**)
descontar to discount (*like* **contar**)
descontentar to discontent, dissatisfy (*like* **tentar**)
descontinuar to discontinue, stop, interrupt (*like* **continuar**)
descontrolar-se to lose self-control *or* control of oneself (*like* **controlar**)
desconvencer to dissuade (*like* **vencer**)
desconvir to be inconvenient *or* unsuitable (*like* **vir,** *except that for reasons of stress the 2nd and 3rd pers. sing. of the* Pres. Indic. *and the* Imperative *sing. require a written acute accent, i.e.,* **desconvéns, desconvém, desconvém.** *Also has only irregular* Past Part. **desconvindo.** *See introductory material for usage explanation of verbs with irregular forms of the* Past Part.)
descoser (*preferred in Portugal*) to unstitch, unsew; (**-se**) to come unsewn *or* unstitched (*like* **morder**)
descosturar (*in Brazil*) to unstitch, unsew; (**-se**) to come unsewn *or* unstitched (*like* **torturar**)
descrer to disbelieve, not believe (*like* **crer**)
descrever to describe, portray, depict (*like* **escrever,** *has only irregular* Past Part. **descrito.** *See introductory material for usage explanation of verbs with irregular forms of the* Past Part.)
descuidar to neglect, disregard (*like* **cuidar**)
desculpar to excuse, pardon, forgive; (**-se**) to apologize (*like* **culpar**)
descumprir to not comply (with) (*like* **cumprir**)
desdizer to contradict (*like* **dizer,** *has only irregular* Past Part. **desdito.** *See introductory material for usage explanation of verbs with irregular forms of the* Past Part.)
desdobrar to unfold (*like* **dobrar**)
desejar to wish, want; to desire
desembarcar to disembark, go ashore, land (*like* **trancar**)
desembrulhar to unwrap, open up (*as a package*) (*like* **embrulhar**)
desempenhar to redeem (*something that was pawned*); **desempenhar um papel** to play a part *or* role; to carry out, execute, perform (*as duties, etc.*) (*like* **desenhar**)
desempregar to fire, dismiss (*as an employee*); (**-se**) to get *or* be fired, lose one's job (*like* **empregar**)
desencadear to unchain, unleash, let loose, set free (*like* **chatear**)
desencaixar to disjoint, dislocate (*like* **abaixar**)
desencaminhar to mislead, misdirect (*like* **caminhar**)
desencantar to disenchant, disillusion (*like* **cantar**)
desencher to empty (*like* **encher**)
desencobrir to uncover (*like* **cobrir,** *has only irregular* Past Part. **desencoberto.** *See introductory material for usage explanation of verbs with irregular forms of the* Past Part.)
desencolher to stretch out (*like* **escolher**)
desenfeitar to strip of ornaments *or* adornments (*like* **enfeitar**)
desenferrujar to remove the rust from (*like* **sujar**)
desenganar to undeceive, disabuse (*like* **enganar**)
desenhar to design; to sketch, draw
desenjoar to relieve of nausea (*like* **enjoar**)
desenrolar(-se) to unroll, unwind, uncoil (*like* **controlar**)
desenterrar to disinter, exhume (*like* **enterrar**)
desentristecer(-se) to cheer up (*like* **entristecer**)
desentupir to unclog, unblock, unstop (*like* **subir**)
desenvolver to develop; to unfold; to grow (into)
deserdar to disinherit (*like* **conservar**)
desertar to desert, abandon (*like* **apertar**)
desesperar-se to despair, lose all hope (*like* **esperar**)
desfalcar to embezzle, misappropriate (*like* **trancar**)
desfavorecer to consider unfavorably, disfavor; to discredit (*like* **parecer**)
desfazer to undo, to unmake; (**-se**) to fall *or* come apart (*like* **fazer,** *has only irregular* Past Part. **desfeito.** *See introductory material for usage explanation of verbs with irregular forms of the* Past Part.)

desfechar to unlock (*like* **fechar**)
desfiar to unravel, fray; (**-se**) to become unraveled *or* frayed (*like* **confiar**)
desfocar to unfocus, put out of focus (*like* **tocar**)
desgastar to wear out (*like* **gastar**, *except has only regular* Past Part. **desgastado**)
desgostar to displease, annoy (*like* **gostar**)
designar to designate, appoint, assign; to point at *or* out; to set *or* fix (*as an appointment*) (*like* **combinar**)
desiludir to disappoint, disenchant, disillusion (*like* **decidir**)
desimpedir to unstop; to disencumber (*like* **pedir**)
desinfe(c)tar to disinfect (*like* **completar**)
desintegrar(**-se**) to disintegrate; to fall apart (*like* **alegrar**)
desintoxicar to free of poison *or* infection (*like* **complicar**)
desistir (**de**) to desist, cease (from), stop (*like* **insistir**)
desligar to disconnect, uncouple; to turn off *or* out; to hang up (*as a phone*) (*like* **ligar**)
deslizar(**-se**) to slip, slide, skid (*like* **suavizar**)
deslocar to dislocate (*like* **tocar**)
deslumbrar to daze, dazzle; to fascinate (*like* **lembrar**)
desmaiar to faint, pass out
desmanchar to rip up *or* apart (*as a garment*); to undo, unmake, take apart (*like* **manchar**)
desmandar to countermand, repeal, revoke (*like* **mandar**)
desmedir-se to lose control of oneself (*like* **medir**)
desmentir to contradict; to deny (*like* **mentir**)
desmontar to disassemble, dismantle, take apart; to dismount (*as a horse*) (*like* **contar**)
desmoralizar to demoralize; (**-se**) to become demoralized (*like* **suavizar**)
desmoronar to knock down, demolish; (**-se**) to crumble, fall to pieces (*like* **abandonar**)
desobedecer to disobey (*like* **obedecer**)
desobrigar to exempt, release from obligation (*like* **obrigar**)
desocupar to disoccupy (*like* **ocupar**)
desonrar to dishonor, disgrace, discredit (*like* **encontrar**)
desordenar to disorganize, disarrange; (**-se**) to get out of order (*like* **condenar**)
desorganizar to disorganize (*like* **suavizar**)
desorientar to disorient (*like* **alimentar**)
despachar to send (off), dispatch; to fire, get rid of; (**-se**) to hurry (up), rush, hasten, get moving *or* going
despedaçar to tear *or* rip to pieces; to shatter, smash to pieces, break up (*like* **abraçar**)
despedir to fire, dismiss, get rid of; (**-se de**) to say good-bye (to)
despegar to detach, unhitch (*like* **pegar**)
despejar to empty, pour out, dump out (*like* **desejar**)
despendurar to unhook, unhang (*like* **pendurar**)
desperceber to not perceive (*like* **perceber**)
desperdiçar to waste (*like* **abraçar**)
despersuadir to dissuade (*like* **persuadir**)
despertar to awaken, wake (up); to arouse (*like* **apertar**)
despir to undress; (**-se**) to get undressed
despistar to mislead, throw off the track (*like* **conquistar**)
despontar to blunt (*like* **apontar**)
desprender to unfasten; to disengage, release (*like* **aprender**)
despreocupar to relieve of concern *or* worry (*like* **ocupar**)
desprezar to despise, look down (up)on, look upon with contempt, scorn, distain (*like* **rezar**)
desproteger to deprive of *or* deny protection *or* shelter (*like* **proteger**)
desrespeitar to disrespect, slight (*like* **respeitar**)
dessecar to dessicate, make dry (*like* **secar**)
dessentir to not feel (*like* **sentir**)
desservir to disserve, misserve (*like* **servir**)
destacar to detach; to point out, put in relief, make salient, underscore, emphasize (**-se**) to stand out, surpass, distinguish oneself (*like* **atacar**)
destrancar to unlock, unbar (*like* **trancar**)
destruir to destroy
desunir to disunite, disjoin (*like* **unir**)
desusar to not make use of; to not be used (*like* **usar**)
desvaler to lose value (*like* **valer**)
desvalorizar to devalue, depreciate, disparage; to belittle, slight, underrate (*like* **suavizar**)
desvestir to undress; (**-se**) to get undressed (*like* **vestir**)
desviar to divert, deflect, turn aside; to bypass (*like* **enviar**)
desvirar to unturn *or* turn (*something*) back to a former position (*like* **virar**)
deter to detain; to stop; to arrest (*like* **ter,** *except that for reasons of stress the 2nd and 3rd pers. sing. of the* Pres. Indic. *and the* Imperative *sing. require a written acute accent, i.e.,* **deténs, detém, detém.**)
deteriorar to deteriorate (*like* **adorar**)
determinar(**-se**) to determine; to be(come) determined; to decide; to ascertain; to conclude (*like* **combinar**)
detestar to detest, abhor, loathe, hate (*like* **emprestar**)
detrair (**de**) to detract (from) (*like* **atrair**)
deturpar to distort, disfigure, misrepresent (*like* **ocupar**)
devastar to devastate, ravage, lay waste to (*like* **bastar**)
dever to owe; ought, should, must
devolver to give back, restore; to refund (*like* **desenvolver**)
devorar to devour, gobble up, eat up (*like* **adorar**)
devotar(**-se**) to devote, dedicate (*like* **notar**)
difamar to defame, slander, libel (*like* **amar**)
diferir to defer, postpone; to differ (*like* **ferir**)
diferenciar to differentiate (*like* **anunciar**)

dificultar to make difficult, hamper, impede (*like* **consultar**)
difundir to diffuse; to scatter, spread, disperse (*like* **confundir**)
digerir to digest (*like* **ferir**)
dilatar to dilate, enlarge, expand, extend, widen (*like* **atar**)
diminuir to decrease, diminish, lessen (*like* **contribuir**)
dirigir to direct, guide, lead, conduct; to drive (*as a car, etc.*); (**-se a**) to address (*as to direct oneself to*)
discar to dial (*a telephone*) (*like* **arriscar**)
discernir to discern, distinguish, discriminate
disciplinar to discipline (*like* **combinar**)
disconectar to disconnect, uncouple (*like* **completar**)
discordar to disagree, differ (*like* **acordar**)
discriminar to discriminate; to perceive a difference
discutir to argue; to discuss; to debate
disfarçar to disguise; to conceal; to dissemble
disparar to discharge (*as a weapon*), shoot, fire (*like* **parar**)
dispensar to dispense; to release from obligation (*like* **pensar**)
dispersar to disperse, scatter, disseminate (*like* **conversar**)
dispor to dispose (*like* **pôr,** *except that the infinitival forms of its compound derivatives do not require the circumflex.*)
disputar to dispute (*like* **escutar**)
disseminar to disseminate, disperse, scatter; to sow (*like* **combinar**)
dissentir to dissent from, disagree with (*like* **sentir**)
dissimular to dissemble, feign (*like* **acumular**)
dissociar to dissociate (*like* **associar**)
dissolver to dissolve, melt (*like* **absorver**)
dissuadir to dissuade (*like* **persuadir**)
distanciar to separate, space, distance; to surpass; (**-se de**) to distance oneself, move off *or* away (from) (*like* **anunciar**)
distender to distend (*like* **depender**)
distinguir to distinguish, differentiate, tell (*the difference*); (**-se de**) to be different *or* differ from
distrair to distract, divert (*especially one's attention*) (*like* **atrair**)
distribuir (entre *or* **por)** to distribute (among) (*like* **contribuir**)
ditar to dictate, command (*like* **evitar**)
diversificar to diversify, vary (*like* **ficar**)
divertir to entertain, amuse; (**-se**) to have fun, enjoy or amuse oneself
dividir (entre) to divide; to distribute (among), share, allot
divorciar to divorce; (**-se**) to get *or* become divorced
divulgar to divulge, disclose, reveal; to propagate, spread, disseminate, to publicize, make known; (**-se**) to become known (*like* **julgar**)
dizer to say, tell (*in Brazil the meanings of* **dizer** *are frequently conveyed by the verb* **falar**)
dobrar to double; to fold; to bend, bow; to turn (*as a street corner*); (**-se**) to bend over *or* down
documentar to document (*like* **alimentar**)
doer to hurt, ache (*See commentary on impersonal verbs in introductory material.*)
dominar to dominate, rule; to command (*as talent* or *skill*)
dormir to sleep
dotar to endow; to gift (*like* **notar**)
dourar to gild; to embellish; to brown (*as food*) (*like* **durar**)
drenar to drain (*like* **condenar**)
duplicar to duplicate, double (*like* **complicar**)
durar to last, endure, hold *or* stand up
duvidar to doubt

E

ecoar to echo, resound (*like* **voar**)
economizar to economize, save (*like* **suavizar**)
editar to publish, print (books) (*like* **evitar**)
educar to educate, instruct, teach; to bring up; (**-se**) to learn
efe(c)tuar to effect(uate), bring about, accomplish (*like* **continuar**)
elaborar to elaborate; (**-se**) to develop, take shape (*like* **adorar**)
eleger to elect; to choose, select (*like* **proteger**, *except has both regular and irregular* Past Part. **elegido, eleito.** *See introductory material for usage explanation of verbs with double forms of the* Past Part.)
elevar to elevate, raise *or* lift (up) (*like* **levar**)
eliminar to eliminate; to remove; to delete
elogiar to praise, extol, eulogize (*like* **confiar**)
emagrecer to get *or* become thin *or* skinny; to lose weight
embalar to rock to sleep; to cradle; to wrap up (*like* **falar**)
embaraçar to embarass; to entangle; to encumber (*like* **abraçar**)
embaralhar to confuse, mix (up), entangle; to shuffle (cards) (*like* **trabalhar**)
embarcar to embark; to go, take, load *or* put on board (*like* **trancar**)
embater(-se) to collide, crash into (*like* **bater**)
embeber to soak, imbibe (*like* **beber**)
embranquecer to bleach, whiten; (**-se**) to become *or* turn white (*like* **aquecer**)
embriagar to make *or* get drunk, inebriate, intoxicate; (**-se**) to become *or* get drunk, intoxicated *or* inebriated (*like* **tragar**)
embrulhar to wrap (up); (**-se em**) to become *or* get involved *or* embroiled in
emendar to correct, remove errors; to amend; to emend; to mend, repair, fix (*like* **andar**)

emergir to emerge**,** arise (*like* **agir,** *with* **g** *to* **j** *spelling change, and* **dever,** *with open/close mutation of stressed vowels. Has both regular and irregular* Past Part. **emergido, emerso.** *See introductory material for usage explanation of verbs with double forms of the* Past Part.)
emigrar to emigrate (*like* **ladrar**)
emitir to emit**;** to broadcast (*radio, TV, etc.*) (*like* **permitir**)
emocionar to thrill, excite *or* arouse (emotion in); to move, touch; (**-se**) to be(come) moved *or* touched (*like* **estacionar**)
empacotar to pack, package (*like* **notar**)
empatar to tie (as *in games or sports*) (*like* **atar**)
empenhar to pawn, hock; (**-se a, em, para** *or* **por**) to exert oneself, make every effort (to, in, for) (*like* **desenhar**)
empobrecer to impoverish, make poor; (**-se**) to become *or* grow poor (*like* **parecer**)
empreender to undertake (*as an enterprise*), attempt, endeavor (*like* **compreender**)
empregar to employ**,** hire; to use, make use of
emprestar to lend, loan
empurrar to push; to shove
encaixar to box (up), encase, pack up; to fit well, suit the purpose, fall into place (*like* **abaixar**)
encaminhar-se (a *or* **para)** to set out for, make one's way to (*like* **caminhar**)
encantar to enchant (*like* **cantar**)
encarar to face, confront; to stare at, look straight at (*like* **parar**)
encarecer to raise prices, make *or* become more expensive (*like* **parecer**)
encarregar to entrust, charge (with); (**-se com** *or* **de**) take care of (*like* **carregar,** *except has both regular and irregular* Past Part. **encarregado, encarregue.** *See introductory material for usage explanation of verbs with double forms of the* Past Part.)
encerar to wax, polish (*like* **esperar**)
encerrar to enclose, confine, encircle; to encompass, embrace**,** comprehend**,** comprise**;** to terminate, close (*like* **errar**)
encher to fill, stuff (*Has both regular and irregular* Past Part. **enchido, cheio.** *See introductory material for usage explanation of verbs with double forms of the* Past Part.)
encobrir to cover, conceal (*like* **cobrir,** *has only irregular* Past Part. **encoberto.** *See introductory material for usage explanation of verbs with irregular forms of the* Past Part.)
encolher to shrink, contract (*like* **escolher**)
encomendar to order (*as something from someone*); to entrust to, charge with (*like* **andar**)
encontrar to meet; to find, discover
encostar(**-se a**) to lean (back) *or* recline on *or* against; to prop (*like* **gostar**)
endereçar to address (*as a letter, etc.*) (*like* **começar**)
endireitar to straighten (out); to correct, set straight *or* right (*like* **respeitar**)
endoidecer to go crazy; to drive crazy (*like* **agradecer**)
endurecer to harden, make hard *or* stiff; (**-se**) to become hard; to become insensitive *or* unfeeling (*like* **parecer**)
enfeitar to adorn, decorate, embellish; (**-se**) to dress up
enfeitiçar to bewitch, charm; to (put a) hex (on) (*like* **abraçar**)
enferrujar to rust, corrode (*like* **sujar**)
enfiar (em) to thread (a needle); to insert *or* stick (in *or* into) (*like* **confiar**)
enfocar to focus (*like* **tocar**)
enfraquecer to weaken, debilitate; (**-se**) to get *or* become weak
enfrentar to face, confront; to stand *or* face up to
enfurecer to infuriate, enrage, anger, make angry *or* mad; (**-se**) get *or* become *or* grow enraged or mad (*like* **parecer**)
enganar to deceive, fool, trick, mislead, dupe; (**-se**) to be mistaken *or* wrong; make a mistake, **estar enganado** to be mistaken *or* wrong
enganchar to hook, catch; to hang from a hook; to hitch; (**-se**) to get *or* be(come) hooked *or* caught (*like* **inchar**)
engarrafar to bottle (*like* **falar**)
engasgar to gag, choke; to suffocate (*like* **tragar**)
engatilhar to cock (*as a gun*) (*like* **compartilhar**)
engessar to plaster; to put in a (plaster) cast (*like* **confessar**)
engolir to swallow; to gulp down
engomar to starch *and/or* iron (*clothes*) (*in Lisbon Portuguese* **engomar** *normally means* to iron)
engordar to fatten, get fat; to put on weight
engravidar to get *or* make pregnant, impregnate; to get *or* become pregnant, *also* **ficar grávida**; **estar grávida** to be pregnant (*like* **andar**)
engraxar to shine (shoes) (*like* **puxar**)
engrossar to thicken; to enlarge, strengthen (*like* **gostar**)
enjoar to nauseate *or* make sick to one's stomach; (**-se**) to get *or* become nauseated *or* sick to one's stomach
enlatar to can (foods) (*like* **atar**)
enlouquecer to go crazy; to drive crazy (*like* **agradecer**)
enriquecer to enrich, make rich; (**-se**) to get *or* become rich
enrolar to roll up; to curl (up); to coil (up); to wrap (up); to wind (up) (*like* **controlar**)
enrugar to wrinkle (up) (*like* **conjugar**)
ensaiar to rehearse, practice; to try (out), attempt
ensinar to teach, instruct, educate
ensopar to drench, soak, steep; to sop up (*like* **adorar**)
ensurdecer to deafen, grow *or* make deaf; to become deaf (*like* **agradecer**)
entardecer to get *or* become *or* grow late *or* dark (*like* **agradecer**)

entediar to bore (*as to tire*); (**-se**) to get *or* be(come) bored, *also* **ficar entediado** (*like* **confiar**)
entender to comprehend, understand; (**-se com**) to come to an understanding (with), get along with (*someone*) (*like* **depender**)
enterrar to bury, inter
entornar to spill (out); to overturn, upset, tip *or* knock over (*like* **adorar**)
entrar (**em**) to enter (into), go in(to)
entreabrir to open partially (*like* **abrir, *has only irregular*** Past Part. **entreaberto.** *See introductory material for usage explanation of verbs with irregular forms of the* Past Part.)
entrebater-se to clash (*like* **bater**)
entrechocar-se to collide with, crash together (*like* **chocar**)
entreconhecer to know *or* be acquainted with slightly (*like* **conhecer**)
entrecortar to intersect; to interrupt (*like* **cortar**)
entrefechar to close slightly (*like* **fechar**)
entregar (**a**) to deliver; to turn *or* hand in *or* over; (**-se**) to surrender, give up (*Has both regular and irregular* Past Part. **entregado, entregue.** *See introductory material for usage explanation of verbs with double forms of the* Past Part.)
entremeter to interpose; to meddle (*like* **meter**)
entremisturar to intermix (*like* **misturar**)
entremostrar to show slightly (*like* **mostrar**)
entreolhar-se to look at each other, exchange looks (*like* **olhar**)
entreouvir to hear faintly (*like* **ouvir**)
entrepor to interpose (*like* **pôr,** *except that the infinitival forms of its compound derivatives do not require the circumflex.*)
entressonhar to daydream (*like* **sonhar**)
entreter to entertain, amuse (*like* **ter,** *except that for reasons of stress the 2nd and 3rd pers. sing. of the* Pres. Indic. *and the* Imperative *sing. require a written acute accent, i.e.,* **entreténs, entretém, entretém.**)
entrever to catch sight of (*like* **ver,** *has only irregular* Past Part. **entrevisto.** *See introductory material for usage explanation of verbs with irregular forms of the* Past Part.)
entrevistar to interview; **ter (uma) entrevista com** have an interview with (*like* **conquistar**)
entristecer to sadden, make sad; (**-se**) to get *or* become sad
entupir to clog (up), plug up, stop up (*as a drain*) (*like* **subir**)
enumerar to enumerate, itemize, list (*like* **esperar**)
enunciar to enunciate (*like* **anunciar**)
envelhecer to make old, age; (**-se**) to get *or* become *or* grow old
envenenar to poison; to infect (*like* **condenar**)
envergar to bend; (**-se**) bend over *or* down (*like* **cegar**)
envergonhar to embarass, shame; (**-se de**) to be(come) embarassed *or* ashamed (of)
enviar to send, ship
envolver to involve, envelop, wrap (up); (**-se em**) become *or* get involved in (*like* **desenvolver,** *except has both regular and irregular* Past Part. **envolvido, envolto.** *See introductory material for usage explanation of verbs with double forms of the* Past Part.)
enxergar to discern, perceive, make out, distinguish (*like* **cegar**)
enxugar to dry off, wipe (off *or* dry) (*like* **conjugar,** *except has both regular and irregular* Past Part. **enxugado, enxuto.** *See introductory material for usage explanation of verbs with double forms of the* Past Part.)
equivaler (**a**) to be equivalent (to) (*like* **valer**)
errar to be wrong *or* mistaken, err, make a mistake, *also* **estar errado**; to wander, roam
escalar to scale (*as a wall, mountain, etc.*), climb (up) (*like* **falar**)
escandalizar to scandalize, shock (*like* **suavizar**)
escapar to escape, flee, break loose *or* out, run *or* steal away, take flight; to evade, avoid (*like* **ocupar**)
escassear to be(come) scarce, be wanting (*like* **chatear**)
esclarecer to clarify, clear up (*like* **parecer**)
escolher to choose, select, pick
esconder to hide, conceal
escorregar to slip, slide, glide
escorrer to drain, flow, run (*said of liquids*) (*like* **correr**)
escovar to brush (*as the teeth, hair, etc.*); to scrub (*like* **provar**)
escravizar to enslave (*like* **suavizar**)
escrever to write
escurecer(-se) to darken, dim, get *or* become *or* grow dark *or* dim (*like* **parecer**)
escutar to listen; to hear (*in Brazil*)
esforçar to strengthen; (**-se**) to make an effort; to strain, exert oneself (*like* **forçar**)
esfregar to rub, scrub, scour (*like* **cegar**)
esfriar (*preferred in Brazil,* **arrefecer** *preferred in Portugal*) to cool (off *or* down), chill; (**-se**) to get *or* become *or* grow cold *or* cool
esgotar to exhaust, wear *or* tire out; (**-se**) to be(come) exhausted *or* worn or tired out; to be *or* go out of print, sold out, *also* **estar esgotado**
esmagar to crush, smash (*like* **tragar**)
espalhar to scatter, disperse, spread (*like* **trabalhar**)
espancar to spank, beat (*like* **trancar**)
espantar to frighten, scare *or* shoo (off *or* away)
especializar to specialize (*like* **suavizar**)
especificar to specify (*like* **ficar**)

esperar to expect; to wait for, await; to hope
espionar to spy, snoop (*like* **estacionar**)
espirrar to sneeze; to squirt
espreitar to peep, peek, snoop, spy on (*like* **respeitar**)
espremer to squeeze, press (out) (*like* **tremer**)
espumar to foam, froth (*like* **fumar**)
esquecer to forget; (**-se de**) to forget (about)
esquentar to heat *or* warm (up) (**aquecer** *preferred in Portugal*) (*like* **alimentar**)
esquivar to avoid, evade; to shun, eschew (*like* **cultivar**)
estabelecer to establish, set up
estacionar to park (*as cars, etc.*)
estalar to crack, snap, pop (*like* **falar**)
estampar to stamp, print, imprint (*like* **limpar**)
estancar to staunch, stop the flow of (blood); to stop (running), conk out (*said of a car's motor*) (*like* **trancar**)
estandardizar to standardize (*like* **suavizar**)
estar to be
estender to extend, stretch out; to spread (*like* **depender**)
estereotipar to stereotype (*like* **ocupar**)
esterilizar to sterilize (*like* **suavizar**)
esticar to stretch, extend (*like* **complicar**)
estimar to estimate, appraise; to esteem, value
estimular to stimulate (*like* **acumular**)
estipular to stipulate (*like* **acumular**)
estirar to stretch, extend; (**-se**) to stretch out
estofar to stuff, pad; to upholster (*like* **notar**)
estorcer to twist; (**-se**) to squirm (*like* **torcer**)
estourar to blow up, explode; to burst, pop (*like* **durar**)
estrangular to strangle, choke (*like* **acumular**)
estragar to spoil, ruin, damage
estranhar to find strange *or* odd *or* peculiar (*like* **apanhar**)
estreitar(-se) to narrow; to tighten (*as to confine within narrow limits*) (*like* **aceitar**)
estremecer to shake, tremble, shudder, quiver (*like* **adormecer**)
estressar to stress (*as to subject to strain*); **estar** *or* **ficar estressado** to be *or* become stressed (*like* **confessar**)
estrondar to boom, thunder, rumble, roar (*like* **andar**)
estruturar to structure (*like* **torturar**)
estudar to study
estupefazer to stupefy (*like* **fazer,** *has only irregular* Past Part. **estupefeito.** *See introductory material for usage explanation of verbs with irregular forms of the* Past Part.)
estupeficar to stupefy (*like* **ficar**)
estuprar to rape, ravish (*like* **comprar**)
esvaziar to empty (*like* **enviar**)
evacuar to evacuate (*like* **continuar**)
evaporar to evaporate (*like* **adorar**)
evitar to avoid; to evade, dodge
evocar to evoke, call forth (*like* **tocar**)
evoluir to evolve (*like* **contribuir**)
exagerar to exaggerate; to overstate; to overdo
exalar to emit *or* give off (*as an odor*) (*like* **falar**)
exaltar to exalt (*like* **faltar**)
examinar to examine
exasperar to exasperate (*like* **esperar**)
exceder to exceed; to excel (*like* **beber**)
exce(p)tuar to except, exclude (*like* **continuar**)
excitar to excite; to arouse, turn on; (**-se**) to get *or* become excited *or* aroused
exclamar to exclaim; to shout (out)
excluir to exclude (*like* **contribuir**)
executar to execute (*like* **escutar**)
exemplificar to exemplify (*like* **ficar**)
exercer to exercise, carry out (*duties, etc.*) (*like* **esquecer**)
exercitar to exercise, work out (*physically*) (*like* **felicitar**)
exibir to exhibit, display (*like* **existir**)
exigir to demand (*like* **dirigir**)
exilar to exile, banish (*like* **aniquilar**)
existir to exist, be
expandir to expand; to broaden, amplify, enlarge (*like* **decidir**)
expedir to ship; to dispatch (*like* **pedir**)
expelir to expel, eject (*like* **servir,** *except has both regular and irregular* Past Part. **expelido, expulso.** *See introductory material for usage explanation of verbs with double forms of the* Past Part.)
experimentar to experiment; to experience; to try
expirar to exhale, breathe out; to expire, die, end (*like* **respirar**)
explicar to explain
explodir to explode, blow up, burst (*Considered by some to be defective and as such is not normally used in 1st pers. sing*. Pres. Indic. *or in the entire* Pres. Subj., *except when used figuratively or metaphorically. See commentary on defective verbs in introductory material.*)
explorar to explore; to exploit (*like* **adorar**)
expor to expose; to disclose; to display; to explain (*like* **pôr,** *except that the infinitival forms of its compound derivatives do not require the circumflex.*)
exportar to export (*like* **importar**)
expressar to express; (**-se bem**) to express oneself well (*like* **confessar**)
exprimir to express; (**-se bem**) to express oneself well (*like* **decidir,** *except has both regular and irregular* Past Part. **exprimido, expresso.** *See introductory material for usage explanation of verbs with double forms of the* Past Part.)
expulsar to expel, boot *or* kick out (*like* **usar,** *except has both regular and irregular* Past Part. **expulsado, expulso.** *See introductory material for usage explanation of verbs with double forms of the* Past Part.)

extrair (de) to extract (from), draw out (of), pull out (of), withdraw (from) (*like* **atrair**)
exterminar to exterminate, wipe out (*like* **combinar**)
extinguir to extinguish, put out; to snuff out (*like* **distinguir,** *except has both regular and irregular* Past Part. **extinguido, extinto.** *See introductory material for usage explanation of verbs with double forms of the* Past Part.)

F

fabricar to manufacture, fabricate, produce, make, build, construct
facilitar to facilitate, make easy (*like* **evitar**)
fa(c)turar to invoice, bill (*like* **torturar**)
faiscar to emit *or* give off sparks; to sparkle (*like* **arriscar**)
falar to speak, talk; to say, tell (*in Brazil the meanings of* **dizer** *are frequently conveyed by the verb* **falar**) (***see sample conjugations***)
falecer to die, pass away, expire (*like* **parecer**)
falhar to fail, not function (properly), miss (*as an engine*), misfire (*like* **trabalhar**)
falir to go bankrupt, fail, go bust, go broke, go out of business (*like* **partir,** *except defective and as such is not used in the 1st, 2nd or 3rd pers. sing. or 3rd pers. plur. of the* Pres. Indic., *the entire* Pres. Subj., *or any but the 2nd pers. plur. of the* Imperative. *See commentary on defective verbs in introductory material.*)
faltar to lack, be lacking; to be missing *or* absent
falsificar to falsify; to forge, counterfeit (*like* **ficar**)
familiarizar to familiarize; (**-se com**) to familiarize oneself with (*like* **suavizar**)
fartar to satiate, sate; to satisfy, fill up, glut; to tire; (**-se**) to get *or* become sick (and tired), get *or* become fed up (with); to become satiated (*like* **faltar,** *except has both regular and irregular* Past Part. **fartado, farto.** *See introductory material for usage explanation of verbs with double forms of the* Past Part.)
fascinar to fascinate; to captivate, charm (*like* **combinar**)
faturar = facturar
favorecer to favor; (**-se de**) to avail oneself of, make use of (*like* **parecer**)
fazer to do, make; (**-se**) to become
fechar to close
feder to stink, smell bad (*like* **beber**)
felicitar to congratulate
ferir to wound, injure
fermentar to ferment; to leaven (*like* **alimentar**)
fertilizar to fertilize (*like* **suavizar**)
ferver to boil
festejar to give a party (for); to celebrate; to rejoice
ficar to remain, stay; to be(come); to be left (over)
figurar to represent, depict; to picture, imagine; (**em**) to play a part or role in (*like* **torturar**)
filmar to film (*like* **fumar**)
filtrar to filter, strain (*like* **frustrar**)
finalizar to finish; to finalize (*like* **suavizar**)
financiar to finance, fund, back (*financially*) (*like* **anunciar**)
fingir to pretend, make believe, feign, fake
firmar to sign (*as an agreement, contract, etc.*); to make firm (*like* **animar**)
fiscalizar to examine, inspect; to supervise, oversee (*like* **suavizar**)
fitar to stare (at), gaze upon, fix one's eyes (up)on; (**-se**) to stare at each other (*like* **evitar**)
fixar to fix, secure, fasten, attach; to fix, set (*as a date* or *time*) (*like* **puxar**)
florescer to flower, bloom, blossom (*like* **crescer**)
fluir to flow, run, stream (*like* **contribuir**)
flutuar to float; to fluctuate (*like* **continuar**)
focalizar to focus (*like* **suavizar**)
focar to focus (*like* **tocar**)
folgar to loosen, slacken; to rest, take a rest, laze, lounge around (*like* **jogar**)
folhear to leaf through, skim through, turn (the pages of a book) (*like* **chatear**)
forçar to force, compel, make
formar to form, shape; (**-se**) to graduate (*as from school*)
fomentar to foment, incite, instigate, encourage, promote (*like* **alimentar**)
formalizar to formalize (*like* **suavizar**)
formigar to tingle (*produce a tingling sensation as when a limb has fallen asleep*); to prickle, itch (*like* **castigar**)
formular to formulate (*like* **acumular**)
fornecer to furnish, supply, provide
forrar to line (*as to put a lining in*); to cover (*as to put a covering on*) (*like* **torrar**)
fortalecer to fortify, strengthen, invigorate; (**-se**) to become strong(er), increase in strength (*like* **amolecer**)
fortificar to fortify, strengthen; (**-se**) to become strong(er), increase in strength (*like* **ficar**)
fotografar to photograph, take a picture *or* photo *or* snapshot, *also* **tirar (uma) foto** (*like* **falar**)
fracassar to fail, be unsuccessful, flop (*like* **passar**)
fra(c)turar to fracture, break (*like* **torturar**)
fragmentar to fragment, break up (*like* **alimentar**)
franzir to frown, wrinkle one's brow; to ruffle, pleat (*as a skirt*) (*like* **produzir**)
fraudar to defraud, swindle, cheat (*like* **mudar**)
frear to brake (*preferred in Brazil*), **travar** (*preferred in Portugal*) (*like* **chatear**)
frequentar (freqüentar *in Brazil*) to frequent, go often (*like* **alimentar**)
fretar to charter (*as a bus, boat, plane, etc.*) (*like* **completar**)
friccionar to rub, massage (*like* **estacionar**)

fritar to fry (*Has both regular and irregular* Past Part. **fritado, frito.** *See introductory material for usage explanation of verbs with double forms of the* Past Part.)
frustrar to frustrate; (**-se**) to get *or* become frustrated
fugir to run away, escape
fumar to smoke (*as tobacco, etc.*)
funcionar to function, operate, work; to serve (*like* **estacionar**)
fundar to found, establish; (**-se em**) to base oneself (up)on (*like* **andar**)
fundir to cast, found, melt; to fuse; to smelt (*as ore*) (*like* **confundir**)
fungar to sniffle (*like* **pingar**)
furar to bore, drill, pierce, perforate (*like* **torturar**)
furtar to steal, rob, pilfer, purloin; (**-se**) to evade, avoid, dodge, steal away, escape, take flight (*like* **faltar**)

G

gabar-se to brag, boast (*like* **acabar**)
gaguejar to stutter, stammer (*like* **desejar**)
ganhar to earn; to win; to beat (*Has both regular and irregular* Past Part. **ganhado, ganho,** *but the regular form is now obsolete. See introductory material for usage explanation of verbs with double forms of the* Past Part.)
garantir to guarantee
gargalhar to laugh loudly, guffaw (*like* **trabalhar**)
gargarejar to gargle (*like* **desejar**)
gastar to spend; to wear out, consume (*Has both regular and irregular* Past Part. **gastado, gasto,** *but the regular form is now obsolete. See introductory material for usage explanation of verbs with double forms of the* Past Part.)
gelar to chill, cool; to freeze, congeal (*like* **atropelar**)
gemer to moan, groan (*like* **tremer**)
generalizar to generalize (*like* **suavizar**)
gerar to generate
girar to revolve, rotate, turn *or* spin *or* whirl around, gyrate (*like* **respirar**)
glorificar to glorify, extol, exalt (*like* **ficar**)
golpear to hit, strike (*like* **chatear**)
gostar (de) to like; **gostar muito (de)** to love
gotejar to drip, fall drop by drop; to dribble (*like* **desejar**)
governar to govern, rule
gozar (de) to enjoy; to make fun of
graduar(-se) to graduate (*like* **continuar**)
grampear to staple (*like* **chatear**)
gratificar to reward, remunerate, recompense (*like* **ficar**)
gravar to record (*as a tape, CD, DVD, etc.*); to engrave, inscribe, carve, etch (*like* **lavar**)
grelhar to grill, broil (*like* **aconselhar**)
gripar to catch *or* get the flu, *also* **ficar gripado** (*like* **ocupar**)
gritar to shout, yell, scream, cry out
grudar to glue, paste, stick together (*like* **mudar**)
guardar to keep, put away, store; to guard
guiar to guide, lead

H

habitar to inhabit, live in, occupy (*like* **evitar**)
habituar to accustom; (**-se a**) to get *or* be used *or* accustomed to
hastear to hoist, raise (*as a flag*); to fly (*as a flag*) (*like* **chatear**)
haver to be; to have (*Used as auxiliary verb used with* Past Part. *to form literary compound tenses.* **Haver de** + infinitive *means* "ought to, should": **"Has de ver o meu carro novo."** "You should see my new car." When used impersonally, the *3rd person singular form* **há** *of* **haver** *expresses both the corresponding singular and plural English forms* "there is" *and* "there are," *as well as in all other tenses:* **houve, havia** "there was," "there were," **haverá** "there will be," *etc. In conversational* ***Brazilian*** *Portuguese the verb* **ter** *is more commonly used for this impersonal construction [see* **ter** *below].* **Haver** *is also used impersonally in expressions of time, where it means* "ago," e.g., **"Falei com João há dois dias (atrás)."** "I spoke with John a couple of days ago," or "it's been [*period of time*] since," e.g., **"Há dois dias que não te vejo."** "It's been two days since I saw you." *See also commentary on impersonal verbs in introductory material.*)
herdar to inherit (*like* **conservar**)
hesitar to hesitate, pause (*like* **visitar**)
hibernar to hibernate (*like* **governar**)
hipnotizar hypnotize, mesmerize (*like* **suavizar**)
hipotecar to mortgage (*like* **secar**)
honrar to honor, revere; to be a credit to (*like* **encontrar**)
horrorizar to horrify, frighten, terrify (*like* **suavizar**)
hospedar to lodge, house, put up, receive as a guest (*like* **esperar**)
hospitalizar to hospitalize (*like* **suavizar**)
humanizar to humanize, make human *or* humane *or* kind *or* gentle; (**-se**) to become human *or* humane (*like* **suavizar**)
(h)umedecer to humidify, moisten, dampen, wet; (**-se**) to become moist *or* damp *or* wet (*like* **agradecer**)
humilhar to humiliate (*like* **compartilhar**)

I

içar to hoist (up), raise (*like* **abraçar**)
idealizar to idealize (*like* **suavizar**)
identificar to identify (*like* **ficar**)
ignorar to ignore (*like* **adorar**)

igualar to equalize, make things equal; to equate (*like* **falar**)
iludir(-se) to delude, deceive, trick, dupe (*like* **decidir**)
iluminar to illuminate (*like* **combinar**)
ilustrar to illustrate (*like* **frustrar**)
imaginar to imagine
imergir to immerse (*like* **agir,** *with* **g** *to* **j** *spelling change, and* **dever,** *with open/close mutation of stressed vowels. Has both regular and irregular* Past Part. **imergido, imerso.** *See introductory material for usage explanation of verbs with double forms of the* Past Part.)
imigrar to immigrate (*like* **ladrar**)
imitar to imitate, copy, mimic
imobilizar to immobilize (*like* **suavizar**)
imortalizar to immortalize (*like* **suavizar**)
impedir to impede; to obstruct (*like* **pedir**)
impelir to impel, drive forward, thrust (*like* **servir,** *except defective and as such is not used in 1st pers. sing.* Pres. Indic. *or in the entire* Pres. Subj. *See commentary on defective verbs in introductory material.*)
imperar to reign, rule, govern (*like* **esperar**)
implantar to implant, insert (*like* **plantar**)
implicar to imply; **(em)** to implicate; **(com)** to tease, pick on
implorar to implore, beg (*like* **adorar**)
impor to impose; to enforce (*like* **pôr,** *except that the infinitival forms of its compound derivatives do not require the circumflex.*)
importar to matter, concern; to import; **(-se com)** to care about *or* mind
importunar to importune, pester, hassle, harass (*like* **combinar**)
impregnar to impregnate, permeate, imbue, infuse (*like* **esperar**)
impressionar to impress (*like* **estacionar**)
imprimir to print; to imprint (*like* **decidir**, *except has both regular and irregular* Past Part. **imprimido, impresso.** *See introductory material for usage explanation of verbs with double forms of the* Past Part.)
improvisar to improvise (*like* **precisar**)
impulsionar to impel, drive forward, thrust (*like* **estacionar**)
imunizar to immunize (*like* **suavizar**)
inalar to inhale (*like* **falar**)
inaugurar to inaugurate (*like* **torturar**)
incapacitar to incapacitate, disable, cripple (*like* **felicitar**)
incendiar to set on fire; **(-se)** to catch fire, burn (*like* **confiar**)
incentivar to encourage, motivate, give incentive to (*like* **cultivar**)
inchar to swell
inclinar(-se) to incline, be inclined (*like* **combinar**)
incluir to include; to embrace, embody, cover
incomodar(-se) to inconvenience, bother, disturb, trouble, annoy (*like* **acomodar**)
incorporar to embody, incorporate; to form a corporation; **(-se a)** to join, become a member (of) (*like* **adorar**)
incorrer to incur (*like* **correr**, *except has both regular and irregular* Past Part. **incorrido, incurso.** *See introductory material for usage explanation of verbs with double forms of the* Past Part.)
incrementar to increment, augment, increase (*like* **alimentar**)
incriminar to incriminate (*like* **combinar**)
incumbir (de) to charge *or* entrust (with); **(-se de)** to be charged *or* entrusted (with) (*like* **partir**)
indagar to investigate; to inquire *or* look into; to question (*like* **tragar**)
indicar to indicate, point at *or* out
indispor to indispose (*like* **pôr,** *except that the infinitival forms of its compound derivatives do not require the circumflex.*)
individualizar to individualize (*like* **suavizar**)
induzir to induce (*like* **produzir**)
infeccionar to infect (*like* **estacionar**)
inferir to infer, imply (*like* **ferir**)
infestar to infest (*like* **emprestar**)
inflamar to inflame (*like* **amar**)
inflar to inflate, blow up, puff up (*like* **falar**)
influenciar (em) to influence, exert influence (up)on, persuade (*like* **anunciar**)
influir (em) to influence, exert influence (up)on, persuade; to flow into (*like* **contribuir**)
informar (de *or* **sobre; de que)** to inform (about; that) (*like* **formar**)
infringir to infringe, violate, transgress, break (*as the law*) (*like* **fingir**)
ingerir to ingest (*like* **ferir**)
ingressar (em) to enter, go in; to become a member (of), join, enlist in (*like* **confessar**)
inibir to inhibit (*like* **partir**)
iniciar to initiate, begin, start (*like* **anunciar**)
inje(c)tar to inject (*like* **completar**)
injuriar to insult, offend; to injure, do harm; to slander, defame (*like* **confiar**)
inovar to innovate (*like* **provar**)
inquietar to disquiet, trouble; **(-se)** to worry, fret, be *or* grow uneasy, to get *or* become worried (*like* **completar**)
inscrever to inscribe, engrave; **(-se)** to enroll, register, sign in *or* up (*like* **escrever,** *has only irregular* Past Part. **inscrito.** *See introductory material for usage explanation of verbs with irregular forms of the* Past Part.)
inserir (em) to insert (in), put in (*like* **ferir,** *except has both regular and irregular* Past Part. **inserido, inserto.** *See introductory material for usage explanation of verbs with double forms of the* Past Part.)

insinuar to insinuate, hint at, imply (*like* **continuar**)
insistir (em) to insist (on *or* upon)
inspe(c)cionar to inspect, examine; to supervise, oversee (*like* **estacionar**)
inspirar to inspire; to inhale, breathe in (*like* **respirar**)
instalar to install (*like* **falar**)
instaurar to institute, found, establish (*like* **torturar**)
instigar to instigate, incite (*like* **castigar**)
instituir to institute, establish (*like* **contribuir**)
instruir to instruct, teach, educate; to inform (*like* **contribuir**)
insultar to insult, affront, offend (*like* **consultar**)
integrar(-se em) to integrate (oneself into), make *or* become part (of); to make whole *or* complete (*like* **alegrar**)
inteirar to let know, make known; to make whole or complete; (**-se de**) to find out (about), learn (about) (*like* **cheirar**)
intensificar to intensify (*like* **ficar**)
intentar to endeavor (*like* **tentar**)
intercalar to interpose; to interpolate (*like* **falar**)
interceder to intercede (*like* **beber**)
interceptar to intercept (*like* **completar**)
interdepender to interdepend (*like* **depender**)
interditar interdict, prohibit (*like* **evitar**)
interdizer to interdict (*like* **dizer,** *has only irregular* Past Part. **interdito.** *See introductory material for usage explanation of verbs with irregular forms of the* Past Part.)
intermediar to intermediate, mediate (*like* **confiar**)
interessar to interest; to concern, affect
interferir to interfere (*like* **ferir**)
intermeter to interpose (*like* **meter**)
internacionalizar to internationalize (*like* **suavizar**)
internar (em) to intern, put into; to confine to (*like* **governar**)
interpor to place between (*like* **pôr,** *except that the infinitival forms of its compound derivatives do not require the circumflex.*)
interpretar to interpret; to explain; to translate (*like* **completar**)
interrogar to interrogate, question (*like* **rogar**)
interromper to interrupt (*like* **romper**, *except has only regular* Past Part. **interrompido**)
intervir to intervene (*like* **vir,** *except that for reasons of stress the 2nd and 3rd pers. sing. of the* Pres. Indic. *and the* Imperative *sing. require a written acute accent, i.e.,* **intervéns, intervém, intervém.** *Also has only irregular* Past Part. **intervindo.** *See introductory material for usage explanation of verbs with irregular forms of the* Past Part.)
intimidar to intimidate, bully (*like* **convidar**)
intitular to title, entitle, give a name *or* title to (*like* **acumular**)
intoxicar to poison, infect (*as to affect with a harmful substance*) (*like* **complicar**)
intrigar to intrigue, plot, machinate, scheme (*like* **castigar**)
introduzir to introduce (*like* **produzir**)
intrometer to intrude, butt in, meddle (*like* **meter**)
inundar to inundate, flood (*like* **andar**)
invadir to invade (*like* **persuadir**)
invalidar to invalidate, nullify (*like* **convidar**)
invejar to envy
inventar to invent, devise
inverter to invert, turn upside-down; to reverse (*like* **converter**)
investigar to investigate, look into; to study, (do) research (*like* **castigar**)
investir to invest; to attack (*like* **vestir**)
invocar to invoke, call (up)on (*like* **tocar**)
ir to go; (**-se**) **embora** to go away, depart, leave; **de carro** *or* **de automóvel** by car; **de comboio** (*in Portugal*) **de trem** (*in Brazil*) by train; **de autocarro** (*in Portugal*) **de ônibus** (*in Brazil*) by bus; **de avião** by (air)plane; **de bicicleta** by bicycle (bike); **ir com** to match, go with (*as with clothes*)
irar to anger, make angry, enrage; (**-se**) to get *or* grow *or* become angry *or* enraged (*like* **respirar**)
irradiar to irradiate, radiate (*as light, etc.*) (*like* **confiar**)
irrigar to irrigate (*like* **castigar**)
irritar to irritate, bother, annoy, pester, disturb
irromper to burst *or* break out (*like* **romper,** *except has only regular* Past Part. **interrompido**)
isentar to exempt, except, exclude (*like* **alimentar**)
isolar to isolate; to insulate (*like* **controlar**)

J

jantar to have *or* eat dinner *or* supper
jejuar to fast (*like* **continuar**)
jogar to play (*games* or *sports*); **jogar (fora)** to throw (out), cast, fling (*in Brazil*)
jorrar to spout, spurt (out), gush (out), stream (out) (*like* **torrar**)
judiciar to adjudicate, judge (*like* **anunciar**)
julgar to judge; to think, believe; **julgar que** to have an opinion, opine
juntar to join, link, put *or* get together, merge; (**-se**) to gather, collect, assemble, amass
jurar to swear; to vow
justapor to juxtapose (*like* **pôr,** *except that the infinitival forms of its compound derivatives do not require the circumflex.*)
justificar to justify, vindicate (*like* **ficar**)

L

laçar to lasso, rope (*like* **abraçar**)

lacrimejar to tear, water (*said of the eyes*) (*like* **desejar**)

ladrar to bark, bow-wow (*as a dog*); **Cão que ladra não morde** "Barking dogs don't bite." (*Considered by some to be defective and as such is not normally used in 1st pers. sing*. Pres. Indic. *or in the entire* Pres. Subj., *except when used figuratively or metaphorically. See commentary on defective verbs in introductory material*.)

lamber to lick

lamentar to lament (*like* **alimentar**)

lançar to throw, hurl, cast, fling; to launch; to set off (*as fireworks*)

lanchar to have *or* eat a snack (*like* **achar**)

largar to let go *or* loose, set free (*like* **tragar**)

lastimar(-se por) to lament, regret, complain (*like* **animar**)

latir to bark, bow-wow (*as a dog*); to yelp (*like* **partir,** *except considered by some to be defective and as such is not normally used in 1st pers. sing*. Pres. Indic. *or in the entire* Pres. Subj. *See commentary on defective verbs in introductory material*.)

lavar to wash

legalizar to legalize (*like* **suavizar**)

legislar to legislate (*like* **aniquilar**)

legitimar to legitimize, legitimate (*like* **animar**)

leiloar to auction (*like* **abotoar**)

lembrar to remind; (**-se de**) to remember

ler to read

levantar to lift *or* raise (up); (**-se**) to get up

levar to take, carry; to wear (*as articles of clothing*)

libertar to liberate, set free (*like* **apertar**)

licenciar to license (*like* **anunciar**)

lidar (com) to cope *or* deal with; to struggle (with) (*like* **convidar**)

ligar to connect, join, tie, attach, link; to (tele)phone, call (up) (*preferred in Brazil*); to pay attention to; to turn on (*as to switch on*)

limar to file (*as to smooth or polish*) (*like* **animar**)

limitar to limit, restrict, confine

limpar to clean, cleanse, wipe

liquefazer to liquefy; to melt (*like* **fazer,** *has only irregular* Past Part. **liquefeito.** *See introductory material for usage explanation of verbs with irregular forms of the* Past Part.)

liquidar (liqüidar *in Brazil*) to liquidate, eliminate (*like* **convidar**)

lisonjear to flatter (*like* **chatear**)

livrar to set free, let loose (*like* **ladrar**)

lixar to sand(paper) (*like* **puxar**)

localizar to locate (*like* **suavizar**)

louvar to praise; (**-se**) to brag, boast (*like* **lavar**)

lubrificar to lubricate, grease (*like* **ficar**)

lutar to fight, struggle

M

machucar to bruise, damage; to crush, smash; to harm, hurt, injure, wound; be harmful (to); (**-se**) to get hurt *or* injured *or* wounded

madrugar to get up early (*like* **conjugar**)

magnificar to magnify, enlarge, amplify (*like* **ficar**)

magoar to hurt, harm, be harmful (to), injure, wound (*emotionally*); to upset, distress

maldizer to curse, damn; to speak ill of (*like* **dizer,** *has only irregular* Past Part. **maldito.** *See introductory material for usage explanation of verbs with irregular forms of the* Past Part.)

malfazer to (do) wrong (*like* **fazer,** *has only irregular* Past Part. **malfeito.** *See introductory material for usage explanation of verbs with irregular forms of the* Past Part.)

malgastar to squander, waste (*like* **gastar**, *except has only regular* Past Part. **desgastado**)

malgovernar to govern badly (*like* **governar**)

malquerer to wish ill to (*like* **querer**, *except has both regular and irregular* Past Part. **malquerido, malquisto.** *See introductory material for usage explanation of verbs with double forms of the* Past Part.)

maltratar to mistreat (*like* **tratar**)

mamar to breast-feed, nurse, suckle (*like* **amar**)

mancar to limp, walk with a limp *or* lamely (*like* **trancar**)

manchar to stain

mandar to order, give orders; to send, ship

manejar to handle, manipulate; to manage, deal with (*like* **desejar**)

manifestar to manifest, show clearly, evince; to display, exhibit; to declare, state (*like* **emprestar**)

manipular to manipulate, handle (*like* **acumular**)

manter to maintain; to support (*like* **ter,** *except that for reasons of stress the 2nd and 3rd pers. sing. of the* Pres. Indic. *and the* Imperative *sing. require a written acute accent, i.e.,* **manténs, mantém, mantém.**)

manufa(c)turar to manufacture, fabricate, make (*like* **torturar**)

maquiar(-se) to use *or* put on makeup (*preferred form in Brazil*) (*like* **guiar**)

maquilar(-se) to use *or* put on makeup (*like* **aniquilar**)

maquilhar(-se) to use *or* put on makeup (*in Portugal*) (*like* **compartilhar**)

maquinar to machinate, plot, scheme (*like* **combinar**)

maravilhar to marvel, amaze; (**-se com**) to wonder *or* marvel *or* be amazed by *or* at (*like* **compartilhar**)

marcar to mark; to set *or* make (*as a date or an appointment*) (*like* **trancar**)

marchar to march (*like* **murchar**)

martelar to hammer, pound (*like* **atropelar**)

martirizar to martyr, make a martyr of (*like* **suavizar**)
mascar to chew (*as gum or tobacco*) (*like* **buscar**)
mascarar(**-se**) to mask, disguise, masquerade; to conceal, hide (*like* **parar**)
massacrar to massacre, slaughter (*like* **ladrar**)
massagear to (give a) massage, *also* **dar** *or* **fazer massagem** (*like* **chatear**)
mastigar to chew (*food*)
matar to kill; to murder
materializar(**-se**) to materialize, render material (*like* **suavizar**)
matricular(**-se**) to matriculate, enroll, register, sign up (for classes) (*like* **acumular**)
mecanizar to mechanize (*like* **suavizar**)
medicar to medicate, treat with medicine; to doctor (*like* **complicar**)
meditar to meditate, ponder, consider (*like* **evitar**)
medir to measure
melhorar to improve, make *or* get *or* become better, ameliorate
memorizar to memorize, learn by heart (*like* **suavizar**)
mencionar to mention
mendigar to beg, panhandle (*like* **castigar**)
menosprezar to distain, scorn, disparage; to slight, belittle (*like* **rezar**)
menstruar to menstruate (*like* **continuar**)
mentir to lie, tell a lie *or* an untruth
merecer to deserve
merendar to snack (*like* **andar**)
mergulhar to dive, plunge; to dip, dunk (*like* **embrulhar**)
meter (**em**) to put *or* place *or* stick in; (**-se em**) to get oneself in(to)
metralhar to machine-gun (*like* **trabalhar**)
mexer to stir, mix, move; to wag (*as a tail, etc.*); (**-se**) to get moving *or* going; (**mexer com**) to mess with
mimar to pamper, spoil (*like* **animar**)
minar to undermine; to sap; to mine (*like* **combinar**)
minimizar to minimize (*like* **suavizar**)
mirar to aim (at), sight (*like* **respirar**)
mistificar to mystify, puzzle, bewilder (*like* **ficar**)
misturar to mix, blend, mingle
mobilizar to mobilize (*like* **suavizar**)
moderar to moderate, temper; (**-se**) to be moderate, control *or* restrain oneself (*like* **esperar**)
modernizar to modernize (*like* **suavizar**)
modificar to modify, change, alter (*like* **ficar**)
moer to grind (*like* **roer**)
mofar to mold, mildew, get moldy *or* mildewy, (*like* **notar**)
moldar to mold, shape, form, adapt; (**-se a**) to adapt *or* conform oneself (to) (*like* **molhar**)
molestar to molest, harass; to annoy persistently (*like* **emprestar**)
molhar to wet, soak; to moisten; to water (*as plants*); (**-se**) to get *or* become wet
monopolizar to monopolize (*like* **suavizar**)
montar to assemble, put together, install, erect; **montar em cavalo** to mount a horse; **montar a cavalo** to ride a horse (*like* **contar**)
morar (**em**) to live, reside, dwell (at *or* in)
morder to bite; to sting
mornar to warm slightly (*liquids*), make lukewarm (*like* **adorar**)
morrer to die, pass away
mostrar to show, display
motivar(**-se**) to motivate; to cause, be the motive of (*like* **cultivar**)
mover to move (*as to shift the location of*)
mudar to change, alter; to move (*as to change residence*); **mudar de ideia** (**idéia** *in Brazil*) to change one's mind
multar to fine, ticket
multiplicar to multiply (*like* **complicar**)
mumificar to mummify (*like* **ficar**)
munir to arm; (**-se de**) to arm oneself with, take precautions (*like* **unir**)
murchar to wilt, wither
murmurar to murmur, mutter, grumble (*like* **torturar**)
mutilar to mutilate, mangle (*like* **aniquilar**)

N

nacionalizar to nationalize (*like* **suavizar**)
nadar to swim
namorar to date (*as an amorous relationship*), make love to (*not sexually*); to flirt; (**-se de**) fall in love with (*like* **morar**)
narrar to narrate, tell (*like* **agarrar**)
nascer to be born
naturalizar to naturalize, grant citizenship to; (**-se**) to become naturalized, become a citizen (*like* **suavizar**)
naufragar to shipwreck (*like* **tragar**)
navegar to navigate (*like* **cegar**)
necessitar (**de**) to need (*like* **precisar,** *but more emphatic and used less frequently*)
negar to deny; to refuse
negociar to negotiate, deal; (**com**) to do business (with) (*like* **anunciar**)
neutralizar to neutralize (*like* **suavizar**)
nevar to snow (*See commentary on impersonal verbs in introductory material.*)
neviscar to snow (s)lightly (*like* **arriscar,** *except impersonal. See commentary on impersonal verbs in introductory material.*)
nivelar to level; to equalize (*like* **atropelar**)
nevoar-se to be(come) foggy, be(come) covered in fog (*like* **voar,** except impersonal. *See commentary on impersonal verbs in introductory material.*)
nomear to nominate, appoint, name
normalizar to normalize, make normal; to standardize (*like* **suavizar**)
notar to note; to notice; to take note (of)
notificar to notify, send word (*like* **ficar**)
nublar-se to be(come) cloudy *or* overcast, cloud over (*like* **falar,** except impersonal. *See commentary on impersonal verbs in introductory material.*)

numerar to number (*like* **esperar**)
nutrir to nourish, feed, sustain (*like* **cumprir**)

O

obedecer to obey
obrigar to force, make, compel, oblige
obscurecer to obscure, darken (*like* **parecer**)
observar to observe, notice
obstinar(-se) (**com** *or* **em**) to be obstinate (about), insist (on *or* upon) (*like* **combinar**)
obstruir to obstruct, block, clog (*like* **contribuir**)
obter to obtain, acquire (*like* **ter,** *except that for reasons of stress the 2nd and 3rd pers. sing. of the* Pres. Indic. *and the* Imperative *sing. require a written acute accent, i.e.,* **obténs, obtém, obtém.**)
ocorrer to occur, happen; to come to one's mind (*like* **correr**)
ocultar to hide, conceal (*like* **consultar**)
ocupar to occupy; (**-se com** *or* **de**) to take care of, handle, deal with
odiar to hate, loathe, abhor
ofender to offend, insult
oferecer to offer; (**-se**) to volunteer
olhar (**a** *or* **para**) to look (at)
omitir to omit; to neglect, overlook (*like* **permitir**, *except has both regular and irregular* Past Part. **omitido, omisso.** *See introductory material for usage explanation of verbs with double forms of the* Past Part.)
ondular to wave, undulate, ripple (*like* **acumular**)
operar to operate (*like* **esperar**)
opinar to opine, think, have an opinion (*like* **combinar**)
opor(-se a) to oppose; to object to (*like* **pôr,** *except that the infinitival forms of its compound derivatives do not require the circumflex.*)
oprimir to oppress (*like* **decidir**)
optar (por) to opt (for), choose (*like* **notar**)
orar to pray (*like* **adorar**)
ordenar to order, arrange, sort (*like* **condenar**)
organizar to organize (*like* **suavizar**)
orgulhar-se (de) to be proud (of), take pride (in) (*like* **embrulhar**)
orientar(-se) to orient, direct (*like* **alimentar**)
originar to originate; (**-se de**) to originate from (*like* **combinar**)
ornamentar to ornament, adorn, decorate (*like* **alimentar**)
oscilar to oscillate; to swing, sway, move to and fro; to hesitate, vacillate, waver (*like* **aniquilar**)
ostentar(-se) to show off, flaunt (*like* **alimentar**)
ousar to dare, venture (*as to risk*)
outorgar to grant (*like* **rogar**)
ouvir to hear, listen

P

pacificar to pacify, make peaceful; to appease (*like* **ficar**)
padronizar to standardize (*like* **suavizar**)
pagar to pay; **poder pagar** to be able to afford (*Has both regular and irregular* Past Part. **pagado, pago,** *although the regular form is now obsolete. See introductory material for usage explanation of verbs with double forms of the* Past Part.)
palpitar to palpitate, beat, quiver, shake, throb, pulsate, flutter (*like* **evitar**)
paparicar to pamper, spoil (*like* **complicar**)
paquerar (com) (*in Brazil*) to flirt with (*like* **esperar**)
parabenizar (*in Brazil*) to congratulate, *also* **dar (os) parabéns** (*like* **suavizar**)
parafrasear to paraphrase (*like* **chatear**)
parar to stop, halt; to quit
parcelar to parcel (out), allot, divide into portions (*like* **atropelar**)
parecer to seem, appear; (**-se com**) to look like, resemble, be similar to
participar to participate; (**de**) to partake (of); (**em**) to share (in), take part in; to inform, notify, send word to (*like* **ocupar**)
particularizar to particularize, detail, give the details *or* particulars of, specify (*like* **suavizar**)
partilhar to partition, divide up (*like* **compartilhar**)
partir to leave, (de)part; to divide; (solids) to break, shatter, bust; to fracture (***see sample conjugations***)
pasmar to astound, astonish, awe, bewilder (*like* **amar**)
passar to pass, proceed, go through; (**-se**) to happen, occur; **passar (o) ferro** *or* **passar a roupa** to iron (clothes) (*preferred in Brazil*); **engomar (a roupa)** to iron (clothes) (*more common in Lisbon Portuguese*)
passear to take *or* go for a walk *or* stroll *or* ride (*like* **chatear**)
pastar to graze (*as cattle*) (*like* **bastar**)
patinar to skate; to slide, skid (*like* **combinar**)
patrocinar to patronize, sponsor, back (*like* **combinar**)
pausar to pause; to take a break; to delay
pavimentar to pave (*like* **alimentar**)
pecar to sin
pechinchar to bargain, haggle (*like* **inchar**)
pedalar to pedal (*like* **falar**)
pedir to ask for, make a request (for); to apply for (*as a job*)
pegar (em) to catch; to grab, pick up (*Has both regular and irregular* Past Part. **pegado, pego,** *but the irregular form is used only in Brazil. See introductory material for usage explanation of verbs with double forms of the* Past Part.)
penalizar to penalize; to grieve, distress; (**-se**) to get *or* become distressed (*like* **suavizar**)
penar to grieve, suffer; **ter pena de** to pity (*like* **condenar**)
pender to slant, tilt, lean, incline; to hang, dangle (*like* **acender**)

pendurar to hang (up)
penetrar to penetrate, pierce, go through (*like* **completar**)
penhorar to pawn, hock (*like* **adorar**)
penitenciar-se to be penitent, do penance (*like* **anunciar**)
pensar to think (*mental action*); to assume; **pensar de** to think about (*as to have an opinion*)
pentear to comb
perceber to perceive, notice, realize; to understand (*in Portugal*)
perder to lose; to miss (*as a train, bus, appointment, etc.*)
perdoar to forgive, pardon
perecer to perish (*like* **parecer**)
perfilar to profile (*like* **aniquilar**)
perfumar to perfume (*like* **fumar**)
perfurar to perforate, bore, pierce, (*like* **torturar**)
perguntar to ask (a *question*), *also* **fazer uma pergunta**; (**por**) to ask *or* inquire about
perjurar to perjure (*like* **jurar**)
permanecer to stay, remain, abide; to last, endure (*like* **fornecer**)
permitir to permit, allow, let
perpetuar to perpetuate (*like* **continuar**)
perseguir to pursue; to persecute (*like* **seguir**)
perseverar to persevere, persist (*like* **esperar**)
persistir (em) to persist (in) (*like* **assistir**)
personalizar to personalize (*like* **suavizar**)
persuadir to persuade
pertencer (a) to belong to
perturbar to perturb, upset (*like* **acabar**)
perverter to pervert, corrupt (*like* **converter**)
pesar to weigh
pescar to fish, catch
pesquisar to research, study (*like* **precisar**)
pestanejar to blink, wink (the eyes) (*like* **desejar**)
petiscar to nibble, sample (food) (*like* **arriscar**)
petrificar(-se) to petrify (*like* **ficar**)
piar to peep, cheep, chirp (*like* **confiar**)
picar to prick; to sting, bite (*as an insect*); to mince, hash, chop (up) finely (*like* **ficar**)
pilotar to pilot, fly; to navigate (*like* **notar**)
pincelar to paint (with a brush); to daub (*like* **atropelar**)
pingar to drip
pintar to paint; to dye, tint, color, stain; (**-se**) to use *or* put on makeup; **pintar o cabelo** to dye one's hair
piorar to worsen, get *or* become worse; **estar pior** to be worse
pisar to step *or* tread on, trample; to crush (*like* **precisar**)
piscar to blink, wink, flash (*as the turn signal of a car*) (*like* **arriscar**)
planear to plan (*preferred in Portugal*) (*like* **chatear**)
planejar to plan (*preferred in Brazil*) (*like* **desejar**)
plantar to plant
poder to be able; can
policiar to police, patrol (*like* **anunciar**)
polir to polish (up), shine, buff, burnish
poluir to pollute, contaminate (*like* **contribuir**)
ponderar to ponder, weigh (*in the mind*), consider, meditate (*like* **esperar**)
pontuar to punctuate (*like* **continuar**)
popularizar to popularize (*like* **suavizar**)
pôr to put, place, set; (**-se**) to become
pormenorizar to detail, give the details *or* particulars of, particularize (*like* **suavizar**)
portar-se to behave, conduct oneself (*like* **importar**)
posar to pose (*as to sit as a model*) (*like* **notar**)
posicionar to position (*like* **estacionar**)
pospor to put after; to postpone, put off (*like* **pôr,** *except that the infinitival forms of its compound derivatives do not require the circumflex.*)
possibilitar to make possible (*like* **evitar**)
possuir to possess, own, have
postergar to postpone, defer (*like* **cegar**)
postular to postulate, posit (*like* **acumular**)
poupar to save (up) (*money*); (**-se**) to spare oneself
pousar to place, put *or* set down; to light, settle perch, (come to); to rest, take a rest (*like* **ousar**)
povoar to populate, people, settle, colonize; (**-se**) to become populated (*like* **abotoar**)
pratear to silver(plate), coat with silver (*like* **chatear**)
praticar to practice
precaver to prevent, guard against; to (fore)warn, give warning (*like* **bater,** *except defective and as such is not used in the 1st, 2nd or 3rd pers. sing. or 3rd pers. plur. of the* Pres. Indic., *the entire* Pres. Subj. *or any but the 2nd pers. plur. of the* Imperative. *See commentary on defective verbs in introductory material.*)
preceder to precede, come before (*like* **beber**)
precipitar to precipitate; (**-se**) to hurry, rush, hasten (*like* **evitar**)
precisar (de) to need; to specify, be exact *or* precise
predefinir to predefine (*like* **definir**)
predeterminar to predetermine (*like* **combinar**)
predispor to predispose (*like* **pôr,** *except that the infinitival forms of its compound derivatives do not require the circumflex.*)
predizer to predict, foretell; to prophesy (*like* **dizer,** *has only irregular* Past Part. **predito.** *See introductory material for usage explanation of verbs with irregular forms of the* Past Part.)
predominar to predominate, prevail (*like* **dominar**)
preencher to fill out *or* in (*such as a form*) (*like* **encher,** *except has only regular* Past Part. **preenchido**)
preestabelecer to preestablish (*like* **estabelecer**)
preexistir to preexist (*like* **existir**)
preferir to prefer, give preference to, *also* **dar preferência a**
pregar to nail; to fasten, attach; to preach (*like* **cegar**)
prejudicar to damage, prejudice, (do) harm, be harmful (to) (*like* **complicar**)

premeditar to premeditate (*like* **evitar**)
premiar to award; to reward (*like* **confiar**)
prender to catch; to arrest, stop; to take hold of (*like* **aprender**, *except has both regular and irregular* Past Part. **prendido, preso.** *See introductory material for usage explanation of verbs with double forms of the* Past Part.)
preocupar to worry, trouble; to preoccupy; (**-se com**) to get *or* become worried *or* troubled (about), fret (*like* **ocupar**)
preparar to prepare; to get *or* make ready
prepor to put before (*like* **pôr,** *except that the infinitival forms of its compound derivatives do not require the circumflex.*)
prescindir to do without, dispense with, forego (*like* **decidir**)
prescrever to prescribe, lay down (*with authority*) (*like* **escrever,** *has only irregular* Past Part. **prescrito.** *See introductory material for usage explanation of verbs with irregular forms of the* Past Part.)
preservar to preserve, conserve; to protect, save
presidir to preside (*like* **decidir**)
pressentir to have a premonition, foresee (*like* **sentir**)
pressupor to presuppose, take for granted (*like* **pôr,** *except that the infinitival forms of its compound derivatives do not require the circumflex.*)
prestar to render, give; **prestar atenção** to pay attention; to serve *or* work (*as to be suitable*); to be good, useful, **Não presta.** "It's no good." (*like* **emprestar**)
presumir to presume, assume, suppose (*like* **unir**)
pretender to pretend, claim (*like* **depender**)
prevalecer to prevail; (**-se de**) to take advantage of (*like* **amolecer**)
prevenir to prevent, guard against; to (fore)warn, give warning (*like* **progredir**)
prever to foresee, predict (*like* **ver,** *has only irregular* Past Part. **previsto.** *See introductory material for usage explanation of verbs with irregular forms of the* Past Part.)
prezar to esteem, value (*like* **rezar**)
privar (**de**) to deprive (of); (**-se de**) to deny oneself, abstain from (*like* **cultivar**)
privilegiar privilege, favor (*like* **confiar**)
proceder to proceed, go on; to behave, conduct oneself (*like* **beber**)
processar to process; to sue; to prosecute (*like* **confessar**)
proclamar to proclaim (*like* **amar**)
procrastinar to procrastinate (*like* **combinar**)
procriar to procreate (*like* **confiar**)
procurar to look for; to try (to)
produzir to produce; to manufacture
profetizar to prophesy, predict (*like* **suavizar**)
prognosticar to prognosticate, forecast, foresee; to make a prognosis (*like* **complicar**)
programar to program; to schedule, plan
progredir to progress, proceed, advance
proibir to prohibit, ban, forbid, stop
proje(c)tar to project (*like* **completar**)
proliferar to proliferate (*like* **esperar**)
prolongar to prolong, extend, lengthen, enlarge; to postpone, delay (*like* **pingar**)
prometer to promise (*like* **meter**)
promover to promote (*like* **mover**)
pronunciar to pronounce, enunciate
propagar to propagate, multiply (*like* **pagar,** *except has only regular* Past Part. **propagado**)
propelir to propel, drive forward (*like* **servir**)
propor to propose, offer (*like* **pôr**), *except that the infinitival forms of its compound derivatives do not require the circumflex.*)
proporcionar to afford, provide, offer, supply (*like* **estacionar**)
prorrogar to postpone, defer (*like* **rogar**)
prorromper to break *or* burst out (*like* **romper**)
prosperar to prosper, be prosperous *or* successful, succeed, thrive, flourish (*like* **esperar**)
prostrar(**-se**) to prostrate (oneself) (*like* **mostrar**)
proteger to protect; to shield; to defend
protestar to protest (*like* **emprestar**)
protrair to protract, prolong (*like* **atrair**)
provar to prove; to test; to sample, try; to taste
provir (**de**) to proceed *or* descend from; to be descended from (*like* **vir,** *except that for reasons of stress the* 2nd *and* 3rd *pers. sing. of the* Pres. Indic. *and the* Imperative *sing. require a written acute accent, i.e.,* **provéns, provém, provém.** *Also has only irregular* Past Part. **provindo.** *See introductory material for usage explanation of verbs with irregular forms of the* Past Part.)
provocar to provoke, excite (*like* **tocar**)
publicar to publish, print, issue; to publicize (*like* **complicar**)
pular to jump, leap, hop
pulsar to pulsate, pulse, quiver, throb (*like* **usar**)
pulverizar to pulverize (*like* **suavizar**)
punir to punish, penalize (*like* **unir**)
purificar to purify, make pure; to cleanse (*like* **ficar**)
putrefazer to putrefy, rot (*like* **fazer,** *has only irregular* Past Part. **putrefeito.** *See introductory material for usage explanation of verbs with irregular forms of the* Past Part.)
puxar to pull, draw

Q

qualificar(-**se**) to qualify; to classify, characterize (*like* **ficar**)
quebrar to break, bust; to shatter; to fracture; to interrupt
queimar to burn
queixar-se (**de**) to complain (about)
querer to want, wish; **querer dizer** to mean
questionar to question, call into question (*like* **estacionar**)

R

rabiscar to scribble, doodle, scrawl (*like* **arriscar**)
rachar to split, crack, cleave, rend (*like* **achar**)
raciocinar to reason, think (*like* **combinar**)
racionalizar to rationalize (*like* **suavizar**)
ralar to grate (*as cheese, vegetables, etc.*); to annoy, bother (*like* **falar**)
ralhar to scold, rebuke, admonish, chide, reprimand (*like* **trabalhar**)
ramificar to ramify, subdivide, form branches or subdivisions; (-**se**) to branch off (*like* **ficar**)
ranger to creak, squeak, grate sharply, make a harsh *or* rasping sound; to gnash (*as the teeth*) (*like* **proteger,** *except without open/close mutation of stressed vowels*)
rapar to scrape, rasp; to shave (closely); **rapar o cabelo** to get one's hair cut (*like* **ocupar**)
raptar to kidnap, abduct, snatch (*like* **atar**)
rascunhar to make a rough draft; to dash off (*as to write or prepare in haste*); to draft, sketch, outline (*like* **apanhar**)
rasgar to rip, tear, rip up *or* apart (*like* **tragar**)
raspar to scrape, rasp; to rub out, erase; (-**se**) to shave (oneself) (*like* **ocupar**)
ratificar to ratify (*like* **ficar**)
reabrir to reopen (*like* **abrir,** *has only irregular* Past Part. **reaberto.** *See introductory material for usage explanation of verbs with irregular forms of the* Past Part.)
reabsorver to reabsorb (*like* **absorver,** *except has only regular* Past Part. **reabsorvido**)
reacender to relight; to reactivate (*like* **acender**)
rea(c)tivar to reactivate (*like* **cultivar**)
readmitir to readmit (*like* **permitir**)
readquirir to reacquire, regain (*like* **adquirir**)
reafirmar to reaffirm, restate (*like* **animar**)
reagir to react; to respond (*like* **agir**)
realçar to highlight; to enhance (*like* **abraçar**)
realizar to realize, achieve, accomplish, effect(uate) (*like* **suavizar**)
reanimar to reanimate, revive, enliven (*like* **animar**)
reaparecer to reappear (*like* **parecer**)
reaprender to learn again *or* over (*like* **aprender**)
reassinar to sign again (*like* **assinar**)
reatar to retie, rebind (*like* **atar**)
rebater to strike again (*like* **bater**)
rebelar(**-se contra**) to rebel (against), revolt, mutiny (*like* **atropelar**)
rebentar to break; to burst (open); to blow up (*like* **arrebentar**)
rebuscar to search again *or* insistently (*like* **buscar**)
recair to fall again (*like* **cair**)
recapturar to recapture (*like* **capturar**)
recarregar to reload (*like* **carregar**)
recear to fear, be afraid of
receber to receive
receitar to prescribe (*a remedy*) (*like* **aceitar**)
rechear to stuff (*like* **chatear**)
recitar to recite (*like* **felicitar**)
reclamar to protest, cry out against, complain of *or* about (*like* **exclamar**)
reclinar(-**se**) to recline, lay back (*like* **combinar**)
recobrar to recover, regain, get back (*like* **cobrar**)
recobrir to recover (*like* **cobrir,** *has only irregular* Past Part. **recoberto.** *See introductory material for usage explanation of verbs with irregular forms of the* Past Part.)
recolher to gather, collect; to harvest (*like* **escolher**)
recombinar to recombine (*like* **combinar**)
recomeçar to resume; to begin again, recommence (*like* **começar**)
recomendar recommend (*like* **andar**)
recompensar to recompense, reward (*like* **pensar**)
recompor to recompose (*like* **pôr,** *except that the infinitival forms of its compound derivatives do not require the circumflex.*)
recomprar to repurchase (*like* **comprar**)
reconcentrar to reconcentrate (*like* **concentrar**)
reconciliar to reconcile; (-**se**) to become reconciled (*like* **confiar**)
reconfessar to confess again (*like* **confessar**)
reconhecer to recognize (*all senses*), acknowledge (*like* **conhecer**)
reconquistar to reconquer, recapture (*like* **conquistar**)
reconsiderar to reconsider (*like* **considerar**)
reconstituir to reconstitute (*like* **contribuir**)
reconstruir to rebuild, reconstruct (*like* **construir**)
recontar to recount, count again; to report, relate (*as to tell*) (*like* **contar**)
recordar to recall, remember (*like* **acordar**)
recorrer to retrace; (**a**) to have recourse to (*like* **correr**)
recortar to slash; to cut out; to trim (*like* **cortar**)
recoser to resew, sew again (in Portugal), **costurar de novo** (*in Brazil*) (*like* **morder**)
recostar(-**se**) to recline, lay back (*like* **gostar**)
recrescer to grow again (*like* **crescer**)
recriar to recreate (*like* **criar**)
recriminar to recriminate (*like* **combinar**)
recrutar to recruit, draft, enlist (*like* **escutar**)
re(c)tificar(-**se**) to rectify; to correct, amend (*like* **ficar**)
recuar to back up, move back (*like* **continuar**)
recultivar to recultivate (*like* **cultivar**)

recuperar to recuperate, recover, regain
recusar to refuse, reject
redescobrir to rediscover (*like* **cobrir,** *has only irregular* Past Part. **redescoberto.** *See introductory material for usage explanation of verbs with irregular forms of the* Past Part.)
redigir to redact; to write, pen (*like* **dirigir**)
redistribuir to redistribute (*like* **contribuir**)
redizer to say again; to retell (*like* **dizer,** *has only irregular* Past Part. **redito.** *See introductory material for usage explanation of verbs with irregular forms of the* Past Part.)
redobrar to redouble; to fold again (*like* **dobrar**)
reduzir to reduce, diminish, lessen (*like* **produzir**)
reeditar to republish, reedit, reissue (*like* **evitar**)
reembolsar to reimburse, repay, refund (*like* **gostar**)
reempregar to reemploy, rehire (*like* **empregar**)
reencher to refill (*like* **encher**, *except has only regular* Past Part. **reenchido**)
reencontrar to meet again (*like* **encontrar**)
reensaiar to rehearse again (*like* **ensaiar**)
reentrar to reenter (*like* **entrar**)
reenviar to send again, reship; to return, send back (*like* **enviar**)
reescrever to rewrite (*like* **escrever,** *has only irregular* Past Part. **reescrito.** *See introductory material for usage explanation of verbs with irregular forms of the* Past Part.)
reestudar to restudy (*like* **estudar**)
reexaminar to reexamine (*like* **examinar**)
reexpedir to reship (*like* **pedir**)
reexplicar to explain again (*like* **explicar**)
reexpor to reexhibit; to explain again (*like* **pôr,** *except that the infinitival forms of its compound derivatives do not require the circumflex.*)
reexportar to reexport (*like* **importar**)
refazer to remake, redo; to remodel (*like* **fazer,** *has only irregular* Past Part. **refeito.** *See introductory material for usage explanation of verbs with irregular forms of the* Past Part.)
referir(-se a) to refer (to) (*like* **ferir**)
refinar to refine, purify (*like* **combinar**)
refle(c)tir to reflect; **refle(c)tir sobre** to reflect on, consider, mull over (*like* **repetir**)
refogar to stew, sauté (*like* **afogar**)
reforçar to reinforce, strengthen; **(-se)** to become strong(er), increase in strength (*like* **forçar**)
reformar to reform, reshape, rebuild, remodel; (**-se**) to retire (*as from a job*) (*in Portugal*) (*like* **formar**)
refortificar to refortify (*like* **ficar**)
refrear to restrain, refrain; to rein in, bridle (*like* **chatear**)
refrescar to refresh, freshen, cool (off *or* down)
refrigerar to refrigerate, cool, chill (*like* **esperar**)
refugiar-se to take *or* seek refuge *or* shelter (*like* **confiar**)
refutar to refute, rebut, contradict; to deny (*like* **escutar**)
regar to water (*plants*)
regatear to bargain, haggle (*like* **chatear**)
regenerar to regenerate; to renovate (*like* **esperar**)
reger to rule, govern; to conduct (an orchestra) (*like* **proteger**)
regimentar to regiment, regulate (*like* **alimentar**)
registar (*in Portugal*) to register, file
registrar (*in Brazil*) to register, file
regressar to return (*like* **confessar**)
regulamentar to regulate, control (*like* **alimentar**)
regular to regulate, control (*like* **acumular**)
regularizar(-se) to regularize; to correct, rectify, make right *or* normal (*like* **suavizar**)
regurgitar to regurgitate (*like* **evitar**)
reimplantar to reimplant (*like* **plantar**)
reimpor to reimpose (*like* **pôr,** *except that the infinitival forms of its compound derivatives do not require the circumflex.*)
reimportar to reimport (*like* **importar**)
reimprimir to reprint (*like* **decidir**, *except has both regular and irregular* Past Part. **reimprimido, reimpresso.** *See introductory material for usage explanation of verbs with double forms of the* Past Part.)
reinar to reign, rule (*as a king, queen*) (*like* **treinar**)
reiniciar to begin again, reinitiate, recommence, resume (*like* **anunciar**)
reinscrever to reinscribe; to enroll again; to sign in *or* up again (*like* **escrever,** *has only irregular* Past Part. **reinscrito.** *See introductory material for usage explanation of verbs with irregular forms of the* Past Part.)
reinstalar to reinstate; to reinstall (*like* **falar**)
reintegrar to reintegrate; to reinstate, restore (*like* **alegrar**)
reintroduzir to reintroduce (*like* **produzir**)
reiterar to reiterate, repeat (*like* **esperar**)
reivindicar to demand; to lay claim to; to reclaim, regain (*like* **complicar**)
rejeitar to reject
rejuvenescer to rejuvenate, become young again (*like* **crescer**)
relacionar to relate, associate; to enumerate, itemize, list
relampejar to flash with lightning (*like* **desejar**)
relatar to relate, recount, tell, report (*like* **atar**)
relaxar to relax, ease, slacken; (**-se**) to become *or* grow lax *or* remiss (*like* **puxar**)
relegar to relegate (*like* **cegar**)
relembrar to remind (*like* **lembrar**)
reler to reread (*like* **ler**)
remanchar to loiter, dally, malinger (*like* **achar**)
remar to row, paddle (*like* **esperar**)

remediar to remedy, correct, repair (*like* **confiar**)
remendar to mend, patch (*like* **andar**)
remeter to remit (*like* **meter**)
remexer to stir, agitate (*like* **mexer**)
remodelar to remodel (*like* **atropelar**)
remolhar to wet again, drench (*like* **molhar**)
remorder to bite *or* sting again; to cause remorse; (**-se**) to feel remorse (*like* **morder**)
remover to remove (*like* **mover**)
remunerar to remunerate; to reward (*like* **esperar**)
renascer to be reborn (*like* **nascer**)
render to produce, yield; (**-se**) to surrender, give up (*like* **acender**)
renegar to deny; to reject, abandon (*like* **negar**)
renovar to renew, renovate, refurbish
renunciar to renounce; to resign, quit (*like* **anunciar**)
reocupar to reoccupy (*like* **ocupar**)
reordenar to put in order again, reorder; to rearrange (*like* **condenar**)
reorganizar to reorganize; to rearrange (*like* **suavizar**)
repagar to repay, pay back (*like* **pagar**)
reparar to repair, fix, restore; to make amends for (*like* **parar**)
repartir (**entre**) to allot, distribute (among) (*like* **partir**)
repassar to review (*like* **passar**)
repelir to repel, repulse; to fight off (*like* **servir,** *except defective and as such is not normally used in 1st pers. sing*. Pres. Indic. *or in the entire* Pres. Subj. *See commentary on defective verbs in introductory material*.)
repensar to reconsider, rethink (*like* **pensar**)
repercutir(-se) (**em**) to have an influence *or* an effect (up)on; to reverberate, resound; to echo (*like* **discutir**)
repesar to reweigh; to reexamine (*like* **pesar**)
repetir to repeat, do again *or* over
repicar to ring, chime, peal (*as bells*); to sting *or* bite again (*as an insect*); to mince *or* chop (up) finely again (*like* **ficar**)
repintar to repaint (*like* **pintar**)
replantar to replant (*like* **plantar**)
replicar to reply, answer; to rebut, retort (*like* **complicar**)
repor to replace; to repay (*like* **pôr,** *except that the infinitival forms of its compound derivatives do not require the circumflex*.)
repousar to repose, rest (*like* **ousar**)
repovoar to repopulate, repeople (*like* **abotoar**)
repreender to reprehend, reprimand, reprove (*like* **compreender**)
representar to represent, depict, picture (*like* **alimentar**)
reprimir to repress, restrain, hold back (*like* **decidir**)
reproduzir to reproduce; to copy, imitate (*like* **produzir**)
reprovar to reprove, rebuke; to fail (*as an examination*) (*like* **provar**)
repudiar to repudiate; to renounce, disavow (*like* **confiar**)
repugnar to disgust, cause disgust *or* repugnance (*like* **combinar**)
repuxar to stretch; to jerk, tug (*like* **puxar**)
requeimar to scorch (*like* **queimar**)
requerer to request, solicit (*like* **querer**)
rescindir to rescind, annul (*like* **decidir**)
rescrever to rewrite (*like* **escrever,** *has only irregular* Past Part. **rescrito.** *See introductory material for usage explanation of verbs with irregular forms of the* Past Part.)
reservar to reserve; to keep *or* hold back (*like* **conservar**)
resfriar to cool, chill; (**-se**) to catch *or* get *or* come down with a cold (*like* **esfriar**)
resgatar to ransom; to redeem (*like* **atar**)
resguardar to preserve, protect, shield, shelter (*like* **guardar**)
residir (**em**) to reside (at *or* in), dwell (at *or* in), live (at *or* in) (*like* **decidir**)
resignar to give up, surrender, relinquish; (**-se a**) to resign oneself (to) (*like* **combinar**)
resistir to resist, oppose, withstand (*like* **assistir**)
resmungar to grumble, grouch, complain, bitch (*like* **pingar**)
resolver to solve, resolve, clear up, figure out (*like* **mover**)
respeitar to respect, value
respingar to sprinkle, spatter, splash (*like* **pingar**)
respirar to breathe
resplandecer to shine, glitter, gleam (*like* **agradecer**)
responder to answer, respond, reply
responsabilizar (**por**) to hold responsible for, blame; (**-se por**) to be responsible for (*like* **suavizar**)
ressair to go out again (*like* **sair**)
ressecar to dry again; to dry out (*like* **secar**)
ressentir to resent (*like* **sentir**)
ressoar to resound, reverberate (*like* **soar**)
ressonar to snore (*in Portugal*), (**roncar** *in Brazil*) (*like* **telefonar**)
ressoprar to blow again (*like* **soprar**)
ressurgir to emerge *or* arise again, reappear (*like* **agir**)
restabelecer to reestablish, restore (*like* **estabelecer**)
restar to remain, be left over (*like* **emprestar**)
restaurar to restore; to refurbish, renovate (*like* **torturar**)
restituir to give back, return, restore, make restitution, refund (*like* **contribuir**)
restringir to restrict, limit (*like* **fingir**)
resultar to result; (**em**) to end *or* result in (*like* **consultar**)
resumir to abridge, abbreviate, condense; to summarize (*like* **unir**)
retaliar to retaliate (*like* **confiar**)
retardar to retard, delay (*like* **guardar**)

reter to retain, hold (*like* **ter,** *except that for reasons of stress the 2nd and 3rd pers. sing. of the* Pres. Indic. *and the* Imperative *sing. require a written acute accent, i.e.,* **reténs, retém, retém.**)
retificar = rectificar
retirar(-se) to withdraw; to retire (*like* **tirar**)
retocar to retouch (*like* **tocar**)
retomar to resume; to take back (*like* **tomar**)
retorcer to twist again, wring (out) (*like* **torcer**)
retornar to return, come *or* go back; to bring *or* give back (*like* **adorar**)
retraduzir to retranslate (*like* **produzir**)
retrair(-se) to withdraw, draw back, in *or* away (*like* **atrair**)
retratar to picture, paint, portray (*like* **tratar**)
retreinar to retrain (*like* **treinar**)
retribuir to pay back (*like* **contribuir**)
retroceder to back up, go *or* move backwards (*like* **beber**)
reunificar to reunify (*like* **ficar**)
reunir to reunite, (re)join (*like* **unir**)
revelar to reveal, disclose; to discover, detect; to develop (*photographs*) (*like* **atropelar**)
revender to resell (*like* **vender**)
rever to see again (*like* **ver,** *has only irregular* Past Part. **revisto.** *See introductory material for usage explanation of verbs with irregular forms of the* Past Part.)
revestir to dress again; to enwrap (*like* **vestir**)
revir to come back (*like* **vir,** *except that for reasons of stress the 2nd and 3rd pers. sing. of the* Pres. Indic. *and the* Imperative *sing. require a written acute accent, i.e.,* **revéns, revém, revém.** *Also has only irregular* Past Part. **revindo.** *See introductory material for usage explanation of verbs with irregular forms of the* Past Part.)
revirar to turn, twist, bend around (*like* **virar**)
revisar to revise; to review (*like* **precisar**)
revistar to inspect, examine (*like* **conquistar**)
reviver to revive; to refresh (*like* **viver**)
revocar to call back; to revoke (*like* **tocar**)
revoltar(-se contra) to revolt, rebel (against) (*like* **voltar**)
revolver to stir, mix; to rummage (*like* **desenvolver**)
rezar to pray
ridicularizar to ridicule, mock, deride (*like* **suavizar**)
rifar to raffle (off) (*like* **falar**)
rimar to rhyme (*like* **animar**)
rir to laugh; (**-se de**) to laugh at
riscar to scratch (out), cross out *or* off (*like* **arriscar**)
rivalizar(-se com) to rival, compete *or* vie with (*like* **suavizar**)
rodar to roll, rotate, spin (*like* **acomodar**)
rodear to surround, encircle, enclose (*like* **chatear**)
roer to gnaw, nibble; to consume (*as to eat away at*)
rogar to beg, plead, implore
rolar to roll (*like* **controlar**)
romper to rip, tear, break (off), fracture, shatter, bust; to interrupt; **romper com** break off *or* up (*as a relationship*) (*Has both regular and irregular* Past Part. **rompido, roto,** *although the irregular form is seldom used in Brazil. See introductory material for usage explanation of verbs with double forms of the* Past Part.)
roncar to snore
rondar to patrol, guard, watch (*like* **andar**)
rotular to label, tag (*like* **acumular**)
roubar to steal, rob
rugir to roar, bellow (*like* **agir**)

S

saber to know (*a fact*); (**saber** + infinitive) to know how to; (**saber** *in the Preterite Indicative means* found out, discovered *or* learned)
saborear to savor, relish, enjoy (*like* **chatear**)
sabotar to sabotage (*like* **notar**)
saciar to satiate, glut, sate, satisfy; (**-se**) to become sat(iat)ed (*like* **anunciar**)
sacrificar to sacrifice; to put to sleep *or* euthanize (*as a pet*) (*like* **ficar**)
sacudir to shake, wave
safar-se to run away, flee, take flight (*like* **falar**)
sair (de) to leave (from), (de)part; to come out (of)
salgar to salt, cure (*like* **julgar**)
salientar to emphasize, stress, highlight, make salient (*like* **alimentar**)
salpicar to sprinkle, spatter (*like* **ficar**)
saltar to jump, leap, hop (*like* **faltar**)
salvar to save, rescue (*Has both regular and irregular* Past Part. **salvado, salvo.** *See introductory material for usage explanation of verbs with double forms of the* Past Part.)
sangrar(-se) to bleed; to let blood (*like* **ladrar**)
sarar to heal (*like* **parar**)
satirizar to satirize, lampoon (*like* **suavizar**)
satisfazer to satisfy (*like* **fazer,** *has only irregular* Past Part. **satisfeito.** *See introductory material for usage explanation of verbs with irregular forms of the* Past Part.)
saturar to saturate, drench, soak; to satiate, glut; (**-se**) to become satiated *or* glutted (*like* **torturar**)
saudar to greet, welcome (*like* **mudar**)
secar to dry (up, out *or* off), make dry
seduzir to seduce, lead astray (*like* **produzir**)
segmentar to segment (*like* **alimentar**)
segregar(-se) to segregate; to secrete (*like* **cegar**)
seguir to follow; to continue
segurar to secure, hold on to, grip, fasten (*like* **torturar**)
selar to seal (up), close up; to affix a (postage) stamp to; to saddle (*as a horse*) (*like* **atropelar**)
sele(c)cionar to select, pick, cull, choose (*like* **estacionar**)
semelhar to resemble, look like, be similar to (*like* **aconselhar**)
sentar to seat; (**-se**) to sit (down)

sentenciar to sentence, pass sentence, judge, convict, condemn (*like* **anunciar**)
sentir to feel, sense, experience, perceive; **sentir muito** to be sorry; **sentir saudades** *or* **sentir a falta de** to miss
separar to separate, detach, disunite (*like* **parar**)
sequestrar (**seqüestrar** *in Brazil*) to sequester, confiscate, seize; to abduct, kidnap, snatch (*like* **mostrar**)
ser to be, exist
serrar to saw (*like* **errar**)
servir to serve
significar to signify, mean, denote (*like* **ficar**)
silenciar to silence, hush, quiet, shut up; (**-se**) to be(come) *or* keep silent *or* quiet (*like* **anunciar**)
simbolizar to symbolize (*like* **suavizar**)
simpatizar to sympathize (*like* **suavizar**)
simplificar to simplify (*like* **ficar**)
simular to simulate (*like* **acumular**)
sintetizar to synthesize (*like* **suavizar**)
sistematizar to systematize (*like* **suavizar**)
soar to sound; to ring, strike (*as the hour*)
sobrar to be left over, remain; to be in excess
sobreabundar to superabound (*like* **andar**)
sobrecarregar to overload (*like* **carregar**)
sobreexcitar to overexcite (*like* **excitar**)
sobrelevar to rise above; to surpass (*like* **levar**)
sobreolhar to look upon with contempt (*like* **olhar**)
sobrepesar to overload; to weigh, ponder (*like* **pesar**)
sobrepor to superpose, superimpose (*like* **pôr,** *except that the infinitival forms of its compound derivatives do not require the circumflex.*)
sobrescrever to superscribe; to address (*a letter, package, etc.*) (*like* **escrever,** *has only irregular* Past Part. **sobrescrito.** *See introductory material for usage explanation of verbs with irregular forms of the* Past Part.)
sobressair to stand out (*like* **sair**)
sobrestimar to overestimate (*like* **estimar**)
sobreviver to survive (*like* **viver**)
sobrevoar to fly over, overfly (*like* **voar**)
socializar to socialize (*like* **suavizar**)
socorrer to rescue; to aid, succor (*like* **correr**)
sofrer to suffer
solicitar to solicit; to apply for (*as a job*) (*like* **felicitar**)
solidificar to solidify (*like* **ficar**)
soltar to let go *or* loose, release, set free (*Has both regular and irregular* Past Part. **soltado, solto.** *See introductory material for usage explanation of verbs with double forms of the* Past Part.)
soluçar to hiccup (hic-cough); to sob, whimper (*like* **abraçar**)
solucionar to solve, resolve, clear up, figure out (*like* **estacionar**)
somar to add (up)
sonhar to dream
soprar to blow (out) (*as to expel air*)
sorrir to smile (*like* **rir**)
sortear to draw *or* cast lots; to raffle (*like* **chatear**)
sossegar(-se) to calm (down), quiet (down), lull, soothe (*like* **cegar**)
suar to sweat, perspire
suavizar to soften; to soothe
subdividir(-se) to subdivide (*like* **dividir**)
subentender to understand *or* take as inferred *or* implied (*like* **depender**)
subir to go up, climb up
subjugar to subjugate, subdue (*like* **conjugar**)
sublevar to revolt, rise up (*like* **levar**)
sublinhar to underscore, underline (*like* **adivinhar**)
submergir to submerge (*like* **agir,** *with* **g** *to* **j** *spelling change, and* **dever,** *with open/close stressed vowel mutation. Has both regular and irregular* Past Part. **submergido, submerso.** *See introductory material for usage explanation of verbs with double forms of the* Past Part.)
submeter to subject, subdue; to submit (*like* **meter**)
subornar to bribe, give a bribe to, suborn (*like* **adorar**)
subpor to put under *or* beneath (*like* **pôr,** *except that the infinitival forms of its compound derivatives do not require the circumflex.*)
subscrever to subscribe, sign (one's name); to approve of, agree with (*like* **escrever,** *has only irregular* Past Part. **subscrito.** *See introductory material for usage explanation of verbs with irregular forms of the* Past Part.)
subsistir to subsist, exist (*like* **assistir**)
substituir (por) to substitute (for), exchange (for, with), replace (with) (*like* **contribuir**)
subtrair to subtract, take away (*like* **atrair**)
subverter to subvert (*like* **converter**)
sufocar to suffocate; to smother; to choke
sugerir to suggest
sujar to dirty, soil; (**-se**) get *or* become dirty
sujeitar to subject, subjugate, subdue; (**-se a**) to subject oneself to (*like* **rejeitar**)
sumir to disappear, vanish (*like* **subir**)
superar to surpass, exceed, outdo; to overcome (*like* **esperar**)
superexcitar = sobreexcitar
superintender to superintend, supervise, oversee (*like* **depender**)
superpor = sobrepor
supervisionar to supervise, oversee (*like* **estacionar**)
suplicar to beg, implore (*like* **complicar**)
supor to suppose, presume (*like* **pôr,** *except that the infinitival forms of its compound derivatives do not require the circumflex.*)
suportar to support; to bear, endure, take, tolerate, put up with (*like* **importar**)
suprimir to suppress, withhold; to omit, delete (*like* **partir**, *except has both regular and irregular* Past Part. **suprimido, supresso.** *See*

introductory material for usage explanation of verbs with double forms of the Past Part.)

surgir to arise, emerge, appear (*like* **agir**)

surpreender to surprise, astonish

suspeitar to suspect, distrust; to conjecture (*like* **respeitar**)

suspender to suspend, hang (up); to interrupt, suspend, discontinue (*like* **depender**, *except has both regular and irregular* Past Part. **suspendido, suspenso.** *See introductory material for usage explanation of verbs with double forms of the* Past Part.)

suspirar to sigh (*like* **respirar**)

sustentar to support, prop up; to maintain (*like* **tentar**)

suster to sustain, support, hold up (*like* **ter,** *except that for reasons of stress the 2nd and 3rd pers. sing. of the* Pres. Indic. *and the* Imperative *sing. require a written acute accent, i.e.,* **susténs, sustém, sustém.)**

sussurrar to whisper, murmur (*like* **empurrar**)

T

tampar to cover (*as with a lid*), cap, cork, put a lid on, plug (*like* **limpar**)

tapar to cover *or* close *or* stop up; to conceal (*like* **ocupar**)

tardar to delay, be *or* take long in (*like* **guardar**)

tatuar to tattoo (*like* **continuar**)

tecer to weave

telefonar to (tele)phone, call (up) (*In Brazil* **ligar** *is more frequently used*)

temer to fear, be afraid (of) (*like* **tremer**)

temperar to season, flavor; (*like* **esperar**)

tender (a mão) to extend (*the hand*); to tend (*like* **depender**)

tentar to try (to), attempt (to), endeavor (to); to tempt

teorizar to theorize (*like* **suavizar**)

ter to have; (*Principal auxiliary verb in forming compound tenses*; **ter de** *or* **que +** *infinitive* to have to; **ter que** *or* **a ver com** to have to do with; **ter cuidado** to be careful; **ter medo (de)** to be afraid (of). *In conversational* ***Brazilian*** *Portuguese the verb* **ter** *rather than* **haver** *is more commonly used for the 3rd person singular impersonal construction, which, for example, in the present tense* (**tem**) *expresses both the corresponding singular and plural English forms* "there is" *and* "there are." *The same applies to the other tenses as well.*)

terminar to finish, complete, end, close; (**com**) to break off *or* up (*as a relationship*) (*like* **combinar**)

testemunhar to testify, attest; to witness, give evidence (*like* **apanhar**)

tingir to dye, tint; to stain (*like* **atingir**, *except has both regular and irregular* Past Part. **tingido, tinto.** *See introductory material for usage explanation of verbs with double forms of the* Past Part.)

tipificar to typify, exemplify (*like* **ficar**)

tirar (de) to take *or* pull out *or* off, remove, withdraw; **tirar a roupa** to undress, to get undressed, take off one's clothes

tocar to touch; to play (*as an instrument* or *a record*); to ring (*as a bell*)

tolerar to tolerate, stand, take, endure, put up with

tomar to take; to drink

tombar to knock down, topple; to fall down; to tumble (*like* **acabar**)

torcer to twist, wring (out); (**por**) to root *or* cheer (for); (**-se**) to writhe (*as in pain*)

tornar (a) to return (to); (**-se**) to become, change *or* turn into; **tornar a** + *infinitive* to start again (*like* **adorar**)

torrar to toast, roast; to scorch

torturar to torture

tossir to cough

totalizar to total (up), find the total of, add up (*like* **suavizar**)

trabalhar to work

traçar to trace, outline, sketch, draw (*like* **abraçar**)

traduzir (em *or* **para** *or* **de)** to translate (into *or* to *or* from) (*like* **produzir**)

tragar to devour, swallow (up *or* down); to take a drag of *or* on (*a cigarette*), *also* **dar um trago em**

trair to betray (*like* **atrair**)

tramar to plot, scheme, intrigue, conspire, machinate (*like* **amar**)

trancar to lock, bolt, bar

tranquilizar (**tranqüilizar** *in Brazil*) to tranquilize; to soothe (*like* **suavizar**)

transbordar to overflow (*like* **acordar**)

transcender to transcend (*like* **acender**)

transcorrer to pass, pass by; to elapse (*said of time*) (*like* **correr**)

transcrever to transcribe, copy (*like* **escrever,** *has only irregular* Past Part. **transcrito.** *See introductory material for usage explanation of verbs with irregular forms of the* Past Part.)

transferir to transfer (*like* **ferir**)

transformar to transform (*like* **formar**)

transgredir to transgress, infringe (*like* **progredir**)

transitar to go *or* pass *or* travel through *or* across (*like* **evitar**)

transmitir to transmit, send, pass on *or* along; to broadcast (*like* **permitir**)

transparecer to appear *or* shine through (*like* **parecer**)

transpirar to perspire, sweat (*like* **respirar**)

transplantar to transplant (*like* **plantar**)

transpor to transpose, interchange (*like* **pôr,** *except that the infinitival forms of its compound derivatives do not require the circumflex.*)

transportar to transport, convey (*like* **importar**)

transtornar to upset; (-**se**) to become upset (*like* **adorar**)

traspassar to trespass; to pass over (*like* **passar**)

tratar (de) to deal with, treat; to try to

travar to brake (*preferred in Portugal*), **frear** (*preferred in Brazil*) (*like* **lavar**)

trazer to bring

treinar to train, coach; to practice
tremer to shake, tremble, shiver, shudder, quiver
trilhar to follow (a path); to thresh (grain) (*like* **compartilhar**)
triplicar to triple, triplicate (*like* **complicar**)
triturar to grind (up); to pulverize (*like* **torturar**)
triunfar to triumph, prevail, win (*like* **falar**)
trocar (**por** *or* **com**) to change *or* exchange *or* interchange *or* barter *or* swap *or* switch *or* trade (for *or* with)
tropeçar to trip, stumble (*like* **começar**)
trovejar to thunder (*like* **desejar**, *except impersonal. See commentary on impersonal verbs in introductory material.*)

U

ultrapassar to go beyond, surpass, exceed; to pass (*as a car on the road*) (*like* **passar**)
umedecer = humedecer
unificar to unify, unite; (**-se**) to be(come) unified *or* united (*like* **ficar**)
uniformizar to make uniform, equalize (*like* **suavizar**)
unir to unite, join, merge, connect, link; (**-se**) to be(come) unified *or* united
urinar to urinate, pee (*like* **combinar**)
usar to use, make use of; to wear
utilizar to utilize, use, make use of, employ (*like* **suavizar**)

V

vacilar to hesitate, vacillate, waver (*like* **aniquilar**)
vacinar to vaccinate (*like* **combinar**)
vagar to wander, roam; to become vacant *or* unoccupied; to vacate (*like* **tragar**)
valer to be worth; (**-se de**) to avail oneself of, make use of
validar to validate (*like* **convidar**)
valorizar to appreciate, increase the value of, raise the price of; (**-se**) to increase in price *or* value, appreciate (*like* **suavizar**)
varar to pierce, penetrate, go through (*like* **parar**)
variar to vary (*like* **confiar**)
varrer to sweep
vazar to empty; (**-se**) to become empty; to drain (*like* **suavizar**)
vedar to prohibit, forbid, stop, bar (*like* **esperar**)
vencer to defeat, conquer; to overcome; to win; to expire (*as a deadline*)
vendar to blindfold (*like* **andar**)
vender to sell
venerar to venerate (*like* **esperar**)
ventilar to ventilate; to fan (*like* **aniquilar**)
ver to see
verbalizar to verbalize (*like* **suavizar**)
verificar to verify, prove to be true, corroborate (*like* **ficar**)
verter to spill *or* pour out (*like* **converter**)
vestir to dress; to wear, put on; (**-se**) to get dressed
viajar to travel
vibrar to vibrate, quiver, throb, shake (*like* **lembrar**)
viciar to addict; (**-se**) to be(come) addicted, get hooked on drugs; to vitiate (*like* **anunciar**)
vigiar to watch (over), guard, keep watch; to keep an eye on (*like* **confiar**)
vingar(-se) to avenge (oneself), revenge; (**-se de**) to take *or* get revenge (on)
violar to violate, break, transgress; to rape (*like* **controlar**)
vir to come
virar to turn (over *or* upside down *or* inside out); to become, change *or* turn into
visitar to visit
visualizar to visualize (*like* **suavizar**)
vitalizar to vitalize, invigorate (*like* **suavizar**)
viver to live
voar to fly
voltar to return, go *or* come back; to turn (*as to change direction*); **voltar a +** *infinitive* to start again
vomitar to vomit, throw up, puke (*like* **evitar**)
votar to vote

Z

zangar to anger, make angry *or* mad, annoy; (**-se**) to get *or* become *or* grow angry *or* mad
ziguezaguear to zigzag, crisscross (*like* **chatear**)
zumbir to buzz, hum, whir (*like* **existir**)